극에서 올바름의 연극으로

세월호와 미투 이후의 한국연극

김방옥 연극평론집

미학적 연극에서 올바름의 연극으로

세월호와 미투 이후의 한국연극

김방옥 연극평론집

연극과인간

누구나 어느덧 인생을 마무리해가야 할 단계에 이르게 된다. 퇴임할 때 기존의 연극논문들을 모아서 논문집을 발간했으니 남루하나마 평론집도 어떻게든 정리를 하고 가야 할 것 같다는 생각을 했다. 원래 지난 40년간 썼던 모든 시론과 리뷰들을 모아서 마지막 연극평론집을 내려고 했었다. 그런데 원고를 정리하면서 생각이 바뀌게 되었다. 지난 시대들의 단편적 글들을 모두 묶어 책으로 만드는 것에 쑥스러움이 커진 것이다. 생각을 바꾼 이유는 물론 2010년대 중반 이래의 우리 사회, 그리고 연극계의 급격한 변화에 있다. 모두 알다시피, 한국사회 전체는 지난 십 년 가까이 세월호 참사, 검열과 블랙리스트, 촛불집회와 대통령 탄핵, 미투, 청년실업, 그리고 코로나 팬데믹과 기후위기 등의 격동기를 겪어왔고, 현재도 직면해 있으며, 이와 함께 연극계에도 새로운 변혁들이 이루어지고 있다. 새로운 연극주체들이 대거 등장했으며 사회와 연극에 대한 관점의 급격한 전환이 일어나기 시작했다. 새로운 연극창작환경을 위한 개혁도 진행되고 있다. 2010년경부터 꿈틀대고 중반부터 본격화하기 시작해서 불과 7~8년 사이에 펼쳐진 이런 놀라운 변화를 부정할 사람은 없을 것이다.

솔직히 나는 개인적으로 '올바름', 혹은 '정치적 올바름'과 거리가 멀었다. 남들 가는 루트가 싫어서 내키는 길을 걸었으나 운좋게 제도권에 살아남아 적당히 잘 지내왔다. 작은 근심거리들 속에서 삶의 기복을 헤쳐오다보니 주변에 대해 제대로 충분히 살피고 실천하며 살지 못했다. 독재의 긴 세월과 1980년대 연극계의 흥분을 겪은 후에도 여전히 연극의 사회참여적 기능에 열광하지 않았고 이데올로기나 정치적 혁명의 성과를 믿지 않는 편이었으며, 많은 것에 회의적이고 개인주의적인 쪽이었다. 그런데 내 연극 인생이 거의 문을 닫아야 할 늦은 저녁 무렵 뜻하지 않게 조용한 혁명의 현장을 마주치게 된 것이다. 상식적으로는 그동안의 경험으로 쌓아 올린 자신만의 연극관을 점잖게 숙성시켜야 할 나이이건만 갑자기 그 현장을 접하며 적잖이 함께 흔들리게 되었다.

오랜 기간 어쨌거나 연극은 늘 내 학교였고 더없는 인생의 동반자였지만 근래 몇 년처럼 진한 자극을 받은 적이 없다. 뒤늦게나마 연극을 통해 세상에 대해 많이 배우고 많이 생각하면서 고마운 마음도 많이 들었다. 연극을 도대체 왜 하는가? 이 사회에서 연극을 한다는 것의 의미를 과감하게 실천하는 그들을 보며 연극이 무엇인지를 많이 생각해보았다. 솔직히, 결과물로서의 그들의 공연들이 모두 미학적으로 괄목할만한 수준이라고 말하기는 어렵다. 세상에 절대적으로 옳은 것은 없으니 그들이 추구하는 '정치적 올바름'의 기준 역시 절대적으로, 늘 옳다고 할 수도 없다. 그보다는, 연극을 과거와 다른 생각과 감각으로 대하는 똑똑하고 진지한 젊은이들이 참여하는 새로운 연극문화와 맞닥뜨렸다는 점에서 더 반갑고 가슴이 뛰었는지도 모른다. 2010년대 이후의 연극이 내게 신선한 충격으로 다가왔던 이유를 하나 덧붙인다면 아마도 1990년대부터 2010년 초반경까지의 풍경을 들 수 있을 것이다. 신자유주의에 빠진 한국사회와 포스트모더니즘 및 국제페스티벌용 해외연극들이 펼쳐내는 연극미학적 감각의 향연 속에서 불과 몇몇의 국내 극작가와 연출가에 기대어 이 십 년 가까이 '연극'만을 찬미하며 무사태평한 시간을 보냈던 시대, 그 직후이기 때문이었는지도 모르겠다.

현재의 이런 움직임이 어떻게 얼마나 계속될지는 모른다. 이런 변화가 튼튼한 연극적 저력에 뒷받침되어 오래 지속되고 발전할 것인지의 여부도 지켜볼 일이다. 사회 속에서 연극의 위치가 어떻게 변화할지도 모른다. 그러나 연극이 계속 살아남는다면, 당분간 인류의 미래가 그리 밝을 것 같지는 않으니 가까운 미래의 연극 역시 암울한 문제의식들로부터 쉽게 자유로워질 수 없다는 점 역시 예상할 수 있다. **요컨대 '미학적으로' '잘 만든 연극' 못지않게 '무엇을 얼마나 진정성있게 말하는 연극이냐가 더 가슴에 와닿는 시대가 (다시) 도래한 것이다.** 그리고 이와 관련해 2010년대 세월호와 미투운동 이래의 한국연극이 이룬 변화는 앞으로의 한국연극이 가는 방향에 어떤 식으로든 분명한 족적으로 남아 의미있는 영향을 미치게 될 것이라고 확신한다.

2010년대 이래 이런 새로운 움직임을 학술적으로 뒷받침하는 연극미학적 논문들은 적지 않게 발표되었으며 올해 들어 세월호, 블랙리스트, 미투 등을 부제로 단 비평집도 여럿 출간되기 시작했다. 그럼에도 왠지 한국연극의 현장에 발붙인 비평적 논의는 아직 충분히 이루어지지 않고 있다는 느낌이다. 이제 나로서는 더 하고 싶어도 능력의 부족함과 한계를 느낀다. 엉성하지만 그나마 글의 온도가 더 식기 전에 엮어 책 한 권을 세상에 보탠다.

개별 작품 리뷰는 몇 안 되고 전반적 현상을 좀 거리를 두고 썼던 글들 위주가 되었다. **1부**에는 **'실재의 미학', '페미니즘'** 같은 굵직한 키워드로 2010년대 이후의 주요 문제작들을 분석한 글, 그리고 '연극평론의 변화', 〈언도큐멘타〉 사태', '백상연극상 논란' 등 연극현장 중심의 최근 이슈를 다룬 글들을 실었다. **2부**에는 2010년대 중반 이후 연극계의 이런 구체적 변화를 불러온 촛불광장, 검열, 미디어, 코로나19 등 **사회적**

사건들을 연극인의 눈으로 본 글들을 모았다. 3부에서는 기존의 연극미학을 보다 변화된 관점으로 접근하면서 한국연극에서의 '**민족**'과 '**국가**', 오늘날 '**한국적 연극**'이 무엇인가 하는 문제를 다루었으며 연극에서의 '**과정성**'의 문제도 언급했다. 4부에서는 2010년대 중반 이후 연극리뷰들을 모았고 단평들 외에 '**참사의 재현**', '**언어의 귀환**', '**메타연극**', '**창작 판소리**' 같은 주제를 통해 최근 연극의 주요 흐름을 짚어보기도 했다.

전체 글의 순서는 일정치 않으나 대체로 최근 쓴 글부터 그 이전으로 가는 역순이다. 리뷰들 역시 대강 역순으로 2014년까지 묶다 보니 마지막에 박근형의 작품세계와 이윤택의 연극에 대한 리뷰가 포함되었다. 2014년으로 선을 긋다 보니 마지막 평론집을 냈던 2003년과의 사이에 십 년의 기간이 빠졌다. 황홀한 (해외)공연들을 보며 복간된 『연극평론』지에 '아름다운' 리뷰를 쓰던 시절이다. (그러다 보니 이 책 내용과 비슷한 맥락에 위치했다고 할 수 있는 배삼식과 장우재의 문제작들이 빠져 아쉽다.) 이윤택 리뷰의 경우는 실어야 하나 마나 하고 고민을 했는데, 촛불광장 이후와 미투 사건 사이의 '마지막' 창작극으로 관심 가질만한 부분이 있다는 생각이 들어 포함시켰다. 후일에 '아, 이 시기에 이런 일도 있었구나' 하면서, 반드시 연극적 관점뿐 아니라 사회학적, 인류학적 관점에서라도 누군가 다시 들춰보는 책이 되었으면 좋겠다.

어려운 시간을 함께 헤쳐왔던 모든 연극동료들, 팩트에 입각해 꼼꼼히 교정을 봐준 이지혜, 문장 교열을 도와준 김주연에게 고마움을 전한다. 늘 흔쾌하게 책을 내주시는 '연극과인간' 박성복 사장님, 정성껏 책을 만들어주신 진우성 부장님과 이미영 팀장께도 감사드린다.

2022년 1월,
김방옥

차
례

3부 연극론

4부 연극시평과 리뷰(2014년 이후~)

1부
연극의 도전

2016 〈그녀를 말해요〉 서울문화재단 ⓒ이강물

윤리의 시대와 실재의 연극들*

* 2021년에 쓴 글로 이 책에 처음 실었다.

:: 들어가며

누구나 체감하고 있듯이 세계는 더 이상 안전한 곳이 아니며 인류가 앞으로 더 성장하거나 발전할 가능성은 별로 크지 않다고 한다. 오히려 저성장, 경제위기, 민주주의의 후퇴, 불평등, 노령화, 기후 및 생태 위기, 전염병, 각종 자연재해, 포스트 휴먼과 인공지능 등 여러 가지 문제점에 마주치게 되었으며 현재 정치적으로도 잦은 내전과 국지적 분쟁, 종교 갈등은 수많은 난민을 양산하고 있다. 21세기는 윤리의 시대라고 한다. 여러 난제들이 인류에게 한꺼번에 닥치며 가치관의 전환이 일어난 것이다. 오늘의 세기가 말하는 윤리성이란 추상적인 선과 악, 성장과 확장의 시대의 주체의 자기실현, 이데올로기, 개인적 자유주의의 발현 등과 관련된 윤리가 아니다. 더 나아갈 방향을 잃은 인류가 타자성, 공감, 연대, 공존의 미덕에 눈을 돌리게 된 시대의 윤리라는 것이다. 푸코,

데리다, 들뢰즈 등 후기구조주의 철학자의 저술들이 윤리나 책임이나 실천의 관점으로 재조명될 뿐 아니라 레비나스, 랑시에르, 아감벤, 장뤽 낭시 등 철학자, 정치학자, 사회학자의 글들이 타자의 윤리, 분배의 윤리, 책임의 윤리, 공동체의 윤리라는 접근으로 공감을 얻고 있다. 한국의 경우도 젊은이들 사이에서 특정 이데올로기나 공허한 이념보다는 실질적인 공정, 평등, 타인의 고통에 대한 공감, 각자의 정치적 올바름을 중시하는 태도가 자리잡게 된 듯하다.

세월호 참사, 블랙리스트, 미투, 촛불정부의 수립과 그 결과에 대한 실망, 부의 양극화, 코로나19, 기후위기 등 엄청난 일련의 사건들을 거치면서 2010년대 이후의 한국연극계 역시 **인권, 젠더, 사회적 약자와의 공감과 연대** 등을 주요 의제와 이슈들로 추구하고 있다. 1980년대의 연극이 군부독재에 대한 저항이라는 정치적 이슈를 내걸었다면 세월호 이후의 연극은 윤리의 회복을 추구한다. 21세기를 맞은 한국연극에는 정치사회적 비판의식과 더불어 이전의 어느 시대에도 없던 강한 **윤리성**이 자리잡기 시작한 것이다.

한편 이 시기의 연극은 연극미학적으로 볼 때 다큐멘터리, 과정성, 디바이징 씨어터 등 몇 개의 키워드로 압축될 수 있는데 그중 가장 시의적이고 핵심적인 것은 '**실재**'라고 보았다. 극적 미메시스나 재현이 아니라 단지 비재현이나 현존을 넘어서 날것의 비허구적 현실이 그대로 극장으로 틈입하거나 직접 밀고 들어오고 관객에게 새로운 지각과 인식을 가능하게 한다는 의미에서의 '실재' 말이다. 2010년대 이후로 **윤리의 시대에 극장으로 '실재'를 직접 끌어들이는 다양한 시도**들이 지난 십 년 가까이 이루어져왔다. 누구나 이미 인지하고 있는 격렬한 움직임들이지만 짧은 기간에 벌어진 이 변화에 대해 한국연극의 현장을 중심으로 비평적 지도를 그려볼 필요를 느낀다.[1]

:: 윤리의 시대

2010년대 이후, 특히 세월호 참사와 미투 이후 한국연극이 다루는 의제들은 매우 좁혀졌다. 그것은 **민주국가, 인권, 불평등, 페미니즘, 젠더, 성소수자, 장애인, 그리고 '이런 시대에 연극을 한다는 것은 무엇인가?' 라는 메타적 자기질문들이다.** 1990년대 이래 한국연극이 연극미학적으로 잘 만들어진 '한국적 연극'을 추구해왔다면, 보다 진정성이 있는 연극, 의미있는 이슈와 메시지를 품고 있는 연극이 더 감동을 주는 시대가 다시 돌아온 것이다. 기성연극인 중에서도 연극이 이 사회에서 의미있는 발언이 되기 위해서는 더 이상 **'연극이 아니어도 좋은 연극'**을 지향한다는 선언이 나오기도 했다.[2] 1980년대의 마당극 담당자들이 마당극, 민족극만이 민중적이고 주체적인 연극이라고 요란하게 주장했다면, 오늘의 진보적 연극인들은 이런 연극행위가 오늘날의 현실에서 어떤 윤리적 의미를 지니는지를 치열하게 그러나 조용하게 고민하고 있다.

모두 알고 있지만, 글을 시작하기 위해 연극의 윤리성이 강화된 그 배경적 현실을 몇 가지로 다시 요약해보자. 세월호 참사와 대통령 탄핵은 우리 사회를 지탱하는 기본 가치와 시스템이 붕괴되는 충격을 주었다. 한국은 근대화 과정에서 산업화와 민주화의 단계를 거쳐 오늘의 선진사회 대열에 끼게 되었다. 급격한 산업화의 과정에서의 노동착취, 부의 불평등의 문제가 내재되어 있으나 현재 그런대로 경제선진국의 대열에 들게 되었고 군사독재 및 정권부패와의 긴 투쟁을 거쳐 1997년 민주화의 기틀을 잡았다. 그러나 성장 중심주의의 그늘과 집권권력의 부패는 세월호 참사, 촛불광장, 대통령 탄핵, 블랙리스트 같은 대형사건으로 터지며 민주국가의 기본 가치관과 시스템을 흔들었으며 촛불정부의 위선과 정의의 독점이 불러온 실망은 성장이나 선진국 진입 이전의 **더 근본적인 가치관, 사람답게 사는 사회라는 윤리의 문제**로 눈을 돌리게 만들었다. 때맞춰 등장한 연극계의 진보적 청년층들이 이런 사회 전반의 변화에 민감하게 반응하기 시작한 것은 자연스럽다.

1980년대에 소개되어 1990년대에 잠시 이목을 끌었던 페미니즘은 세월호와 촛불광장이라는 정치사회적 변혁의 분위기 속에 2018년 미투가 발발하면서 2020년 현재 한국사회 전반에 엄청난 **페미니즘, 혹은 젠더 혁명**을 불러왔다. 한국연극계는 당시 미투 사태의 중심에 위치하고 있었을 뿐 아니라 다음의 두 가지 이유로 그 폭발적 에너지가 지속되고 있다. 첫째, 한국연극은 얼마 전까지 가부장적 성격의 극단제도로 이루어져왔기 때문에 제작 과정에서 어린 여성연극인들에 대한 억압이 구조화되어 있었고 따라서 이에 대한 개혁이 강력히 요구된다.

둘째로, 연극의 대중관객이 TV나 영화로 몰려간 1960년대 이후 한국의 연극관객은 노년관객이 많은 부분을 차지하는 서구의 경우와 다르게 늘 젊은 여성들 중심으로 구성되어왔다. 당연히 이제 창작에서도 억눌려있던 여성주체가 돌아왔다. 작가나 연출뿐 아니라 연기, 기획, 장치, 조명, 제작 전반에 여성 주체들이 쏟아져 나와 맹위를 떨치고 있다. 페미니즘의 전복성은 젠더-프리 캐스팅, 기존의 작품 다시 읽기 등 다양한 양상으로 드러나고 있다.

페미니즘의 약진과 관련해서 진보적 연극운동에서 **사회적 소수자**인 장애인 및 성소수자 관련 연극이 차지하는 비중이 커졌다. 최근 2~3년 동안 연극계에는 퀴어 소재의 연극들이 압도적이라고 할 만큼 큰 비중을 차지하고 있다. 장애인연극도 많은 연극인들이 관심을 보이는 분야가 되었다. 이는 단지 이들이 생존과 인권 면에서 차별받고 충분히 존중받지 못하는 사회적 약자일 뿐 아니라 이들의 불편한 상황들이 그들의 몸과 직접적인 관련을 지니고 있다는 점, 그리고 연극이 몸을 공감의 주요 매체로 하는 예술이라는 점에서 더 활성화되고 있는 것으로 보인다. 또한 당사자성을 살려 소수자와 장애자, 기타 사회적 약자 자신들이 연극

무대에 직접 출연함으로써 예술/삶, 연극/사회적 실천의 경계를 없앤다.

마지막으로, 그렇다면 이런 어려운 상황에서 연극을 지속하고 연극을 행한다는 것은 무엇을 의미하는가? 진보적 청년연극인들은 기존의 다수 연극인들에 비해 연극이 사회에서 어떤 변화의 동인이 될 수 있는가를 더 생각하며, 왜 반드시 연극이어야 하는가를 더 치열하게 자문한다. 그리고 연극을 만드는 과정 역시 그들이 사회에서 쟁취하고자 하는 민주와 평등, 그리고 억압이 없는 과정이 되어야 한다고 생각하고 그 점을 연극의 일부로 육화시킨다. 연극의 결과 못지않게 **이 사회에서 연극을 한다는 행위, 연극을 만드는 과정 자체가 의미**를 지니게 된 것이다. 따라서 연극은 자연히 '연극은 무엇 때문에 하는가?' 하는 메타적 질문을 품게 되기도 한다. 2017년 이후 서울문화재단의 청년예술지원사업과 같은 신진세대에 대한 지원이 대폭 늘어났던 것도 새로운 인재의 연극계 진입과 연극예술에 대한 메타적 사유를 촉발하게 한 요인의 하나였다. 기존의 연극교육이나 연극계의 도제적 훈련을 거치지 않은 새로운 인재들이 만드는 연극은 연극성의 깊이와 볼륨이 부족하다는 지적을 받기도 하지만 한편으로 연극이란 무엇인가를 새로운 관점으로 보게도 만든다.

물론 이런 의제들이 그 연극의 진정성이나 연극적 감흥을 담보해주지는 못한다. 오히려 빈약한 연극성에 대한 변명이 되면서 상투성에 머무를 수도 있다. 그러나 **2010년대 중반 이후의 진보적 연극은 세계의 참상과 타인의 고통, 그리고 연극을 통해 그것들에 새로운 지각과 인식과 실천으로 다가가고자 하는 진정성이 상호 간에 어떤 시너지를 창출한 시기**였다는 점은 부인할 수 없다. 기존의 연극미학 관점에서 뛰어난 걸작들이 쏟아져 나왔던 시기라고는 할 수 없고 앞으로 어떻게 전개될지는 지켜봐야 하겠지만 지난 십 년의 이런 변화가 우리 연극사에서 큰 의미를 지니며 연극계 전반에 앞으로도 어떻게든 영향을 미칠 것은 분명하다.

:: '실재'의 연극미학

이 글의 키워드는 '**실재**(The real)'**의 연극**이다. '실재'라는 철학적 개념을 연극과 관련시켜 학술적으로 논하고 정의하는 것은 매우 복잡하고 난해한 작업이 되겠지만 이 글은 학문적 고찰보다는 최근 한국연극의 현상과 동향을 정리해보는 데 주된 목적이 있다. 따라서 원론적 논의 대신 현상적이며 비평적 수준에서 접근하고자 한다. 총체적이며 절대적 진실이 사라져버렸다고 하는 시대에서 '실재'를 얘기하는 것은 어색한 일일 수 있다. 그럼에도 불구하고 이 글에서 '실재'는 새로운 맥락에서 소환될 수 있는 개념적, 혹은 물리적인 현실세계의 어떤 면을 지칭한다.[3] 근대적 의미의 재현에 포섭되지 않는 대상이지만 맥락에 따라 리얼리티(reality)는 물론 사실(fact)이나 진실(truth) 같은 개념과도 어느 정도 연계될 수 있다. 그러나 실제와 닮음을 의미하는 기존의 근대적 개념인 그럴듯함(verisimilitude)과는 거리가 있으며 특히 근대의 사실적 예술의 기본 개념인 환영(illusion)과는 반대의 좌표에 놓일 정도로 가능한 한 거리를 둔다. 실재를 연극미학적으로 보면 비재현, 반일루전이라는 전제 하에 자기동일적, 현존적 성격을 띠는 모더니즘 이후의 연극 개념과 통하는 면이 없지 않다.

이 글 안에서 '실재'는 우선 지금까지 허구적이며 재현적 연극에 포섭되기 이전의 비허구의 현실세계, 그리고 그것을 연극 속에서 접한 관객의 입장에서 재구성할 수 있는 어떤 효과라는 뜻 정도에서 시작하면 될 듯하다. 다시 말해 '실재의 연극'은 '연극과 현실세계, 즉 현실세계의 인물, 사건, 시간, 장소, 현실세계에 관한 각종 자료, 증거, 증언 들과의 직접적이며 새로운 관계, 그리고 그것들로부터 새로운 리얼리티란 무엇인가를 다시 생각하게 하는 연극' 정도로 일단 받아들이면 될 것이다. 현재 우리 연극계에서 흔히 다큐멘터리 계열로 불리는 연극보다 조금 더 포괄적인 개념이라고도 볼 수 있다.

'실재의 연극(theatre of the real)'은 물론 내가 명명한 개념은 아니고 국내
외적으로 가끔 언급이 되기는 한다. 그러나 현재까지 그리 잘 알려져 있
거나 잘 정리된 개념은 아니다. 1990년대 이래 미국과 유럽을 중심으로
활성화되어 현재까지 주목받는 개념의 하나로서 다큐멘터리 계열의 극
들과 내용은 비슷하지만 접근은 조금 다르다. 『실재의 연극(Theatre of the
Real)』이라는 책을 쓴 캐럴 마틴(Carol Martin)에 의하면 실재의 연극은 '연
극과 현실, 무대와 현실 사이의 모호한 경계를 다루는 연극'으로 실재의
연극에는 다큐멘터리 연극, 버바텀 연극, 논픽션 연극, 증언의 연극, 사
실에 기반한 연극, 자전적 연극 등 다양한 방식의 연극들이 포함된다고
한다.[4] 나라에 따라 다르지만 많은 경우 실재의 연극을 다큐멘터리 연극
이나 버바텀과 거의 동일한 개념으로 보기도 한다. 국내에서는 이와 비
슷한 개념으로 고(故) 김형기와 남지수가 2010년대 초반 1960년대 역사
적 다큐멘터리와 변별되는 동시대적 특성을 광범위하게 갖춘 다큐멘터
리극으로서 '뉴다큐멘터리 연극'을 학술적으로 소개한 바 있었고[5] 그 후
2017년 김슬기가 다큐멘터리 연극을 대체할 대안으로 '실재의 연극'을
제안한 바 있다. 김슬기에 의하면 '결국 현실로부터 직접적인 공연의 재
료를 취하는 것뿐'이라면 '동시대 다큐멘터리극'이나 '뉴다큐멘터리 연
극'이나 '포스트다큐멘터리극' 대신 '실재의 연극'이라는 명칭과 개념을
사용하자는 것이다. 실재의 연극은 '현장성', '참여', '자발성', '진실', '진
정성' 면에서 보다 직접적 효과를 지닐 뿐더러 다양한 연극성의 성취를
가능하게 하고 관객의 적극적 경험과 지각을 향해 더 열려있기 때문이
라고 한다.[6] 이 글은 김슬기의 이런 의견에 기본적으로 동의한다. 이밖
에 실재의 연극과 관련되거나 겹치는 연극적 카테고리로 (뉴)다큐멘터
리나 버바텀 외에 포스트드라마나 커뮤니티 연극, 디바이징 연극 들을
들 수 있다.

이 글에서 실재의 연극에 대한 미학적 접근의 출발은 '**비허구성**'이다. 재현과 함께 근대 이전의 미메시스의 한 요소를 이루었던 '허구'를 부정하는 '비허구'의 개념에서 출발하자는 것이다. 그런 바깥세상의 날것으로서의 사실과 자료들이 기존의 연극에서의 재현과 허구와 픽션의 벽을 부수고 공연공간이나, 극장공간으로 틈입하여 허구와 비허구가 연극과 실재가 서로 마주치는 연극들이 등장했다는 것이다. 한스-티스 레만은 이미 『포스트드라마 연극』(1999, 2006)에서 포스트드라마의 특징의 하나로 '실재의 난입(interruption of the real)'이라는 표현을 쓰기도 했다. 그러나 21세기로 들어선 현재 실재의 연극의 비중은 포스트드라마의 일부로서의 특징을 넘어 점점 더 커지는 추세다.[7]

2010년대 한국연극에서 연극은 그 어느 때보다 사회와 긴밀히 의사소통하고자 하고 있다. 특히 세월호 참사 직후 2015년 이후 수년간 혜화동1번지의 '세월호' 기획이나 '권리장전' 같은 소규모 자발적 네트워크의 연극제들을 통해 실재의 연극에 대한 욕구는 급작스레 팽창했다고 할 수 있다. **한국에서의 실재의 연극은 강한 비판적, 정치사회적 윤리의식에 기반하면서 해체, 몸, 현존, 수행성 같은 탈근대의 연장적 개념들, 그리고 실재를 이루는 장소성, 현실의 인물과 사건, 버바텀, 아카이빙, 다큐멘터리 같은 개념과 기술적 면들을 포함한다. 실재의 연극은 이를 통해 실재를 날것으로 끌어들여 기존의 연극적 허구와 맞닥뜨리게 함으로써 지각의 충돌과 인식의 전환을 통해 사회적 실천과 변혁을 꾀하고자 한다.**

:: 탈근대와 실재의 연극이 공유하는 연극미학적 특성들

실재의 연극은 극심한 정치사회적 동요와 함께 출현했지만 그렇다고 그 이전의 연극과 미학적으로 완전히 단절된 양상을 보이지는 않는다.

9·11 이후 그 간의 포스트모더니즘의 정치적 무책임을 벗어나 의미와 가치를 다시 살려내고 추구하는 시기가 왔다고도 하지만, 또한 포스트 포스트드라마의 시대라고도 하지만, 실재의 연극은 상당부분 포스트모더니즘이나 포스트드라마의 속성들을 이어받고 있으며 크게 보아 이런 탈근대 연극의 범주에서 벗어나지 못하는 면들이 있다. 21세기의 많은 작품들이 과거 탈근대의 많은 사상에서 방기했던 언어나 텍스트의 의미, 주체성, 서사, 정치와 윤리적 가치관들을 대신할 새로운 대안 찾기를 시도하고 있지만 그렇다고 과거로 돌아갈 수는 없다. 실재의 연극에서 과거의 재현미학에 입각한 허구적 인물이나 인과적 구성, 혹은 논리 정연한 내러티브는 찾아보기 힘든 것이 사실이다. 그러나 **실재의 연극에서 해체, 몸, 물성, 현존, 수행성 등의 포스트드라마적, 혹은 탈근대(연극)의 개념들은 아직도 유효하다.**

1) 해체

데리다의 언어학에서 비롯된 이항대립적 의미와 구조의 해체, 혹은 자기동일성이나 권위의 해체라는 개념은 포스트모던뿐 아니라 2000년대 이후의 포스트드라마, 혹은 포스트 포스트드라마, 그리고 실재의 연극에서도 유효하다. 가깝게는 억압을 해체하자는 페미니즘의 세계관의 기반일 수 있고, 안착된 텍스트적 의미나 무대 위의 기호성의 체계, 의미망들을 해체한다. 인물은 극중 의미로서의 자기동일성을 잃게 되고, 논리적인 극 구성도 깨지고, 언어는 그 의미전달 기능을 상실하게 됨으로써 극중 세계의 허구적 재현성이 해체되며 공연은 유희적 양상을 띠게 된다. 한국연극에서 이런 유희적 해체의 경향은 1970~1980년대의 기국서로부터 발아되어 1990년대부터 본격화됐고 최용훈이나 이성열을 거쳐 현재 활발하게 활동하고 있는 김현탁의 작업들에서 극명하게 드러나고 있다. 가벼운 유희성보다는 진지한 지각의 자극과 인식의 전환을 꾀한다는 점에서 다르지만, 윤한솔의 작업 중 실재의 연극적 요소를 지닌 〈빨갱이. 갱생을 위한 연구〉, 〈원치않은, 나혜석〉, 〈아무튼백석〉, 〈이야기의 方式 노래의 方式 - 데모버전〉, 〈이야기의 方式, 춤의 方式 - 공옥진의 병신춤 편〉에서도 이런 해체의 철학이 분명하게 드러난다. 이런 해체적 작업은 기존의 연극의 재현성, 허구성을 파괴하고 그에 따라 일관된 인물이나 인과적 구성을 기피한다는 점에서 당연히 실재의 연극과 토대를 공유한다.

2) 몸과 현존

포스트모더니즘이 주류가 된 1990년대 이후 몸과 현존, 물질성 들은 국내연극계에서도 기본적인 키워드가 되었다. 1990년대의 채승훈, 김아라, 김광보 등의 작업들을 거쳐 몸의 연극, 현존의 연극은 오늘도 작업을 이어가고 있는 강량원, 박지혜, 김수정, 구자혜, 이경성, 윤한솔, 윤혜숙, 설유진, 김정 등의 작업에서도 발견된다. 텍스트의 고정된 지위를 뛰어넘는 에너지 넘치는 몸의 연극은 소규모의 관객과 진지한 연극성이 격렬하게 부딪칠 수밖에 없다는 점에서 동시대 연극의 기본 요소가 되었는데 이는 공연미학 못지않은 진정성, 형식적 실험에 앞서는 진정성이 중요시된 실재의 연극에서도 예외가 아니다. 다만 1990~2000년대의 도취하는 몸, 스펙터클한 몸의 현존과 달리 실재의 연극에서는 지각과 인식을 두드리는 깨어나는 몸으로 바뀌는 경향을 보인다는 점이 다르다.[8]

행위하는 몸에 대한 구도적 집념을 보이는 강량원, 응축된 에너지의 미니멀리즘을 추구하는 박지혜, 주체적 관점에서 여성성의 일상적 몸을 제시하는 윤혜숙, 힘차고 화려한 여성적 에너지로 젠더의 경계를 뛰어넘는 설유진 들이 비교적 재현미학으로부터 멀지 않은 온건한 몸을 보여왔다면 실재의 연극에 더 다가가는 구자혜는 보다 급진적인 몸의 양태를 보인다. 그의 배우들은 최대한의 말하기를 통해 자신의 현존을 정당화하고 방어한다. 구자혜의 경우는 극장에 있음 자체로의 몸이기 때문에 수화통역사의 몸까지를 연극의 일부로 포용하기도 한다. 윤한솔과 이경성의 몸은 실재와 보다 예리하게 만나고 접합함으로써 기호로서 찢어지거나 과정 속으로 분해되는 몸들이다. 이경미는 크리에이티브 바키의 연극미학과 윤한솔의 연극미학도 결국 배우들의 몸으로 분석한 바 있다.[9] 그리하여 옛 장소를 제 몸으로 걸어다니는 장소특정적 연극, 당사자성이 중시되는 자전적 연극이나 장애연극에 이르기까지 몸의 중요성은 실재의 연극에서도 계속된다. 그러나 실재의 연극에서 몸의 현존성은 감각적 자기동일성만을 고집하지는 않는다. 실재가 허구로 스며들고 틈입해 들어오면서 몸은 조금씩 부서지고 분열하고 차이를 만들어가며 새로운 인식을 향해 조금씩 다가갈 수밖에 없다.

3) 수행성, 과정

수행성은 소위 '수행적 전환' 이후 탈근대의 문화·사회 전 영역의 핵심적 개념의 하나이다. 오스틴의 언어 화용론에서 출발한 수행성이론은 주체나 대상에 대한 절대적이며 고정된, 그리고 결과론적인 의미부여보다는 행위의 과정을 통해 (주체 스스로, 그리고 참여자, 혹은 관객과 함께 변화되는) 열린 결과와 의미에 주목한다. 그만큼 수행성은 사회변혁의 가능성과 과정성이라는 함의를 지니면서 연극에서도 몸, 버바텀, 과정성, 디바이징 씨어터, 공동창작, 젠더적 전복, 관객의 참여 등 포스트드라마, 그리고 실재의 난입을 허용하는 실재의 연극 거의 전 영역에서 핵심적인 기능을 수행한다. 실재가 연극 안으로 쳐들어오기 위해서는 수행성에 의해 연극의 세계라는 허구적 자기동일성에 균열이 일어나야 하기 때문이다. 특히 수행성에서 중시될 수밖에 없는 과정성은 최근 청년연극인들의 화두가 되었다. 결과보다 연극 만들기의 과정을 중시하는 그 자체가 이시대의 연극미학일 수도 있지만, 과정 자체의 진정성과 민주성을 중시하는 오늘의 연극 예술가들에게 중요한 개념이기도 하다. 윤한솔, 이경성을 비롯해 현재 활발하게 활동하는 거의 모든 실재의 연극에게서 이런 수행적 특징을 발견할 수 있다. 최근 대부분의 공연들은 과거처럼 연출자가 고안하고 지시하는 것이 아니라 그가 제시하는 기본 방향과 콘셉트 하에 배우들 모두가 그들이 실제 부딪친 세계의 실상을 재구해 공연을 만드는 경우가 많다. 따라서 실재의 연극의 연기, 언어, 극구성에 수행성은 필수적이다. 실재의 연극에서는 포스트드라마에 이어 관객의 수행적 역할 또한 중요하다. 연극의 실재성은 실재성 자체로 제시될 수 없기 때문에 허구를 파쇄하고 재편집하는 관객의 수행적기능이 더 크게 요구되는 경우가 많기 때문이다.

::실재의 연극과 작품의 예들: 2010년 이후 한국의 경우

실재의 연극에 대한 몇 안 되는 이론가인 캐럴 마틴에 의하면 실재의 연극은 진실(truth)과 가상(simulation, the simulated)에 관한 연극이다. 실재의 연극은 실재 그 자체를 의미하는 것이 아니라 실재와 가상들이 만나고 형성되는 과정이라고 본다.[10] 전반적으로 마틴은 실재의 연극을 현실세계와의 새로운 관계라는 경험적 요소로 보기보다는, 진실과 조작된 것 사이의 관계라는 존재론적이고 인식론적인 긴장에 관심을 갖는 듯하다. 그러나 이 글은 한국의 실재, 실재의 연극을 2010년대 이후 정치사회적 변화와 그것이 요구하는 윤리적 감성과 현실세계의 변화와 연결시켜서 본다는 입장이다. **정치현실이나 윤리성의 문제와 관련해서 바깥세상이라는 외부적 현실이 극적 환상이나 허구로서의 연극 속으로 직접 들어온다는 점, 그 과정에서 관객의 지각의 교란과 재편성으로 인해 정치사회적 인식과 각성이 고양될 수 있다는 일종의 변증법적 과정, 새로운 리**

얼리티를 찾는 변증법적 변화에 주목하고 싶었다.

앞서 말했듯이 이 글은 **실재를 정의하는 데 있어 우선 비허구라는, 미메시스의 대척적 개념에서 출발하고자 한다. 미메시스에 대해 대척적이라 함은 미메시스의 기본인 재현이나 환상을 거부하는 비재현이라는 의미뿐 아니라 비허구, 즉 미메시스적 일루전을 위해 거짓으로 지어놓은 허구의 세계로서의 연극과 대척점에 있다는 뜻이다.** 미메시스적 재현이나 환상은 현실을 반영하는 데 있어 사실이니 상징이니 표현이니 하는 여러 가지 복잡한 상호관계를 설정한다. 이에 비해 미메시스적 '허구'는 현실과 비교적 분명한 선을 긋고 분리되어왔다. 극의 세계는 아무리 현실과 비슷하게 모방하고 재현해도 어쨌든 '허구적' 환상을 위해 만들어진 이야기였기 때문이다.[11] 그런데 실재의 연극은 환상뿐 아니라 이 허구의 벽을 무너뜨린다는 데서 충격을 준다. 허구와 실재의 경계를 무너뜨림으로써 관객의 익숙함을 흔들고 지각을 교란시키며 새로운 인식을 고양시킨다. 현실의 인물, 언어, 행위, 시간과 장소, 아카이빙 자료, 기억 등이 기존의 환상과 허구에 갇혀있는 연극의 세계에 틈입하여 기존의 연극세계를 교란함으로써 새로운 리얼리티를 재편하려는 것이다. 그런데 이런 과정에서 실재의 연극은 다음과 같은 복잡한 질문들에 부딪칠 수밖에 없게 된다. 즉 **'바깥세상의 날것의 사실과 자료'들이 과연 그 자체로 얼마나 비허구이며 리얼하며 사실, 혹은 진실일 수 있는가? 그것들이 극장과 연극 안으로 들어왔을 때 여전히 비허구이며 실재일 수 있는가? 허구와 실재의 구분은 언제나 명확히 유지되는가? 공연이 관객에게 허구가 아닌 실재로 받아들여진다는 것은 무슨 의미인가?** 실제로 지난 십 년간 현장에서 행해졌고 지금도 행해지고 있는 많은 실재의 연극은 다양한 양상으로 이 질문에 대한 답을 제시할 것이다.

그 결과를 미리 끌어온다면 이 글에서 다루는 비허구적 실재의 연극이란 다음 중 하나의 항목에라도 해당되는 연극을 의미한다. 그중에는 허구성과 실재성이 별로 부딪치지 않는 단순한 다큐멘터리에 가까운 연극도 있을 수 있다. 기계적으로 말한다면 많은 항목에 해당될수록 '실재의 연극'의 성격이 강해진다고도 할 수 있다.

- 비허구의 장소, 인물을 연극(공연) 속에 직접 끌어들이는 공연.
- 비허구의 자료, 증거, 문서, 증언, 회고, 녹음 등 다큐멘트를 직접 활용하는 공연.
- 기존의 허구적 연극과 실재(비허구적인 것들) 사이의 긴장관계나 경계성을 창출하는 공연.
- 이런 긴장관계나 경계성을 통해 관객에게 지각의 교란으로 인한 메타적 인식을 일으키게 하는 공연.
- 관객의 사회적 인식고양과 새로운 실재와의 새로운 관계를 구성할 가능성이 있는 공연.
- 기타 연극의 최소한의 허구성과 실재가 특별한 방식(디지털 등)으로 조우하는 경우.

실재의 연극은 국내의 경우 2000년대부터 서울프린지 페스티벌이나 변방연극제에서 조금씩 싹을 보이다가 2014년 세월호 이후 한국의 현실 속에서 자생적으로 폭발하듯 확산되었다. 그러나 동시에 2010년대 초반의 해외작품들로부터 자극을 받았다는 점을 간과할 수 없다. 우리나라의 경우 2010년경부터 이런 흐름이 발견되기 시작했는데 페스티벌 봄이나 서울국제공연예술제(SPAF)가 해외 축제와의 네트워크를 통해 리미니 프로토콜의 〈카를 마르크스: 자본론 제1권〉(2009), 크리스 콘덱의 〈죽은 고양이 반등〉(2010), 쉬쉬팝의 〈유서〉(2012) 등을 소개해 큰 반향을 불러일으켰다. 또 이때쯤 영국에서 공부하고 돌아온 이경성이 〈도시이동 연구 혹은 연극 - 당신의 소파를 옮겨 드립니다〉(2010)를, 미국에서

수학한 서현석이 〈헤테로토피아〉(2010)를 발표해 주목을 끌었고 역시 미
국에서 수학한 윤한솔도 이 무렵 다큐멘터리 계열의 작업을 시작했다.[12]
이후 세월호 참사, 블랙리스트, 탄핵정국, 미투를 비롯해 한국사회에
서 많은 사건들이 터졌고 연극은 허구로 가공되기 이전의 그 '실재'들에
자기 나름의 새로운 방식으로 접근하고자 몸부림쳤다. 2021년 현재까
지 주목을 끄는 공연 중 상당부분이 실재의 연극의 요소를 지닌 작품들
이다. 이런 장소특정적 연극이나 다큐멘터리나 버바텀 성격의 국내외
작업들이 이어지면서 임인자, 이진아, 김소연, 이은경 등이 리뷰를 통해
소개와 언급을 시작한 이래 고(故) 김형기를 비롯해 이경미, 김기란, 남
지수 등 많은 학자들의 관련 학술논문 역시 꾸준히 발표되고 있다.

실재의 연극은 독재나 재해와 같은 정치사회적 현실에서 가져오는 의
제와 이슈를 중시하고 있으며 주로 엘리트 젊은이들에 의해 주도되고
있고 양상이 격렬하다는 점에서 한국의 1980년대 마당극, 민족극과 비
슷하기도 하다. 그러나 장소특정적, 버바텀, 자기이야기하기, 당사자성,
다큐멘터리 연극, 뉴다큐멘터리 연극 등 다양한 양상으로 전개되는
2010년대 이후 한국의 실재의 연극은 투쟁이라기보다는 일상 속에서
사회적 삶과 자기 자신에게 질문하는 연극이다. 1980년대의 마당극과
민족극이 군부독재나 외세 같은 적과 그에 맞서는 농민 노동자, 민중계
층의 해방과 생존권을 꽹과리 치기나 격렬한 춤사위를 통한 투쟁이라는
이분법적 구도로 부각시키고자 했다면 2010년대의 실재의 연극은 정치
적이면서도 개인적이고 일상적이며 조용한 편이다. 해답이나 대안을 제
시한다기보다 대부분 문제적 대상에 대한, 혹은 자신에 대한 질문을 제
시하는 방식이며 끈질기고 사유적이다. 분노를 절제하고 있으며 가능한
한 개개인들의 일상의 디테일 안에서 머물면서 위선을 걷어내고 타인에
대한 배려, 공감, 공동체의 윤리의 가능성을 타진한다. 실재의 연극 계
열의 세계적인 추세이기도 하지만 **이들의 연극미학은 스펙터클이나 연**

극적 수사를 멀리하며 대부분 미니멀리즘, 조심스러움, 사려깊음, 부드러움, 집요함, 질문하는 태도, 쉽게 단정짓지 않기라는 분위기 면에서 공통점을 보이기도 한다.

이제 최근 십 년의 실재의 연극을 되돌아보기 위해 항목을 나누어 설명하고자 한다. 실재의 연극 안의 각 항목들은 서로 겹치고 중복되고 교차되는 작품들이 대부분이다. 굳이 나눠본 것은 전체의 흐름과 변이를 통해 실재의 연극에 대한 정리를 돕기 위함이다.

1) 장소특정적(site-specific) 연극

'장소특정적'이라는 개념은 20세기 중반부터 모더니즘 미술의 자율성과 자기지시성에서 탈출하려 했던 포스트모던 미술 쪽의 설치작업이나 퍼포먼스로부터 형성되기 시작했으며 각종 공공예술이나 거리극 등으로부터도 영향을 받았다. 세르토나 르페브르 등의 도시인문학에서 영감을 받은 장소특정적 연극은 도시공간이 지닌 기존의 관념성과 제도성에 반해 일상성, 수행성, 창의성 등을 활성화한다. 또한 장소특정적 연극은 특정 의미나 역사의 흔적이 남은 실재의 장소를 현재의 공연공간화하면서 장소와 관객 개개인, 과거와 현재 사이의 상호텍스트성을 풍부하게 할 뿐 아니라 특정 장소에 밴 재해, 참사에 관한 개인 및 공동체의 흔적과 기억을 보전하고 소환함으로써 권위적이고 정전적인 기억과 기록에 저항한다.

장소특정적 공연은 국내의 경우 실재의 연극 중 시기적으로 가장 먼저 출현했다고 할 수 있는데 2000년대 중반부터 소개되고 논의가 시작되어 서현석과 이경성이 2010년부터 본격적으로 작업을 발표하기 시작했다.[13] 서현석의 〈**헤테로토피아**〉(2010)는 리시버를 낀 관객들을 도시개발로 폐허가 되다시피 한 세운상가의 골목들 사이로 헤매게 하면서 근대성의 자취를 돌아보게 했던 공연으로 장소특정적 공연이라는 존재와 의미를 처음으로 분명하게 국내 예술계에 소개한 작품이었으며 이경성은 광화문 일대에서 일상적, 혹은 비일상적 행위를 벌이면서 도시 공간의 제도성을 재인식하게 한 〈도시이동 연구 혹은 연극 – 당신의 소파를 옮겨 드립니다〉(2010)로 주목을 끌었다. 이후 이경성은 남산예술센터라는 장소와 건물에 얽힌 역사를 되돌아보는 **〈남산 도큐멘타: 연극의 연습 – 극장편〉**(2014)과 이 공연의 시작 전에 관객들을 남산의 곳곳으로 데리고다니며 얽힌 애기를 들려줬던 '유령산책'으로 보다 전형적인 장소특정적 연극을 선보였다. 이어 가장 크게 주목을 받은 장소특정적 공연은 세월호 참사의 의미를 새기고자 고주영이 기획하고 윤한솔이 연출했던 **〈안산순례길〉**(2015)일 것이다. 이 공연은 일반 참여자와 몇몇 참여 예술가들이 세월호의 흔적을 비롯한 안산 시내의 곳곳을 순례하며 세월호의 흔적뿐 아니라 산업화와 개발 이주노동 문제 등이 불균형하게 진행된 안산이라는 도시의 생태를 느껴볼 수 있었던 작품으로서 세월호와 관련된 대표적인 초기 공연으로 기억된다.[14] 그 후 관객들과 함께 부평지역의 역사적 흔적을 따라 이동하며 현장에 알맞은 퍼포먼스를 곁들인 앤드씨어터의 〈터무늬 있는 연극×인천_부평편〉(2015), 같은 앤드씨어터의 작품으로서 공연에 참여한 관객들에게 부평아트센터 극장의 숨겨진 면모를 재인식하도록 극장의 여기저기를 개방하고 설명해준 〈극장을 팝니다〉(2020)[15], 개관 40주년을 맞아 세 명의 극작가들이 쓴 텍스트에 맞춰 문예회관 – 아르코 예술극장 공간 이곳저곳에 새겨진 세월의 흔적을 느껴보게 한 〈없는 극장〉(2021) 들이 장소특정적 연극의 특성을 이어가고 있다. 이밖에 남산예술센터의 폐관을 앞두고 남산 드라마센터와 유치진의 과거 행적을 살펴보았던 강훈구의 〈망할 극장〉도 있었는데 극장 공간을 중심으로 이루어지는 장소특정적 공연은 당연히 강한 자기지시적 반영성, 혹은 메타성을 띠게 된다. 이양구가 청계천의 전태일 기념관이라는 장소에서 현재의 허구적 상황과 전태일의 과거행적을 병치한 〈어쩔 수 없는 막, 다른 길에서〉(2021, 이양구 작)도 부분적으로 장소특정적 연극의 요소를 지니고 있다.[16]

장소특정적 공연은 (다크)**투어리즘** 형식의 본격적인 **이동형 퍼포먼스**의 양상을 띠기도 한다. 앞서의 장소특정적 공연과 좀 다른 점이 있다면 이동이 보다 본격적이 되면서 친숙함보다는 낯섦, 그리고 낯선 곳을 탐방하는 즐거움이 좀 더 커진다는 정도일 것이다. 2012년 마을버스로 성북동 속 북정마을을 방문해 서울 속의 낯섦을 느껴보게 했던 극단 서울 괴담의 〈기이한 마을버스 여행 – 성북동〉(2012)에 이어 극단 신세계가 2017년부터 매년 공연하고 있는 **〈망각댄스〉** 시리즈가 그것이다. 〈망각댄스〉 시리즈는 관객을 버스에 태우고 전국, 혹은 서울의 재해의 현장으로 투어하며 일상적 관광행위 밑에 가려져 있는 참사의 현장을 대면하도록 한다. 코스에는 성수대교, 대구 지하철, 삼풍백화점, 씨랜드 청소년 수련원, 세월호 참사 관련 장소들이 포함되어 있으며, 평범한 관광투어처럼 진행되다가 마지막에 그 관광의 속 의미가 드러나는 반전의 형식을 취한다. 이를 통해 관객은 '사건'의 방관적 관찰자가 아닌, '사건-공간'의 실천적 목격자로 정립되는 수행적 경험'[17]을 해보게 된다.

장소특정적 연극의 경우는 의미를 지닌 특정한 실제의 장소에서 현재와 과거, 현실과 몽환적 기억, 장소와 관객들 사이 어딘가의 경계적, 상호텍스트적 관계 맺기가 이루어진다는 것이 공통되지만 허구적 요소는 다소간에, 어떤 식으로든 늘 개입된다. 비교적 단순한 형태의 장소특정적 연극인 〈남산 도큐멘타: 연극의 연습〉의 유령산책, 〈안산순례길〉, 〈기이한 마을버스 여행 – 성북동〉에서도 현실의 특정장소를 거니는 도중 연출가가 심어놓은 연출된 장면을 만나게 된다. 또한 장소특정적 공연으로서 논의되는 작품들 중에는, 특정장소의 현장성을 활용했을 뿐 허구성이나 재현적 요소가 많이 남아있는 공연도 있다.[18] 예컨대 광주혁

명의 현장에서 공연된 〈광천시민아파트 가,나,다〉(2013), 〈오월공명〉(2019)
도 장소특정적 공연으로 논의되는데[19] 이 공연들은 가능한 허구성이나
재현적 요소가 배제되고 실제의 장소성, 관객의 이동과 적극적 참여가
중시된 작품들이라기보다, 역사의 현장이었던 건물과 장소들을 배경으
로 해서 몇 군데의 특정 장소에서 당시의 역사적 에피소드를 재현적으
로 공연하거나 관련 퍼포먼스를 벌이는 경우다.

　장소특정적 연극은 특정한 장소 내에서 관객을 이동시키는 양상으로
진행되는 것이 보편적이기 때문에 숫자적으로 제한된 관객들의 적극적
인 수행적 참여를 전제로 한다. 20~30명 이내의 참여자들은 혼자, 혹은
함께 부지런히 걸으면서 많은 정보를 얻고 스스로 경험하고 느끼고 사
유해야 하며 참여 도중과 사후에 자신이 목격하고 경험한 것들에 대한
적극적인 의미를 창출함으로써 공연의 의미가 완성된다. 리시버로 제공
되는 녹음 내레이션, 안내원 기능의 연기자, 심어놓은 허구적 장면 속의
허구적 배우들을 받아들이는 다중적 감각과 상상적 유연성이 필요하기
도 하다. 따라서 장소특정적 연극은 실재의 연극 중 관객의 참여를 적극
적으로 요구하며 액티브하고 다이내믹한 성격이 짙은 공연형식이라고
도 할 수 있다. 관객층이 젊고 호기심 많은 한국연극계에서 관객들이 적
극적으로 참여해서 얻어내는 지적, 시각적, 청각적, 다양한 감각과 지각
의 교란을 도전적으로 즐기는 모습을 발견하게 된다.

　큰 희생을 치렀던 근대화 과정, 포스트모던과 전통의 공존, 산적한 정
치·사회·경제적 문제들, 긴 역사의 층이 켜켜이 쌓인 이 땅의 곳곳, 연
극의 흔적이 중첩된 산실로서의 극장들, 그리고 일상적으로 보급되고
발전된 미디어 기술 등은 한국사회에서 장소특정적 공연의 지속적인 발
전 가능성을 기대하게도 한다. 반면 장소특정적 연극이 〈헤테로토피아〉
나 〈남산 도큐멘타〉의 문법을 벗어날 수 있는 획기적인 아이디어나 텍
스트를 계속 생산해낼 수 있을지 의문이기는 하다.

2) 버바텀(Verbatim) 연극

버바텀 연극은 누군가의 입에서 발화된 현실의 말을 인용해 연극적으로 구성하는 행위로, 예를 들어 인터뷰, 증언, 심문, 연설, 진술, 선언, 녹음(영상) 등의 비허구적 자료들로 구성된 텍스트를 일컫는다.[20] 허구의 상황과 인물과 대사들이 더 이상 삶의 진실을 보장해주지 못하는 세상이 되자 실제 인물의 인터뷰나 기록에 기반해 극본을 구성하고 연극을 만드는 경향이 대두한 것이다. 버바텀 연극을 다큐멘터리 연극의 일부로 본다면 그 역사가 20세기 초반으로까지 올라가겠지만 버바텀 연극 자체는 1990년대 이후 영국을 중심으로 폭발적으로 출현했다. 버바텀 연극은 그 정의면에서 다소 복잡하다.[21] 평범한 실제인물들의 **인터뷰나 리서치, 혹은 기록 같은 청각적 진술**에 의존한다는 것이 첫 번째 기본요건이라면 두 번째로 그 자료를 어떻게 연극 **텍스트로 변형, 재구성, 재맥락화**하느냐의 문제, 그리고 세 번째로 **그 자료를 배우들이 어떻게 수행**하느냐가 관건이 된다. 두 번째의 자료의 극화 문제는 수집된 녹음 자료를 그대로 인용·전달하는 초기의 방법론에서부터 '자료의 원천구조를 파괴할 자유', 다시 말해 극화를 위해 자료를 재구성/재맥락화하는 쪽의 역량이 더 허용되는 쪽으로 발전해왔다. 셋째로, 연기면에서는 '보통 자료를 직접 수집한 공연자들에 의해 수행'되고 '배우들은 실제 인물들이 사용하는 말로 캐릭터를 연기한다'.

따라서 이런 정의들을 종합하면 버바텀 연극에서는 작/연출자나 드라마투르그 외에도 연기자의 부담이 엄청 커지고 역할이 막강해진다. 연기자들은 연출자 및 드라마투르그와의 토론을 거쳐 배우-연구자(actor-researcher)로서 직접 리서치에 참여하고 청각적 진술들을 수집해야 하며, 자료를 직접 수집했으니만큼 그 자료의 재구성과 재맥락화를 통한 텍스트화/극화 작업에 참여해야 하고, 리서치 당시의 경험을 살려 리서치와 극화의 결과를 무대 위에서 실제 인물들이 사용했던 말을 통해 연기해야 한다는 무거운 짐을 지게 된다.

＊ ＊ ＊

국내에서 버바텀 연극의 본격적인 봇물을 트고 진면목을 보여준 계기는 세월호 참사였을 것이다. 세월호의 참혹함이 준 경악감은 어떤 재현의 시도도 불가능하게 만들었고 재현 대신 다른 방식으로 직접 실체에 접근하는 여러 길을 조심스럽게 모색하게 했다. 구자혜의 **〈킬링타임〉** (2016)과 이경성의 **〈그녀를 말해요〉** (2016)는 이런 의미에서 버바텀 연극의 가장 분명하고 뛰어난 예이자 세월호라는 실재에 가장 효과적으로 진지하게 접근하고자 했던 작품으로 기억될 것이다. 세월호 특별진상조사위원회가 실시한 1, 2차 청문회 기록을 토대로 한 **〈킬링타임〉**은 거의 순수하게 버바텀 기법으로 이루어진 국내에서 흔치 않은 작품이다. 세월호 참사를 일으킨 주요 인물들의 발화내용을 외적인 변형 없이 그대로 인용한 내용으로만 이루어져 있다. 남지수가 지적했듯이 '권력자(가해자)의 언어와 발화의 수행방식을 정확하게 분석하고자 하는 의도를 내포'한다.[22] 〈킬링타임〉은 엄격한 버바텀 형식에도 불구하고 그 엄격성 자체와 최소한의 편집과 반복이라는 절제된 틀 짜기를 통해 오히려 '말하지 못한 말'이라는 부재의 실재가 드러난 경우였다. 그러나 아무리 실제의 자료를 그대로 인용하기만 한다고 해도 관객을 앞에 놓고 하는 연극예술과, 최소한으로 설정된 연출적 상황과, 자료를 어떤 방식으로건 관객에게 전달해야 하는 연기적 특성상 연극에 어떤 재해석과 재맥락화가 가해질 수밖에 없는 것도 사실이다. 남지수가 분석했듯이 〈킬링타임〉역시 1막의 마지막 장면의 작은 변화를 제외하면 같은 청문회 기록에 기반했음에도 불구하고 공연장소, 약간의 텍스트 변화, 연기태도 등에서 세 번의 공연 각각은 무력감, 의혹, 분노 등 서로 다른 느낌을 주게된다.[23] 구자혜는 버바텀이라는 개념을 앞세우지 않는다. 언어와 몸의 현존에 더 관심이 있다. 구자혜가 원하는 것은 허구적 감정이 제거된 말의 현존을 통해 관객과 세상을 향해 직접적으로 발언하는 것이며 그에 따른 현존의 연출과 연기술에 대해 고민한다. '무대와 객석 사이의 벽을 뚫고 신선한 감동을 준다'는 긍정적 평과 함께 '단조롭게 소리를 지르기만 해서 그 연극이 그 연극 같고 피곤하다'는 불평을 받는 구자혜의 연극에서 버바텀식 연기의 이런 미묘한 차이들을 실현하는 것이 앞으로의 과제가 될 수 있다.

크리에이티브 바키의 **〈그녀를 말해요〉**는 세월호의 아픔을 배우 자신의 이야기로 녹여냈던 〈비포 애프터〉 이후 좀 더 직접적이고 객관적인 버바텀 방식을 취한 작품이다. 연기자들은 희생자의 유가족들을 만나보고 그들과 생활하며 얘기를 나눈 후 유가족 어머니들의 발언을 버바텀 형식으로 전달한다. 자료조사→극화→버바텀식 연기라는 전 과정에 참여했다는 의미에서 성수연, 나경민, 우범진 등 바키의 배우들은 버바텀 배우의 의미와 기능을 제대로 구현하게 된다. 배우들은 다섯 어머니들을 인터뷰하고 그녀들이 잃어버린 딸에 대해 하는 얘기들을 녹음에 담았으며 연기자/전달자의 입장에서 목소리의 결, 호흡, 말하기의 사소한 습관, 한숨, 웃음 등의 특성을 설명하거나 살려 전달하거나 재연해 보임으로써 실재의 언어에 대한 새로운 경험의 기회를 주었다. 그렇게 함으로써 다양한 말하기의 방식을 통해 세월호 참사의 실재에 조금씩이나마 조심스럽게 다가간다. 〈그녀를 말해요〉는 다소 이질적인 두 부분의 구성으로 이루어져 있다. 2부에서 배우 성수연은 텅 빈 무대 가운데 버티고 서서 희생된 304명의 학생들과 관련자의 이름을 외어서 발화한다. 배우 성수연은 단지 그들의 이름을 암기한 것이 아니라 한명 한명의 사진을 보고 그들의 사연을 듣고 상상하면서 그들의 이름을 그녀의 몸과 마음에 각인한 후 다시 그것을 관객 앞에 조용하고 고통스럽게 몸으로 실을 뽑아내듯 자아낸 것이다. 이 불가능에 가까운 압도적 작업을 성수연은 수행을 한다는 느낌으로 자청했다고 한다. 이들의 연기/퍼포먼스는 공감과 거리두기의 사이 어딘가에 있다. 이경미는 현상학적인 방법론을 빌린 논문인 「연극 안의 배우, 배우의 몸」에서, 〈비포 애프터〉와 〈그녀를 말해요〉를 통해 보여준 크리에이티브 바키의 버바텀 연기를 감각을 통해 타자에게 다가가는, 타자의 감각을 가져오는 연기라고 논한다. 그들의 버바텀 연기는 타자를 향해 감각적으로 온몸을 열되 동시에 거리두기를 유지하며 '대화'를 시도하는 작업이라는 것이다.[24] **버바텀 연극의 경험은 앞으로 다룰 자기이야기하기의 연극과 함께 많은 연기자들에게 변화를 가져왔다. 예술가로서 그리고 연기의 철학과 기술적 측면에서 배우들을 성숙하게 만들었다. 한국연극사에서 아마도 처음으로, 연기자의 책임감이 무거워지고 위상이 비약하는 계기가 되었다.**

3) 자기이야기하기, 무대에 서는 당사자들

버바텀 연극에서 연기자는 허구적 인물이 아닌 그 자신으로 무대에 서기는 하지만 실재하는 타인의 인터뷰나 증언을 전달하는 극중 매개자의 입장이다. 그런데 언제부터인가 **실제 경험의 당사자들이 무대에서 직접 자신의 실제 이야기**를 하는 공연들이 나타났다. 연기자 자신이 직접 자기 이야기를 하기도 하고 작가나 연출가가 자신의 이야기를 전문 배우를 통해, 자기이야기하기 방식으로 풀어놓는 경우도 있다. 극중 사건의 당사자를 포함한 일반인이 자기 얘기로 무대에 서기도 한다. 어떤 경우건 비허구적 자기서사적 공연은 내용이 허구적이 아니며 연기자가 허구적 인물이 아니라는 점에서 버바텀 연극과 상당부분 겹치는 면이 있다. 실제 당사자거나, 혹은 실제 당사자를 표방하며 한다는 면에서 전문 배우가 허구적 인물을 독백식으로 재현하는 기존의 모노드라마는 물론, 허구적 인물이되 그 인물과 적당한 거리를 유지하면서 가끔 자기자

신의 코멘트를 섞도록 설정된 브레히트식 서사극의 내레이터와도 다르
다. 무대 위 연기자는 자신의 이야기를 하게 되는 것이다.

우선 연기자가 연기자 자신의 이야기를 하는 경우, 연기자는 극중인
물이나 연기자 이전의, 자연인에 가까운 연기자 자기 자신이 된다. 그리
고 주어진 대사 대신 자연인으로서 자기의 말을 하도록 요구받게 된다.
물론 순수하게 연기자 자신의 언어라기보다 연출자나 드라마투르그에
의해 부분적으로 조정을 거칠 수도 있지만 말이다. 자기이야기하기는
일인극의 형태일 수도, 출연하는 인물들 여럿이 각자가 말하는 형태가
될 수도 있다. 아무튼 그는 극을 주도하든, 극의 일부가 되든 더 이상
허구의 인물이 아니라 온전히 **자기 삶의 고백자이자 사색자**가 되는 것
이다. **연기자라기보다 퍼포머가 되고 때로는 이론가**가 되기도 한다.

또 이 경우 배우들은 버바텀의 기술 못지않게 **'자기이야기하기'라는
새로운 연기의 미학**을 개발할 필요가 있다.[25] 연기자 이전의 자기 자신
으로서 자신의 전 생애적 경험과 정서를 진정성을 다해 쏟아낼 수도 있
고 자신의 삶과 이야기하고 있는 화자를 분리하는 식으로 어느 정도 거
리를 유지할 수도 있다. 물론 이야기의 전달력과 함께 극적 맥락이 요구
하는 최소한의 연기적 수행력도 갖춰야 한다. 또한 자기이야기하기 연
극은 작품에 따라 관객에게 여러 가지 다양한 복합적인 효과를 불러일
으키게 된다. 관객은 자신의 속내를 드러내는 배우 자신이자 극중인물
에게 순간적으로 강한 몰입이 일어날 수도 있겠지만, 한편 분명히 연극
인데 허구가 아닌 실제의 얘기를 경험의 당사자인 배우 자신이자 기능
인으로서의 배우의 이야기를 통해 듣는다는 지각상의 교란을 느끼게 되
고 이런 이질감이 메타성이나 더 확장된 인식으로 인도될 수도 있다. 좀
더 전문적 관점에서 남지수는 자기이야기하기를 플라톤이 말한 바의 배
우(화자)가 직접 관객(청자)에게 서술하는 디에게시스(diegesis)의 미학으로
풀어내기도 한다. 즉 자기이야기하기를 자신을 드러내기보다는 서술적

주체로서의 연기자가 자기이야기하기라는 연기를 수행하는 것으로 본다. 디에게시스의 미학에서 자기이야기하기는 실재의 '허구화'와 '거리두기'를 통해 관객의 수동성을 깨고 경험의 주체이자 서술의 주체인 공연자 자신을 새롭게 드러내게 하는 새로운 재현, 즉 '재-현(re-presentation)의 연기방식'이라고 설명하기도 한다.[26] 결국 자기이야기하기 연기 역시 비록 자신의 이야기이지만 모든 연기와 마찬가지로 몰입과 거리두기 사이의 어딘가에 위치하고 있고, 앞선 버바팀 연기에 비해 허구와 실재 사이에서 더 불안정한 폭으로 진동하고 있는 듯하며, 자기이야기하기라는 실재의 연극을 보는 관객은 더 복잡한 지각의 중층성을 경험하는 듯하다.

＊ ＊ ＊

연기자의 자기이야기하기의 이론적 근원은 멀리는 스타니슬랍스키나 그로토프스키의 자기로서 연기하기, 스폴딩 그레이 같은 1970~1990년대 미국의 실험적 자전연극에서 찾을 수 있겠고, 1990년대부터 등장해서 2000년대 국내에도 소개되었던 르 롸, 제롬 벨 같은 무용수들의 자기이야기하기, 〈구름을 타고〉로 잘 알려진 라비 므루에의 작업 등의 영향도 없지 않을 것이다. 그러나 **허구의 틀을 거치지 않고 직접 자기 의견, 자기 이야기를 표출하고 관객에게 전달하고 싶다는 이런 충동, 혹은 경향은 역시 한국사회가 지니는 답답함과 통증의 강도, 그리고 이성적 절제보다 감정적 표출, 그리고 직접적 교감을 선호하는 기질적 측면과도 비례**한다고 할 수 있다. 평론가 김소연은 2012년 프린지 페스티벌과 2013년 혜화동1번지 봄페스티벌에서 정치적 이슈를 다루는 연극이 출현하기 시작했다고 보는데 동시에 이런 사회적 이슈를 담은 연극에서의 '나'라는 존재의 등장을 처음 언급한 바 있다. 천안함 침몰사건을 다룬 극단 빨갱이의 〈Ship, Ship, Ship 새끼들〉에서 무대에 선 배우들은 '나와 다르지 않은 평범한 청년들이 차가운 바다 속에서 목숨을 잃었다는 것'에 분노하며 배우 이전의 '자기 자신'으로 발언했으며, 한 치킨체인

점의 사기사건을 통해 금융사기인 BBK사건에 당시 이명박 대통령이 연루되었다는 점을 풍자한 〈BBK라는 이름의 떡밥〉(구성·연출 양동탁)은 이 공연을 연습하는 연습실의 배우들 각자의 자기 입장에서의 토론, 논쟁, 논평, 고민들을 보여줬다는 것이다.[27]

이경성 연출의 **〈비포 애프터〉**(2015)는 국내의 경우 세월호의 아픔을 담은 초기의 연극이었을 뿐더러 직접 참사에 관해 언급하기보다 자기이야기하기라는 또 다른 방식으로 실재에 접근한 양상을 제시함으로써 작은 충격을 주었던 작품이다. 세월호를 겪은 지 얼마 지나지 않아 발표된 극이자 앞서 말한 〈그녀를 말해요〉 일 년 전에 발표된 극인데 이 작품에서 연기자들은 세월호 참사의 엄청나고 막막한 슬픔과 아픔을 자기가 실제 체험했던 감각과 기억으로부터 접근하고 찾아낸다. 그들은 정치 현실에 대해 비판하거나 유가족들의 상처에 다가가기 이전에 연기자 자신의 개인적 체험이나 감각의 기억이나 생각을 드러내보고자 했다. 성수연은 암으로 투병하다 사망한 아버지의 기억을, 장성익은 학생시절 시위로 실명할 정도의 폭력을 겪은 후 무력증에 빠졌던 기억을 되살려내며 채군은 친구의 죽음에 대한 부채감을 말하고 나경민을 비롯한 모두는 2014년과 2015년의 어느 개인적 순간들을 떠올린다. 김소연은 '몸의 감각을 통해 타인의 고통을 느끼려는 성수연의 안간힘'을 '감각의 윤리'[28]로 불렀다. 실재감을 향한 바키 배우들의 이런 모색은 일 년 후 〈그녀를 말해요〉에서 더 구체화된다. 현실에 대한 분노는 반드시 배우 자신이 아니더라도 전문 배우의 입을 빌린 작가나 연출가의 자기이야기로 드러나기도 한다. 블랙리스트와 검열을 향한 분노가 날것으로 펼쳐졌던 2016년 권리장전-검열각하에서 〈불신의 힘〉(송정안 연출, 프로젝트그룹 쌍시옷), 〈15분〉(윤혜숙 연출, 달나리동백꽃) 들은 팝업씨어터 검열사태를 통해 자신들이 입었던 상처와 모멸감과 분노가 담긴 내용을 전문 배우의 모놀로그나 코러스를 활용해 털어놓음으로써 관객과의 솔직한 소통을 시도한 바 있다.

＊ ＊ ＊

연기자들의 자기서사는 **연극하는 배우로서의 애환과 문제** 자체를 담는 내용으로도 나타나기 시작한다. 〈**기록을 찾아서: 연기를 해야지 교태만 떨어서 되겠느냐**〉(2019)에서 김정, 최희진, 박희은 세 연기자는 차차 나이가 들어가는 '여배우'로서 각자의 불안감과 불만을 얘기한다. 복혜숙에 관한 다큐멘터리의 삽입이 극적 필연성도 없고 적절치 못했다는 지적을 받기도 했으나 연기자로서의 실재감이 살아있는 편이고 배우로 살아가는 젊지 않은 여성들이 펼치는 솔직한 서사라는 점에서 화제가 되었으며 비슷한 '여배우 서사'들이 뒤를 잇기도 했다. 전윤환의 〈**자의식 과잉**〉(2018)은 전윤환 자신의 분신(전윤환 역할을 하는 앤드씨어터 배우)이라는 기존의 기법을 쓰기는 했지만 살아남고 인정받기 위해 연극계 안에서 고군분투하는 젊은 연극인의 솔직한 자기고백을 다각도로 드러냄으로써 자기서사로서의 자기반영성과 실재감을 확보한다. 연극제작에 참여하는 인물들의 연극에 관한 솔직한 자기서사는 개인의 적나라한 고백과 함께 연극계의 문제점, 그리고 연극을 한다는 것이 무엇인가 하는 메타적 성찰로 이어진다.[29] 〈**자연빵**〉(2021)에서 전윤환은 컴퓨터 책상과 스크린 앞에 앉아 현실생활에 보다 더 밀착된 전윤환 자신의 불안한 일상과 상념들을 고백한다. 학창시절의 꿈이었던, 연극하며 함께 빵 굽기, 강화도 시골에서의 농사짓기, 경제적으로 불안한 삶들에 대해 얘기하다가 갑자기 극장 밖 디지털 세계의 현실을 무대로 끌어들인다. 관객들이 보는 앞에서 그날 배우로 번 수익금을 실제로 비트 코인에 투자하는 것이다. 그가 계속해서 이 시대의 경제적 불평등에 대해 분노하고 불평하며 무대에서 구운 빵을 혼자 먹고 막걸리를 마시며 노래를 듣는 동안 스크린상의 그래프는 안타깝게도 하강곡선을 그리고 숫자는 추락한다. 쿵짝프로젝트의 〈**젊은, 연극**〉은 화자가 어떤 연극인인지 특정하지는 않

았지만 청년연극인의 입장에서 소위 '젊은 연극'으로 명명된 동료 청년
연극인들의 연극 만들기의 문제점과 심리적 불안감을 자조적이면서도
유쾌한 톤으로 보여준다.

* * *

자기이야기하기 연극은 버바텀이나 다큐멘터리 같은 실재의 연극의
다른 카테고리와 자연스럽게 엮인다. 이경성의 **〈몇 가지 방식의 대화들〉**
(2014)은 버바텀과 **일반인 출연자의 자전적 요소**가 섞인 작품으로서 크
리에이티브 바키의 실재의 극으로서의 초기 방법론이 잘 드러난 경우
다. 1941년생 이애순 할머니의 자전적 이야기와 일상을 할머니 자신과
할머니를 재연하는 세 명의 배우들과 함께 펼쳐낸다. 공연은 전반부는
할머니와 이루어졌던 인터뷰 내용을 젊은 배우 세 명이 돌아가면서 버
바텀하는 방식으로, 후반부에는 할머니 자신이 무대에 나와 과거 이야
기와 방 정리, 요가운동, 성경읽기 등 할머니의 실제 일상적 행동으로
채운다. 할머니는 일제, 전쟁, 해방 등 한국근대사의 많은 사건을 겪었
지만 현재 그런대로 평범한 일상을 영위해가는 평범한 사람들 중의 하
나다. 그러나 허구적 재현 속의 전형성이 아니라 실재하는 특정한 개인,
이애순의 삶이라는 점에서 특별한 감흥과 극적 효과를 지닌 리얼리티를
경험하게 한다. 15분간 할머니가 자신의 공간이라고 생각하는 무대 바
닥을 실제로 쓸고 걸레질하며 청소하는 매우 지루한 장면은 연출적 의
도가 전혀 없다고 할 수 없지만 여러 층위의 지각과 인식상의 교란을
야기한다는 점에서 이 공연의 백미일 수 있다.

실재의 연극에서는 이애순 할머니와 마찬가지로 연기훈련을 받지 않
은 일반인들이 전문연극인들과 함께 무대에 서는 경우가 많다. 실재성을
중시하는 극단으로 국내에도 잘 알려진 리미니 프로토콜은 흔히 전문
훈련을 받지 않은 일반인 배우들과 작업하면서 이들을 '일상의 전문가
(expert in a daily life)'라고 부르기도 하는데 이들은 아마추어 연기자나 연기

동호인들과는 또 다른 의미를 지닌다. 기본적으로 전문연극에 캐스팅되는 일상의 전문가들은 주어진 역을 위해 일반인으로서 자신의 전문적 경험과 개성과 지식 등 최대한 발휘할 수 있을 때 채용되며 주어진 대사를 하기도 하고 자기의 이야기를 하도록 권유받기도 한다. 이들은 연기를 배우지 않은 일반인으로서 적절히 연출되었을 경우 연기를 잘해서가 아니라 통상적 연기를 익히지 못한 일반인이라는 실재성 면에서 신선한 충격을 준다. 리미니 프로토콜이 내한해 국내 일반인들과 함께 공연했던 〈카를 마르크스: 자본론 제1권〉과 〈100% 광주〉를 제외하면 국내에서 평범한 일반인이 전문극단의 공연에 등장한 경우가 아직 크게 기억나지 않는다.

* * *

주목할 것은 사건과 재해가 많은 우리 연극에는 이처럼 평범한 일반인들이 출연해 자기이야기를 하는 연극에서 한 발 더 실재를 향해 나아가는 연극들이 있다는 점이다. 일반인이기는 하지만 일상 속의 일반인이 아니라, **극의 소재나 주제가 되는 사건이나 의제의 당사자가 연극에 직접 출연해서 자기이야기를 하게 되는 경우**다. 연극이 다루는 뜨거운 당면 주제 속의 당사자가 그 자신으로(혹은 그 자신이자 배우로) 연극에 참여하는 것이다. 당사자 연극은 극 전체가 당사자들의 자기이야기로만 채워지는 것은 아니지만 대부분 당사자가 문제가 되는 상황에서의 자신의 경험을 피력하거나 생각을 풀어내는 자기이야기하기 형식으로 진행된다. 12명의 실제 성매매 여성들이 기지촌에서의 경험을 말하는 연극인 노지향 연출의 〈숙자 이야기〉(2013), 실존하는 형제복지원 피해자의 증언을 담은 장지연 연출의 〈우리는 난파선을 타고 유리바다를 떠돌았다〉(2013), 콜트콜텍 노동자들이 햄릿을 공연하면서 자신들의 이야기를 섞어 넣은 진동젤리의 〈구일만 햄릿〉(2013), 세월호 참사에서 자식을 잃은 어머니들[30]이 그들의 삶의 아픔을 극복하는 과정을 그리는 연

극인 0set 프로젝트의 〈배우는 사람〉(2020), 특정 질환을 가진 환자들이
몸이 아픈 환자들의 권리를 다루는 극인 허혜경 연출의 〈몸이 아파도 미
안하지 않습니다〉(2020), 역시 실제 기지촌 '위안부' 여성들이 출연해서
과거와 현재의 삶을 펼쳐냈던 이양구 작·연출의 〈문밖에서〉(2020) 들이
그 예이다. **이들이 극중 내용이 다루는 문제와 고통의 실제 당사자라는
점은 관객에게 이중의 충격을 준다. 연기자로서의 역할로 무대에 서 있
지만 실재 사건의 당사자라는 현존성이 극장 안에서 엄청난 현존감과
메타적 인식을 불러일으키는 것이다.** 물론 작가나 연출가는 이들 자체
를 무대에 세워 관례적인 연습을 시킬 것이 아니라 이들이 지닌 이중의
현존감을 잘 살려내기 위해 이들과 잘 소통하고 이들을 잘 인도하고 적
절히 배치해야 한다.

* * *

자기이야기하기 계열의 연극 역시 자기이야기를 펼쳐내는 데 있어 **실
재와 허구를 교묘하게 뒤섞고 허구를 적극적으로 활용하는 기법**의 연극
이 많은데 그 결과는 본격 버바텀이나 실제의 자기이야기를 뛰어넘을 정도
로 더 효과적인 경우도 많다. '여기는 당연히, 극장'의 **〈commercial, definitely
-마카다미아, 검열, 사과, 그리고 맨스플레인〉**(2015)과 **〈가해자 탐구_부록:
사과문작성가이드〉**(2017)가 그 경우다. 이 두 공연에서 이리, 조경란, 최
순진, 권정훈, 박경구 등 연기자들은 실제 자기이야기를 했던 것은 아니
다. 자신들이 아닌, 가해자인 것처럼 행동했지만 허구의 인물로 변신하
지는 않았다. 그들은 버바텀처럼 들릴 정도로 사실성과 구체적 설득력
으로 무장한 자기이야기하기의 방식, 그리고 현란하게 직조한 언어의
폭포로 가해자들의 뻔뻔함 그 자체를 맞닥뜨리게 함으로써 관객들로 하
여금 온 세상이 뭔가 거꾸로 돌아가고 있다는 인식에 마주하게 했다. 디
테일을 갖춘 독설의 물량공세는 그것이 허구임에도 불구하고 실재감 이
상이라는 착각을 줄 정도로 압도적이며 이런 경계 넘기는 구자혜 언어

가 가진 힘의 하나다. 그 착각을 통해 순간적으로 새로운 실재에 마주치도록 이끌기 때문이다.

관객들은 버바텀, 혹은 자기이야기하기처럼 들리거나, 한 권의 보고서를 구성하는 식으로 편집된 이 대사들이 과연 실제 자료인지 작가의 창작인지 혼란을 느낀다. 어쩌면 작가는 그 혼란을 의도했을 수도 있다.[31] 구자혜의 작품들은 피해자가 아닌 가해자의 언어를 무대에 전경화시킨 것으로 주목받는데 〈commercial, definitely〉는 땅콩 회항사건, 표절, 맨스플레인 등 당시의 시사적 사건이나 키워드의 가해자들이 자신을 정당화하고 변호하면서 허풍과 위선을 떠는 모습을 유쾌하게 무대화했다. 여기는 당연히, 극장의 연극이 늘 그렇듯이 연기자들은 극중인물로 변신하는 것이 아니라 가해자로서 끊임없이 떠들어댐으로써 '자기가 왜 지금 여기 무대 위에 서 있는지', 상업극 무대에 서 있는지를 정당화하려 한다.[32] 그들이 연기자 자신과 가해자들 사이를 유쾌하게 오가는 모습은 그 희극적 거리감 때문에 일종의 시사 풍자극 같은 느낌을 준다. 다만 내 편, 저 편을 이분적으로 가르고 극중인물화를 통해 상대를 공격하는 기존의 풍자극과 달리 오히려 변신을 즐기는 스탠딩 코미디언처럼 스스로의 분열 사이를 재빨리 오가면서 풍자를 내재화했다. 문단의 성폭력 사건들을 몇 가지 챕터로 이루어진 보고서 형식으로 구성한 〈가해자탐구〉 역시 버바텀으로 착각될 정도의 핍진성을 지니면서도 문단 인사들에 어울리는 현란하면서도 냉소적인 언어구사로 날카로운 비판정신과 함께 구자혜 언어의 저력을 드러냈다. 명시적 가해자를 다룬 이 두 작품은 구자혜의 작품치고는 풍자성이 강한 편인데 두 작품 모두 실재에 비허구적 언어를 통해 직접 접근한다는 새로운 방법론을 추구하면서도 적절히 극적으로 창안된 언어사용을 적극 활용함으로써 주제의 심화와 흥미로운 연극성이라는 두 마리 토끼를 잡은 셈이다.

* * *

자기이야기하기의 강도는 낮지만 **작가/연출가 자신의 이야기를 전문
배우를 통해 연기하게 하는 경우**는 김재엽이 있다. 그는 일찍이 2010년
대 초부터 자기이야기하기, 혹은 자기서사를 적극적으로 작품에 도입했
다. 한국 근대사 속의 부친의 삶을 재조명한 〈**알리바이 연대기**〉(2013),
김수영의 시와 삶을 추적하면서 '재엽' 자신이 그 희곡을 써나가는 과정
을 그린 〈**왜 나는 조그마한 일에만 분개하는가**〉(2014), 베를린 체류의 경
험을 담은 〈**생각은 자유**〉(2017), 〈**병동소녀는 집으로, 돌아가지 않는다**〉
(2017) 들에서 김재엽은 '재엽'이라는 내레이터로 등장해서 극의 관점과
서사에 적극적으로 개입했다. 이런 연극들에서 김재엽의 자기서사는
'재엽'이라는 실제의 인물의 정체성을 드러냄으로 인해 내용의 다큐멘
터리적 가치와 진정성을 확보한다. 그러나 내레이터(재엽)의 입장이 지나
치게 계몽적인 경우가 많고 내레이터로서 주로 극중 상황들에 대한 내
레이션이나 코멘트에 머무는 경우가 많으며 화자의 현존성이나 수행성
이 강하게 드러나지는 않는 편이다. 따라서 자기이야기하기라기보다는
기존의 서사적 연극의 화자로부터 그리 먼 거리에 있지 않다고 하겠다.
그러나 **일반적으로 볼 때 가능한 한 감정이나 극적 구성을 지양하고 마
치 팩트를 얘기하듯 구체적 정보들을 건조하게 제공하는 버바텀 스타일
의 언어사용과 수행연기, 그리고 자기이야기하기의 거리두기는 일반적
인 극작가들의 글쓰기에 건조한 객관성과 디테일이라는 영향을 미쳤으
며 연기 전반에 있어서도 기존의 연극적 관례적, 허구적 과장이 아닌 신
선한 '실재'에 끌리는 이 시대의 주요 트렌드가 되었다고 할 수 있다.**

4) 다큐멘터리, 뉴다큐멘터리, 렉쳐 퍼포먼스

버바텀이나 자기이야기하기는 개인의 입장에서 발화된 언어내용들을

중심으로 해서 극을 구성하게 되지만 실재에 관한 보다 익숙하고 객관적인 형태는 문자나 서류, 영상 등으로 공적인 성격이 더 강화된 다큐멘트나 자료들이다. 사적 발화 역시 공적 상황에서 서류나 녹음이나 영상으로 기록되기도 하므로 버바팀을 다큐멘터리의 일부로 보아도 무리가 없다. 일반적으로 실재의 연극으로서의 다큐멘터리 연극은 버바팀을 비롯한 비허구적 연극들을 포함하는 상위 개념으로 볼 수도 있다. 버바팀이 타인의 발화 내용을 원래의 발화형식을 살린 연기 중심으로 전달하는 데 비해 다큐멘터리 연극은 버바팀 연극보다 연기며 구성이며 연출적 표현기법에서 보다 자유롭다고 하겠다.

버바팀이나 자기이야기하기의 발화가 사적인 영역인 기억이나 경험에 많이 의존한다면 다큐멘트들은 공적인 진실성을 전제로 한다. 주관적 경험이나 기억이 자주 작용하는 장소특정적 연극이나 버바팀에 비해 아카이빙 중심의 다큐멘터리극은 자료가 객관적 사실, 진실이라는 믿음이 크기에 더 자주 이런 진실의 시험대에 오를 수 있는 게 사실이다. 그러나 문제는 다큐멘트 그 자체가 객관적인 진실이나 사실을 말해주거나 보장하지 않는다는 점이다. 캐럴 마틴이 실재의 연극에서 가장 주목하는 점이 이 지점이었다. 마틴은 이런 실재의 개입에 있어 진실과 가상의 관점에 주목한다. 마틴은 특히 디지털, 미디어화된 사회에서의 리얼리티 쇼처럼 가상과 실재의 구분이 어려워진다는 점에 주목한다.

한국에서 공연되는 다큐멘터리적 연극은 이런 맥락과 좀 다르다. 자료의 진위여부에 대한 인지적 의심을 한다기보다는[33] **일단 정치적 비판이나 참여의 성격을 강하게 지닌다.** 그리고 첫째, 자료를 통한 사실의 폭로나 자료적 사실에 의거한 풍자를 시도하는 경우, 둘째, 표면적 자료의 공적 권위적 가치를 배반하는 은폐된 것을 드러내거나 비판적 해석을 시도하는 경우로 나눌 수 있다. 한국은 오랜 군사독재나 권위주의적 권력 하에 있었기 때문에 구체적인 다큐멘트를 극장과 같은 공적 공간에서 공

개한다는 것 자체가 폭로와 같은 일차적 의미를 지니기도 한다.[34] 2013
년 혜화동1번지 봄페스티벌−국가보안법에서 공연되었으며 연극 준비과
정에서 국가보안법 관련 다양한 리서치 자료를 제시했던 이양구 연출,
극단 해인 공동창작의 〈모의법정〉, 세월호 관련 증언, 문서, 영상 등을
통해 정부와 해경의 구조시스템 문제를 제시했던 임인자 연출의 〈국가
에게 묻는다〉(2016), 해방 직후 미군정 하에서 한국인들이 한국과 일본을
오가던 편지를 검열하던 행태를 자료를 통해 치밀하게 재구성한 이양구
작·연출의 〈씨씨아이쥐케이(CCIG-K)〉(2016) 같은 작품들이 그 예가 될
것이다.

＊ ＊ ＊

또한 다큐멘터리적 연극들은 이처럼 공적문서라는 타이틀 하에 공개
되는 자료들의 이면을 심문하고 검색한다. 권리장전2016의 첫 작품으
로 올라갔던 **김재엽**의 **〈검열언어의 정치학: 두개의 국민〉**(2016)과 후속
작인 **〈검열언어의 정치학: 김뚤뚤의 비망록〉**(2017)은 다양한 소스의 여
러 자료들을 모으고 편집함으로써 일반이 전모를 알기 어려운 2015년
문화예술계 검열사태를 일목요연하게 알려주고 풍자한 작품이다. 국정
감사 중심의 공적 기록들, JTBC 보도, 각종 신문기사, 문화예술위원회
홈페이지 자료 등을 활용했으며 특히 국회의원들과 고위공직자들의 공
적 언어에 주목했다. 이 작품은 〈킬링타임〉이 그랬듯이 발화된 언어를
자료로 한다는 점에서 사실 버바텀 연극의 예로서도 적절하다. 그러나
버바텀이 일차적으로 언어 전달의 연기적 수행성 및 편집의 객관적 디
테일과 섬세함을 요구한다면 김재엽의 연극들은 자료들의 위선과 무의
미함을 들춰내고 비판하려는 관점과 목표가 명확하다는 점에서 풍자적
성격이 강하다. 연기자들의 희화적으로 양식화된 연기는 전통적인 풍자
극을 떠올리게 하지만 공직자들의 위선적이고 자기모순적인 공적 언어
사용을 집중적으로 탐문하고 있다는 점에서 다큐멘터리적 사실성이 담

보되기도 한다. 그런 점에서 **풍자적 성격의 다큐멘터리**로 명명할 수도 있다.

  극단 신세계의 최근 작업인 〈생활풍경〉(2020)이나 〈별들의 전쟁〉(2021) 역시 다큐멘터리를 풍부하게 활용함으로써 실재의 연극이라는 범주에서 논의될 수 있는 경우다. 버바텀이나 다큐멘터리적 자료에 충실하게 기반하는 텍스트 구성단계에서부터 장면 창작까지 단원들의 적극적인 공동참여로 이루어진다고 한다. 〈생활풍경〉은 장애학교와 한방병원 건설을 둘러싸고 반목하는 동네주민들의 토론회 현장을 재구성한 작품인데 실제 토론회에 기반한 충실한 사전작업을 통해 주민들의 이기심이라는 갈등내용의 구체성, 설득력, 생생한 현장감이라는 점에서 강한 실재감을 주었다. 반면 설정된 인물의 유형성과 상투적 행동, 일부 연기의 진부함이 풍자성을 강화하는 대신 신선한 실재감을 허구적 연극의 기시감으로 가라앉히는 면이 있었다. 실재감이라는 생동감을 주기 위해서는 소재나 자료 못지않게 연기, 연출, 구성에 있어서 관성의 탈피라는 점이 요구된다는 점을 느끼게 한 경우였다. 월남전 양민학살 문제를 담은 〈별들의 전쟁〉은 월남전 양민학살 관련한 2018년 시민평화법정을 모델로 한 작품으로 역시 구체적 자료조사로 기반을 다진 다큐멘터리적 요소와 단원들의 창작을 섞은 방식으로 묵직한 실재감을 느끼게 했다. 기존의 재판극의 틀 속에 머묾으로 해서 실재의 연극이라기보다 자료의 제시에 치중하는 초기 다큐멘터리 연극에 가까운 느낌도 준다. 다만 극의 마지막에 배심원 역을 맡긴 관객들에게 국가나 유죄냐 무죄냐의 대한 개인적 의견표명을 공개적으로 요구했는데 '국가의 사과' 여부가 핵심임에도 불구하고 '국가의 역할' 같은 중요한 주제에 깊이 들어가지 못했던 점은 아쉬웠다. 신세계의 작업은 다양해서 아직 일관된 관점을 찾기 쉽지 않다. 다만 인물유형화와 과장된 상투성이 남아있기는 하지만 배우들 특유의 넘치는 에너지는 생동감 있는 연극적 재미를 준다.

풍자극의 양상은 시대에 따라 변하게 된다. 김재엽의 두 작품이 다큐적 성격을 지니면서도 풍자의 대상이 분명하게 희화화되는 풍자극의 성격을 지니고 있다면 전인철 구성의 〈초인〉은 다큐를 통한 또 다른 희화화의 양상을 보여준다. 박정희의 궁정동 피살 장면에 관한 다큐멘트들을 다양한 시차와 관점을 통해 수없이 반복 재생한 이 연극에 대해 김소연은 "〈초인〉은 우스우면서도 우습지 않은 풍자극이다(…) 극장에 허구의 드라마를 짓고 현실을 향해 주먹을 날리는 것이 아니라 현실의 말들을 극장으로 끌고 와 그 말들의 빈틈을 드러내는 것이다. 그 빈틈이 웃음을 만들지만 그 빈틈에도 불구하고 아니 도리어 그 빈틈이 곧 현실의 권력이기에 또한 섬뜩하다"고 평한 바 있다.[35] 강훈구의 〈진짜 진짜 마지막 황군: 연극의 요정 유치-지니와 훈구의 세 가지 소원〉 역시 유치진의 생애에 대한 많은 다큐멘트로 공연을 구성한 경우인데 일방적 풍자의 성격을 벗어나 다큐멘트에 기반하면서도 열린 유희의 성격을 통해 여러 가지 해석과 평가의 가능성을 남겨놓고 있다는 점이 흥미롭다.

* * *

2000년대 말부터 탈드라마적 방식으로 종교, 이주민, 소수자 문제 등에 관심을 보이던 **윤한솔** 역시 '형식에 대한 지독한 반성' 시리즈인 **〈의붓기억-억압된 것의 귀환〉** (2010)으로 다큐멘터리적 요소를 강화시키기 시작했다. 기존의 공식기록이나 주어진 텍스트나 고정관념들의 저변에 은폐된 사실이나 억압된 또 다른 해석의 가능성들을 들춰내며 논쟁거리와 질문들을 쏟아내는 해체적 경향의 작업을 시작한 것이다. 6·25 전쟁의 공식역사기록들과 역사에서 소외된 피해 당사자들의 기억과 감각들을 대비시킨 〈의붓기억〉, '우리민족끼리' 문건의 리트윗 사건으로 인해 국가보안법 위반 혐의로 기소된 '박정근 사건'의 무리한 법적 절차를 미디어 퍼포먼스 형식으로 해체한 **〈빨갱이. 갱생을 위한 연구〉** (2013) 들이 그것이다. 윤한솔은 각종 다큐멘트를 활용하는 작업들을 계속해왔는데

〈**나는야 쎅쓰왕**〉(2011)에서는 섹스 대신 섹스에 관한 지식과 토론과 영상과 녹음 등 각종 자료들을 읽는 행위들만으로 공연을 가득 채운다. 실존인물을 다룬 〈**아무튼백석**〉(2011), 〈**원치않은, 나혜석**〉(2012)에서는 그들에 대한 기존의 자서전 등 각종 자료들을 해체해 나열하는 과정을 통해 새로운 공연적 텍스트를 만듦으로써 그들의 정체성과 실재성에 균열을 가져와 새로운 해석을 가능하게 만든다. 윤한솔의 공연은 선명한 콘셉트에 비해 공연의 질감이 거친 편이고 서사를 배제하기에 구성면에서 임의적이며 미학적 완성도의 추구나 섬세한 디테일은 덜한 경우가 많은데 공연의 완성도보다는 진정성을 더 중요시하는 이 시대 공연의 한 경향을 대변하는 경우다. 실제로 다큐멘트들의 수집과 배경이 되는 인문학적 공부를 위해 배우들과 함께 작품당 1~3개월씩의 시간을 투자하는 것으로 알려졌으나 막상 연기와 연출에 투자하는 시간은 그보다 훨씬 적다고 한다.

＊ ＊ ＊

실재의 연극이라고 해도 연극을 통해 오로지 실재 자체만을 보여주는 것은 아니다. 이는 장소특정적, 버바텀, 자기이야기하기는 물론 다큐멘터리류의 연극에도 해당된다. 다큐멘터리 연극 역시 실재적 자료들이 작가나 **연출자가 짜놓은 허구와 만나고 섞이게 되며** 그런 과정에서 그 오히려 실재성을 더 잘 드러내게 된다. 이런 혼란의 경계에서 현실을 더 적극적으로 가정하고 바꾸어보는 힘있는 연극이 나올 수 있는 것이다. 허구성이나 상상력이 강하게 개입하는 다큐멘터리극의 경우 개인의 기억이나 체험이나 상상력들이 객관적 자료들과 뒤섞이거나 객관적 자료인 척 위장하기도 해서 실제의 자료와 허구의 구분이 잘 안 될 수 있다. 관객들은 혼란을 느끼기도 하지만 그 모호성이 일종의 유희가 되기도 하므로 관객들은 혼란 자체를 즐기기도 한다. 남지수는 다큐멘터리적 성격을 지니면서 이런 '**사실과 허구의 경계허물기**'라는 특성을 지닌 일

련의 공연들을 1960, 1970년대 팩트 중심의 다큐멘터리극과 변별해서
'**뉴다큐멘터리 연극**'으로 명명하기도 했다. 이 경계성이 동시대 다큐멘
터리 연극의 속성이라는 것이다.[36]

앞서 구자혜의 〈commercial, definitely〉와 〈가해자탐구〉도 그랬지
만 사실 대부분의 실재의 연극이 뉴다큐멘터리적 허구성을 자유롭게 도
입한다. 이경성은 세월호에서 분단 문제로 방향을 틀면서 연기자들이
자신의 상상력과 실제 경험과 다큐적 요소들이 자유롭게 섞이는 실재의
연극으로서 뉴다큐멘터리적인 창작방식을 강화한 듯하다. 단원들은 기
존의 자료수집과 관찰과 기억과 전달 기능 외에 상상력과 유희성을 크
게 증폭시켰다. 〈**워킹 홀리데이**〉(2017)는 바키 단원들이 며칠간 파주에
서 고성까지의 비무장지대를 걸어서 탐험한 후 각자의 기억과 감각으로
작성한 분단에 대한 보고서였고 〈**러브스토리**〉(2018)는 폐쇄를 앞둔 개
성공단의 남쪽과 북쪽 가상인물들이 서로 교감하는 연극을 만드는 과정
을 실증적 자료와 배우들의 상상력을 섞어 아주 감성적으로 제시하고
있으며 〈**브라더스**〉(2019)는 실제 탈북청년 조동현과 남한청년인 배우
우범진의 소통을 그렸다. 이 작품들은 다큐멘터리의 사실성과 구체성에
상당부분 의존하고 있으나 연극적 상상적이 큰 비중을 차지한다. 실재
와 겨루는 긴장감은 다소 떨어지는 대신 상상력과 다양한 자기이야기하
기 방식들을 활용해 윤기가 돈다. 단원들의 유희적인 수행성이 아마추
어적 신선함을 주었던 〈워킹 홀리데이〉, 기록과 전달의 강박 대신 가상
의 북쪽 노동자들을 만들어가는 연기자들의 뛰어난 상상력과 따뜻한 동
족애가 미소를 짓게 했던 〈러브스토리〉는 매력적인 공연들이었지만 과
연 분단의 엄정한 현실성을 대체할 또 다른 힘을 충분히 품고 있는가는
생각해볼 문제다. 〈워킹 홀리데이〉는 연기자들이 극장 안 벽을 따라 공
연 내내 걸어다니면서 단원들이 함께 걸었던 다큐멘터리 영화를 무대에
서 틀기도 하고, 흙과 장난감 병정으로 만든 전장의 비참함이 미니어처

로 재현되는 등 공감각적 공감을 동원하기도 했고, 〈러브스토리〉의 경우 남북 노동자들 사이의 따뜻한 상상적 교감을 쌓아가면서도 '민족애'나 '애국심' 등의 기존 개념이 현실적으로 어떤 의미를 지니는지 묻기도 한다. 그러나 그러한 허구적 틀 짜기를 통해 역설적으로 실재 속의 문제점들을 더 선명히 드러내는 데까지 갔었는지도 의문이다. 〈브라더스〉의 경우는 탄력있는 극적 긴장을 통해 탈북청년이라는 '실재'를 드러내는 데 많이 미흡했다.

앞서도 언급했지만 김재엽은 용산참사를 다룬 〈여기, 사람이 있다〉(2011) 이후 자기이야기하기 방식에 다큐멘터리적 요소, 그리고 기존의 허구적 극형식을 섞어 실재의 자료를 극으로 끌어들이는 작품들을 발표해왔다. 근대사 속의 부친에 관한 기억을 그려 극계 내부의 좋은 평가와 함께 대중적인 공감을 얻은 〈알리바이 연대기〉(2013), '재엽' 자신이 김수영에 관한 희곡을 쓰는 과정을 그린 〈왜 나는 조그마한 일에만 분개하는가〉(2014), '재엽'의 베를린 체류 경험을 일기, 현지민 인터뷰 등을 토대로 만든 〈생각은 자유〉(2016), 역시 인터뷰와 영상기록 등을 토대로 이주민으로서 재독 간호사들의 삶과 인권에 관한 투쟁의 궤적을 세계시민을 꿈꾸는 '재엽'의 입장에서 사유해본 〈병동소녀는 집으로, 돌아가지 않는다〉(2017) 들이 그것이다. 자기이야기하기로 진정성을 확보하고 다큐멘터리적 자료로 객관적 실재성의 토대를 마련하면서 일상의 잔잔한 디테일로 연극적 재미를 채워가는 김재엽의 연극은 허구적 틀 짜기를 전경화하면서 실재성을 소환하는 이경성의 작업과는 또 달리 허구적 연극의 낯익은 분위기 속에 다큐성에 기반한 메시지를 녹여낸다. 그만큼 더 익숙하면서 편하다. 그러나 앞서 극단 신세계의 〈생활풍경〉에서도 잠시 언급했던 연기의 상투성이나 과장성은 김재엽 연극이 짚고 넘어가야 할 점이다. 실재의 연극의 실재성의 효과는 소재나 내용뿐 아니라 허구와 맞물리는 구성과 연기와 무대의 냉정함과 정교함에 의해서도 좌우된다.

특히 연기에 있어서의 상투적인 과장은 실재성의 충격을 무디게 흐려놓을 수 있다. 충실한 자료에 기반 했지만 허구적 드라마에 가까운 형식으로 글로벌한 수퍼리치들의 탈세 행태를 폭로한 〈자본 2: 어디에나, 어디에도〉가 그 좋은 예이다.

* * *

한편 대놓고 지식이나 정보를 전달하면서 인식의 전환을 직접적으로 요구하는 **렉쳐 퍼포먼스** 경우도 있다. 김재엽의 〈**자본** 1: We are the 99%〉는 극단의 신년모임에서 시작된 주거, 저임금 등 일상의 경제적 문제들에 대한 불만이 〈자본론〉에 저술된 바, 자본주의 사회의 부의 불평등에 대한 개념적 설명으로 이어진다. 최진아의 〈**1동 28번지 차숙이네**〉(2010)는 정치사회적 맥락에서는 멀지만 다큐멘터리와 렉쳐 퍼포먼스의 형식을 혼용해서 실제로 집짓는 과정을 연극적으로 잘 활용한 수작이었으며 이후에도 검열사건에 연루된 공무원과 예술가들의 토론을 보여준 〈흔들리기〉(2016), 탈북자들을 그린 〈경계를 넘는 사람들〉(2018), 예멘 이주민의 케이스를 다룬 〈아라베스크〉(2020) 같은 작품에서 다큐멘터리적 요소를 적극 활용하기 시작하고 있다. 그리고 〈하늘 흙 물 탄소 플라스틱 맑음〉(2019)에서는 지구촌의 생태와 환경문제를 연습하는 과정에서의 연기자들 사이의 설명과 토론으로 일종의 렉쳐 퍼포먼스를 구성해간다.

김원영 작, 신재 연출의 〈**사랑 및 우정에서의 차별금지 및 권리구제에 관한 법률**〉(2019)은 자전적 연극이면서 강연식 퍼포먼스의 형식을 띠고 있는 공연이기도 하다. 김원영은 장애인이자 장애배우이자 변호사로 활동하고 있는 자신의 입장을 살려서 사랑과 우정에 관한 차별금지법이라는, 법안 아닌 법안을 발의해 스크린에 띄우며 설명해 관객들의 공감을 구한다. 이어서 관객을 향해 장애인이자 장애예술가로서 개별적 차이를 지닌 자신의 개성과 매력을 온몸으로 솔직하게 펼쳐냄으로써 이 법

안의 실질적 의미를 생각해보게 한다. 삼일로 창고극장에서 2018년부터 기획한 **퍼포논문 시리즈 공연**은 논문의 연구자가 직접 퍼포머로 참여하여 아예 논문이나 강의가 퍼포먼스가 될 수 있다는 발상의 전환을 보여준 기획이었다. 김슬기의 〈더 리얼〉은 연구자가 직접 나와 공연을 진행하면서 '자기이야기'를 하는 배우들의 입장을 직접 들어보았고 이지혜의 〈셀프-리서치그라피〉에서는 극장 공간을 시노그래피로 접근하려는 연구자의 생각과 노력이 펼쳐졌고 황은후의 〈좁은 몸〉에서는 연기 행위에 있어서의 여성성의 표현에 대한 연구자들의 고민과 데몬스트레이션이 렉쳐 퍼포먼스 형식으로 제시되었다.

:: 관객의 수행적 인식: 새로운 리얼리티를 향해

지금까지 살펴보았듯이 실재의 연극은 비허구적 장소, 비허구적 인물, 실제의 다큐멘트들을 직접 끌어온다는 의미에 머무르지는 않는다. 최소한의 허구적 장치가 개입되기 때문에 그것들이 극중에서 온전히 실재 그 자체로 제시되는 것도 원론적으로 불가능하다. 실재의 연극에도 여러 양상이 있지만 실재의 연극에서 실재감이나 새로운 리얼리티는 관객의 지각과 인식이라는 수행적 작용에 의해 더 복합적이 되고 그만큼 힘을 발생시킨다. 실재감이나 새로운 리얼리티는 그 자체가 무대에 현시되는 것이 아니라 관객이 느끼고 구성하는 그 효과이다.[37]

흔히 **'실재의 연극'**을 한스-티스 레만의 포스트라마 개념의 일부, 혹은 그중 한 특성으로 본다. 그런데 한국사회에서 지난 2010년대 이후 이루어지고 있는 '실재의 연극'은 레만이 포스트드라마의 일부로서 말하는 '실재의 난입'과는 궁극적으로 차이가 있다. 서두에서 주석으로 밝혔지만 외국에서도 리미니 프로토콜 같은 본격적인 실재의 연극들은 2000년대 이후, 즉 레만이 포스드라마 연극을 출판했던 1999년 이후에 시작되었다. 특히 **국내에서 공연되는 실재의 연극은 레만이 피터 브룩이나 얀 파브르의 연극의 예를 들며 설명했던 '실재의 난입' 개념에 머무르지 않는다.**[38] **레만은 포스트드라마 저서의 많은 부분을 공감각이나 현존이나 퍼포먼스에 할애하고 있으며 실재가 난입한 경우에도 그것은 관객의 감각**(Aesthesis)**이나 지각**(perception)**을 공격하고 교란하고 자극함으로써 현존감을 발생시키는 데 기여한다고 본다.** 즉 "그것(포스트드라마 연극)은 특유의 계산을 통해 구조의 지각과 감각적 실제 사이를 '오고 가는' 지각의 전개와 관계를 맺는다"[39]는 것이며 레만이 잠시 실재에 관해 언급할 때 그것은, 우선적으로 '경계의 모호함'에 관한 것이었다. "곧 실제적인 것을 다루는 포스트드라마연극에서 주된 요점은 실제를 주장하는 것이 아니라, 다루는 것이 리얼리티인지 아니면 허구인지를 결정할 수 없음에서 생겨나는 **불확실함**이라는 것이다. 연극적 효과와 의식에 미치는 효과는 모두 이러한 **애매함**에서 비롯된다."[40]고 한다. 그 책의 결론 부분에서 말하듯이 레만의 포스트드라마는 궁극적으로 관객이 그 자신과 만나는 **전율**이다. "아슬아슬한 경계에서 공연되는 (포스트드라마)연극의 이와 같은 실재성은 '윤리적' 실재성이나 윤리적 논제를 공식화하는 것이 아니라, 관객들의 심원한 공포, 부끄러움, 심지어 고조된 공격성에 봉착하는 상황을 만드는 행위와 행동과 운명적으로 어울린다. (…) 연극은 감정의 상처와 방향 상실을 현실화한 상태와 전율에 속한다. 이것은 '비도덕적' '냉소적' 느낌을 불러일으키는 과정을 통해, 관객들을 그들 자신의 존재와 만나게 한다"[41]라고 레만은 말한다.

메타적 요소 역시 실재의 연극이 가진 본질의 일부이며 강한 힘을 가진다. 실재의 연극은 실재를 그대로 제시할 수 없다. 어떤 방식으로건 허구가 개입하게 되며 그것은 그 자체로 메타적 지각을 불러일으킨다. 김슬기는 이렇게 말한다. "그것이 너무나도 명백히 짜여진 것이라는 점에서, 실재의 연극은 재현을 통해 재현의 함정을 극복하고 환영을 만들어 실제를 전시함으로써 연극 그 자체를 재귀적으로 성찰하는 동시대 방식을 입증해준다."[42] 레만 역시 "'실제적인 것'의 존재가 아니라, 그것의 자기반영적 사용이 포스트드라마연극의 미학을 특징짓는 것이다"[43]라고 했다. 과거 피란델로나 쏜톤 와일더 연극의 메타적 지각은 삶의 보편적 내용을 다루고 있는 극 안에서 현재 연극이 진행되고 있다는 보편적 사실을 일깨우는 데서 발생했다. 실재의 연극의 메타적 성격은 구체적인 사회, 역사적으로 특정한 맥락에서 특정한 연극이 일어나고 있음을 환기시킨다. 〈남산 도큐멘타: 연극의 연습〉, 〈몇 가지 방식의 대화들〉, 〈비포 애프터〉, 〈숙자 이야기〉, 〈사랑 및 우정…〉, 〈배우는 사람〉, 〈극장을 팝니다〉, 〈자연빵〉 등에서 그렇듯이 이 실제의 극장공간, 연극을 만드는 과정에 관한 이야기, 실제의 인물, 실제 인물의 실제 자기이야기하기를 하면 할수록 메타적 효과가 더 강해진다. 〈Ship, Ship, Ship 새끼들〉, 〈BBQ〉, 〈메이데이〉, 〈자본 1: We are the 99%〉 등 극단의 연습실에서 연습하는 과정을 전체, 혹은 부분적 배경으로 깖으로써 연극의 메타적 성격을 강조하는 작품도 꽤 많다.

그러나 메타가 재연극화와 현존의 단계에 머무르거나 현존에 지나치게 집중할 때 실재의 연극의 힘은 제한될 수 있다. 예를 들어 구자혜의 여당극 작업은 현재 여기서 연극을 하고 있는 몸이라는 현실에서 출발하고 끊임없이 그 사실을 환기시킨다는 점에서 기본적으로 메타적 성격이 깔려있다. 그런데 그 연극적 현존과 메타성에만 집착하느냐, 그것을 넘어서느냐, 어떻게 넘어서느냐가 여당극의 앞으로의 숙제라고 할 수 있다. 세계(세월호)에 다가가려는 연극의 안타까움과 아픈 희열의 정점을 그렸던 〈셰익스피어 소네트〉 이후 여당극은 외적 현실에 대한 뜨거운 관심 사이사이에 연극을 하고 있다는 사실 자체로 관심을 집중하고 가두는 경향이 있다. 〈21세기… 연극말이다〉는 자신들의 작업에 있어서 21세기라는 상황에서의 혼돈과 답답함과 막연함을 그대로 고백하고 보여주었던 것 같다. 〈오직 관객만을 위한 두산아트센터 스트리밍서비스 공연〉에서는 〈셰익스피어 소네트〉 못지않은 작업에 대한 자부심과 아픔, 분노가 세련된 자의식으로 그려졌다. 그러나 공연의 형식과 의미가 온라인 스트리밍 공연에 대한 저항에 있기 때문에 자연히 현실사회에 대한 관심으로 이어진다. 공연의 현재성과 현장성을 강조하는 점 자체가 코로나로 인해 스트리밍 공연을 강요하는 분위기라는 현실의 상황을 결과적으로 환기시키는 것이다. 여당극의 작업은 교차와 중첩과 진동의 과정들을 거쳐 실재와의 새로운 관계를 어떻게 모색하는가가 관건이 될 것이다.

중요한 점은 실재의 연극은 현존, 감각, 지각이나 메타적 성격을 넘어 외적 현실에 대한 좀 더 새로운 인식, 새로운 리얼리티를 구성하기 위해 나아갈 수 있다는 것이다. 실재의 연극의 힘은 실재의 존재, 실재가 허구와 함께 재편되는 지각의 혼란, 메타적 인식, 그리고 현실을 향한 새로운 인식과 실천의 가능성에 있다. 지금까지의 뛰어난 실재의 연극들은 이미 그런 가능성들을 품고 있었던 것도 사실이다. 이 말은 연극이 무슨 구호를 외치거나 해결책을 제시해야 한다는 뜻도 아니며 그렇다고 이 글에서 연극이 어떤 방향으로 나가면 좋겠다는 제시를 하겠다는 것도 아니다. 무엇보다 이 세계가 어떻게 변할지 모르기 때문이다. 인간이 인간에 대한 신뢰와 긍정을 얼마나 회복할지 알 수 없는 일이다. **다만 실재의 연극은 경계의 모호함이나 교란된 지각에 머무르는 것 같지는 않다**는 것이다. 앞으로의 실재의 연극 계열의 작업이 계속된다면 그것은 부서져버린 허구와 쳐들어온 실재들의 파편 사이에서 포스트드라마 이후의 숙제로 남겨진 주체 및 서사의 회복이나 관객의 위치설정 등의 문제들과 함께 자기동일성의 도취를 경계하고 자신의 빈틈을 더 열어 균열과 차이를 받아들이며 공감과 거리두기를 함께 고민하고 실재를 의심하고 변해가는 세계 속에서 싸우면서 새로운 리얼리티를 향해 나아가는 것이다. 실재와 더 다양하며 성숙한 관계를 만들어가는 것이다.

:: 관객의 역할 강화: Oset 프로젝트의 경우

신재의 연극은 현재로서 이경성이나 구자혜의 작업들에 비해 풍부한 연극성이나 세련미를 지녔다고 말하기는 힘들지만 때로는 메타성과 인식, 그리고 현실과의 접점을 통한 실천면에서 관객에게 많은 것을 요구하는, 흥미로운 예를 제시하고 있다. 신재는 평소 '연극이 세상을 바꿀 것이라고 생각하지 않는다'면서도 누구보다 본질적이며 진지한 윤리적 기준에서 작업을 진행하는 연극인이다. 관객에게 강한 지각과 인식상의 충격을 주며 보다 차분하지만 깊은 울림과 함께 그들을 보다 큰 질문으로 이끄는 실재의 연극들을 계속하고 있다. 예컨대 〈**연기에 관한 역설**〉 (2018)에서 일종의 아마추어 배우인 세월호 엄마 이미경과[44] 전문 배우 박수진은 각자의 상이한 연기방식과 연기관을 교차적으로 제시한다. 관객들은 상이하면서도 비슷한 연기론과 삶과 철학을 지닌 이들 두 연기자를 같은 무대에서 보고 있다는 특별한 체험을 통해 삶의 고통이라는 현실적 맥락 안에서 '연기란 무엇인가?'라는, 실재로 환원되는 묵직한 질문에 직면하게 된다. 기획자 고주영과 함께 만든 〈**배우는 사람**〉 (2019)에서도 세월호 희생자의 엄마들인 이미경과 김성실을 만날 수 있다. 이미경은 관객을 대상으로 노래강사로서 노래를 가르치며, 김성실은 관객의 의견을 물어가며 딸의 기억을 유튜브 영상으로 함께 편집한다. 이들은 단지 노래를 가르치고 유튜브를 편집할 뿐이다. 그런데 고통과 시간을 이겨내는 그들의 담담한 일상이라는 실재에 함께 참여하며 관객들은 '무어라 말하기 힘든 먹먹한 그 무엇'을 온몸으로 배우고 나오게 된다. 당사자성과 자기이야기하기와 연극하기라는 메타적 힘이 서로 조용히 부딪치며 내적으로 크게 동요했던 경우였다.

신재가 시도하는 또 다른 종류의 작업은 매우 조심스럽고 신중한 태도를 취하기는 하지만 관객을 좀 더 적극적으로 공연 속으로 끌어들이는 방식이다. 사회운동과 노들장애인야간학교에 오랫동안 몸 담았던 신재는 연극이라는 기존의 카테고리에 크게 개의치 않는 듯하다. 신재의 고민은 말로만 되뇔 게 아니라 어떻게 마음으로, 감각적으로, 몸으로 타인인 장애인들에게 다가가고 그들과 연대할 수 있느냐에서 시작되었다고 한다. 그와 0set 프로젝트의 작업[45]은 장애인의 극장 접근성, 그리고 장애인과의 교감과 유대라는 구체적 목적을 위해 허구적 연극이라는 기존의 개념에 크게 구애받지 않고 현실적 차원을 유지하면서 관객을 더 직설적으로 적극적으로 공연에 직면하도록 참여시키는 경우다. 그런 목표를 위해 보다 직접적인 방식으로 실재를 소환한다. 그는 우선 관객들에게 극장의 장애접근성의 문제들을 직접 체험하도록 한다. 〈장애극장〉(2016), 〈불편한 입장들〉(2017), 〈나는 인간〉(2018)에서는 관객들로 하여금 남산예술센터, 대학로 극장들의 입구의 폭과 문턱의 높이 등을 자로 잰 후 보고함으로써 장애인들의 불편함을 체감하도록 한다. **〈연극의 3요소〉**에서도 연극이라는 소통과 공동체적 경험에 장애인이 배제되어 있는 현실을 관객들이 실제 공간 지각을 통해 불편하게 체험하게 함으로써 그들로 하여금 기존의 연극의 3요소인 배우, 관객, 무대를 새롭게 생각해보도록 했다. 몇몇의 한정된 관객들로 하여금 삼일로창고극장의 미로 같은 공간들을 돌면서 개별적으로 장애인들과 만나게 했던 **〈관람모드-보는 방식〉**(2019)은 장애인과 교감하는 데 있어서의 심리적 장애들을 섬세하게 탐색했다. 혜화동1번지 극장에서 출발해 대학로 이음센터까지 장애인 퍼포머들과 관객이 함께 이동하면서 다양한 소통을 모색했던 **〈관람 모드-만나는 방식〉**(2020)은 말하기, 쓰기 등 각자의 장애를 가진 장애인들과 비장애인들이 '각자의 방식으로 함께 있기 위해 나의 언어로 나를 설명하고 설득한다'는 만남의 방식을 제안한다. **〈거리두기〉**

(2021) 역시 혜화동1번지 소극장 내부와 주변거리를 이동하다가 세월호 유족들과의 만남의 자리를 갖는 식으로 진행되는데 직접 보지는 못했지만 '저마다의 소통방식(문자, 수어, 음성)으로 공연을 관람할 수 있는 환경'을 시도하는 관객참여형 공연이라고 한다.

  이처럼 퍼포머와 관객을 분리하지 않고 허구적 장치의 개입을 최소한도로 줄이며 '마음과 감각의 연대를 통해' 최대의 인식과 효과를 의도하는 행위는, 통념적인 연극의 범주라기보다 1980~90년대 인류학과 공연학(performance studies)에서 많이 논의되었던 통과의례나 리미널리티(liminality) 등 제의와 관련된 개념을 다시 떠올리게 한다.[46] 리차드 셰크너(Richard Schechner)의 공연학에 의하면 연극과 현실 사이의 구별은 별 의미가 없고 공연예술은 실제보다 덜 현실적(less real)인 것이 아니라 다르게 현실적인 것(differently real)이라고 한다. 그는 연극 및 공연예술의 핵심은 현실에 대한 모방이 아니라 가정법적(subjunctive) 시제라는 데 있으며 퍼포먼스는 놀이를 통한 변환(transformation)이라고 주장했다. 연극이란 사람들이 함께 경험하고 행동하며 변화를 확인하는 그런 변환의 장이라는 것이다.[47] 이처럼 신재의 연극에서 관객은 연극이라는 허구의 매개에 크게 의존하지 않은 채 가정법의 세계, 리미널리티의 세계, 변환의 가능성을 품는 인류학적 퍼포먼스를 통해 또 다른 실재, 또 다른 리얼리티를 향해 조금씩이나마 직접 변화하는 경험을 할 수도 있다. 그의 작업에서는 '실재의 연극'에서 극적 허구와의 사이에서 창출되는 긴장보다도 공연자와 관객 사이의 진정성과 수행적 변환이 더 중요한 것이다. 실재의 연극이 허구와 실재의 경계에 있었다면 신재의 공연은 셰크너의 인류학적 퍼포먼스론이 말하듯 예술과 삶 자체의 사이영역(in-betweenness) 어딘가에서 움직이고 있다고도 말할 수 있을 것이다.

:: 나가며: 당분간 연극의 과제는 실재와의 관계설정이다.

최근 강세를 보이는 '다큐멘터리 계열의 연극'을 흥분된 상태의 거친 고발이라고 못마땅해하는 시선도 있다. 너무 직설적이며 연극적으로 무르익지 못했다는 것이다. 갑자기 다큐멘터리 연극 일색이 되니 이래서는 한국연극이 미학적으로 발전하기 힘들다는 우려도 나온다. 극히 제한된 범위 내의 연극인들끼리만 좋아하는 연극이라는 것이다. 너무 일방적이거나 명료한 편들기에 머물러 프로파간다 같다는 불평을 받는 연극들도 없지 않다. 사실, '실재의 연극'으로서 관객을 감동시키고 움직일만한 작품들이 앞으로 얼마나 더 계속 발표될지도 알 수 없는 일이다. 그러나 위기에 처한 인류의 미래, 허구 이전의 '실재'를 접하고 싶다는 갈망, 연극보다 훨씬 더 막장 드라마 같은, 속고 속이는 현실세계, 정치적 불신과 실망, 숱한 리얼리티 예능 프로그램들, 그리고 나날이 발전하는 디지털 기술로 한국인 모두 원하든 원치 않든 엄청난 양의 정보와 가짜 정보와 의심들 속에서 허우적대고 있는 2020년대 초입의 한국사회라는 현 상황에서, 실재의 연극은 무한한 소스를 가지고 있으며 당분간 충분히 매력을 유지할 것이라는 점을 부인하기 힘들다.

물론 그렇다고 기존의 허구적 연극이 결정적 타격을 받지는 않을 것이다. 외관은 사실주의극처럼 보이지만 버바팀이나 다큐멘터리에 버금갈 정도로 치밀하고 방대한 인터뷰나 자료조사에 입각한 작품들도 있을 수 있으며 정통적 재현의 미학을 바탕으로 그것에 부분적으로 20세기적인 재연극화의 기법이나 포스트드라마적 문법을 혼용하면서 이 세계를 효율적으로 반영하고 제시하는 연극은 계속될 것이다. 굳이 어떤 타이틀을 갖다붙이지 않아도 모든 경계를 아주 독특하고 미묘하고 천진하고 우아하게 넘나드는 그런 작품이나 장면들도 아주 가끔은 만나게 된다. 다만 작가가 창조한 허구적 내러티브의 힘만을 따라가는 순진무구

한 허구의 연극은 아주 탁월하지 않은 이상 예전의 매력을 유지하기 힘
든 경우가 많다. 두 시간 가까이 지속되는 허구, 재현, 일관된 서사 등에
오롯이 집중하고 빠져들기란 아주 고전적이거나 여간 좋은 작품이 아니
고서는 힘든 경우가 나만이 아니었을 것이다.

일부가 비난하듯이 실재의 연극이 연극을 마냥 망쳐놓거나 왜소하게
만들어놓은 것은 아니다. 외부현실을 보다 직접적 연극 속에 담으려다
보니 종래의 '연극다움'을 망쳐놓았다고 비난할 수 있지만 실재의 연극
이 역설적으로 연극의 기본적 요소들에 대한 사유와 접근의 지평을 넓
혀주고 있다는 면도 간과할 수 없다. 버바팀, 자기이야기하기 등 다큐멘
터리적 실재는 포스트모더니즘 이후 격하된 연극에서의 언어의 새로운
힘을 회복시키는 데 도움을 주었다. 탈근대연극에서 힘을 잃었던 언어
는 새로운 힘을 얻었다. 실재의 연극에서 차용되는 수행적 스토리텔링
은 새로운 서사의 귀환을 예고하고 있다. 실재의 연극은 인간의 실제 몸
이 지니는 현존성, 그리고 배우, 그리고 연기란 무엇인가에 대해 다층적
인 지각과 사유를 계속하게 하며 상투적이고 관습적인 연기의 때를 벗
기는데 크게 기여했다. 장소특정적 연극은 공간과 장소와 장소성, 그리
고 기억과 흔적이라는 새로운 지각과 인식의 영역을 개척했다. 공연자
와 관객과의 수행적 관계성 역시 실재라는 영역의 개입으로 더 다이내
믹해졌으며 허구/비허구가 불러일으키는 경계적 지각은 자기반영성과
새로운 실재감을 가능하게 했다. 마지막으로 실재의 연극의 연극적 힘
은 연극 밖의 실재를 끌어오는 리얼리티 효과와 진정성을 넘어 관객의
지각을 동요시켜 새로운 리얼리티, 혹은 실재와 역동적 관계를 맺게 하
고 그에 관한 새로운 인식과 실천을 자극하는 동력에 있다. 최근 문제작
들은 윤리적 이슈를 다루면서 대부분이 실재의 미학을 적극적으로 활용
한 경우가 매우 많다.

  실재의 연극은 반드시 실재가 허구를 강하게 침범하는 퍼포먼스나 포스트드라마 혹은 그 이후의 급진적 형식을 갖춘 공연일 필요는 없다. 실재의 연극이 아니라 기존의 연극형태나 관례들을 유지하면서 실재의 연극의 개념이나 요소를 빌려오는 경우도 많다. 이미 살펴본 김재엽, 최진아 외에 박정희, 박해성, 성기웅, 장우재, 정진세, 이홍도, 김도영 등의 작품에서도 허구에 마냥 안주하지 않는 실재의 요소들이 짙건 옅건 다양하게 음영을 드러내고 있다. 여기서 더 중요한 것은 허구와 접전을 벌이고 난 후의 실재의 연극은 세계를 보는 새로운 인식과 시각면에서 더 열려있고 확장될 수밖에 없다는 점이다. 아마도 실재의 연극의 가장 큰 의미는 **이처럼 많은 실재의 연극들을 거치고 난 후 허구에 오롯이 집중하던 기존의 연극 역시 새로운 눈으로 볼 수 있게 되었다는 것일지도 모른다.** 각자 나름의 일종의 변증법적 과정을 거치게 되는 것이다.

  실재의 연극에서 관객들이 최종적으로 마주하는 것은 실재이되 실재 너머의 실재, 각자 자기 나름으로 재편한 실재일 수밖에 없다. 허구나 일루전이 지니는 보편적 자기동일성이나 영원하다는 환상을 주는 폐쇄성을 파괴함으로써 실재의 연극은 연극 밖의 세계와 보다 진정성 있는 열린 관계를 맺게 되고 변화의 가능성을 도모할 수 있게 된다. 이것이 **실재의 연극이 허구의 드라마나 감각과 지각 위주의 포스트드라마를 넘어서는 한 대안으로서 주목받을 수 있는 이유**다. 급진적 실험으로서의 실재의 연극은 일시적인, 일각의 흐름일 수 있겠지만 현실사회의 윤리의 기준 자체가 흔들리고 변화하는 **이 시대에 연극과 실재와의 관계를 어떻게 새롭게, 열린 방식으로 설정하느냐가 21세기 연극의 가장 큰 과제의 하나임은** 틀림없어 보인다.[48]

:: 註

1 숨어 있다시피 한 많은 공연들을 일일이 찾아다니고 개별 공연에 대한 글을 쓰는 일이 점점 힘들어진다. 2010년대 초중반에는 개인 사정으로 연극을 많이 놓쳤고 2020년 이후 코로나 이후에는 표를 구하기가 힘들어 더욱 그랬다. 이런 까닭에 긴 글을 쓰는데 있어 맥락상 필요하면 미처 직접 보지 못한 공연에 관해서도 보도자료나 리뷰를 읽고 줄거리 정도를 간단히 언급한 경우도 없지 않다. 이 점 당사자들과 독자들의 양해를 부탁드린다.

2 김재엽, 「연출가 에세이 "연극이 아니어도 좋은 연극을 위하여"」, 『연극평론』 71호, 2013년 겨울, 80쪽.

3 여기서 '실재'는 라캉이나 지젝이 말하는 정신분석학적, 혹은 정치적으로 전유된 정신분석학적 개념, 그리고 알랭 바디우가 지난 20세기를 '실재에 대한 열정'이라고 말했을 때의 '실재'와는 직접적 관계가 없다.

4 Carol Martin, *Theatre of the Real*, London: Palgrave Macmillan, 2013, p.5.

5 김형기와 남지수는 실재/허구의 상호침투 외의 몇 가지 특징을 들어 1990년대 이후의 다큐멘터리 계열의 연극들을 1960년대의 다큐멘터리극과 변별해서 '뉴다큐멘터리 연극'이라는 개념으로 제안한 바 있다(김형기, 「일상의 퍼포먼스화 혹은 뉴다큐멘터리 연극 – 리미니 프로토콜의 연출작업을 중심으로」, 『헤세 연구』 24호, 2010; 남지수, 『뉴다큐멘터리 연극』, 연극과인간, 2017). 참고로 이 글에서 말하는 '실재의 연극'은 남지수가 논한 '뉴다큐멘터리 연극'과 개념적으로 큰 차이는 없다.

6 김슬기, 「이야기 당사자가 등장하는 연극무대에서의 실재」, 『드라마연구』 55호, 2018, 6-15쪽 참조. 그 이후의 후속 논의는 없다고 알고 있다.

7 레만이 『포스트드라마 연극』의 독일어 초판을 발표한 것이 1999년인데 실재의 연극을 대변한다고 할 수 있는 리미니 프로토콜이 창단한 해가 2000년이다. 레만이 말하는 '포스트드라마'의 핵심개념은 '현존'이었으며 '실재'에 대한 논의는 별로 없다. 일부 아방가르드 연극이나 퍼포먼스나 포스트모던 댄스에서의 순간적인 일상의 침입을 지각의 교란이라는 관점에서 언급할 정도이다. 이에 관해서는 이 글의 마지막에 다시 자세히 언급한다.

8 현재 활동하는 연출가 중 고선웅, 한태숙, 김정 등은 실재적이라기보다 미학적인 계열의 몸의 연극을 계속하고 있다고 생각된다. 강량원과 이수인도 몸을 통한 미학적 결과물에 비중을 두는 편이다.

9 이경미, 「전복과 해체, 재구성 – 윤한솔의 연출미학」, 『한국연극학』 58호, 2016, 33-70쪽; 이경미, 「연극 안의 배우, 배우의 몸」, 『한국연극학』 61호, 2017, 5-44쪽.

10 Carol Martin, "Introduction: Dramaturgy of the Real", *Dramaturgy of the Real on the World Stage*, Carol Martin(Ed.), Hampshire: Palgrave Macmillan, 2010, p.1.

11 모방하기와 다른 말하기라는 플라톤적 의미의 디에게시스(diegesis)의 개념은 이런 구분을 약화시키기는 한다.

12 연출가 박정희는 2008년 영국의 철도사업을 다룬 데이비드 헤어(David Hare)의 버바텀 연극 〈철로〉를 국내에 소개한 바 있으며 그 후 2012년 서울연극제에서 영국의 철도사고와 대구 지하철 참사를 다룬 버바텀 계열의 연극으로 각색, 연출 한 바 있다.

13 장소특정적 연극의 역사와 개념에 대해서는 이진아, 「장소특정적 연극에서 '장소'와 '장소성'의 문제」, 『한국연극학』 54호, 2014 참조.

14 이경미, 「세월호 참사 1주기 〈안산순례길〉과 〈웃는 동안〉」, 『세월호 이후의 한국연극』, 한국연극평론가협회 엮음, 연극과인간, 2017.

15 이 공연은 극단 측에서는 '이머시브 연극'으로 홍보했다. '이머시브 연극'에 대해서는 이 글의 후반부에 다시 언급하기로 한다.

16 이 연극 역시 '이머시브 연극'으로 평가되기도 한다.

17 김기란, 「일상의 퍼포먼스, 투어리즘과 다크 투어리즘-극단 신세계의 〈망각댄스-4.16편, 서울망각투어버스 2019〉」, 『드라마연구』 63호, 2021, 6쪽.

18 장소특정적 연극에도 세분해보면 여러 가지 종류가 있다. 예를 들어 특정의 장소를 중심으로 현장성을 살려 기존의 작품을 새롭게 공연할 수도 있다. 신현숙은 원효대교 교각 사이에서 복합음악장르극형식으로 공연된 김아라의 〈강에게 2006〉, 캄보디아 사원에서 공연된 앙코르-경주 세계 엑스포경주 기념공연 〈Song of Mandala〉를 리스트에 올리기도 한다. 그리고 옛 중앙정보부 자리에 위치한 한예종 건물 옥상에서 공연된 최상철 연출의 〈마리 2006〉를 '발화주체로서의 장소와 공간의 은유화'를 통한 장소특정적 연극으로 분석했다(신현숙, 「장소특정적 연극-퍼포먼스 연구」, 『한국연극학』 49호, 2013).

19 김도일, 「장소특정적 연극으로서의 〈광천시민아파트 가,나,다〉」, 『드라마연구』 43호, 2014; 김영학, 「장소와 관객의 체험에 대한 탐구」, 『드라마연구』 61호, 2020.

20 남지수, 「버바텀 연극의 창작방식 연구: 〈킬링타임(2016)〉에서의 버바텀 드라마투르기」, 『드라마연구』 56호, 2018, 104쪽.

21 버바텀 연극의 역사와 정의에 관해서는 남지수의 「버바텀 연극의 창작방식 연구: 〈킬링타임(2016)〉에서의 버바텀 드라마투르기」, 112-135쪽 참조.

22 남지수, 「버바텀 연극의 창작방식 연구: 〈킬링타임(2016)〉에서의 버바텀 드라마투르기」, 132쪽.

23 세 번의 공연은 혜화동1번지, 블랙텐트, 인디아트 공에서의 공연을 말한다. 이 세 공연들의 분석에 대해서는 남지수, 「버바텀 연극의 창작방식 연구: 〈킬링타임(2016)〉에서의 버바텀 드라마투르기」, 135-141쪽.

24 이경미, 「연극 안의 배우, 배우의 몸-이경성과 크리에이티브 바키의 연극미학」, 『한국연극학』 61호, 2017, 32-36쪽.

25 그런데 실제 그런 상황에 처한 배우들을 그린 퍼포논문인 〈더 리얼〉에서 그들의 얘기를 들어보면 배우들은 대부분 무대에서 자기 얘기를 하는 것을 좋아하지 않는다고 한다. 배우 대부분은 어쩌면 생래적으로 니나나 트레플레프 같은 허구속의 인물을 연기하고 싶어 하는지도 모르겠다.

26 남지수, 「'자기이야기하기' 연극에서 나타나는 디에게시스적 연기 수행방식-라비 므루에의 〈구름을 타고〉를 중심으로」, 『드라마연구』 46호, 23-32쪽.

27 김소연, 「폭력적 현실과 '나': 혜화동1번지와 젊은 연극들」, 『연극평론』 71호(2013년 겨울), 87-88쪽.

28 김소연, 「감각의 윤리」, 『세월호 이후의 한국연극』, 254쪽.

29 남지수, 「앤드씨어터 〈전윤환의 전윤환-자의식 과잉〉: 개인의 증상, 사회의 징후」(리뷰), 『한국연극』 2018. 11. 참조.

30 세월호 유가족들은 '당사자'로 무대에 설 뿐 아니라 극단 〈노란 리본〉과 같은, 이들끼리만의 아마추어 극단을 만들어 허구적 내용을 포함한 다양한 연극을 공연하기도 한다.

31 〈가해자탐구〉는 애초에 버바텀 형식을 의도했으나 법적인 문제로 창작으로 바꿨다고 한다.

32 구자혜, 「연출노트: Commercial, definitely-마카다미아, 검열, 사과 그리고 맨스플레인」, 『공연과이론』 62호, 2016.

33 일제 치하 경성의 문인들의 일상의 기록들이나 다중언어 현장의 재연에 관심을 가지던 성기웅은 〈다정도 병인양하여 2013〉에서는 자신의 연애이야기를 빙자해서 아예 허구/다큐멘터리 사이의 경계넘기 자체를 유희적으로 극화한 바 있다.

34 이런 작품들은 1960년대 유럽의 실증적 다큐멘터리와 성격이 비슷하다고 할 수 있다.

35 김소연, 「풍자가 달라졌다: 〈해야 된다〉」, 『세월호 이후의 연극들』, 246쪽.

36 남지수, 『뉴다큐멘터리 연극』 참조.

37 이는 남지수가 이미 『뉴다큐멘터리 연극』에서 역사적 다큐멘터리와 달리 허구성을 뉴다큐멘터리 연극의 중요 속성으로 보면서 "뉴다큐멘터리 연극은 허구성의 의도적인 배치로 말미암아 관객들은 새로운 리얼리티를 경험하게 된다. 뉴다큐멘터리 연극이 추구하는 동시대적 리얼리티란 실재와 허구가 충돌하고 허물어지는 불안과 동요의 지점에서 발생한다(243)"며 "이 과정에서 익숙해지고 무감각해진 관객들의 감각이 새롭게 되살아나고, 그들은 일상과 연극, 실재와 가상, 이성과 상상의 경계를 오가면서 새로운 리얼리티를 구성하게 된다(244)", "다시 말해 뉴다큐멘터리 연극의 새로운 리얼리티는 관객의 수행적 인식에서 발생하는 것이다(245)"라고 했을 때, 실재의 연극에서는 기존의 연극에 비해 관객의 능동적인 자각과 참여가 더 많이 요구된다고 보는 이 글과 그 내용 면에서 다르지 않다.

38 레만은 '실재의 난입'을 설명하면서 공연 중에 살아있는 나비를 불태웠다거나 개구리를 실제로 뭉갰거나 사람을 고문했느냐, 아니냐의 문제를 예로 들기도 한다(한스-티스 레만, 『포스트드라마 연극』, 김기란 역, 현대미학사, 2013, 190쪽).

39 한스-티스 레만『포스트드라마 연극』, 189쪽.

40 같은 책, 187쪽.

41 같은 책, 500-501쪽.

42 김슬기, 앞의 논문, 17쪽.

43 한스-티스 레만, 『포스트드라마 연극』, 189쪽.

44 미주 30 참조.

45 극단 공연 프로그램에 의하면 신재가 이끄는 0set프로젝트는 '극장은 누구에게나 열려있는가?' 하는 질문으로 출발했다고 한다. '사회적 문화적으로 당연하게 받아들여지는 '명제'를 저울 위에 놓고 다시 사유하고자 조사, 인터뷰, 워크숍, 기록 등의 활동을 하고 있으며 그 과정 중 일부를 공연으로 제작한다'고 설명한다.

46 인류학자인 판 헤네프는 인간집단의 주요한 행위인 통과의례를 분리(seperation, preliminal) → 전이(transition, liminal) → 재통합(incorporation, postliminal)의 세 단계로 정리했다. 터너는 판 헤네프의 이런 인류학적 세 단계에 연극적 상징을 활용해 네 단계의 사회극의 개념, 즉 위반(breach)-위기(crisis)-교정(redress)-화해(reconciliation)로 발전시켰다. 그러나 셰크너는 터너의 사회극이론은 교정단계에 초점을 맞췄을 뿐이며 보수적인 연극에 있어 갈등(conflict)이론으로 퍼포먼스의 논의를 제한했다고 비판했다. 공연인류학자 빅터 터너는 이 중 '전이, 혹은 리미널리티'라는 개념을 하나의 상태를 떠나 또 다른 상태로 가는 사이의 문지방 같은 단계이며 그 경계가 희미하지만 스스럽고 잠정적이며 창조적이고 전복적인 단계이고 한 사회의 제의적, 세속적 통과의례를 구성하는 중요한 행위적 개념으로 설명함으로써 이후 인문학 전반과 공연학에 많은 영향을 미쳤다. 터너는 원래 전통집단사회에서의 제의적 의미를 지녔던 리미널리티가 현대산업사회 속에서는 '리미노이드'라는 개념으

로 바뀌는 것으로 설명했는데 리미널리티가 부족사회의 집단적 체험으로서 전이를 통해 기존의 사회적 체제로 통합되는 기능이라면 리미노이드는 자본주의 이후의 현대사회에 있어 개인적, 자발적인 참여에 의한 창의적 전도적, 파괴적 의미를 지니며 기존의 집단을 비판하고 변혁을 꾀하는 가능성을 지닌다고 보았다. 터너로부터 영향 받은 연극실천가이자 연극학자인 리처드 셰크너 역시 리미널리티를 또 다른 삶을 향한 전이영역으로, 현실의 직설법과 다른 가정법적인(subjunctive) 시간과 공간이자 경계영역으로 받아들임으로써 자신의 공연학의 기본개념의 하나로 삼았다. 리처드 셰크너는 연극을 미학적 개념 이전에 인류학적 퍼포먼스의 관점으로 파악하고자 했는데 그의 인류학적 퍼포먼스론에 의하면 연극은 제의, 운동경기, 정치집회, 놀이, 재판, 수술 등을 포함하는 개념 중 하나일 뿐이다 (김방옥, 「퍼포먼스론」, 『동시대 한국연극의 혼돈과 생성』, 연극과인간, 2016 참조).

47 신재의 작업은 셰크너의 공연학에서 말하는 공연의 8단계 중 워크숍의 성격을 많이 띠고 있기도 하다. 셰크너에 의하면 워크숍 역시 성장과 변화를 가능하게 한다는 점에서 통과의례와 리미널리티와 변환의 성격을 지닌다(Richard Schechner, *Performance Studies: An Introduction*(3rd edition), New York: Routledge, 2013).

48 이머시브 연극(immersive theatre) - 허구적 실재감의 가능성 : 사족이 될지 모르겠으나 연극에서의 실재감은 전혀 다른 양상으로도 나타날 수 있다. 지금까지 논했듯이 강렬한 지각이나 인식작용을 통해 다양하게 실재감을 소환하고 확장하는 실재의 연극들이 있는가 하면, 한편으로 허구적 극중 상황에 물리적, 감각적으로 가까이 접촉함으로써 또 다른 '일종의 실재감'에 빠져들고 몰입하는 연극도 나타났다. 2000년대 이후 영미권을 중심으로 주로 대중영합적인 경향을 띠면서 주목받고 있는 이머시브 연극이다. 이머시브 연극은 허구적 연극장치에 감각적으로 몰입하며 친밀감과 도취감과 즐거움을 느낀다는 점에서 언뜻 허구에 실재를 끌어들여 지각과 각성을 자극하는 실재의 연극과 반대편 극에 위치하는 것 같지만 '허구적 실재감'이라는 영역을 상정해 본다면 뜻밖에 상통하는 면이 있을 수 있다.

이머시브 연극의 특성에 대해서는 여러 관점의 논의가 있는 것으로 알고 있다. 그러나 이 글의 맥락에서는 그 특징을 통틀어 '허구적 실재성'으로 상정해보고자 한다. 알다시피 가장 잘 알려진 이머시브 연극의 예는 건물을 통째 빌려 공연공간화 한 후 관객들을 공연 속으로 초대해 각자 헤매면서 자기 나름의 관극경험을 형성하게 하는 펀치드렁크 극단의 〈슬립 노 모어〉의 경우이다. 이때 관객은 극도로 잘 꾸며진 허구의 드라마적 공간으로 실제로 초대되고 이곳저곳을 돌아다니면서 극중인물 및 설치미술과 오브제들과의 접촉을 통해 허구적 상황 속으로 심리적일 뿐 아니라 감각적으로 강력하게 몰입된다. 허구적 상황에 몰입된 관객들은 종래의 허구적 일루전을 넘어선 감각적 물리적 접촉을 통해 '허구적 실재감'을 느끼게 되는 것이다. '허구적 실재성'이라는 개념을 설정해 보는 까닭은 이 개념 역시 최근 연극과 실재 사이의 새롭고 다양한 관계설정의 의한 스펙트럼의 한 끝을 장식하고 있다고 보기 때문이다. 연극에서의 실재감은 인식이나 각성 뿐 아니라 일차적인 강력한 허구나 환상의 효과로부터도 창출될 수도 있을지 모른다. 끝과 끝은 통할 수도 있다.

디지털, 가상현실 - 가상적 실재 : 마지막으로, 영상기술과 디지털 미디어의 발달로 인한 가상현실적 체험은 이머시브 씨어터보다 훨씬 강하고 몰입적인 일종의 실재감을 불러일으키며 연극에서의 실재에 관한 또 다른 문제들을 제기한다. 관객은 가장 단순하게는 홀로그램이나 VR 기기를 통해 가상적 실재감을 느낄 수도 있고 다양한 상호매체적 공연들을 통해 가상적 실재에 접할 수도 있다. 공연 중 극장 로비나 극장 바깥으로 뛰어나가 돌아다니는 배우들의 영상을 핸드 카메라로 담아 실시간으로 무대 스크린에 투사하는 식으로 단순한 실재감을 일깨우는 일은 물론, 나날이 발전하며 일상으로 파고드는 디지털 테크놀로지를 활용해 연극과 실재 사이의, 퍼포머와 관객 사이의 다양한 가상적 층위를 생성할 수 있다. 〈죽은 고양이의 반등〉에서 보듯 디지털 시뮬레이션에 의해 만들어지는 퍼포머와 관객 사이의 다양한 인터페이스, 혹은 인터스페이스적 복합현실을 체험할 수도 있는 것이다.

2021년 '옵신 페스티벌-메타버스'에서 보았듯 국내의 경우 다원분야에서는 이와 관련된 다양한 실험들이 있다고 알고 있으나 아직 디지털 기술을 적극 도입한 연극은 드물다. 그러나 디지털 기술과 가상현실을 통한 가상적 실재의 구현기술이 발달할수록 인간 사이의 허구적 만남에 기반했던 연극과 외부세계 사이의 경계는 더 희미하고 복잡해질 수밖에 없을 것이다. 가상세계를 다루는 미래의 디지털 공연은 실제와 가상, 연극과 실재의 희미해진 경계를 넘어 과도한 몰입으로 인한 주체 및 실재의 증발 같은 인간존재의 본질적인 윤리를 건드리게 될지도 모른다.

2010년대 한국연극과 페미니즘의 힘*

:: 2010년대 후반 페미니즘의 재활성화

2020년이 시작되었다. 지난 시기를 서둘러 되돌아본다는 것이 조심스럽지만 지난 2010년대, 특히 2010년대 후반은 누구나 예견할 수 있듯이 앞으로 상당히 중요한 연극사적 의미를 지니게 될 것이다. 질풍노도의 시기라고 칭해도 과장이 아닐 2010년대 한국사회와 문화계를 휩쓴 태풍의 눈에는 세월호, 블랙리스트, 그리고 페미니즘이 있었다. 이시기 한국연극도 마찬가지다. 2010년대 초반부터 젊은 연극인들을 중심으로 부패한 보수정권과 신자유주의 사회에 대한 비판이나 뉴다큐멘터리적 접근이나 연극과 현실의 경계를 허물며 삶을 새롭게 지각하려는 새로운 경향의 작품들이 눈에 띄게 증가하기 시작한다. 이어서 2014년 세월호 참사와 2015년을 전후한 검열정국과 블랙리스트, 그리고 2018년 미투를 거치며 그 역동성의 기세를 몰아 소위 '페미니즘 리부트'[1]가

* 『연극평론』 96호(2020년 봄)에 실렸던 글이다.

전개된다. 재활성화된 페미니즘 연극(운동)은 세월호 이후 한국사회의
정치사회적 격변과 새로운 사고와 감각을 지닌 젊은 연극인들의 등장이
라는 대세를 타고 2010년대 후반 연극계에 실질적이며 구체적인 변화
를 불러온 동인이며 현재 매우 강한 존재감을 형성하고 있다. 비록 개혁
을 부르짖으며 현 정권이 내세웠던 진보의 진정성과 가치는 불과 2년 만
에 현실정치 속에서 상당부분 흔들리고 있지만 특정 정권과 관계없이 청
년 주도 문화, 특히 페미니즘 연극의 기세는 앞으로도 상당한 영향력을
지니고 지속되리라고 본다. 그동안 『연극평론』지는 이런 정치사회적 격
동과 연동하는 연극계의 변화를 민감하게 추적해왔으나 페미니즘 연극
에 관한 글은 상당히 드물었다.[2] 앞으로도 페미니즘의 강세는 당분간 계
속되겠지만, 이제 2020년이 시작되는 이 시점에 누군가 지난 5년, 혹은
넓혀서 10년의 연극계의 변화와 엇물린 페미니즘 연극(운동)을 사회적,
연극사적 맥락 속에서 짚어볼 필요가 있다고 보았다.

　페미니즘 리부트(feminism reboot), 혹은 재활성화된 페미니즘(resurgent femin-
ism)[3]은 세계적인 흐름의 일환이면서도 한국 나름의 특수성을 띠고 전개
되었다는 점에 주목해야 한다. 신자유주의의 보수성 아래서 상업화되거
나 수면 밑에 가라앉아 있던 세계 각국의 페미니즘은 2008년 금융위기
이후의 자본주의의 위기, 사회적 불평등, 소셜미디어의 활성화, 생태환
경의 파괴와 같은 전 지구적 문제제기의 흐름을 타고 다시 고개를 들기
시작했고 2018년 미국의 와인스타인 사건에서 시작된 미투(#MeToo)는
세계적으로 '와인스타인 이후(post weinstein)'라는 용어로도 통용된다. 한
국의 페미니즘 재활성화 역시 미투를 중심으로 얘기될 수 있지만 한국
에서의 미투는 다른 어느 나라에서보다 그 후폭풍이 거세었다고 본다.
페미니즘이 비교적 오랫동안 실천적으로 자리잡아오던 서유럽과 북미
사회에서의 미투가 상류층 일각에서 곪아왔던 적폐를 터뜨린 것이라면
한국의 경우는 좀 다르다. 1980년대부터 자리잡기 시작한 국내의 페미

니즘이 노동계층이나 성폭력의 일부 희생자들을 대상으로 여성운동가들에 의해 실천되거나 거대담론 위주로 그동안 논의되어왔다면 이제 페미니즘은 대한민국 (젊은)여성 누구나의 현실적 삶과 생존과 직결되는 의제가 되었다. 2010년대 이후의 페미니즘은 촛불집회와 대통령 탄핵과 같은 사회변혁, 세월호, 디지털 여혐과 디지털 성범죄, 강남역 살인 사건, 문단 내 성폭력 사건 등을 거치면서 미투라는 연쇄 폭발점에 이르렀던 것이다. 세계적으로 영 페미니스트, 혹은 '영 페미'는 1990년대 이후 온라인 문화의 활성화와 2000년대를 중심으로 자신감에 넘쳤던 소비자본주의를 배경으로 등장했지만 한국의 젊은 페미니스트들의 경우는 역시 변별성을 지닌다. 2010년대의 폭풍의 시작을 박근혜 탄핵으로 볼 때 따지고 보면 그 시작점에는 최순실-정유라가 누린 특혜와 저지른 불법을 '그들만의 방식으로 집요하게, 합리적으로 파고들어' 박근혜 정권의 부도덕성을 폭로한 이화여대생들의 집단행동이 있었다. 소위 경제 대국의 반열에 들었다는 한국사회의 낙후된 민주의식과 사회 곳곳의 미비한 시스템, 불평등과 불균형, 끝이 보이지 않는 청년실업, 그 결과 누군가를 배제하는 폭력과 혐오의 정동이 팽배한 한국사회는 젊은 여성들의 생존을 위협했고 미투는 예술계, 체육계, 정계, 교육 현장 등 사회 구석구석에서 연이어 폭발했으며 폭발을 기다리고 있다. 미투에 의해 발화된 영 페미니스트들의 분노의 페미니즘은 온라인 미디어와 거리시위 등을 통해 계속 활성화되면서 일상 속의 부당한 위계폭력과 남성 위주의 권위구조를 타파하고 해체하기 위해 사회, 문화 전 분야에서 행동을 이어가고 있다.

이런 가운데 페미니즘이 특히 한국연극계에서 더 주목받아야 하는 이유가 있다. 2010년대 한국연극계에서 페미니즘의 역할은 단지 '리부트'된 현상이라기보다 사실상 운동, 실상은 일종의 '혁명'에 가깝다고 본다. 현재 페미니즘이 어떤 일각의 움직임에 그치거나 개별 작품의 예술적 성취면에서 평가받고 있다기보다 연극계 전체의 의식과 제도와 현장의 판도를 바꾸어놓았거나 바꾸는 과정 자체 속에서 더 주목받을 만하기 때문이다. 한국 근대사 백년에서 일제로부터의 해방이나 남북분단 같은 외부적 요인에 의해 연극계가 크게 재편된 경우는 있었지만 내부로부터의 이런 급격한 변화가 이전에 과연 있었나 싶다. 물론 이런 '혁명'이 아직 시작에 불과한 것인지, 앞으로 어떻게 진행될지에 대해 현재로서 말하기 힘들지만 말이다. 연극계에 이와 비슷한 '내적 변혁'이라면 1980년대 '민중미학'을 주창했던 마당극이 주장했던 '서구(식민주의)적 연극미학의 배격' 정도를 꼽을 수 있을 것이다. 그러나 그들의 주장은 다분히 관념적이며 미학적이고 재야 연극계 중심으로 이루어졌다는 점에서 이번 '페미니스트 혁명'의 경우처럼 의식, 실천, 제도적 면에서 연극계에 골고루 파급효과가 큰 경우와는 차이가 있다고 본다.

:: 한국연극의 특수성과 재활성화된 페미니즘

연극계에 일어난 이런 '혁명'의 구체적인 양상을 보면 다음과 같다. 우선 미투라는 구체적 발화점 이전에 2010년대 중반 이후 젊은 여성 연극인들이 갑자기 대거 출현하기 시작했다는 것이다. 그 이전에는 가뭄에 콩 나듯 하던 여성 작가나 연출가뿐만 아니라 기획자, 그리고 적극적 의식을 갖춘 여자 연기자들이 갑자기 많이 등장하면서 급속하게 그들의 작품이 주목받고 연극계를 움직이는 주요 동인이 되기 시작했다. 또한 페미니즘이 2018년 미투를 계기로 혁명적 양상으로 비화된 데는 그 이전에 2014년 세월호 참사라는 거대한 전환점이 있었다. 연극계에서도 세월호나 블랙리스트와 관련된 청년연극인들의 소규모 공연들이 만들어지기 시작했고 이를 위해 그들만의 자발적인 네트워크들이 만들어지는 등 변화가 나타났으며 그 과정에서 일체의 기존 질서에 반발하는 젊은 여성 연극인들의 활약이 두드러지기 시작했다. 그리고 이런 움직임은 2018년 미투라는 기폭제를 통해 연극문화 자체의 개혁으로 이어지게 된다. 집단작업과 위계성이라는 연극 제작 환경의 특성도 있겠지만 한국연극계에서는 남성 중심적, 반여성주의적 억압과 불평등이 오랫동안 관행적으로 이루어져온 것이 사실이다. 미투에 의해 연극계의 정상을 점해왔던 남성 연극인들이 하루아침에 몰락했고 연극계의 위계는 무너져 내렸으며 연극계는 개편되다시피 했다. 그 결과 연극계의 성적 억압과 불평등의 시정뿐 아니라 세대교체까지 가파르게 이루어지고 있다. 그만큼 오랜 세월 기존 연극계에서는 철저하게 남성 중심적 관행들이 굳어져 있었다는 뜻이기도 하다.

흥미로운 것은 이런 변화에 대해 단지 페미니즘이라는 키워드를 넘어서 한국연극사적 맥락을 통해서도 그 의미를 해석해볼 필요가 있다는 점이다. 뒤돌아보면 한국연극계는 오랫동안 젠더상의 심각한 불균형 위에서 존속해왔다. 대략 1960~70년대 이후 50년간 한국연극의 주요 관객은, 얼마 전까지 '이대생' 혹은 '여대생 관객'으로 흔히 폄하되어, 혹은 타자화되어 불리던 젊은 여성들이었다. 그러나 이제 젊은 여성 관객은 타자가 아니라 주체가 되어가고 있다. 아니, 실제로 오랫동안 여성 관객이 대다수였다는 점에서 실질적 주체였는데 그동안 억압되고 왜곡되어 왔었다고 할 수 있다. '젊은' 관객이 대다수라는 사실은 외국의 경우 연극의 주요 관객이 흰머리의 (남녀) 노년 관객인 점과 좋은 비교가 되며 한국을 방문한 외국 연극인들의 부러움의 대상이 되기도 한다. '여성'이라는 점과 관련해서는, 신극 초기부터 영화나 TV와 같은 매체 경쟁자에 밀리기 전인 해방 직후까지의 연극 관객에 대해서는 이런 성별이나 연령적 특성에 대한 언급이 없다. 이는 아마도 연극이 대중성을 잃고 비주류 예술이 된 이후 오늘날 연극의 주요 관객이 지적 수준과 예술적 감수성이 높은 젊은 여성들로 구성된 것으로 해석되어야 할 것이다.[4] 연극실천자들이 젊은 여성들로 이루어진 이런 관객들을 의식하는 작품을 생산하며 그들과 소통하게 된 것은 당연하고 자연스러운 일이다.

또 하나 재미있는 점은 1990년 이후 연극평론가 역시 당시 30~40대의 여성으로 대다수 교체되었다는 점이다. 초창기인 1970년대의 연극평론가들은 대부분 50대 이상의 남성이었다. 평론가는 여성들로 바뀌었지만 그럼에도 2000년대 말까지 여성 연극실천가들, 즉 여성 작가, 연출가, 스태프 들은 매우 희소했으며 대다수의 여배우들은 무대 뒤 남성적 질서에 귀속되어 있었다. 바꿔 말하면 1960~70년대 이후 연극을 만드는 주체는 철저히 남성이었고 연극을 보는 쪽은 여성이었다는 젠더적 불균형이 아주 오랫동안 이어져왔다는 것이다. 이런 점에서 2010년대 페미니즘의 혁명은 일단 이런 젠더의 불균형이 시정되고 창작자-관객-평론가라는 채널상의 젠더적 소통이 정상화되기 시작한 셈이라는 점에서도 의미가 있다. 물론 연극행위의 영향 반경이 특정 세대의 특정 젠더 중심으로 좁아지는 것은 결코 바람직한 일은 아니겠지만 말이다.

:: 침묵의 이십 년

이처럼 관객뿐 아니라 여성 평론가들까지 많아졌음에도 불구하고 여성에 의한 창작행위와 학계와 평론계에서의 페미니즘 담론은 최근인 2015년경 이전까지 놀랄 정도로 미약했던 것이 사실이다. 일반적으로 한국 연극에서 페미니즘이 소개되고 시작된 것은 연극활동이 양적으로 팽창하고 다양해진 1980년대 말부터 1990년대 초반까지의 6~7년 남짓한 기간이라고 보고 있다. 산울림 소극장을 중심으로 〈위기의 여자〉, 〈웬일이세요, 당신?〉 같은 소위 '중년 여성 관객'을 대상으로 한 공연들이 인기를 끌기 시작했고 동시에 여성문화예술기획의 〈자기만의 방〉, 〈버자이너 모놀로그〉 등 급진적 내용과 형식의 연극이나 〈무소의 뿔처럼 혼자서 가라〉 같은 소설 각색극들이 공연되어 화제를 모으기도 했으며, 오경숙 같은 선구적 연출가는 카릴 처칠의 〈클라우드 나인〉, 〈탑 걸스〉, 차학경의 〈딕테〉 등 당시로서 대단히 실험적이고 지적인 성격의 페미니즘 공연들을 선보이기도 했다. 예술성과 대중성을 함께 갖춘 〈로젤〉, 〈리타 길들이기〉, 〈잘자요, 엄마〉 들도 흥행에 크게 성공했고 페미니즘을 의식적으로 내세우지는 않았으나 1980년대의 맥을 이어 여성 노동자들을 앞세운 마당극이나 민족극 계열의 연극이 1990년대 전반부까지 공연되기도 했다. 이처럼 이 시기는 한국 페미니즘 연극이 일차적인 붐을 형성했던 시기라고 하겠다. 그러나 이런 페미니즘 연극의 일차 열풍은 오래 지속되지 못하고 1990년대 중반 이후 수그러들기 시작한다. 여배우의 스타성에 기댄 사적 모놀로그나 상업극으로 변질되기도 했고 몇몇 여성 운동가들의 노력에도 불구하고 당시 페미니즘에 대한 사회 일반의 의식은 호기심 정도에 머물렀으며 무엇보다 큰 원인은 당시에 활발하게 활동하는 여성 극작가나 연출가들이 거의 없었기 때문이다. 1990년대의 극작가로는 거의 독보적이었던 정복근 외에 엄인희 정도를 꼽을 수 있고 포스트모던한 여성적 감각을 앞세운 김아라가 주요 연출가로 활동했지만 이들의 작품이 모두 여성주의적 관점이 강하거나 이를 의식적으로 내세우지는 않았다.[5] 이 시기 비평계에도 심정순을 중심으로 페미니즘 연극이론이 소개되었지만 당시 평단의 권위적 분위기 때문인지 1970~80년대 해외 페미니즘 담론이 너무 이론적, 논쟁적으로 전개되었던 탓인지 후학들에 의해 활발하게 이어지지 못했다.

여성 관객과 여성 평론가들의 우세가 지속되었음에도 불구하고 일차적 붐이 지난 후 페미니즘 연극과 담론은 긴 침묵기에 접어들게 된다. 1990년대 중반 이후부터 2010년대 초반까지 이십 년가량의 긴 시간 동안 페미니즘 연극은 이렇다 할 성장이나 움직임을 보이지 못했다.[6] 한국 사회는 1997년 IMF와 2008년 금융위기를 겪었지만 전반적으로 후기

자본주의 혹은 신자유주의가 자리잡으면서 외면적으로 경제성장이라는 순항을 계속해왔으며 문화예술면으로도 디지털 네트워크와 포스트모더니즘의 스펙터클이 펼쳐졌다. 이 시기는 외국의 페미니즘의 경우에도 1970~80년대의 격렬한 이론투쟁 이후 소비자본주의와 포스트모더니즘의 유희적 분위기 속에서 전열이 흩어져 소강기에 들어갔던 시기이기도 하며[7] 국내 페미니즘의 경우에도 1994년 성폭력 특별법 제정, 2005년 호주제 폐지 등의 성과를 이뤄냈지만 대체로 개인주의와 소비자본주의의 분위기 속에서 페미니즘의 진지한 논의는 수면 밑으로 가라앉았다. 연극계로 보면 해외교류, 전통의 현대화, 포스트모더니즘, 포스트드라마, 고전 다시 읽기, 기호학, 문화상호주의, 몸과 물질에 대한 열광, 'in-yer-face 연극', 그리고 일상극의 귀환 등의 매력적인 키워드들이 넘치던 시기였다. 해외교류의 활성화와 함께 공연의 질도 크게 높아졌으며 담론 자체의 풍요에 따라 연극과 비평계는 주로 연극성 자체의 미학적 유희에 도취되고 '연극세계' 내의 주고받기 놀이에 탐닉하는 경향이 있었다. 삶과 사회에 대한 직접적인 관심과 문제제기는 드물었다. 되돌아볼 때 나를 포함한 평론가들은 초청된 해외공연들의 화려한 미장센을 찬탄하거나 포스트모던 담론을 적용할만한 문제적 공연의 해석을 즐기는 데 많은 힘을 썼거나 아니면 이윤택과 박근형의 신작을 기다리며 시간을 보냈다는 표현이 과장이 아닐 것이다.

이 이십 년은 포스트모더니즘과 몸과 여성이라는 해방담론의 시기이기도 했는데 이 기간에 주목받으며 활동한 연극인 중 여성은 이상할 정도로 적었다. 2000년대로 오면서도 활동을 계속했던 김아라 외에 주요한 여성 연출가로 한태숙, 박정희, 문삼화 정도를 꼽을 수 있고[8] 여성 작가로는 고연옥, 김명화, 장성희, 김윤미 들이 있으며 좀 늦게 작가-연출가인 최진아가 나타났다. 이는 이십 년이라는 기간에 비하면 매우 적은 숫자이며 이 중 페미니즘의 요소가 의식적으로 두드러진 경우는 가부장적 폭력에 의한 여성가족의 고통을 집중적으로 그린 김윤미와 여성 주체적 욕망을 의식과 무대미학에 걸쳐 도발적으로 구현한 최진아 정도가 아닐까 생각한다. 2000년대 이후 '한국여성극작가전', '여성연출가전'들이 꾸준히 올려지고 있으나 여성들이 참여한다는 것을 넘어 주목할 만한 이슈를 만들거나 문제작을 만들어내지는 못했다.[9] 이밖에 가끔 영미권 번역극 중 여성문제를 다룬 작품들과 가족 내의 여성들의 애환을 다룬 일본 희곡들이 공연되었을 뿐이다. 페미니즘 연극에 대한 언급 자체가 드문 이 시기 중인 2006년에『연극평론』지면을 통해 예외적으로 여섯 명의 여성 연출가들이 참석한 좌담회[10]가 있었는데 얘기를 들어보면 그들은 연출가라는 위치 때문인지 지금과 같은 여성 연극인으로서의 불평등이나 피해의식을 강하게 느끼지도 않았고 여성주의라는 관점을 크게 의식하고 있지 않았던 것을 짐작할 수 있다.

이 시기 (여성)평론가들 역시 특별히 페미니즘적 관점에 관심을 보인 경우가 드물었다. 물론 여성 창작자들의 활동 자체가 많지 않던 시기이기는 했지만 지금 되돌아보면 남성 중심의 극 세계를 별 이의 없이 받아들였던 시대였다. 남성 작가/연출가들의 남성 중심적 관점과 서사에 워낙 익숙해 있었고 리얼리티와 보편성과 명작, 혹은 천재성이라는 전제 하에, 억압되거나 왜곡된 여성성을 무심하게 지나쳤던 것 같다. 이진아는 "2000년대 초에는 〈남자충동〉, 〈청춘예찬〉, 〈강철왕〉 등의 작품이 남성 중심적 서사와 고착된 젠더의식을 드러내도 이미 아무도 이의를 제기하지 않았다"고 회고한다.[11] 이 이십 년간 페미니즘 관련 비평서로 심정순의 비평집『페미니즘과 한국연극』(1999)과『21세기 한국 여성 연출사와 미학』(심정순 편, 2004) 두 권이 있을 뿐이고『연극평론』지 2006년 여름호에 단 한 번의 특집이 있었으며 페미니즘과 젠더를 다룬 학술적 논문이 가끔 발표되는 정도였다.[12] 리뷰로는 심정순 정도가 가끔이지만 꾸준히 페미니즘 계열의 연극들을 다뤘고 내 개인적 경우를 예로 들면 한태숙, 박정희, 문삼화 등 2000년대 주요 여성 연극인과 작품에 관한 에세이 「지난 여름, 그녀들에게…」(『연극평론』, 2003년 가을호), 최진아에 관한 글 몇 편, 그리고 김명화의 〈돐날〉에 대한 리뷰가 있는 정도이다. 이십 년간의 활동으로는 매우 미미하다고 할 수 있다. 2018년 이윤택과 오태석의 급작스러운 몰락과 활동중단은 비평계의 이런 오랜 기간에 걸친 여성주의적 관점의 둔감함과 일부 무관하지 않을 것이라는 생각이다. 또한 여성 연극인들이 현장에서 감내해왔던 오랜 억압에 대한 무관심과도 관련이 없지 않을 것이다. 얼마 전 차를 마시면서 어떤 후배 여성 평론가가 말했다. "물론 (남성 중심적 작품들을) 좋아하지는 않았다. 그러나 이제 세상이 바뀌면서 일단 한번 눈을 뜨고 보니 어떻게 지난 세월 그렇게 바라보고만 있었는지 모르겠다." 그러면서 "실제로 세상이 (연극계가) 이렇게 바뀔 수 있을 줄은 몰랐다. 요즘 젊은 여자애들 정말 대단하다"고도 했다. 이처럼 2010년대 페미니즘 연극의 '혁명'은 1980년대 말부터 1990대 초의 페미니즘의 붐업과 다르다. 단지 페미니즘의 글로벌화나 재활성화된 페미니즘의 일환, 혹은 페미니즘 리부트라기보다 이런 한국사회와 한국연극계의 특수성 안에서 봐야 할 것이다.

:: 2010년대 페미니즘 연극은 이렇게 전개되었다

1) 쏟아져 나온 젊은 여성 연극인들

젊은 여성 연극인들의 출현은 청년연극인 전반의 등장과 맞물리며 2010년 이후, 특히 2015년경 이후 눈에 띄게 증가한다. 크게 보아 남녀평등의 교육, 성장둔화에 따른 청년 일자리의 감소, 기존의 성공보다 개인적 삶의 의미와 재미를 추구하는 90년대 생들의 진출에 따른 문화 전반에서 능력있는 20~30대 여성들의 증가현상이 연극계로 확장된 결과일 것이다. 심층적으로, 이런 현상의 저변에는 세월호와 그 이후 정치적 사건들에 대한 연극계의 각성과 자발적 네트워크의 움직임들이 있었고 이 과정에서 젊은 여성 연극인들의 활동이 두드러지기 시작했다. 혜화동1번지는 사실상 1990년대 이후 현재까지 물밑에서 한국연극계를 이끌어 온 주도적 힘이라고 할 수 있는데 2015년 출범한 6기 동인은 남성이 지배적이었던 그 이전과 달리 6명 중 3명이 여성으로 구성되었다. 거슬러 올라가면 2010년경부터 제작극장들이 활성화된 연극환경의 변화와도 무관하지 않을 듯한데 제작극장들은 당시까지 중년-남성 위주의 연극계에서 빛을 보기 힘들었던 젊은 여성 작가/연출가들을 선발해 기회를 주고 집중적으로 지원하기 시작했다. 두산아트센터는 세련된 안목으로 성별을 막론하고 뛰어난 젊은 예술가들을 육성했고, 남산예술센터의 서치라이트, 서울시극단의 창작플랫폼, 서울문화재단의 뉴스테이지, 문예위의 차세대예술가 사업들이 젊은 인재들을 지원했다. 2018년에 시작되었던 서울문화재단의 청년예술지원사업인 최초예술지원사업도 중요한 계기가 되었다고 본다.

이런 과정들을 통해 2010년대 초반부에는 작가/연출가로 박혜선, 류주연, 이자람, 김수희, 부새롬, 김민정, 서지혜 등이 활동하기 시작했고 중반부 이후로는 박지혜, 구자혜, 이연주, 김수정, 김수희, 이기쁨, 이오진, 송이원, 신재, 윤혜숙, 송경화, 설유진, 김지나, 김진아, 이래은, 김한내, 송정안, 안정민, 이은준, 강보름, 김미란, 윤미현, 이보람, 김연재, 김도영 등이 두각을 나타내기 시작했으며 연기자로 성수연, 이리, 김신록, 김정, 황은후, 디자인 부문에서 김은진, 서지영(무대), 최보윤, 성미림(조명), 목소(사운드), 드라마투르그로 전강희, 김슬기, 이밖에 고주영, 나희경 같은 독립기획자와 주요 제작극장의 피디들, 그리고 김태희, 남지수, 엄현희, 김나볏, 장윤정 등 평론가…. 이밖에 일일이 여기서 열거하기 힘든 젊은 여성 연극인들이 그들이다.[13] 현재 연극계에는 의식이나 연극 만들기 면에서 진보적이며 열린 마인드를 지닌 비슷한 숫자의 남성 연극인들이 이들과 어울려 활동하고 있으니 40~50대 이전의 젠더균형이 어느 정도 회복된 셈이다. 2019년 부활된 백상예술대상 젊은 연극상의 다섯 후보자가 전원 여성이라는 놀라운 현상을 빚기도 했다.[14]

2) 세월호: 거대한 상흔과 불가능의 미학

2014 세월호 참사는 수백 명의 어린 생명들이 무고하게 수장되었다는 참담함을 넘어 한국사회의 안전망, 정치적 윤리, 그리고 모든 집단 구성원의 의식과 무의식의 기반을 흔들고 무너뜨린 사건이었다. 특히 젊은 이들의 마음에 폭탄 맞은 듯 뻥 뚫린 상흔을 남긴 그런 사건이었다. 충격 속에서도 뭔가 반응하지 않을 수 없었던 그들은 혜화동1번지의 '세월호' 기획, 그리고 '권리장전' 같은 소규모 극단들끼리의 자발적 네트워크에 기반한 연극제들을 통해 자신들의 목소리를 내기 시작했으며 크리에이티브 바키 같은 진보적 극단이 두산아트센터나 남산예술센터의 지원 하에 〈비포 애프터〉, 〈그녀를 말해요〉 들을 생산하기도 했다. 이 과정에서 재현에 포섭되기 힘든 문제적 대상에 접근하기 위한 공동창작, 다큐멘터리, 버바텀 등 형식이 무제한 열리기 시작했고, 해결을 전제로 하는 논리적 분석보다 고통과 유대에 보다 민감할 수 있는 여성적 접근이 선호되었으며, 사회적 고통을 연기자 개인의 아픔으로 체화함으로써 현실과 극의 경계를 몸으로 넘나드는 성수연 같은 여성 연기자가 주목받기도 했다. 여성 연극인들은 여성 유가족들과의 연대를 통해 더 적극적인 연극 작업을 해왔다.

이처럼 외부현실이 연극미학에 직접 뛰어드는 예로는 5·18 이후 1980년대 마당극계의 반응을 들 수 있다. 그러나 마당극의 경우 반독재 이데올로기를 명백한 목표로 해서 과도하게 도식적인 공연문법과 그 반복으

로 그 영향력이 길지 못했다. 이에 비해 세월호의 경우는 투쟁의 대상과
성격이 광범위하고 모호한 면이 있다. 따라서 세월호는 형식면에서 무
제한으로 열리면서 동시에 일종의 불가능의 미학의 성격을 띠게 되며
이는 페미니즘 연극 미학을 새롭게 여는 데도 영향을 미치게 되었다고
본다. 많은 연극인들이 참사 이후 "연기란 것을 할 수 없었다", "연극이
이제 무엇을 할 수 있나 하는 회의가 들었다"고 말한다. 아직 전모가 밝
혀지지 않은 대형 참사의 경우, '재현의 불가능성'이 논의되기도 한다. 이
런 생각들을 바꾸면 과연 연극은 '무엇'을 '어떻게' 할 수 있을 것인가?
라는 질문이 열리는데, 이는 여성주체적 관점의 출발선에 서 있는 페미
니즘 연극에도 적용될 수 있을 것이다.

3) 미투: 연극계 기반의 전복

권김현영은 '미투'를 한국사회를 지배하는 남성 중심적 성문화를 뿌
리째 흔들어 일상의 혁명을 촉구하는 매우 급진적인 운동이라고 정의한
다.[15] 후기 자본주의의 폐해가 깊어지면서 경기침체와 청년실업, 무한경
쟁과 사회적 양극화 들이 '헬조선'으로 불리는 사회 전체의 불만과 위기
감을 높였다. 이런 사회적 긴장과 불화는 한편으로 남성 중심적 기득권
층의 권력남용과 왜곡된 성의식과 구성원들 간의 혐오와 배제의 정동을
형성했고 성폭력의 만연, 여성 혐오 등으로 드러났다. 2016년 문단 내
성폭력 고발사태 때만 해도 연극계는 잠잠한 편이었으나, 2018년 1월
서지현 검사의 폭로에 이어 2월 연극계에서도 이윤택의 오랜 성폭력을
고발하는 미투가 터졌고 이명행, 조민기, 조재현, 김태훈, 한명구 등 중
견 연극인들이 가해자로 드러나면서 연극계를 떠났다. 이윤택은 유사강
간치상 및 성폭력 등 죄목으로 현재 복역 중이며 오태석 역시 혐의를 받
았으나 본인이 아직까지 공식적 태도표명을 하지 않고 있는 상황이다.

〈청춘예찬〉 같은 박근형의 대표작도 2017년 재연에서 '여혐'이라는 혐의로 젊은 여성 관객들의 차가운 눈총을 받기도 했다.[16] 미투 직후 성폭력 피해자 연극인들을 돕기 위해 결성된 성폭력반대연극인행동(성반연)은 현재까지 가장 적극적인 활동을 이어가고 있는 단체로서 가해자들에 대한 법적 처벌 요구를 넘어서 재발방지와 제도적 정비를 요구하는 움직임을 계속하고 있다.

많은 남성 연극인이나 예술가들이 충격을 받고 큰 혼란과 두려움을 느꼈다. 정희진은 "한마디로 그들도 더는 할 말이 없다는 사실을 알고 있는 것이다"[17]라고 말한다. 실제로 미투 이후 중년 이상의 남성 연극인들의 작업은 많이 위축된 것도 사실이다. 작품의 결과도 그렇지만 그 이전에 사회 전체의 의식과 분위기, 그리고 연극 제작의식과 환경 자체가 급격히 바뀌어버렸기 때문이다. 그러나 포기나 피상적인 자기검열보다는 깊은 고민에서 나온 공감과 실천이 필요할 때다. 현재 대부분 여성으로 이루어진 연극평론가도 마찬가지다. 결과만을 대상으로 미학적 비평에 한정하기보다는 여성인권이 제약받을 수 있는 연극현장의 제작과 창작과정에 좀 더 관심을 가져야 했다는 자성의 목소리가 나오는 이유다.

4) 연극문화의 혁명

2010년대 연극계 페미니즘과 미투 운동의 제일 혁혁한 공로는 연극 제작 환경에서의 의식의 변화와 실천이라고 할 것이다. 그동안 연극 제작 과정은 도제방식의 흔적이 남은 강한 위계질서, 당연히 남성 중심의 위계질서 위에 이어져왔으며 이는 너무나 오랫동안 당연한 관행으로 받아들여져 왔다. 그런데 젊은 여성 연극인들에 의해 이 당연한 전제가 무너지고 적폐시되기 시작한 것이다. 연극현장에서 중년 이상의 남자로 이루어진 작가, 연출가, 대학교수 들이 행사했던 당연한 위력들은 그들

중 일부에 의해 저질러진 성폭력과 그리 먼 곳에 있지 않을 수 있다. 젊은 여성 배우, 연출가, 기획자, 스태프 들은 캐스팅, 연습과정, 무대 관행에 있어서의 각종 폭력과 억압, 존중받지 못함에 대해 항의하기 시작했고 공연의 결과 못지않게 연습과정의 민주화의 중요성을 강조했다. 이들은 피해자 입장에 머물지 않고 해외 페미니스트들과의 연대, 시카고 매뉴얼 등 제작과정과 연습실에서의 행동강령을 소개하고 도입하는 등 여성 연극인들의 보호와 권리신장을 위한 지속적인 활동을 하고 있다. 최근 성반연은 한국문화예술위원회 비상임 위원 후보자들이 모두 중장년 남성으로 선정된 데 항의하고 공모절차를 원점에서 다시 시작하며 규정 자체를 재검토할 것을 강력히 요구했으며 이 요구가 관철됨으로써 페모크라트의 중요성을 인식시키는 기회가 되었다.

이런 과정들에서 특히 여성 연기자들의 대두가 두드러졌다. 위계질서의 사다리 맨 아래 칸에 있다고 할 수 있던 젊은 여성 연기자들의 반격은 놀라운 것이었다. 높은 윤리의식과 페미니즘적 인식, 전문분야의 능력, 민주사회의 시민의식으로 무장된 그녀들의 출현과 주장과 활동에 대해 이렇다 할 반격은 불가능했다. 그녀들의 정치적 분노는 분노에 그치지 않고 그에 상응하는 새로운 연극미학들로도 구현되기 시작했기 때문에 더 설득력을 얻었다. 주목할 점은 이런 급진적 변화들은 때로는 비평까지도 앞서갔다는 사실이다. 현장이 이론을 앞서가기 시작한 것이다. 이런 움직임들은 또한 외국으로부터 수입된 트렌드라기보다 상당부분 한국사회의 현실에서 태어난 자생적이며 자발적인 행동들이어서 더 의미가 있다고 본다.

5) 관객, 팬덤

변한 것은 여성 연극인들만이 아니었다. 여성 연극인들의 적극적 반

격은 젊은 여성 관객들의 적극적인 지지와 함께 시작되었다고 해도 과
언이 아니다. 앞서 말했듯이 창작자와 관객 사이의 세대적, 젠더적 소통
이 핫하게 이루어지기 시작한 것이다. 연극계 미투가 터졌을 때 여성 관
객들의 '위드유(#WithYou)' 집회는 큰 힘이 되었다. 성폭력 피해자들을 지
지하고 성폭력에 연루된 연극인들이 출연하는 연극은 보지 않겠다는 것
이다. 이는 젊은 여성 관객들이 예술적 감성뿐 아니라 정치의식면에서
도 고양된 상태임을 의미한다. 이런 현상들은 강남역 사건 이후 온라인
여초 커뮤니티를 통한 소셜미디어 활동 등 페미니즘의 대중화, 활성화
와 관련이 있을 것이다. 또한 대중문화의 팬덤 현상이 공연계에도 퍼지
기 시작한 면도 있다. 팬픽(fanfic)[18]물 등을 통해 적극적 팬덤문화의 경험
을 지닌 20~30대 여성 관객들은 같은 작품을 여러 번 보는 소위 '회전
문 관객'의 주역이었으며 이들의 팬심은 '대학로 아이돌'들이 출연하는
'대학로 (半)상업극'들로 확산되었고 2018년에는 〈비평가〉를 계기로
대학로 '정극(?)'에도 영향을 미치기 시작했다. 그들은 공연을 여러 번
보는 것은 물론이고 관극 후 공연관계자들과 상당한 수준의 전문지식을
토론한 후 공연에 대한 소책자를 발간하기도 했다. 〈이갈리아의 딸들〉
공연 때는 온라인상에서 페미니즘의 입장에서 극단 측의 해석과 상충되
는 작품해석을 내놓으며 공연의 문제점을 날카롭게 지적하기도 했다.
페미니스트 관객들의 이런 열정이 특정작품에 집중되기보다 앞으로 연
극문화 전체에 골고루 생산적 에너지를 주기를 기대하게 된다.

6) 젠더, 퀴어, 소수자로 확산

퀴어 이론과 페미니즘은 한 가지에서 갈라진 가지이다.[19] 남성 중심주
의를 거부하는 해방담론이라는 점에서 페미니즘은 젠더이론은 물론 퀴
어젠더, 트랜스젠더를 포함해서 성소수자에 대한 관심과 연대로 확장해

간다. 학생 시절부터 동성애를 다루는 일본 애니메이션과 BL[20]물에 익숙해온 탓인지 아직 퀴어 문제가 본격적으로 사회적 이슈화가 덜 된 탓인지 한국의 젊은 관객들은 퀴어 소재나 감성에 대해 개방적인 편인 듯하다. 퀴어 소재는 2000년대의 〈이〉, 〈남자충동〉, 〈서안화차〉 같은 창작극에서 부분적으로 등장하기 시작해서 〈거미여인의 키스〉나 〈M 버터플라이〉 같은 잘 알려진 서사를 거쳐 〈나는 나의 아내다〉, 〈사보이 사우나〉 등의 문제작으로 심화되었고 계속해서 〈2017 이반검열〉, 〈좋아하고 있어〉, 〈디디의 우산〉, 〈줄리엣과 줄리엣〉, 〈벤트〉, 〈이방연애〉, 〈삼일로창고극장 봉헌예배〉 들이 공연되었고, 지난해만 해도 〈래러미 프로젝트〉, 〈와이프〉, 〈로테르담〉, 〈후회하는 자들〉 등 소위 LGBTQ[21] 이슈들이 좋은 반응을 얻으며 부쩍 자주 공연되고 있다. 여성 연극인과 여성 관객이 많아졌고 페미니즘의 영향력이 커지면서 퀴어 소재 중에도 아무래도 레즈비어니즘 같은 여성 사이의 새로운 관계를 모색하는 작품들이 더 큰 공감을 얻는 분위기다. 그러나 아직 퀴어 작품에 대해 주제에 대한 깊은 이해나 성찰보다는 작품성이나 소재적 특이성, 혹은 가벼운 희극성 정도로 받아들이는 측면도 있는 듯하다. 특히 뮤지컬에서는 〈쓰릴 미〉 이후 〈헤드윅〉, 〈라카지〉, 〈킹키부츠〉처럼 게이문화나 드랙퀸 등을 다룬 공연들이 오락성과 조화를 이루며 대중들에게 거침없는 사랑을 받고 있다는 점이 흥미롭다. 한편 소수자에 대한 관심과 공감의 폭을 넓힘에 따라 장애인 등 소수자와 함께 그들의 삶을 다루는 공연들도 급격히 늘어나는 추세다. 페미니즘은 성별이나 젠더가 아니라 궁극적으로 인권과 민주사회의 시민권에 관한 문제이기 때문이다.

:: 2010년대 페미니즘 관련 작품의 문제들

1) 페미니즘의 관점들

페미니즘의 이론은 상당히 복잡한 관점으로 진행되고 학자마다 개념과 용어와 진행상황을 다르게 보고 있다. 페미니즘 담론과 운동의 논쟁과 계보는 매우 복잡하지만 최근의 저서들까지를 참고하더라도 운동 초기부터 현재까지 일반적으로 다음과 같이 잘 알려진 기존의 카테고리에서 크게 벗어나지 않는 듯하다. ① 자유주의 페미니즘으로 여자도 남자와 같은 인간이라는 평등사상과 인간으로서의 권리에 기초하며 이는 초기의 운동이지만 남성에 의한 각종 폭력과 억압이 상존하는 한 계속 유효하다. 현재 성폭력이나 페미사이드에 항거하는 한국의 페미니즘은 이 범주에 속한다고 볼 수 있다. ② 급진주의, 본질주의 혹은 문화적 페미니즘으로 여성의 정체성과 남성과의 차이를 강조하며 때로는 모성, 출산, 자매애, 에로티시즘 같은 여성만의 차별적 우위성을 강조한다. 정신분석학에도 빚지고 있는 이 이론은 오늘날 일반적으로 사회정치적 맥락과 관계없는 본질주의라는 점에서 비판받지만 '여성적 글쓰기'와 같은 페미니즘 미학에 기여했다. ③ 사회주의 페미니즘은 여성의 억압에 있어 사회적 계급이 성별보다 더 앞선 요인이 될 수 있다고 본다. ④ 해체주의적 페미니즘은 성별은 해체의 대상이며 예를 들어 주디스 버틀러가 주장하듯 성별은 정해진 것이 아니며 사회적 젠더로서 수행되며 구성되는 것이라고 한다. 퀴어젠더 등 성 경계자 논의와 관계된다. ⑤ 포스트페미니즘은 때로 ④를 지칭하기도 하지만 주로 1990년대 이후 대중문화의 상업자본주의와 결탁해 여성의 성적 매력과 욕망과 커리어 추구 등을 권력화하며 긍정적으로 받아들이는 〈섹스 앤 더 시티〉류의 경향을 말한다. ⑥ 그밖에 유색인종 페미니즘, 에코페미니즘, 사이버 페미니즘,

돌봄노동 페미니즘 등 전 세계적으로 다양한 페미니즘 논의가 이루어지고 있다.[22]

작품이란 당연히 사회현실과 개인의 의도에 따라 생산되므로 이들 이론의 범주들은 서로 중첩, 변용되어 나타나는 경우가 많다. 더구나 전통과 근대와 탈근대적 특성들의 공존이 두드러지는 한국사회의 현실적 상황에서 이런 서구 페미니즘 논쟁사에 기반한 카테고리를 나누고 논하는 것은 무의미할 수 있다. 결국 구체적 사회현실과 개인의 의식이 작품 내적으로 얼마나 설득력을 지니며 구현되느냐의 문제일 것이다.[23]

2) 텍스트: 다양한 여성서사

앞서 살펴보았듯 그 배경은 2010년경부터 형성되었지만 실제로 페미니즘 관련 작품들이 쏟아져 나오기 시작한 것은 2010년대 중반 이후, 특히 미투가 발발했던 2018년 무렵부터이다. 이 시기를 전후해서 가장 눈에 띄는 변화는 일단 여성 서사가 늘어났다는 점이다. 물론 단지 여성 중심으로 이야기를 풀어가는 것이 페미니즘 연극은 될 수 없겠지만 그 이전 연극들을 뒤져보면 여성을 서사의 중심에 세운 텍스트조차 매우 드물었다는 사실을 알게 된다. 2015년 이후 여성 작가의 작품으로 여성을 소재나 중심으로 서사를 진행하면서 부분적으로라도 페미니즘의 관점이 포함된 재현적 계열의 희곡(작가, 혹은 작가가 연출을 겸한 경우 포함)으로는 〈하나코〉(김민정), 〈여자는 울지 않는다〉(이보람), 〈처의 감각〉(고연옥), 〈섹스 인 더 시티〉(송경화), 〈2017 이반검열〉(이연주), 〈전화벨이 울린다〉(이연주), 〈고등어〉(배소현), 〈누구의 꽃밭〉(이오진), 〈광주리를 이고 나가시네요, 또〉(윤미현), 〈텍사스 고모〉(윤미현), 〈두 번째 시간〉(이보람), 〈네가 있던 풍경〉(이보람), 〈너와 피아노〉(김경민), 〈얼굴도둑〉(임빛나), 〈이게 마지막이야〉(이연주), 〈영자씨의 시발택시〉(박주영), 〈배소고지 이야기 - 기억의 연못〉(진주), 〈포

트폴리오〉(장정아), 〈여전사의 섬〉(임주현), 〈코카와 트리스와 그리고 노비
아의 첫날밤〉(김나연), 〈달랑 한 줄〉(송현진) 등을 들 수 있다. 이들 희곡들
은 여성 중심 서사로서 대부분 일상이나 가족 내의 삶으로부터 소재를
찾고 있고 가끔 노동문제나 역사문제를 다루기도 한다. 이 중 숫자는 많
지 않지만 소재나 주제적으로 가장 논쟁적일 수 있는 것은 이 시기 사
회적으로도 이슈가 되었던 위안부 문제라고 할 것이다. 위안부 소재 극
은 한국근대여성사에서 가장 가슴 아픈 상처이면서 동시에 민족이나 국
가와 같은 이데올로기의 문제, 가부장이나 젠더 문제, 피해자의식, 성적
재현의 대상화 문제 등으로 많은 논란의 여지를 지니고 있는데 다행히
연극계에서는 상투성이나 상업성을 피하고 조심스럽고 신중하게 접근
하고 있다.

형식면에서 볼 때 재현성이 강한 내러티브 위주의 희곡의 경우라도
페미니즘 계열의 희곡들은 1990년대 이후 해체미학의 시기를 거치면서
적건 많건 간에 어느 정도는 독백, 서사, 에피소드화, 시공의 파편화 등
의 기법을 구사하고 있는 것을 알 수 있다. 이는 1970~80년대 엘렌 식
수가 주창했던 '여성적 글쓰기(Feminine Writing)'나, 수-엘렌 케이스가 여성
적 글쓰기의 '새로운 시학(New Poetics)'을 위한 특성으로 인접성(contiguity)
을 설명했듯이, '생략적이고 파편적이며 모호하고 닫힘이 없는 특성'[24]
등 본질주의적 페미니스트들이 언급했던 '글쓰기'와 기본적으로 같은
흐름이라고 할 수 있다. 그리고 이는 그들 급진적 페미니스트들의 주장
대로 기존의 전통적 희곡이나 플롯의 구성이 그 자체로 남성성의 특징
을 상당부분 반영하고 있기 때문이기도 할 것이다.[25]

이 시기에는 문단에서 실력과 의식을 갖춘 젊은 여성 작가들이 대거
등장함에 따라 소설의 연극 각색이 많이 이루어졌으며 소설의 서사를
공연의 문법으로 전환하는 데 따른 언어의 재배열과 무대적 재구작업이
눈길을 끌기도 했다. 이 중 페미니즘이나 젠더를 다룬 경우는 원작에서

여성의 억눌린 불안과 조용한 분노를 그려낸 이연주 연출의 〈아무도 아닌〉(황정은 원작), 박해성 각색·연출의 〈당신이 알지 못하나이다〉(권여선)를 들 수 있고 임성현 연출의 〈디디의 우산〉(황정은)과 김진아 각색·연출의 〈결투〉(윤이형) 정도가 있었다. 잠시 거슬러 올라가면 2010년대 초부터 남성 작가들에 의한 여성 중심 서사, 혹은 다소라도 페미니즘적 관점을 보인 희곡들도 점차 나타나기 시작했다. 조금 오래되었지만 박근형은 〈경숙이, 경숙아버지〉, 〈너무 놀라지 마라〉에서부터 가족의 여성 구성원을 주인공으로 작품을 쓰기 시작했으며[26] 이양구는 〈일곱집매〉에서 기지촌 여성문제를 다루었다. 배삼식은 〈벌〉, 〈먼 데서 오는 여자〉에 이어 한·일 위안부 문제를 인간적 관점에서 도전한 〈1945〉를 썼고, 장우재의 〈햇빛샤워〉와 이해성의 〈사라지다〉, 기지촌 여성이 등장하는 이상우의 〈꼬리솜 이야기〉, 파독 간호사를 다룬 김재엽의 〈병동소녀는 집으로, 돌아가지 않는다〉도 있다. 그리고 이윤택은 〈혜경궁 홍씨〉를 썼다. 그러나 더 이상 한 명의 주인공 중심 서사라는 개념이 무의미한 경우도 많을 뿐더러 여성이건 남성이건 해당 작가의 가치관이나 당시의 정치사회적 맥락을 전반적으로 고려하지 않은 채 개별 작품에서의 페미니즘적 요소를 가려내는 것은 무의미한 일일지도 모른다.

2010년 이후의 번역극 중 감성적으로 기억되는 여성서사를 다룬 작품으로는 〈에이미〉, 〈메르〉, 〈자기 앞의 생〉 들이 있고, 정치사회적 문제와 엮여진 보다 진지한 여성 중심 서사로 〈과부들〉, 〈그을린 사랑〉, 〈베서니〉, 〈콘센트-동의〉 들을 들 수 있다. 대중성과 작품성을 지닌 여성주의적 작품으로 알려진 마샤 노먼의 〈겟팅아웃〉이나 〈마음의 범죄〉는 꾸준히 공연되고 있고, 이밖에도 폴라 보글의 〈운전배우기〉, 지나 지온프리도의 〈베키 쇼〉와 〈환희, 물집, 화상〉, 사라 룰의 〈죽은 남자의 핸드폰〉과 〈깨끗한 집〉, 〈옆방에서 혹은 바이브레이터 플레이〉가 있었고 그밖에 미국의 최신작인 〈인형의 집 PART 2〉, 리투아니아의 〈테라피〉들이 소개되었다. 임혜경과 카티 라팽이 이끄는 프랑코포니 극단의 일련의 프랑스 현대극들은 반드시 페미니즘적 작품이라고 보기는 힘들지 몰라도 특유의 섬세한 여성적 감성과 언어를 느끼게 해주었다.

보다 본격적으로 의식화된 여성주체를 중심으로 남성 중심주의적 관점을 비판하는 창작 텍스트는 최진아의 2000년대 희곡들 이후 2018년 무렵에야 나타나기 시작했는데 송경화의 〈섹스 인 더 시티〉, 강예슬의 〈조건만남〉, 이수림의 〈노라이즘〉, 강윤지의 〈344명의 쌍년들〉은 강한 문제의식을 지녔으면서도 재현적 양식에 가까웠던 경우이고, 김정·황은후의 〈메이크 업 투 웨이크 업 1·2〉, 이리의 일인극인 〈연극실험실 혜화동1번지〉, 〈미아리고개예술극장〉(이리·구자혜 작, 구자혜 연출), 공동창작인 〈이번 생에 페미니스트는 글렀어〉, 최진아의 〈노라는 지금〉, 임성현의 〈예수 고추 실종 사건〉 들은 완성된 희곡적 가치로 제시되었다기보다 작가 겸 연출가가 만들어낸 공연으로서의 특성이 강한 경향을 보이기 시작한다. 기존의 연극관행에서 멀어질수록 남성 중심의 기존 질서를 해체하기 용이하기 때문일 것이다. 이런 작품들에서는 자유로운 비재현적 풍자, 대중적 클리셰, 반복, 파편화, 내레이션과 선언, 노골적인 성적 표현, 유희성 들이 자주 드러난다. 그리고 페미니즘이 강한 정치사회적 비판과 만나게 된 크리에이티브 바키의 〈그녀를 말해요〉, 구자혜의 〈가해자 탐구_부록: 사과문작성가이드〉, 신세계의 〈공주들〉, '작가의 방' 사태 이후 김슬기가 게릴라 형식으로 공연한 〈페미리볼버〉 같은 작업들로 가게 되면 재현성이나 기존의 언어적 기능을 뛰어넘는 공연의 독자적 특성은 더 강해진다.

탈근대 연극의 특성 중 하나는 정전 텍스트의 해체에 있다. 고전의 재해석을 통해 페미니즘적 관점을 드러낸 작품들은 기존의 내러티브를 유지하면서 텍스트를 부분적으로 해체하거나 공연적 재구성을 통한 연출의 영역으로 넘어가게 되는데 박정희 연출의 〈이영녀〉, 고선웅 각색·

연출의 〈변강쇠 점 찍고 옹녀〉, 김현탁 구성·연출의 〈열녀춘향〉, 최진
아 작·연출 〈노라는 지금〉, 한송희 재창작, 이기쁨 연출의 〈줄리엣과
줄리엣〉, 한송희 작, 이기쁨 연출의 〈헤라, 아프로디테, 아르테미스〉 등
이 이에 속한다. 이밖에 2000년대 말 이자람의 〈사천가〉와 〈억척가〉
이후 창작 판소리 공연에서도 여성주의적 관점이 두드러지는데 이자람
각색·예술감독의 〈추물/살인〉, 김애란의 소설을 기반으로 한 이승희·이
향하의 〈여보세요〉, 이연주 연출의 〈예술가의 작업실-운영전〉과 〈예술
가의 작업실-채봉감별곡〉을 들 수 있고 조선시대 고전소설을 현대화
하거나 〈허생전-허생처전〉(정진세 각색·연출), 한글본 여성영웅소설을 재해
석해서 낭독형식으로 공연한 〈홍계월전〉(설유진 각색·연출), 〈박씨부인전〉(조
아라 각색·연출), 〈방한림전〉(정혜린 각색·연출)도 페미니즘이 다양한 접근들을
통해 이미 우리 시대의 익숙한 정서로 자리잡기 시작함을 보여주는 흥
미로운 시도들이었다.

　이처럼 페미니즘 계열의 희곡은 양적으로는 1990년대와 비교도 안 될
만큼 괄목할만한 팽창을 가져왔다. 관객의 호응도도 매우 높다. 그러나
작품의 완성도나 의식면에서 양만큼의 질적인 성장을 수반하고 있는지
는 의심스럽다. 오늘의 한국 현실에서 어떤 관점의 페미니즘을 지향하
는가는 창작자의 몫이다. 그러나 충분한 고민이나 사유 없이 고정관념이
나 상투성의 차원에서 페미니즘 연극으로 소비되는 경우도 없지 않다.
예컨대 〈코카와 트리스와 그리고 노비아의 첫날밤〉은 충분한 작품 외적/
내적 근거 없이 여성은 연약하고 순결하거나 아니면 복수의 화신이 될
수밖에 없다는 식의 상투적 전제에 기반하고 있으며 리투아니아의 페미
니즘 연극이라는 〈테라피〉를 보면 여성은 가족을 통해서만 성숙한 인간
적인 관계를 성취할 수 있다는 전제를 깔고 있다. 〈노라이즘〉은 원작을
피상적으로 해석한 아쉬움이 크고, 〈여전사의 섬〉은 여성성을 근거 없이
낭만화했다는 인상을 주며 〈달랑 한 줄〉은 계몽적 색채가 짙었다.

:: 공연: 분노, 고통, 그리고 연대의 포스트드라마

미학면에서 현재의 대부분의 페미니즘 연극은 결과적으로 이십세기 후반 이후 공연미학 일반이 거쳤던 해방적 힘과 같은 궤도상에 있다고 할 수 있다. 서구에서 1970~80년대에 주목을 끌었던 '여성적 글쓰기'나 '새로운(여성적) 시학'은 국내의 경우 1990년대 이후의 포스트모던 공연이나 포스트드라마적 미학과 겹치게 되었고, 세월호 이후의 사회비판적 공연언어는 현실을 개혁하고자 하는 페미니즘의 분노와 많은 것을 공유하고 있고 있는 것이다. 어떤 경우건 비재현적 제시, 몸, 몽타주, 해체, 전복, 재맥락화, 섹슈얼리티, 다큐멘터리적 접근, 무대와 현실 사이의 새로운 관계설정, 과정성, 공동창작 등을 주요 특성으로 하고 있다. 우선 포스트모더니즘의 키워드이자 '여성만의 그 무엇'을 중시하는 '본질주의적 페미니즘'의 무기이기도 했던 여성의 '몸'은 1990년대 말 '마녀'와 '마고'를 내세웠던 여성문화기획의 출발점이기도 한데 1990~2000년대 실내무대와 죽전의 황무지 위에서 여성적 화려함과 포스트모던의 유희적 감각을 뽐냈던 극단 무천의 김아라에서 이미 강렬하게 꽃핀 바 있다. 이어 2000년대에 〈레이디 맥베스〉와 〈에쿠우스〉 등에서 여성적 관능과 욕망을 극대화된 미학으로 펼쳐냈던 한태숙을 정점으로 다시 한 번 만개한 후 점점 그 에너지가 감소되기 시작한다. 현재에는 〈너에게〉와 〈레몬 사이다 클린 샷〉을 연출한 설유진, 그리고 김수정의 일부 작업에게서 다소나마 그 흐름이 감지된다. 그 사이에 〈인생〉, 〈루이의 아내〉를 통해 급진적 여성의 삶을 퍼포먼스의 성격으로 풀어낸 무브먼트 당당의 김민정도 있다.

그러나 포스트모더니즘과 페미니즘의 방어막 속에서도 무대 위의 여성의 몸은 늘 자신을 배신하고 관객과 야합한 섹슈얼리티를 통해 스스로를 타자화하거나 대상화할 위험을 품고 있다. 이런 경계적 위험은 1990

~2000년대 몸의 미학을 전경화했던 이윤택의 작업들은 물론, 해체적 맥락에서 여성의 몸을 극한으로 밀어붙였던 채승훈, 2010년대 이후 김현탁의 〈열녀춘향〉 같은 아방가르드적 무대들, 주체적 여성으로서 옹녀의 성욕을 내세운 고선웅의 〈변강쇠 점 찍고 옹녀〉는 물론 심지어 신예 김정 연출이 차용하는 무용수의 신체적 아름다움뿐 아니라 여성 연출가인 한태숙, 김수정의 무대나 김정·황은후의 공연 같은 페미니즘적 작품에서도 부분적으로 발견될 수 있다.

2010년대 중반 이후의 페미니즘적 공연에서 나타나는 몸은 물질적, 혹은 신체적 몸이라기보다 일상적 맥락 속에서의 몸에 가깝다. 일상적 맥락의 몸을 새롭게 추동하는 것은 즐거움일 수도 있지만 대부분 그 이면을 이루는 무엇인가에 의해 억압받았던 몸에 대한 분노이다. 그냥 농구하는 보통 여자들을 보여준 〈레몬 사이다 클린 샷〉(설유진 연출)이나 낙태를 시도하는 여성 운동선수가 나오는 〈마른 대지〉(윤혜숙 연출), 자신의 몸을 강박적으로 꾸미는 여자들의 몸을 비판적으로 보여준 〈메이크 업 투 웨이크 업 1·2〉(김정·황은후 공동창작) 들이 그런 경우다. 〈프로듀스 최하은〉(극작·연출·출연 최하은)에서 최하은은 후반부에 관념적 몸으로 바뀌기는 했지만, 다이어트를 하는 몸, 성애적 욕구를 가진 일상의 몸으로 무대에 선다.

위안부 서사가 그랬듯이 무대 위의 성폭력의 재현과 구현은 공연적 측면에서도 늘 뜨거운 감자다. 신세계의 일련의 공연들은 폭력성에 대한 고발을 날것의 몸 그 자체로 극단적으로 제시하는 작업을 해오고 있는데 특히 국가권력에 의해 통제되고 유린되는 여성의 몸이라는 주제의 〈공주들〉(김수정 연출)은 일제 위안부, 미군 양공주, 기생관광, 성매매여성 등 여러 시대, 여러 형태로 몸에 가해지는 폭력을 거의 광적인 에너지로 무대에 올리는 과정에서 주제와 연극미학적인 충격을 주기도 했지만 동시에 성폭력의 피해자인 여성의 몸 자체를 재현하고 소비하는 게 아닌

가 하는 지적을 받기도 했다. 동명의 소설을 무대에 올린 〈이갈리아의
딸들〉(김수정 연출)에서는 원작이 그랬듯이 과거 가부장 사회 남성들의 횡
포를 가모장 사회 여성들로 하여금 그대로 '미러링'하게 만드는 전략을
구사하기 위해 연기자의 연기력을 극단적으로 전경화시켰다. 이 전략은
몸을 적극적으로 활용하는 배우들의 열연에 힘입어 전반적으로 관객의
뜨거운 호응을 받았으나 일부 페미니스트 관객들에 의해 세부적인 문제
점을 지적받기도 했다.

　2010년대에는 몸의 전성기가 수그러들고 다시 언어가 다양한 경로로
주목받는 현상들이 나타나기 시작한다.[27] 그중 구자혜는 극장 무대의 현
장성과 연극의 비재현성을 강조하는 데 있어 몸뿐 아니라 언어를 중요
한 무기로 사용한다. 그는 관객과의 직접적 소통을 강조하기 위해 몸과
말을 부딪치고 서로 엇나가게 하는데 이 과정에서 말은 말하기, 말 걸기
가 되며 증식되고 증폭되어 언어 자체의 존재감을 강화한다. 2016년 문
단 내 성폭력 사태에 대한 보고서인 〈가해자 탐구_부록: 사과문작성가이
드〉는 가해자-문인-남성들의 위선적 언어를, 무대 위 말하기를 통해 냉
소적으로 그러나 격렬하게 폭로한다. 〈가해자 탐구_부록: 사과문작성가
이드〉의 대사는 작가의 상상력으로 쓴 것이지만 뛰어난 디테일로 인해
상당부분 가해 문인들의 실제 언어를 인용한 것처럼 들리기도 한다.

　그런데 전반적으로 2010년대부터 활성화된 버바텀 연극, 혹은 뉴다
큐멘터리 계열의 연극들은 페미니즘이 구축하고자 하는 새로운 관점과
세계에도 효과적이다. 이애순 할머니의 삶을 버바텀 방식으로 풀어낸
크리에이티브 바키의 〈몇 가지 방식의 대화들〉, 개화기 혹은 일제강점
기의 전문직 여성들의 노동하는 삶을 실증적으로 그리고자 한 〈모던걸
타임즈〉(강보름 구성·연출), 여배우들이 자신의 가족인 유명선 할머니의 일생
과 죽음을 말과 얼굴을 통해 표현한 〈말 그리고 얼굴〉(류미, 안경희 작·연출)
들이 그 예이다. 산다는 것은 누구에게나 쉽지 않은 일이지만 남들보다

더 큰 아픔을 새기고 있으리라 생각되는 여성들도 무대에 직접 소환된
다. 윤한솔의 〈원치않은, 나혜석〉은 나혜석이라는 실존인물에 관한 자
전적 자료들을 해체적 방식으로 재구성해서 퍼포먼스화했다. 크리에이
티브 바키의 〈그녀를 말해요〉는 세월호 유가족이 겪는 고통과 그리움을
연기자들과 여성 유가족들과의 긴 교감을 통해 부분적인 버바텀 형식으
로 만든 공연이었다. 0set 프로젝트의 신재가 만든 〈배우에 관한 역설〉
과 〈배우는 사람〉은 세월호 유족이자 배우로 활동하는 이미경, 김성실
을 무대에 세워 연기, 연기를 한다는 행위, 배우 이전에 상처를 품은 사
람으로서 살아간다는 것, 무언가 배워간다는 것 등에 관해 깊이 사유하
게 한다. 그런데 고통받는 사람도 그 고통에 교감하고 연대하는 사람들
도 왜 대부분 여성으로 드러나는 것일까?[28] 주변의 평범한 할머니의 살
아온 이야기가 새롭고 충격적으로 다가오는 이유는 재현이나 허구적 세
계보다 현실 세계의 실재감이 더 강렬하고 감동적이라고 느끼기 때문일
것이다.

이런 버바텀이나 다큐멘터리 연극의 호조는 공연에 있어서 연기자들
자신의 이야기, 특히 과거 자신들의 존재를 충분히 어필하지 못했던 젊
은 여성 연기자들의 자기이야기하기로 이어진다. 앞의 〈배우에 관한 역
설〉과 〈배우는 사람〉도 이 범주에 속할 수 있겠지만, 여배우 셋과 오퍼
레이터가 자신들의 성과 연극 만들기에 관해 솔직하게 털어놓는 〈아웃
스포큰〉(공동창작, 연출 임성현)과 세 명의 여자 연기자들이 선배 여배우 복혜
숙에 관한 다큐멘터리 연극을 만드는 과정과 여배우로서 자기들의 얘기
를 공동창작으로 만들어낸 〈기록을 찾아서: 연기를 해야지 교태만 떨어
서 되겠느냐〉가 여기 속한다. 퍼포논문[29] 형식으로 강하늘·김정·황은
후가 연기와 연기훈련에 있어서의 여성성의 문제를 비판적으로 성찰한
〈좁은 몸〉, 같은 퍼포논문으로 '실재의 연기란 무엇인가?'라는 연기론
적 고민을 연기 연구자의 입장에서 다룬 김슬기의 〈더 리얼〉도 있다.

포스트드라마의 일반적 특징의 하나이기도 하지만 증언이나 자료나 사실에 기반한 다큐멘터리 계열의 작품은 작가나 연출가의 일방적 지시에 의거하기보다는 공동창작의 형식을 취하며 그 창작의 과정을 중시하게 된다. 이는 과거 젊은 여배우들의 위치가 공연권력 피라미드의 아랫단에 있어왔으며 발언권이 가장 약했다는 사실을 전복한다는 점에서도 새로운 의미를 지니게 된다. 한편 여성 연극인들이 혼자서 자기의 이야기를 섞어 이야기를 끌어가는 경우도 있는데, 역시 퍼포논문으로 자신의 경험을 바탕으로 해서 시노그래피의 관점으로 연극을 보기를 권하는 이지혜의 〈셀프-리서치그라피〉가 이 경우이고 작가가 페미니즘 연극에 관해 직접 출연해서 관객에게 이야기해주는 형식인 김진아 작·출연의 〈아주 친절한 (페미니즘)연극〉도 있다. 앞서도 언급했지만 페미니스트로서 다이어트를 해 날씬해지려 하고 남성의 사랑을 갈구하는 등의 자기모순을 용감하게 드러낸 〈프로듀스 최하은〉도 여기 속한다.

국내외에서 공연미학면의 페미니즘, 혹은 젠더론의 이슈의 하나는 텍스트의 극중인물의 젠더를 공연시 자유롭게 바꾸는 젠더 프리 캐스팅이라고 할 수 있다. 구자혜는 그의 거의 모든 작품에서 의도적으로 젠더를 해체하거나 무화시키는 시도를 자주 하는데 〈그로토프스키 트레이닝〉이 대표적인 경우이며 젠더상으로 자유로운 상상력을 불러일으키는 배우들과 즐겨 작업해왔다. 2018년에 재공연한 〈비평가〉는 남성 인물로 쓰인 기존의 텍스트를 여성 연기자로 바꿔 공연함으로써 새로운 의미창출에 다가갔으며[30] 연극배우로서 김신록이라는 팬덤을 탄생시킨 공연이기도 했다. 국립극단은 올해 준비 중인 〈파우스트〉에서 김성녀를 파우스트 역으로 캐스팅한 것으로 알려져 있으며 뮤지컬 쪽에서도 젠더 프리 캐스팅이 활발하게 이루어지고 있다.

이처럼 페미니즘 연극의 미학적 측면은 대체로 해체와 해방을 지향한다는 점에서 포스트드라마와 같은 흐름에 있으나 현실에 기반한 분노와 인식을 위해 실재와의 경계성을 넘나들며 외부현실을 또 다른 관점에서 접근하려고 한다는 점에서 변별되고 이는 2010년대 이후의 청년연극 일반의 추세와 크게 다르지 않다. 페미니즘은 억압으로부터의 해방과 사람답게 살 권리를 외치는 목소리 중의 하나일 수도 있기 때문이다. 여성 연극인들과 여성들에 관한 연극이 압도적으로 늘어난 만큼 페미니즘에 관한 성숙한 의식과 독창적 작품세계를 갖춘 작품이 아직 그리 많지는 않은 것은 사실이다. 그러나 페미니즘 연극을 내세우며 뛰어난 미학을 갖춘 작품이 많이 발표되는 것 못지않게 보다 중요한 것은 여성 연극인들이 억압받지 않고 당당하게 활동할 수 있는 연극계 풍토와 제도를 확실하게 구축하는 것, 그리고 궁극적으로는 페미니즘이 더 이상 구호가 아니라 당연한 상식이 되는 것이다. 결코 쉽지 않겠지만 페미니즘 연극도, 퀴어 연극도, 장애인 연극도 아닌 그냥 아무개의 '좋은 연극'을 만드는 그런 차별과 억압 없는 세상에서 연극을 만드는 일이다. 1990년대에 이은 2018년 미투 이후의 '페미니즘 연극(운동) 시즌 2'는 이제 막 시작한 것으로 볼 수 있다. 아직 갈 길이 멀다.

:: 미래에

현재 맹렬하게 활동 중인 영 페미니스트들보다 거의 반세기를 더 살아온 사람으로서 글을 쓰자니 그들과 가치관이나 감각이 같다고 할 수는 없다.[31] 그리고 그런 입장에서 페미니즘 연극의 전개에 대해 걱정스러운 점들도 없지 않다. 살펴본 바와 같이 2015년 이후의 페미니즘은 우선적으로 연극의 제작환경과 의식의 혁명을 가져왔다. 그런 '혁명'이 일어날 수밖에 없었던 현실도 짚어보았다. 그러나 혁명의 원동력이었던 저항과 분노만을 앞세우거나 정치적 올바름에 대한 강박에 짓눌리게 되는 경우, 또 그런 작품들이 오랫동안 공연의 대부분을 차지하게 될 때 자체 내의 한계는 물론 연극계의 활력과 윤기를 덜하게 되면 어쩌나 하는 우려가 없지 않다. 페미니즘 역시 경직된 이데올로기나 소수자 권력화로 퇴행하지 않도록 스스로를 경계하는 자세가 필요할 것이다. 관용과 배려가 메마른 정의와 혁명은 결국 상처와 씁쓸함만을 남기기 마련이다.

또한 페미니즘의 관점에서 새로운 작품을 만들어내거나 페미니즘의 관점에서 비평하고 관련분야를 연구하는 것 외에 쉽게 해결되기 힘든 문제들이 남아있다. 연극이란 장르가 계속 옛 텍스트로부터 새 공연(텍스트)들을 다시 만들어가는 '다시 만들기의 예술'이라는 점에서 그러하다. 여성의 사회적 지위가 매우 낮았던 지나간 시대에 생산된 텍스트들에 대해 어떤 태도를 취할 것인가? 예컨대 요즘 연극학과 여학생들은 셰익스피어 작품을 올리는 것을 거부하는 일이 많다고 들었다. 사실 페미니즘의 입장에서 보면 셰익스피어(시대)의 여성비하는 놀라울 정도다. 뷔히너, 카프카, 아서 밀러는 또 어떤가? 한국 근대 희곡에 나타난 여성상 역시 현재의 눈으로 볼 때 대부분 심각하게 왜곡되어 있다. 현역 극작가인 박근형과 조광화는 시대의 변화에 따라 스스로 작품을 조율했다. 그런데 이제 차범석은 공연할 수 있을까? 이근삼은? 물론 이런 작품들에 대한 다시 읽기나 다시 만들기는 가능하다. 그러나 희랍극이나 셰익스피어의 경우와 또 달리, 한국의 근현대극 중 원작을 그대로 존중해서 공연할 수 있는 작품은 얼마나 될까? 페미니즘은 인간 모두의 평등함과 자유로움을 위한 가치추구다. 그런데 페미니즘이 소위 명작들의 전제가 되는 '인간 보편적 가치'와 서로 상충되고 겨루는 경우가 있을 수 있을까?

법적 처벌면에서 일단락됐지만 이윤택의 기존 작품에 대한 평가는 어떻게 할 것인가? 그리고 오태석의 경우는? 새로운 창작활동에는 제약이 있겠지만 지난 역사에서 그들을 지워낼 수는 없다. 나 개인적으로 예술가와 작품 텍스트는 원칙적으로 별개라고 보는 편이지만 그렇지 않은 의견을 가진 사람도 많다. 일반적으로 말해, 어떤 개별 작품을 다른 시대적 맥락에서 재창작할 수는 있지만 다른 시대적 맥락에서 평가할 수 있을까? 한 작가가 쓴 작품들 중에서 서로 다른 가치관으로 그려진 여성들은 어떻게 보아야 할까? 〈바보각시〉를 쓴 이윤택이 〈혜경궁 홍씨〉를 썼다는 사실은 어떻게 받아들일 수 있을까? 언젠가 미투 가해자가 활동을 재개하는 것에 대해 연극계는 어떤 원칙과 태도를 준비할 것인가? 물론 미투 이후 아직 시간이 많이 흐르지 않았다. 아직 답하기에 쉽지 않은 문제들이고 시간이 필요하며 계속해서 생각해볼 문제들이다. 비평계에서도 참고가 될 만한 담론들과 잣대를 제공해주어야 할 것이다. 이제 페미니즘은 인공지능이나 노령화나 기후변화와 생태계 위기처럼 보편적 상식이며 누구도 되돌릴 수 없는 대세가 되었다. 페미니즘이 젠더 이론과 함께 정체성들에 관련된 다원적 체계와 열린 사유를 위해 계속 무엇인가를 만들고 공부함으로써 스스로의 지평을 넓혀갈 수 있기를 희망한다.[32]

:: 註

1 '페미니즘 리부트', 즉 페미니즘이 되살려진 현상은 물론 연극계에만 해당되지는 않는다. 이는 원래 영상물이나 음반 관련 용어로서 여성학자 손희정이 페미니즘과 관련해 사용하기 시작했는데 영화나 문학 쪽에서 더 먼저, 자주 사용되었다(손희정, 『페미니즘 리부트』, 나무와 연필, 2017, 47-49쪽 참조).

2 2010년 이후 현재까지 페미니즘 관련 기사는 김옥란의 「다시 페미니즘! 한국연극과 젠더이슈」(2018년 봄호)와 김향의 제1회 페미니즘연극제 리뷰(2018년 가을호)정도이다. 참고로 2000년대 『연극평론』지를 살펴봐도 2006년 여름호에 기획특집과 좌담으로 여성 연극인들에 대해 조명했던 것이 유일하다. 최근 한국연극학회에서는 『연극과 젠더』(2019)를 발간했다.

3 낸시 프레이저는『전진하는 페미니즘』(돌베개, 2017)에서 신자유주의 시대 이후의 페미니즘을 다룬 3부의 소제목을 '되살아나는 페미니즘(resurgent feminism)'으로 잡고 있다.

4 오혜진은『지극히 문학적인 취향』(오월의 봄, 2019) 120~123쪽에서 현재 문학계에서 최고 수준의 정치적, 문학적 역능과 교양과 취향을 지닌 주된 주체집단으로서의 20~30대 여성독자들에 대해 이미 비슷한 분석을 한 바 있다.

5 1990년대 이후 정복근의 희곡 중에는 남성 중심적 민족주의 성격의 담론이 많았다.

6 이는 문학계가 1990년대 이래 현재까지 '내면화', '개인화', '일상화'라는 비판을 받으면서도 현재까지 꾸준히 많은 여성 소설가들을 배출해 온 것과 비교된다. 손희정에 의하면 같은 시기 영화계의 경우는 연극계와 비슷하게 90년대의 여성 주인공들이 2000년대 이후 한동안 스크린에서 사라지게 된다(손희정,『페미니즘 리부트』, 55-57쪽).

7 최성희, 「미국 여성연극의 밀레니엄 세대」,『연극평론』 72호(2014년 봄), 77쪽 참조.

8 오경숙도 간헐적으로 활동을 계속했으며 김정숙, 오유경, 류근혜, 노승희, 송미숙, 홍란주, 남미정 등도 이 시기에 활동했다. 예외적으로 디자인 분야에는 여성연극인들의 활동이 활발했다. 70~80년대의 이병복 이래 신선희(무대), 최보경(의상). 고희선(조명)들이 활약해왔다.

9 이는 1997년 이래 계속되고 있는 서울여성영화제나 서울국제여성영화제의 성과와 비교되는 지점이다.

10 「권두좌담: 지금, 여성 연출의 미학/정치학을 말한다」(참석자: 최성희(사회), 오경숙, 문삼화, 김정숙, 남미정, 노승희),『연극평론』 41호, 2006년 여름, 6-39쪽.

11 이진아, 「미투 이후, 한국연극학이 젠더를 다룬다는 것」, 한국연극학회 편,『연극과 젠더』, 연극과인간, 2019, 357쪽. 물론 여성을 지나치게 대상화하는 작품들에 대한 단편적 지적들은 없지 않았다. 예컨대 이윤택과 오태석의 남성성이나 여성관의 문제점에 대한 지적은 신아영, 이강임, 김방옥 등에 의해 제기된 바 있다.

12 국내 희곡(연극)에 대한 페미니즘 관점의 학술연구로는 1990년대 이후 현재까지 김옥란, 김미희, 이진아, 문경연, 백현미, 유진월, 그리고 외국희곡에 관해 최성희 등의 논문과 저서가 있다.

13 지면상 미처 언급하지 못한 많은 분들께 양해를 구합니다.

14 이런 현상은 최근 대다수 문학상의 후보가 여성 위주로 이루어지고 있는 문학계도 마찬가지이며 영화계에서도 지난해 김보라(〈벌새〉), 김도영(〈82년생 김지영〉), 윤가은(〈우리집〉) 등 젊은 여성감독들이 눈부신 활동을 펼쳤다.

15 권김현영, 「그 남자들의 '여자문제'」,『미투의 정치학』, 정희진 엮음, 교양인, 2019, 61쪽.

16 장지영, "이젠 비판 받는 신세 된 연극 '청춘예찬' 왜?"『국민일보』, 2017. 02. 08. <https://news.v.daum.net/v/20170208173059827?s=print_news>

17 정희진, 「머리말」,『미투의 정치학』, 19쪽.

18 만화, 소설, 드라마, 음악 등 대중문화 작품의 팬들에 의해 창작되는 2차 창작물. 팬의 입장에서 원작이 구현하지 못한 자신들의 관심사와 욕망을 반영해 창작한 픽션.

19 하나 멕켄 외 편,『페미니즘의 책』, 지식갤러리, 2019, 262쪽.

20 boy's love, 남성 동성애를 다룬 여성취향의 만화, 소설, 게임의 장르.

21 Lesbian, Gay, Bisexual, Transgender and Queer.

22 『여성주의와 연극』(한신문화사, 1997),『여성주의 고전을 읽는다』(한길사, 2012),『페미니즘, 교차하는 관점들』(학이시습, 2019),『전진하는 페미니즘』(돌베개, 2017) 등 페미니즘

개론서들을 참고해서 이 글 나름으로 정리, 요약한 것임.

23 심정순은 『한국연극과 페미니즘』(삼신각, 1999)에서 90년대를 전후한 페미니즘 연극을 여성문제극, 여성문화극, 여성소재극으로 분류를 시도한 바 있다.

24 수-엘렌 케이스, 『여성주의와 연극』, 김정호 옮김, 한신문화사, 1997, 157쪽.

25 같은 책, 158쪽.

26 이는 홍상수 감독의 영화들이 남성 주체적 관점에서 점차 여성 주체적 관점으로 이동한 것을 연상시킨다.

27 김방옥, 「이제 언어를 마주하다」, 『연극평론』 88호(2018년 봄), 참조.

28 물론 전윤환의 〈자의식 과잉〉처럼 여성이 아닌 연극인의 자기이야기하기 연극도 있다.

29 논문을 쓴 저자가 직접 출연해 논문의 내용을 퍼포먼스 형식으로 무대에 올리는 공연으로 2018년 이래 삼일로창고극장에서 기획하고 있다.

30 2019년의 세 번째 공연은 같은 젠더 프리 캐스팅에도 불구하고 두 번째 공연이 지녔던 해방의 빛을 잃었다.

31 사실, 이 글을 쓰는 나는 여성이 차별 받기보다 소수성으로 인해 희소가치를 누릴 수 있었던 문화계, 그리고 특정분야의 분위기 속에서 젊은 시절을 보냈다고 할 수 있다.

32 이 글에서 언급한 연극 중 일부 직접 공연을 보지 못한 작품들도 글의 맥락을 위해 언급했음을 밝힙니다.

〈언도큐멘타〉를 돌아보며*

2020년 가을, 어떤 예상 밖의 상황 속에서 연극의 해 기념공연인 **〈언도큐멘타: 한국연극 다시 써라〉**(10월 31일~11월 1일, 아르코예술극장 대극장)의 제작에 참여하게 되었다. 작품선정위원뿐 아니라 대본구성을 맡게 된 것이다. 그리고 공연이 끝난 후 페이스북상으로 몇몇 청년연극인들로부터 격한 비난을 받았다. 그 톤이 너무 격렬해 놀라기는 했으나 공연이 졸속하게 기획·제작된 것이 사실이었고, 의도와 결과 사이에 큰 괴리가 있음을 인정했으므로 비판을 받아들였다. 따라서 제기된 문제점들에 대해 다음날 작품선정위원회의 이름으로 페이스북을 통해 전반적으로 사과했다. 개인적으로는 작품선정위원뿐 아니라 대본구성작가로서 하고 싶은 말들이 없지 않았으나 시간에 흘려보내려고 했다. 그러던 중 2021년 1월 26일 오후, 유튜브로 '2020 연극의 해를 통해 바라본 한국연극의 현재 그리고 미래 결산 토론회'를 지켜보게 되었는데 그중 〈언도큐멘타〉 부분은 많은 것을 생각하게 했다.[1] 이어 2월 말 발간된 『연극평론』 100호(2021년 봄)

---

* 2021년에 쓴 글로 이 책에 처음 실었다.

에 실렸던 평론가 김민조의 글, 「'이후의 연극사'와 비평/가적 시좌의 문제: 〈언도큐멘타: 한국연극 다시 써라〉가 남긴 문제들」은 초기의 격앙된 비난들과는 거리를 두고 넓게 확보된 시야와 차분하게 공과를 살피려는 객관성에 접근하고 있었다.[2]

　신중하지 못했고 충분히 준비되지 않았던 공연이었으니 그냥 젊은이들의 비판을 수용하고 시간에 묻어버릴까 하는 생각도 있었다. 그러나 책임을 져야 할 구성작가로서 제대로 의사표명을 하지 못했다는 미진함, 공연 후 그들이 제기했던 진지한 비판에 대해 성의껏 답해주고, 제작진의 입장에서 누군가가 책임지는 자세로 한 번은 전체적인 정리를 해야 하지 않나 하는 생각이 가시지 않았다. 그간의 반응 중에 제작의 과정에 대해서도 알고 싶다며 답답해하는 의사표명도 있었고 공적인 행사에 대한 최소한의 기록을 남길 필요도 있었다. 당시에 〈언도큐멘타〉라는 공연을 직접 본 사람도, 공연의 평가에 대해 관심을 가졌던 사람도 숫자적으로 그리 많지는 않았다.[3] 그러나 〈언도큐멘타〉라는 공연뿐 아니라 그를 둘러싼 문제제기와 비판들은 2020년이라는, 사회 전반뿐 아니라 연극계 내부에도 커다란 변화가 일어나고 있던 이 시점의 불안정성, 혹은 격동성과 불가분의 관계를 지니는 면도 있다고 본다. 후에 이 글은 지금의 격변기를 이해하기 위한 한 자료가 될 수도 있을 것이다. 원고는 2021년 1월 26일 토론회 직후 썼지만 당시 이 글의 성격에 맞는 적당한 지면을 찾기 힘들어서 그냥 가지고 있다가 뒤늦게나마 이번 비평집에 싣게 되었다. 이 글은 작품선정위원회나 사무국의 입장과 별개로, 우선 구성작가로서의 개인적 관점에서 쓴 것임을 밝힌다.

:: 기획과 제작 과정의 문제점[4]

1) 불분명한 기획 콘셉트

1월 26일 토론회에서 발제자 이산은 〈언도큐멘타〉를 '사고'에 비유했다. 어떤 커다란 사고가 일어나려면 하나의 원인이라기보다 여러 가지 요인들이 우연으로, 필연으로 작용한다는 것이다. 〈언도큐멘타〉를 단지 사고로 치부할 것인가는 좀 더 시간이 흐른 후 판단할 수 있겠지만 그 기획과 제작과정에서 이러한 '사고'로 비유되고 인식될 면들을 여럿 지니고 있었다는 점을 시인한다. 2020년 7월 초 심재찬 집행위원장으로부터 연극의 해 관련 작품선정위원회에 참석해달라는 전화를 한 통 받았다. 처음 통화를 했을 때만 해도 '2020 연극의 해'에 대해 거의 정보가 없었기에 간단히 인터넷을 뒤져본 후, 무슨 작품을, 무엇을 위해 선정한다는 거지? 하는 질문을 품은 채 회의 장소로 나갔다.

7월 5일, 대학로 한 건물에 심재찬 연극의 해 집행위원장과 사무국 직원들과 선정위원들[5]이 모였다. 심 위원장은 첫 회의에서 연극의 해 관련 배경적인 내용, 즉 올해는 공연 축제 대신 청년연극인들이 제안한 창작환경 기반사업 쪽으로 작업을 진행하고 있다는 것, 그리고 회의를 소집한 것은 10월 말에 연극의 해로서는 유일하게 공연 한 편을 올려야 하기 위해서라는 설명을 했다.[6] 공연의 기본 방향은 '한국연극을 새로운 관점에서 보자'로 잡았는데 그동안 고민이 많았다면서 공연의 제목과 내용으로 '언도큐멘타'[7]를 제시했다. 한국(근대)연극사에서 지금까지 잘 알려지지 않은 공연자료들을 발굴해서 아카이빙 방식의 공연을 만들고자 한다는 콘셉트였다. 이에 대해 선정위원들은 아이디어는 매우 좋으나 3개월 안에는 불가능한 작업이라고 입을 모았다. 그 기간 안에 새로운 자료를 찾는 작업을 시작한다는 것도 비현실적이거니와 그걸 짧은

시간 내에 공연으로 만든다는 일도 너무 막연하기 때문이었다.[8]

결국 '한국연극(사) 다시 보기/쓰기'라는 그 발상은 나쁘지 않으니 차라리 최근 공연들을 포함해 기존 연극사의 작품 중 몇몇을 선정해서 하나의 공연으로 만들 수밖에 없지 않느냐는 데로 엉거주춤 의견이 모아졌다. 선정의 기준은 '한국연극(사) 다시 보기/쓰기'라는 관점에서 제대로 알려져 있지 않거나, 의미있는 문제점을 포함하고 있거나, 새롭게 평가될 수 있는 작품 등이었다. 다만 이번 연극의 해 사업과 발맞춰서 최근 청년연극인들이 주도하는 변화된 관점과 작품경향을 적극 반영해 알리자는 의견이 많았다. 그러나 이 정도로는 범위와 기준 자체도 좀 막연했을 뿐더러 여러 가지 현실적인 이유들로도 선정이 쉽지는 않았다. 예컨대 준비기간의 제약 때문에 가능한 한 최근에 공연되었던 작품이나 공연이 즉시 꾸려질 수 있는 작품 안에서 골라야 했다. 특정 장면을 공연 목적에 맞게 각색하도록 누군가에게 청탁하기도 시간이 부족하니 낭독의 방식을 활용하자는 의견도 나왔다.

요컨대 한국연극을 새로운 관점에서 볼 필요가 있다는 기본 목표에는 모두 공감했으나 작품의 구체적 콘셉트와 선정의 기준이 충분히 숙성되고 선명하지 못했던 것이 사실이었다. 그리고 이 점이 가장 근본적인 문제이기도 했다. 돌이켜 생각하면 토론 참여자 이시카와 주리가 '중도에 아무도 멈추지 않았다'고 지적한 대로 선정위원들은 이 지점에서, 이 공연은 뜻은 매우 좋지만 준비기간도 부족하고 구체적 콘셉트도 분명치 않으니 '여기서 멈춰야 한다'고 말했어야 했던 것 같다. 그러나 나를 비롯한 선정위원들은 '연극의 해를 위해 10월 말에 공연 한 편은 올라가야 한다'는 심 위원장의 열정과, 행사에는 어쨌든 공연이 필요하다는 '지금까지 연극계의 관례'에 별다른 고민 없이 발을 맞추어주었고 8월 5일, 3차 회의에서 참가 작품(장면)들을 최종 선정했다.

2) 의사소통이 있었더라면

공연이 제 길을 잃었던 두 번째 요인은 기획단계부터 실제 공연이 올라갈 때까지 나를 포함한 작품선정위원 및 제작진 모두가 '**〈언도큐멘타〉 공연과 연극의 해 사업의 관계**'에 대해 분명한 인식을 가지고 있지 못했다는 점이다.** 작품선정위원회와 제작진은 〈언도큐멘타〉를 우선적으로 2020 연극의 해 기념공연이라는 의미로 받아들였으며, 〈언도큐멘타〉 공연이 집행위원회의 다른 개혁적이며 진보적인 기반사업들의 가치관과 방향성을 강하게 공유하면서 기획된 것이고, 이 공연이 주로 진보적 청년연극인들로 이루어진 집행위원회의 기대와 주목을 받고 있었다는 사실, 그리고 관객도 청년층으로 이루어질 것이며, 그들로부터 평가받으리라는 점을 의식하지도, 예상하지도 못하고 있었다. 그리고 **이런 간극이 벌어진 가장 큰 요인으로는 집행위원회와 작품선정위원회 및 공연제작진 사이에 커뮤니케이션이 전혀 없었다는 점을 들 수 있다.**

사업초기에 〈언도큐멘타〉는 연극의 해 사업의 일부인 '관객소통의 다변화' 항목 중에 포함되어 있었고 이런 내용이 첫 작품선정위원회 회의에서 나눠준 서류 속에 포함되어 있기는 했지만 선정위원회에서는 아무도 이 점을 특별히 의식하지 않았다.[9] 그리고 시간이 경과할수록 〈언도큐멘타〉 공연은 10월 25일~11월 1일 사이 '연극의 해 집중사업기간' 중에 한국연극사를 재조명하는 '한국연극의 과거, 현재, 미래' 사업과 연계되는 방향으로 진행되었고 그렇게 홍보되었다. 당시 '한국연극의 과거, 현재, 미래' 사업은 ① 〈언도큐멘타〉 공연, ② 한국연극학회와 공동주최하는 학술행사인 '한국연극 다시 읽기', 그리고 ③ 저술사업인 '한국(근대)연극사 다시 쓰기'[10] 세 가지로 이루어져 있었다. 따라서 공연이 올라갈 때까지 선정위원회와 제작진에게 〈언도큐멘타〉는 2020 연극의 해를 맞아 한국연극사를 재조명한다는 취지를 지닌 별개의 기념

공연처럼 받아들여지고 있었던 것이다. 다만 '연극계 전체(?)'에 현재 청년연극인 중심으로 진행되고 있는 변화를 소개하고 상호 공감을 유도해보자는 정도의 방향을 스스로 설정해서 내부적으로 공유하고 있는 정도였다.

그러나 공연이 끝난 다음 날 페이스북을 열어본 후 시간이 좀 흐르면서 상황이 그렇게 여유롭지 않았다는 점을 차차, 분명히 인식하게 되었다. 〈언도큐멘타〉는 연극의 해 집행위원회가 개혁성이 강한 다른 주요 사업들과 지향점과 보폭을 맞춰주기를 당연히 기대하며 매우 주목하고 있었던 주요 사업 중 하나라는 사실이 드러났기 때문이었다. 그리고 이 차이는 결과적으로 일부 연극인들의 강한 비판을 초래했다. 만일 그런 상황이었다면 심 위원장과 사무국은 초기의 인선과정부터 집행위원회와 의논을 통해 사업을 진행했던 것이 가장 바람직하지 않았나 하는 생각이 든다. '한국연극(사) 다시 보기/쓰기'라는 주제 때문에 연극사에 익숙한 기성연극인들의 관점이 필요했더라도, 〈언도큐멘타〉가 집행위원회가 중요시하는 사업들의 일부라는 성격이 강했다면, **보다 다양한 세대와 분야의 인물들로 위원들을 구성하거나 적어도 기획과 준비와 제작과정에서 집행위원회와 작품선정위원회 사이에 어떤 방식으로든 의견을 교환하고 피드백을 주고받을 기회들이 마련되었어야 했다.** 아마도 심재찬 위원장은 멋도 모르고 빠듯한 작업의 '용역'을 맡게 된 선정위원회를 편하게, 독자적으로 일하도록 배려해주겠다는 선의가 있었던 것일지도 모르겠다.

결산토론회의 얘기를 들어보면 진행과정에서 집행위원회의 무관심도 얼마간 작용했던 것 같다. 연극의 해 집행위원이자 토론의 사회자인 성지수는 1월 26일 토론을 마무리하면서 "…저도 제 사업을 한다는, 바쁘다는 이유 때문에 제가 가졌던 위치에서 충분히 우려를 표하고, 소통의 장을 마련할 수 있는 책임들이 있었음에도 불구하고, 그 기회들이 있었음에도 불구하고 제대로 활용하지 못했다는 게 되게 부끄러웠고, 이런 나태함, 혹은 어떤 안일함들이 어떻게 보면 쌓이고 쌓여서 누군가 한 명이 책임져야만 하는 것처럼 드러나는 게 되게 속상하기도 했었던 것 같습니다…"[11]라고 회상하기도 했다. 아무튼 공연대본은 어떤 시점인가에 집행위원회에 제출되었다고 얼핏 들었지만, 선정위원들은 준비기간 내내 아무런 피드백도 듣지 못했다. 토론회에서도 얘기되었듯이, **충분한 시간을 가지고 상호간에 대화가 이루어졌거나, 혹은 기획과 제작 단계에서 함께 참여했다면 전혀 다른 결과가 나올 수도 있었을 것이다.**

3) 우발성

이처럼 공연은 애초 너무 타이트한 일정과 분명치 않은 콘셉트, 불완전한 의사소통들에 의해 준비되고 있었다. 게다가 결정적인 우발적 요소가 발생했는데 그것은 유감스럽게도 내가 어떤 시점에서 자청해서 이 공연의 준비 작업에 적극적으로 개입했다는 점이다. 당시 작품을 선정한다 하더라도 그 다음에 그것을 어떻게 공연으로 만들어야 하는지에 대해 누구도 구체적인 계획이 없는 가운데 선정 작업이 진행되었다. '갈라쇼' 형식이라는 얘기가 처음부터 나왔지만 일단 선정한 후에 선정된 작품들을 어떻게든 엮으면 되지 않을까 하는 막연한 생각들이었던 것 같았다. 나로서는 선정 작품들을 그냥 나열하는 '갈라쇼'는 너무 평면적이고 뮤지컬 등 상업적 공연을 연상시키니 이왕 공연을 하는 김에 그보다는 좀 생각과 논리와 무게가 있는 구성이면 좋을 것 같다는 생각을 가지고 있었다. 1차 선정회의가 끝나고 2차 선정회의 사이의 어느 날 밤, 노트북 앞에 앉아 있던 나는 '가능한 다양한 세대의 연극인들의 흥미'를 쉽게 끌기 위한 방법으로 '책'과 '망가진 비평로봇'[12]이라는 설정을 떠올리고 이렇게라도 구성하면 어떨까 하고 선정된 작품들에 프롤로그와 에필로

그, 그리고 짧은 브릿지 장면들을 끼워 넣은 편집본 형태의 초고를 써보
았다. 그리고 전체 위원들에게 메일로 돌렸다. 그 짧고 어설픈 초고가
다음 회의에서 심위원장과 선정위원회의 좋은 반응을 받아 채택되었다.
그리고 그 후의 회의에서 장면들의 첨삭이 있었고 선정위원회의 제안에
따라 시의적 주제를 담은 여성토크 부분도 넣기로 했다. 다만 가장 큰
비난의 대상이 되었던 여성토크 중 〈바보각시〉 부분과 남성토크는 내가
위임을 받고 대본을 다듬다가 임의로 삽입한 후, 메일상으로 고친 대본
을 보내 다른 위원들의 사후동의를 얻는 식으로 진행되었다. 따라서 완
성대본에 대해 위원들과 위원장의 동의를 얻기는 했지만 **〈언도큐멘타〉
의 핵심적 논란에 대한 일차적 책임은 내게 있는 셈이다.** 문제가 된 논
란들에 대해서는 이 글에서 곧 자세히 논할 것이다.

다시 말하지만 당시 내가 대본구성을 하겠다는 만용을 부렸던 이유는
차마 '갈라쇼' 식으로 갈 수는 없고 최소한의 대본이라도 필요한데 외부
에 청탁할 시간은 부족했으며 공연의 주제가 '한국연극(사) 다시 보기/
쓰기'이니 대본작가는 선정된 작품들을 모두 다 보거나 적어도 어느 정
도 아는 사람이어야 하고 기존의 한국연극사에 익숙한 사람이어야 한다
고 생각했기 때문이었다. 빠른 시간 내에 그 일을 누군가가 해야 했고
작품을 선정했던 나라도 나서보자, 이렇게 된 것이다.

4) 컨트롤 타워가 부재했던 공연

아무튼 이런 과정을 거쳐서 어설프나마 대본은 구성이 되었다.[13] 완성
도 높은 예술작품을 쓸 의도도, 능력도, 여건조성도 애초에 갖춰지지 않
았다. 되풀이하지만 '연극의 해'를 맞아 연극인 모두에게 잘 이해될 수
있는 재미있고 메시지도 있는 행사용 공연대본을 구성하고자 했었다.
문제는 누구에게 연출을 부탁하느냐 하는 것이었다. 모두가 머리를 맞

대었지만 해방 전 작품까지를 어느 정도 소화할 수 있는 연배이며 복잡한 14개의 장면을 대극장 무대에서 매끄럽게 펼칠 만한 경험을 지닌 연출가를 급하게 찾기가 어려웠다. 무엇보다, 현실적으로 공연을 불과 두 달 남기고 스케줄이 비어있는 연출가도 없다고 했다. 우여곡절 끝에, 싫다고 도망다니는 박근형 연출가를 심위원장이 억지로 설득해서 허락을 받아냈다고 알고 있다. 불과 두 달 남은 시점에 단 이틀 공연이다 보니 배우 섭외도 힘들었다고 한다.[14] 박근형 연출은 당시 극단 골목길의 공연 계획이 이미 여러 편 잡혀있던 상황이었고 처음부터 〈언도큐멘타〉라는 공연의 전체의 콘셉트는 생소하니 자신은 각 장면 내의 연기연습 및 연출에 집중하겠다고 했다. 그러니 그의 책임은 제한적이었다고도 할 수 있다. 그렇다고 공연 전체의 콘셉트와 14장면들의 구현에 관해 세부적으로 조정하고 그 결과를 책임질 어떤 포스트가 마련된 것도 아니었다. 무척 복잡하고 규모가 큰 에피소드 방식의 공연이었는데 결국 전체를 총괄할 연출적 관점이나 관제탑 면에서 구멍이 뚫려있던 셈이었다. 공연시작을 한 달도 채 못 남기고 부분 연습이 시작되었으며 14개 장면을 함께 살펴보는 런스루는 당연히 서둘러 진행될 수밖에 없었다. 개막 전날 한두 시간 무대연습을 지켜볼 기회가 있었으나 구성작가가 각 장면 연습이나 전체 런스루에 참여할 상황은 되지 못했다.

제대로 갖춰진 공연 콘셉트와 제작시스템과 소통체계 없이 각각 '별개의 팀(대본, 연출, 연기, 영상…)'을 필요로 하는 열 편 내외의 장면들을 한두 달 내에 무대에 올리자니 현실적으로 무리한 상황들이 빚어질 수밖에 없었다. 막판에 시간에 쫓기다 보니 공연팀의 스케줄이나 섭외의 어려움 때문에 계획된 장면이 갑자기 빠지기도 하고 변경되기도 했으며 상황에 따라 공연대본을 급히 수정하기도 했다. 그럼에도 아무튼 대본 내용상의 모든 문제점은 당연히 내가 책임져야 할 몫이다. **다만 제작과정이 좀 더 시간을 가지고 체계적으로 진행되었다면, 그래서 각 장면의 톤**

조절, 14장면들의 연결 및 주제적 전달이 선명하게 다듬어졌다면 공연의 정당성을 좀 더 확보할 수 있지 않았을까 하는 허망한 생각은 해본다.

5) 타깃 오디언스

공연을 만들 때는 대상 관객(타깃 오디언스)이 설정된다. **어떤 관객들이 이 공연을 보러 올 것인가?** 전술했듯이 이 공연에 관련된 집행위원회의 분위기를 파악하지 못하고 있던 나를 비롯한 작품선정위원회나 제작진은 연극의 해 행사용 공연이니, 기존의 '연극계 행사'처럼 당연히 연극계 내부의 다양한 인사들이 관객으로 초대받아 올 것으로 생각했다. 따라서 앞서 말했듯이 현재 청년연극인들을 중심으로 일어나고 있는 변화를 원로를 비롯해서 이런 변화에 별 관심이 없는 기성연극계의 연극인들에게 소개하고 **'연극계 전체'가 쉽게 이해하고 부분적으로라도 공감할 수 있는 대본(공연)**을 구성하고자 했던 것이다. 지금 생각하니까 우습지만, 내용이 너무 급진적이라고 생각해서 원로연극인들이 불쾌해할까 봐 심재찬 위원장에게 공연에 연극계 어른들도 오시냐고 여러 번 확인한 적도 있다.[15] 그런데 많은 연극인들이 애초 연극의 해 행사에 관심이 없던 탓인지, 혹은 예전처럼 초대장을 만들어 우편으로 돌린 게 아니라 소셜미디어상으로만 홍보하고 좌석을 제공했던 때문인지, 결과적으로 공연 날 객석은 거의 젊은 관객들로만 찼다.

* * *

객관적인 관점을 빌려 전체를 되돌아본다면, 심재찬 집행위원장이 '2020 연극의 해' 행사를 통해 기성연극과 진보적 청년연극인들과 거리를 좁히려고 노력한 것은 평가받을 만하다. 〈언도큐멘타〉 기획도 그 일부였다고 할 수 있다. 사무국 직원들을 비롯한 관련자 대부분이 〈언도큐멘타〉 공연을 위해 제한된 상황에서나마 맡은 바 최선을 다했던 것도 사실이다. 그러나 총체적으로 봤을 때 〈언도큐멘타〉는 대본의 일부 문제뿐 아니라 기획단계와 제작 진행과정과 소통 시스템에 큰 문제가 있었던 것이 사실이다.

:: 공연의 결과: 제기된 비난과 비판들

10월 31일, 연습 전체를 한 번도 볼 기회가 없던 상태에서 2층에서 맘 졸이며 민망한 마음으로 첫 공연을 본 나는 좋았다, 재밌었다는 인사 속에 그래도 공연이 웬만큼 무난하게 끝난 줄 알았다. 그런데 다음날 아침, 페이스북을 열어보고는 몇몇 연극인이 거친 언사로 쏟아내는 분노의 폭발에 깜짝 놀랐다. 전혀 예상치 못했던 이런 분노에 찬 비난을 보면서 어리둥절해서 이게 뭘까 하고 한참 생각했다. 성폭력 가해자의 작품을 여과 없이 노출시킴으로써 피해자의 입장을 배려하지 못했다는 구체적인 지적은 금방 이해가 되었다. 그런데 남성토크의 배치며 관객의 웃음이며 기국서 장면이며 전반적인 분위기에 대한 이 분노와 적개심은 도대체 뭘까? 이런 비난과 분노가 연극을 본 관객 모두의 반응은 아닐 수 있다고 생각했지만 전반적으로 타깃 오디언스가 빗나갔다는 것을 깨달았고 격렬한 비난에 당황했던 것은 사실이었다. 오히려 원로들이 불편해할까 걱정했고 젊은 층으로부터는 대체로 공감을 받을 것이라고 예상했는데….

선정위원들과 급히 만나 이런저런 얘기를 하고 반나절 정도 시간이 상황이 조금씩 파악되기 시작했다. 대본은 물론 기획과 제작 과정상의 문제도 있었지만 그 이전에 그들의 분노를 점차 알 것 같았다. 그들을 분노하게 한 구체적인 여러 이유들이 있겠지만 기본적으로 **상당부분** **'머리로 보는 연극'과, '가슴으로, 몸으로 하는 연극'의 차이일 것이라는** **생각이 들었다.** 누군가가 페이스북에서 "당신들은 한 번이라도 연극의 해 관련 워크숍에 참여한 적이 있느냐?"고 질타한 것도 이런 맥락이었 을 것이다. 현재 우리 연극계가 큰 변화를 겪고 있다는 것은 누구나 인 정하는 사실이다. 그러나 **이 모든 변화를 머리로 이해하고 비평적 거리 감을 가지고 평가하는 측과 피해자, 소수자, 사회적 약자들과 가슴과 몸 으로 현장에서 소통하는 현장작업자들 사이에는 생각보다 훨씬 큰 간극** 이 있었고 그것이 후자의 분노를 불러일으킨 면이 컸다고 이해했다. 특 히 페미니즘이나 장애연극 같은 경우 운동의 실천적 경험 없이 책상 앞 에서만 쓰는 평론이 지니는 한계를 다시 한 번 체감한 기회이기도 했다. 보다 구체적으로는 몇 년간 진보적 청년연극인들이 현장작업을 통해 자 신들이 그동안 이룩한 변화, 특히 연극의 해 사업들을 통해 이루어 놓은 기반사업들을 이런 공연이 망쳐놓았고 도로 퇴보시킬 수 있다는 분노와 두려움일 것이라는 분석도 나왔다. 아무튼 구체적으로 성폭행피해자를 충분히 고려하지 못했다는 점은 불찰이고 일부에서나마 격렬한 분노를 불러일으켰다는 것은 의도와 상관없이 공연 전반에 문제가 있는 것이므 로 선정위원회의 이름으로 급히 페이스북에 사과문을 올렸던 것이다.

특히 나로서는 공연의 구성작가라는 책임을 질 수밖에 없다. 그들의 분노를 어느 정도 이해할 수 있다고 생각하고 결과에 대해 분명히 사과 해야 할 부분도 있지만, 대본구성의 의도에 대해 작가 나름대로 설명할 부분도 없지 않다. 이제 내 개인적 관점에서 그동안 페이스북, 토론회, 그 밖의 지면을 통해 제기된 문제들, 그리고 그에 대한 사과 및 필요한 답변을 종합해서 정리해보면 다음과 같다.

1. 성폭력 범죄자의 작품을 피해자 보호장치 없이 무대에서 거론하고 보여줬다.

우선 문제가 된 것은 '여성 캐릭터 토크'였다. 비록 별로 신선한 관점은 아니지만, 한국 창작물에서 자주 발견되는 '성창(聖娼)'이라는 구체적 맥락에 따라 이윤택 및 현대극을 대표하는 몇몇 주요 작가들의 작품에 나타난 여성인물들의 성적 대상화와 그 폭력성을 희극적(풍자적) 톤으로 비판했다. 작가들을 직접 소환한 것도 아니고 작품 내의 극중인물들을 내가 설정한 별개의 비판적 맥락에서 등장시킨 것이니 별 문제 없으리라고 생각했는데 안이한 판단이었던 것 같다. **아무리 여성의 성적 대상화라는 분명한 비판적 맥락이 있었더라도 희극적(풍자적) 톤을 설정했던 것이 시기적으로 무리였던 것 같고, 그러다보니 관객들의 웃음 속에서 성폭력 피해자의 입장을 충분히 보호해주지 못했다. 결국 보다 신중한 고려 없이 성범죄자의 작품을 무대에 소환한 점이 강하게 문제점으로 지적되었으며 이를 일단 무겁게 받아들인다.**

대본이 막상 관객 앞에서 무대화가 된 것을 보니 관객의 즉각적 웃음 뿐 아니라 강한 연기적 표현, 스크린에 비춘 대형 포스터 등 예상을 뛰어넘는 공연예술 특유의 직접적인 효과들이 생성되면서 원래의 비판적 의도가 약화된 면도 있었던 것 같다. 희극성의 조절, 피해자의 입장을 고려한 메타적 관점의 대사 추가, 연출에 있어서의 비판적 거리감의 강조, 그리고 자막이나 공연 프로그램 등의 부가적 활용에 대한 고려와 연구가 더 있었어야 했다. 대본의 의도와 공연에서 관객이 받아들이는 느낌이 늘 일치하기는 힘들다. 작가로서 나의 경험부족이며 이런 장면의 경우 연출과의 토론이 있을 정도의 여유 있는 진행이었으면 좋았을 것이다. 그리고 이윤택의 작품을 비평문도 아니고, 무대에서 다뤘던 것은 아무리 비판적 관점이었다고 해도 시기적으로도 좀 성급했던 것 같다.

연극현장, 비평계, 학계 등에서 이들의 작품을 다루는 데 대한 충분한
논의가 선행되어야 했는데, 그렇지 못한 상태에서 성급하게 공연무대화
했다는 비판도 있었다. **시기적으로, 방법론적으로 더 신중했어야 했다.**

2. 원작의 폭력성을 재현하는 문제

연극평론가 김민조는 「'이후의 연극사'와 비평/가적 시좌(視座)의 문제」
에서 〈언도큐멘타〉가 미학적, 윤리적으로 실패했다고 평가하면서 그 예
로 '여성 캐릭터 토크'에서 바보각시가 '〈바보각시〉 원작의 설정 그대로
말하고 행동하고 춤추고 노래하도록 만든 것'이나 〈맹진사댁 경사〉 장
면에서 주변사람들이 장애인 신랑을 흉내 내며 그에 대한 혐오발언을
하는 원작의 장면을 그대로 보여준 것을 들었다.[16] 비록 의도와 비켜간
점은 있지만 대본작가로서 결과에 대한 이런 지적 역시 일차적으로 동
의한다. 막상 공연을 보면서 나도 이 부분에서 일부 관객들의 예상외의
가벼운 반응(웃음)에 대해 '이게 아닌데' 하는 당혹감을 느꼈던 기억이
난다. 웃는 관객이 있는 반면 어떤 관객들은 비슷한 이유로 당혹감과 불
쾌감을 느꼈을 것이다.[17]

폭력성의 재현이 지니는 이런 예측 어려운 면을 조심하기 위해서 일
차적으로는, 김민조도 썼듯이 관객으로 하여금 비판이 가능하도록 재현
행위 안에 거리감을 확실하게 확보해 주는 작업에 신경을 썼어야 했다.
이 점을 그냥 관객들에게 맡겨버리고 보다 구체적으로 계산하지 못했던
것 시인한다. 다만 대본 작가로서의 기본적인 입장이 있다면, 비록 충분
치는 않다는 점이 드러났지만, 애초에 기본적으로는 거리감이 의도되었
다는 것이다. 이 두 장면은 당연히 **일종의 '인용'이자 '새로운 배치'**로 의
도되었으며 그런 점에서 원작의 단순하고 기계적 재현을 의도했던 것은
아니다. 김민조는 특히 '바보각시'의 경우는 성폭력 가해자의 작품을 문

자 그대로 '재현'하는 효과를 낳았다고 지적했는데 원래 〈바보각시〉(이윤택 작·연출) 공연에서의 바보각시의 비장한 춤과 노래는 이번 공연에서의 희극성 자체가 두드러졌던 춤과 노래와는 전혀 달랐다. 이 부분은 연출자의 선택이기도 한데 애초 구성작가로서 나의 의도는 원작의 비장함이 극대화되어 희극성으로 바뀌는 분위기가 주는 '거리감'을 의도했던 것이다.

〈맹진사댁 경사〉에서 장애인을 비하하는 장면도 일단은 원작 그대로 재현한 것이 사실이지만 이 장면 역시 큰 의미에서는 '인용'으로 의도되었었다. 앞서도 말했지만 장애인 흉내 장면은 그 다음에 오는 김원영의 〈사랑 및 우정에서의 차별금지 및 권리구제에 관한 법률〉과의 대비를 위해 선정했고, 설정했던 것이다. 이는 원론적으로 앞 장면들에서 유치진의 〈대추나무〉, 〈불꽃〉, 〈왜 싸워?〉 세 작품이 원작에서 그대로 따온 장면들이지만 유치진의 허위성을 드러내기 위한 '인용'인 것과 마찬가지다. 〈맹진사댁 경사〉를 보면서 웃고 떠들던 객석이 김원영 배우의 등장과 함께 어색하고 싸늘하게 굳어지는 순간은 이 공연이 의도했던 순간이기도 했다. 그러나 미묘한 차이일 수 있으나 다르게 받아들일 수 있다는 점도 인정한다. 토론회의 발제자 홍예원이 프랑스 유학시절의 경험을 예로 들며 강하게 비난했듯이, 의도와 상관없이 그 장면 자체가 그 순간 피상적 웃음이나 불쾌감을 주었다면 그 사실 역시 중요하기 때문에 비판을 진지하게 받아들이며 더 연구했어야 할 필요를 느낀다. 이와 함께 전후 콘텍스트에 대한 보다 세밀한 배려와 준비 없이 〈사랑 및 우정…〉의 작가와 연출자를 무대에 서도록 급하게 청한 데 대해 제작진의 입장에서 다시 한 번 사과드린다.

비판을 목적으로 했을 때라도 성, 폭력, 혐오 등의 행위를 재현하면서 애초의 목표와 관계없이 재현 행위 자체가 피해자와 관객에게 불쾌감과 혐오감을 주게 되는 경우, 이는 특히 미투 이후 재현미학의 논쟁거리 중

하나가 될 수 있다. 그러나 '폭력의 재현이 곧 재현의 폭력인가?'라는 질문을 내포하는 '폭력'의 재현의 문제는 쉽게 결론 날 수 있는 문제는 아니라고 본다.[18] 윤리적으로나 미학적으로나 깊은 연구와 논의가 더 필요한 부분이다. 아울러 이번 기회에 연극 속의 '웃음'에 대해 다시 많이 생각해봐야겠다는 생각도 들었다. 아무튼 각 장면과 공연 전체 간의 충돌의 효과들을 조망해 볼 수 있는 충분한 연습시간과 소통의 기회가 있었다면, 여기서도 거리감이나 낯섦의 효과를 주기 위한 어떤 장치가 추가되었다면, 두 장면의 충돌이 결과적으로 보다 의미 있는 순간을 창출해 낼 수 있었을 것이다,

3. 남성 캐릭터 토크가 왜 맨 마지막에 배치되었나?
결국 이 공연의 최종적 입장은 '남성 중심'이 아닌가?

전혀 뜻밖의, 당황스러운 지적이었다. 애초에 이 작품의 제작과정에서 장면들의 배열 순서에 대해 분명한 의도로 깊은 성찰을 할 여유가 없었던 것은 사실이다. 그러나 13번째 남성 캐릭터 토크 장면이 "비장애 이성애 중장년, 선주민 서울 남성의 얼굴을 가진 것"이고 자신들을 '한국연극의 얼굴'로 간주한 것이며[19] 맨 마지막에 배치되었으니 공연 전체의 관점일 수 있다는 식의 해석[20]은 좀 도식적인 면이 있지 않나 생각한다. 장면배열에 관해 말하자면 애초 선정을 거친 작품들 안에서 구성을 하면서 선택의 폭이나 대안의 여지 자체가 부족했다. 당연히 인과론적 구성을 의도하지는 않았으나 이리저리 선정된 장면들을 구성하고 나니 결과적으로는 대체로 연대기적으로 흘러가는 것을 피하기는 힘들었다. 다만 완전히 연대적인 배치를 벗어나기 위해 엄인희 작가의 작품, 몸의 연극 부분, 남녀 토크들을 연대기성을 파괴하며 삽입했던 것이다. 장면나열이 지루할 수 있으니 인물 중심의 생생한 토크를 넣자는 의견

이 나와 여성 캐릭터 토크 장면을 우선 3/5 지점 정도에 삽입했고, 그러다보니 연극계 전체를 고르게 대변해야 한다는 나 나름의 판단에서 남성인물들의 입장도 후반부에 함께 넣게 된 것이다. 앞부분에 여성주의적 장면들이 많았고 여성 캐릭터 토크가 앞에서 강하게 남성비판적 의견을 펼쳤으니 '끝나기 전에 잠깐, 우리들도 얘기 좀 해보자'라는 식으로 마지막에 형평을 위해 가볍게 기회를 주는 식으로 말이다.

전반적으로 남녀 연극인의 입장을 일단 고루 포용하는 입장을 지향했지만 쓰다 보니 남성 캐릭터 토크 장면은 오히려 여성 캐릭터 토크보다 오히려 인물들에 대한 희극적 거리감을 더 많이 두게 되었다. 예컨대 이산이 지적했던 바, 남성 캐릭터들이 앞서 여성 캐릭터 토크를 두고 했다는 '머리가 아파', '산만해', '골치가 아파' 등의 부정적일 수 있는 뉘앙스의 대사는 〈남자충동〉의 장정, 〈산불〉의 규복 등, 오늘의 여성주의를 전혀 이해할 능력이 없는 남성 극 인물이 뱉은 말을 희극적으로 전달한 것이지 오늘날의 남성 연극인이나 이 공연의 관점은 아니다. 마찬가지로 몇몇 연극인들에 의해 '여성 캐릭터 토크'의 문제점으로 지적된 '요즘 대학로 여자들 연극 할 맛 나겠다', '(심청이가) 몸을 망치다' 등의 표현 역시 최인훈과 오태석의 작품 중의 수백 년 전 극중인물인 심청이가 2020년의 연극계 여성들을 부러워하거나 그들의 관점에서 심청이의 고난을 묘사하는 대사의 일부이지 작가의 어휘가 아닌 것이다.[21][22]

주제가 '연극사 다시 읽기'이다 보니 기존 연극사 중에서 남성 중심 젠더 의식이 잘 드러난 편이며 비교적 잘 알려진 작품들인 〈남자충동〉, 〈청춘예찬〉, 〈알리바이 연대기〉, 〈산불〉 들을 일단 골랐다. 선택된 작품에 맞추다 보니 관련 장면들이 남성들 역시 가부장제의 희생자일 수 있다는, 별로 참신하지도 않으며 학계로부터도 남성들의 자기연민에 불과하다는 비판을 받기도 하는 담론이었던 것은 사실이다. 평론가 김민조가 이 장면을 급조된 '기계적 평등'이라고 지적한 것이나 '연극계에서 관측되고 있는 백래시의 언어들을 상투적으로 재현하고 있다'고 한 비판[23]도 어느 정도 이해는 간다. 남성들 입장에서 자신들도 희생자라는 식의 떼쓰기나 대책 없는 자기연민은 바람직하지 않다.[24] 그러나 자신들의 입장을 반성적으로 바라보는 다양한 차이의 목소리들이 남성성이라는 보편적 아성을 스스로 허무는 균열이 될 수도 있다. 이를 받아주고 기다려줄 만한 관용도 필요하지 않을까.

초고를 쓸 때부터 공연의 진짜 마지막 에피소드는 남성 캐릭터 토크가 아니라 **공연형식으로 14개 중점사업을 소개하는 것이었다.**[25] 그런데 그 부분은 전체 공연시간 관계로 실제 공연에서는 영상자막으로 대체되어 버렸다. 또한 원래 대본은 마지막 에피소드에서 14개 중점사업 소개를 접한 후 '책'과 '비평로봇'이 이런 최근 연극계의 변화에 놀라면서도 긍정적으로 받아들이는 짧은 대사를 나누는 클로징 장면이 있었고 이어서 나머지 참여자 모두가 나와 즐겁게 율동을 하는 것으로 끝난다. 원래는 변화의 방향을 암시하는 미래지향적 열린 결말로 의도되었던 셈이다. 중요한 깃은, 기본적으로 애초 내게는, '**연극계 모두'의 공감을 얻기 위해서라도 공연을 섣불리 어떤 결론으로 유도하거나 너무 강한 메시지를 강요하는 것은 피하겠다는 의도가 있었다는 점이다.** 그래서 구성면에서도 현재의 시점보다 '미래의 디스토피아로부터 현재를 되돌아보는 관점'을 택해 거리감을 확보하려고 했고, 그 주체도 확고한 비평적 관점을 지닌 존재가 아니라 '망가진' 비평로봇'으로 설정했다. 이중, 삼중의 액자틀과 거리두기를 통해 관객들이 다소 혼란스러운 가운데 생각의 문을 열기를 바랐던 것이다. 따라서 미래 시대의 망가진 비평로봇의 머릿속에 떠오른 과거 연극계의 단편들은 보다 더 무질서하게 혼란스러운 것이어야 했다. 물론 이 경우 바람직하기로는 장면들을 평면적으로 나열하기보다, 누군가 말했듯이 아예 전혀 다른 패러다임의 공연미학으로 오래전부터 준비되었더라면 더 이상적이었을 것이다.

4. 기국서, 왜 연습 없이 세웠나? 공정의 원칙에 어긋난다.

이 비판은 그야말로 세대 차이를 느끼게 했던 지적이었다. 공연을 본 후 나보다 나이가 십 년 정도 아래인 한 평론가 동료는 기국서 장면이 신의 한 수였고, 그의 어색한 존재감 자체가 감동적이었다고 했다. 반면 비판적인 의견을 모아보면 '남들은 다 열심히 준비해왔는데 왜 그 사람만 준비 없이 세웠느냐?'는 식으로 형평의 원칙에 어긋난다는 점, 그리고 '결국 그에게 특권을 준 이 공연 전체는, 마지막의 남성 캐릭터 토크 장면과 함께 중장년 남성 연극인의 관점이 아니냐'는 것인 듯하다. 이런 의견에 대해 논리적인 설명을 하기는 힘들다. 내 세대의 경험과 감각을 모두에게, 특히 청년층에게 기대하고 강요했다는 것이 잘못이었다.

중장년층 이상의 많은 연극인들이 기억하는 기국서는 누군가 이번 토론회에서 말했듯 기득권층의 '존경받는 선생님'이 전혀 아니었다. 내가 기억하기로 1970~90년대의 그는 — 문제도 많았지만 — 소위 '아웃사이더' 중에서도 가장 많이 소외받고 밑바닥의 삶을 온몸으로 살면서 쓰라린 자신의 생체험 자체가 연극이었던 그런 연극인이었다. 그러다가 2000년대가 지나면서 조금씩 재평가되기 시작했던 것이다. 그의 인생 자체가 지니는 이런 특징과 의외성과 어눌함이 잠깐의, 계획되지 않은, 퍼포먼스만이 지니는 즉흥성과 어울려 특별한 울림을 줄 것을 기대했다. 그러나 이 계획은 안일했고, 무리였으며 결과는 실패였다. 무엇보다 객석은 그의 연극인으로서의 삶을 알지도 이해하지도 못하는 30대 전후의 젊은 관객들이 주를 이루었고 날것의 퍼포먼스가 기대대로 효과를 내는 것이 아니었기 때문이다. **대본에서 그의 연극사적 콘텍스트에 대해 좀 더 충분하게 효과적으로 설명을 했거나 공연에서 다른 방식의 접근이 필요했다.**

5. 전반적으로 〈언도큐멘타〉는 개혁적 태도가 분명치 않다. 백래시 아닌가.

〈언도큐멘타〉를 비판하는 전체적인 시각은 개혁적 태도가 분명치 않다는 것인 듯하다. 여성의 입장에서 변화를 지지하는 분위기로 시작했지만, 기성연극인들의 '진정한 자기부정'이 보이지 않는다는 것이다. 토론자 이진희가 말했듯이 '기존의 권력의 사다리가 남은 채 장면의 조각들만을 나열해 놓은 데 불과하다'는 것이다. 여성 평론가들이 선정하고 썼지만 토론자 임인자에 의하면 여전히 여성을 대상화하고 타자화하는 면이 발견된다는 것이다. 이런 여성주의는 시혜의식에 지나지 않을 수 있다는 것이다. 이런 모든 불분명함은 일종의 백래시의 한 양상일 수 있으니 경계해야 한다는 것이다. 그런데 참고로 말한다면 그날 토론회에서 대본을 구성하고 쓴 내 의중을 비교적 정확하게 짚어 준 것은 이산의 발제문「**미안한 과거와 불안한 미래에게 초대받은 안부를 묻다 - 〈언도큐멘타〉를 통해 목격한 한국연극의 초대와 반격**」이었다. 그는 여성 캐릭터 토크의 마지막 부분에서 바보각시가 "그런데 평론가들은 왜 이런 작품에 그렇게 상을 많이 줬대? 여자평론가들도 많았다던데"라고 불평하면서 퇴장하자, 비평로봇이 "아, 지금 문자 왔어요. 미안하다구, 그때는 초점을 다른 데 맞췄다구"라고 하며 쫓아나가는 장면을 지적하며 작가는 아마 이런 미안함을 말하고 싶었던 것이 아닌가라고 해석했다.

사실 내 개인 생각이지만 나를 비롯한 대부분의 기성 여성 평론가들은 요즘 청년여성연극인들의 사투를 보며 늘 일종의 죄책감을 가지고 있을 수밖에 없다고 생각한다. 인간의 보편적 가치가 남성 위주로 표현되는 관행에 너무 오래 안주해 있었고 너무 오랫동안 젠더 문제에 무디어져 있었기 때문이다. 특히 연극현장에서의 성적 폭력이나 억압에 무관심하고 무지한 상태였다는 것을 인정한다. 당연히, 이에 대한 시정과 개혁이 필요하다고 생각한다. 그러나 앞서 말했듯이 **다양한 성향의 연극인들이 관람할 것으로 예상했던 〈언도큐멘타〉 공연을 통해서 어떤 정답을 제시하는 것은 피하고자 했다.** 아무리 윤리적으로 옳다고 한들 어떤 특정 구호만을 따라 외칠 생각은 없었다. 차라리 이런 급격한 변화를 있는 그대로 이런 변화들을 잘 이해하지 못하는 많은 연극계 사람들과 함께, 이산이 정확히 지적했듯이 '**이게 뭐지?**', '**너무 어려워**'하는 '**감탄사**'를 발하며 놀란 눈으로, 혼란이 걷히지 않은 눈으로, 그 변화를 함께 지켜보고 싶었다. 그편이 최근의 변화에 대해 '**연극계 전체**'의 더 광범위한 공감을 얻을 수 있다고 생각했다. 그래서 좀 직설적이고 설명적인 설정이기는 하지만, 미래의 고장난 로봇이, 책의 권위와 전통적 역사관에 맞서서 과거로부터 오는 다양한 신호들을 받으며 느끼는 창조적 혼란을 다듬어지지 않은 혼란 그대로 재미있게 제시하고 싶었던 것이다.

6. '**연극의 해' 중점사업을 통해 연극계의 창작 환경과 작업과정의 개혁을 시도했는데 막상 이 공연의 기획과 제작과정은 전 시대 공연의 관례적 폐해들을 그대로 답습했다.**

이 점이 이번 〈언도큐멘타〉를 향한 비판의 또 다른 핵심이라고도 할 수 있다. 이에 대해서는 앞에서도 자세히 서술했지만 결과적으로 인정하고 반성하지 않을 수 없다. 불분명한 콘셉트와 시간에 쫓기는 제작과정에 명료한 의식 없이 참여해서 '막은 무조건 오른다' 식의 구태(舊態)에 동조하고 있었으며 결과적으로 성과주의에 일조했다는 점에 당혹감과 자괴감을 느낀다.

＊ ＊ ＊

거슬러 올라가면 '2020 연극의 해'는 애초부터, 13년 전의 '연극의 해'와 크게 다르지 않게, 안으로부터의 자발적인 요구가 아니라 밖으로부터 '연극계'를 바라본, 시혜적이며 모호하고 관료주의인 관점에서 출발했다. 그랬기에 처음부터 연극의 해 행사 주체를 둘러싼 내부의 갈등이 있었다. 여러 차례의 토론회를 통해 청년연극인들이 주도권을 쟁취해 새로운 사업을 벌였고 연극계의 창작환경을 개선하고자 하는 중점사업들은 대부분 의미 있는 방향성과 결과를 성취했다. 그러나 불협화음도 함께 빚어졌다. 연극의 해 기념공연 무대에는 지금까지 관 주도 연극계 행사에서 으레 그랬듯이 당연하게 문체부 장관이 축하 메시지를 하러 올라왔고, 그런 광경을 처음 목격하는 젊은 연극인들은 경악했으며, 유일한 공연인 '한국연극(사)를 다시 보자/쓰자'는 나쁘지 않은 의도에도 불구하고 여러 가지 복합적 원인으로 인해 기대에 못 미치는 결과를 냈다.

어쩌면 애초 '2020 연극의 해' 집행을 둘러싼 1~3차 열린토론회의 구체적 갈등부터 충분히 인지하지 못했던 것이 연극인으로서의 나의 불찰이며 그 게으름이 〈언도큐멘타〉라는 시행착오로 이어졌다는 생각도 든다. 전후맥락들을 충분히 인지하고 전체를 조망하며 판단하지 못한 채, '연극의 해'라는 관례적인 기념공연에 예전의 '연극계'를 떠올리며 서로를 이해하고 '화합⑺'하게 하는 데 일조할 수도 있다는 구시대적 희망을 잠시나마 '관례적으로' 가졌던 것이다. 그런데 이런 반성으로부터 여러 가지 사념들이 이어지기는 한다. 역사를 다시 쓴다는 것은 무엇인가? 진보적 청년연극인들의 분노가 어떻게 더 생산적으로 전개될 수 있을 것인가? 현재 한국에서 예전과 같은 '하나의 연극계'는 존재하는가? 앞으로 '연극계'는 어떻게 발전하고 변해갈 것인가? 좀 멀리서나마 계속 지켜보며 생각을 이어가고 싶다.

:: 註

1 발제자로 홍예원, 김민조, 김산, 토론자로 이진희, 임인자, 최샘이, 이시카와 주리가 참여했다. 구성작가로서 문제의 중심에 서 있음에도 토론회에 참석하지 못했다. 토론회의 구체적 정보는 하루 전에 알았다. 평소에도 개인적 이유로 웬만하면 토론회에 참석하지 않는 편이지만 사무국에서도 내게(모든 제작진에게) 토론회에 참석하기를 요청하지는 않았다.

2 그 후 2월 18일 발행된 웹진 〈연극in〉 195호 '현장' 코너의 「현장에서 묻지 못했으나, 돌이켜보니 꼭 했어야하는 질문들」에서는 1월 26일 토론회에서 마무리되지 못한 문제들을 다시 제기하기도 했다. 이 지면에서 제기되었던 '역사 다시 쓰기' 문제에 대해서는 후에 다시 논의할 기회를 가지고자 한다.

3 유튜브상에 공연영상이 두 달 정도 올려 있었기에 동영상으로 본 사람들도 많았다.

4 비록 기획이나 제작책임을 맡은 위치는 아니었지만, 공연에 참여했던 구성작가로서, 내가 경험했고 지켜보았던 바의 기획과 제작과정들과 문제점에 관해 기록하고 되돌아보았다. 내가 책임져야 하고, 사과할 부분에 대해 명시하는 동시에 기록에 관한 한 가능한 한 팩트와 객관성에 입각하려고 노력했다.

5 김미도, 김방옥, 김숙현, 노이정, 이경미, 이진아, 허순자.

6 나중에 다시 얘기하겠지만 당시 이 두 가지 내용 사이에 상호관계나 인과관계에 대한 충분한 설명은 없었고 따라서 나를 비롯한 선정위원들은 공연이 올라갈 때까지 둘의 관계를 크게 의식하지 않았다.

7 '언도큐멘타'라는 제목은 기획위원인 공연기획자 김성희의 아이디어로서 아시아문화전당 예술극장시즌프로그램 아시아 윈도우에 참여했던 영화제의 명칭을 빌려온 것인데 기존의 도큐멘테이션의 개념을 해체한다는 의미를 담고 있다.

8 이 모임 전에도 심위원장이 이 콘셉트의 공연을 위해 몇몇 작가나 연출가들을 접촉한 바 있었지만 작업자체가 불가능하다거나 한국연극사를 모른다는 이유 등으로 모두 사양했다는 말을 나중에 들었다.

9 아마도 내가 두 번째 회의에서 〈언도큐멘타〉의 14번째 마지막 장면으로 '14개 중점 사업'의 내용을 소개하면 어떻겠느냐는 의견이 냈고 대본에 포함시켰던 것이 유일한 연결 관계일지 모르겠다.

10 당시 '2020 연극의 해'가 한국연극학회와 함께 추진할 저술사업이었던 '한국(근대)연극사 다시쓰기'는 〈언도큐멘타〉 논란 이후 취소된 것으로 알고 있다.

11 결산토론회의 발제 및 토론내용의 인용은 '2020 연극의 해를 통해 바라본 한국 연극의 현재, 그리고 미래' 결산토론회 유튜브 동영상 및 속기록을 참조했다.

12 '책'은 기존의 한국연극사라는 학문적 입장 일반의 관점을, '망가진 비평로봇'은 미래의 디스토피아로부터 온, 오늘의 연극계의 변화에 대해 창조적 혼돈을 느끼는 열린 존재를 표상한다. '비평로봇'의 개념은 최근 연극계의 관심을 끌었던 정진세의 〈액트리스 원: 국민로봇배우 1호〉로부터 아이디어를 얻은 것이다. 이에 관한 메타적 언급이 애초에 대본에 포함되어 있었으나 연습 중에 전체 길이를 대폭 줄이면서 삭제되었다.

13 〈언도큐멘타〉 장면구성표

	장면 제목	선정 및 집필의도
-	프롤로그: 책과 비평로봇의 대화	
1	〈백 년만의 초대〉	신여성 박해사
2	〈모던걸타임즈〉	노동주체로서의 신여성
3	〈생과부위자료청구소송〉	여성의 성적 주체권
4	〈대추나무〉, 〈불꽃〉, 〈왜 싸워?〉	유치진 변절과정
5	〈빙화〉	친일연극의 공연가능성
6	'몸의 연극'들의 이미지	탈 텍스트의 시도들
7	〈맹진사댁 경사〉	명작의 장애편견
8	〈사랑 및 우정에서의 차별금지…〉	장애편견 비판
9	여성 캐릭터 토크: 〈달아달아 밝은달아〉, 〈심청이는 왜 두 번 인당수에…〉, 〈산불〉, 〈바보각시〉	여성대상화 비판 성적폭력 비판
10	기국서 토크	연극사에서 소외되었던 인물
11	극단 우금치	지역연극
12	〈아라베스크〉	다문화 포용
13	남성 캐릭터 토크: 〈산불〉, 〈남자충동〉, 〈청춘예찬〉, 〈알리바이 연대기〉	남성도 가부장제의 희생자일 수 있다
14	연극의 해 14개 중점사업	2020 연극의 해 중섬사업 소개
-	에필로그: 책과 비평로봇의 대화	

14 당시 바쁜 가운데 공연에 참여해 준 배우들에게 제작진의 한 사람으로 다시 한 번 고마움과 미안함을 전하고 싶다.

15 연극계 원로들이 공연 없는 연극의 해에 대해 언짢아한다는 얘기도 들었고 9월경 심위원장이 연극계 어른 백여 명을 모아 설득을 위한 간담회를 계획한다는 얘기도 들었기 때문이다.

16 김민조, 「'이후의 연극사'와 비평/가적 시좌(視座)의 문제: 〈언도큐멘타: 한국연극 다시 써라〉가 남긴 질문들」, 『연극평론』 100호(2021년 봄), 38쪽.

17 최근에는 이런 부적절한 재현으로부터 관객을 보호하기 위해 공연 전에 극장 로비에 해당 내용이 있음을 사전에 알리는 안내문이 붙는 경우가 많다.

18 2018년 창비학당이 주최한 제4차 '요즘비평포럼'은 "이걸 보여줘도 된다고? - 재현의 폭력, 폭력의 재현"이라는 주제를 다뤄 주목을 끈 바 있다.

19 이산의 토론 발제문. 이산은 '비장애 이성애 중장년, 선주민 서울 남성'이라는 표현은 주요사업의 영역에서 빌려온 것임을 밝힌 바 있다.

20 이런 비난은 토론회 외에도 여러 방식을 통해 여러 사람들에 의해 제기되었다.

21 한편 생각해보면 기성세대는 〈남자충동〉이나 〈산불〉 등의 작품을 잘 알고 있지만 이에 익숙지 않은 청년세대관객들에게는 이런 거리두기가 쉽지 않았을 수 있겠다.

22 아울러 〈알리바이 연대기〉에서 '아들만 둘' 발언은 유머에 대한 내 과욕이었다. 남성토
  크를 쓰면서 그 장면의 마지막 대사가 떠오르지 않던 참에, 〈알리바이 연대기〉가 여성
  이 배제된 서사라는 리뷰를 읽은 기억이 나면서 작품 속 아버지가 '아들만 둘인걸 어떡
  하나'라는 대사를 할 법하다는 생각이 들었고 그래서 퇴장하면서 유머러스하게 슬쩍 던
  지는 대사로 넣었던 것이다. 그런데 나중에 유튜브 영상으로 다시 확인하니 하필 그 대
  사 장면이 바스트 샷으로 거의 클로즈업 되어 찍혀있었고 내가 봐도 뭔가 의미심장한
  대사처럼 보이던 게 사실이니 특히 유튜브 영상으로 관람한 사람들은 오해를 할 수도
  있겠다.

23 김민조, 앞의 글, 39쪽.

24 정희진, 「여성에 대한 폭력과 미투 운동」, 『미투의 정치학』, 정희진 엮음, 2019, 교양인,
  107쪽.

25 이 아이디어는 사무국이나 집행위원회 측과 상관없이 작품선정위원회에서 나온 의견이
  었다.

〈언도큐멘타〉 사태가 제기했던
몇 가지 원론적 문제들*

지난 2020년 가을, 어쩌다가 '연극의 해' 기념공연인 〈언도큐멘타〉의 구성작가를 맡아 결과적으로 주변에 많은 폐를 끼쳤다. 하지만 자기 성찰의 계기와 현재의 연극 상황에 대해 오래 고민해볼 기회가 되기도 했다. **특히 2021년 1월 26일 '2020 연극의 해를 통해 바라본 한국연극의 현재 그리고 미래 결산 토론회'에서 제기되었던 문제, 혹은 질문들**은 내게 있어 몇 가지 더 큰 생각으로 이어졌다. 대부분의 발제자들과 토론자들[1]의 진지한 분석과 진정성 있는 제안들은 참석자(시청자) 모두를 〈언도큐멘타〉 너머의 사유로까지 이끌었다. 〈언도큐멘타〉는 발상 자체는 나쁘지 않았으나, 충분한 준비과정과 사유와 제작과정이 받쳐주지 못했던, 허점이 많았던 공연이었다. 그럼에도 불구하고 없던 것으로 돌릴 수도 없고 역사에서 지울 수도 없다. 13년 만의 '연극의 해' 기념공연이었으며 귀한 세금을 쓴 행사이기도 했다. 또한 비난과 논란, 그리고 이어진 토론회와 기고들을 거치면서 〈언도큐멘타〉 공연은 작지만 하나의 사

---

* 2021년에 쓴 글로 이 책에 처음 실었다.

태로 확장된 면이 있다.

이 글에서 떠올리는 몇 가지 의제들은 사실 대다수의 현장 연극인들에게는 낯설고 실제 현장에서는 별 실감도 나지 않을 관념적 내용들이기 쉽다. 원론적이거나 상식적인 차원의 문제들이지만 동시에 쉽게 입을 열거나 답하기 부담스러운 일종의 화두 같은 것일 수도 있겠다. 그러나 일부에 의해서나마 이미 공적으로 제기된 비판이거나 그에서 비롯된 의제들이다. 쉽게 모두의 공감을 이끌어내지는 못하겠지만, 누군가 한 번은 긴 관점에서 다시 꺼내봐야 할 얘기가 아닐까 생각했다. 그것은 '역사 다시 쓰기'란 무엇인가 하는 질문, 현재 연극계 일각에서의 사고의 경직성과 관용에 대한 짧은 생각들, 여성주의적 관점과 관련된 한두 가지 신중한 제안, 그리고 마지막으로 현재 우리에게 '연극계'란 무엇인가? 하는 질문들이다.[2] 이 글을 쓰기 위해 주로 평론가의 입장을 빌린다고 해서 대본을 썼던 일 년 전의 나와 전혀 다른 주체가 될 수는 없을 것이다. 좋은 결과를 내지도 못했으면서 무슨 훈계하느냐는 빈축을 살 수도 있다. 그러나 좋은 대본을 써내지 못했음에도 불구하고, 오랫동안 연극계를 지켜본 사람으로서, 그리고 어제와 오늘의 경계에 선 비평가로서, 〈언도큐멘타〉 사태를 좀 더 넓은 맥락 속에 위치시켜 볼 필요가 있다는 책임감 같은 것으로 이 글을 썼다.

:: 역사란, '역사 다시 쓰기'란 무엇인가?

웹진 〈연극in〉은 「현장에서는 묻지 못했으나, 돌이켜보니 꼭 했어야 하는 질문들: '2020 연극의 해' 결산 온라인 토론회: 언도큐멘타」[3]라는 타이틀의 기획을 했다. 1월 26일 토론회에서 다 하지 못했던 질문을 남겨달라는 설문에 연극평론가 김민조는 이런 글을 남겼다.

연극사는 왜, 무엇을 위해 쓰여야 하는 것일까요? 한국연극사라는 기록과 평가의 체제가 지금-여기에서 생산되고 있는 연극을 위해 어떤 효용성을 갖는지 실감하기 어려운 것이 사실입니다. 그러나 한편으로는, 기성연극의 권력적 구조를 답습하지 않기 위해 무엇을 바꾸고 새롭게 창안해나가야 하는지를 고민하다보면 그동안의 '역사'를 비판적으로 탐문해야 할 필요성을 마주하게 됩니다. 〈언도큐멘타〉의 도전과 실패는 연극사 없이 현재의 좌표를 찾아가는 일의 어려움을 드러내주는 사례 같습니다. 우리는 무엇을 위해 기록을 남기고 읽어야 하는 것일까요? 연극사라는 '꿰인 실' 없이 현재의 연극이 미래의 연극과 연결될 수 있는 방식은 무엇일까요?

2020 연극의 해 공연홍보에 '한국연극의 과거, 현재, 미래'라는 주제가 달렸고 〈언도큐멘타〉의 부제가 '한국연극 다시 써라'였듯이 지난 공연은 역사란 무엇인가? 역사 다시 쓰기란 무엇인가? 등의 거창한 질문을 소환할 수밖에 없다. 지난 글[4]에서도 말했듯이 〈언도큐멘타: 한국연극 다시 써라〉 공연의 애초의 목적은 최근 연극계의 변화를 중심으로 기존의 한국근현대사를 잠시 되돌아보고 미래를 위해 연극계의 모든 구성원과 공감해보자는 소박한 것이었다. 평론가 김민조는 〈언도큐멘타〉를 "동시대 연극현장에서 모색된 실천들을 적극적으로 가시화하고 그 문제의식을 지렛대 삼아 기존의 연극사를 탈 구축하려는 시도"[5]로 파악하기도 했다. 그러나 앞선 글에서 이미 밝혔듯이 〈언도큐멘타〉 공연은 충분한 사유와 준비가 없었던 탓에 그 결과는 피상적일 수밖에 없었다.

이두현, 유민영, 서연호 같은 선구적 학자들의 노력에 힘입은 현재 한국의 연극사는 소위 근대극 백 년을 대상으로, 언론기사나 개인소장 자료 등을 통해 과거의 사실들을 있던 그대로 재현하고자 하는 랑케식의 객관적, 사료 중심의 역사, 연극 엘리트 중심의 기념비적 역사, 그리고 서구문화 이식론적 관점에서의 극단공연사와 희곡텍스트 중심으로 집

필되어 있는 경우가 많다. 시기적으로는 1980~90년대까지의 연극에서
멈춰 있다. 그러니 한국사회와 연극현실이 요즘처럼 격변하는 상황에서
앞으로 보다 다양한 관점과 범주의 연극사가 요구되는 것이 사실이다.
　역사의 개념과 의미를 규정한다는 것은 매우 지난한 일이다. 이미 역
사의 일부일 수밖에 없는 현재라는 시간과 공간의 흐름과 좌표 위에서
과거, 현재, 미래라는 개념, 사건들의 기록에 있어서의 선택과 기술, 그
주체적 정당성과 선택과 기술의 관점과 방법론의 문제 등을 성찰해야
하기 때문이다. '역사는 현재와 과거의 끊임없는 대화'라는 크로체와 E.
H. 카 이후의 역사관은 역사에서 그 현재성이 중요하다는 점에서 이미
상식이 되었다. 과거에서 출발하는 단일하고 권위적인 역사가 아니라
끊임없이 파괴되고 다시 쓰여지는 역사는 탈근대 역사관의 전제가 되었
다. 벤야민과 푸코는 역사에서의 단절과 불연속성이라는 개념에 착안했
고 신역사주의는 서술된 텍스트로서의 역사, 배제된 목소리를 다양하게
대변하는 역사, 현실적 맥락과 미시적 세부사항에 주목하는 역사를 주
장한다. 공식적 역사에 저항하는 기억의 문제나 역사화 이전의 아카이
빙의 중요성도 대두되고 있다. 지난 토론회나 관련 글들에서도 역사 쓰
기와 관련된 진보적이고 혁명적인 성격의 문제의식들이 제기되었다.
　'2020 연극의 해' 결산 토론회 4부에서 토론자 이진희는 **역사 쓰기의
주체가 누구인가를 질문했다.**[6] '역사 다시 쓰기'란 역사의 개편이자 권
력의 재편을 요구하는 행위라면서 역사 쓰기의 주체를 재설정해야 한다
는 것이다. 그는 조망하는 관점이 아니라 현장의 투사들로 이루어진 '역
사 다시 쓰기'가 필요하다고 주장했다. 평론가 김민조는 한 좌담에서
"결국 대안적인 연극사라 하더라도 그 펜대를 쥐고 있는 사람들을 바꾸
지 않으면 개량주의적/중립주의적인 제스처를 포기할 수 없는 것인가,
하는 비관적인 생각"이 들었다고 말했으며[7] 그 역시 실천자적 관점을
강조한다. **이번 공연의 가장 큰 문제점은 역사 쓰기의 주체를 비평가/학**

자로 한정한 점이라는 것이다.[8]

탈근대, 혹은 탈근대 이후의 시대에 역사에 관한 많은 질문들이 제기될 수 있지만 그 답에 다가가기란 쉽지 않다. 다만 **분명한 것은 '정전**(正典, cannon)**으로서의 역사의 시대는 지났으니 하나뿐인 역사의 주체 자리를 탈취하기 위해 권력투쟁을 할 필요는 없다는 것이다. 다양한 관점과 다양한 주체에 의한 역사 쓰기가 가능하다는 뜻이다.** 지금까지도 극단사, 지역연극사, 극장사 같은 작은 연극사들은 계속 쓰여왔다. 다만 단순한 기록이 아니라 얼마나 설득력있는 관점과 기술로 과거 현재 미래를 담아 그 나름의 의미를 창출할 수 있느냐가 문제가 될 것이다. 한국연극사의 경우 1990년대 이후부터 탈 텍스트의 연극사, 몸의 연극사, 반 엘리트 중심의, 대중성을 배제하지 않는 민중적 연극사의 필요성들이 연극학자들을 중심으로 논의되어왔다. 그러나 아직까지 막상 실천으로 이어지지 못했다. 이번에 비판자들로부터 제안된 여성주의적 관점의 연극사, 실천자가 참여하는 연극사 쓰기도 충분히 시도될 만하다.

청년연극인들이 제시하는 대안적 역사는 대부분 '역사'보다 '다시 쓰기'에 방점을 찍으면서 현재에서 출발하는 미래지향적인 의지를 더 강하게 담고 있는 의견들이다. 그러나 탈근대, 혹은 탈근대 이후의 시대에도 현재와 미래에 집중하고 과거를 촘촘하게 돌아보지 않으며 전혀 새로운 역사관을 형성하거나 역사 쓰기를 실행하는 일은 쉽지 않다. 과거와 완전히 단절된 현재나 미래만의 역사는 있을 수 없는 것이다. 이번 사태 도중 많은 청년연극인들이 〈산불〉과 〈맹진사댁 경사〉를 포함한 잘 알려진 근대극들을 제대로 접해본 적이 없다는 점에서 놀라기도 했다. 푸코는 단절을 강조했지만 그 자신의 저술을 비롯한 모든 구체적인 실제 역사 관련 작업이 말해주듯, 오늘의 어떤 작은 사건, 무대 위의 작은 행동도 과거의 수많은 행동과 관행들의 집적이고 변화의 축적이며 그 반응이라는 점은 변하지 않는다. 그 축적의 과정과 결과에서 어떤 힘의 작용이 있었는지 과거의 층들의 균열과 뒤틀림을 현재의 관점에서 미래를 위해 미시적으로, 혹은 거시적으로 들여다보는 것이 바람직한 역사의식이라고 할 수 있을 것이다.

새로운 세대건, 이론이 아닌 현장에서의 작업자들이건 누구나 역사쓰기의 주체가 될 수 있다. 토론회에서 여러 번 얘기가 나왔듯이 '조망하는 위치가 아니라 현장 속에서 함께 행동하면서 써내려가는 역사'도 물론 가능할 것이다. 그러나 경험에 의존한 실천적, 당사자적 역사는 역사 쓰기의 두께를 더할 수 있겠지만 또한 한계를 지닐 수 있다. 역사 쓰기에서는 역사적, 사회적 맥락화의 기능 역시 중요하며 이는 조망의 시야와 거리가 확보될 때 더 분명해지기 때문이다. 역사 쓰기는 복합적이며 지난한 행위다. 주지하듯이 페미니즘이라는 관점의 역사 쓰기만 하더라도 그 절박성에 비해 결과 만들기는 쉽지 않지 않던가. 지난 반세기 동안 페미니즘의 역사는 인종, 계급 등과의 변수 관계, 그리고 구조와 후기 구조주의를 거치면서 그들이 비판하던 남성 중심의 역사 쓰기 못지않은 엄청난 자기모순과 갈등과 분쟁의 시간을 거쳐왔으며 현재도 다시 쓰여지고 있다.

앞으로 거대담론이 아닌 미시사가, 큰 역사가 아닌 작은 역사들이 더 많이 쓰여질 것이다. 연극사라는 '페인 실'이 반드시 필요한 것은 아닐 수 있다. 최근의 차세대들의 작업에서 주목할 만한 현상 중 하나이기도 하지만 궁극적 진실로, 단선적으로 정리된 역사 대신 관계와 배열과 실천의 장[9]으로서의 '실재를 간직하는 강렬함'[10]을 지닌 아카이빙, 혹은 정전으로서의 역사에 대한 저항과 대안과 성찰로서의 '기억담론'의 중요성이 대두되기 때문이다. 어떤 형태로건 과거가 존재하기에 다시 쓰기의 길이 열리는 것이다. 〈언도큐멘타〉와 비슷한 아카이빙 퍼포먼스나 연극사를 활용한 메타연극(사)적 공연들도 계속 나타날 수 있다. 그리고 많은 관점 사이의 투쟁과 갈등이 지속되면서 당대의 지배적 담론들이 부침을 계속할 것이다. **연극사는 당연히 열려있고 진행 중이다.**

되돌아보면 〈언도큐멘타〉는 서둘러 연극 '다시 쓰기'의 개념을 소환했고 충분한 준비도 없이 구태여 공연의 형식을 빌릴 필요도 없었다. 그러나 이에 못지않게, 공연 전체의 의도나 연극사적 맥락에 전혀 관심 없이 옳다/그르다의 이분법이나 단편적인 비판에 머물렀던 일부의 태도도 안타까웠다. 〈언도큐멘타〉의 시행착오가 청년연극인들에게 자신들이 이미 역사의 어떤 좌표상에 위치하고 있다는 사실을 일깨워주고 지난 연극의 역사에 대한 신중한 관심을 불러일으키는 계기로 작용하기를 희망해본다.

:: 차이와 관용

전 세계적인 현상이라고도 하지만, 현재 한국사회 전반의 가장 큰 문제점이 양극화와 지나친 편 가르기 현상임을 부정하는 사람은 없을 것이다. 서로 자기만이 옳다고 우기고 증오가 팬덤을 형성하더니 대통령선거를 수개월 앞둔 현 시점에서는 차마 뽑을 사람이 없다는 절망과 자포자기로까지 주저앉고 있다. 이처럼 심각하지는 않더라도 지난 〈언도큐멘타〉 사태를 겪으면서 다소 우려했던 점이 있다. 현재 청년 진보층이 주도해서 연극계에 가히 혁명에 가까운 변화들을 주도하고 있지만 그 변혁의 과정에서 연극계 역시 자신과 다른 의견을 포용할 수 있는 차이와 다양성에 대한 관용이 혹시 부족하지 않나 하는 점이다. 물론 이런 걱정은 기우에 그칠 가능성이 크다. 현재 많은 진보적 청년연극인들은 그들만의 전혀 새로운 관점, 연극적 방법론, 윤리적 감수성으로 동시대적 삶의 다양한 측면들, 특히 페미니즘, 장애연극, 인권, 환경 등 다양한 분야에서, 각자의 창의적 작업들을 지속하고 있기 때문이다. 그러나 사태 초기에서 일부 청년연극인들의 분노는 매우 격렬했으며 그 와중에서 근본주의적인 이분법, 전후 관계나 맥락을 무시한 파편성, 과도한 언어폭력 등의 문제들이 노정되기도 했다. 아무리 상대에게 잘못이 있고 자신이 옳다고 생각하는 가치관에 의거한 비난이라고 해도 지나친 확신과 자기동일성의 표출은 또 다른 위험을 내포하게 된다. 생존과 안전을 쟁취하기 위한 투쟁에서 비롯된 분노임을 알지만 그것이 내포할 수 있는 문제점 역시 함께 생각해봤으면 한다.

1) 세대교체

현재 한국사회, 특히 정치권을 보면 내가 생각하기에도 세대교체밖에는 답이 없다. 나도 노년층이지만 '50세 이상은 아예 정치를 못하도록 법을 정해야 한다'는 자조적 제안에 동의하고 싶을 지경이다. 연극계도 세대라는 개념을 피해갈 수는 없을 것이다. 지난 〈언도큐멘타〉 사태를 겪으면서 청년연극인들이 연극의 해, 특히 〈언도큐멘타〉 사태를 세대교체적 투쟁, 혹은 기득권과 개혁세력의 대결이라는 이분법적 대립 쪽으로 환원시키려는 경향을 발견할 수 있었다. 토론자 이진희가 지적했듯이, '이제 새로운 변혁이 시작되고 있는데 기성 권력의 그림자와 권력의 사다리가 아직 남아있다'고 보는 것이다. 세대와 권력은 교체되고 있고 당연히 교체될 수밖에 없다. 오늘과 같은 격변기의 한국사회에서 그 양상이 급하고 과격할 수도 있다. 권위적 관례가 실천의 현장을 중심으로 굳어져 있는 연극계에서는 더 그렇다. (사실, 그런 의미에서 '권력의 사다리'의 '위쪽'에 있다고 할 수 있는 나이든 평론가인 나부터 글 쓰는 것을 자제해야 할 것이다….)

그럼에도 불구하고 말하고 싶은 것은 세대교체에 대한 지나친 환상 역시 부질없을 수 있다는 것이다. 이는 세대 역시 권력의 작동체계의 일부임을 생각하면 된다. 세계는 언제나 어떤 세력들이 행사하는 어떤 종류의 힘, 혹은 권력에 의해 작동하기 마련이며 세대교체론도 그 하나일 수 있다. 세대교체는 흔히 혁명의 원인이나 결과가 되기도 한다. 그러나 기존 권력을 타도하면 피억압자들의 유토피아가 도래한다는 식의 급진적 혁명사관은 이미 허구임이 드러났다. 다시 강조할 필요가 있는지 모르겠지만, **모든 이분법적 구분은 그 경계가 생각만큼 분명한 것도 아니고 분명해서도 안 되고 영구한 것도 아니다.** 소위 촛불혁명 후 불과 몇 년 만에 좌/우, 보수/진보, 정의/위선의 경계가 무너지는 쓰라린 경험을 하지 않았던가. **권력은 이분법적으로가 아니라 삶의 모든 미시적 지점들 속에서 다양한 양상으로 발생한다.** 부당한 권력의 행사를 부단히 비판하고 해체해야 하겠지만 권력은 이편과 저편의 형태로만 행사되고 드러나는 것은 아니다. 푸코가 말했듯이 "권력은 손에 넣거나 빼앗거나 공유하는 것도 아니고 간직하거나 멀어지게끔 내버려두는 것도 아니다. 권력은 무수한 지점으로부터, 불평등하고 유동적인 관계들의 상호작용 속에서 행사된다."[11]

〈언도큐멘타〉가 '개량주의적이며 중도주의적 제스처'라는 비판도 받았지만 내 생각에는 그것도 그 나름으로 존재할 의미와 자리가 있을 수 있다고 생각한다. 경계상에서 회의하고 망설이는 희미하고 복합적인 중간지대나 회색지대도 필요하다는 얘기다. 연극계의 발전을 위해서 개별적 사안에 따라 개혁을 저지하는 적폐적 행위들에 대해서는 적절한 전선을 형성해 계속 싸울 수밖에 없을 것이다. 그러나 세대론적 관점이 요구된다 하더라도 기성과 진보의 경직된 이분법에 안주하는 것은 가능한 한 피해야 하지 않을까? 물론 기성세대들은 자신을 끊임없이 점검하고 비판해야겠지만 청년세대 역시 "청년과 기성세대의 경계를 견고하게 만드는 경향을 넘어서 '청년'을 이야기하면서도 역설적으로 청년이라는 경계와 정체성을 교란시킬 수 있는"[12] 다른 차원의 논의가 필요할지도 모른다.

2) 단일화된 목소리

20세기 후반 이후의 거의 모든 철학자와 정치학자와 사회학자들은 '단일화된 목소리'의 위험성을 경고하고 있다. 랑시에르에 의하면 "이견을 만들어낼 수 있는 행위가 진정으로 미학적인 행위이고 정치적인 행위이다."[13] 성숙한 사회라면 당연히 다수의 다른 목소리를 허용할 관용을 갖추어야 한다. 그리고 아무리 정치적인 올바름을 보유하고 윤리적 우위성을 점하고 있다고 해도 성숙한 현대예술이라면 관객들의 반응을 지나치게 통제할 수는 없다. 토론회에서 토론자 이진희는 흥미로운 발언을 했다. 기국서 장면의 예를 들면서 객석의 관객들이 단일한 반응을 하기 어려웠다는 점을 지적하는 과정에서 동시에 이런 불협화음이 〈언도큐멘타〉가 이룬 의도하지 않은 성과일 수도 있다고 했다. 물론 비판적 코멘트였지만 실은 나의 의도를 일부 대변해준 말이기도 했다. 현대예술에서 관객의 단일한 반응을 얻어내는 일이 바람직한 일일까? 아니 가능한 일인가? 실수와 허점이 많은 공연이었지만 어떤 이유건 이번 공연을 좋아했던 관객들도 분명 있었을 것이다. 깊은 성찰이나 윤리적 정당성은 부족할지 모르나 그들이 느꼈던 어떤 당혹감이나 해방감의 순간도 분명히 있었을 것이다. 그 알 수 없는 해방감이 추후에 어떤 각성으로 이끌어질지 아무도 알 수 없는 일이다. 공연의 의미는 결국 관객 각자에 의해 창출되며 계속 재구성된다.

1980년대 마당극이나 민족극이 독재에 대한 저항이라는 빛나는 정치적, 역사적 과업에도 불구하고 어느 날 갑자기 연극사에서 사라지다시피 한 것은 자기동일성에 갇히게 되었기 때문이다. 지나치게 동일한 신념을 지닌 창작자와 관객들이 모여 반복적으로 만들고 열광하면서 자기동일성을 더욱 더 확고히 했기 때문이며 그러다가 프로파간다로 퇴화했던 것이다. 다양한 구성원의 존재와 그들의 목소리가 존중되고 허용되

지 않는다면 아무리 윤리적으로 우월한 명분을 갖춘 창작행위가 주도한
다고 해도 건강하고 창의적인 사회는 아니다. 예컨대 얼마 전 백상연극
상 관련 사태에서도 지켜보기 좀 불편한 면이 있었다. 발언자가 일부 명
백한 실수를 하기는 했지만 비슷비슷한 비난들이 거세게 쏟아지는 과정
에서 연극의 대중성을 논하고자 했던 그의 의도까지 함께 매도되거나
아예 묵살되는 분위기였다. 그에 따라 혹시라도 있었을지 모르는 후속
논의의 가능성이 아예 말라버렸기 때문이다.

〈언도큐멘타〉 결산 토론회의 마지막 부분에서 한 토론자는 "…공연에
대한 우려를 검열로 치부하는 것은 굉장히 나쁜 일인 것 같아요. 잘못된
일이고 굉장히 나쁜 일이라고 생각해요. 표현의 자유, 아까 말씀드린 것
처럼 표현의 자유가 있을 수 있는데, 내 마음대로 싸지른다고 예술이라
고 생각한다는 착각 속에서 벗어나야 하지만, 우리가 다 같이 어떤 의구
심을 가지고 내 작업을 돌아보고, 내 동료의 작업, 같이 승인권을 가지
고 있는 작업에 대해서 의견을 제시하고 의구심을 가지고, 개인적 취향
이나 미학적인 이야기가 아니라 어떤 사회적인 질문을 던질 때 이것을
검열로 치부하는 건 굉장히 조심해야 하고 경계해야 하는 일이라고 생
각해요"라는 말을 했다. 이런 발언은 이번 〈언도큐멘타〉가 독자적 예술
작품이라기보다 행사용 공연이었기에 가능했다고 이해할 수도 있다. 그
러나 **예술창작에서 자신의 윤리적 정당성에 대한 과잉된 확신, 단 하나
의 유일한 목소리, 이에 기반한 타인(의 작품)에 대한 검열의 욕구야말
로 늘 경계해야 한다고 생각한다.**

:: 페미니즘 관련 제안

페미니즘은 개혁적 관점과 실천으로 2010년대 중반 이후 한국연극에
엄청난 변화와 발전을 이뤄냈다. 기본적으로 한국사회의 성차별과 성폭

력이 아직 심각한 상황이며 근래 한국의 영 페미니스트들의 분노를 추
동하는 것은 가치관이기 이전에 생존권을 지키기 위한 투쟁이라는 점을
알고 있다. 또한 청년여성연극인들이 연극계에 오랫동안 집적되어온 억
압적 관행들을 개혁하려는 과정에서 기성연극인들에 대해 부정적 견해
와 감정을 갖게 되는 것 역시 이해한다. 그럼에도 다음의 두 가지 면에
서 신중하게 문제를 제기해보고자 한다.

1) '피해자 보호'와 생산적 논의

지난 〈언도큐멘타〉 사태에서 가장 강한 분노의 대상이 된 지점은 여
성 캐릭터 토크 중 기존 유명작품들 속 여성의 성적 대상화를 비판하는
장면이었다. 그중 이윤택 작·연출 〈바보각시〉의 집단 성폭행을 언급하
는 장면에서 피해자에 대한 충분한 공감과 배려가 없었고 따라서 피해
자에게 상처를 주었다는 비난을 받았으며 이에 대해서 수용하고 사과했
다. 비판적 맥락에도 불구하고 웃음의 효과를 충분히 계산하지 못했고,
대본이나 연출적으로 거리를 두는 장치가 부족했으며, 무대에 올리기에
는 시기적으로 성급했던 것이 사실이었다. 중요한 것은 부디 이런 비난
이 〈언도큐멘타〉 창작진의 예술적·윤리적 감각의 부족이라는 개별적
케이스에 제한되기를 바라는 마음이다.

성폭력 사건과 관련해서 피해자를 지지하고 보호하며 고통을 공감하
고 궁극적으로 피해자를 원래의 위치와 일상으로 회복하도록 도와주는
것은 매우 중요한 일이다. 다만 이번 사태를 거치면서 앞으로 비슷한 상
황, 즉 피해자가 엄존하면서 동시에 피해상황을 연상시키는, 혹은 피해
상황과 관련된 작품논의나 무대적 재현이 발생할 경우 '피해자 보호'에
지나치게 초점을 맞추게 된다면 더 생산적인 이슈가 가려질 수도 있다
는 생각도 들었다. 이번 기회에 긴 안목으로 함께 생각해봤으면 하는 것

이 피해자 보호와 함께 지속되어야 할 생산적 논의 환경의 보장이다. '함부로 말하지 마라, 당신들이 피해자의 상처나 심정을 아느냐?, 그 입장에서 제대로 생각해본 적이 있느냐?' '피해자만이 말할 수 있다'는 식의 방어적 자세가 늘 답이 될 수는 없을 것이다. '가해자에게 입도 뻥끗 못하느냐'는 한 관객의 불만[14]도 이런 맥락에서 받아들일 수 있다. 지난 토론회에서 발제자였던 이산도 이에 관해 짧게나마 언급했는데 '피해자의 고통에 지나치게 의존하는' 경향으로부터 이제는 '목격자의 목소리가 나오는 시기'로 이동할 때가 되지 않았나 하는 내용이었다.

이런 점과 관련해서 참고할 만한 개념들을 생각해본다면 '피해자 중심주의'와 '2차 가해'를 들 수 있다. 이는 성폭력의 피해자가 사회적 수면 위로 자주 드러나면서 '피해자 보호'와 관련해 형성된 개념들이다. 둘 다 원래는 사건수사나 법률적 해석에 관련된 개념으로 '피해자 중심주의'는 '성폭력 사건의 의미구성과 해결과정에서 피해자인 여성의 주관적 경험에 진실의 권위를 부여하는 것'[15]이며 '2차 가해'란 '성폭력 사건이 발생한 후에 가해자나 제3자에 의하여 피해자에게 추가로 피해를 주거나 적대적인 환경을 조성하는 것'[16]이다. 이 개념들은 사회·문화 전반에 영향을 미쳤고 수사에 있어 피해자의 입장을 존중하고 보호하는 데 큰 진전을 가져왔지만 혼란과 논란 역시 불러일으키게 된다. 성폭력 수사에서 과도한 '피해자 중심주의'가 객관적인 수사에 지장을 주는 경우가 있으며 '2차 가해' 개념은 애초의 뜻과 달리 사건 해결에 대한 자유로운 의견개진을 막는 부작용이나 역효과를 불러왔다는 것이다. 특히 '2차 가해'에 대해서는 "그러다보니 '2차 가해' 문제 때문에 사람들이 성폭력 문제에 대해 일언반구도 안 하는 효과가 생기고 도덕주의적 분위기가 팽배해졌다."[17], "페미니즘이 도덕적 잣대가 되고 있다. 페미니즘 정치는 실종되고 그것은 극화된 도덕률의 명암 속에 좋은 사람과 나쁜 사람, 갑과 을, 가해자와 피해자만 감별하고 있을 뿐이다."[18]라는 비판도 등장했다.

길게 보아 모든 인간이 성폭력에서부터 벗어나는 사회를 위한다면 피해자의 고통과 가해자를 향한 분노에만 머무르는 것이 바람직한가에 대한 의문이 여성학계 내에서도 오래 전부터 제기되고 있는 것도 사실이다. 여성학자 권김현영은,

> "언제까지 페미니즘 정치학은 피해 경험의 공통성에서 의식 고양의 '땔감'을 구하고, 분노하고 폭로하는 정치를 반복해야 하는 것일까. (…) '피해자 편'을 들고 가해자를 처벌하는 것은 페미니즘의 목표도 전망도 아니다. 그것은 단지, 법치주의 국가의 상식일 뿐이다. (…) 페미니즘은 가해자를 처벌하고 피해자를 보호하자는 사상이 아니다. 페미니즘은 그 이상이다. 페미니즘의 관심사는 피해자와 가해자라는 위치가 주어지는 방식 자체에 있다."[19]

라고 우려한다. 여성학자 정희진 역시 2005년 이래 "'피해자 중심주의'는 동어반복일 뿐 아니라 여성에게 불리한 논리"라고 주장했다.

> 나의 경험이 "피해였다"는 자각과 피해의식은 다르다. 피해는 상황이다. 정체성이 아니다. 피해자 정체성은 더 위험하다. 피해자라는 위치가 곧 피해의 근거가 된다는 사고방식으로는 사회를 변화시킬 수 없다. 왜 여성에 대한 폭력이 이토록 만연한가에 대한 인식의 전환과 구체적인 정책이 필요할 뿐이다. 집단적 억압이든 개인적 사건이든 가해자는 자신을 해방시킬 수 없고 피해자는 성장하기 어렵다.[20]

성폭력 사건 수사와 해결 과정에서 드러나는 이런 논란과 우려는 연극계가 성폭력 사태들의 상처를 딛고 더 나은 단계로 나아가는 데도 참고가 될 수 있을 것이다. 물론 성폭력을 반대하고 근절하려는 한국연극

계의 대처는 단순히 피해자를 보호하고 지지하거나 가해자에게 분노하는 차원은 넘어섰다고 본다. KTS나 예술인 권리보호법이 그 예다. 2020년 9월에 청년연극인들에 의해 제정된 한국공연예술자치규약 KTS(Korean Theatre Standard)는 "보편적 인권개념을 바탕으로 따돌림과 차별, 성적 괴롭힘 및 폭력 없는 성평등하고 안전한 공연창작환경 조성"을 목적으로 한다. 예술인권리보호법도 예술인의 권리침해 방지와 성평등한 예술환경을 위한 법령이다.

다만 여기서 더 나아가 앞의 인용문들의 관점에서 보다 바람직하기로는, 한국사회나 문화계나 연극계의 현실에 맞게 성폭력의 사회·정치적 담론이 보다 활발하게 이루어졌으면 하는 것이다. 비평가나 학자의 입장에서 보면 그들의 작품에 대한 평가와 분석도 머지않아 자유롭게 이루어지는 분위기가 되었으면 한다. 성범죄(혐의)자의 작품들을 교과서에서 들어내버리고 수업진도표에서 빼버린 것으로 끝날 일은 아니다. 오태석이나 이윤택을 연극사에서 아예 지워버릴 수도 없다. 역사의 어떤 부분을 선택하지 않을 수는 있으나 의도적으로 삭제할 수는 없다. 한국연극사를 조금이라도 들추어본 사람이라면 누구나 부정할 수 없듯이 오태석과 이윤택을 지워버린 어느 시기의 한국연극사는 논의가 불가능할 정도다. 비록 양의 문제만은 아니고 여러 가지 맥락에서 논의를 완전히 피해갈 수는 없다는 뜻이다. 이때 어떤 관점의 논의인가가 문제가 될 것이다. 성범죄(혐의)자로서 그들의 작품이 지닌 가치관과 미학적 작동원리 및 정치사회적 의미는 물론 '한 인간의 성의식과 그의 총체적 삶의 태도, 그리고 작품세계 전체가 분리될 수 있는가'라는 복잡한 문제도 논의의 대상이 될 수 있다. 그럴 일이 많지는 않겠지만 그들의 문제적 작품들이 전혀 다른 해석이나 맥락에서 무대에 오를 경우도 있을 수 있다. 이밖에 앞으로 풀어야 할 문제는 많다.

당장의 여러 가지 현실적인 문제들도 다가오고 있다. KTS는 '괴롭힘'

과 '차별'의 이유가 될 수 없는 조항 중에 나이, 성별, 장애, 성적 지향, 종교, 인종 등과 함께 '형의 효력이 실효된 전과'를 삽입하는 쉽지 않은 결단을 내렸다.[21] 관련된 한 좌담회에서는 '법에 정한 형을 마치는 한 가해자가 돌아와서 활동하는 것에 대해 어쩔 수 없는 것이 현실'이라는 점을 받아들이는 유연한 태도를 보였다. 다만 그것을 명분이나 제도상 막거나 할 수는 없지만 연극계 내부의 의식을 높여야 하고 연극계 내의 필요한 최소한의 '약속'이나 합의가 필요하다는 점을 덧붙였지만 말이다.[22]

최근에는 '돌아오는 가해자'라는 주제의 토론회가 열리기도 했다. '돌아오는 가해자' 토론회를 취재했던 한 기사는 발제자 김기일의 발표내용을 이렇게 요약한다. "가해자와 함께 살아가기 위해 그가 제안한 방식은 그들을 제재해 눈앞에서 치워버리는 대신 '난리치고 떠드는' 것이었다. 말할 수 있는 환경에서 사람들의 말이 차곡차곡 쌓일 때, 체감할 수 있는 변화를 불러온다고 믿기 때문이다."[23] 물론 이때 '난리치고 떠드는 것'은 일차직으로 성폭력 같은 것이 다시는 아예 발을 못 붙이게끔 방지하는 예방효과를 뜻하는 것일 것이다. 돌아온 그들이 작품활동을 재개하는 경우 특별히 언급하고 주목해서 힘을 실어주자는 얘기는 물론 아니다. 그러나 그 '떠드는 난리' 중에는 궁극적으로 그들의 폭력적 행동과 작품 행위들이 어떤 면에서 문제였고 어떤 맥락으로 해석해야 하고 어떤 변화를 겪는지도 포함되어야 할 것으로 본다. 일방적인 묵살하기나 눈치를 살피는 자기검열보다는 공개적인 담론들의 활성화가 장기적으로 더 바람직하지 않을까. **요컨대 성평등하고 성폭력과 위계폭력 없는 연극계를 위해서는 피해자의 입장을 최대한 보호하고 지지하면서도 동시에 단지 방어를 넘어서는 적극적이고 개방적인 자세가 궁극적으로 필요하다고 생각한다.**

2) 이분법과 혐오의 정동을 넘어서기

지난 〈언도큐멘타〉 사태에서 제작진의 불찰을 분명히 인정한 부분도 있었지만 너무 강한 반응에 놀란 면도 있었다. 여성주의라는 이 시대의 기본 흐름을 알고는 있었지만 그 적용에서 예상을 넘는 반감과 분노를 보았다. 남성 캐릭터 토크의 내용을 부정적으로만 해석한다든가 그 장면이 마지막 가까이 배치되었다는 이유로 공연 전체를 결국 '(중장년) 남성의 관점'이 아니냐고 비판하는 것 등은 너무 양극단적인 태도가 아닌가 싶었다. 공연 전체의 의도나 맥락을 충분히 고려하지 않은 채 남/녀라는 이분법적 관점으로만 몰아가는 것 같아 아쉬웠다. 앞선 글[24]에서 자세히 밝혔듯이 구성작가로서 '남성의 편에 서려는 의도'는 전혀 없었다. 주요 작품에 나오는 남성 캐릭터들에게도 말할 기회를 주고 싶었을 뿐이다.

한국사회 전체가 젊은 여성과 젊은 남성 사이의 대립으로 시끄럽다. 이대로라면 내년 대통령선거에도 특히 2030세대 남성의 페미니즘 혐오가 상당한 변수가 되리라는 전망이다. 여성들은 '한국사회에서 여성은 피해자고 피착취자이며 난민이다'라고 부르짖고, 남성들은 '역차별을 당하는 것도 억울한데 왜 잠재적 성범죄자로 모느냐'는 식인 것 같다. 페미니즘 내부로 눈을 돌리면 요즘 영 페미니스트들은 상당부분 남성의 생래적 속성이나 가부장적 폭력을 비판하는 급진주의적 페미니즘[25]의 영향권에 있는 듯하다. 이런 급진주의와 남성 혐오의 분위기는 한국사회에 만연한 성폭력이나 디지털 성범죄나 여성 혐오살인 등에 기인한 것이라고 할 수 있다. 그러나 연극계는 조금은 다를 수 있지 않을까. 여성이 성폭력과 위계폭력에 주로 노출되어 있다는 기본 상황은 비슷할 것이다. 그러나 자본주의의 폐해와 정치의 실패, 그 위에 젊은 남녀들 간의 이익과 생존권 다툼이 뒤얽힌 세간의 남혐, 여혐의 갈등과는 구체적 상황이 다른 점도 있다. 한국연극계는 오랫동안 극단 내, 혹은 연습현장의 남성 중심 위계질서로 유지되어왔으며 특히 공동작업과 긴 연습기간이라는 특성상 위계 서열이 높은 남성에 의한 억압이 관례적으로 자리잡아왔다. 성폭력과 위계폭력 사건들도 실은 이런 낡은 구조나 관습들과 긴밀히 연결되어 있는 면이 매우 크다. 따라서 **청년(여성)연극인들의 반발과 개혁운동은, 젠더폭력 자체와 (남성)혐오의 문제를 배제할 수는 없겠지만, 보다 구체적으로는 '성평등하고 안전한 작업환경'을 조성하기 위한 기존의 제도와 관습과 통념을 해체하는 데 초점을 맞출 수 있지 않을까.**

언젠가부터 연극계는 서로 성격이 다른 여러 구역으로 나누어졌다. 가치관이 다르고 경험치가 다르고 작업방식이 다르니 각자 모여서 작업하는 것은 당연하다. 그중에서도 최근 몇 년 사이에 기존 연극계와 진보적 청년연극층 사이의 거리감이 두드러진다. 그런데 여러 구역들 사이에 서로 너무 무관심하다. 가끔 연극계니, 연극공동체니 하는 말도 나오지만 존중은커녕 서로 관심도 없거니와 알려고 하는 분위기조차 거의 없다. 최근 활발하게 활동하는 청년연극인들은 기존 연극인들과 접촉한 경험도 거의 없는 경우가 많다. 그런 상황과 맞물려 연극계를 강타한 미투운동은 연극현장을 가해자와 피해자로 나눌 수밖에 없었다. 여기서 서로를 잘 모르는 상태로 개별적인 문제 상황들과 상관없이 남성/가해자/중년이상세대 vs. 여성/피해자/청년세대 식의 이분법이 형성되지 않나 싶다. 그에 따른 막연한 비호감과 불편함과 심지어 혐오감이 자리잡게 된 것이 아닌가 하는 우려가 들었다.

혐오의 정동(情動)은 원래 여성, 소수자, 약자를 향한 것이다. 여성학자 손희정은 한국사회에서 혐오의 정동을 IMF 이래 심화된 신자유주의의 모순과 1997년 민주화 체제가 실패한 결과물로 본다. 경제적 파탄과 민주주의의 타락으로 인한 기득권자들의 불안이 감정의 인크로저(테두리 짓기)

와 함께 타자와 소수자 혐오로 터져나온 것이며 여성 혐오도 그 일환이 라는 것이다.[26] 그러나 그는 같은 글에서 이런 질문을 던지는 것도 잊지 않는다. **"그러나 혐오는 비단 '그들'만의 것은 아니다. '우리' 안의 혐오는 어떻게 해야 할까?"** (강조, 인용자)[27]

(여성)청년연극인들의 노력으로 현재 연극계에는 사회 전체에 비해 성평등과 폭력근절 관련 인식과 실천에 많은 변화가 온 것 같다. 한국의 미투운동이 세계 최강이라는 평가도 있지만, 2018년 미투 발발 이후 연 극계에서는 '성폭력반대연극인행동' 중심의 강한 개혁운동으로 이어졌 고 이미 다른 어느 분야보다 상당한 성과를 이루고 있다. KTS도 마찬가 지다. 하지만 현장의 목소리에 귀 기울여 보면 실제로 연극계 내 개혁은 아직 갈 길이 먼 것 같기는 하다. 막상 현장의 연극인들은 미투 이후의 연극계에 여전히 바뀐 게 없다고 말한다.

> 연대와 지지를 확인하면 희망찬데, 막상 밖에 나가면 우리가 아직도 작고, 바뀌지 않는 분들이 여전히 있다는 것이 너무 많이 보여요. 창작자들은 오 랫동안 루틴을 갖고 있었기 때문에 단숨에 바뀌는 게 어렵다고 생각해요.[28]

> 과연 지금 현장에 성폭력, 위계폭력, 여타 폭력이 사라졌는지에 대한 질 문에는 확실히 '그렇다'라고 대답하기 꺼려집니다. 무엇보다 제가 잘 모릅니 다. 제 눈앞에선 보이지 않거나, 잘 들리지 않기 때문입니다.[29]

창작현장의 관례와 연관된 폭력이 어느 날 갑자기 그리 쉽게 사라지 지는 않을 것이다. 미투 직후 적지 않은 연극계 남성들도 혼란과 두려 움[30]을 느끼고 있는 듯했으며 이에 따라 남성들이 많이 위축되어 있었 던 것도 사실이다. 모두가 진지한 반성을 했으리라고 기대하지는 않지 만 연극계에서 큰 사건이 터졌으므로 자신을 돌아보고 자기검열을 시도

했을 것이다. 이에 따라 천편일률적이고 피상적인 자기검열, 젠더프리 캐스팅 등의 일괄적 유행 같은 것을 우려해본 적도 있다. 젠더란 기본적으로 상호적대를 전제로 할 수밖에 없는 권력관계라고 한다. 현실적으로 아직 연극계에도 성인지감수성이 태부족한 남성연극인들이 많이 있는 것도 사실이고 잠재적인 미투의 대상자들도 있을 수 있고 앞으로도 그런 구태를 벗지 못한 남성연극인들이 당분간 남아있기는 할 것이다. 일부 가해자들은 공적인 사과 없이 슬그머니 활동을 개시하기도 하며 어떤 성범죄자는 출소해서 활동을 재개할지 모른다. 이에 대한 연극계 내부의 세부적 합의와 룰 들이 필요할 것이다. 따라서 경계를 늦출 수는 없다. 필요하면 계속 싸울 수밖에 없을 것이다. 그럼에도 혐오가 당연하고 보편적 정동으로 자리잡는 것은 경계해야 한다.

그런데 생각을 좀 돌려서, **실제로 최근의 연극현장을 볼 때 막연한 혐오를 부르는 공허한 이분법들은 가능할까?** 한편에서는 남녀라는 기존의 구분이 젠더라는 더 포괄적 개념과 많은 경계적 개념들로 대체된 지 오래일 뿐더러 최근 청년연극계 같은 경우는 극작, 연출, 스태프 등 모든 분야에서 여성이 상당히 많은 비율을 점하고 있다. 연극현장에서 위계폭력의 폐해를 부르짖던 사람이 가해자가 되고, 여성주의가 다른 성소수자를 혐오하고,[31] 성폭력의 피해자가 은연중에 성폭력을 저지르는 일이 없다고 말할 수 있을까? 한 발제자는 '돌아오는 가해자' 토론회에서 이렇게 말한 적도 있다.

> 회의적인 말일 수도 있지만, 저는 가해자는 이미 돌아왔고, 가해자는 계속 생겨날 것이라고 생각합니다. 또 가해자는 고정되어 있지 않으며, 선량한 연극인은 존재하지 않는다고 생각합니다. 피해자 또한 가해자가 될 수 있다고 생각합니다. 저도 가해자가 될 수 있다고 생각합니다.[32]

연극현장에서라도 바깥 사회에서와 같은 남성이나 여성 사이의 대결, 어떤 범주의 남성들에 대한 막연한 경계나 혐오는 자리잡지 말았으면 좋겠다. 솔직히 나도 무슨 근거로 이런 순진한 희망을 품는지는 설명할 수 없다. 연극계에는 자본이나 권력의 개입과 작동이 비교적 약하기 때문일까? 미투 때 가장 큰 사건이 터지기도 했었지만 연극하는 사람들은 늘 인간행동을 함께 분석하고 재현하고 제시하면서 살기 때문에 윤리적으로 단련되었고 집단행동에 강하고 그래서 어려운 상황에서도 잘 대처했기 때문일까….

한가한 얘기로 들릴지 모르겠으나 또 하나 중요한 점은, **성평등을 이루기 위한 궁극적 해결은 밖으로부터의 혐오나 배제가 아니라 그들 남성들 자신의 성찰과 반성의 몫이라는 점이다.** 예컨대 올해 공연 중 남아공의 백인 남성교수가 성추행 사건 이후 사회적으로, 내면적으로 추락하는 과정을 그렸던 〈추락 2〉(2021)[33]는 공연도 뛰어났지만 그런 의미에서 많은 생각을 하게 해준 작품이었다. 정희진은 미투운동의 본질은 궁극적으로 남성사회와 남성의식의 변화이며 그들 개개인이 스스로 거울 앞에 서고 스스로를 책임지는 것이라고 결론 내린다.[34] 따라서 오히려 다양한 방식으로 그들을 바라보고 그들의 말을 들어보고 남성 안의 차이를 만들어주는 일이야말로 '보편성'이라는 남성권력을 해체시키는 일이 될 수 있을지도 모른다.[35] 나아가 어떤 범주적 대상을 타자화하고 배제하고 혐오한다는 것은 인권, 환경, 인권, 사회적, 성적 소수자와의 연대, '횡단의 정치'를 중시하는 21세기 페미니즘의 확장적, 포용적 행보[36]와도 스스로 모순되는 일이다. KTS 역시 (2차 가해와 관련된 항목에서) "우리는 일어난 문제를 가해와 피해의 구도로 단순화시키거나 자의적으로 판단하기보다는 구성원 모두가 문제를 인식하고 변화하기 위한 방향으로 나아가길 바랍니다"라고 쓴 바 있다. **넓게 보더라도 여성주의 운동이 추구하는 젠더적 변혁은 적대세력과의 투쟁이기도 하지만 이미 도도한**

문명사적 흐름이다. 어떤 정치보다 '큰 정치'이다. 이런 큰 흐름에서 분
노나 혐오가 화력을 키워주겠지만 주된 흐름이나 목적이 될 수는 없다.

:: **'연극계'라는 '상상의 공동체'[37]는 존재하는가?**

지난해 격렬한 비난을 바라보며 느꼈던 초반부의 당혹감은 다행스럽
게도 이듬해 1월 26일 결산 토론회를 보며, 그리고 그 후에 발표된 실
린 글들을 보며 고마움과 안도감으로 바뀌었다. 사려 부족으로 분노와
혼란을 준 것에 미안했고, 제작진 측에서 이렇다 할 답을 해주지 못했음
에도 불구하고, 비판하는 측에서 스스로 심화시킨 문제들을 제기해준
덕분에 많은 생각을 할 수 있는 계기가 되었다. 앞선 글에서 얘기한 바
있지만, 이번 문제는 상당부분 〈언도큐멘타〉의 주요 관객을, 개혁을 주
도하는 청년층이 아니라 최근의 변화를 잘 알지 못하는 '연극계 전체'로
설정했기 때문에 야기되기도 했다. 그런데 여기서 역설적으로 다시 한
번의 원거리 소망이 필요해진다. 그렇다면 '연극계 전체'란 무엇인가?
그 이전에 현재, 한국사회에 '연극계'는 존재하는가? 그것은 어떤 의미
를 지닐까?

〈언도큐멘타〉를 둘러싼 논란은 이런 자기 질문을 불러일으킨다. 현
재, '연극계', 다시 말해 오랫동안 그렇게 받아들여져 왔듯이 '공동체',
혹은 **'상상의 공동체'로서의 '한국연극계'라는 것이 존재하는 걸까?** 적어
도 얼마 전까지 내게 연극계는 일종의 공동체로 느껴졌었다. 아마도 대
략 20년 전까지는 막연하나마, 아무리 열악한 상황에서나마 정서적으로
서로 공감을 느끼는 '연극계'라는 것이 있었던 것 같다. 아무리 고생스
러워도 '연극을 너무 사랑'하며 '연극 없이는 살 수 없다'는 사람들, 내
부적으로 가난과 애증과 때로는 폭력이나 착취 속에서도 연극에 대한
운명애로 서로 엉켜 연민하던 작은 동네 사람들…, 정치, 경제, 사회적

현실의 이해관계로부터 대체로 거리를 두고, '예술'이라는 보호막 속에서, 연극을 한다는 자부심과 때로는 그에 못지않은 천형 같은 열등감에 시달리면서, 공동작업에 의존하는 장르적 특성상 멀리는 백 년, 가까이는 오십 년 이상 오랜 경험과 기억을 공유해온 한 무리의 사람들이 있었다. 그리고 얼마 전 논란도 있었지만[38] 지금까지 한국연극협회가 대변하고 있는 것이 그런 공동체로서의 연극계이었는지도 모르겠다.

아쉽지만 이제 그 시대로 돌아갈 수도 없고 돌아가서도 안 될 것 같다. 세상이 바뀌었고 세상이 바뀌면서 운명이나 열정보다는 이전보다 더 분명한 목적을 가진 행위자들, 변화하는 세계와 자기 나름의 방식으로 소통하고자 하는 의식적인 주체들이 더 많이, 갑자기 나타나기 시작했기 때문이다. **그러니 단지 '연극을 너무나 사랑해서'라는 이유에만 기반한 그럴듯한 '상상의 공동체'로서의 '연극계'는 이제는 더 이상 존재하지 않을지도 모른다. 더 이상 어떠한 현실적인 공통의 기반도 부족하고, 공통적으로 추구하는 이념이나 목적 또한 존재하지 않으며, 이 좁은 동네에서 서로에 대한 관심들조차 많이 부족하기 때문이다.** 혐오와 무관심을 멈추자고 했지만 그렇다고 사랑으로 뭉치자는 뜻은 아니다. 일시적인 전략적 연대는 필요할지 몰라도 정서적, 이념적, 예술적 공동체로서의 하나의 연극계를 형성하기는 어려울 것이다.

현재 연극계를 구성하는 요인이나 움직임의 축들은 바라보는 관점에 따라 다를 것이다. 기술정보사회, 소비 주도적 사회의 작동방식이 예측 불허하게 미세해지고 관객의 가치관과 취향이 계속 분화되는 흐름 속에서 타깃 오디언스, 이윤추구나 작업수행방식, 인력의 조직 방법뿐 아니라 세대와 경험치, 정치적 입장이나 가치관, 서울이나 지역 같은 작업환경, 그리고 젠더, 가해자/피해자, 권력자/피권력자 등 여러 기준들에 의거해 점점 더 다양해지고 있다. 이에 따라 현재 연극계에는 상업연극계, 뮤지컬, 제작사 중심의 연극, 국공립 제작극장들, 극단 중심의 작업, 지원금을 둘러싼 이합집산, 마니아 관객을 대상으로 하는 연극, 신념을 공유하는 작은 연대들, 지역연극들, 각종 커뮤니티 연극이나 소셜 미디어를 매개로 하는 작은 공동체들…이 각각의 현실로 존재하고 있다. 다만 이런 상황들이 다름을 존중하고 전문성과 상호배려에 기반한 전문적 분화라면 바람직하겠지만, 그렇지는 못한 것 같다. 서로 간에 이해와 관심이 부족한 채 '연극계'라는 막연한 상상적 공동체를 인정하지도, 부정하지도 않으며 연극이라는 이름의 동상이몽에 엉거주춤 머물러 있는 게 오늘의 전반적 현실이 아닐까. 만드는 사람들의 가치관뿐 아니라 관객들의 취향도 많이 나뉘고 있다. 다만 관객은 현재 가장 불확정적이며 유동적이고 역동적인 잠재력을 지닌 존재라고 할 수 있다.

물론 연극행위들이 존재하는 한 어떤 방식으로건 연극의 공동체 의식은 부분적으로라도 복원되거나 유지될 수 있을지 모른다. 연극은 기본적으로 공동의 작업방식을 취하고 있기 때문이며, 만일 공동체의식이 약자와 소수자들 사이에서 더 쉽게 형성되는 것이라면 현재와 미래 기술정보기반 사회의 마이너리티라는 연극의 위치는 크게 바뀌지 않을 것이기 때문이다. 각자 연극을 왜 하느냐를 서로 존중하고 인정하는 그런 연대들이 작은 규모의 새로운 공동체들로 발전할 수는 있을지도 모른다. 예컨대 최근 지역 젊은이와 서울 청년연극인들의 교류가 활성화되고 있는 것이 그 예가 될 것이다.

그런데 이 글을 마무리하다가 한 연극평론가가 작년 봄, 연극의 해 준비과정의 논란에 관해『한국연극』지에 투고했던 글을 발견하게 되었다.

우리 모두 서로 다르지만, 다름에도 불구하고 연극인, 연극계라는 범주에서 서로 다른 우리가 무언가를 협력하려고 한다면, 서로의 다름을 충분히 드러내고 조정하는 과정이 필요하다. '연극의 해'를 둘러싼 논란은 우리에게 **그러한 과정이 부족하다는 것, 혹은 그 과정을 누군가 독점함으로써 다름을**

은폐한다는 것, 이 때문에 다름을 드러내기까지 많은 혼란을 겪어야 한다는
것을 보여준다. 그리고 우리에게 필요한 것은 다름을 드러내는 과정, 다름
을 조정하는 과정이 좀 더 합리적이고, 다름을 존중하고 배려하는 방식을
안정화시키는 것이다. '연극의 해'를 두고 벌어진 논란은 이제 겨우 우리의
다름이 공론장에서 드러나기 시작했다는 것이다. 아직 우리의 다름은 충분
히 드러나지 않았다. 이제 시작일 뿐이다. 더 갈등하고 더 논쟁해야 한다
(강조, 인용자).[39]

현재의 연극계는 많은 '다름'으로 이루어져 있다. 차라리 그 점을 인
식하고 그 차이를 서로 존중하면 지금보다는 더 나은 생태계를 구성해
갈 수 있을지 모른다. '2020 연극의 해'는 청년연극인들의 주도로 건강
한 연극환경을 위한 초석을 다지는 중요한 계기가 되었다. 이에 비해
〈언도큐멘타〉 공연은 '과거와 변해가는 현재 속에서 서로를 이해하려는
시도'에도 불구하고 많은 논란과 비판을 남겼다. 앞의 인용문이 매우 적
절하게 지적했듯이, '2020 연극의 해'는 정부의 발표 직후 준비과정에
서의 갈등과 투쟁, 그리고 말미를 장식한 〈언도큐멘타〉 공연의 논란까
지, 결과적으로 **연극계 내에서의 서로 다름을, 차이를 드러내고, 인정하
고, 갈등하고, 상생해나갈 작은 계기로 작용할 수도 있을 것이다.** 만일
조금이라도 긍정적 의미를 부여해볼 수 있다면, 〈언도큐멘타〉 역시 관
련 사태가 드러냈던 많은 문제점에도 불구하고 앞으로 '연극계' 내의 보
다 성숙하고 생산적인 공론의 장이 마련되는 작은 발판으로라도 작용할
수 있으면 좋겠다고 생각해본다. 앞으로 세상은, 연극계는 계속 변화해
갈 것이다. 분명한 것은 세상 모든 것은 계속 변해간다는 것뿐이며 기대
가 있다면 그 변화가 조금씩이라도 보다 나은 삶과 사회를 향한 발전이
었으면 하는 것이다.

다시 처음으로 돌아가서, 어쩌면 방금 앞에서 말한 세대교체니 이분

법이니 하는 모든 논의들은 불필요한 것들일지도 모른다. 나는 그냥 막상 연극현장에서는 존재하지도 않는 헛것을 떠올리며 이런저런 얘기를 했는지 모른다. 연극현장은 이런 공허한 논리가 아니라 그냥 좋은 작가와 좋은 공연을 만드는 사람들, 그리고 좋은 개개의 작품들로 굴러가고 기억되고 조금씩 전진하고 있기 때문이다. 그리고 세대나 각종 이분법과 관계없이 다행히 좋은 연극들은 매년 여기저기에서 조금씩이나마 싹과 꽃을 피워가고 있다. 당분간 다양한 주체성을 기반으로 각자 자신의 연극을 하면서, 서로 다른 길을 가는 차이도 존중하면서, 다만 어떤 억압이나 폭력과 배제가 되풀이되지는 않는지 서로 비판하고 견제하면서, 끊임없는 자기발전과 자기개혁을 지향하는 풍요한 연극적 실천과 의미 있는 연대들과 다양한 담론들이 활발하게 전개되길 바라본다.

:: 註

1 발제자로 홍예원, 김민조, 김산, 토론자로 이진희, 임인자, 최샘이, 이시카와 주리가 참여했다.

2 앞선 글 「〈언도큐멘타〉를 돌아보며」에서 스스로 제기했던 '폭력의 재현' 문제와 연극무대에서의 '웃음'의 문제는 너무 복잡한 미학적, 정치·사회적 문제를 담고 있는 까닭에 아직 생각을 정리하지 못했다.

3 웹진 〈연극in〉, 195호, 2021. 02. 18.

4 「〈언도큐멘타〉를 돌아보며」, 이 책에 함께 실린 글.

5 김민조, 「'이후'의 연극사와 비평/가적 시좌(視座)의 문제: 〈언도큐멘타: 한국연극 다시 써라〉가 남긴 질문들」, 『연극평론』 100호(2021년 봄), 36쪽.

6 이하 결산토론회의 발제 및 토론내용의 인용은 '2020 연극의 해를 통해 바라본 한국 연극의 현재, 그리고 미래' 결산토론회 유튜브 동영상 및 속기록을 참조했다.

7 〈월간 시선〉 38호 좌담.

8 김민조, 앞의 글.

9 디디에 오타비아니, 『미셸 푸코의 휴머니즘』, 심세광 옮김, 열린 책들, 2010, 31쪽/ 아카이브 취향

10 아를레트 파르주,『아카이브 취향』, 김정아 옮김, 문학과 지성사, 2013, 38쪽.

11 미셸 푸코,『성의 역사1: 지식의 의지』, 이규현 옮김, 나남, 2004, 103쪽.

12 김선기,「청년팔이의 시대」,『인문잡지 한편 1: 세대』, 민음사, 2020, 52쪽.

13 주형일,「옮긴이 서문」, 자크 랑시에르,『미학 안의 불편함』, 인간사랑, 2008, 17쪽.

14 〈연극in〉 꽃점 '객석 한줄 리뷰': 〈언도큐멘타〉.
<https://www.sfac.or.kr/theater/playinfo_list.do>

15 최미진,『성폭력 2차가해와 피해자중심주의 논쟁』, 책갈피, 2017, 30쪽.

16 최미진, 위의 책, 52쪽.

17 최미진, 위의 책, 59쪽

18 김주희,「속도의 페미니즘과 관성의 정치」,『문학과 사회 하이픈』(2016 겨울), 최미진, 위의 책, 61쪽 재인용.

19 권김현영,「우리는 피해자라는 역할을 거부한다(들어가는 말)」,『피해와 가해의 페미니즘』, 권김현영 엮음, 교양인, 2018, 9-10쪽.

20 정희진,「정희진의 낯선 사이: 피해, 피해자, '피해자 중심주의'」,『경향신문』, 2020. 11. 11.
<https://www.khan.co.kr/opinion/column/article/202011110300075>

21 한국공연예술자치규약 KTS워킹그룹,「한국공연예술자치규약」, 2020, 13쪽.

22 강보름 진행·정리,「미투 이후 3년, 우리의 연극을 돌아보다 – 성폭력반대연극인행동×KTS워킹그룹」, 〈연극in〉 198호, 2021. 04. 15. <https://www.sfac.or.kr/theater/WZ020300/webzine_view.do?wtIdx=12340>

23 김상옥,「확성기: 확장하는 성평등·탈위계 이야기', 릴레이 토론회 세 번째 〈돌아오는 가해자〉」,『한국연극』, 2021. 11. 79쪽.

24 「〈언도큐멘타〉를 돌아보며」 참조.

25 알다시피 래디컬 페미니즘은 생물학적인 의미의 여성과 남성의 구별에 기반하며 역사적으로 여성의 억압을 가져온 원인을 가부장제에서 찾는다. 남성이 생래적으로 지닌 폭력성이나 소유욕이나 위계성이 여성의 삶을 왜곡해왔다고 생각하며 남성들에 의해 저질러지는 폭력이나 성폭력에 주목한다.

26 손희정,『페미니즘 리부트: 혐오의 시대를 뚫고 나온 목소리들』, 나무연필, 2017, 17-46쪽 참조.

27 손희정, 같은 책, 45쪽.

28 앞의 온 라인 미팅,「미투 이후 3년, 우리의 연극을 돌아보다」 중, 최샘이 발언.

29 김기일, 발제문「미투 운동 이후 나의 개인적 경험과 이어지는 고민들」, 서울문화재단 성평등·탈위계 문화조성사업 릴레이 토론 〈확성기〉 3차 '돌아오는 가해자', 2021, 3쪽.

30 정희진,「여성에 대한 폭력과 미투운동」,『미투의 정치학』, 정희진 엮음, 교양인, 2019, 107쪽.

31 최근 페미니즘 내에서도 트랜스젠더의 존재를 배제하는 움직임이 있었다.

32 김기일, 앞의 발제문, 4쪽.

33 J M 쿳시 원작, 김한내 각색, 연출(2021). 다만 이 작품(원작)도 해외의 일부 여성주의적 비평가들로부터 여전히 백인 남성 위주라는 비판을 받고 있기는 하다.

34 정희진, 앞의 글.

35 권김현영, 「들어가는 글」, 『한국남성을 분석한다』, 권김현영 편, 교양인, 2017, 14쪽.

36 정희진, 『페미니즘의 도전』, 교양인, 2005, 20-21쪽.

37 민족이나 국가는 실체라기보다 상징과 관습에 의해 형성되었다는 점을 주장하기 위한 베네딕트 앤더슨의 복잡한 정치적 개념. 여기서는 일단 '연극계' 역시 실재한다기보다 구성원들의 상상 속에 존재하는 공동체일 수 있다는 뜻으로 사용했다.

38 몇 년 전 청년연극인들을 중심으로, '한국연극협회가 연극계의 대의적 기구일 수 있는가?'라는 논의가 일기도 했다.

39 김소연, 「릴레이 칼럼: 더 갈등하고 논쟁해야 한다 - 연극의 해 논란을 지켜보며」, 『한국연극』, 2020. 04. 64-65쪽.

백상연극상과 연극의 대중성 논란에 관한 단상[*]

　백상예술대상은 영화 및 TV의 여러 부문에 걸쳐 매년 4~5월경 심사를 거친 후 JTBC로 시상식이 중계된다. 2019년에 연극 부문이 13년 만에 부활되어 화제를 모았는데 첫 해 '젊은연극상'을 시작으로 해서, 현재 백상연극상(작품상), 남녀연기상, 젊은연극상, 세 부문에 걸쳐 시상하고 있다. TV 매체를 타는 시상식의 파급효과 탓인지 연극인들도 큰 관심을 보이는 편이다. 그런데 2021년 7월 초, 연극평론가 백승무 씨(이하 백 평론가)가 백상연극상에 관련해서 『공연과이론』 2021년 여름호에 실었던 권두 에세이로 인해 한동안 페이스북이 시끄러웠다.

　「심사위원은 그 공연을 봤을까?」라는 제목의 그 글이 주로 다루고자 하는 내용은 2021년 제59회 백상예술대상 백상연극상 수상작이 대중성이 부족하기 때문에 원래 대중성이 강한 이 상의 성격과 맞지 않는다는 것이었다. 그런데 그 글에는 문제적 부분이 포함되어 있었다. "해당 극작가의 비극적 죽음이 수상작 선정에 암묵적으로 영향을 미친 건 아

* 이 글도 2021년 가을에 써놓기는 했으나 발표는 하지 않았던 글이다.

닌지 하는 불경한 가정은 과도한 억측으로 처리하겠다"라는 표현이 그
것이다. 수상작인 〈우리는 농담이 아니야〉의 작가(고인이 된) 및 작품의 가
치, 그리고 그 작품을 선정한 심사경위 등에 대한 묘한 추측성 발언이자
결과적으로 당사자 및 관계자들을 모욕할 수 있는 언급으로 읽혔다.

즉각 페이스북상으로 관련자들과 주변 연극인들의 격한 분노가 쏟아
져나왔으며 백 평론가는 얼마 후 해당 표현의 부적절함에 대해 작가와
제작진들에게 사과하는 글을 페이스북에 올렸다. 『공연과이론』 편집진
에서도 사과하고 조치를 취했다. 그러나 글의 일부에 대한 사과가 이루
어진 것과는 별개로, 그 글이 빚어낸 논란의 의미는 그리 단순하지 않다
는 것이 내 생각이다. 결과적으로 현재 우리 연극계 전반에서 쉽게 해결
되기 어려운 몇 가지 문제들과 연결되는 면이 있기 때문이다. 당시 논란
을 지켜보면서 여러 가지로 내 마음이 무거웠다. 백상예술대상 연극부
문 심사를 맡아 부활 후 첫 3년간 심사했었기 때문이기도 하다. 물론 답
은 얻기 힘들겠지만 그 풀기 어려운 문제들에 대해 짧게나마 생각을 적
어보고자 한다.

1.

명백한 과실로 백 평론가 본인이 사과한 부분을 제외하면, 그가 그 에
세이에서 주장하려 했던 것은 다음의 세 가지인 듯하다.

1) 백상예술대상은 영화나 방송부문과 함께하는 대중적 성격의 상인
   데, 극소수(450명)가 봤을 뿐인 소규모 연극 〈우리는 농담이 아니야〉
   가 백상연극상을 수상한 것은 백상예술대상의 성격에 맞지 않는다.
2) 수상작을 포함한 요즘 일부 소극장 중심의 연극은 마니아 중심의
   컬트적 현상으로 변하고 있다. 대중들이 연극에 접근하도록 해야

한다. 이를 위해서는 레퍼토리 시스템만이 답이다.

3) 요컨대 대중적 성격의 백상예술대상 연극부문의 후보나 수상 자격을 소극장을 거쳐 레퍼토리화와 장기 공연을 통해 일정 수 이상의 관객을 확보한 연극으로 한정하는 등의 제도적 장치 같은 것이 필요하다.

2.

필자의 뜻은 알겠으나 이 제안들은 한국의 연극현실이나 소극장 연극문화의 현황과 동떨어진 감이 있는 것이 사실이다. 비현실적일 뿐 아니라 특히 2010년대 중반 이후 어려운 여건에서 소극장 중심으로 열정적으로 작업해온 청년연극인들이 분노할 만한 내용을 담고 있다. 그들의 작업을 단지 수량적 잣대로 폄하했고 소극장 연극을 대극장 연극의 전 단계로 여기는 등, 현재 한국의 연극문화에 대한 현실적 파악과 시대적 감수성 면에서 많이 부족했기 때문이다. 또한 레퍼토리화를 말하는데 누군들 장기 공연을 하기 싫어서 안 하느냐는 반발도 나왔다.

한편 백 평론가의 문제제기 밑에는 또 다른, 바람직하지 않은 서브텍스트가 깔려있다. 백상예술대상은 원래 대중적 성격의 연극상인 것은 맞다. 이에 비해 요즘 주목받고 있는 청년연극인들의 작업들은 코로나 팬데믹까지 겹쳐져 확장성이 한정되어 있고, 그들이 원했든 원하지 않았든 제한된 범위 내에서 그들끼리의 이너써클처럼 변하고 있다는 우려를 받는 것 역시 사실이다. 이에 백 평론가는 공연의 장기 레퍼토리화를 통해 연극의 대중성을 확보해야 하고, 그런 대중성을 확보한 작품만이 백상연극상의 대상이 될 수 있다고 보고 있는 것이다. 다시 말해 '마니아적 연극'이나 '컬트적 연극'이 아니라 대중의 지지를 받는 연극의 복권을 주장하고 있다고 생각된다. 기성연극이 곧 대중적 연극이라고 볼

수는 없으나 최근 연극계가 소수의 진보적 청년연극인과 관객(들)끼리
의 이슈 중심의 소통에 의해 추동된다고 할 때, 이에 비해 기성연극은
상대적으로 누구에게나 편하게 열려있다고 할 수 있다는 얘기다.

이런 의미에서 당시 백승무 평론가의 의견에 속으로 동조하는 연극인
들이나 자기 나름의 비슷한 의견을 펼치고 싶었을 연극인들 역시 없지
않았을 것 같다. 몇 사람이 글을 쓰려고 했다는 얘기도 들었다. 이번 일
을 통해서 일종의 이분적 구도, 즉 최근 평단, 마니아층 관객 및 언론의
주목과 좋은 평가를 받고 있는 '소수 진보적 청년연극' vs. 얼마 전부터
갑자기 관심에서 밀려나며 아마도 제대로 평가받지 못하고 있다고 느끼
고 있을 '기성연극'이라는 바람직하지 않은 구도가 잠시 수면 가까이 떠
오른 것이다. 물론 함부로 이런 구분을 짓는 일은 위험하거나 어리석다.
사태 해결에 도움도 되지 못하면서 불필요한 논란이나 비난을 자초할
수 있기 때문이다. 그러나 많은 연극인들이 마음속으로 이런 이분적 구
도를 품고 있으리라는 추정 역시 부정하기는 힘들다. 사실 이런 갈등구
조는 결코 연극계만의 일이 아니며 최근 극심한 변화와 갈등을 겪고 있
는 우리 사회 정치사회 전반, 문화계 전반의 기류이기도 하다.

3.

다시 백 평론가가 던졌던 '대중성'이라는 키워드로 돌아가보자. 오늘
날 연극에서, 한국연극에서, 대중성이란 과연 무엇인가? 과연 백 평론가
가 말하는 대중성은 현재로서 논할 만한 의미는 있는 개념인가? 1930년
대 동양극장 시대를 제외하면 대중연극의 시대가 한 번도 없었던 한국
연극의 역사, 화려한 뮤지컬이 대중적 연극관객의 취향을 장악한 오늘,
즐길거리로서의 디지털 영상이 가득한 21세기 미디어 시대에 대중극은
무슨 의미를 지니는가? 백 평론가가 제안한 바대로 그저 대극장의 레퍼

토리 공연을 몇 회 채우는 정도의 관객 숫자와 같은 의미인가? 그게 현재 한국연극에 무슨 큰 의미를 지닐 수 있을까?

2021년 〈우리는 농담이 아니야〉를 본 대한민국 사람은 극히 소수, 백 평론가의 표현을 빌면 0.000009%에 불과하다. 아니, 오늘의 한국사회에서 뮤지컬을 제외하면 연극을 보는 사람 자체가 극소수이다. 백 평론가가 말하는 '대중적' 연극이 엄격히 무엇을 의미할까. commercial theatre는 아닐 테고 아마 popular theatre에 가깝겠지… 혹시 people's theatre나 public theatre와 비슷할까? 그러나 이런 개념 정리도 별 도움이 될 것 같지 않다. 아무튼 20세기 후반 이후 연극이 예술성과 대중성을 고루 갖추는 것은 쉽지 않다는 것은 주지의 사실이다. 모두 알다시피 세계 연극사에서도 희랍극이나 셰익스피어나 가부키 시대 정도가 비슷한 양상을 보였다고 하고, 현대에서는 영국이나 러시아 같은 연극문화적 전통이 깊은 나라의 경우에서나 어느 정도 비슷한 현상이 발견될 수 있을 것이다. 그러나 한국의 상황은 이와 다르다. 역사적으로도 현재에도 대중연극계는 거의 없다. 뮤지컬을 제외하면 대중적 연극이나 소극장 연극이나, 영화처럼 천만 관객은커녕, 몇 천을 넘기기 어려운 현실이다. 이제라도 한국연극에 예술성과 대중성을 고루 갖춘 안정된 장이 형성되어 매년 그런 작품들이 관객의 저변을 넓혀갈 수 있다면 너무나 축복이겠지만 유감스럽게도 그 꿈은 가까운 미래 안에 실현될 것 같지 않다. 미디어 시대의 연극은 어차피 관객의 숫자로 승부할 수도 없고 승부하지도 않는다. **현재 가능하며 중요한 것은 연극만이 누릴 수 있는, 그 시대를 사는 관객과의, 살아있는 뜨거운 소통이다. 백상예술대상이 대중적이라고 해서 연극의 대중성을 맥락 없이 새삼스레 소환하거나 대중성을 현재 한국연극의 기준으로 삼겠다는 발상은 무리다. TV로 중계되는 상이니 관객이 많은 작품만이 수상할 자격이 있다는 발상은 좀 얄팍하다.** 그리고 백 평론가의 제안이 아니더라도 청년연극인들의 연극은 관

객의 반응이 좋았던 경우 소극장 초연에서 시작해 축제나 국공립극장의
초청을 받으면서 영향력이 확산되는 수순을 밟고 있으며 그 과정에서
각종 상의 수상이 그 견인차 역할을 하기도 한다.

4.

백상예술대상 연극부문상의 대중성 문제에 대해 심사위원들도 초기
에는 고민을 많이 했다.

3년 전, 방송국 측에서 백상예술대상에 연극부문을 복원하겠으니 몇
몇 분과 함께 안을 짜보자는 제안을 받았을 때, 십여 년 전의 장면이 떠
올랐다. 코미디 등 새로 부상하는 방송분야에 밀려 연극부문이 초라하
게 사라지던 쓸쓸한 모습이다. 이런 기억들을 되살리며 근래 치렀던 시
상식의 녹화영상을 살펴보니 예능분야부터 다큐멘터리까지 시상 분야
가 엄청 늘어났고 시상식 진행자는 백상예술대상을 한국 유일의 '종합
대중예술상'이라고 소개하고 있었다. 심사위원으로서 고민하지 않을 수
없었다. 이런 상에 연극부문은 어울리지 않으니 참여하지 않겠다고 말
해야 하나, 이런 기회라도 잡아 연극을 적극적으로 '대중'들에게 알려야
하나…. 그러나 연극계에서 욕을 먹더라도 어쨌든 이 기회를 활용하자
고 생각을 모았다.[1] 백 평론가는 백상예술대상에 끼는 것 자체가 연극에
대한 모욕일 수 있다고도 했지만, 결과적으로 백상예술대상에 연극상이
포함된 데 대한 연극계 내의 반발은 다행히 없었다. 연극인들이 대체로
젊어지고 매체 간의 교류가 활발해지다 보니 대중매체에 대해 방어보다
는 적극적 활용 쪽을 택한 듯했다.

그럼 이런 대중적인 상에서 '연극부문'의 '연극'은 어떤 연극을 염두
에 두어야 하는가? 내 개인의 경우로 좁히면 처음에는 나도 어떤 연극
이 이 상의 영화 및 TV 부문과 어울리는 대중적 연극일까 고민해 보았

다. 뮤지컬은 일단 별개의 장르일 수 있으니 제외하고, 성인물이나 코미디 같은 노골적인 흥행물도 제외하고, 그렇다면 '연극열전'처럼 어느 정도의 작품성도 있지만 팬덤을 지닌 스타급 배우들을 기용해 흥행의 안전성을 최우선으로 하는 연극? 그러나 이런 연극이 한국연극을 대변한다고 말할 수 있을까? 대극장에서 여러 차례 공연되었던 연극? 그렇지만 도대체 한국연극에 영화나 TV와 물량적으로 어깨를 나란히 할 수 있는 연극이 있었나? 아니면 일반 관객들이 쉽게 이해할 수 있고 재미와 감동을 주는 연극?… 그런데 쉽고 재미있고 감동을 주는 연극의 기준이란?… 답이 나올 수 없었다.

차라리 발상을 달리해야 한다고 생각했다. 존재하지도 않는 '대중예술적' 기준에 맞추기보다 '지금 이 사회에서 연극이란 무엇인가?'라는 질문에서 출발하기로 했다. TV 예능프로그램부터 다큐멘터리까지 그 다양한 부문 속에서 연극의 존재감을 관객의 숫자로 증명한다? 그건 아니라고 생각했다. 그보다는 **영화나 TV 드라마가 비슷하게 할 수 없는, 연극만이 할 수 있는 그런 연극, 그리고 현재의 급변하는 한국사회를 그 어느 장르보다 연극만의 장르적 속성을 살려 창의적으로 담을 수 있는 작품, 시상식에 나온 다른 분야의 사람들이나 작품과 가장 비슷한 것이 아니라 가장 '차이가 나는' 인물이나 작품을 내세우는 것, 그것이 연극의 존재감이고 적어도 현재로서는 백상연극상이 부활된 의미에 가까울 것이라고 생각했다.** 그 공연의 형태가 소극장이건 중극장이건 대극장이건 초연이건 재연이건 야외공연이건 장소특정적 공연이건 상관없다. 이상은 내 개인의 표현이지만 다른 심사위원들과의 토론과정을 통해 도출된 결과를 보면 비슷한 생각을 했던 것으로 짐작할 수 있다

주최측인 방송사에서도 이런 문제점과 상황을 대강 파악하고 있는 듯하다. 그럼에도 불구하고 연극상의 부활과 수상작(인물)이 불러일으킨 기대 이상의 신선한 돌풍에 아직까지는 만족하고 있다고 알고 있다. 어떻

게 보면 지금까지 백상연극상의 백미는 TV 화면을 통해 보는 수상 스피치였을지도 모른다. 상을 받은 연극을 보지 못한 시청자들도, 그 자리에 있던 타 장르의 후보들도, 격변기의 한국사회 속에서 전력을 다한 수상자들의 자기확신에 찬 태도와 수상소감을 보고 듣는다. 그 스피치가 불러일으키는, 영화나 TV가 따라올 수 없는 연극예술만의 아우라와 진정성과 품격에 압도되며 낯선 존재감과 함께 경외감을 느끼지 않을 수 없다…. 지난 삼 년간 매년 5월 시상 장면을 보며 이렇게 해석하고 잠시 울컥하기까지 했었다면 나 혼자만의 도취이자 감상이자 착각일까?[2]

5.

심사는 비평적 관점을 전제로 한다. 이번 논란은 어쩌면 백상예술대상을 넘어 근래 들어 젊은 층의 연극만을 주목하는 일부 비평계에 대한 불만일 수도 있다. 왜 요즘 비평은 기존의 오랜 연륜과 노련함은 평가하지 않고 새로운 것만 따라다니느냐는 불만이 있다는 것을 알고 있다. 물론 비평의 기준은 평론가의 가치관이나 성향과 취향에 따라 다르다. 또 시대에 따라 변하기도 한다. 내 개인의 경우를 보면 비평을 시작한 1980년대부터 2000년대 말까지는 어떤 내용이나 스타일이건 그 나름의 연극미학적 완성도를 우선적으로 중시했다. 그러나 이후 여러 가지 사회적 변화들을 겪으면서 연극미학적 모색이 사회 속에서 의미를 지닐 때 그 완성도가 조금 부족하더라도 더 마음이 흔들리고 더 주목하게 되었다. 물론 지금이라도 모든 카테고리와 조건을 떠나 어떤 선입견도 무의미하게 만들 정도로 뛰어난 작품들이 나타나기를 여전히 꿈꾸고 있다. 그러나 변하지도 성숙하지 못하는 자기반복이나 제자리걸음 식의 작업은 팬들의 박수는 받을 수 있을지 모르나 비평적 관심에서 멀어질 수밖에 없다. 물론 몇몇 연극선진국들처럼 상업연극, 안정적이고 보수적인 연극, 진보적인 성향의 연극을 보는 평론가들이 전문적으로 분화되어서 각자 지속적으로 활동하면 가장 바람직할 것이다. 만일 백승무 평론가가 비평가로서 오늘의 한국연극에서 연극의 대중성이 성립 가능하다고 생각한다면 그런 기준을 충족시키는 적절한 연극들을 집중적으로, 지속적으로 평하고 격려하면 좋을 것이다. 그 나름으로 한국연극의 발전과 다양성에 도움이 될 것이라고 생각한다.

6.

마지막으로, 이번 페이스북 공간을 중심으로 한 격렬한 의견들과 분노의 표출을 보며 마음이 상당히 무거웠다. 물론 백 평론가가 명백히 실수한 부분도 있고 연극현실과 유리된 제안을 한 것도 사실이지만 아무리 각자의 개별적인 분노의 목소리들이었더라도 너무 일방적으로 몰려가서 비난을 쏟아내는 것이 아닌가 하는 생각이 들었다. 백 평론가의 실수나 무리한 제안에 대한 분노는 누를 수 없었던 것 이해한다. 그러나 백상연극상이든 연극현장에서든 '연극도 대중성을 확보해야 한다'는 의견이 글의 핵심이었다면 비난 일색보다는 의견교환이나 논의의 장으로 자연스럽게 연결될 분위기가 열려있어야 하는 게 아닌가? 누가 막은 것은 아니지만 뭔가 불편한 분위기가 느껴졌다. 물론 기존 연극계 쪽에서도 충분한 논리가 준비되지 못했던 까닭일 수도 있다. 당연하고 교과서적인 제안이지만 연극계에서만이라도 **각자 다름과 차이를 인정하고 각자 갈 길을 가되 서로 최소한의 존중을 해주는 풍토가 형성되었으면 좋겠다.**

현재 한국의 연극계는 이미 하나의 연극계라고 얘기하기는 힘들다. 연극을 통해 추구하는 바가 너무 많이 다르기 때문이다. 백상예술대상 주최측의 사정상 시상 분야는 '백상연극상(대상)', '백상연기상(남녀)', '젊은 연극상' 고작 세 분야다. 이 세 분야의 상만으로 연극계 전체를 커버 한다는 것은 쉽지 않은 일이다.[3] 연극문화가 이처럼 다원화된 상황에서 백 평론가가 제안한대로 객석의 규모나 관객 수 같은 일률적 지표를 적 용하는 일은 별로 좋지 않은 제안일 수밖에 없다. 하나의 잣대로 평가할 수 없고 어떤 범주의 연극이 더 잘한다고 말하기도 힘들다. 각자 잘하면 된다. 그러나 평가나 시상도 특정한 가치관이 어느 정도 반영되는 것을 피할 수는 없다. 주최측의 의지, 위촉된 심사위원들의 취향에 따라 상이 어느 정도의 지향성, 성격을 지니는 것은 피할 수 없을 것이다.

다양한 서로 다름과 차이를 존중하지 않는다면 이편과 저편으로 대립 적인 전선이 형성되기 쉽다. 편을 먹고 갈라지면 폭력적이 되고 그 집단 적 폭력성이 두려워 자신의 생각을 말할 수 없는 분위기가 형성되는 것 은 매우 경계해야 한다. 토론이 있더라도 우리만 옳고 너는 이런 말을 해서는 안 된다 식의 억압적 태도로 변질되는 것은 안 된다. 선배건, 후 배건, 노인이건, 청년이건, 보수나 진보든, 젠더적 차이가 있건, 특별한 악의를 품었거나, 억압적이거나, 폭력적으로 나오지 않는 한 서로 존중 해야 한다. 세상은 변하고 있고 모든 것은 변하기 마련이다. 변하지 않 는다면 이상하다. 차이의 인정과 상호존중만이 답이다.[4]

:: 註

1 첫 회의에서 타이틀에 '대중'부터 빼서 상 전체의 품격을 높이자고 건의한 결과 첫 해에 는 반영이 되었는데 이번에 보니 다시 '종합대중예술상'이 되어 있었다.

2 당시 페이스북에 올라온 많은 글들이, 그런 기분을 느낀 것이 나 혼자만은 아니라는 것 을 말하고 있었다.

3 심사위원들은 고민 끝에 방송국 측에 백상예술대상은 지금처럼 가고 그 대신 공연예술

분야 상(오페라, 무용, 연극…)을 따로 떼어 신설해달라고 강력히 제안하기도 했었다.

4 백 평론가의 글의 제목은 "심사위원은 그 공연을 보았나"이다. 왜 그런 제목을 붙였는지 몰라도 작품상을 받을 정도면 심사위원의 대다수가 공연을 보는 것은 당연한 일이다. 백상예술상 연극부문은 당연히 공연심사를 원칙으로 하고 있으며 영상심사는 일부 위원들이 불가피하게 보지 못한 경우에만 보조적으로 실시하고 있다. 단 올해 2021년 심사에는 영상심사가 좀 늘어났는데 알다시피 지난 한 해는 코로나로 인해 극장 객석이 갑자기 줄고 표가 예매와 동시에 순식간에 매진되어버렸기 때문에 놓친 공연들이 많아 어쩔 수 없었기 때문이다.

연극평론도 변해야 한다

연극현실의 변화와 연극비평의 자기성찰[*]

:: 연극현장이 변하고 있다

아마 많은 사람들은 인정하지 않겠지만, 나는 최근 우리 연극계가 사회의 작은 심장 역할을 하고 있다고 본다. 변화가 자발적으로, 압축적으로 이루어지고 있기 때문이다. 블랙리스트 관련 문제제기뿐 아니라 세월호 참사에 대한 지속적인 애도(哀悼), '미투(#MeToo)'의 본격 점화 등, 근래 사회변혁의 주요한 지점에 본의건 아니건 연극인들이 있었다. '작은' 심장에 머무를 수밖에 없는 까닭은 물론 연극이 사회에서 차지하는 비중이 워낙 작기 때문이다. 그럼에도 연극이 이처럼 작으나마 상징적, 핵심적 역할을 할 수 있는 까닭은 자본이나 권력정치의 그림자가 비교적 적게 드리우는 동네이기 때문이다. 그리고 누가 말했듯이 오히려 가진 것, 잃을 것이 적기 때문에, 혹은 연극계의 태생적인 진정성과 열정 때문일지도 모른다. 안타깝게도 격랑이 지난 후에도 세상은 거의 바뀌지

---

[*] 『연극평론』 91호(2018년 겨울)에 실었던 글이다.

않았다. 연극계를 실질적으로 둘러싼 불합리한 관료적, 제도적 측면에
도 아직 풀어야 할 문제점들이 산적해 있다.

이런 가운데 오히려 정체되어 있는 것이 연극평론[1] 분야라고 본다. 연
극비평은 우선 비평의 환경면에서 탈근대사회의 경제, 사회, 소통, 소비
문화 등의 급격한 변화와 함께 어쩔 수 없이 그 자체의 위기를 겪고 있
다. 불리한 환경 속에서도 그동안 여러 평론가들이 많은 공연을 찾아다
니며 열심히 써 왔다. 그럼에도 전반적으로 볼 때 현재의 연극평론이 오
늘날 한국사회와 연극계의 급격한 변화에 양적으로나 비평의식의 측면
에서나 제도적 측면에서나 충분하게 적절히 대응하지 못하고 있지 않나
하는 생각이 든다. 최근 연극계는 젊은 층을 중심으로 매우 의미있는 변
화들이 이루어지고 있다.[2] 그 변화 중 평론계와 맞물린 것은 우선 연극
의식이나 현장미학의 측면에서 연극현장의 변화가 평론/이론의 변화를
앞서가게 되었다는 점이다. 물론 그 전에 급변하는 현실의 연극성이 연
극 자체를 추월했다는 점이 선행되어야 할 얘기겠지만 말이다. 연극현
장의 변화는 물론 최근의 사회적 의식의 변화에 그 어느 때보다 적극적
으로 연동한다. 그리고 이 글이 주목하는 최근 사회적 변화의 핵심이란
국가적 성장이나 국민총생산량의 증가 이전에 공정하고 올바른 시민적
삶을 원한다는 점이다. 나는 이런 변화를 정권 교체나 정파적 이데올로
기와는 별개의 실천적 윤리의식, 혹은 시민의식이라고 보고 싶다. 요즘
젊은 연극에서 현실을 연극에 새로운 방식으로 직접 끌어들이려는 시도
들이나, 기존의 연극미학이나 작품의 미적 완성도 못지않게 연극행위의
윤리나 공공의식을 중요시하는 경향도 이와 궤를 같이한다고 하겠다.
이에 따라 연극창작에서 젠더, 창작과정상의 공정성, 권력위계에 관한
이슈도 중요한 비중을 차지하게 되었다.

이런 변화들은 매우 빠른 속도로 이뤄졌으며 대개 지난 몇 년, 멀리
가야 2010년 이후에 뚜렷해졌다. 물론 연극계의 이런 최근 흐름은 언젠

가 변하거나 사라지는 한시적인 것일 수 있다. 뉴다큐멘터리나 '자기이
야기하기' 등의 현재 진정성 넘치는 형식들도 글로벌한 트렌드의 일부
일 수도 있다. 그러나 누구도 부정할 수 없듯 현재 한국사회는 중요하며
격동적인 변화기를 통과하고 있다. 정치적인 면에서도 그렇지만 그 이
전에 사회적 가치관의 면에서 더 그러하다고 본다. 특히 젊은 세대 사이
에서 우리 사회의 시민의식은 이미 터널을 뚫고 나왔다. 이것은 돌이킬
수 없는 힘이다. 평론이 직무유기를 피하려면 이런 변화들이, 젊은 실천
가들과 젊은 관객이 주를 이루는 우리 연극현장과 어떤 필연성으로 만
나고 있는가에 대한 진지한 숙고에서 출발하지 않으면 안 된다고 본다.
물론 평론가에 따라 개인적으로 정치적 성향이나 예술에 대한 인식이
각자 다를 수 있다. 그러나 적어도 이러한 사회적 흐름과 연극현장의 변
화 자체를 심각하게 받아들이는 데서 출발해야 한다는 것이다.

　기성세대의 연극에는 별다른 진전이 없는 데 반해 젊은 연극은 실천
을 통해 '연극, 혹은 연극행위의 정의' 자체를 새롭게 만들고 써가려고
하고 있다. 완성도 면에서 거친 경우가 많더라도 사회현실이나 연극 현
실에 부응하는 다양한 시도를 통해 '연극의 정의', '극장의 정의' 자체를
계속 만들어가고 있는 것이다. '이 시대에서 연극한다는 행위의 새로운
정의'를 요구하고 있는 것이다. 이런 움직임에 연극평론가들은 어떻게
대응해야 하는 것일까? 지금까지 비평은 묘사(description), 분석(analysis),
가치판단(evaluation)이라고 배웠다. 따라서 일단 현상을 묘사, 기록하는 것
자체도 평론의 일이겠지만 현재 쏟아지는 공연의 양에 비해서 그 영역
의 작업도 그리 신속하고 활발하게 이루어지지 못하고 있다. 분석의 방
법론은 점점 더 다원화되고 있다. 궁극적 가치판단이란 정치, 사회적 변
화를 포함한 모든 신념에 기반해야 하는데 현실사회는 무서운 속도로
변해가고 있다. 게다가 의사소통을 위한 매체환경 역시 하루가 다르게
달라지고 있다. 이런 변화 속에서 '연극비평을 한다는 행위'는 무엇을

뜻하는가?

그런 가운데 지난 2018 한국연극평론가협회의 정기 심포지엄이 '한국연극평론(가), 성찰과 전망'이라는 주제로 열렸다.[3] 직접 참석은 못 했으나 기존 연극평론계가 젊은 평론가와 연극인들에 의해서 신랄한 비판을 받았다는 얘기를 들었다. 다소 충격적인 내용의 발제 파일도 구해보았다. 그에 대한 반응인지 뒤늦게나마 『연극평론』지에서 평론계의 위상과 자기반성에 관련한 기획특집을 마련해 다행이라고 생각한다. 이 글에서 어떤 뚜렷한 해결책을 찾기는 어려울 것이다. 그러나 40년 가까이 연극평론 활동을 해오고 있는 사람으로서 후의 기록을 위해서라도 현재 연극평론의 위기적 문제점을 간략히 정리해보고자 한다.

:: 지난 시대의 연극비평을 돌아보니

물론 이 글을 쓰는 나부터 연극평론가로서 이런 모든 상황의 심각성과 비판으로부터 자유로울 수 없다. 오랫동안 계속되어온 한국사회의 정치적, 사회적 질곡 속에서도 지속적인 경제성장과 물질적 번영, 그리고 문화의 양적 팽창을 이뤄왔던 시대의 덕을 본 세대의 일인으로서 1980년대 초부터 연극평론을 시작해 현재에 이르렀기 때문이다. 무엇보다 평론의 위기를 절감하면서도 그 대안 제시에 적극적이지 못하고 그날그날을 보내고 있었기 때문이다.

그동안 연극평론에 대한 메타 비평이랄까, 평론에 관한 학문적 연구는 많지 않은 상황이다. 오늘날의 비평의 위기를 진단하는 데 도움이 될까 싶어 임의로 설정한 시대구분을 통해 지난 연극평론의 역사를 간단히 되짚어보면 다음과 같다. 편의상 해방 후 1970년대부터 시작한다.

1) 제1세대

주지하다시피 해방 후 연극비평의 첫 세대는 고(故) 여석기 교수가 1970년 창간했던『연극평론』지와 함께 활동을 시작했다고 봐도 무방하다. 1977년에는 현 평론가협회의 전신이라고 할 수 있는 서울극평가그룹이 발족해서 이상일, 이태주, 양혜숙, 유민영, 서연호, 한상철, 구희서, 김문환 등 주로 대학 외국문학과에 적을 둔 교수들이 활동했으며 학문적 활동, 해외연극이론의 도입과 소개의 기능, 그리고 현장비평과 연극제도에 대한 비판 등을 함께 수행했다는 점에서 지금과 같다. 해방 전 비평계와 다르다면 연극에 대한 전문성이 높아졌고 계몽성이 많이 줄었다는 점일 것이다.『연극평론』지에서는 1960~70년대 미국 실험연극에서 영향 받은 유덕형, 안민수 등의 드라마센터 중심의 작업이 특히 주목받았으며, 탈춤이나 동양전통극의 미학들이 재조명되고 에릭 벤틀리도 번역되었다. 당시『연극평론』지는 현장연극인들도 탐독했을 정도로 연극계 내 연극지식의 유일한 원천이기도 했다. 당시 관객은 지금과 같이 대학생 중심이었으나 일반 지식인들도 요즘에 비해 공연도 자주 보고 연극문화에 대해 더 많은 관심을 가지고 있었으며 비평가들은 여론을 주도하는 유수의 일간신문이나 몇 안 되는 주간, 월간 시사교양잡지에 고정 리뷰란을 가지고 비평 활동을 하는 경우가 많았다. 따라서 연극과 연극비평의 사회적 영향력은 현재 보다 훨씬 컸다고 할 수 있다. 1세대 평론가들의 비평은 때로는 역사주의적 관점이나 원형비평 등을 차용하기도 했으나 전반적으로 개인의 학식과 식견에 비추어 총체적으로 연극을 평가하는 방식이었으며 지금에 비해 다소 권위적이었다. 극단 관계자들은 대체로 평론가-교수들을 정중히 대우했으며 공연 후 사석에서 그들의 작품의 평가와 앞으로의 극단운영 방향 같은 의견을 경청하기도 했다.

2) 제2세대

1980년대부터 기존의 평론가 외에 김방옥, 심정순, 김미도, 김성희, 김길수, 신현숙, 김미혜, 이미원, 이영미 들이 합세했으며 1987년 기존의 서울극평가그룹은 한국연극평론가협회로 발전적으로 해체했다. 80년대는 제5공화국 하의 군사독재에 맞서 저항하던 마당극, 민족극이 활발하던 시기였는데 마당극·민족극 진영 내의 평론/이론가들은 창작 진영 내부의 열띤 이론투쟁에 골몰했던 시기였다. 따라서 이 시기의 연극 비평은 연극 자체가 그랬듯이, 기존의 제도권과 운동권 둘로 나뉘어 양자 간의 작업이 별도로 이루어지다시피 했으며, 저항의 아이콘으로서의 연극에 대한 사회의 관심이 컸었던 반면 이원화된 평론활동 전반은 1970년대만큼 활발하지는 않았다. 제도권에서는 대한민국연극제가 대표적 행사였고 상업주의 연극도 고개를 들기 시작한 때였는데 1980년에 종간된 『연극평론』지 대신 1976년 창간된 연극협회의 기관지 월간 『한국연극』이 제도권 연극비평을 위한 전문적 지면 역할을 하기 시작했다.

3) 제3세대

1990년대부터 김윤철, 안치운, 이화원, 이혜경, 허순자, 김형기, 심재민, 최영주, 이상우, 김미희, 임선옥, 임혜경 등 주로 해외문학을 전공하거나 해외에서 연극을 전공한 인재들이 다수 합세하면서 연극비평계가 활기를 띠게 되고 2000년대 이후에도 계속해서 노이정, 장성희, 김명화, 이경미, 이진아, 이은경, 김소연, 김숙현, 김옥란, 김기란, 백로라, 김유미, 송민숙[4] 등 많은 평론가들이 활동을 벌이게 된다. 2000년에 김윤철 당시 평협 회장의 주도로 복간된 『연극평론』으로 비평발표 전문지면도 늘어났고 젊은 연극학자와 이론가들이 1992년 발족한 '공연과 이론을 위한 모임'은 연극현장과 이론가들 사이의 교량역할을 하는 단체로서 2000년 『공연과이론』이라는 연극전문저널을 창간해 연극현장과 연계되는 활발한 이론/평론 활동을 펼치기 시작했다. 비평의 방법론도 연극기호학이나 정신분석학, 현상학 등 좀 더 다양해졌다.

그러나 전반적으로 이 시기 연극비평의 여건은 나아지지 않았고 사회적 영향력도 오히려 감퇴되어가는 양상을 보이기 시작했다. 1990년대 이후 한국사회에도 세력을 미치기 시작한 포스트모더니즘의 영향으로 대중의 감각을 사로잡는 각종 이미지와 스펙터클이 범람하면서 뮤지컬을 제외한 순수 연극장르는 대중의 관심에서 빠른 속도로 멀어져갔다. 언론은 전문적인 비평을 기피했고 현장연극인들은 난해한 이론이 별 도움이 되지 않는다고 느끼기 시작했다. 오히려 디지털 문화가 일반화되면서 온라인상의 관객들과의 소통에 관심을 갖기 시작했다. 평론/이론가들은 기존의 희곡분석보다 공연분석의 방법론, 연출 및 연기에 관심을 가지면서 평론/이론 작업과 현장의 거리가 좁혀지기 시작했고 드라마투르그에 대한 관심이 높아졌다. 특기할 것은 이 시기 평론의 역할이 다소 정체된 대신 연극계의 문예진흥원/문예위원회 지원 의존도가 높아지면서 평론가들이 각종 지원 심의위원으로 활동하면서 영향력이 커지기 시작했다는 사실이다. 교양과목을 가르치는 평론가 겸 교강사들의 티켓 파워도 관심을 끌기 시작했다. 1992년 개원했던 한국예술종합학교의 실기전문사 과정 출신들이 대학로로 진출하기 시작하면서 현장 작업자들의 이론적 무장이 강화되는 한 계기가 되었다.

4) 제4세대

2010년대 이래 현재까지의 이 시기는 세월호 참사를 전후한 정치적 격변의 시기라고 하겠다. 앞서 말했듯이 사회의 변화와 함께 젊은 연극

인들의 생각도 변하고 있다. 이들을 연극평론이 기존의 연극미학의 잣
대로 평가하기에는 어려운 점이 있다. 이들은 연극이나 연극미학의 새
로운 정의를 찾고자 하기 때문이다. 예전처럼 연극이 반드시 미학적 결
과물이나 문화적 관습의 일부만은 아니라는 것이다. 일반적으로 재현에
적대적이고 연극현실을 직접 연극에 끌어들이는 데 적극적이지만 미학
을 따지기 이전에 연극의 본질, 연극행위에서부터 '정치적으로 올바르
고' 윤리성을 강화해야 한다고 본다. 연극계도 사회이고 노동과 생존의
현장이므로 미학적 결과 못지않게 연극을 만드는 과정도 중요하다고 한
다. 연극 만들기 과정이 부각됨에 따라 작가, 연출가뿐 아니라 배우, 무
대 디자이너, 기획자들의 공연 참여도와 이론적 무장의 수준이 점점 높
아졌다. 연극현장의 위계의식이 사라지기 시작했으며 기존의 모든 권위
에 대해 회의적인 시선으로 보기 시작했다.

새로운 비평인력이 계속 조금씩 늘어나고 있지만 연극계의 이런 변화
들을 읽어낼 평론가는 그리 많지 않다. 연극현장의 변화가 평론의 의식
을 앞지르고 새로운 형식과 논리를 갖춘 공연들이 터져나오는데 평론계
가 그 변화를 충분히 커버하지 못하는 현상들이 벌어지고 있다. 소통 면
에서도 젊은 평론가들이 몇몇 웹진들을 통해, 혹은 개인적으로 소셜미
디어를 활용해 비평활동을 하는 등 변화를 추구하고 있으나 아직 평론
계 전반으로 확산되지 못하고 있다.[5] 비평환경 전반의 퇴조와 연극환경
의 변화에 따라 연극평론의 기능과 위상은 위축되고 있다. 공연비평은
더 이상 평론가들의 전유물이 아니며 연기, 연출, 기획, 출판 등 각 분야
의 종사자들이 리뷰, 혹은 리뷰와 유사한 글쓰기에 뛰어들고 있다. 각종
심사에서도 평론가는 최소한의 숫자로 참여하게 되었다. 한국연극평론
가협회에는 새로 회원이 되고자 하는 젊은 평론가들을 찾아보기 힘들
다. 이러다가 협회가 고사(枯死)하는 게 아니냐는 말까지 들린다.

:: 탈근대사회와 비평 자체의 위기

연극평론을 포함한 모든 장르의 비평 분야는 포스트모더니즘의 도입과 함께 다소 모순적이거나 불리한 상황에 처하게 되었다. 대중성과 소비적 일상까지를 포함한 포스트모더니즘의 이론 자체는 비평가나 예술가, 대중사회 모두의 뜨거운 관심을 받았으나 포스트모더니즘, 포스트드라마의 이론은 오히려 연극평론이 설 자리를 약화시킨 측면도 있다. 과거 평론가의 주요 임무가 작가/창작자의 의도를 명료하고 쉽게 수용자에게 해설하고 그 결과를 판단해주는 것이었다면, 포스트모더니즘은 작가/창작자의 의도는 그리 중요하지 않고 의미는 관객이 받아들이기 나름이며 최종적 판단은 누구도 내릴 수 없게 끝없이 유보되는 것이라고 말했기 때문이다. 이에 따라 평론가들은 주제 찾기나 최종 판단은 유보한 채, 대신 기호학, 정신분석학, 사회학, 인류학 등의 도움을 받아 공연텍스트라는 기호망의 의미를 풍요하고 윤택하게 부풀리기 위해서 애를 써왔다. 공연의 본질을 기호적 의미가 아닌 몸이나 물질 그 자체에서 찾아야 한다는 이론에 크게 호응하기도 했다. 그러나 연극비평은 생각보다 현장실천가들이나 관객의 좋은 반응을 받지는 못했다. 이론 자체가 점차 너무 어려워지다 보니 아무래도 현장과 거리감이 생겼고, 창작자들은 고삐 풀린 상상력을 따라 일단 무대 위의 감각적 놀이에 몰두하고 탐닉하게 되었으며, 관객은 즉각적으로 느끼고 받아들이는 데 길들여지기 시작했기 때문이다. 여전히 그 공연의 의미와 주제를 궁금해하는 관객에게도 비평은 큰 도움을 주지 못했다. 탈근대의 비평은 기본적으로 모순적이다. 애초에 논리화가 불가능하다면서도 대상을 장황하게 이론화하려고 노력하기 때문이다. 이를 대하는 현장실천가들 역시 양가적이 된다. 그들이 논리를 거부한 공연을 평론가가 이론을 붙여 체계적으로 잘 설명해주기를 기대하기 때문이다.

더구나 디지털화된 지식기반의 탈현대의 소비만능적 사회 환경은 결코 평론가들에게 호의적이지 않게 되었다. 흥미와 재미만을 추구하게 된 일간지 문화면이나 종합교양잡지들은 더 이상 평론에 지면을 할애하지 않았으며 비평지면은 인기 소설가나 신입기자들의 감상문으로 대체되었다. 아직 일간지 문화면이 사회적 영향력을 지녔던 2000년대 초반까지도 평론가협회는 이 지면을 탈환하기 위해 노력했고 수차례 세미나를 열기도 했다. 신문사 연극 담당 데스크나 기자들을 불러다놓고 항의하기도 했으나 평론가의 비평문이 너무 어렵고 딱딱하다는 지적과 함께 문화부 기자들도 할당되는 기사의 양을 채워야 한다는 현실적인 답이 돌아왔을 뿐이다.

이제 각종 정보들이 온라인이나 소셜미디어에 넘치면서 더 이상 일간지는 젊은 관객이 주를 이루는 연극계에서의 영향력을 잃게 되었다. 이에 따라 몇몇 비평가는 자신의 개인 블로그를 통해 온라인상의 젊은 관객들과 접촉하려고 노력하기도 한다. 그러나 오히려 각종 정보가 공유되는 니지털 문화의 발전으로 관객의 수준이 높아져 모두가 자천 평론가가 되었으며 평론가보다 연극을 많이 보거나 큰 영향력을 지니는 블로거들도 생겼다. 전반적으로 — 영화 장르도 마찬가지지만 — 일반 관객은 평론 자체에 관심이 없거나 이를 불신한다. 관객들은 자기들끼리의 입소문이나 소셜미디어상의 정보교환을 더 중시하며 각자의 관극리뷰를 자신의 블로그나 페이스북에 올리기도 하고 별점주기와 같은 방식으로 연극평가에 참여하기도 한다. 이런 현상은 특히 연극의 상업화가 심화되는 분야에서 더 심해진다. 뮤지컬은 차치하더라도 예컨대 연극열전처럼 스타 위주의 캐스팅과 안정적 레퍼토리 선정과 마케팅으로 상업적 기반이 단단해진 공연의 경우는 비평가와 교류하려는 별다른 노력도 하지 않는다. 마케팅과 관객관리가 중요할 뿐이다.

:: 연극현장의 변화가 비평을 추월

오랫동안 평론계는 이론적인 면에서 연극현장에 앞서 그들을 이끌고 계도해왔다. 해방 전 동경에서 공부하고 돌아온 외국문학 전공자들로 이뤄졌던 1930년대 극예술연구회에서부터 해방 후 1970년대 서울극평가 그룹, 그리고 1990년대 이후 포스트모더니즘의 열풍에 이르기까지 비평가/이론가들은 외국연극과 외국연극의 이론을 소개하거나 주로 외국 이론을 적용해서 비평활동을 해왔다. 예외가 있다면 자생적 민족미학을 외쳤던 1980년대의 마당극이나 민족극 이론 정도일 것이다. 1990년대 초까지도 상당부분 도제관계 속에서 배우고 활동해왔던 현장연극인들은 이론 위주의 비평에 큰 관심도 없었다. 단지 비평이 자기 공연에 긍정적인가? 그렇지 않은가에 촉각을 세웠을 뿐이다.

연극실천가들이 연극 이론에 관심을 갖기 시작한 것은 포스트모더니즘의 개방성, 해외교류의 활성화, 미디어의 발달, 연출이나 연기 분야에서 이론적 전문성을 갖춘 인재들의 출현들과 관련이 있을 것이다. 유덕형, 안민수, 오태석의 출현 이후에도 자기 나름의 사실주의 연극론을 보전하는 스승의 가르침과 선배의 훈계를 금과옥조로 따랐던 현장의 분위기[6]는 적어도 제도권 연극계 내에서 1980~90년대까지도 계속되었다. 연출은 스승을 섬겼고 배우들은 연출을 받들었다. 이 분위기가 때로는 상당히 권위적이고 억압적이기도 했다는 에피소드들이 여럿 전해진다. 이런 상황은 어느 시점부터 바뀌기 시작했는데 정치적 이유로 서구의 재현주의 미학을 거부하던 마당극이나 사회적 지지를 받던 연우무대 스타일의 공연들, 기국서 같은 이단아의 출현, 포스트모더니즘의 유입, 극단 작은신화나 혜화동1번지 동인 같은 실험적 작업을 하는 집단들의 활동이 그 계기가 되었을 것이다. 1990년대 이래 봇물처럼 터졌던 해외교류와 각종 국제연극제의 파격적인 공연들은 일차적으로 이들을 크게 자극

했다. 포스트모더니즘, 혹은 탈근대의 연극에서 창작자들은 일차적으로 기의에 구애받기보다 감각적인 기표 자체들의 유희에 탐닉하는 경우가 많다. 그러나 무한히 펼쳐진 해석의 자유 속에서 최소한의 공연 콘셉트 역시 요구되었다. 포스트모더니즘 연극은 감각적이거나 본능적인 실천도 있지만 오히려 오늘의 설치미술에서 보듯이 자기만의 독자적 콘셉트로 승부하는 개념예술의 형식을 띠는 경우도 많다. 따라서 연극실천가들도 이론적 무장이 요구된다. 실제로 연극계에 이론을 갖춘 연출가, 혹은 작가-연출가들이 늘어나기 시작했다. 유학경험자들, 실기 대학원 출신 학생들, 스스로 인문적 소양으로 무장하는 연출가들이 많이 생겨나기 시작했다. 최근에는 유튜브 같은 영상정보와 자료들을 구하는 일이 아주 쉬워졌다. 권위적 재현의 시대의 비평가들이 현장연극인들을 가르치려고 했다면 포스트모더니즘, 포스트드라마의 시대에서 연극비평과 연극현장은 적어도 미학적으로는 평등한 긴장상태를 유지하기 시작해 온 것이다.

그런데 얼마 선부터 상황이 또 바뀌기 시작했다. 외국의 경우는 2001년 9·11 테러 이래, 국내는 2010년대부터, 구체적으로는 세월호 참사 이후로 보아야 할 것이다. 세계적으로 폭력이 다시 표면화되고 난무하고 은폐되었던 위선과 거짓들이 폭로되기 시작하면서 포스트드라마의 현란한 미학이 지니는 모호함과 불가지성이 더 나은 세상을 위해 어떤 도움을 줄 수 있는가 하는 비판과 자성이 고개를 들기 시작했다. 이제 연극행위는 미학이나 평론가가 아니라 사회현실을 직접 향하기 시작했다. 사실주의적 재현으로 다 담을 수 없는 '리얼' 그 자체의 사회적 삶을 직접 끌어들일 새 판을 짜기 시작했다는 뜻이다. 1980년대의 저항적 연극과 다른 점은 **정치적이되 억압/저항의 거대담론이 아니며 이데올로기적이라기보다 공감, 연대, 공공성, 윤리 같은 개념에 기초한 일상적이며 개별적인 사항**들에 발 딛고 있다는 점이다. 그럼에도 포스트드라마의 개방성과 해체성은 일정부분 유지된다. 탈근대적 경제, 사회구조가 지속되는 한 절대 진리와 삶의 총체성이 아직도 쉽게 다시 회복하기 어려운 상황은 계속되기 때문이다.

그러나 참혹한 사회현실에 대한 진정성 담긴 분노는 한편으로 연극이란, 연극행위란 과연 무엇인가에 대한 본질적 질문을 끌어냈고 그 질문들은 기존 연극 만들기의 모든 틀을 대담하게 깨기 시작했다. 동시에 그 균열부위로 사회 전반의 현실을 직접 끌어들였다. 모사의 대상이 되기 이전의 현실 그 자체, 현실의 세부적 기록 자료들, 미시적 일상이 연극의 판을 깨고 난입하기 시작했다. 이런 과정에서 연극의 새로운 미학을 탐색해보기도 한다. 연극 만들기의 과정도 바뀌고 있다. 작가나 연출가 못지않게 연기자들이 창작의 주체로 등장하면서 합의된 기본 콘셉트 하에 함께 연극을 만들어가는 공동창작 형태가 일반화되고 있다. 물론 열악한 창작환경 자체도 연극 만들기의 관심사가 된다. 어쩌면 몇 백 만원으로 공연 한 편을 만들어야 하는 열악한 창작환경 자체가 곧 이들의 연극의 미학을 만드는 것인지도 모른다.

주지하듯이 이런 모든 현상은 2016년 '권리장전 – 검열각하'라는 제명의 획기적인 기획이 본격적 계기가 되었다. 블랙리스트 이후 삼십여 개의 소규모 극단들이 모여 정부보조 없는 크라우드 펀딩 형식으로 검열에 관한 문제점들을 다양한 방식으로 제기했던 사건이다. 그 전후로 다양한 성격의 자발적인 연극 네트워크들이 활발하게 결성되며 작동되고 있다. 이런 움직임들은 앞으로도 계속 바뀌고 확장되고 변화할 것이며 이미 주류 연극계에도 영향을 미치고 있다. 이론적 바탕이라는 면에서 이런 변화는 리히테나 레만 같은 포스트드라마 미학자들이 아닌 푸코나 랑시에르나 아감벤 같은 비판적인 정치사회학자들의 간접적 영향을 받았을 것이다. 또한 이들 변화는 상당부분 '사이트-스페시픽', '다큐멘터리 연극', '버바텀 연극', '디바이징 씨어터', '씨어터 오브 더 리얼'이라는 이름의 세계적인 움직임의 흐름을 타고 있기는 하다. 그러나 **이런 변화는 상당부분 자생적이다.** 이 점이 중요하다. 한국 정치와 사회와 가치관의 격변에 따라 연극도 변할 수밖에 없다는, 아니, 연극이라도 변해야 한다는 절실한 필요성에서 비롯된 것이다. 따라서 이런 변화는 예전처럼 일부 엘리트들이 우월감에서 감각적 차원으로 도입한 것이라기보다, 마른 목에 물 들이키듯 가뭄에 들불 일 듯, 연극실천가들 사이에서 거의 자생적으로, 혹은 동시다발적으로 발생하게 되었다. 이런 움직임은 일단 양적으로도 주목할 만하다.[7] 그들의 연극이 모두 급진적이거나 모두 괄목할 만큼 좋은 작품은 아니지만 젊은 연극인들이 이처럼 많이 쏟아져 나온 적이 없는 것 같다. 일부 진보적 성향의 평론가들은 이들의 작업과 발맞추어 중요한 현상과 이슈들을 논제화하기도 한다. 그러나 전반적으로 현재의 연극평론은 이들의 작업을 충분히 커버하지 못하고 있다. 새로운 작업에 주목하고 그 핵심을 짚어내는 글들도 없는 것은 아니지만 그들과 충분히 공감하고 집중적으로 초점을 맞추거나 그 변화를 적극적으로 담론화하지 못하고 있다는 뜻이다. 사회 전반적으로 기성세대가 불신받는 가운데 실천가들의 연령대가 점점 낮아지기 때문일까? 현장과 평론 사이에 미묘한 거리감이나 어긋남이 감지된다. 요즘 현장 실천가들은 평론가들의 비평을 기다리기보다 아예 프로그램에 작업자들의 창작논리를 발표하기도 한다. 최근 만드는 공연 프로그램을 보면 비평가 없이 프로듀서, 연출가, 배우, 혹은 해당 작품이해에 필요한 외부의 특정 전문가들의 글로 꾸며져 있다.

:: 격변하는 사회와 연극비평의 윤리

이런 변화 속에서 비평가는 무엇을 할 수 있는가? 비평가들에게는 어떤 변화가 요구되는가? 물론 그 답은 쉽지 않다. 그러나 우선 이 질문을 진지하게 받아들이는 것이 각자 그 답을 찾기 위한 시작이 될 것이다. 일부 연극평론가들은 격변하는 사회의 문제적 현장에 뛰어들고 있다. 블랙리스트, 남산예술센터의 반환문제, '역사 바로 세우기', 연극계 대의구조 등의 논의 속에서 몇몇 평론가들이 주된 역할을 했으며 평론가뿐 아니라 시민사회의 일원으로 어느 선까지 주목할 만한 성과를 얻어내기도 했다. 다만 최근『연극평론』지의 원고 중 너무 많은 부분이 이런 정치적, 제도적 문제에 할애되고 있다는 느낌도 있는데, 실은 뒤집어보면 연극 공연 자체에 대한 논의가 이런 관심만큼 활성화되지 못하고 있지 못하다는 얘기일 수도 있다. 이들의 사회참여 활동은 쉽게 기존의 흑백논리나 진영논리, 프레임 논리에 함몰되지 않는 까다로운 사유와 방법론적인 신중함이 전제된다면 이 시대 평론가가 지녀야 할 윤리적 실천성의 일면을 보여준다고 생각된다.

비록 국제정치는 다시 자국중심주의, 냉전의 시대로 돌아가고 있다고 하지만 시민사회뿐 아니라 모든 철학, 정치학, 여성학 들이 결국 실천적 윤리의 문제로 향하고 있는 지금이다. 윤리를 도덕과 구분한 랑시에르는 윤리는 규범이 사실 속에서 해체되는 것이며, 담론과 실천의 모든 형태들을 같은 관점으로 보는 것이라고 했다. 다시 말해 윤리는 환경, 존재방식, 그리고 행동원리 사이의 동일성을 확립시키는 생각이라는 것이다.[8] 그렇다면 **비평의 윤리**는 무엇인가? 공정한 것, 사적 감정이나 이익을 개입시키지 않는 것, 표절하지 않는 것 등으로는 부족하다. 현재 연극계에 분명한 변화의 흐름이 있다면 비평 역시 미학중심 비평의 초연한 중립성과 객관적 거리유지의 관례로부터 조금씩 자유로워지는 일이 아닐까? 창작현장의 변화에 더 따뜻하게 공감하고 마음을 여는 것, 그들이 새롭게 정의하고자하는 미학과 연극의 정의가 과연 무엇인지 함께 관심 가져보고 비평과 연극현장, 그리고 현실적 사회와의 거리를 좀 더 좁히는데서 시작하는 것, 그것이 현 시점에서의 비평의, 비평이라는 행위의 윤리가 아닐까?

나는 1994년에 "연극이 변하고 있다"[9]라는 글을 쓴 적이 있다. 좀 막연한 느낌이었지만 '신세대'의 연극인, 특히 배우들이 기존의 수동적 존재가 아니라 배우로서의 자긍심과 적극성을 가지기 시작했다는 내용을 포함하고 있었다. 이제 이 시대의 젊은 연극인들은 모든 면에서 주체적 존재로서 그들의 연극은 그들의 삶과 직접 연결되어 있다. 이 시대 대다수의 젊은이들의 일과 삶이 그렇듯이 그들에게 연극은 생존과 투쟁의 현장이다. 삶을 여유롭게 반영하는 것이 아니라 삶이 곧 연극인 것이다. 물론 플라톤의 '국가'도 아니고 오늘날의 예술과 비평의 세계에서 삶이 곧 연극이라는 명제가 성립될 수는 없다. 그러나 이런 그들을 이해하고 연극을 하는 과정을 들여다보지 않으면 좋은 평을 쓸 수 없다고 본다. 얼마 전 극단 신세계의 〈공주들〉을 보았다. 이 극단의 공연이 물론 처음은 아니다. 극전개의 균형상 다소 문제는 있어 보였지만 가슴을 때리는 묵직한 충격을 안고 나왔다. 그러나 차마 내가 평을 쓸 수 없다는 생각이 들었다. 공연의 결과가 문제가 아니다. 미학적 분석이나 평가를 내세우기 힘들었다. 그들의 젊음, 거침없음, 낯설 정도의 에너지, 분노, 극한의 몸, 그리고 상상하기도 어려운 그들의 연습과정…. 이런 것들을 어느 정도라도 그들의 실제 삶과 눈높이에서 공유할 수 없다면 평을 쓴다는 게 의미가 있을까? 육십대 나이의 나로서는 그들의 공연에 대해 비평을 삼가는 게 더 윤리적이 아닐까 하는 생각도 들었다. 젊은 평론가, 이론가들은 충분히 활동하고 있는가? 누군가 이런 작업들을 읽어내고 더 넓은 맥락에서 의미화시켜줘야 할 것이다.

* * *

비평의 윤리와 관련해서 **지난봄의 '미투' 사태**와 연극계가 입은 상처들에 대한 언급을 피하고 지나갈 수는 없을 것이다. 이에 관해서 지난 2월에 연극평론가협회가 이미 적절한 내용의 공식성명을 신속하게 낸 바 있으므로 이 글에서는 나의 개인적인 의견을 잠시 언급하고 그치려고 한다. 미투 이후 이 문제에 관해서 나는 아직 어떤 개인적인 의견도 내놓지 못했다. 물론 평론가로서의 의견 이전에, 그 행위들이 성폭력[10]을 포함하고 있고, 성폭력은 범법행위이고, 사회구성원으로서 그 누구라도 그 죄의 질과 양에 따라 적절한 사법처리를 받아야 한다는 데 이견이 있을 수 없다. 그들의 행위가 사회적으로 큰 파문을 일으키면서 그동안 평론가로서 오태석과 이윤택의 작업에 관한 많은 긍정적 글을 쓰고 긍정적인 평가를 해온 나로서는 당황하지 않을 수 없었다. 갑자기 이 문제를 어떻게 처리해야 하나? 이 말 자체가 이제는 구차한 변명이고 진부한 표현이 되어버렸지만, 그들의 성폭력에 대해, 나 역시 소문을 얼핏 들은 적이 있지만 구체적인 사항들은 몰랐던 것이 사실이다. 그렇다고 지금까지 발표한 글을 모두 걷어들일 수도, 그럴 계획도 없으며 또한 그때의 분석이나 평가를 전면적으로 부정할 의사도 없다. 다만 앞으로 이 모든 것에 대해 더 깊이 생각하고 연구하고 글을 써야 한다는 부채감과 의무감을 가지게 되었다는 게 중요하다고 생각한다.

일단 해방 이후로 한정하더라도 거의 모든 지난 시대 한국의 극작가(대부분 남성인)의 작품에서 여성에 대한 시각에 심각한 문제를 발견할 수 있었다. 그들 희곡에 대해 오늘의 여성주의적 관점에서 문제점을 지적할 수는 있다. 그러나 지난 시대의 작품에 대한 평가를 그 작품들이 쓰인 당시의 사회적 가치관들과 분리해서 생각한다는 것은, 예컨대 재창작이나 연출 같은 입장에서는 충분히 가능하지만, 비평이나 학문의 입장에서는 비합리적이라는 것이 내 생각이다. 한편 창작 당시의 통상적 가치관에 비춰보더라도 오태석과 이윤택의 작품 중에는 성의식이나 젠더의식에 문제가 있었던 것도 사실이다. 간접적으로나마 이를 다룬 논

문도 몇 편 나왔고 나도 단편적으로나마 지적한 바 있다.[11] 그러나 다음
과 같은 점은 인정하지 않을 수 없다. 즉, 성의식에 관한 그런 문제점들
을 인지하고 있었음에도 불구하고 나는 그들이 특출한 작가-연출가라
는 '당연한' 전제하에서 작품의 '일반적' '미학적' 완성도만을 일차적으
로 평가하는 데 익숙해져왔다. 따라서 비평가로서 시대를 따라가지 못
하는 낙후된 성의식과 둔감한 젠더감수성에 오랫동안 안주하고 있었다
는 비판에 대해서 변명할 여지가 없다. 또한 이와 관련해서 결과적으로
후배 여성연극인들이 구체적인 성폭력 피해를 입는 것을 방조한 것이나
마찬가지라는 그동안의 지적도 달게 받아들여야 한다고 생각한다. 늦었
지만 이 자리를 빌려 평론가의 한 사람으로서 그리고 연극계 선배로서
사과한다. 아직 침묵을 지키고 있는 오태석 선생도 이제쯤 공적 채널을
통해 분명한 사과를 하고 작품 활동을 재개하거나 주변을 정리하길 바
라는 마음이다. 그들의 성폭력 행위는 분명히 잘못된 것이고 사안에 따
라 법적 처벌을 받아야 하겠지만, 그러나 그 행위가 그들의 지난 작품
활동 선체를 부화시킬 수는 없을 것이다. 누구나 알듯이 작품은 작가의
손을 떠나면 이미 공적인 영역의 대상이 되기 때문이다. 작품은 그 작가
의 삶의 일부이기도 하지만 발표되는 순간 이미 사회의, 향수자의 자산
이기도 하기 때문이며 다양한 해석과 평가의 대상이 될 수밖에 없다. 이
런 이유들로 지난 미투 관련 연극계 사태 이후 그들의 작업을 재평가하
는 데는 앞으로도 오랜 시간이 걸릴 수밖에 없다고 생각한다.

* * *

또 하나, 지난 평협 심포지엄에서 정진세[12]가 제기한 **비평의 권력화**의
문제가 있다. 그는 「제도권 비평의 문제: 한국연극평론가협회를 생각하
며」라는 발제에서 제도권 평론의 가장 큰 문제점으로 평론과 교육과 심

사가 동일인들에 의해 이루어짐으로 인해서 야기되는 이른바 '평-교-심'을 권력화의 주범으로 꼽았다. 이 세 가지 기능이 한 사람에게 집중되면서 각 기능 간의 상호적 감시와 견제가 불가능해진다는 것이다. 이지적은 원론적, 구조적 측면에서는 충분히 일리가 있다. 그러나 실제로 정진세가 우려한 것만큼 그 폐해가 연극계에 큰 영향을 끼쳤다든가 현상적으로 현재까지 지속되고 있는가에 대해서는 좀 다른 생각이다. 일단 평론가가 심사를 주도하는 현상은 주로 1990년대부터 2000년대 중반 정도까지 집중적으로 발견될 것 같은데 당시 시점에서 평론가로서 일정 경력을 쌓은 사람들의 숫자 자체가 그리 많지 않았었다. 그리고 이 시기에 문예진흥원/문예위원회의 지원심사가 많아졌는데 당시 평론가 외에는 연극을 많이 보는 사람들을 찾기 힘들었기 때문에 평론가 위주로 그나마 공정성을 기할 수 있다는 인식이 있었던 것 같다. 실제로 당시에는 연기나 연출 쪽 중견이나 원로들이 심사에 들어오면 연극을 골고루 많이 보지 않은 상태에서 현장에서 본인과 관련된 사람이나 작품들을 미는 경우가 적지 않았다. 따라서 처음에는 심사위원 중 평론가의 비율이 높았으나 뒤로 갈수록 각 분야에서 연극을 많이 보고 공정한 심사를 할 수 있는 인력풀이 넓어지면서 골고루 참여하게 되었다. 2010년대부터는 평론가의 심사참여 비중이 크게 줄었는데 현재는 현장실천가들이나 저널리스트나 프로듀서 등이 활발히 참여하는 것으로 알고 있다. '평-교-심' 중 가운데 고리인 연극교육의 문제는 논의가 너무 광범위해지면서 이 글의 논지에서 벗어날 우려가 있으므로 생략한다.

아울러 정진세는 학문과 평론의 유착 문제를 들었다. 학문과 평론을 하는 사람들이 겹치면서 상호간에 견제와 비판의 거리가 형성될 수 없다는 뜻인 것 같다. 이는 흥미로운 지적이며 국제 연극평론가협회 같은 데 가보면 비평가들은 대부분 저널리스트인 것이 사실이다. 그러나 비평가가 학문적 배경을 갖춘 것에는 부정적 측면보다는 긍정적 측면이 더 많다고 생각한다. 오늘날의 학문은 실증적 객관성에 함몰되거나 특정 이데올로기에 갇히지 않고 스스로 비판 기능을 가지기 시작했다. 예컨대 연극학에서도 텍스트 중심의 연구에서 공연이나 그 공연의 사회적 맥락을 중요시하는 연구 쪽으로 이동하면서 변화하는 정치적, 사회적 콘텍스트를 연구에 반영하고 있다. 학문이 비판적 기능에 참여하고 있는 이상, 학문을 하는 사람이 비평을 겸하고 있다고 해서 반드시 권력화되는가는 더 생각해봐야 할 것 같다. 다만 비평이 학문보다 훨씬 더 현장에 밀착하고 미학적 흐름과 사회변화에 민감해야 함은 당연하지만 말이다.

되돌아보면 이 글을 쓰는 나를 비롯해서 어떤 시기의 일정 카테고리의 사람들이 별 생각 없이 바쁘게 비평하고 가르치고 심사까지 해온 게 사실이다. 이에 대해 '평-교-심' 삼위일체가 누려온 제약 없는 권력이라는 비판은 그 문제 제기 자체로 신선하고 의미가 있다고 본다. 개인적으로는 '평-교-심'을 통해 무소불위의 권력을 행사해왔다기보다는 연극계를 위해 열심히 일했다고 생각하고 싶지만 이런 자기환원적이며 정체적 구조가 사회적으로 바람직하지 않은 것은 더 말할 나위가 없다. 더구나 '평-교-심'들이 외부세력과 부적절하게 결탁까지 하는 일이 있다면 더 큰 문제가 될 수 있다. 예술계 권력에 대한 '감시와 견제'는 계속되어야 한다.

:: 연극평론의 변화를 위해서

1) 연극평론가의 책무

어쩌면 이렇게 거센 변화가 일어나고 있는 상황에서 연극평론가의 책무를 논하는 것은 불가능할지 모른다. '연극'이 무엇인지의 개념 자체가 이미 크게 흔들리고 있기 때문이다. 심포지엄의 또 다른 발제자였던 기획자 고주영[13]은 「담론생산으로서의 기획」이라는 발제에서 연극의 범주 자체를 확장하고 싶다고 말한다. ─ 그것이 커뮤니티 아트로 불리건 다원으로 불리건 거리예술로 불리건 ─ 예술과 삶을 분리하지 않고, 생각하는 주제에 관해 관객과 효과적으로 소통하기 위해 적절한 공간과 형식을 찾고 싶다는 것이다. 이런 공연들이 어쩌면 점점 설 자리가 좁아지는 '연극'의 존재이유가 될 수 있을 것이라고 말한다. 자신이 작업을 통해 실현하려는 바는 완성도 높은 '예술'이 아니라 '내가 직면하고 있는 삶, 우리가 지니고 있는 어떤 시간, 공유하고 싶은 상황, 그에 대한 연대'라는 것이다. 그리고 '연극 전문가보다 실제로 넓은 세계의 살아있는 당사자의 관점으로 읽히는 리뷰'들이 가장 반갑다고 말한다.

그런데 물론 우리 연극계에 이런 확장된 의미의 공연들만 있는 것은 아니다. 오늘도 프로시니엄 무대에서, 로비가 딸린 정숙한 공간에서 기존의 '예술적'이고 '재현성'이 강하고 '높은 완성도를 지향하는' 연극들도 공연되고 있다. 그러나 바깥세상이 연극보다 더 역동적이고 연극적인 탓인지 이런 공연들에서 마음을 움직이는 진정성을 찾는 일이 점점 힘들어지고 있다. 적절한 비평적 용어를 찾아내기가 매우 힘들지만 최근 평론의 관심을 끌만한 공연들은 소박하더라도 새로운 형식으로 현실을 담은 연극들이 더 많다. 특별히 형식이 새롭지 않더라도 격변하는 우리 삶과 연극행위에 대한 싱싱한 진정성을 품고 있는 작품에 마음이 움직이는 것이다. 민간의 자생적 연극네트워크를 통해 선보이는 이런 공연들이 이제는 서울국제공연예술제(SPAF)에서 초청하는 웬만한 외국공연들보다 더 지적으로나 감각적으로 도전적이며 더 절실한 감동을 주게 되었다. 이런 변화는 주류 국공립단체의 활동에서도 감지된다. 국립극단은 소극장 판을 적극 활용하고 있고 남산예술센터나 두산아트센터는 새로운 연극의 형식을 수용하기 위해 적극적으로 노력하고 있다. 재미있는 예로서는 작년 〈옥상밭 고추는 왜〉로 주목을 받았던 장우재와 극단 이와삼은 재현적 연극(트랙 A)만으로는 안 되겠다 싶었는지 곧이어 공동창작 스타일의 트랙B 공연 〈신자유주의 놀이 - 빈 의자〉를 시도하기도 했다. 물론 현재의 연극을 새삼스레 재현과 비재현으로 나누자는 것은 아니다. 한편 혜화동1번지가 이미 연극권력의 중심이 되었다는 좀 우스운 얘기도 들린다.

요컨대 2010년대 이후 공연양상은 통상적으로 다원화되어있다기보다 '새롭고 진정성 있게 현실을 담는' 공연의 움직임이 더 대세를 이루고 있다는 점은 부인하기 힘들다. 물론 평론가는 각자의 취향과 판단과 선택에 따라서 각자의 비평활동을 하면 된다. 그러나 현재 기존의 연극이 정체된 데 비해 새로운 연극의 움직임이 눈앞에서 진행되고 있고 이런 연극계의 변화가 최근 우리 현실 사회의 변화에 밀접하게 연동되어있다는 것을 생각한다면 연극과 연극비평이라는 행위의 정의도 조금씩 변화할 필요가 있다는 것이다. 그것이 평론의 책무라고 할 수 있다. 고주영은 계속해서 말한다. "작업을 계속하기 위해 필요한 것은, 이야기가 맴돌지 않고 빠져나갈 수 있는 트임, 물꼬"이며 평론가에게 기대하는 것은 "연극/예술하기 이전에 삶을 사는 생활인, 지금 이 세계를 목도하고 겪고 있는 사회구성원, 시민이라는 인식과 공감을 가진 동료"라는 것이다. "무대, 조명, 연기, 구체적인 정책의 시비나 이해관계를 논할 '전문가'가 아니라 **'연극'과 '극장'의 정의와 역할을 토론하고 갱신할 수 있는 선배**"라는 것이다.

다시 말하지만 이들이 추구하는 새로운 '연극'이 특정 정파나 특정 정치 이데올로기를 의미하는 것은 아닐 것이다. '일상을 사는 생활인으로서 지금의 세계를 목도하자'는 것이며 사회구성원이자 시민으로서 공정함, 부당함의 거부, 적어도 최소한의 인간다운 자부심과 삶을 이룰 공감과 연대를 원한다는 것이다. 그렇다 해도 연극이 사회운동 그 자체가 될

수 없는 것처럼, 연극평론은 사회비평이 아니다. 평론가에게 역시 중요
한 것은 '연극미학'이다. 결국 '어떤 연극미학'이냐가 문제이다. 김윤정
은 「1970년대 연극평론가들의 부상과 정전화의 시작」이라는 논문에서
1970년대의 연극비평의 특성이 사회적 관심이 배제된 '연극주의'와 '보
수성'이라는 측면에서 오늘로 이어지는 연극비평의 정전(正典)을 형성하
고 있다고 지적한 바 있다. 귀 기울여 들을 만한 비판이다.[14] 그러나 그
들이 원하던 원치 않던, 권위적인 스승이 싫다면 선배로라도, 전문가의
객관적 평가가 필요한 부분은 여전히 존중되어야 한다고 생각한다. 이
와 함께 새로운 연극과 극장의 정의를 함께 찾자는, 그것이 곧 오늘날
연극의 존재이유가 될 수밖에 없지 않느냐는 현장작업자의 이런 발언에
대해 평론가들이 귀 막는 일 역시 어려울 것이다.

2) 한국연극평론가협회의 변화가 필요하다

그렇다면 이런 연극계의 변화를 수용하기 위해 평론은 어떻게 변해야
하는가? 한국연극평론가협회를 중심으로 말할 때 평론계의 보다 구체
적인 변화와 혁신을 위해 절실히 필요한 것은 한국연극**평론가협회라는
조직의 개방과 외부와의 소통**이라고 본다. 변화하는 연극계의 요구에
부응하기 위해 한국연극평론가협회라는 조직, 『연극평론』지 발간과 관
련된 근본적인 점검과 변화가 필요하다는 말이다. 이번 평론가협회의
심포지엄이 있기 직전에 대학로 엑스포럼이 주최하는 '협회란 무엇인
가'라는 주제의 세미나가 열렸다고 한다. 이제 우리 자신이 속해있는 평
론가협회에 대해서도 관심을 기울여야 할 때다.
현재 상태에서 비평을 활성화하기 위해 언뜻 생각나는 용이한 해결책
은 비평활동을 분화하고 전문화하는 것일 수 있다. 공연이 너무 많고 다
양하니 상업적, 세미 상업적, 실험적, 보수적 등 각 연극 성향에 대해 특

별한 관심을 가진 비평가들이 보다 집중적이고 전문적인 비평활동을 하는 것이다. 특히, 이상적으로는 젊은 비평가들이 많이 나와 젊은 연극들을 활발히 비평해주는 것이다. 그러나 이것도 그리 쉽지는 않다. 현재로서도 평론가 개인의 취향에 따라 어느 정도는 이런 식으로 이루어지고 있으나 무엇보다 젊은 평론가들이 크게 부족한 상황이다. 따라서 전문적 분화 이전에 더 원론적인 변화는 평협이라는 대표적 조직이 연극작업의 중요한 이슈들을 다 커버하려는 노력을 더 많이 경주함으로써 가능할 것이다. 정진세는 발제문에서 이 점을 강하게 요구하고 있다. 그는 평론가협회 중심의 '제도권 비평'의 문제점 중 하나로 "시대/세대에 대한 이해와 공감 없음"을 든다. 그리고 이런 결핍이 '담론 생산으로서의 기획 부재'를 초래했다고 본다. 이를 극복하기 위해서 "제도권 비평은 그 시대가 요구하는 제도 내의 문제들 ─ 이해 당사자의 이슈가 아닌, 타자의 문제들이 상시적으로 오갈 수 있는 플랫폼을 구축해야 한다"는 것이다. 평론가 개개인이 모든 이슈를 다 알 수는 없지만 평론가협회는 그 다양한 이슈들을 목록화하고 있어야 한다는 것이다.[15] 그동안 『연극평론』지가 '시대/세대에 대한 이해'와 연극계 변화를 위한 책무를 수행하지 않았다고 생각하지는 않는다. 좌담회와 특집, 리뷰 등을 통해 이중, 삼중으로 주요 이슈들을 체크해왔다. 개중에는 시대와 연극계의 변화를 짚은 날카롭고 심도있는 발언과 글들도 적지 않다. 그러나 시대와 연극현실의 변화에 따른 공감과 연대의 폭을 넓히기 위한 더 적극적인 제도적, 환경적 변신의 노력이 더 필요하다.

이를 위해 무엇보다 현실적으로 시급한 일은 **다양한 인력과 새로운 필진의 수혈을 위해 한국연극평론가협회가 젊은 비평가들에게 적극적으로 문호를 열고 젊은 비평가들도 협회에 적극 참여하는 일이라고 본다**.[16] 위의 인용처럼 '제도권'을 공공의 장으로 이해하고 있다면 젊은 비평가들도 밖에서 비판만 할 것이 아니라 제도권 안으로 들어와서 함께 생산적으로 적극적으로 활동해야 할 것이다. 평협도 새로운 평론가, 젊은 평론가들을 보다 열린 마음으로 포용해야 한다. 예컨대 현재 활동하고 있는 비평 관련 단체나 웹진 등과의 소통을 모색하는 일도 필요하며 젊은 관객들, 비평의 예비적 독자들과의 소통을 위해서 새로운 플랫폼, 새로운 유통 채널에 대한 고민도 필요하다. 현재의 계간 연극잡지만으로는 변화하는 연극환경 속에서 앞으로 얼마나 더 유효하게 기능할 수 있을지가 문제이기 때문이다. 이 지점에 관해서도 평협도 그동안 『연극평론』지 유통을 위해 전국 도서관의 리스트를 다 뒤지기도 하고 웹진의 창간도 시도해보는 등 많은 노력을 해왔으나, 예산과 인력의 문제 등으로 별 성과를 보지 못하고 있는 것이 사실이다. 주변 젊은 친구들의 의견을 들어보면 아쉬운 대로 평협 페이스북 페이지를 만들거나, 현재 평협 홈페이지에 아카이브되고 있는 리뷰들을 따로 모아 온라인상에서 무료 배포하는 것도 생각해볼 만하다고 한다.

이제 무엇보다, 왜 요즘 젊은 평론가들이 평론가협회 가입을 기피하는지 솔직하게 반성해볼 때가 되었다. 다음은 자신을 '비제도권 평론가'로 소개했던 정진세의 발제문을 읽으면서 가장 가슴 아팠던 부분이다.

"살펴본 바와 같이 제도권 비평의 결정체로서 '평협'은 많은 한계를 안고 있습니다. 지적은 했지만 절대로 변할 수 없는 지점이 있는 줄 알기에 절망스럽기도 합니다. 외려 제도권 비평이 바뀌는 것보다, 권력의 맛을 알아버린 비제도권 비평이 변질되는 것이 더 빠르다고도 생각합니다. …함께 '늙어가며' 이제야 중요한 문제들을 토론하고 대화해야 할 준비가 된 것에 대해서도 반성이 듭니다."

누가 이 평론가를 평협 활동도 하지 않은 채 이렇게 벌써 '늙게' 만들었나? 이렇게 미래에 대한 자조감과 권력의 맛이니 변질이니 하는 슬픈 예감을 갖도록 만들었나? 왜 이제야 이런 토론의 장을 열어줬나? 이날 모처럼의 토론을 위해 평론가협회는 얼마나 충분하고 적절한 준비를 했나? 반성을 할 것은 초청받은 발제자가 아니라 자리를 마련한 '제도권 평론'이 아닌가? 평론가협회는 지금 무엇 때문에 비판을 받고 있는가? 안이함과 무능 때문인가? 혹시 오랫동안 축적된 평론가협회 내의 어떤 이해관계를 위한 편협함이, 내부 문제와 관련된 욕망들이, 나이 듦에 따른 아집들이, 불필요한 권위의식들이 젊은 평론가들로 하여금 평론가협회를 외면하도록 만든 것은 아닌가? 물론 이 글을 쓰는 나도 그 원인 제공자 중의 하나일 것이다. 왜 그들은 더 이상 연극평론가, 혹은 연극비평가라는 타이틀을 피하고 연극이론가, 연극기고가, 연극연구가, 연극 칼럼니스트, ○○○ 회원, 비제도권 평론가 등으로 자신을 표기하는가?

3) 연극평론의 미래는 있는가?

마지막으로, 가장 중요한 이 질문에 대해 내 단견으로는 대답하기 힘들다. 물론 모든 연극인들의 꿈은 연극문화가 이 세상에서 가장 힘차게 펄떡이며 깨끗하게 숨 쉬는 심장이 되는 것이다. 그러나 아쉽게도 그런 날이 조만간에 쉽게 도래할 것 같지는 않다. 연극에 어떤 미래가 기다리고 있는지, 연극은 어떤 형태로건 분명 존재하겠지만, 과연 연극이 있는 한 연극비평은 자동적으로 존재할지, 문학비평이나 미술비평은 분명히 존속할 것 같은데 미래에 영화비평가나 연극비평가는 계속 남아있을지 잘 알 수 없다. 조심스럽게 말해본다면 연극평론은 계속 존재하더라도 그 양상이 조금 바뀌지 않을까 전망해본다. 고주영도 말했지만 상업극이나 미학적 연극 못지않게 연극이 일반인들의 삶과 직결되는 각종 응용연극, 교육연극, 커뮤니티 씨어터들이 지금보다 활성화되지 않을까? 그렇게 되면 연극비평가의 활동도 거리를 두고 객관적으로 비평하기보다 함께 만들고 참여하는 쪽으로 조금씩 변하지 않을까? 아무튼 분명한 것은 현재로서 연극평론가가 주변에 적극 추천하고 싶은 미래의 직업은 아니라는 것이다.

일반적으로 평론가들은 경원된다. 그들이 가졌을지 모른다고 생각되는 어떤 권력 때문에 앞에서는 최소한의 예우를 받지만 왠지 힘든 노동은 안 하고 입이나 펜 한 자루로 살아간다는 선입견 때문에 미움과 배척의 대상이 된다. 또한 평론가들은 창작에 실패한 사람들이라고 조롱받는다. 아마 대부분 사실일 것이다. 그렇다고 평론가들이 창작을 못한다는 열등감 대신에 심술궂은 권력을 휘두르고 싶어 하는 사람들은 아니다. 연극비평이라는 권력을 발판으로 궁극적으로 개인의 입신양명과 출세를 도모하는 그런 사람들도 드물다. 또한 대부분의 연극평론가들은 유한계급이나 기타를 메고 다니는 베짱이들이 아니다. 정진세는 "한국의 연극평론가들은 현재 한국의 연극현실이 어떠한지를 정확히 파악하지 못하고 있거나, 연극을 만드는 존재들이 얼마나 고통스럽게 삶을 영위하고 있는지 '공감'하지 못하고 있는 것은 아닐까 하는 의문이 듭니다. 배우들은 기호가 아니고 살아있는 생명체라는 말입니다"라고 썼다. 그러나 정진세의 이 문장은 좀 과도한 표현으로 느껴진다. 가슴 아픈 표현이긴 하지만 과장된 이분법이다. '제도권/비제도권' 사이에 있을지 모르는 많은 젊은 비평가들 역시 이 사회의, 연극계의 나쁜 경제 생태계로부터 안전거리를 유지하지 못하고 있다.

대부분의 평론가들은 배우나 연출가 못지않게 오직 연극이 좋아서 연극을 사랑해서 연극 주변을 맴돌고 있다. 평론가도 누구보다 연극을 사랑한다. 연극을 사랑하지 않는다면 매일 저녁 피곤한 몸을 이끌고 그 많은 연극을 다 찾아 본다는 게 그리 쉬운 일은 아니다. 권력은커녕 사실 배우, 연출가, 누구보다도 아무런 대가 없는 사랑을 하는 것이 평론가라고도 할 수 있다. 아무리 작은 공연에서라도 배우나 연출은 주목을 받고 박수를 받고 프로그램에 이름이라도 실리지만 평론가는 어쩌면 몇 명도 읽지 않을지도 모르는 글을 쓰고 있는 것이다.

연극이라는 이 작은 배를 함께 타고 있으면서, 연극을 지독히 사랑하는 사람들만 남아있는 이 작은 공동체 속에서, 왜 지금 평론가는 환영받지 못하고 있는가? 평론/이론에는 원래 초월과 비약의 순간이 불가능하기에 비평가는 '노래'[17]를 부르지는 못한다. 그러나 비평가도 '노래'부르고 싶다. '노래'가 되는 그 순간을 향해 함께하고 싶다.

:: 註

1 이 글에서는 평론가와 비평가라는 단어를 임의로 섞어 썼다. 양자 사이의 엄밀한 차이를 말하기 힘든데, 비평가가 평론가보다 가볍고 현장에 밀착하는 느낌은 주지만, 현재 '한국연극평론가협회'니 『연극평론』이니 하는 식으로 '평론'이라는 단어를 공식화하고 있는 것 같아 그냥 둘을 혼용하기로 했다.

2 새롭게 출현하는 젊은 인재 중에는 재현에 가까운 희곡이나 연출로 주목을 끄는 경우도 많지만 이 글에서 주로 언급하는 것은 최근 연극계에 보다 적극적인 변화를 가져온 작업들이다.

3 일시: 2018년 9월 1일 (토) 오후 2시; 장소: 서울문화재단 대학로연습실 다목적실

4 지면상 모든 분을 언급하지 못한 점, 양해 부탁드린다.

5 원래 이 글에서는 언급하지 못했으나 이 글을 썼던 즈음이나 그 이후 새로운 관점과 스타일의 연극평론 활동들이 조금씩 활기를 띠기 시작했다. 예컨대 2017년부터 리플릿을 통해 새로운 형식과 관점의 비평활동을 시작해 2020년 초까지 3권의 비평서 『이미 선택된 좌석입니다』(2017), 『이미 선택된 좌석입니까?』(2018), 『우리가 선택한 좌석입니다』(2020)를 발간하기도 한 '연극비평집단 시선'의 활동을 주목할 만하다. 30대의 연극비평가들을 중심으로 구성된 이 집단은 기성 연극평론가들이 미처 다루지 않는 작은 규모의 잘 알려지지 않은 연극, 새로운 관점의 문제의식을 지닌 작품들을 대상으로, 가능한 한 현장에 가까운 위치에서 바라보고자 했다. 서울연극센터에서 발행하는 웹진 〈연극in〉의 리뷰란에는 다뤄지는 작은 공연들만큼이나 신선하고 예리한 감각을 지닌 필자들이 글을 쓰고 있다. 이런 비평적 활기들은, 청년연극 일반의 경우와 마찬가지로, 재정면에서 서울문화재단과 같은 공공기관의 다양한 지원사업의 도움을 받았다.

6 유치진, 이해랑, 이진순, 임영웅의 작업들이 그 대표적인 예이다.

7 최근 연극계 신인들의 진출은 서울문화재단의 젊은 예술가 대상 지원사업과 같은 공공지원에 힘입은 바 있다.

8 자크 랑시에르,『미학 안의 불편함』, 주형일 옮김, 인간사랑, 2008, 172쪽.

9 김방옥,『열린 연극의 미학』, 문예마당, 1997, 386-413쪽.

10 성폭력은 성희롱이나 성추행, 성폭행 등을 포괄하는 개념으로 쓰인다.

11 예컨대 이들의 성의식은 모순적인 면을 보인다. 한 작품에서는 여성을 극단적으로 대상화 하다가, 그 다음 작품에서는 인간적으로 성숙하고 문제를 해결하고 사회를 이끌어가는 여장부를 그리는 식이다. 또한 이들의 젠더의식은 민족주의 담론과도 불가분의 관계가 있다.

12 독립예술웹진 〈인디언밥〉 편집인, 비제도권 평론가(출처: 발제문 본인 소개).

13 권리장전 - 검열각하(2016), 혜화동1번지 기획초청공연 세월호(2017-2018) 등을 기획했다.

14 김윤정,「1970년대 연극평론가들의 부상과 정전화의 시작」,『한국극예술연구』31호, 2010.

15 그러면서 자신이 '비제도권/비주류' 비평가로 관심 가졌던 것, 아니 가질 수밖에 없었던 것은 '젊은 예술가의 창작환경과 인권, 노동권, 그리고 소외된 주체들의 연극하는 활동' 들이었으며 이는 '세대문제와 하위문화, 퀴어와 페미니즘, 약자와 사회문제' 등 비주류 담론, 그리고 다양성 활동, 연대활동, 감수성 증진으로 활동으로 연계되었다고 말한다.

16 평협이 평론 분야를 대변하는 유일한 단체라는 뜻은 아니다.

17 김방옥,「연극에 관한 공연, 연극 현실, 그리고 그 '노래'」,『연극평론』91호(2018년 봄), 91-103쪽 참조.

2부
연극시론

광화문광장의 촛불시위 ⓒKOPA 공동취재단

촛불시위와 '삶의 연극화'*

:: 정치풍자극에서 광화문 촛불시위로

얼마 전 박대통령의 세월호 7시간을 풍자한 그림 〈더러운 잠〉이 화제가 되었다. 어떻게 대통령을 벗겨 조롱할 수 있느냐고 펄펄 뛰는 여권인사들에게 진보 쪽에서는 "너희들은 과거 〈환생경제〉[1]라는 풍자극으로 노 대통령을 모욕하지 않았느냐"고 맞받았다. 그걸 보면서 풍자극이라는 단어가 왠지 아득하고 '올드'하게 느껴졌다.

1980년대를 전후한 시위라고 하면 화염병, 최루탄, 검거와 고문 등을 떠올리게 된다. 그리고 또 한 가지 빼놓을 수 없는 것이 정치풍자극이다. 시국을 흔드는 사건이 터질 때마다 연우무대나 아리랑 같은 극단에서 마당극이나 민족극이라고 불리던 치열한 정치풍자극을 올렸다. 정부 당국의 검열과 탄압에도 불구하고 정치상황에 관련된 인물이나 사건을 극화해 풍자하며 때로 꽹과리로 흥을 돋우면 소극장을 가득 메운 관객

---

*『연극평론』 84호(2017년 봄)에 실렸던 글이다.

들로부터 뜨거운 반응을 얻었다. 그런데 이번 2016 정국에는 촛불시위
에 밀린 탓인지 이런 풍자극이 별로 보이지 않는다. 연극계에서도 풍자
적 공연으로서는 연례적인 마당놀이[2] 정도가 올라갔을 뿐이고, 뒤늦게
광화문 시위현장에 블랙텐트라는 임시 가설극장이 운영되어 화제를 모
으고 있으나 정치적 메시지를 지니되 풍자극이라는 특정한 양식을 위한
무대는 아닌 듯하다. 단편적인 풍자가 이루어지는 TV 개그 프로그램 같
은 것도 그다지 화제가 되는 것 같지 않다. 풍자가 이목을 끄는 장르는
오히려 만평이나 풍자화처럼 허구성이 약한 분야이다. 스포트라이트는
어디까지나 거리의 시위 현장에 맞춰져 있다. 얼마나 많은 사람들이 모
였는지, 어떤 이슈들이 떠올랐는지, 어떤 조형물이나 퍼포먼스나 이벤트
가 있었는지 등이 관심을 모을 뿐이다. TV 카메라는 박 대통령이나 우병
우의 종이 가면을 쓴 인물들을 가둔 감옥 같은 박스나, 시위대 중 선글
라스에 흰 셔츠로 최순실의 외모처럼 꾸민 여자가 늘품체조를 춰서 사
람들의 웃음을 얻는 장면을 비춘다. 블랙텐트의 공연이 사람들의 흥미
를 끌고 언론에 보도된 날은 세월호 희생자의 어머니들이 직접 배우로
출연한 날이었다.

　왜일까? 흔히 말하듯 현실이 연극보다 더 극적이고 흥미로워서일까?
물론 사실이다. 매일 터지는 사건과 폭로들은 온 국민을 경악케 했으며,
중독처럼 온종일 스마트폰에서 눈을 못 떼게 하고, 매일 저녁 TV 뉴스
앞에 앉게 만드니 연극이 따로 필요 없을 정도다. 에둘러 표현할 필요가
없어졌기 때문일까? 누구라도 댓글을 달거나 직접 광장으로 뛰어나갈
수 있기 때문일까? 그럴지도 모른다. 정치풍자극은 연극이다. 연극이란
기본적으로, 폭력과 각목과 최루탄이 난무하는 현실과 분리된 컴컴한
극장 속에 따로 모여, 무대 뒤에서 준비하는 스태프, 공연하는 배우, 그
것을 구경하는 관객이라는 삼각형을 통해, 거리를 두고 현실을 반영하
는 허구적인 재현이다. 다만 1980~90년대의 정치풍자극은 반독재 투

쟁이라는 구체적 메시지와, 적과 동지라는 편 가르기, 유형화된 인물과 마당극적 컨벤션 등을 통해 현실과의 접점을 극대화했을 뿐이다.

2016년의 촛불시위는 많이 달랐다. 사람들은 허구나 재현이라는 좀 답답하고 구태의연한 필터링을 건너뛰고 현실로 직접 뛰어들어가는 것을 더 즐기게 된 것 같다. 아마도 나날이 폭로되는 현실이 더 픽션 같으니 그 허구라는 프레임을 벗겨버리고 싶었을까? 팩트 안에 더 문제적 갈등들이 도사리고 있기 때문일까? 아니면 디지털 시대의 정보력을 갖춘 똑똑한 대중이기에 픽션보다 현실에 개입하기가 더 쉽기 때문일까? 실제로 광장에 모인 사람들은 스마트폰과 케이블 TV 채널을 통해 시시각각 구체적인 정보를 얻고 있었다. 그들은 인터랙티브한 디지털 시대를 살면서 자신이 주인공일 뿐만 아니라 자신의 참여가 세상을 조금이라도 바꿀 수 있다는 경험과 확신을 가지고 있었으며 시뮬레이션의 가상공간과 뜨거운 몸들이 부대끼는 광장을 자유롭게 넘나드는 혼자이자 여럿인 존재들이었다. 광화문의 백만 관중들은 시위 속 몸으로 몰려다니면서 동시에, 그리고 각자 표출하고, 참여하고, 감각하고, 느끼고, 피드백 받고, 재충전했다.

:: **촛불시위는 어떻게 축제가 되었나: 포스트이데올로기 시대의 퍼포먼스**

2016년의 촛불시위는 광장 민주주의나 직접 민주주의 같은 개념을 불러내며, 2016년 10회 집회까지 약 두 달간 개개인들이 자발적으로 거리로 쏟아져 나와 연인원 천만이라는 기록을 세우면서, 아무런 무력 충돌 없이 민의를 표출함으로써, 이 글을 쓰고 있는 현재 시점에서 일단 탄핵소추까지를 이끌어냈다. 이런 촛불시위의 정치사회적 의미에 대해 전반적으로 매우 긍정적이지만 다소 평가가 갈리기도 한다. 우선 긍정적인 면에서는, 1980년대의 민주화운동에 이어 시민 민중의 힘으로 역사를 바꾼 민주주의의 쾌거, 한국 시민사회의 승리, 폭력 없는 명예혁명이라는 긍정적인 평가가 압도적이다. 국내에 보도된 대로 해외언론의 경우에도 독일 유력 언론 '디 차이트'는 한국의 촛불시위가 유럽과 미국이 배워야 할 "민주주의의 모범"이며 "용감하고 열정적인 민주적 시민들이 개혁을 주도하고 정치권이 그 뒤를 따랐다"고 치켜세웠다. 브루스 커밍스 시카고대 석좌교수도 한국의 촛불시위가 "성숙한 민주주의를 전 세계에 각인시켰다"고 보았다.

반면 회의적인 의견도 없지 않다. 시위 형식으로 민의를 표출하는 것은 성숙한 민주주의의 기반이 되는 대의 민주주의의 포기라는 것이다. 이집트와 같은 정치 후진국이라면 몰라도 어떤 선진국에서도 시위의 힘으로 정치를 바꾼 적은 없다는 것이다. 또 아랍의 봄이 그랬듯이 열정적 시위에도 불구하고 현실정치는 도로 퇴보할 수도 있다는 것이다. 사실 한국의 경우에도 기성 정치의 후진성으로 인해 촛불시위가 정치적 개혁으로 용이하게 이어질지는 미지수다. 한국 정치인들에게 시위를 통해 표출된 국민들의 이런 민의를 수렴해 정치구조와 사회를 바꿀 정치적 역량과 리더십이 과연 있는지 걱정스러운 것이다. 또한 시간이 경과하면서 초기 박근혜-최순실의 국정농단에 분노했던 국민들의 일부가 개혁에 대한 피로감과 안보 등에 대한 우려를 보임에 따라 촛불시위의 신선한 열정이 조금씩 그 색을 바래갈지도 모른다. 흥미로운 것은 2016년 연말부터 박근혜 정권을 지지하는 보수단체들이 촛불 대신 태극기를 들고 촛불 집회와 거의 비슷한 포맷으로 맞불집회의 세를 키우기 시작했다는 점이다. 일부 관제시위로 밝혀지기는 했지만 그들 역시 거리 행진과 공연과 자유발언을 했고 곱게 한복을 차려입고 무궁화꽃 사이에서 환하게 웃는 대통령의 사진을 들었으며 박 대통령을 핍박받던 예수에 비유하면서 대형 나무 십자가를 사제복장의 사람들 여럿이 메고 행진을 하기도 하고 때로는 중세 십자군의 가면과 복장으로 모조칼을 들고 코스프레 시위를 하기도 했다.

이처럼 헌재의 판결을 기다리는 과정에서 초기 촛불시위의 열기는 다소 주춤하는 형국이지만 여기서 촛불시위의 면면에 대해 한걸음 더 깊이 들어가볼 필요를 느낀다. 태극기 집회는 일단 괄호 속에 넣고, 초기의 촛불시위를 중심으로 해서 현상적으로 살펴보자. 한국의 촛불시위는 어떤 구체적인 정치사회적 이슈 하에 촛불을 들고 도시 일정공간에 개개인 단위로 자발적으로 모이며, 비폭력을 표방하며, 때로는 놀이나 축제의 성격까지도 띠는 것이라고 할 수 있다. 촛불시위가 관심을 모으기 시작한 것은 2002년 '효순이 미선이 사건'과 2008년 '광우병 사태'였는데 이번 박근혜 탄핵을 위한 촛불시위에 이르러 그 규모와 의미가 비길 데 없이 커졌다. 앞서의 촛불시위들이 반미감정을 깔고 있으나 죽은 소녀들을 추도하는 취지였고 '먹거리'라는 개인적인 분노로 거리로 쏟아져 나왔다면, 그리고 쇠파이프와 물대포가 등장했다면, 이에 비해 이번 탄핵시위는 박근혜 탄핵과 최순실 국정농단이라는 더 구체적이고 정치적인 분노에도 불구하고 평화로운 놀이나 축제의 성격이 더욱 짙어졌다. 친구끼리, 연인끼리, 가족 단위로 광화문에 나온 사람들은 경찰차에 꽃을 붙이고 노래를 부르고 파도타기를 연출했다. 왜 이런 양상을 보이는 것일까? 왜 그것은 과거와 달리 개인적 참여양상과 함께 퍼포먼스나 축제의 양상을 띠는 것일까?

답은 쉽지 않다. 그리고 여러 가지가 있을 수 있다. 우리 사회의 인권과 민주주의가 신장되어서 과거와 달리 최소한 시위대의 신변 안전이 보장되었기 때문일까? 에너지 넘치고 놀기 좋아하는 국민적 기질 때문일까? 국정농단이라는 상황 자체의 황당하고 어이없는 희극성 때문일까? 절대 강자를 향한 저항이라기보다, 윤리적 우월성을 확보한 자들의 자부심과 여유일까? 막강한 정보력과 감시용 휴대폰 카메라로 무장한 디지털 세대 오프라인 군중의 위력 때문인가? 현실세계의 절망과 분노에 쩐 젊은 세대들의 자조적 유머감각인가? 혹여라도 일부에서 얘기하듯이 상대가 만만한 여성 대통령이라는 데서 오는 편안함도 작용했나? 이런 축제성은 고답적으로 보면 바흐친의 카니벌리즘, 혹은 공연학의 입장에서 보면 빅터 터너가 말하는 사회극에서의 리미노이드, 반구조, 커뮤니타스와 흐름 등의 개념으로 풀이해볼 수 있을 것이다.

그러나 보다 현실적으로는, 촛불시위가 민중(the people)으로부터 발생되는 문화라는 뜻에서, 대중문화(popular culture)적 양상을 띠고 있다고 볼 때, 여기에 대중문화를 권력관계로 분석하는 문화연구(cultural studies)의 관점이 적용될 수 있다. 그리고 이를 위해서는 그람시의 헤게모니 이론으로 거슬러 올라가야 할 것이다. 그람시는 사회의 지배계층들이 이념적이고 도덕적인 리더십의 강요를 통해 피지배 계층들의 동의를 얻어내는 타협적 형평을 헤게모니라고 봤다. 그런데 오늘날의 신그람시적 헤게모니 이론은 헤게모니 이론에서 중시하는 이념보다 대중문화의 생산적 효과에 더 집중하고 있다. 대중문화가 여전히 사회 피지배 계층의 저항과 지배계층의 통합력 사이의 투쟁의 장으로 남아있지만, 그람시의 헤게모니 이론이 원래 인식론을 바탕으로 한 것이었다면, 포스트헤게모니 문화이론에서는 존재와 감성의 문제에 더 많은 관심을 표명한다는 것이다.[3] 이런 변화는 이미 1980년대의 문화연구에서 유행했던 수용자 연구에서 감지되었는데, 그때 이후 수용자의 의미와 쾌락의 생산과정을 중시해왔다. 이는 한마디로 쾌락을 다양한 억압에 대한 저항의 관점에서 접근하는 것이다. 존 피스크 같은 학자는 대중문화의 수용 중에서도 특히 대중들이 다양한 대중문화라는 개개의 텍스트에서 느끼는 쾌락들을 중시한다. 그 쾌락이 해방적 의미를 띠고 있다고 보기 때문이며 능동적 행위자(agency)로서의 대중이 지배적 힘에 맞서 구체적으로 어떻게 대처해나가는가를 말해주기 때문이다.[4] 따라서 2016년의 촛불시위는 국민, 시민, 민중들의 정치적 분노뿐 아니라 대중문화적 쾌락을 만끽하는 광장이기도 했던 것이다. 그들은 마치 찢어진 청바지나 랩, TV채널 선택을 통해 쾌락과 동시에 정치적 발언을 했듯이 촛불시위를 통해 즐기면서 저항했던 것이다. 촛불시위의 참여자들은 대중문화를 통해 의미와 쾌락을 생산하는 적극적 참여자이기도 했던 것이다. 이는 아마 태극기 시위의 경우에도 일부 적용될 수 있을지도 모른다.

:: 참여적 퍼포먼스로서의 촛불시위

촛불시위를 이런 저항적이며 실천적인 대중문화로 볼 때 앞서 말했듯이 참여자의 입장에서의 구체적인 양상은 과거의 풍자극에서와 같은 수동적 구경꾼이 아닌 퍼포먼스에의 적극적 참여이다. 촛불시위에서는 모두가 주인공이며 퍼포머가 된다. 가면을 쓰고 행진하고 무엇인가를 함께 그리고 붙이고 만들며, 공연하는 가수의 노래를 모두가 따라 부르다가 자신이 최순실이 되어 율동도 해보고, 새누리당 현수막을 미리 조금씩 찢었다가 신호에 맞춰 수십 명이 갈기갈기 찢는 퍼포먼스를 벌이기도 한다. 광장의 곳곳에서는 설치미술이 등장한다. 단두대가 설치되고 감옥이 만들어지며 기괴한 인형들이 넘실대는데 그것들은 모두의 참여를 유발하는 구조물이다. 사람들은 그것을 작동해보며 조윤선 전 장관이 검찰에 출두하지 않자 조윤선의 대형 인형을 검찰에 출두시키기도 한다. 김기춘 등의 머리를 공으로 만들어 발로 차며 놀기도 한다. 농부들은 수십 대의 트랙터를 끌고 고속도로를 달려 서울로 입성하는 위용을 자랑하고 촛불을 든 수십만 명이 신호에 맞춰 파도타기를 하는 장관을 연출하기도 한다. 가장 핵심은 촛불이다. 모든 참여자들은 LED 촛불 등 각종 촛불을 준비해서 시위에 나선다. 손에 들기도 하지만 고무줄을 달아 머리 정수리에 붙이고 다니거나 모자를 장식하거나 주머니에 몇 개씩 꽂고 다니거나 젊은 여자들은 비녀처럼 꽂고 다니기도 한다. 얼굴의 둘

레에 촛불모양의 테를 두르기도 한다. 모두 인간 촛불들이다. '촛불-되기'이다. "촛불은 불면 꺼진다"는 어느 정치인의 말에 분노가 커진 날은 촛불이 웅장한 횃불로 진화하기도 한다. 사람들은 가수 공연을 즐기거나 자유발언대 앞에 모여 의견을 개진하고 환호하며 즐기기도 하지만 대개 촛불을 들고 줄을 지어 혹은 삼삼오오 걸어다니는데 자신의 맘에 드는 작은 깃발들 밑에 모여서 행진하거나 구호를 외친다. 그 깃발들 중에는 '혼자 온 사람들', '전국고산지 발기부전연구회'[5], '청와대 주사(注射)파 척결 연맹' 등 웃음을 유발시키는 것들이 많다. 조직적 단체의 깃발이나 하나의 구호 아래 모이는 것을 기피하고 경계하는 것이다. 이 모든 퍼포먼스들은 수치심과 분노를 밑에 깔고 있음에도 불구하고 웃음과 끝없는 셀프 카메라 플래시들과 함께 진행된다.

촛불시위는 또한 거대한 디지털 퍼포먼스이다. 액정화면과 몸, 핸드폰과 광장, 라이브와 시뮬레이션, 온라인/오프라인을 자유롭게 구사하며 넘나드는 퍼포먼스를 펼친다. 그들의 광장시위는 어디서 어떻게 모이는가 하는 정보를 알고 있기에 일종의 플래시 몹(flash mob)이나 스와밍(swarming)의 양상을 띤다. 최소한의 조직위가 있지만 대부분 시민 각자 자발적으로 참여한다. 그들은 디지털 정보의 동시적 생산자이자 수용자이다. 시시각각 바뀌는 그날의 지형과 군중의 숫자, 자기들이 작은 점으로 찍혔을 휴대폰 뉴스 화면을 수시로 체크하면서 시위에 참여한다. 언론에 보도되는 정국의 변화에 따라 그 주말의 시위에 참여할 것인가 말 것인가를 가늠하는 과정에서 휴대폰을 통해서 자신의 행동을 피드백 받으며 다시 행동한다. 그날 저녁 뉴스는 이를 반복하며 재생산하며 이는 다시 촛불시위라는 오프라인의 퍼포먼스를 자극하는 '자동순환의 고리'를 형성하기도 한다. 한마디로 촛불시위는 생물처럼 움직이고 진화한다.

:: 〈겨울궁전으로의 진격〉을 기억하며: 삶의 연극화와 그 역설

한편 2016년 늦가을, 초기 촛불시위의 핵심은 청와대 둘러싸기와 압력 넣기였다. 하야와 탄핵을 외치는 시위대는 법원의 허락을 받은 한에서 청와대에 가장 가까운 거리까지 접근하고자 노력한다. 박 대통령이 있는 청와대 앞까지 가서 이제 제발 하야하거나 퇴진하라고 직접 요구하고 싶지만 법적으로 청와대에 가까이 접근하는 게 금지되어 있으니 그나마 가장 가까운 곳까지 진출해서 청와대를 향해 소리친다는 것이다. 청와대에 접근하지 못하는 안타까움은 여러 코스로 청와대에 접근하여 마치 청와대를 포위하는 양상을 형성한다.

이는 청와대라는 정치적이며 역사적이며 상징적 장소와 그에 접근하는 행위를 통해 새로운 효과를 얻고자 하는 계획된 행위라는 의미에서 일종의 장소특정적 공연(site-specific performance)을 떠올리게 한다. 신현숙이 정리한 바에 따르면 특정한 장소를 중심으로 한 퍼포먼스인 사이트-스페시픽(site-specific) 공연에서 사이트(site)는 단지 물리적인 장소일 뿐아니라 특정장소에 얽힌 역사, 관습, 문화, 인식, 제도, 사건, 현실을 포괄한다. 예술가들은 선택된/발견된 장소와 불가분의 관계를 가진 문화적 가치, 사회적 현상, 지역주민이나 지역사회의 문제 등을 창작조건으로 삼아 공연의 방향과 세부형식을 고안하고, 해당 장소에 개입하여 모호한 중층의 공간을 공략/폭로하는 식으로 작업한다.[6] 닉 케이에 의하면 "'이상적' 공간과 '실제' 공간의 대면, 혹은 충돌을 시도하는 것으로 '익숙한' 공간에 대한 관객의 통제, 조절, 소유권의 기반을 뒤흔듦으로써 '불안정성'을 산출하는 것"이라고 한다.[7]

장소특정적 공연을 설명하는 신현숙의 논문의 어떤 부분은 바로 2016년의 촛불시위를 묘사하는 듯하다. "일상의 장소를 걸어가며 체험하는 사건들, '몸'으로 발견하는 은폐된 역사, 현장에서의 즉각적 관계맺음,

참여와 토론의 '함께하기', 분산되고 산만한 퍼포먼스들, 이 모든 것은 공동체 축제와 연극의 근본으로의 회귀라고 할 수 있다. 관객은 수동적 관람자에서 주도적으로 자신의 체험을 통해 공연을 완성해가는 창조적 주체로 위상이 바뀐다.[8] 관객은 '보행자이자 공동작가'이며 '보는 자이자 보이는 자'라는 이중성을 갖게 된다.[9]

전정옥은 포스트드라마적 연극성의 선조라고 불리는 예브레이노프가 연출했던 〈겨울궁전으로의 진격〉(1920)을 사이트-스페시픽 공연의 효시로 든 바 있다. 이 작품은 1917년의 러시아 10월 혁명 3주년을 맞이하여 배우 8,000명과 150,000명의 관객들이 실제 순양함 오로라 호와 320대의 장갑차를 대동하고 페테르부르크의 겨울궁전으로 진격한 대규모 퍼포먼스였다. 노동자와 학생, 군인, 그리고 예술가들이 맛없는 귀리죽과 얼린 사과를 먹으면서 밤낮으로 준비한 이 퍼포먼스는 1917년 당시 굶주린 민중들과 볼셰비키들이 겨울궁전과 궁전을 에워싸기 위해서 광장으로 쳐들어갔던 역사적 사건을 재현한 것이다. 물론 이 경우는 크게 보아 역사적 사실의 재현이라는, 사전에 준비된 연극적 양식을 취하고 있으며 얼핏 혁명정신을 고취하기 위한 정치적 프로파간다로 보일 수도 있다.

그러나 전정옥은 그 퍼포먼스에 참여한 관객들이 겨울궁전 앞의 광장이라는 '장소'로 들어가는 '보행'과 '점유'하는 행위를 통해서 퍼포먼스에 참여하면서 공적인 권력에 의해 기록된 역사를 자신만의 이해와 경험과 기억을 통해 재배치할 수 있었다는 점에 주목한다. 그리고 혁명에 그다지 열광적이지 않았던 예브레이노프에게 이 퍼포먼스는 "연극이라는 배경 위에서 일상의 승리를 이끌어낸 감동적인 승리이자 갈채"[10]였으며 이는 곧 그가 일찍이 주장했던 '삶의 연극화'의 첫 발걸음이기도 했던 것이다. 이에 관련해 지젝은 〈겨울궁전〉에 관해 미래의 역사가는 '러시아의 모든 것들이 연기'하고 있었다고 기록할 것이다'라고 했으며[11] 또한 그가 같은 글에서 인용했듯이 러시아 형식주의자 슈클롭스키는 〈겨울궁전〉에 관해 "삶이라는 살아있는 조직체가 연극적인 것으로 변모되는 어떤 기초적인 과정이 진행되고 있다"[12]라고도 했다.

한편 이처럼 삶의 연극화, 혹은 현대에서 실제 삶과 예술의 경계가 점차 더 불분명해지는 각종 퍼포먼스에 대한 논란도 없지 않다. 셰크너는 퍼포먼스의 관점에서 테러리즘을 다룬 글에서 독일의 작곡가 슈토크하우젠이 알카에다에 의해 납치된 비행기가 뉴욕의 무역센터 빌딩을 들이받은 9·11 테러에 관해 "전 우주에서 가장 위대한 예술"이라고 찬미함으로써 충격을 던졌다는 일화를 소개한다.[13] 삼천여 명이 피를 흘리며 목숨을 잃은 사건에 바친 이런 찬사는 물론 극단적 예술지상주의라는 비난을 받았다. 최성희는 로렌스 드 보스를 참고하여 이를 20세기 아방가르드 예술가들의 '실재(the real)'에 강박으로 해석한다.[14] 라캉의 '실재계'를 정치적으로 전유한 지젝 역시 9·11 테러를 '실재'에의 열정의 극치라고 본다. 그는 9·11 테러로 인해 미국 중심의 자본주의라는 이데올로기와 환상, 즉 '상징계'의 구멍이 뚫리고 그 시스템의 표피가 벗겨졌다고 보았는데, 이런 미국사회를 분석하며 영화 〈매트릭스〉 속 대사에서 차용한 '실재(the real)의 사막'은 매우 유명한 개념이 되었다. 〈매트릭스〉의 주인공이 문득 자신을 둘러싼 모든 것이 가상이었고 폐허의 벌판만이 기다리고 있음을 깨달았듯이 이제 미국은 꿈에서 깨어나 적나라한 현실을 직면할 수밖에 없다는 것이다. 그러나 9·11 테러라는 충격에도 불구하고 미국사회는 위선적인 '테러와의 전쟁'을 선포하며 도덕적 정상화를 도모했으며 비행기 충돌 테러의 이미지는 스크린에서 반복적으로 재생되고 심지어 상업화되면서 어느덧 가상(semblance)으로 소비되게 된다. 이 책의 첫 장인 '실재에 대한 열정, 가상에 대한 열정'에서 지적했듯이 지젝은 실재와 가상이 꼬리를 무는 이런 근본적인 악순환을 경계해야 한다고 말한다. 그가 간파했듯이 실재에의 열정은 닿을 수 없는 실재 대신에 실재의 극적 효과, 즉 실재에 대한 스펙터클로 귀결된다는 역설이 성립되기 때문이다.[15]

우리의 촛불시위를 지젝의 실재계와 직접 연결시키는 것은 무리일 수 있다. 우선 촛불시위는 1970년대식 정치 패러다임의 결산이라는 분명한 명분과 논리와 의식 하에 이루어진 시민혁명이기 때문이다. 오히려 바디우가 말하는 '사건'에 가까울 것이다. 그러나 박근혜-최순실 농단이 준 충격과 상처는 세월호 참사의 트라우마와 함께 한국인들에게 이라크 비행기 충돌에 못지않은 심층적 외상을 입혔다. 이 '사건'은 나라가 최소한의 합리적 시스템에 의해 돌아가는 근대국가였다는 환상에 구멍을 뚫고, 그것들이 그물처럼 짜인 추잡한 꼭두각시 쇼였다는 것을 깨닫게 함으로써 그 이데올로기적 껍질을 벗겼다는 점에서 시민들은 '실재'에 노출된 것이다. 이와 동시에 순간적으로 점화된 촛불시위의 폭발 역시 '실재계'에 접근하는 불가해한 에너지와 주이상스의 성격을 띠고 있음을 이해할 수 있다. 촛불집회의 역사적 의미와 또 다르게 그것이 야기한 실재적 열정의 일부는 시간이 지나 거듭될수록 촛불시위의 '효과'라는 환상과 스펙터클이라는 가상, 피로감, 혹은 정치적 덫으로 전락할 위험을 안고 있는 것이다.

:: 뜨거운 광장, 차가운 극장: '세월호 이후 연극계'의 지각변동

현실세계의 혼란된 흥분과 무력감이 드라마적 갈등을 가볍게 추월하는 이런 상황에서 연극계 역시 공황으로 인한 공백 상태를 면치 못하고 있다. 그런데 다행히 우리에게는 젊은 연극인들의 움직임이 있다. 많은 사람들이 아마도 감지하고 있듯이 세월호 이후 우리 연극계에는 일종의 지각의 변동이 일고 있다. 이는 1980년대의 정치극이나 1990년대 이후의 포스트모던연극의 흐름과도 다르다. 정치사회적 문제에 큰 관심을 가지면서도 기존의 연극처럼 허구적 세계나 관습적 재현에 기대기보다는 구체적 정보와 팩트, 그리고 사적 기억이나 다큐멘트에 입각하면서 그것을 재구성하며 재의미화하는 공연들이 주목을 끌고 있는 것이다. 구태의연한 정치풍자극이 사라진 대신 뜨거운 마음에 뒷받침되면서도 더없이 냉철하고 분석적이고 자기성찰적이며, 구체적 자료, 심층적인 분석, 관점의 다변화를 통해 새로운 인식과 진실에 다가가고자 하는 연극적 실험들이 시도되고 있다. 이런 기류는 최근 몇 년간 젊은 연극인들의 활동을 중심으로 가히 우리 연극계의 르네상스라고 명명해도 과언이 아닐 새로운 역동적 변화를 창출해내고 있는데 박근형과 동시대 혹은 그 이후의 세대들, 이성열, 김재엽, 강량원, 성기웅, 윤한솔, 김현탁 등의 작업을 거쳐 특히 크리에이티브 바키의 이경성, 양손 프로젝트의 박지혜, 여기는 당연히, 극장의 구자혜, 신세계의 김수정, 이자람 들의 작업이 신선한 성과를 내며 앞으로의 작업을 기대하게 하고 있다.

이런 관측을 뒷받침해준 것은 무엇보다 지난해의 '권리장전 2016 검열각하' 프로젝트였다. 평론가 김소연이 지난 호 좌담에서 2016년의 연극은 "'검열각하'로부터 눈을 돌리면 폐허였다"라고 했듯이 지난해 '검열각하'는 연극계에 주도적 동력으로 존재했다. 너무도 뜨거웠던 지난 여름부터 가을까지 정부의 지원금 없이 크라우드 펀딩이라는 자발적 기금 모음을 통해 21개 극단이 5개월에 걸쳐 릴레이식으로 참여했다. 그 중 일부 미학적 성취면에서 다소 부족한 공연들도 있었으나, 최근 정부의 예술 검열사태에 지속적으로 저항하며, 되도록 단순하면서 명료하게, 냉정하면서 집요하게 그 문제점을 짚어나감으로써 사회적 정의와 진실추구를 위해 연극이 무엇을 할 수 있는가를 보여주었으며, 우리 연극계가 문화예술의 어느 분야보다 더 건강하게 활동하고 있다는 자존감을 확인시켜주었던 것이다. 이는 예컨대 자본과 스펙터클의 유혹에서 벗어나기 힘든 영화에서는 힘든 작업이다.

물론 아리스토텔레스 이래 허구적이거나 재현적 접근에만 의존하지 않는 탈허구를 통한, 또 다른 의미의 실재성(the real)의 추구는 한국뿐 아니라 전 세계적인 흐름이다. 이 실재성은 아방가르드 예술가들의 현존성 (presence)이 강조된 실재(the real)나, 지젝이 말하는 정신분석적 실재계(the real)와도 분명 다르다. 허구가 아닌 실제의 삶을 연극과 만나게 함으로써, 삶 자체를 연극화함으로써 이 부패한 세상에 대해 더 진실되게 사유하고 여기를 보다 나은 곳으로 바꿔보고자 하는 몸부림일 것이다. 버바텀 연극, 렉쳐 퍼포먼스, 뉴다큐멘터리, 사이트-스페시픽 공연, 나아가 교육연극, 실용연극, 치료연극, 시민연극 들에 대한 뜨거운 관심으로부터 우리는 미래의 연극의 향방을 읽을 수 있다.

촛불시위, 각종 퍼포먼스들은 크게 보아 모두 날것으로의 실제적, 일상적 삶 그 자체를 중시한다는 점에서 공통된다. 예전처럼 연극이 삶을 모방하는 것이 아니라 예브레이노프가 일찍이 주창했던 "삶의 연극화"의 후예들인 것이다. 또한 이런 삶의 연극화는 최성희가 지적했듯이 재현을 거부하는 것이 아니라, 비판적 거리감과 사유를 불러일으키는 새로운 '재-현(Re-presentation)'이라는 더 포괄적인 개념을 향해 나갈 수도 있다.[16] 광장에는 뜨거운 촛불 퍼포먼스가 있지만, 그리고 그 촛불은 그 현장적이고 현존적이며 퍼포먼스적 성격으로 인해, 또한 짝퉁적 시위들에 의해 빛이 바래고 흔들리기도 하지만, 다행히도 극장에는 연극이 계속 버티며 진행되고 있다. 특히 젊은 연극인들에 의해 차가운 반허구적 재현이나 다큐멘터리의 실험들이 추구되고 있다. 블랙텐트에서 연기한 세월호 어머니들의 어색하고 서툰 몸짓도 허구적 장면보다는 역시 그녀들 자신으로 얘기하는 짧은 순간에 더 빛이 났다. 허구적 환영이나 퍼포먼스의 일회적 현존성에 너무 기대지 말고 팩트와 허구의 교집합이, 새로운 재현의 연극이 요구되는 시기이다. 촛불시위는 실재의 스펙터클화

라는 위험을 항시 안고 있지만, 그런 한계 내에서도 궁극적으로 정치사
회의 제도적 개혁이라는 또 다른 의미의 실재로 이어지고 있다는 점에
서 여전히 희망적이다. 예상 할 수 없는 순간에 촛불들은 꺼질 듯 일렁
이다가 언젠가는 다시 불붙을 것이기 때문이다. 그렇듯 연극계에서도
현실/연극, 실재/재현, 허구/다큐멘트, 몰입/거리 사이의 역동적인 진
동들과 넘나듦이 끝없이 파동치며 확장될 것을 기대해본다.

:: 註

1 2004년 한나라당 의원들이 출연해 노골적 성적 표현으로 노무현 정부를 풍자, 조롱했던
   연극.
2 올해 초 국립극장 마당놀이 〈놀보가 온다〉에는 단편적인 시국풍자들이 담겼다.
3 조흡, 『문화정치와 감성이론』, 개마고원, 2016, 18쪽.
4 존 스토리, 『문화연구와 문화이론』, 박모 역, 현실문화연구, 1995, 154-159 쪽.
5 당시 청와대에서 다량의 비아그라를 구입했다는 기록이 발견되었는데 청와대는 이에 대
   해 업무차 해외여행시 고산병 예방을 위해 구입한 것이라고 해명한 바 있었다.
6 신현숙, 「장소특정적 연극 - 퍼포먼스 연구」, 『한국연극학』 49호, 179쪽.
7 최성희, 「9/11과 아방가르드 연극」, 『한국연극학』 47호, 198쪽 재인용.
8 신현숙, 위의 논문, 183쪽.
9 신현숙, 위의 논문, 182-183쪽.
10 전정옥, 「장소특정적 연극으로서 니콜라이 예브레이노프의 〈겨울궁전으로의 진격〉 연구」,
   『드라마연구』 47호, 2015, 231쪽.
11 슬라보예 지젝, 「발문」, 자크 랑시에르, 『감성의 분할』, 오윤성 옮김, 도서출판b, 2008,
   111쪽.
12 지젝, 같은 글, 111쪽.
13 Richard Schechner, *Performance Studies: An Introduction*(3rd ed.), New York: Routledge, 2013,
   p.278.
14 최성희, 앞의 논문, 206-208쪽.
15 슬라보예 지젝, 『실재의 사막에 오신 것을 환영합니다』, 이현우·김희진 옮김, 자
   음과 모음, 2011, 22쪽.
16 최성희, 앞의 논문, 213쪽.

검열, 혹은 사육되는 연극[*]

:: 허탈감과 자괴감

관객으로든, 평론가로든, 연극과 함께 울고 웃어온 지 어느덧 40년이 되어간다. 내 힘이 조금씩 **빠져간다**고 느끼면서 우리 연극계도 함께 쇠진해가는 게 아닌가 하는 착시 같은 것도 가끔은 찾아온다. 그런 탓인지 최근에 검열이나 지원간섭과 같은 좋지 않은 소식들을 접하면서 느끼는 것은 강한 분노라기보다 **당혹감, 허탈감, 그리고 자괴감** 같은 것이다.

설마 다시 검열이라니? 1970~80년대로 회귀? 역사가 반드시 발전하는 방향으로 진행하지는 않는다고 해도 앞선 시행착오들을 비판하며 한 걸음 한 걸음 딛으며 그간의 세월이 흘렀다고 생각했는데 이렇게 허무하고 촌스럽게 퇴행할 수 있나….

그런데 **이 부끄러움**은 솔직히 검열을 하는 정부나 한국문화예술위원회 (이하 문예위)뿐 아니라 **연극계라는 우리 내부를 향하기도 한다.** 검열의 귀

---

* 『연극평론』 79호(2015년 겨울)에 실었던 글이다.

환은 **근래 한국연극계의 자생력의 부족**이라는 뼈아픈 현실과 부끄럽게 얽혀있기 때문이다. 원래 연극은 자기도 어쩔 수 없는 운명애와 벌거벗은 몸을 던지는 열정, "못난 놈들은 서로 얼굴만 봐도 흥겹다"[1]는 동료애, 그리고 예술한다는 자부심으로 버텨왔다. 그리고 관객들도 비록 많은 수는 아니지만 이를 존중하고 호응해왔다. 그런데 주지하듯이 언젠가부터 연극은 이런 야생의 힘을, **자생력을 잃었다.** 받는 지원금만큼만 열심히 한다는 말도 돌았다. 지원금을 신청하고 지원금만을 바라보고, 다시 말해 정부가 나눠주는 지원금에 지나치게 의존하면서 그에 길들여져왔던 것이다. 동인제로부터 극단대표제, 프로듀서 시스템, 기획사 주도의 공연을 거쳐오면서, 그리고 최근에는 공공 제작극장 중심의 개편으로 인해, 맞춤방식으로 제작된 좀 더 고급스럽고 매끈하며 세련된 상품성으로 포장된 연극들이 연극계를 이끌고 있다. 물론 한편 좋은 일이기도 하다. 연극인도 잘살아야 하고 제작방식도 합리화되어야 하며 고급스러워진 관객의 취향도 맞춰야 한다. 그러나 과거 가난한 소극장 지하에서도 검열의 눈초리 속에서도 왠지 신나고 무서운 것이 없었던 1970~80년대, 그 생명력을 많이 잃었기에 우리는 지원과 관련된 이번 사태 앞에서 더 무력감을 느끼는 것 같다.

생각을 넓히면 연극이 이런 길들여진 연극, 자생력을 잃은 것은 연극인들만의 탓은 아니다. 그 뒤에는 연극을 힘들게 하는 불가항력의 더 큰 요인이 있다. **사회 환경의 변화**이다. 예전에는 고생 속에 땀 흘려 하는 연극을 사람들이 경탄하며 존경하는 눈으로 봐줬지만 이제 연극은 청년문화의 한 귀퉁이에 머물러 있을 뿐이다. 신자유주의 소비문화 속 끝없이 쏟아지는 상품과 광고, 디지털 기술이 제공하는 현란한 가상세계에 도취된 사람들은 연극의 소박함에 좀처럼 눈길을 주지 않는다. 이미 유사 예술적 감각의 홍수에 빠져있는 것이다. 게임, 카페, 스마트폰, 예쁜 물건들 등 이들을 재밌게 하는 것들은 너무 많다. 사람들은 이제 연극 자체에 별 관심이 없다. 이것이 바로 오늘의 연극계 검열 사태가 지니는 쓸쓸함과 허탈함의 또 다른 모습이다. **연극인들은 분노하지만 일반 사람들은 예전만큼 별 관심을 보여주지 않는다는 것이다.**

2000년 이후 국내외에 충격적인 일들이 계속되었다. 9·11과 이라크전쟁, 금융위기와 소득의 재분배 문제, 원전 누출 사고, 한일관계와 중국의 부상, 각종 국내 정책 실패, 청년실업, 그리고 세월호 참사 등 시련과 어두움의 날들이 계속되어왔다. 그동안 **우리 연극은 이런 커다란 정치 사회적 이슈들을 얼마나 심도있게 반영해왔던가?** 일본 작가가 쓴 〈배수의 고도(背水の孤島)〉나 영국 작가가 쓴 〈차이메리카(Chimerica)〉들을 보며 우리는 언제 저런 세련되고 성숙한 작품이 나오나 부러워했다. 얼마 전부터 박근형의 어수룩한 듯한 풍자극들뿐 아니라 〈자전거 Bye Cycle〉(2014)[2], 〈나는 형제다〉, 〈미국 아버지〉 등 우리 연극계에도 이제 조금씩 오늘의 사회문제들과 아픔을 깊숙이 같이하는 그런 작품들이 나오나 했는데, 이게 뭔지 모르겠다. 전임 대통령을 풍자하고 세월호 참사를 언급한다고 해서 지원간섭을 하고 작가를 협박, 회유하고 공연을 저지할 정도로 옹졸하다니…, 진정한 문화예술 지원기관이라면 더 심도있게 본격적으로 우리 사회의 문제들을 파헤치는 좋은 작품을 쓰라고 격려해도 부족할 판에 말이다.

:: 공안당국의 검열에서 돈의 검열로

김지하로 대변되는 1970년대의 찬란한 저항은 물론이거니와 군사 독재에 정면으로 저항했던 1980년대 연극에도 무대는 초라할지언정 그 뒤로 보이지 않는 광휘 같은 것이 있었다. 뜨거운 공감대와 일사불란한 사회적 지지로 뒷받침되었기 때문이다. 운현동 실험극장의 〈아일랜드〉를 못 보면 의식있는 문화시민에 끼지 못했고 각종 마당극이나 민족극을 비롯해서 연우무대, 아리랑, 신촌 지하 소극장 들의 작품에는 열혈 학생들이 들끓었다. 꽹과리와 장구소리 사이로 무대에서 한마디 던지면 객석에서 서너 마디가 터져나왔다. 1984년 연우무대의 〈나의 살던 고향은〉이 사전에 제출한 심의용 대본과 다르다는 이유로 6개월 공연정지 처분을 받던 날, 관련 기사가 신문 사회면을 덮었다. 아마도 국산 영화나 TV 드라마의 수준이 별로 높지 못했고 아직 SNS 이전의 시대였기에 정치적 억압을 문화를 통해, 특히 마당극이나 민족극을 포함한 연극으로 해소하려는 공통의 열기가 사회적으로 형성되어 있었던 것이다.

당시 이런 열기가 너무 강해서 당시 연극계 내에서는 민중, 민족, 반서양, 반독재, 이런 구호를 내세우는 저항적 연극을 하지 않으면 퇴폐적 유미주의자나, 요즘 말로 하면 '무뇌아'로 경멸의 대상이 될 정도였다. 잠시 고백하자면 나는 독재정치에 저항해 이들과 함께 싸우던 운동권 평론가가 아니라 연극계의 이러한 정치저항 일색의 풍토가 싫어 그것을 비판하는 '제도권 평론가'였다. 그래도 돌이켜 생각하면 연극이 그런 관심을 받던 시기를 함께 누렸다는 것이 영광스럽기도 하다.

아무튼 1987년 6·29 선언 이후 1993년 문민정부가 들어서면서 일제 강점기부터 1970~80년대 연극인까지도 괴롭히던 검열은 일단 끝난 듯 보인다. 1988년 〈매춘〉 사건을 거쳐 1996년 10월 헌법재판소가 영화 사전검열이 위헌이라는 판결을 내리고 공연윤리위원회가 해산됨으로써 우리 사회에서 사전검열은 공식적으로 끝났다. 그러나 헌법 제22조 1항에 명시된 "모든 국민은 학문과 예술의 자유를 지닌다"와 제21조에서 보장하는 "언론·출판과 집회·결사의 자유"에 위배되는 검열의 역사는 얼굴을 바꾸면서 계속된다. 현 정권 하인 2013년 이후만 하더라도 특정 영화 상영금지나 소설 게재 중단, 민중미술 계열 그림의 전시유보 등 여러 방식의 예술계 탄압이 20여 건이나 존재해온 것이 사실이다.

그런데 이강백 선생이 정확히 지적했듯이 표현의 자유나 사상적 탄압의 문제 외에도 이번 검열 사태는 연극계의 자생력의 문제와 연결되어 있다. **언제부터인가 돈의 검열이 더 무서워졌다는 것이다.** 문예진흥원이 생긴 것이 1973년이고 1980년대까지만 해도 진흥원의 지원을 받는 극단은 대한민국연극제에 뽑힌 열 편 정도의 작품들뿐이었다. 이강백 선생에 의하면 당시에는 연극인들의 수도 극단도 적었지만 혜택을 받지 못하는 대부분의 연극인들은 그 나름으로 연극을 올릴 길을 알고 있었다는 것이다. 당시 공연윤리위원회 사전 대본 제출 등 음으로 양으로 검열제도가 있었지만 연극인들은 당당했다고 한다.

> … 당시는 검열제도를 어떻게 보면 조롱과 야유의 대상으로 삼았고, 블랙리스트에 오른 작가들은 오히려 그걸 더 명예로 알고 자랑스럽게 재고 다녔다고 해도 과언이 아닐 겁니다. 따라서 지금 우리가 논의하려는 것은 검열로 봐야 하는지 아니면 근본적으로 연극의 환경이 달라진 것으로 봐야 하는지가 중요하죠. (중략) 예전에 공연을 검열했던 공연윤리위원회보다 문예위나 서울문화재단 같은 지원금의 결정권을 가진 기관들이 두려움의 대상이 된 거죠.[3]

1974년 〈태〉의 공연을 위해 마무리 작업을 하고 있던 안민수 선생에게 공륜 관계자와 기관원이 찾아왔다. 붉은 천으로 무대를 뒤덮는 이유가 뭐며, 사육신 가솔들을 처형하는데 극중의 시대와는 맞지 않게 왜 기관총 소리가 들리는가 따위를 물었다는 것이다. 선생은 오해의 소지가 있는 표현은 바꾸어 공연하겠다며 상황을 피해갔다. 그러나 이후 "기관총 소리를 내서 사육신을 처형시키지 않아도 좋겠지. 단 한 번 북을 쳐서 사육신을 조용히 눕게 하자. 어쩌면 그것이 오히려 아름다울지 모른다"식으로 **자기검열**하는 습관이 생겼다고 술회한다. 그러면서 "보이지 않는 검열로부터의 해방, 그것이 우리가 누려야 할 진정한 자유"라고 강조한다.[4] 문예진흥원장을 지냈던 김정옥 선생 역시 "우리가 오늘 논해야 할 것은 검열의 문제가 아니라 검열과 유사하게 표현의 자유를 침해하는 여러 가지 방식들"이라고 했다. 사전심의는 없어졌지만 정권이 바뀔 때마다 정부, 평론가, 지원 심사위원을 의식한 스스로의 자기검열은 계속되고 있다. 그러느라고 정작 가장 중요한 관객과의 소통은 뒷전이 되고 그러다 보니 연극이 흥행성을 잃었다는 것이다.[5] 요컨대 **"연극은 사육당해서는 안 된다."**[6] 그가 가한 일침이다.

:: 지원이냐 사육이냐

다들 알고 있는 사실들이지만 최근의 예술 검열 사태 중 연극 관련 주요 사건들만 다시 간추려보면 다음과 같다.

1) 2015년 9월 9일 JTBC 보도: 지난 여름 창작산실 우수작품제작지원 심사 후 문예위는 결과 발표를 두 달 이상 지연시키다가 9월 심사위원들을 다시 소집하여 박근형이 전작 〈개구리〉(2013)에서 박정희 대통령을 풍자했다는 이유로 그의 〈모든 군인은 불쌍하다〉를 선정작에서 제외할 것을 문예위 직원을 시켜 요구했다고 한다.

2) 2015년 9월 11일 『한겨레』 신문 보도: 아르코문학창작기금 심사에서 심사위원들이 총 102명 작가와 작품을 선정하였으나 최종 발표에서 32명이 제외된 70명으로 발표되었다. 제외된 32명 중 심사에서 우수작품으로 평가받은 이윤택의 작품이 포함되었다.

3) 2015년 10월 1일 『경향신문』 보도: 최근 국정감사 자료에 의하면 다원예술 창작지원 심사 최종심을 앞두고 문예위 직원이 심사위원에게 특정 연출가의 정치적 성향과 세월호를 다루고 있다는 이유로 윤한솔 연출의 퍼포먼스 〈안산순례길〉을 최종심에서 배제할 것을 요구했다는 것이 심사

위원의 증언으로 드러났다.

4) 2015년 10월 18일: 문예위 산하 한국공연예술센터는 세월호 사건을 연상시킨다는 이유로 팝업 씨어터 작품 중 하나인 〈이 아이〉의 공연을 저지했다.

5) 2015년 11월 6일: 국립국악원 〈금요공감〉 프로그램에 출연한 앙상블 시나위의 〈소월산천〉 공연에서 박근형 연출가의 연극 부분을 제외할 것을 요구했다.

위의 사태들과 관련해 연극·문화계에서는 즉각적인 반발과 성명들이 발표되었는데 9월 10일 서울연극협회가 성명서 "문화계의 정치검열에 대한 정부의 입장과 한국문화예술위원회의 해체를 요구한다"를, 9월 13일에 연극미래행동네트워크가 "청와대, 문화체육관광부, 한국문화예술위원회 공무원들의 정치검열과 헌법파괴를 강력하게 규탄한다"를 발표했으며 그 후 "검열을 거부하는 극작가들의 입장", 연극인 천 명 서명이 이어졌고 10월 5일 여러 문화예술 단체들이 공동주최하는 예술인 연대 포럼이 개최되었다.

한편, 검열 관련 사건들은 대부분 지난 9~10월 교육문화체육관광위원회 감사에서 확인되었는바, 이에 관해 김종덕 장관은 "정치적 이슈화에 골몰하는 이들이 문제"이고 "이 사안을 악용하여 자신의 과오를 검열 때문에 오도하고 있다"라고 했으며[7] 새누리당 한선교 의원은 "시민의 예산지원이 이루어지는 작품이 정치적 논란에 휩싸일 우려가 있다면 지원철회가 마땅하다"고 했다. 당사자인 박명진 문예위 위원장은 "나는 모르는 일"이라고 했다고 한다.[8]

이처럼 검열을 비판하는 여론이 예술문화계에서 들끓고 있으나 정부 차원의 진상규명이나 담당자 문책들은 이 시점까지 이루어지고 있지 않

다. 너무도 다른 세계의 언어를 구사하는 이들 국회의원들을 보며 〈쇼
팔로비치 유랑극단〉의 나무칼이 떠올랐다. 전시 계엄 하의 세르비아의
시골마을에 연극을 하기 위해 도착한 극 단원들은 신원을 조사받기 위
해 경찰서로 끌려간다. 그중 필립이라는 순진한 배우가 차고 있는 연극
소품인 나무칼을 보고 놀란 경찰이 이들을 체포하려 한다. 다른 단원들
이 아무리 이것은 연극용 소품이라고 설명해도 담당 경찰은 배우들의
말을 결국 이해하지 못한다. 그들은 **"이해하지 못한 것이다"**. 그러나 여
배우의 아름다움과 예술적 관능을 통해 그 나무칼의 힘을 깨달은 고문
자 드로바쯔는 결국 자살한다.

사태의 해결을 위한 이들의 비판과 저항은 구체적으로 한국문화예술
위원회를 향할 수밖에 없다. 생각해보면 문화예술위원회는 비록 독재
정권 하에 태어났지만 예술발전을 위해 좋은 일도 많이 했다. 지원액 자
체도 적지 않다. 오늘날 서울은 세계 어느 도시보다 많은 연극 공연이
활발하게 올라가며 서울에 편하게 앉아서 최근 외국의 문제적 공연들을
감상할 기회를 가진다. 그러나 언제부터인지 비대해지고 미로처럼 복잡
해져 버린 문화예술위원회가 지원 외에 검열과 사육까지 담당하는 사태
가 벌어지고 만 것이다.

연출가 김재엽은 『한겨레』 신문에 기고한 글에서 이번 사태에 대해
문예위가 홈페이지에 '문화예술위원회의 의견'이라고 밝힌 글에 대해
조목조목 문제를 제기하고 있다. "예술위원회는 현장예술인 중심의 자
율기관으로서 지원하되 간섭하지 않는다는 원칙을 견지하고 있습니다.
다만 국민의 세금으로 운영되는 만큼 지원에 대한 사회적 합의를 고려
하는 것은 공공기관의 의무라고 생각합니다"라는 문구에 대해 과연 문
예위가 지원하되 간섭하지 않고 있는지? 현장예술인 중심의 자율기관
인지?, '사회적 합의'의 의미가 도대체 무엇이냐는 것을 질문한다. 또한
문예위가 의견서에서 "…〈모든 군인은 불쌍하다〉라는 (박근형)의 작품

에 대해 예술위원회 직원은 실무자로서 우려의견을 제시했을 뿐 심의에
개입한 것은 아닙니다. 녹취에 나온 직원의 '정치적인 이유'라는 발언
역시 사회적 논란에 대한 우려를 표현하려 했던 것으로 파악되었습니다"
라고 밝힌 데 대해 그는 문예위가 '사회적 논란을 우려'하는 데 그치지
않고 심지어 '사회적 논란을 예방'하기도 하는 곳이냐고 지적한다. 그들
은 이번 사건에 '정치적인 이유'나 '정치적인 의도'가 없다며 '정치'라는
단어를 멀리하려고 애쓴다. 그러나 김재엽은 그들이 밝힌 대로 **사회적**
논란을 우려'하고 심지어 '예방'까지 하려는 행동은 이미 정치적인 행동
이라고 알려준다. 탈정치적인 단어로 포장한 '사회적 논란을 우려'한다
는 표현은 가장 정치적인 의도를 드러내고 있다고 질타한다.[9] 그렇다면
또 **'사회적 논란'은 무엇인가? 이에 대한 연출가 이양구의 의견은 명쾌하**
다. 예술의 의미는 '사회적 논란'을 야기하는 데 있다는 것이다.[10]

　문화예술위원회의 심사와 최종 결정 과정의 공정성과 투명성, 외부
압력에 대한 대처, 잘못된 점에 대한 분명한 사과, 너무 자주 바뀌는 지
원 정책 등을 둘러싼 오리무중의 답답함은 카프카의 『성』이 무색할 정
도다. 그리고 우리는 이런 모호하고 일방적인 대응과 제공에 익숙하게
길들여지기 시작했다. 쉽지는 않겠지만 많은 사람들이 지적하듯이 지원
결정과정을 공정하고 투명하게 할 뿐 아니라 지원의 방법면에서 연극의
자생력을 키우는 방식으로 더 연구해야 한다. 현재의 간접지원 중심의
형식을 보완해서 다시 장기적 안목의 직접지원 방식을 생각해보자는 얘
기들이 나오는 이유도 이것이다.[11]

　이런 암울한 상황에서 얼마 전 가냘프면서도 힘찬 목소리를 들었다.
한 라디오 프로였는데 10월 17일 팝업 씨어터 공연 저지사태와 관련해
서 문예위 산하 한국공연예술센터 담당 직원인 김진이 씨가 출연했다.
당시 공연을 저지했던 상사들에 대한 일종의 내부자 양심선언이었다.
두렵지 않느냐는 사회자의 질문에 그녀는 여리지만 차분한 목소리로 말

한다. "저도 두렵습니다. 그러나 이런 일이 일어나서는 안 되는 것으로 판단했어요. 제가 할 일은 예술가와 관객을 만나게 해주는 일이기 때문입니다."[12] 짧고 명료한 대답이었다. 이 (준)공무원의 작지만 정확한 판단과 큰 용기를 대하며 나 자신에 대한 부끄러움과 함께, 우리 사회에 희망이 있다는 생각이 들었다.

:: '헬조선'에서 함께 탈출하려면

문제의 시발이 되었던 박근형 작·연출의 국립극단 공연 〈개구리〉는 이 작가의 기본 실력에 비할 때 솔직히 그리 잘 만들어진 작품은 아니었다. 아리스토파네스라는 고대 작가 희곡의 특징과 구조를 살려 번안하자니 구성이고 인물설정이고 박근형 솜씨치고는 좀 어설펐다. 나도 관객들 틈에서 실없이 웃다가 나왔었다. 공안정국의 서슬이 퍼렇던 1980년대에도 전두환 대통령과 관료들을 직접 풍자하는 연극을 본 적이 있는데 그때 공연만큼 재미도 임팩트도 없었다. 이 정도의 인물풍자는 요즘 인터넷이나 일부 언론의 만평에서 쉽게 찾아볼 수 있다. 아니 훨씬 더 노골적인 경우가 많다. 그런데도 5공 시절로부터 수십 년이 지난 오늘날 이 정도의 단순 풍자를 문제삼아 계속 그 작가가 지원을 못 받게 하고 블랙리스트의 작가를 탄압한다는 것은 정말 시대착오적이며 어리석은 대처요, 누구에게도 도움이 안 되는 자충수라고 아니할 수 없다. 한편, 스탈린 시대도 아닌 소위 민주사회에서, 진정 심도있는 인간이해와 통찰이 담긴 비판적 예술은 검열의 대상이 될 수 없다. 그런 작품은 어리석은 위정자의 입을 다물게 하고 생각 없는 실무자의 손도 떨리게 만들 것이기 때문이다. 따라서 결론은 이제 모든 예술은 검열이 필요 없다는 것이다. 당시 〈개구리〉의 비판적 심도나 예술적 완성도에 관해 막상 평가를 해야 할 것은 연극평론가들이었다. 이 작품이 국립극단의 격에 맞는지를 판단하는 것도 연극평론가나 관객들이어야 했다. 그러나 여기 또한 쉽지 않은 악순환의 가능성이 숨어있으니 그것은 예술을 정치적 잣대로 다스리려는 순간 비평 역시 그 정치놀음에 악용될 우려가 있다는 점이다.

세상이 바뀌었다. 이 정부의 가장 큰 문제는 세상이 바뀌었다는 걸 모르는 데 있는 것 같다. 이에 따라 정부의 문화인식도 바뀌어야 한다. 현재까지 정부는 정부지원과 관련된 연극에 관해서만 탄압과 제재를 가하고 있는 것으로 보인다. 그러나 국민세금으로 주는 지원금이기에 사회적 합의가 필요하다는 정부나 문예위의 논리는 어불성설이요 분명 과거 독재 하에서나 가능한 검열이다. 아니면 현 정부의 입맛에 맞는 연극만 하라는 사육제도가 될 수밖에 없다. 그러나 이제 궁극적으로 검열도 사육도 불가능한 사회가 되었다. 지금까지의 역사도 그런 시도들이 결국 실패했음을 보여주었지만 앞으로는 더욱 그럴 거라는 얘기다.

과거 3공화국 유신독재에서는 민주와 자유를 외치는 인사들을, 5공화국 군사독재에서는 노동자의 권리와 생존권을 외치는 민중들을 '빨갱이'로 몰아 탄압했다. 물론 오늘날에도 세계 유일의 분단국가라는 사실은 엄연히 존재하며 부의 재분배 문제도 존재한다. 크고 작은 시국사건들도 터진다. 그러나 분단 상황이나 북한을 둘러싼 세계정세에도 변화가 왔을 뿐더러 부의 편중과 재분배라는 막중한 과제에 관해서도 국민들은 개혁의 대상과 과정이 그리 만만치 않음을 알고 있다. 정보력과 각종 욕망으로 복잡하게 무장된 국민은 더 이상 일방적으로 재단하고 조종할 수 있는 대상이 될 수 없다. 인터넷 시대에 시국풍자는 그냥 '저녁의 한 풍경'일 뿐이다.

이원화된 이데올로기와 산업생산에 의한 경제효율성이 지배했던 1970~80년대만 해도 규율과 획일화 규제가 가능했다. 이에 비해 오늘날의 정치와 경제적 가치들은 다원적 관계성들과 차이에 기반하고 있다. 인터넷으로 훈련된 대중과 관객의 수준은 높아졌으며 다양한 정보와 소통 기재로 무장한 이들의 잠재성은 좋은 쪽으로 발전하건 그 반대건 거의 무한하며 어떻게 진화할지 모른다. **분명한 것은 이런 흐름을 막거나 되돌릴 수 없다는 것이다.** 북한에서마저 인터넷과 스마트폰 사용자의 증가가 체제의 붕괴를 일으키고 있다지 않은가? 이런 마당에 전 대통령은 토목공사로 경제를 망치고 현 대통령은 단일한 교과서로 머릿속까지 획일화하려고 하는 시대착오적이고 소통불능의 상황들이 계속되니, 가뜩이나 경제난과 취업난에 시달리는 청년들의 입에서 헬조선 소리가 나오는 것이다. 게다가 예술 검열이라니. 경제는 창조한다면서 예술은 손발을 묶겠다는 것인가?

오늘날 문화는 다양성과 차이들이 꽃피는 들판이고 온갖 잡생물들이 꿈틀거리는 갯벌이어야 한다. 그리고 오늘날 문예위원회의 사명은 문화예술이 자유롭게 숨 쉬고 싸우고 뛰놀 생태계를 지원해주는 것이다. 창조적 문화는 생명을 가지고 있으며 생명을 가지고 있는 것은 늘 자정능력도 가지고 있다. 다양성, 차이, 상상력, 부딪침, 자유로운 비판과 소통 그것이 이 어둠으로부터 조금이라도 빨리 '함께' 탈출하는 유일한 길이다.

문학평론가 황현산은 "자신감을 가진 자만이 먼저 말을 걸고 먼저 토론을 시작한다"면서 요즘 청년들이 운위하는 '헬조선'에 관해 **"사람들은 가난하다는 이유만으로 자신이 사는 세계를 지옥이라고 부르지 않는다. 지옥은 진정한 토론이 없기에 희망을 품을 수 없는 곳이다."**[13]라고 말한다. 헬조선을 벗어날 수 있는 길은 획일화나 길들이기나 단속이 아니라 오히려 모든 가능성을 터주는 것이다.

헬조선에 희망이 있다면 그 안에서 발생하는 차이들이 형성했다가 스스로 무너졌다가 하며 만드는 자유로운 문화적, 사상적, 가치적 생태계의 형성일 것이다. 오늘의 대중들을 홀리는 화려한 미디어 가상의 세계 뒤에는 어두운 메커니즘이 숨어있다. 자본의 지배와 조작, 정치논리와 엉키는 위험한 대중심리, 꼬리를 무는 욕망의 재생산 등이다. 그러나 그 자본과 조작의 폭풍 속에서도 생태계는 어디선가에서부터 싹을 틔우기 시작한다. 그리고 작은 형성들과 생성과 탈주들을 반복한다. **그리고 이 생태계에서 연극은 분명 가장 작은 차이들의 하나로서 빛을 발한다.** 그 것은 세르비아 들판의 수레국화 몇 송이이고 목포 바닷가를 덮은 〈뻘〉[14] 안의 꼬막이나 갯지렁이일 수도 있다.

오늘날 기초예술, 순수 연극은 비록 소수이며 초라해 보이고, 어느 나라에서나 지원에 의존해서 상당부분 진행되지만 아이러니컬하게도 그것들은 허위와 자본으로부터 탈출할 수 있는 가장 원시적이며 건강한 힘을 지니고 있다. 그래서 이들을 자유롭게 지원해주는 일은 사소한 것 같지만 장기적 안목에서 무엇보다 중요하다. 궁극적으로 그것이 지역사회나 국가를 건강하게 만들 수 있기 때문이다. 생태계의 궁극적 안정성의 요인은 복잡계(complex system)론과 다양성이고 저항력과 회복력이라고 한다. 그리고 생태계의 균형은 스스로 변화와 진화를 수반한다.

장우재의 〈햇빛샤워〉와 〈여기가 집이다〉에서 동교[15]라는 인물은 관습적 현실을 교란시킨다.[16] 동교가 지닌 다른 사람과 다른 생각, 다른 가치관과의 차이적 인물로서 동교로 인해 주변의 누적된 커다란 문제들이 비로소 그 윤곽을 드러낸다. **그 '차이들'을 만드는 것 그리고 그것을 토대로 '사회적 논란'을 만드는 것이 성숙한 민주사회의 예술이 할 일이다.** 좀 시끄럽고 떠들썩해도 그것은 결국 습기차고 어두운 지하실에서 손바닥에 받아 얼굴과 팔을 문지를 수 있는 '한줌의 햇빛'으로 작용할 것이다. 언젠가 넘치는 햇빛 속의 삶을 가능하게 할 것이다. 또한 이것이 궁극적으로 발밑의 '싱크홀'을 피하는 길이기도 하다. 차이와 다양성으로 이루어진 습지 생태계를 어설픈 콘크리트로 덮어버리면 우리 모두는 〈햇빛샤워〉에서 보았듯이 어느 날 문득 발밑에서 거대한 입을 벌리고 있는 '헬, 혹은 싱크홀'에 맞닥뜨리게 될지도 모른다.

:: 註

1 신경림의 시 〈파장〉의 일부.

2 오태석 원작, 김현탁 창안/연출, 홍익대 대학로 아트센터 소극장.

3 임인자 외 4인, 「좌담: 예술 검열과 표현의 자유」, 『한국연극』, 2015. 11. 19쪽.

4 안민수, 「보이지 않는 검열로부터의 자유」, 『한국연극』, 1987. 09. 32쪽.

5 「좌담: 예술 검열과 표현의 자유」, 20쪽.

6 「좌담: 예술 검열과 표현의 자유」, 20쪽.

7 임인자 페이스북(SNS). <https://www.facebook.com/inza.lim>

8 이양구, "공무원과 예술인에게 필요한 것", 『뉴스토마토』, 2015. 10. 12. <http://www.newst omato.com/ReadNewspaper.aspx?no=590989>

9 김재엽, "모든 공무원은 불쌍하다- 박근형 '모든 군인은 불쌍하다'를 빼달라는 예술위에", 『한겨레』, 2015. 09. 23. 제24면 및 김재엽 페이스북(SNS). <https://www.facebook.com/momoplayer>

10 이양구 발언, "집중 인터뷰: 연극계 검열과 탄압실태", 〈시사자키 정관용입니다〉, CBS FM라디오, 2015. 11. 03.

11 김소연 외 3인, 「특집: 연극지원제도의 난맥상과 제언」, 『연극평론』 78호(2015년 가을), 103-120쪽 참조.

12 미주 10)과 동일.

13 황현산, "아, 대한민국과 헬조선", 『경향신문』, 2015. 10. 15. 29면.

14 김은성 작, 부새롬 연출. 2012년 두산아트센터 공연.

15 물론 작품 속에서 동교는 비현실적이며 다소 도덕극의 인물 같고 자살이라는 극단적인 선택을 하기는 한다.

16 김소연 발언, 김미도 외 3인, 「좌담: 어떻게 보셨습니까?」, 『연극평론』 78호(2015년 가을), 16쪽.

예매창의 열기와 커튼콜의 침묵, NT Live[*]

알파고와 이세돌의 바둑대결이 있었던 지난 3월, 우리 인식의 지평은 갑자기 확장되고 지각변동을 일으키는 듯했다. 갑자기 가까이 다가온 인공지능의 세계에 경악하고 섬뜩해진 것이다. 1차 대결 결과와 함께 각종 분석 기사들이 언론에 실리던 날, 작은 사진 하나가 눈에 들어왔다. 일군의 바둑애호가들이 대국상황을 대학로의 아름다운 소극장을 빌려 함께 관전하는 모습이었다. 초라한 연극용 소극장에 옹기종기 앉아 세기의 대결이 이루어지는 스크린에 초집중하고 있는 바둑 팬들을 보며 이것 자체도 일종의 미디어 퍼포먼스가 아닐까 하는 생각을 했었다.

지난 3월 초, 의미와 스케일은 다르지만 1500석의 국립극장 해오름극장에서 비슷한 경험을 할 수 있었다. 국립극장이 주선해 준 NT Live의 일환으로 영국 돈마 웨어하우스 제작의 〈코리올라누스〉와 바비칸 센터의 〈햄릿〉의 실연 영상을 관람한 것이다. 그러면서 미세하지만 나름대로 신선한 지각의 진동을 감지할 수 있었다. 해오름극장의 관극현장을 중심

---

* 『연극평론』 81호(2016 여름)에 실었던 글이다.

으로 또 다른 공연현실과 공연체험이 만들어지고 있었던 것이다.

연극과 영상의 결합이 새삼스러운 것은 아니다. 워낙 초기 영화는 연극을 그대로 찍어 담는 것이었고 할리우드에서 영화화된 연극이나 뮤지컬도 많았다. 녹화기술이 발전하면서 유명 공연이나 연주실황을 DVD에 담아 판매하기도 했는데 이들은 주로 개인이 집에서 즐기는 소장용이었다. 연극의 TV 중계도 있다. 우리나라의 경우도 한때 교육방송에서 연극공연을 녹화해서 요약해 방영하는 '예술의 광장'이라는 프로그램도 있었다. 순수한 실험적 공연의 경우에도 1990년대 이후부터 피나 바우시의 공연을 예술적 영상으로 담은 CD도 돌아다니고 진문가가 특별히 찍었다는 로메오 카스텔루치의 공연 영상이 국내에서 소수의 연극 팬들에게 상연되기도 했다. 또 이 글의 주제와는 다소 다르지만 과거 공연영상을 현재 공연과 겹치게 만든 우스터 그룹의 〈햄릿〉이나, 연극공연 도중 그 공연실황을 캠으로 찍어 공연 텍스트에 끌어들이는 수많은 미디어 퍼포먼스들이 이미 활발하게 공연되고 있는 상황이다.

:: 공연실황의 영상화(Livecast Cinema Theatre)

그런데 2000년대 이후에 새로운 움직임이 전개되기 시작했다. 디지털 시대 공연의 영상화, 순수 공연예술의 보급 확산이라는 목적으로 공연실황을 외부로 중계하거나 녹화 상영하는 시도들이 우리나라를 비롯한 전 세계에서 커다란 반향을 얻고 있는 것이다. 공연의 영상중계 움직임은 2006년 뉴욕 메트로폴리탄 오페라(이하 메트)가 첫걸음을 내딛은 이후 유럽 주요 국가의 오페라, 발레, 연극단체들이 이 흐름에 참여함으로써 본격화되기 시작했다. 메트는 2006년 9월, 시즌 개막작인 푸치니의 〈나비부인〉을 맨해튼의 타임스퀘어의 대형 스크린을 통해 생중계함으로써 신선한 충격을 주었다. 같은 해 부임했던 메트의 총괄 디렉터 피터 겔브

는 관객들에게 더 가까이 가려는 노력의 일환으로 Live in HD를 본격
런칭하였고 첫 작품이었던 〈마술피리〉는 2006년 12월 미국과 캐나다
를 비롯한 총 4개 국가 98개 영화관에서 라이브로 중계되었다. 2009년
에는 서머 HD 페스티벌을 열어 메트 오페라하우스 바로 앞의 링컨센터
플라자에 설치한 대형 스크린을 통해 푸치니의 〈나비부인〉과 도니체티
의 〈대령의 딸〉 등 10편의 오페라를 무료로 시민들에게 보여주었으며
이 축제는 계속되고 있다. 메트의 이런 '스크린 오페라'는 평단과 관객
모두에게 긍정적인 반응을 얻으면서 계속되고 있는데 2015년 6월 현재
까지 총 89편의 오페라 작품이 영화관에서 상영되었으며 전 세계 1700
만 명 이상의 관객들이 관람했다고 한다. 국내에서도 2007년 이후 거의
매년 〈마술피리〉, 〈라보엠〉, 〈나비부인〉, 〈피가로의 결혼〉 등 레퍼토리
들이 메가박스 몇 군데에서 상영된 바 있다. 2008년에는 표 구하기 힘
들기로 악명 높은 바이로이트 페스티벌마저 〈뉘른베르크의 마이스터징
어〉를 대형 스크린을 통해 무료로 생중계했으며 베를린필하모니는 2010
-2011 시즌 개막연주 실황을 독일을 비롯한 유럽의 60여개 영화관에
생중계함으로써 이 대열이 뛰어들었다.
　영국 국립극단이 주관하는 NT Live의 경우는 Live in HD의 성공에
힘입어 비교적 뒤늦게 출발했다고 할 수 있다. 2009년 6월 NT 리틀턴
극장에서 공연하는 〈페드르〉를 영국 전역의 70개 영화관에 생중계하는
것으로 시작했는데 마이클 빌링턴으로부터 '무대에서 보는 것보다 낫
다'는 평을 들은 이 영상은 전 세계 19개국, 약 280개의 상영관에서 상
영되었고 5만 명 이상이 관람했다. 그 후 〈리어왕〉, 〈햄릿〉, 〈키친〉,
〈디 오디언스〉, 〈맥베스〉, 〈오텔로〉, 〈다리에서 바라본 풍경〉, 〈욕망이
라는 이름의 전차〉 등이 NT Live로 상영되고 있다. 2013-2014 시즌
NT Live의 관람객 수는 큰 폭으로 증가했는데 국내에서도 상영된 〈워
호스〉는 전 세계에서 약 32만 2천명이 관람했으며 총괄적으로 2015년

을 기준으로 50개국 2,000개 이상의 상영관에서 누적 관객 수 400만 명이 NT Live 상영을 즐긴 것으로 추정된다고 한다.

NT Live의 레퍼토리는 셰익스피어 고전으로부터 현대 작품까지 다양한데 단지 NT의 자체 레퍼토리뿐 아니라 영국 전역에서 공연되는 작품들을 검토하여 그중 NT Live에 적당한 10~12편의 작품을 선정하고 전 세계의 상영관을 선택한다. 국내의 경우 NT Live는 주로 우리 국립극장이 영국 NT 측과 계약을 통해 수입하고 있는데 2014년 〈위 호스〉를 시작으로 〈리어왕〉과 〈코리올라누스〉, 2015년 〈프랑켄슈타인〉, 〈다리에서 바라본 풍경〉, 그리고 올해 3월 초 〈코리올라누스〉(앙코르 상영)와 베네딕트 컴버배치의 〈햄릿〉을 상영한 바 있다.

:: 관객의 열기 – 공연문화의 확장인가?

해오름의 NT Live를 보며 우선 인상 깊었던 것은 1,500석 해오름 극장을 가득 메운 젊은 관객들이 형성했던 색다른 긴장감과 일종의 변질된 열기 같은 거였다. 대학생이 대부분인 그들은 상영(공연) 대상에 대한 구체적 정보와 강한 기대치를 가지고 있다는 점에서 어떤 열기를 뿜어내고 있었는데 동시에 공연장에서의 영화 상영이라는 익숙하지 않은 상황에 대한 약간의 불편한 긴장감 같은 것을 지니고 있는 듯했다.

이번 〈코리올라누스〉와 컴버배치의 〈햄릿〉은 — 영국에서도 비슷한 상황이 벌어졌다고 하지만 — 인터넷 예약을 시작한 지 불과 며칠 만에 매진을 기록했다고 한다. 일반적인 국내 라이브 연극이나 영화를 훨씬 넘어서는 이 같은 열기는 무엇일까? 무엇보다 연극 종주국의 수준 높은 공연을 런던까지 가지 않고도 싼 값에 볼 수 있다는 문화적 욕구가 가장 클 것이다. 그리고 젊은 층들이 다양한 미디어와 정보를 접하는 탓에 안목이 세련된 이유도 있을 것이다. 그만큼 우리 관객일반의 욕구와 기대치는 연극인들이 생각하는 것보다 높다. 또한 이번 공연의 경우 컴버배치라는 배우가 지니는 개인적 인기도 큰 몫을 했을 수 있다. 아무튼 NT Live에는 기존의 연극 관객들과 새로운 종류의 팬들이 합류하고 있는 듯하다.

그 동기가 무엇이든 이들은 영화관의 관객이 아닌 공연장의 관례와 매너에 익숙하게 따르고 있었다. 물론 국립극장 대극장의 위용과 하우스 스태프들의 잘 훈련되고 정중한 진행의 탓도 있겠지만 그들은 마치 연극을 보는 것과 똑같이, 일정 시간에 입장하고 중간에 마음대로 퇴장하지 않았으며, 중간에 휴대폰이나 녹음기를 이용하지 않고 음식물을 섭취하지 않는 등 공연 내내 정숙을 지키며 화면에 몰입했다. 또한 지연 상영되는 영상이면서도 실제 공연상황에서와 같은 시간에 인터미션을 가지는 등 새로운 진행 방식에 기꺼이 따랐다. 다만 이런 새로운 상황에 쉽게 적응하지 못하고 어색해하며 어떤 행동을 해야 할지 답을 풀지 못하는 순간이 있었는데 그것은 상영이 끝난 후의 커튼콜 때였다. 영상은 실제 공연장에서 공연이 끝나고 땀에 젖어 성취의 미소를 띠며 현장 관객을 향해 인사하는 배우들과 관객들의 열띤 박수소리를 내보내준다. 커튼콜을 화면으로 보여주는 시간은 무대현장과 달리 그리 길지 않았다. 그런데 그 시간 동안 관객들은 어떤 태도를 취해야 할지 선택하기 곤란해 머뭇거렸다. 이 상황에서 박수를 치기에는 뭔지 자존심 같은 것이 허락하지 않는 듯했는데 이는 아마 그들이 라이브의 살아있는 현장으로부터 소외되었음을 느꼈기 때문일 것이다. 그렇다고 끝나자마자 자리를 박차고 일어나는 것 역시 땀 흘린 연극인에 대한 예의가 아닐 것…. 그래서 관객은 좋은 공연을 보았다는 만족감 속에서도 왠지 모를 쓸쓸함을 느끼며 주섬주섬 짐을 챙겨 객석을 떠나게 된다. 거기에는 분명 이 새로운 공연문화가 지니는 균열이 느껴졌다.

그렇다면 NT Live는 분명히 공연문화인가? 아니면 그냥 공연영상을 틀어주는 영상문화의 영역인가? 이 글을 쓰기 위해 자료를 찾다가 올해 2016년에 발간된 연세대 박사학위 논문인 「공연의 확장과 매개된 라이브니스」를 읽게 되었다.[1] 이 논문은 Live in HD나 NT Live 같은 경우를 LCT(Livecast Cinema Theatre)로 칭하면서 이를 경계적(in-between) 혹은 확장된 공연문화의 형태로 규정하고 있었다. 이 논문에 의하면 LCT의 관객들의 84퍼센트가 '이 퍼포먼스가 라이브라는 사실을 인지하고 있기 때문에 재미를 느꼈다'고 한다. 가디언지의 마틴 트루먼 역시 관객들이 처음에는 회의적이었지만 LCT를 본 후 "나는 연극적인 것(theatrical)을 느꼈다. 사람들은 복장을 제대로 갖추고 있었으며 프로그램을 읽고 있었다"며 그들이 그것을 '연극적 사건(theatrical event)'으로 보고 있다고 전한다. 국내의 경우 〈워 호스〉 같은 경우는 바이 익스페리언스라는 해외배급사와의 개별 계약을 통해 일반 영화관인 메가박스에서도 상영되었는데, 전회가 매진되었던 국립극장에 비해 메가박스에서의 흥행성적은 그리 좋지 않았다고 한다. 그런데 이것은 매우 흥미로운 지점이다. 위의 논문 중 인터뷰에 보면 국내 국립극장의 NT Live 담당자가 "공연장에서 공연을 관람하는 것과 영화관에서 공연을 관람하는 것은 다른 것 같아요. 영화관이 음향이나 상영환경은 훨씬 좋겠죠. 근데 영화를 보는 관객이랑 공연을 보는 관객은 다른 것 같아요"라는 의미심장한 언급을 하기도 한다.

앞으로 이런 흐름이 더 가속화된다고 생각할 때 공연장에서 공연영상 보기는 새롭게 확장된 공연문화로 떠오를 것인가? LCT는 영상에 의해 매개된 연극, 재매개된 매체(remediated media)로서 대접받을 것인가? 아니면 그저 흔한 복제 문화의 일부로 지나갈 것인가?

:: 매개된 현장감(mediated presence)

LCT와 관련된 보다 본격적인 공연미학상의 문제는 생생한 현장감(Liveness), 혹은 현존감(presence)의 문제일 것이다. 관객들은 공연영상이 상영되는 스크린 앞에서 얼마나 생생한 현장감을 느끼는가? 배우들은 어떠한가? 이 문제는 공연의 촬영방식, 상영방식, 그것을 접하는 관객의 문제 등과 관련된다.

우선 NT Live의 일차적 목적은 공연을 영화화하는 것이 아니라 공연의 물질적 한계를 극복하고 공연을 전파하는 것이다. NT의 디지털 책임자인 데이비드 세이벨은 NT Live의 취지가 어디까지나 공연관람객의 접근성을 증진시키기 위해서라고 밝힌다. 'Live'라는 명칭이 말하듯이 생생한 현장감이 목적이므로 되도록 공연내용을 바꾸지 않는다는 게 NT Live의 대전제이다. 실제로 공연의 영상화의 과정을 보면 기본적으로 사전 촬영과 사후 편집에 의존하는 영화보다는 현장성을 살리는 TV 중계나 실황녹화에 가깝다고 할 수 있다. 우선 전문적인 영상감독은 5~8대의 카메라를 동원해 공연에 대한 두 번의 사전 카메라 리허설을 하게 된다. 1차 카메라 리허설 후 스크립트가 만들어지고 이에 근거한 2차 리허설 후 스크립트가 수정되면 이에 따라 공연 당일 중계차의 영상감독의 지휘 하에 공연의 현장전송, 즉 라이브캐스트가 이루어진다고 한다. 라이브로 만들어진 영상에는 사후 별도의 편집이 가해지지 않는다. 따라서 이처럼 사전 준비된 생중계 방식은 '공연+TV+영화'라는 새로운 상호매체성을 결과한다고 할 수 있다.

라이브캐스트된 화면 안에는 객석의 모습도 잡힌다. 박수치는 관객의 옆모습이나 뒷머리뿐 아니라 기침소리 등 그들이 내는 소음들도 포함된다. 공연현장의 관객 역시 중계 사실을 사전에 통지받고 극장 안 카메라 배치 등 약간의 불편함을 인지하고 있는 상태며 당일 티켓을 조금 할인 받기도 한다. 그러나 관객 반응 컷을 따로 찍어 편집하거나 하지는 않는다. 흔히 상영의 앞부분에는 배우나 연출가와의 라이브 인터뷰를 추가하기도 한다. 영상 상영시 공연에 가까운 현장감을 살리려고 여러 가지로 노력하는 것이다.

LCT는 상연방식에 따라 공연현장에서 공연되는 상황을 마치 월드컵 경기처럼 실시간으로 중계하는 라이브캐스트 방식, 시차 등에 의해 시간대가 여의치 못하면 녹화된 영상을 일정 시간 지연해서 상영하는 지연상영, 그리고 일정 기간 후 필요에 의해 다시 상영하는 앙코르 상영으로 나뉜다. 후자들의 경우 라이브 공연에 비해 공간뿐 아니라 시간적으로도 거리가 생기는 셈이다. 그러나 앞서 살펴봤듯이 지연상영이나 앙코르 상영에 있어서도 그들이 보고 있는 영상이 현장에서 공연되었던 영상과 크게 다르지 않음을 인식하고 있기에 관객들의 현장감은 크게 훼손되지 않는다.

주지하다시피 라이브니스의 문제는 미디어 연극학자 필립 아우스랜더를 빼고는 논의하기 힘들다. 아우스랜더는 몸, 에너지, 공동체 등으로 이루어진 라이브니스나 현존의 신화를 경계한다. 그의 기본 입장은 라이브와 미디어의 차이는 본질적 특성이 아니라 문화적, 그리고 역사적 상황에 의해 결정된 것이며, 현재 둘 사이의 차이가 소멸되었다는 것이다. 예컨대 마이크로 매개된 극장공연은 라이브인가 미디어인가, 월드컵 응원부대가 대형 스크린 앞에서 느끼는 것은 현존인가 아닌가를 따지는 것은 의미가 없다는 것이다. 그렇다면 NT Live가 상연된 해오름극장의 열기를 런던 국립극장의 라이브니스와 구별하는 것은 무의미한가? 만일 다르다면 그것은 어떤 의미일까?

:: 상호 매체성(intermediality)의 생성 가능성

NT Live가 아무리 영상화된 공연의 라이브니스를 강조해도 〈워 호스〉나 〈맥베스〉의 공연의 물질성을 영상을 통해 그대로 느끼게 하기는 힘들 것이다. 〈워 호스〉의 거대한 말 인형들이 조종되며 움직이는 생동감,

〈맥베스〉에서 진흙탕에 쏟아지는 비 냄새와 끈적한 공기의 밀도는 3D 화면으로도 재현 불가능하다. 그러나 〈다리에서 바라본 풍경〉에서 인물들이 콜타르 같은 물질에 의해 엉겨붙는 마지막 장면이나 코리올라누스의 피범벅 장면은 크게 잡은 화면을 통해서도 그 나름으로 압도적이었던 것도 사실이다. 251석 돈마 웨어하우스의 창고식 공간에서 몸부림치던 톰 히들스턴의 육체를 담은 영상에서 연극적 에너지가 효과적으로 느껴졌던 반면, 비교적 전통적인 프로시니엄 무대 속 햄릿이 영화적이라는 평을 받았다는 점도 흥미롭다.

영상화된 연극이 라이브한 무대보다 분명히 더 유리한 점도 있다. 고정 카메라, 트래킹 카메라, 크레인, 스테디 캠 등으로 이루어진 여러 대의 카메라를 통해 여러 방향과 길이와 크기의 쇼트로 공연내용을 설득력 있게 전달하다 보니 인물의 대사, 심리, 사건의 진행 등 작품에 대한 이해가 보다 분명해진다. 비록 카메라 감독의 서술적 관점과 현장편집 감각을 통과함으로써 라이브 공연의 개방적 본질로부터는 멀어지지만 말이다. 이런 점에서 공연영상을 보는 관객은 연극연출과 영상연출이라는 이중의 연출을 감상하게 되는 셈이다. 공연을 하는 측에서도 녹화 사실을 미리 알고 있다 보니 그런 사실이 이들의 공연에 어떤 영향을 미칠 수밖에 없다는 점도 중요하다. 흥미로운 것은 LCT 연기자의 역시 현재 자신의 연기가 중계되고 있다는 점을 인지하고 있다는 점이다. 따라서 어떤 카메라가 자신을 잡을지 모르는 상황에서 현장의 관객과 화면을 보는 관객을 동시에 의식해야 한다. 이에 관해 〈This House〉에 출연했던 로렌 오닐은 "새로운 감각이 필요하다. 자신이 눈을 몇 번 깜빡이는가도 인식해야 한다. 이상한 느낌이다"라고 말한다. 따라서 연기자들도 공연장의 관객만이 아니라 영화관의 관객들과도 일종의 상호작용을 나누게 된다는 것이다. 이 경우 역시 카메라 기재가 발달하고 각종 특수렌즈 등이 동원됨에 따라 화면을 다채로워지지만 현란한 영상미가 공연의 소박한 본질을 가릴 수도 있다는 위험은 상존할 수밖에 없다. 공연의 본질을 파괴하지 않기 위해서 지나치게 가까운 클로즈업의 남발을 피한다는 얘기도 있다. 그런가 하면 화려한 영상테크닉의 활용이 비매개성과 거리감 사이에 의도적 충돌을 일으켜 관객이 화면에서 보고 있는 영상이 매개된 것이라는 사실을 관객에게 깨우치게 해준다는 관점도 있다. 아무튼 현재도 영상 녹화시 화면과 카메라를 의식해서 조명이나 사운드, 분장, 의상 등에 대한 배려가 부분적으로 이루어지고 있는 것은 사실이라고 한다. 예컨대 조명의 강도를 부드럽게 조절하고 HD 화면을 의식해 파운데이션은 너무 두껍게 바르지 않으며 가발이나 특수 분장을 조심하고 아기 울음소리를 톤다운 한다는 것이다.

이번에 최대의 관심을 받은 컴버배치의 〈햄릿〉의 경우 공연 자체가 지나치게 영상을 의식하고 제작된 것이 아니냐는 지적도 있는 것 같다. 연극은 시대를 19세기의 영국으로 옮겼고 이에 따라 무대도 마치 체홉의 〈벚꽃동산〉을 연상시키는, 쇠락해가는 상류층 가정의 실내를 비교적 사실적으로 재현해놓았으며 디테일에 상당히 공을 들인 듯이 보였다. 1부에서 사실적으로 공간을 재현하다 보니 햄릿이 극중극 후 삼촌이 기도하는 모습을 지나치면서 하는 그 유명한 독백 장면 같은 것이 연극적으로는 매우 어색하게 처리되었다. 카메라를 들고 다니던 오필리어가 미쳐서 죽기 전에 왕비가 그녀의 트렁크를 살피는 장면이 있는데 그 안에 찢어진 사진들이 있다는 것을 아마 현장에서 무대공연을 본 관객들은 알아채기 힘들었을 것으로 보인다. 무대는 상수 쪽 포켓 방향에 외부로 향하는 큰 통로를 설정해놓았는데 카메라는 그 어두운 통로를 자주 비추지만 실제 객석에서는 그 공간이 그렇게 깊게 활용되고 객석으로 전달되었을지 보였을지 의문이다.

이는 NT의 연극이 NT Live를 이미 조금이라도 의식했다는 뜻인데 이에 관해서도 아우스랜더가 이미 했던 지적이 떠오른다. 라이브 퍼포먼스가 미디어 중심의 인식론(media-derived epistemology)을 받아들이고 있다는 것이다. 예를 들면 록 콘서트장의 대형 스크린이나 앰프처럼 라이브 퍼포먼스가 살아남기 위해 미디어를 끌어들이고 있고 마돈나의 투어 무대는 애초에 뮤직비디오를 의식하며 제작되고 있다는 것이다. 미디어 학자들 사이에서는 전송된 먼 곳에서도 현존감을 느낄 수 있다는 '텔레프레전스(telepresence)', 미디어를 통해서도 그 나름의 아우라가 가능하다는 '매체상의 아우라(mediaaura)'처럼 상호모순적 개념들도 새롭게 논의되고 있다. 이처럼 라이브 공연과 영상매체의 결합은 여러 가지 복합성을 띤 문제점들을 안고 있으며 따라서 이런 점들을 미학적이나 사회적으로 반영하는 새로운 성격의 상호매체적 성격의 제작물들이 생성될 가능성 역시 열려있다고 봐야 할 것이다.

:: 나가며

이번 〈햄릿〉은 요즘 영화나 TV 드라마에서 상한가를 올리는 컴버배치로 인해 더 뜨거웠다. 과거 로렌스 올리비에가 프로이드적인 햄릿을, 국내의 햄릿들이 정치적 혁명아로서의 햄릿을 보여주었다면 베네딕트 컴버배치는 소년 같으면서도 섹시한 햄릿, 동시대적 매력을 갖춘 우울증 환자로 비교적 일관된 해석을 보여주었다. 컴버배치나 히들스턴의 경우가 그렇듯이 클로즈업된 영상화면은 스타 배우들의 얼굴표정과 근육질의 몸을 감상하기에 좋으면서도 영화 속 허구가 아닌 현실의 무대 연기를 보는 느낌을 준다는 면에서 일거양득의 효과를 준다. 다시 말하면 이미 영화나 TV를 통해 세계적으로 상품가치가 있는 배우를 보다 현실감있게 보기 위한 방법으로도 이 새로운 매체가 매우 유용하리라.

NT Live의 관객 분포는 영국 62퍼센트, 미국과 캐나다 22퍼센트, 유럽 8퍼센트, 한국을 포함한 아시아 국가가 0.5퍼센트, 그 외 지역이 0.5

퍼센트라고 한다. 이쯤이면 대체로 'global liveness'라고 할 만하다. 아직 비서구권 국가에서의 상영의 비중이 적어서 망정이지 언젠가 LCT를 통한 서구문화의 세계정복이라는 음모론이나 공연의 신자유주의적 상품화 등의 비난이 나올 수도 있다고 생각된다. 아닌 게 아니라 LCT를 통해 아시아인들의 '백인 이마고' 증세가 심화될 수도 있겠고, 캐스팅에 있어 서구 특유의 복잡한 인종적 배치 전략은 한국 관객들을 어리둥절하게 하는 면도 없지 않다. 그러나 현재로는 우선 나부터도 다음 NT Live 상영을 즐겁게 기다리고 있다!

LCT는 문화사업 차원의 일시적 이벤트가 아니라 미래의 공연예술이 살아남기 위한 생존전략의 일환일 수 있다. 실제로 메트 오페라나 NT의 경우 상당한 이윤을 창출했다고도 한다. 그렇다면 장기적으로 LCT 혹은 NT Live가 궁극적으로 공연관객의 증가를 가지고 올 것인가? 아니면 감소시킬 것인가? 공연문화의 확장인가, 위축인가? 그들이 궁극적으로 원하는 이상적인 결과는 LCT를 접하게 된 많은 관객들이 실제 공연장으로 발걸음을 옮기게 되는 것이라고 한다. 그런데 그것이 과연 가능할까? 현재의 리뷰들을 훑어보면 장기적으로 LCT가 공연관객 증가에 도움이 될 것이라는 전망과 현재 영국의 경우 지역극단과 지방 순회극단의 몰락을 가지고 오고 있다는 우려들이 뒤섞여 있는 것 같다.

성격은 조금 다르지만 우리나라에서도 예술의전당이 SAC on screen이라는 이름으로 공연물의 영상화와 보급을 시도하고 있는 중이다. SAC on screen은 예술의전당 대표 공연을 도서지역, 군부대 등 소외지역 위주로 상영하고 있는데 우리나라의 경우에는 일반적으로 공연관객이 제한되어 있기 때문에 국내공연작을 일반용으로 영상화하는 것은 시기상조라는 의견이 있다.

지금까지 살펴보았듯이 어쨌든 LCT 혹은 NT Live에서 보듯이 라이브와 미디어는 서로 재매개하면서 상호영향을 주고 있다. 아우스랜더는 동시대에서 아무래도 영상이 문화적 강자(cultural dominant)라고 주장한다. 그러나 이런 추세에도 불구하고 몸과 생생함에 근거한 라이브 연극을 지키려는 시도 역시 계속될 수 있다. 포스트드라마의 다양한 스펙트럼을 수용하는 레만도 영상의 초과적인 매끈함에 비해 무언가가 결핍된 무대의 몸을 방어하려 하지 않았던가? 물론 이에 관해 어떤 결론을 내리기는 어렵다. 다만 현재 숱한 미디어 퍼포먼스들의 기술과 가치관의 변화에 따라 활성화되며 진화하고 있듯이, 공연예술과 LCT 사이에도, 관객이 그 미디어적 차이를 인식하고 그 진동을 즐기는 한 흥미로운 미래가 펼쳐질 것이라고 생각해본다.[2]

:: 註

1 지혜원, 「공연의 확장과 매개된 라이브니스: LCT 사례를 중심으로」, 연세대학교 커뮤니케이션 대학원 박사논문, 2016. 이 글을 쓰는 데 사실의 전달과, 기술적 설명, 통계 등에 관해 이 논문을 많이 참조했음을 밝힌다.
2 지혜원의 논문 외에 이 글을 쓰는데 다음의 문헌들을 참고했다.
강일중, "스크린으로 즐기는 공연예술시대", 『연합뉴스』, 2010. 09. 06. <https://www.yna.co.kr/view/AKR20100905047100005>
김용수, 『연극이론의 탐구』, 서울: 서강대 출판부, 2011.
송주희, "토요 Watch: 런던 연극·뉴욕 오페라…서울서 스크린으로 즐긴다", 『서울경제』, 2016. 03. 11. <https://www.sedaily.com/NewsVIew/1KTPYC5B8I>
장기영, "예술의 전당 스크린에서 만나는 〈마술피리〉, 〈지젤〉, 백건우 리사이틀", 『문화뉴스』, 2016. 03. 16. <http://www.mhns.co.kr/news/articleView.html?idxno=11123>
린 가드너, "박제화를 거부하는 영원한 고전(『가디언』지, 2015. 10. 16.)", <미르>, 2016. 02.
Lyn Gardner, "Why Digital Theatre Poses no Threat to Live Performance?", 『The Guardian』, 2014. 01. 27. <https://www.theguardian.com/stage/theatreblog/2014/jan/17/digital-theatre-live-performance-stream-nt-broadcasts>
Matt Trueman, "The Surprise Success of NT Live", 『The Guardian』, 2013. 06. 09. <https://www.theguardian.com/stage/2013/jun/09/nt-live-success>
Michael Billington, "National Theatre Live: Phedre", *The Guardian*, 2009. 06. 26. <https://www.theguardian.com/stage/2009/jun/26/national-theatre-live-phedre>
Philip Auslander, *Liveness: Performance in a mediated Culture*, London: Routledge, 1999.

코로나 시대의 연극

온라인 스트리밍을 뚫고 '연극적'으로 '소통'하기*

코로나19 사태가 확산과 진정을 거듭하면서 공연예술계도 조금씩 움직이는 듯하다. 그러나 바로 얼마 전에도 난 이런 글을 썼고 대체로 연극인이라면 누구나 순간순간 이런 아득함에 빠질 것이다.

오랫동안 연극을 보아왔지만 이런 낭떠러지를 만날 줄은 몰랐다. 남들이 알아주는 고속도로도 아니고 국도일망정 열심히 걸어왔는데 어느 날 갑자기 눈앞에서 길이 끊어져 버렸다. 밑은 컴컴한 낭떠러지다. 사람과 사람의 만남을 피해야 하는 사회라니, 그것도 언제까지 계속될지 알 수 없다니. 연극이라는 예술장르의 현재와 미래는 도대체 어떻게 되는 것일까? 눈뜨고 조용한 악몽을 꾸는 것 같다. 미래를 예견하는 어떤 베스트셀러도 2020년 봄 시작된 전 지구적 역병의 창궐과 비대면의 문명 속에서 공연예술이 처한 운명이나 그 갈 길을 예언하거나 알려주지 못했다.

* 〈연극in〉 181호(2020. 06. 18.)에 실렸던 글이다.

〈연극in〉이 지난 5월 특별기획으로 마련한 '코로나시대, 대체되는 연극에 대하여'라는 좌담을 읽으면서 안쓰럽고 미안했다. 이런 총체적 위기 속에서 그들이 실질적으로 기댈 곳이 거의 없어 보였기 때문이다. 요즘 여러 지면을 통해서 연극인들이 처한 불안과 타개책에 대해 조금씩 의견들이 나오고 있지만 연극계에 오래 몸 담아온 사람들로서도 이렇다 하게 말해줄 것도 뾰족하게 도와줄 것도 없는 게 현실이다. 한 치 앞을 내다볼 수 없는 상황인데다가 더 이상 묵은 경험이 무슨 문제를 해결하는 시대는 아니기도 하다. 빠르게 변화하는 환경에 적응하는 기민한 실행이 더 요구되는 세상이다.

젊은 연극인들로 이루어진 좌담회에서는 단편적이나마 현장에서 우러난 좋은 얘기들이 많았다. 연극인으로서의 불안, 객석의 변화, 일차적 대안으로서의 영상화, 그럴 경우의 미학 및 기술적 문제와 배우 등 참여자들의 권리문제 등, 거의 모든 문제들이 명민하게 지적되었다. 그러나 그중에서도 가장 공감했던 얘기는 지금 이 재난적 상황을 오히려 연극이라는 개념을 확장하는 기회로 삼자는 긍정적 제안이었다. 이것은 긍정적일 뿐 아니라 어쩌면 유일한 현실적인 제안일지도 모른다. 사람들은 말한다. 코로나는 완전히 사라지지 않을 거라고. 만일 사라진다고 해도 다시 코로나 이전으로 돌아가지는 못할 거라고. 21세기는 전염병의 세기가 될 것이라고….

얼마 전 연극인이라고 해서 다 같은 연극인이 아니라고 누가 쓴 글을 읽었다. 그의 글은 코로나 시대 연극인의 생존과 관련된 글이었지만 이는 연극적 대처에도 적용될 수 있다고 생각한다. 연극은 더 이상 한 장르가 아닐 수도 있다. 코로나에 대한 대응만 하더라도 뮤지컬을 비롯한 보수적, 상업적 공연들은 온라인화를 하든 관객보호막을 설치하든 어떤 방식으로든 기존의 공연미학을 상당부분 유지하며 존속할 수 있을 것이다. 공공극장의 중소공연은 많은 부분이 지원정책의 영향을 받을 것이다. 이에 비해 코로나 사태에서 재정적뿐 아니라 미학적으로 가장 큰 영향을 받는 것은 공연자와 관객의 밀접한 만남과 대면에 거의 대부분을 걸었던 100석 이내의 소극장 공연들이 될 것 같다. 객석의 숫자가 더 줄더라도 연극의 본질이 연기자와 관객이 생생하게 만나는 것이라는 본질은 어떤 경우건 포기될 수 없다. 그러나 코로나를 계기로 '연극적 만남'의 변형이나 확장을 시도할 수는 있지 않을까? 한 쪽으로 어떻게든 현재의 연극을 질기게 고수하면서도 다른 한 편으로 연극이라는 콘셉트 자체를 재점검하고 부분적으로 변신하고 확장할 수는 있지 않을까? 실제로 몇몇 연극인들은 이런 시도에 발 빠르게 나서고 있는가 하면, 2020 '화학작용5'의 이번 주제는 '예술가의 정의'라고 한다.

알다시피 코로나 시대의 연극이 일차적으로 눈을 돌리는 곳은 온라인 중계, 혹은 녹화화면의 방영이나 송출이라는 출구다. 현재도 국내외의 국공립단체나 재정이 비교적 튼튼한 극장들은 안정된 플랫폼을 통해 몇 편씩을 선택해 양질의 생중계 혹은 녹화된 화면으로 스트리밍하는 서비스를 제공하고 있다. 성격은 약간 다르지만 이미 얼마 전부터 우리는 NT Live나 Sac on Screen과 같은 공연 생중계(녹화 방영)를 경험해왔다. 남산 국립극장에서 NT Live를 본 사람은 알겠지만 잘 찍은 공연의 경우는 실제 극장 못지않게, 때로는 그 이상의 감흥을 준다. 십 수대의 카메라 장비와, 공연을 잘 아는 영상 전문가의 안목과 기술력, 그리고 대형 스크린이 동원되며, 혼자가 아니라 다수의 관중들과 함께 대극장이라는 공간에서 감상하기 때문일 것이다. 이 경우 원래 보수적인 편인 영국 NT의 레퍼토리에 익숙해서인지 우리는 영상=재현=재현의 기술력이라는 등식에 익숙해있다고 할 수 있다(그리고 그 일차적 목표는 몰입일 텐데 아이러니하게도 몰입의 극치를 추구하는 이머시브(immersive) 연극이 막 개화하려는 무렵 터진 코로나 바이러스는 비대면의 거리두기를 요구하고 있다).

그런데 이번 코로나 기간 중 집에 갇혀 몇 개의 공연 스트리밍을 보던 중 아주 미세하지만 의외의 경험을 했다. 남산예술센터가 제공한 〈그녀를 말해요〉, 〈그믐, 또는 당신이 세계를 기억하는 방식〉, 〈7번 국도〉를 잠시 보았는데 배우들이 관객을 향해 직접 말을 걸듯 얘기하는 모습, 혹은 관객을 의식하며 비재현적으로 연기하는 모습들이 생각보다 생생하고 신선하며 집중력있게 다가왔던 것이다. 물론 기록용 녹화영상이기는 했지만 얼마 전 보다가 포기했던 다른 재현적(제4의 벽) 공연들의 화면보다 훨씬 더 편하고 그 나름의 '연극적 효과'가 있었다. 좌담에서 성수연이 "(〈그녀를…〉에서) 말을 거는 연기가 많았는데 차라리 그러니까 덜 어색하더라… 다른 연극의 스트리밍의 경우에는 답답하고 소외되는 느낌을 받았다"라는 지인의 반응을 소개했는데 이에 공감한다. 춤이나 노래도 비슷한 효과를 주는 것 같다. 물론 국내의 경우 상대적으로 재현적 무대의 경우가 요구하는 녹화촬영이나 공연중계 기술면에서 아직 부족한 탓도 있었을지 모른다. 그러나 화면을 통한 연극적 소통이 소위 비재현 혹은 실험적 공연들과도 상당히 긍정적인 화학반응을 일으킬 수 있다는 점을 깨달은 순간이었다.

얼마 전에는 삼일로창고극장이 기획한 'Performance for price: 클린룸' 중 김신록의 〈위치와 운동〉 워크 데몬스트레이션: 시간의 큐비즘을 보았다. 삼일로창고극장 '클린룸'에서 김신록이 실시간으로 시청자를 밀착되게 의식하며 의식과 행동과 시간의 불확실성에 관해 데몬스트레이션을 하는 사이사이 지난 4월 초 그녀가 신촌극장에서 했던 〈위치와 운동〉의 공연녹화 영상이 엇갈려 편집되며 중계된다. 이로서 여러 가지 시간과 공간과 행위들이 분할되고 재편집되고 겹치면서 메타적 층위를 이루는 과정에서 시청자들의 감각과 지각을 일깨웠으며 그녀가 공연을 통해 소통하려는 메시지가 결코 쉽지는 않았으나 기존의 무대를 떠난 영상 및 비대면의 상황에서 더 도드라졌다고 느꼈다.

성수연의 일인극 〈연극의 연습, 연습의 전시 - 탈인간편〉은 인사미술 공간에서 이루어진 퍼포먼스를 온라인으로 스트리밍한 것이지만 블루투스 스피커와 로봇청소기와 함께 몇 가지 공연의 연습과정을 통해 다양한 탈인간적 관계성을 구성한 작품으로 공연적으로나 의미면에서 기대 이상으로 흥미롭고 풍요로웠다. 커뮤니케이션의 채널이 다원화되고 열려있다는 점에서 온라인 공연으로 더 적극적으로 전환할 수도 있을 것 같다. 둘 다 아주 작은 스튜디오에서 최소한의 장비로 수행한 작업들이었다.

공연영상 속에서의 관객을 향한 이런 비재현적 접근은 우리가 이미 익숙한 유튜브의 소통방식과 비슷해서일 수 있다. 유튜브의 화면구성 방식은 무한하지만 대부분 시청하는 상대방을 향한 직접적 커뮤니케이션을 전제로 하기 때문이다. 물론 연극이 결코 유튜브의 아류로 위축될 수는 없으나 이는 최근 포스트드라마와 함께 주목받은 디에게시스[1]의 개념을 떠올리게도 한다. 아무튼 이제 코로나로 인해 디지털 사회가 갑자기 앞당겨짐에 따라 연극의 본질과 범주를 확장할 필요가 있으며 음악을 멜론이나 유튜브로, 아예 처음부터 디지털로 기획된 방탄소년단의 콘서트를 즐기는 미래의 세대에게는 어쩌면 그것이 당연하게 받아들여질 수도 있다는 것이다. 앞으로는 함께 모여서 어떤 행위를 하고 그것을 보는 집단적 행위로서의 연극 못지않게 미디어의 다양한 개입을 통해 공연자와 다수의 개인 시청자들과 무한히 열린 방식으로 동시적, 혹은 시차를 두고 쌍방향 의사소통하는 방식으로 확장될 수 있다. 스트리밍이 데이터를 저장하지 않고 물 흐르듯 계속 흘려보내주는 개념이라면 — 좀 비과학적 연상이지만 — 연극은 그 스트리밍에 몸을 맡기지 않고 잠시 정지시키기도 하고 거꾸로 가기도 하고 시공을 재편집, 재맥락화해서 반항하면서도 무한한 개인적 다수에게 접속하는 그런 상상을 해본다.

일반적으로 우리는 영상이나 매체(미디어)의 존재가 20세기 중반 이후 21세기의 포스트드라마의 열풍과 함께 부쩍 사랑받아온 현존(presence), 혹은 라이브니스(liveness)의 중요성을 저해한다고 생각한다. '현재, 여기, 강한 접촉에너지, 다함께…' 등이 방해받기 때문이다. 그러나 현존의 감각은 그리 간단하지 않다. 매체공연학자 필립 아우스랜더는 미디어화된 (영상화된) 공연과 라이브 공연 사이의 경계는 불분명하다고 말했다. 피나 바우쉬나 카스텔루치의 잘 찍은 영상도 그렇지만 전광판 앞에 모여 축구를 응원하는 경우도 그 예다. 미디어를 통해 강렬한 감각을 공유하는 디지털 현존을 얘기하기도 한다. 다양한 세월호 관련 공연이나 장소특정적 연극들은 '부재의 현존', '기억의 현존'들이 얼마나 강하고 호소력 있는가를 보여줬다.

1980년대 이후 독일을 중심으로 연극학에서도 미디어 혹은 매체이론이 활성화되면서 많은 논쟁을 불러일으켰다. 미디어가 개입된 공연, 혹은 미디어 퍼포먼스가 반드시 무대 위에 첨단기자재와 영상이 들어오거나 증강현실(AR)이나 가상현실(VR), 혹은 설치미술에 가까운 난해하고 추상적인 콘셉트를 의미하는 것은 아닐 것이다. 연극이라는 장르, 배우, 조명도 미디어이고 매체일 수 있다. 전통적인 연극에 가까울 수도 있지만 반드시 인간의 행동이 아니라 기계들의 퍼포먼스가 중심이 될 수도 있을 것이다. 미디어 퍼포먼스는 열려있다. 디지털 시대의 뉴미디어는 그간 연극 고유의 매체적 특징이라고 생각되어왔던 배우의 현존, 재현성, 시공간적 동시성, 시공간적 제한성 등을 재매개할 수 있으며[2] 매체학자 니클라스 루만은 미디어는 그 자체가 생성이며 과정이라고 했다.[3]

좌담에서 고주영이 코로나 격리 중 유튜브로 이탈리아나 스페인에서 보여주는 퍼포먼스를 보며 연극개념의 확장을 떠올렸듯이 그 개념이나 명칭이 무엇이든 포스트코로나 시대에서 (연극)행위와 다수의 개인 관객들과의 만남의 방식을 모색할 수 있는 가능성이 열려야 한다는 것이다. 물론 미디어를 배제한 소수의 느슨한 연극 공동체나 객석과 배우를 자연 속에 흩트려놓는 야외극 같은 것도 생각해볼 수 있지만 길게 볼 때 비대면과 디지털은 벗어날 수 없는 키워드가 될 것이다. 그날 좌담회에서는 보다 쉽고 구체적인 예로 온라인상의 낭독회나 연기 데몬스트레이션이 얘기되었는데 이뿐 아니라 일반인을 참여시키는 한 영상오디션, 연기에 대한 토크, 기존 연극에 대한 다양한 재해석과 재맥락화, '줌'을 통한 시청자들과의 쌍방향 참여, 짧은 연극을 만드는 과정의 공개와 이를 활용한 새로운 개념의 공연 만들기, 사이트-스페시픽 공연과의 접합, 오디오 워크의 확장 등을 생각해볼 수 있을 것이다. 최근 '선희와 진아가' 프로젝트가 시도하는 영상편지는 주로 영상에 의존하지만 연기자들의 대중적 소통이라는 면에서 재미있는 시도라고 본다.

이런 점에서 볼 때 ― 이미 얼마 전부터 그런 현상이 왔지만 ― 배우, 작가, 연출가는 공동작업의 구성원이기도 하지만 때로는 1인 크리에이터라는 보다 적극적인 스탠스에서 활동할 수 있다고 본다. 포스트코로나 시대의 연극인의 플랜B는 더 적극적으로 매체를 오가며 연기, 연출, 극작을 모색하거나, 미디어를 적극적으로 활용하는 1인 크리에이터, 독립적 크리에이터들 사이의 협업 등을 생각할 수 있으며 이를 위해서는 고주영도 말했듯이 공동의 플랫폼이 필요할 것이다. 물론 궁극적으로는 이런 영상들이 과연 유료 콘텐츠화되고 참여자 모두에게 공정하게 이익이 돌아갈 수 있느냐 하는 매우 어려운 관문들이 남아있지만 말이다. 덧붙여 예술지원기관은 비대면의 방식만을 강요하거나 그 결과를 급히 요구하지 말고 예술가에게 더 긴 사유와 시도의 여유를 제공하는 방식으로 진행되어야 하며 국가는 이와는 별개로 공연예술인들의 생존권 보장을 위해 노력해야 할 것이다.

지금 솔직히 바라는 게 뭐냐고 한다면 이 악몽이 거짓말처럼 걷히고, 코로나로 인한 약간의 깨달음을 얻은 상태로, 서로 민낯을 드러내며 침

방울을 공유하고 엉덩이를 좁혀 앉으며 체온과 열기로 텁텁한 극장 공
기를 덥히다가 시원한 저녁 거리로 쏟아져 나오던 바로 얼마 전으로 돌
아가고 싶다는 것이다. 그러나 그것은 당분간, 아니면 영원히 불가능할
지도 모른다. 한국연극계는 2010년대 중반 이후 극 형식적 가능성이 이
미 무한대로 열린 것을 경험했다. 물론 버바텀이나 장소특정적 연극, 뉴
다큐멘터리 연극 등이 외국으로부터 소개되기도 했지만 그 이전에 세월
호나 미투 운동은 젊은 연극인들이 세계를 향해 연극과 공연을 여는 범
주를 놀랍도록 넓혀놓았다. 절실하면 새로운 것은 생성된다. 코로나에
대한 두려움은 비대면이라는 삶의 공포가 비대면적인 연극석 의사소통
을 통해서 정면돌파될 때 연극적으로도 설득력을 얻을 것이다. 그리고
이런 경험은 언젠가 '대면 연극'이 상당부분 정상화된 후에도 반드시 연
극의 힘이 될 것이다.

:: 註

1 플라톤에 의하면 서사시의 이야기하기는 (행동을 통해) 보여주는 미메시스와, 이야기하
   기/들려주기를 의미하는 디에게시스로 나뉜다.
2 이진아, 「뉴미디어와 연극언어의 재매개 - 로베르 르파주의 〈안데르센 프로젝트〉를 중심
   으로 - 」, 『드라마연구』 39호, 173쪽.
3 디터 메르쉬, 『매체이론』, 문화학연구회 옮김, 연세대학교 출판부, 2009, 237-238쪽.

'좋아요'와 연극리뷰 쓰기*

어떤 리뷰가 좋은 연극리뷰인가? '좋아요'를 많이 받으면 좋은 리뷰인가? 생전 처음 젊은 연극인들이 만드는 '웹진'인 〈연극in〉에 리뷰를 실었을 때 화면 오른쪽 위에 '좋아요' 표시 칸이 있는 것도 알지 못했다. 그때까지 나는 일체의 소셜미디어를 하지 않았고 그동안 '누가 이걸 읽기나 하려구?' 하는 마음으로 보이지 않는 독자를 편하게 상상하면서 (종이)지면에만 글을 써왔던 것이다. 그 후로 '좋아요' 표시가 주는 낯설고 노골적인 경험에 충격을 받았고 그 숫자가 한 자리에서 세 자리 사이를 오가면서 아직까지도 민망함과 의문과 기쁨 사이에서 혼란스럽다.

이 시대에 좋은 연극리뷰[1]란 어떤 것일까? 아니 그 이전에 우선 좋은 연극이란 무엇인가를 생각해봐야 하지 않나? 연극비평가 김소연이 얼마 전 쓴 글에 대해 공감한 적이 있다. 그는 최근 어떤 신인 연출가에게 비평가들의 호평이 몰리는 현상을 지적하면서 연극비평가들이 어떤 작품을 좋다고 할 때는 적어도 어떤 기준이 있어야 하지 않느냐고, 연극비

---

* 2019년에 쓴 글로 이 책에 처음 실었다.

평이 지원심사의 참고기준을 제시하는 것으로 만족해서야 되겠느냐고 일갈했다.

근래 내 연극비평의 기준은 무엇일까? 언제부터인가 주변에서 새로운 이분법이 생겨났다. 적잖은 젊은 연극인들이 '잘 만들어진 연극보다는 좋은 연극을 좋아합니다', '세련된 완성도를 지닌 연극보다 생각하게 하고 마음을 움직이는 연극을 선호해요', 이런 얘기를 하는 걸 들었다. 심지어 자신은 그냥 하고 싶은 일을 할 뿐, "내가 '연극'을 좋아하는지 모르겠어요"라는 말도 한다. 일부 청년연극인들의 가치관이라고 생각했는데 어느새 내게도 작지 않은 변화가 생긴 것을 발견하게 되있다. 나부터도 예컨대 돈만 많이 투자한 번지르르하게 '연극적인' 대극장 공연에 관심이 줄어들었고 외국의 저명한 작품의 내한공연에도 호기심이 많이 없어졌다. 물론 이 경계를 칼처럼 자르기는 불가능하다. 그러나 결국 이 두 영역을 나누는 기준은 결국 어떤 공연이 급변하는 현실세계를 얼마나 의식하고 그에 대한 어떤 진정성 있는 고민이나 의견을 담고 있느냐의 여부인 것 같다. 그들만의 새로운 연극미학은 거기서부터 출발한다. 2010년대 이후 한국사회에 너무 많은 변화가 일어나면서 아무리 그럴 듯한 주제를 표방하고 아름답고 완성도 높은 공연이라도 이런 '영혼'이 담기지 않으면 '그냥 패스'라는 사람들이 많아졌다는 것이다.

이와 비슷하게 리뷰, 혹은 연극비평도 두 가지 방향으로 갈라지는 듯하다. 내 경우에도 작품에 따라 인물, 플롯, 구성, 시공간과 오브제의 기호학, 혹은 최근의 포스트모던한 수행미학 등에 기반한 객관적, 전문적, 연극미학적 분석을 위주로 쓰기도 하고, 때로는 현실적 삶과 관련된 이슈적 접근을 취하면서 되도록 기존의 연극미학을 거치지 않으며 주관적인 날것의 반응을 드러내기도 한다. 〈연극in〉의 경우 젊은 독자들이 대부분이고 오래 들여다보는 (종이)지면이 아니며 거창한 제도권 공연 자체가 환영받지 못하는 분위기다 보니 일반적으로 후자의 직접화법이 더 공감을 얻는 것 같다. 젠더나 퀴어 문제를 포함한 사회적 의제들에 대한 진보적 태도는 기본이며 전문성에 기대지 않는 솔직함, 명쾌함, 쿨함 같은 요인들이 독자들의 적극적 반응을 받기 위한 요인이 되는 듯하다.

이런 고민 속에서 최근 〈연극in〉에서 세 편의 리뷰를 읽었는데 아닌 게 아니라 머릿속에 상쾌한 바람이 부는 느낌이었다. 이 리뷰들은 전문 비평가나 전문 비평가와 비슷한 범주의 리뷰어들이 아니라 각각 다른 직업이나 전공분야를 가지고 있는 사람들이 썼다. **스포츠 사회학자**가 리뷰를 쓴 〈레몬 사이다 클린 샷〉은 연극제목만큼이나 리뷰도 신선했다. 일반 관객으로서 낯설 수도 있을 농구선수/연기자/자연인 사이의 탈경계에 대해 선입견 없이 '몸'으로 받아들이는 거침없음에 놀랐으며 그 연극이 말하는 것이 '왜 여자들은 어린 시절부터 농구를 할 기회가 없었을까?'라는 해석은 정곡을 찌른 것이라고 짐작된다(나는 이 공연을 못 봤는데도 마치 본 것 같은 착각이 들었을 정도다). 파인텍 고공 농성자를 다룬 〈이게 마지막이야〉라는 공연이 참 좋아서 나도 리뷰를 써놓은 상태에서 그 글을 봤다. 필자는 **쌍용자동차 노동자**라고 소개되어 있는데 글로 미루어보아 직접 굴뚝에 올라간 경험이 있던 것 같다. 이 글은 경험자로서의 무게감과 진정성으로 인해 압도적이었을 뿐 아니라 하이퍼리얼할 정도로 일상적으로 그린 편의점 공간의 낯섦과 불편함이 결국 굴뚝 위의 농성 공간과 겹쳐지게 한다는 작품의도를 정확히 짚어냈다. 동성애자의 피살사건을 둘러싼 작은 미국 마을주민들의 반응을 그린 〈래러미 프로젝트〉는 **소수자 인권연구자**가 썼는데 동성애에 적대감이 없다고 하면서도 결국 마음의 문을 열지 못하는 우리들의 모습, 그런 모습이 배우들 틈에 섞여 앉아 그들의 연기를 보면서도 배우들의 존재를 모른 척하려고 하는 자신들(관객들)의 소심함과 같은 것 같다는 지적으로 핵심을 찔렀다. 세 글 모두 독자들의 반응이 좋았던 것은 물론이다.

〈연극in〉에 몇 번 리뷰를 쓰면서 비평이나 리뷰에 대해 다시 한 번 생각해보게 되었다. 우리의 비평 플랫폼이 몇 안 되지만 그 성격에 따라 조금씩 다르겠고 연극이 변하듯이 비평이나 리뷰도 변할 수밖에 없다. 일차적 기능인 기록 외에 일반적으로 연극비평은 누구를 위해서 쓰는가? 동료 비평가? 지원재단의 담당자들? 공연을 만든 사람들? 공연을 본 일반 관객? 공연을 보지 않은 일반 관객? 공연을 본 연극인들? 공연을 보지 않은 연극인들? 뿐만 아니라 연극리뷰를 쓰는 사람들도 다양해졌다. 최근 몇 년 사이에 〈연극in〉을 비롯한 연극 관련 잡지에는 다양한 경력과 배경을 지닌 신진 리뷰어들이 엄청난 숫자로 늘어나고 있다. 인터넷을 돌아다니다 보면 일반 관객뿐 아니라 인문적 교양 및 다양한 매체로부터 습득한 대안적 감성으로 무장된 숨은 논객들이 적지 않음을 알 수 있다.

전통적으로 우리가 알고 있던 비평은 전문지식으로 무장하며 묘사-분석-판단의 요소를 갖추었고 결과적으로 계도적인 성격을 띠어왔다. 〈연극in〉의 비평(및 웹상의 작은 비평 플랫폼들)은 이런 전문성보다는 (젊은)연극계라는 작은 공동체 안에서 구성원 간의 공감대를 더 넓히고 생각을 교환하며 피드백하는 것에 가까울 것이다. 궁극적으로는 연극이 다양하게 활성화되고 비평 플랫폼도 더 다원화되고 독자들의 반응도 더 열리게 되는 것이 바람직하다. 여러 가지 면에서 외부현실이 격변하고 요동치는 2019년 현재, 한국연극의 주요 관객인 20~30대층의 주된 관심사가 공정함과 배려, 정의, 젠더, 소수자 문제 등 변화하는 현실과 가치관들이며, 그 속에서 연극이 어떤 위치에 있는가를 소통하고 확인하려는 예민함이고, 아울러 새로운 '연극' '미학'과 신선한 글들에 대한 요구임을 부정할 수 없다. 모든 살아있는 것은 변하고 바뀐다. 이 웹 공동체의 좀 낯선 존재인 나로서도 '좋아요'는, 비평이나 리뷰쓰기가 비평가의 일방적인 평가나 모놀로그가 아니라 연극인들과 함께 변하는 소통이

자 연극 생태계적 활동의 일부일 수도 있다는 걸 실감하게 하는 계기가
되었다.

:: 註

1 공연의 포스트-프로덕션 과정인 피드백은 리뷰(비전문가, 전문가), 비평 혹은 평론, 그리
  고 학술적 논문으로 나뉠 수 있고 그 경계상의 글들도 있을 것이다. 이 글에서는 리뷰
  와 비평을 섞어 쓴다.

3부
연극론

국립극단 소극장 판 ⓒ 국립극단

국립극단의 정체성을 다시 묻는다

'국가' '민족' '전통'의 개념을 중심으로[*]

2020년이 되었으니 대한민국 국립극단이 이제 창립 70주년을 맞았다. 한국의 험난한 근현대사에 비추어 보면 놀랍도록 이른 시기에, 신속하게 태어났던 셈이다. 국립극단(장)[1]은 해방 직후 1946년부터 설립 논의가 시작되어 1948년 정부수립과 함께 문교부가 작성한 설치령이 국무회의에서 통과되었고 그 후 우여곡절을 거쳐 1950년에 대통령령으로 설치령이 공포되면서 극장장과 극장과 전속극단을 갖춰 본격적인 운영을 시작한 것이다. 이처럼 해방정국의 혼란 속에서 일단 국립극장은 출범했으나 격동의 한국 근세사는 계속된다. 창단 후 불과 2년 만에 6·25 전쟁이 터졌고 휴전 후 얼마 안 지난 1960년에 4·19 학생혁명이, 이듬해 5·16 군사혁명이 일어난 후 삼십 년 가까운 기나긴 군사독재 정권 아래서 여러 차례의 민주화 항쟁을 통해 오늘에 이르게 된 것이다. 국립극단 역시 이런 엄청난 정치적 격동 속에서 여러 진통과 변화를 함께 해왔다. 신협 중심의 부민관 시기로 출발해, 6·25 피난시절을 겪고 명

---

* 창단 70주년을 맞아 국립극단이 발간한 『국립극단 70+ 아카이빙』(수류산방, 2020)에 실었던 글이다.

동 시공관에 자리잡기까지의 '모색기'를 거쳐, 1962년 단일화된 전속극단 체제로 명동 국립극장에서 재발족해 '정착기'의 틀을 잡아가다가, 1973년 남산에 국립극장 건물을 짓고 이사했다. 초기에는 제3공화국의 군사독재 하에서 계몽적인 목적극들이 많이 공연되었는데 1980년대 이후 공무원이 아닌 민간 연극인들이 극장장으로 취임하기 시작했고 2002년에는 예술감독제가 도입되는 등 예술적 자율성을 위한 변화를 모색해왔다. 그러다가 이명박 대통령 재임 중인 2010년에 국립극단이 재단법인화하면서 남산 국립극장을 나오게 되어 현재의 서계동 국립극단 시대에 이른 것이다.

그간 기념행사 때마다 국립극단의 역사를 창단부터 순차적으로 정리하고 자료 중심으로 실증적으로 저술하는 백서들이 출간되어왔다. 일차적으로 가장 중요한 작업이기는 하지만 과연 대한민국 국립극단의 정체성은 무엇이며 어떤 목표를 지녔는가에 대한 성찰은 거의 간과되어왔다고 본다. 물론 명확한 답을 내기 힘든 주제이기는 하지만 이제 70주년을 맞아 국립극단의 의미와 역할을 다시 짚어볼 필요가 있다. 그러기 위해서는 다음의 두 가지 질문이 필요하다고 본다. 첫째로 이념적 측면에서, 창립 당시뿐 아니라 오늘날, 국립극단의 정체성과 의미는 무엇인가? 둘째로 실천적 측면에서, 국립극단은 그 자체로서뿐 아니라 당대의 한국 연극문화 속에서 어떤 위치에 있었고 어떤 관계를 맺어왔으며 앞으로 어떤 역할을 해야 하는가? 이 총론은 첫째 질문인 이념적 측면에 초점을 맞춰보고자 한다.

:: 국립극단의 정체성: 창단과 그 이후

우선 국립극단이란 무엇인가? 그 의미는 무엇인가? 어느 나라에나 당연히 있으며 시대의 변화와 관계없이 그 기능은 영원한 것인가? 모든 나라의 국립극단은 다 같은가? 우선 세계의 국립극단들을 역사적 맥락에서 살펴보면 그들의 목표나 지향점이 짐작만큼 서로 같지는 않다는 점을 알게 된다. 세계 각국의 국립극단들은 17~20세기 사이에 각자 다른 상황에서 건립되었다.[2] 마빈 칼슨에 의하면 유럽의 국립극단은 우선 17세기 프랑스의 코메디 프랑세즈로 대표되는 황제와 귀족 중심의 국립극단 — 프랑스, 오스트리아, 덴마크, 스웨덴 — 과 낭만주의 및 18세기 독일의 국(시)립극단으로부터 영향 받았으며, 외세의 침략을 겪으면서 19~20세기 초반에 걸쳐 설립된 민족주의적 성향의 국립극단 — 폴란드, 헝가리, 루마니아, 핀란드, 노르웨이, 포르투갈, 아일랜드 등 — 으로 나뉜다. 이밖에 20세기 중반 세계대전 종전 후 정치적 재편성, 식민체험이나 언어갈등, 유럽문화와의 관계 등 복잡한 변수 속에서 국립극단을 세운 다양한 비유럽권 국가들의 경우 — 아랍, 아프리카 국가 등[3] — 가 있고, 독일, 미국, 스페인, 이탈리아, 네덜란드 같은 나라들은 여러 가지 이유로 인해 대외적으로 국가를 대표하는 국립극단이 없다. 그런가하면 20세기 후반기에 뒤늦게 출범한, 비교적 탈정치적 성격의 국립극단 — 영국의 NT, 일본의 신국립극단 — 들도 있다.

한국의 국립극단은 정치적 특수상황 속에서 정부수립 2년 만에 서둘러 설립된 이유도 있겠지만 창단 당시 그 지향점이나 성격면에서 상당히 혼란스럽다. 우선 기존의 자료와 서술을 종합해보면 해방 직후 정치적 혼란 속에서 미군정과 한국정부가 국립극장을 상당히 신속하게 허가해주었던 현실적 이유는 다음 세 가지 정도로 보인다.[4] 첫째, 해방 후 극도로 혼란하고 부패했던 연극계와 극장문화의 정비, 둘째, 해방직후 좌익연극의 영향력이 잔존하는 상태에서 우익 연극인들에 대한 지원, 셋째, 근대유럽극장 문화의 영향을 받은 연극인과 지식인들의 노력들이 그것이다. 우선 해방 전 친일과 상업연극으로 퇴락한 상태에서 일인 고리대금업자가 지배했던 극장문화는 해방 후에도 한국 흥행모리배들에 의해 만신창이가 되고 있었고 이에 차라리 극장을 국영화해서라도 극계를 정화해야 한다는 요구가 강했다. 또 해방 직후 극심했던 좌우갈등의 연장으로, 북조선의 사회주의적 연극정책 못지않게 '민족극' 진영의 남한에서도 연극이 어떤 계몽적, 교화적 역할을 해야 한다는 의견들이 있었다. 그리고 극장설립에 앞장섰던 서항석이 동경제대 독문과 출신이고 당시 문교부 장관 안호상이 독일에서 수학했으며[5] 대통령 비서실 공보비서관이었던 시인 김광섭은 동경제대 영문과 출신의 연극인이었다는 등 창단의 주요 관련인사들이 직간접적으로 근대유럽극장문화의 세례를 받은 인물들이라는 점도 작용했을 것으로 보인다.

극장이 출범되자 국립극단이 내세운 명분과 목표는 '민족예술'이었다. 당시 국립극장 설치령 제1조는 "민족예술의 발전과 연극문화의 향상을 도모하며 국제문화의 교류를 촉진하기 위하여 국립극장을 설치한다"고 되어있고 당시 전속단체인 신협의 목표 역시 '민족예술의 수립과 창조'였다고 한다.[6] 초대 극장장이었던 유치진 역시 "국립극장은 우리 민족극 창설의 산실이요, 그 수련의 도장"이라고 하면서 "그래야만 이 땅 민족예술의 르네상스가 도래할 것이며 신생국가의 새날은 약속될 것이다"라고 주장했던 것이다.[7] 그러나 막연한 레토릭으로 동원되었을 뿐 유럽극단의 경우처럼 민족예술이 무엇인지, 국립극단의 의미가 무엇인가에 대한 숙고는 부족했다.[8] 당시 '민족'은 이미 복잡해진 개념이었다. '민족'담론은 1920~30년대 역사극(소설)부터 등장했으나 곧 일제의 국가주의론과 결합해서 국민연극론에 포획된 바 있으며 친일 행적으로 해방 후 자숙하던 유치진은 '민족'정체성을 부르짖는 목적극 성격의 낭만사극인 〈자명고〉와 〈별〉을 공연하기도 했다. '민족'진영은 당시 우파 연극인들이 좌파 연극인에 대항해서 스스로를 일컫던 명칭이기도 했다. 흥미로운 것은 당시 연극계 한편에서는 국립극장 시대착오론도 만만찮았다는 것이다. 즉 '미국과 같은 민주주의 국가에 국립극단이 없는데 민주주의 국가인 대한민국에 국립극단이 왜 필요한가?'라는 식의 무용론이 있었는데 이에 대해 유치진은 "우리는 한 군주를 위하여 혹은 전체주의 국가의 강권을 위하여 국립극장을 세우는 것이 아니라 우리 민족의 연극을 창조하기 위하여 국립극장을 세우는 것이다"[9]라고 답하기도 했다.

이처럼 급히 설립된 국립극단의 이념은 개념의 혼란 및 미흡한 상황 판단으로 모호한 면을 지니고 있었다. 그러나 이들이 내세웠던 '민족연극'은 대체로 일제의 압제에서 벗어나 민족국가의 자존을 지키고자 하는 소박한 염원이었으며 좀 더 넓고 객관적 맥락에서 보면 낭만적 민족주의와 계몽주의적 열망으로 세워졌던 18세기 독일 국(시)립극단들과, 이에 자극받은 19세기 동유럽 국가들의 민족주의적 국립극단 이념과 막연하나마 비슷한 명분을 지닌 것으로 추정할 수 있다.[10] 그 이후 어떤 변화를 맞거나 극장장이 바뀔 때마다 국립극단의 선언문에서 '민족예술', '민족문화의 부흥' 들은 필수적으로 등장하는 관용어들이 되었고, 기존 백서에 실린 국립극단사를 다룬 글들도 현재까지 '민족연극'을 별 고민 없이 사용하고 있는 듯하다. 2010년 정비된 '재단법인 국립극단 정관' 제1장 총칙, 제3조(목적) 역시 "극단은 연극작품의 창작과 인재양성을 통하여 연극예술의 발전을 선도하고, 보다 많은 국민이 연극작품을 향유할 수 있도록 하여 민족문화 창달에 기여함을 목적으로 한다"고 되어있다.[11]

요컨대 설립 당시와 최근까지 한국 국립극단이 내세운 '민족문화'라는 명분은 민족국가를 추구하는 대부분의 유럽 근대적 국립극장들의 경우와 일단 공통되는 보편성 위에 있다. 일반적으로 nation은 '국가(state)'라고도 번역되고 '민족(people, ethnic group)', 혹은 '국민(people)'이라고도 번역된다. 즉 national theatre란 일단 민족/국가를 대변하여 연극을 공연하는 극단/극장을 의미한다고 할 수 있겠다. 여기서 문제는 20세기 중반 이래 오늘날에 이르기까지, 전 세계의 국립극단들은 정치, 경제, 인종, 종교, 언어, 문화적 환경의 변화와 갈등과 재편 속에서 국가와 민족에 관련된 새로운 정체성을 모색하지 않으면 안 될 상황에 처해있고 또 그런 변화에 따른 다양한 양상과 활동을 보이고 있다는 점이다.[12] 따라서 한국의 국립극단 역시 오늘날 우리가 처한 정치, 경제, 문화적 상황에 맞게 정체성과 목표에 관해 현 시점에서 새롭게 고민해봐야 할 것이다. 창단으로부터 70년이 지난 한국의 국립극단은 막연한 레토릭으로 출발했던 '민족연극'을 어떻게 받아들이고 있는가? 이십세기 이후 모든 현실과 가치관들이 크게 변하고 있는데 국가와 민족의 의미는 무엇인가? 오늘날 국가의 개념은 약화되거나 필요에 따라 자의적으로 해석되고 있으며 민족의 개념은 때로 논쟁의 대상이 되기도 한다.

:: 국가란 무엇인가?

우선 **국가**란 무엇인가? 사전적으로 국가란 '영토, 주권자, 국민 등을 지닌 정치, 통치 개념'을 의미한다. 근대 시민 국가는 17세기 홉스의 사회계약론과 『리바이던』식의 국가주의적 국가로부터 로크와 루소의 법치주의를 거쳐 19세기 존 스튜어드 밀의 자유주의적 국가를 향해 이동한 것이라고 할 수 있다. 서구사회가 자본주의 형성과 시민혁명을 거치며 수 백 년에 걸쳐 자유주의적 근대국가의 기틀을 쌓았다면 한국의 경우 국가의 형성은 매우 급속하게 이루어졌다. 6·25 전쟁을 통해 미국이 주도하는 국제안보 체제에 편입되면서 불과 십 년 미만의 시간 동안 군대와 관료체제를 정비해야 했던 것이다.[13] 그 후 곧 군사혁명을 통해 30년간의 장기적 군부독재를 겪어왔다.

한국의 국립극장도 이런 정치적 상황에서 벗어날 수 없었다. 서구의 선진적 국립극장들이 일반적으로 탄탄한 연극문화 속에서 근대 시민사회와 함께 성숙해왔고 오늘날 대체로 정치적 영향력으로부터 독립된 위치를 보장받고 있다면 한국의 국립극단은 워낙 기반이 약한 연극문화 위에서 급히 출발했으며 아직 충분히 뿌리를 내리지 못한 상태에서 정부권력의 통제를 받기 시작했던 것이다. 1970~80년대 장충동 국립극장의 관제 계몽적 연극이 그 전형적인 예였으며 그밖에 일제강점기부터 1980년대까지 계속되어온 사전 검열, 그리고 최근 보수 정권 하에서 특정 정치 성향의 연극인을 지원에서 배제한 블랙리스트에서도 국립극단 역시 예외가 아니었다. 5·16 직후인 1961년 3대 극장장부터 1981년 21대 허규 극장장 이전까지 20년간 공무원이 극장장을 맡아왔으며 최근까지도 극장장(예술감독) 선임에 과도하게 정치색이 개입한다는 우려가 멈추지 않고 있다. 이제 한국연극계 전반은 물론이거니와 70주년을 맞은 국립극단 역시 과거의 이러한 관제적 성격, 국가적 통제, 특정 정권의 정치적 영향력으로부터 더 분명히 벗어나야 할 단계에 이르렀다고 본다.

물론 어떤 상황에서건 우리는 국가라는 개념으로부터 자유로울 수 없다. 현재와 같이 미국과 중국과의 패권다툼으로 세계적으로 신냉전체제가 운위되며 북한의 핵 위협이 상존하고 있고 더구나 극우화된 일본의 경제보복이 경제침략의 수위로까지 강화되는 2019년 여름의 현실에서 국가는 국민적 생존과 안위의 보루임을 부정할 수는 없다. 그러나 국제 관계라는 것이 각자 자국의 이해에 첨예하면서도 동시에 정치적 경제적으로 서로 엇물려 변화하고 있을 뿐 아니라 국가는 절대적인 지상명령이 아니고 상황에 따라 변하는 개념이라는 점도 인식할 필요가 있다. 근대 이후 서구열강 및 일본의 과도한 제국주의적 팽창욕구가 무수한 식민지와 세계 양차대전을 초래했듯이 과도한 국가주의는 20세기 이래 강력한 비판의 대상이 되어왔다. 이를 이어 현재까지도 국내외에서 경직된 국가주의의 허점과 틈새에 관한 많은 연구들이 이루어지고 있는 상황이다.[14] 국민이 원하는 국가란 상황에 따라 달라질 수 있다. 우리 주변의 구체적 현실을 보더라도 정치인들은 좌우 진영을 막론하고 자신들의 정권유지를 위해 필요하면 "국민의 명령이다"를 들먹이고, 분노한

국민들은 부실한 정부 시스템에 대해 "이게 나라냐"고 대들며, 대학로에 모인 20대 여성들은 "여성에게 국가는 없다"고 외친다. 젊은 연극인들은 '국가본색'이라는 주제로 과연 오늘 우리에게 국가란 무엇인가를 묻는다.[15] 그들은 축구시합이 열리는 날에는 모두가 열혈애국자로 변하지만 맹목적이며 과장된 국가, 혹은 민족 사랑을 '국뽕'이라고 부르며 경계하기도 하고[16] 동시에 월경(越境)과 트랜스 내셔널리즘을 꿈꾸는 여러 얼굴을 지니고 있기도 하다. 외국의 경우에도 현재의 관점에 따라 작품 속의 국가라는 정체성과 의미도 다양하게 재해석되고 있다.[17]

앞으로도 국제정세가 어떻게 변할지 예측하기 힘들지만 이제 창단 70년을 넘어서는 독립법인 체제의 국립극단은 국가와 국민이라는 개념에 대한 성찰과 사유의 긴장감을 늦추지 않되 정부의 간섭으로부터는 가능한 한 완전히 해방되어야 한다는 기본 기조를 지키도록 노력해야 한다. 국가재정의 지원을 받되 실제 극단운영에서 일체의 정치적 코드나 진영논리, 특정 프레임, 정권교체에 따른 이해관계들로부터 자유롭고 그것을 넘어 앞서가도록 자율적인 시스템을 구축해야 하며 이를 통해 예술생산의 주체로서 독자적이며 자유롭고 열린 자세를 견지하는 노력을 계속해야 한다. 또한 2020년을 맞는 국립극단은 국가와 국민이라는 개념에 대한 성찰과 사유의 긴장감을 늦추지 않되 민주사회의 기본이 되는 **시민사회의 공공성 확보**에도 노력을 기울여야 한다. 국립극단은 자유롭고 평등하며 다원적인 주체들에 의해 비판적 의견교환과 성찰이 가능한 공개적 의사소통의 장으로서의 극장의 역할에 충실할 필요가 있다. 한국 연극문화의 구심적 역할을 하는 연극단체이되 국민과 시민들의 다양한 생각과 표현 욕구를 연극적으로 성숙하게 반영하는 연극예술의 터전이자, 무엇보다 변화해가는 시대 속에서 시민사회의 열린 담론의 장으로서 공공성을 갖추어야 한다고 본다.[18]

:: 민족이란 무엇인가?

다음으로, 민족이란 무엇인가? 일반적으로 민족이란 '일정한 지역을 중심으로, 조상, 혈연, 종족, 문화, 관습, 언어를 공유하는 집단'을 뜻한다. 주목할 것은 관점과 시대의 변화에 따라 민족과 민족주의를 보는 눈역시 달라질 수 있다는 점이다. 오늘날 민족과 민족주의는 국내외적으로 쉽게 결론이 나지 않는 논쟁적 주제로서 학자들마다 다른 이론을 내세우고 있다. 대표적으로 앤서니 스미스가 민족주의를 인종적(종족적)민족주의와 근대적(도구적) 민족주의로 분류[19]한 바 있는데 이 두 개념에 근거해서 아직도 대립 양상을 보인다. 인종적 민족주의가 혈연이나민족적 유대와 감정적인 의미를 중시하는 원초주의적 입장을 띠고 있다면 근대적 민족주의에서의 '민족'은 외적의 침략이나 정치적, 경제적 이해관계에 의해 근대에 이르러 형성된 도구적 개념이라는 것이다. 베네딕트 앤더슨의 유명한 '상상된 공동체(imagined communitues)'[20]는 후자의근대적 민족주의와 궤를 같이한다. 이 글 역시 후자의 견해에 가깝다고할 수 있다.

순수혈통과 단일민족을 자부하는 한국인에게 민족의 개념은 신화처럼뿌리 깊게 자리잡고 있는 편이다. 일반적으로, "단군의 피를 이은 단일민족으로서…"라는 식의 서술은 한국인의 의식과 무의식에 새겨져있다. 민족 사이의 이합과 집산이 극심했던 타 문화권에 비하면 한국이 비교적단일민족에 가까운 것은 사실이다. 그러나 오늘날의 다민족, 다인종, 다문화사회 이전에도 엄밀하게 객관적으로 본다면 한국민족을 단일민족으로 보는 데 대해 회의적인 시각이 있다.[21] 서구의 경우 집단구성원들사이에서 현재와 같은 의미의 민족의식이 형성된 것은 열강끼리의 각축이 본격적으로 시작된 19세기라고 보는데 한국의 경우에도 오늘날 말하는 민족의식이라고 할 만한 것이 형성된 시기는 외부의 적을 인식하

기 시작한 임진왜란을 지나 외세가 침입한 구한말과 삼일운동을 거치고
6·25 전쟁을 겪은 후라고 보아야 한다는 것이다.[22] 민족주의는 단순한
개념이기에 쉽게 정치적으로 이용되기도 쉽다. 민족주의가 세계사에서
파시즘이나 독재와 결합한 예는 누구나 알고 있다. 한국에서도 해방 후
민족주의는 특정 진영을 의미하는 경향이 있었으며 박정희, 전두환 군
부독재는 민족주의를 이데올로기화하여 통치의 방법론으로 활용한 바
있다. 또한 글로벌리즘과 내셔널리즘이 복잡하게 엉켜있는 오늘날 때로
는 민족이 자유, 인권보다 앞선 개념으로 시민사회의 자유로운 발전과
다양한 가치관의 발현을 가로막을 수 있다.

그러나 다른 한편으로, 민족주의는 국가구성원들의 공동체적 삶의 근
간이 되는 것이 사실이다. 경제와 물질적 욕망만으로 세계를 하나로 만
들어버리는 지나친 글로벌리즘의 물결에 제동을 걸고 지역주의(regionalism)
를 지킬 수 있는 보루가 되며 정치·경제·문화적으로 글로벌하게 얽혀
있다고 하는 오늘날, 자국의 이익을 중시하는 자국 중심주의와 민족주
의는 오히려 더 부각되고 있는 것이 현실이다. 최근 일본과의 갈등에서
볼 수 있듯이 민족주의는 정치적 분쟁이나 경제 전쟁이나, 과거사 규명
이나 한반도의 미래의 통일 문제를 해결하는 데 주요한 기반이 될 수
있다. 과거 제3세계나 주변부 국가들에서 진보적 민족주의의 성과는 매
우 긍정적이었으며 서구열강이나 일본의 경우 민족주의가 공격적으로
작동했는 데 비해 한국의 민족주의는 주로 외세 저항적으로 작동했다고
보아야 할 것이다. 강대국들 틈바구니에서의 생존과 분단이라는 당면한
정치적 현실 앞에서 한국의 민족주의는 부정할 수 없는 영향력과 효과
를 지닐 것으로 본다.

'민족'은 국립극단이 이끌어가야 하는 주된 담론의 하나임에 틀림없
다. 한국도 국립극단 창단시 설치령에서 '민족예술의 발전'을 목표로 명
시한 바 있다. 그러나 앞서 말했듯이 그 함의는 불분명했다. 최근 한일

간의 갈등을 둘러싼 복잡한 정치상황 속에서 관제 민족주의니 감정적 민족주의니 하며 많은 논쟁들이 벌어지고 있다. 공동체의 근간으로서 민족주의를 부정할 수는 없지만 과도한 민족주의는 경계해야 한다. 연극도 마찬가지다. 한 가지 분명한 것은 맹목적 민족주의로는 오늘날의 복잡다단한 삶의 현장을 커버할 수 없다는 점이다. 정치, 경제, 종교적인 갈등과 필요로 인한 민족 간의 이동과 경계의 파괴, 그에 따른 전 세계인의 삶의 혼란과 국가 간 이기주의의 대립 및 인간적 가치의 파괴, 민족이라는 이름으로 억압받던 여성을 비롯한 소수자들의 문제들이 걷잡을 수 없이 야기되고 있기 때문이다. 따라서 정치사회적으로나 문화예술 면에서나 미래의 민족주의는 혈연적 공동체를 넘어 정치적, 시민적 공동체로서의 더 많이 고민해야 하며 자유주의, 민주주의, 페미니즘 혹은 젠더문제, 인권문제, 환경문제, 소수자문제 등을 적극적으로 끌어안고 이성적으로 성찰하는 열린 의미의 민족주의를 지향해야 할 것이다. 실제로 국립극단을 비롯한 최근 연극의 레퍼토리를 보면 디아스포라, 이주노동자, 혼혈, 이민, 세계시민주의 등의 주제와 관점들이 이미 많이 수용되고 있음을 알 수 있다.[23]

:: 전통과 그 계승

전통이라는 개념 역시 멀리는 어떤 집단의 시원에서부터 시작된 불가침의 고유한 것이라는 견해와, 근대 이후에 '국가'나 '민족' 개념의 형성과 함께 구성되기 시작한 구성물이라는 견해[24]로 나뉜다. 그러나 오늘날 전통의 계승과 현대화라는 개념이 일반화됨에 따라 전통이 절대불변의 고정된 대상이 아니라 시대에 따라 자연스럽게 수용되고 변하는 것이라는 인식은 일반화되고 있다. 역사적으로 볼 때 한국이나 일본처럼 오랫동안 비교적 단일한 민족적 문화를 이어온 극동 아시아 지역은 관습적 전통문화가 잘 보존되어온 편이다. 전통연극/연희의 경우, 다만 한 국은 같은 아시아 지역이면서 중세나 고대부터 고도의 연극문화가 시작 된 일본, 중국, 인도와 다르게 전통의 보존과 계승이 더 어렵다. 귀족계 층의 지원과 보호를 받아 발전되어온 희곡문화나 조형건축으로서의 극 장문화가 없이 현장성이 강한 탈춤, 판소리 등 19세기 이후의 민속예술 이 대부분을 차지한다는 차이가 있기 때문이다. 한국 국립극단의 고민 도 여기에 있고 이는 신국립극장을 출범하기 수십 년 전인 1960년대부 터 노(能)나 가부키를 위한 국립극장을 운영해온 일본과 비교된다. 또한 아일랜드의 경우처럼 자민족의 설화나 역사 들을 연극문화로 성숙시키 려는 노력이 일찍이 국립극단의 성과로 흡수되지도 못했다. 초대 극장 장 유치진은 국립극단 창단 작품으로 삼국통일을 다룬 〈원술랑〉을 공연 해 큰 호응을 얻었다고 하지만[25] 목적극적 성격이 강한 통속적인 낭만 주의에 머물렀다는 비판도 있다. 이런 목적극 성격의 낭만주의적 역사 극은 1970년대 남산 국립극장 시절의 대형 국책사극들과 만나게 된다 고 볼 수 있다.[26]

피식민체험의 비서구권 국가의 경우 전통에 대한 관심은 서구 중심의 근대화에 저항하거나 그에 상반되는 개념으로 발화(發火)되기도 한다. 한 국 연극의 경우 전통연희의 재발견의 움직임은 1970~80년에 걸쳐서 근대극 출발 이래 서구근대극에 억눌려왔던 민간 및 대학생 중심의 재 야 연극계에서 고개를 들기 시작했으며 이런 욕구들은 동시대 서구의 실험극으로부터의 자극 및 군부독재에 대한 저항과 맞물려 뜨겁게 달아 올랐다. 국립극단에서도 1981년 허규가 예술감독으로 취임한 이래 전 통을 수용하고 현대화하려는 미학적 시도가 없지 않았다. 그러나 일찍 부터 민족담론을 군부독재의 이데올로기에 활용하려고 했던 박정희에 이은 전두환 정권은 이런 분위기에 편승해 '국풍(國風)'과 같은 관제 전통 연희 축제를 열기도 했으며 86아시안 게임 및 88서울올림픽과 관련해

서 국립극단에도 한국적 전통을 내세우는 관제적 성격의 연극들이 급조
되기도 했다. 1980년대 말 사회주의 이데올로기의 몰락과 함께 전통연
희 자체에 대한 관심도 급속히 수그러들었으나 이분법적 정치 이데올로
기의 자리를 대신한 포스트모더니즘의 일환으로 서구 발 문화상호주의
(interculturalism)가 효력이 있었던 1990년대까지도 아시아 국가에서 전통
의 현대화는 강박처럼 숙제로 남아있었다. 그러나 2000년대 이후 탈식
민주의(post-colonialism)의 비판적 인식으로 흡수되어가면서 그 관심도가
약해지기 시작했다. 21세기를 넘은 오늘, 국가나 민족에 대한 의식 자
체가 달라지고 있는 젊은 연극인들에게 전통유산이나 전통유산의 현대
화는 관심 밖으로 밀려나있는 상태다. 그들은 국가, 민족, 언어, 남녀 성
별 등 그들에게 '당연히' 주어졌던 것들에 대해 오히려 낯선 시선으로
접근하기도 한다.[27] 그럼에도 불구하고 국립극단으로서는 국가와 민족
의 전통을 계승한 공연을 해야 한다는 생각과, 일본이나 중국과 달리 전
통연희의 구체적 유산이 부족한 한국의 경우 전통의 현대화가 여전히
더 어렵다는 점이 과제로 남아있다는 점이 사실이다.[28] 형식보다 소재나
내용을 유산 텍스트로 삼아 서계동 국립극단에서 손진책 예술감독이 시
도한 '삼국유사 프로젝트'는 그 고심의 예라고 할 수 있다.

　전통적 자산 자체가 소중하고 잘 보존되어야 한다는 것과 별개로 전
통은 고정되고 예측가능하며 영원한 그 무엇은 아니다. 민족의 개념이
일정부분 구성되고 학습된 것이라면 전통의 개념 역시 새로운 관점으로
접근할 필요가 있다. 역사의 개념이 진리, 실증주의, 인과성, 총체성 등
에서 벗어나 관점, 해석, 차이, 우연 들을 중시하는 쪽으로 변화한다면
전통의 개념 역시 순수하고 지속적이며 완결적인 것이라기보다 서로 침
투하고 형성되고 생성되어가는 과정으로 이해되어야 한다. 자민족 전통
예술에 대한 지나친 자부심과 근거 없는 과찬도 재고해볼 필요가 있으
며 '단군의 자손', '한민족', '한', '흥' 등의 '원형'들이 연극적 전통 계

승의 무조건적 전제가 되는 것에 대해 재고가 필요하고 민족예술의 '원류'를 찾거나 '양식화'를 시도하는 작업도 보다 다각적인 접근과 시도와 신중을 기할 필요가 있다. 모든 정전(正典)을 의심하는 탈근대 이후의 동시대 연극에서 '원형'이나 '원류' 찾기는 그다지 매력적인 개념이 되기 힘들다. 전통의 계승이나 현대화가 더 이상 강박적인 캐치프레이즈가 될 필요가 없다. 현재 서계동 국립극장의 벽을 장식하는 '국립극단 연극 선언문'은 '지금, 여기'와 '동시대성'을 뜨겁게 강조하고 있다. 굿도 탈춤도 삼국유사도 어느 시기에나 각자의 필요와 관점과 해석에 의해 새롭게 소환될 수 있을 뿐이다. 전통이 반드시 반근대석이거나 반서구적인 것을 의미하지는 않을 것이다. 중요한 것은 동시대적 관점이다. 최근 친일연극 〈빙화〉 취소 사태로 논란을 불러일으키기도 했으나 '근대극의 재발견' 기획은 역사의 재발견을 통한 전통 현대화의 의미있고 흥미로운 예이기도 하다.

:: 세계 속의 정체성, 국제교류

오늘날 정보망의 발달과 지역 간의 적극적인 교류로 인해 세계는 하나의 지구촌으로 변하고 있다. 국가나 문화권 간의 경계가 흐릿해지고 국제 페스티벌이나 유튜브 등 공연영상의 공유를 통해 공연과 정보의 교류도 매우 활발해졌다. 또한 공유와 교류 못지않게 차이의 문제가 대두되고 문화번역이 중요한 과제로 부각되며 각 나라 연극의 정체성의 의미와 범주에도 변화가 올 수밖에 없게 된다. 예컨대 이번 총서의 내용을 구성하는 데 있어서 토론의 대상이 된 것으로 시대구분뿐 아니라 공연된 작품들의 범주 설정 문제도 있었다. 그중에서도 창작극/번역극의 구분 문제는 많은 고민과 토론의 대상이 될 수밖에 없었다. 1990년대 이후 해외 고전을 한국의 작가나 연출가가 재해석해서 공연하는 사례가

빈번해지면서 종래의 창작극/번역극의 경계가 불분명해진 지 오래 됐거니와, 그 후 계속해서 한국희곡을 외국 연출가를 초빙해 공연하는 경우, 한국인과 외국인이 함께 공동창작을 하는 경우, 재외한국인이나 한국계 외국인이 외국어로 발표한 희곡 등 여러 양상이 발생하면서 창작극과 번역극의 경계는 흐려지게 되었고 언젠가는 그 구별이 사라질 수도 있을 것이다. 이번 총서의 용어면에서도 편집위원회는 고심 끝에 기존의 '창작극' 대신 '한국희곡'을, '번역극' 대신 '외국희곡'을 사용하기로 했다고 한다. 1950년 국립극단 설치령에도 명시되었던 '국제교류의 활성화'도 그 양상이 어떻게 변해가고 있느냐가 계속 논의의 대상이 되어야 할 것이다. 2007년부터 2012년까지 우리 국립극단은 세계국립극장페스티벌을 열어 당시로서 무게감있는 몇몇 외국 공연들을 볼 수 있는 기회를 제공했으나 목표와 작품선정의 기준이 불분명했던 때문인지 단기간에 끝나고 말았다. 현재 국내외에서 너무 많은 국제연극제가 열리고 그 문제점이 논의되는 상황에서 국제교류 그 자체가 매력으로 작용하는 시대는 지났으며 더구나 국립극단이 많은 예산을 들여 대규모 축제형식으로 나설 필요는 없어 보인다. 구체적 목표와 명분 없이 개인적 알음알음으로 해외 연출가들을 초빙해 세금을 낭비하는 일 역시 더 이상 되풀이되어서는 안 된다. 물론 언젠가 시도했던 '국가브랜드'연극이라는 어색한 타이틀을 다시 되풀이할 필요도 없을 것이다.

국립극단으로서 해외교류에 있어서도 서구인의 눈에 비칠 한국의 전통유산을 지나치게 의식하는 '우리 안의 오리엔탈리즘'의 극복도 필요하다. 공유의 토대가 넓어지는 글로벌한 시대에 세계 연극인들은 더 이상 자국의 전통유산을 이국적인 매력으로 대상화시켜 내세우는 공연에는 서로 큰 관심을 가지지 않는다고 한다. 서구라는 대타자의 시선에 갇히지 말고 주체적인 공연행위를 전개하되 동아시아적 정체성 등에 대한 적극적인 비전의 탐색도 필요하다. 결국 동시대를 살아가는 관점에서 세계화와 지역화의 균형을 지혜롭게 추구해야 할 것이라고 본다.

:: 국립극단의 과거, 현재, 미래

창립 70주년을 맞는 대한민국 국립극단이 어떤 환경 속에서 어떤 공
연들을 올려왔는가와 그 문제점들에 대해서는 앞으로 각론에서 자세히
논의될 것이다. 그런데 국립극단 자체의 공연 내용 못지않게 중요한 것
은 각 시기의 국립극단의 활동이 당시 한국의 연극계 속에서 어떤 위치
와 기능과 의미를 점하고 있었는가 하는 점이다.

되돌아보면 국립극단이 한국연극문화의 중심에 서있었다고 말하기는
힘들다. 70년의 대부분 동안 한국연극문화의 견인차 역할을 하지도 못
했으며 사회의 변화를 읽어내고 리드하지도 못한 채 연극계 한 편에서
명맥을 이어왔다. 창단 직후 〈원술랑〉, 〈뇌우〉 공연이 해방 직후의 혼란
과 가난에 시달리던 관객의 일시적 호응을 받았으나 전쟁으로 곧 열기
가 식어버렸고, 피난 시절과 4·19 혁명 직후 국립극단은 사회변혁과 동
떨어진 레퍼토리 선정과 공연활동으로 지탄을 받았으며 그 후로 차범
석, 노경식, 천승세 등 몇몇 사실주의 작가들과 오태석을 발굴한 것 정
도를 제외하면 전반적으로 지지부진했다. 1970년대에 연극계가 예술적
으로 활기를 띠었을 때 그 기운에 동참하지 못했으며 유신독재가 심화
되면서 남산으로 물러나 대형 계몽사극을 공연하는 등, 관의 들러리로
무력함을 벗어나지 못했다. 1980년대 이후 연극문화 전체가 양적으로
팽창하면서 다행히 국립극장도 전통의 현대화나 소극장 공연 등 다양화
의 움직임을 보이기 시작했고 1980년대 중반부터는 일반극단이 올리기
어려운 해외 명작을 소개하고 해외연극과 교류하는 등의 시도를 했으며
2000년 이후 예술감독제를 도입하는 등 노력을 기울였으나 여전히 연
극계와의 소통에는 한계가 있었고 존재감은 미흡했다. 일 년에 몇 편 안

되는 공연 횟수와 극단과 단원제의 비효율적 운영 등으로 연극문화의 중심에 서지 못했던 것이다. 2010년 재단법인화한 이후 일단 양적으로 크게 활성화된 공연활동을 통해 현재는 연극계의 주요위치를 점하고 연극계의 주목을 받고 있는 것이 사실이다. 그러나 제작편수가 서너 배 이상으로 늘면서, 국공립제작극장에 밀려 취약해진 극단 공연을 일방적으로 흡수한다며 국립극단의 비대화라는 비판을 듣기도 했다. 그만큼 불안한 한국 연극계 속에서 국립극단이 불안전한 항해를 계속해왔다는 것이다. 이런 실천적 측면에 대해서는 구체적 작품과 제작환경의 분석을 통해 현장 연극인들의 문제제기가 필요하겠지만, 이 글에서는 독립재단의 틀을 갖추고 70주년을 넘어서는 이제야말로 국립극단이 한국연극문화의 발전소 역할로 안정적으로 자리잡아야 할 시점에 왔음을 말하고 싶다.

그런데 연극예술과 문화의 이런 발전을 위해서는 정치사회적 맥락에서의, 일종의 역설적인 태도와 균형의 유지가 필요하다고 본다. 한국사회가 주변 강국들 간의 갈등과 분단 상황에서 압축된 근대화와 뒤늦은 민주화의 과정을 겪으며 아직 홍역을 앓고 있듯이 국립극단의 앞길도 결코 평탄하지만은 않을 것이다. 그러나 그럼에도 불구하고 무엇보다 특정 정치권력들로부터 자유로운 독립적 경영을 쟁취하도록 노력하며 이를 위한 제도적 변혁이 있어야 한다. 국립극단으로서 정치경제적 격랑 속에서 국가와 민족이라는 개념에 대한 진단과 모색을 게을리할 수 없겠지만 그 못지않게 민주, 자유, 평등의 보편적 가치에 기반한 공공성의 개념을 확장시켜야 할 것이다.

아울러 국립극단의 이념과 작업은 현실과 함께 늘 변화하는 과정 중에 있음을 인식, 경화되지 않는 자세가 필요하며 지구촌 전체의 변화와 호흡을 같이해야 한다는 점도 중요하다. 세계의 국립극단도 변화중이라고 한다. 세계화, 디지털화, 이주민, 다문화, 각종 하이브리드 문화 등에 영향 받은 현재 각국의 국립극단의 양상과 기능은 전통적인 국가나 민족개념에 주로 영향 받았던 백 년 전과 달리 대표성, 기능, 양상 등에서 보다 자유롭고 개성적이며 상이하게 전개되고 있다고 한다.[29] 이밖에도 미래를 위한 구체적인 과제들이 산적해있는데 예술감독, 이사장, 이사 들의 선출방식과 재임기간, 자율성과 효율성을 확보하기 위한 극장조직의 재정비, 지방소재의 다수의 국립극장 추진, 현재의 임시 건물이 아니라 제대로 된 극장의 확보, 연극계 전체의 건강한 생태계를 위한 민간 극단과의 상호협조적이며 상생적인 관계 지속 등이 필요하며 길게는 통일시대와 4차 산업시대까지를 내다보는 안목과 준비도 필요할 것이다.

:: 註

1 이 글은 '국립극단' 70년을 맞아 '극단'의 의미와 역사를 되짚어보기 위해 작성되었다. 그러나 때로 '국립극장'이라는 용어도 섞어서 사용했다. 두 개념은 분리가 쉽지 않을 뿐더러 사적으로 볼 때 국립극장이 모(母)개념이다. 국립극단(신협)은 출범당시 국립극장의 전속단체로 출발했으며, 1962년 명동 국립극장 재개관을 앞두고 산하에 국립국극단, 오페라단, 무용단들이 창단되었고(교향악단 70년 창단), 2010년 국립극단이 국립극장에서 나와 재단법인화하면서 다시 국립극단으로서 정체성을 분명히 했기 때문이다.

2 Marvin Carlson, "National Theatres : Then and Now", National Theatres in a Changing Europe, S. E. Wilmer(ed.), New York: Palgrave Macmillan, 2008, pp.21-33 참조. 물론 이들 국립극단의 현재의 양상과 성격은 창립당시와 많이 다르다.

3 칼슨에 의하면 20세기 초중반의 비서구권이나 아시아 국가에서는 샴(Siam) 국립극단(1935)이나 터키 국립극단(1947)처럼 코메디 프랑세즈 같은 유럽의 황실연극을 모방하고자 하는 국립극단이 생겨났다. 한편 아프리카의 케냐(1952)나 세네갈의 국립극단(1960)처럼 유럽 식민통치로부터 해방이 되고도 유럽문화의 영향력을 청산하지 못하는 경우도 있다. 한국의 국립극단의 경우는 대체로 이 시기에 속하면서도 명분상 19세기적 민족주의를 표방함으로써 이와 다른 경우라고 하겠다. 칼슨은 이 시기 한국의 국립극단 설립에 관해 두세 줄로 매우 짧게 사실만을 기록하고 있다(Carlson, ibid., pp.24-25).

4 유민영, 『우리시대 연극운동사』, 단국대학교 출판부, 1990, 231-241쪽; 유민영, 『한국근대

극장 변천사』, 태학사, 1998, 317-328쪽; 유민영, 『한국연극의 아버지: 동랑 유치진』, 태학사, 2015, 370-390쪽 참조.

5 한준상, 정미숙, "1948-53년 문교정책의 이념과 특성", 『해방전후사의 인식4』, 한길사, 1976, 344쪽에 보면 독일 예나 대학과 동경제국대학 대학원을 마친 안호상은 '민족'을 표방하는 '일민주의(一民主義)을 주창한 인물이기도 했다.

6 유민영, 『한국근대극장변천사』, 321, 326쪽.

7 유민영, 『한국연극의 아버지: 동랑 유치진』, 377, 379쪽 재인용.

8 '민족연극'에 대한 유치진의 비교적 정리된 생각은 십년 후 드라마센터 건립을 위한 한국연극연구소의 재단설립취지서에서 만날 수 있다(유민영, 『한국연극의 아버지: 동랑 유치진』, 565쪽).

9 유민영, 『한국연극의 아버지: 동랑 유치진』, 377쪽.

10 다음은 1861년 출범한 세르비아 국립극단의 자못 비장한 선언문의 일부이다: "…우리 민족 안에 연극예술을 키우기 위해서, 그 연극예술의 존재와 발전을 강화시키고 영원히 지지하기 위해서, 이 나라의 드라마와 문학에 새로운 충격을 주기 위해서, 유능하고, 교양 있고 기쁨에 넘치는 노력과 경험을 통해 이런 고상한 능력에게 자신을 바치고자 하는 이 나라의 아들, 딸들에게 학교와 보육시설이 되어주기 위해서, 그 이상과 완벽함을 통해 연극예술은 도덕의 학교가 되고, 좋은 취향과 교육과 가르침의 수레가 되며 국가적 의식의 소명을 불러일으키고, 국가적 영혼과 언어의 수호자가 됨과 동시에 과거의 찬란했으나 슬픈 과거를 비춰주는 거울이며 우리의 운명의 메신저가 될 수 있을 것이다(Carls on, p.23).

11 대한민국 국립극단 〈정관 및 규정〉 1쪽.

12 S.E. Wilmer, "Introduction", *National Theatres in a Changing Europe*, p.2.

13 유시민, 『국가란 무엇인가』, 돌베개, 2017, 29-83쪽 참조.

14 조르조 아감벤, 호미 바바, 주디스 버틀러들의 연구를 들 수 있으며 초국가주의(transnationalism), 세계시민주의(cosmopolitanism)에 대한 논의도 있다.

15 2017년 젊은 연극인들 중심의 권리장전 프로젝트는 '국가본색'이라는 주제로 국가의 의미를 묻는 21편의 연극을 공연했다.

16 개성공단의 남북노동자들의 교감 얘기를 다룬 〈러브스토리〉(2018, 크리에이티브 바키, 이경성 연출, 전강희 드라마투르그)에는 관객들에게 각자의 '국뽕지수'를 묻는 장면이 삽입되었다.

17 Nadine Holsworth, "Introduction", *Theatre and National Identity: Re-Imaginning Conceptions of Nation*, Nadine Holdsworth(ed.), Routledge, 2014, pp.6-7 참조.

18 참고로 영국 국립극단(National Theatre of Great Britain)의 목표는 "사회의 결점과 실책들을 반영할 뿐 아니라 예술적 가치와 시민적 덕목을 위해 투쟁하며 균형을 바로잡으려는 기능"(Michael Coveney, "The national Theatre and Civic Responsibility in the British Isles", *National Theatres in a Changing Europe*, p.180)이라고 한다.

19 앤서니 D. 스미스, 『민족의 인종적 기원』, 이재석 옮김, 그린비, 2018, 33-45쪽. 스미스는 절충적 입장을 취한다. 후에 다른 저서에서는 '인종적 민족주의'와 '시민적 민족주의'로 구분하기도 한다.

20 베네딕트 앤더슨, 『상상된 공동체』, 서지원 옮김, 길, 2018. 민족이란 근대에 이르러 일상어와 인쇄자본주의에 의해 상상된 공동체라고 본다.

21 권혁범,『민족주의는 죄악인가?』, 아로파, 2014, 18-21쪽.

22 권혁범, 21-27쪽.

23 최근 국립극단 작품으로 '한민족 디아스포라전(2017)'의 다섯 작품, 〈텍사스 고모〉(2018), 〈뼈의 기행〉(2019) 들이 있다.

24 후자의 경우 대표적 견해는 에릭 홉스봄,『만들어진 전통』, 박지향·장문석 옮김, 휴머니스트, 2004 참조.

25 유민영은 〈원술랑〉에 대해 "민족주의에 입각한 민족의 자주독립과 정체성의 확립에 대해 고민"한 작품으로 설명한다(유민영,『동랑 유치진』, 385쪽).

26 김성희,『한국 역사극과 문화적 재현』, 연극과인간, 2017, 95쪽.

27 〈신토불이 진품명품〉(2019), 송이원 연출, 송이원·안정민 대표구성, 제19회 변방연극제.

28 일본이나 다른 아시아 국가들 비슷하게 연희적 원형의 보존과 그 계승의 문제는 국립국악원이나 국립창극단, 혹은 국립극장의 어떤 조직에서 전담하고 국립극단은 근현대극과 동시대극(동시대적 관점에서 재해석한 전통적 극 포함)만을 공연하는 이원체제로 아예 나누는 방법도 생각할 만하다.

29 특히 유럽 같은 경우 국가나 국립극단의 개념이 크게 변하고 있다. 한 공연에 여러 국적의 예술가들이 협업하는 것은 일반적인 현상이고 여러 극장들의 사이트의 네트워크만으로도 '상상된 공동체'로서의 국립극단의 역할을 할 수 있다고 본다. 국내에도 초청된 바 있는 스코틀랜드 국립극단은 극장이 없고 시민들의 참여에 의해 공연이 이루어진다(Janelle Reinelt, "The Role of National Theatres in an Age of Globalization", *National Theatres in a Changing Europe* 참조).

한국연극의 미학이란 '과연' 무엇인가?*

:: **'한국연극의 미학**[1]**이란 무엇인가?**

지금까지 논의되어 온 한국연극의 미학은 크게 다음의 세 가지 관점 중 일부를 포함하고 있다고 하겠다.

① 연극사적으로 한국연극의 전통을 계승하고 있다는 통시적, 역사적 정체성
② 서구 근대극과 변별되는, 서구(세계)라는 타자를 의식하는 근대 이후 한국연극의 공시적, 공간적 정체성. 아시아(비서구) 지역과 연극미학의 일부를 공유
③ (동시대) 한국연극에서 발견되는 특징적 현상으로서의 미학

'한국연극의 미학' 혹은 '한국적 연극이란 무엇인가?'라는 주제는 1970년대 이후 적어도 2000년대까지 한국연극의 담론에서 매우 큰 비중을

---

* 『연극평론』 100호(2021년 봄)에 실었던 글이다.

차지해왔다. 한국연극이 한국연극의 미학이나 정체성을 논한다는 것은 얼핏 당연하거나 자기 반복적으로 느껴질 수 있다. 그러나 뒤집어 생각하면 그만큼 '한국연극', '한국적 연극' 등을 서둘러 열정적으로 탐색하고 규명하지 않으면 안 될 모호함과 결핍의 개념으로 보았다는 뜻이다.[2] 그렇다. '한국연극의 미학'을 위한 거의 강박적 열정은, 일제 식민지 문화—실은 일본을 통한 서구의 연극론이 지배적이었던—로부터 해방된 예술인들이 여전히 강한 영향력을 행사하는 구미의 연극론으로부터 변별되는 한국연극의 정체성의 필요를 느끼고 있던 참에, 1960년대 후반부터 연극계 일각과 대학 연극반을 중심으로 한국의 전통연희를 연구하고 보존하려는 운동이 일어나기 시작하면서, 그리고 때마침 몇몇 학자나 미국 유학생 등을 통해 국내에 소개된 서구의 비재현적 실험극과 문화상호주의적 움직임의 자극을 받아 1970년대부터 불꽃처럼 타올랐다. 1980년대에는 불길이 더 격해졌다. 강화된 군사독재 하에서 전통연희에 정치적 저항 메시지를 입힌 마당극이 민중미학의 관점에서 한국연극의 주체적 미학을 목이 터지게 외쳤다.

1989년 베를린 장벽의 붕괴를 시작으로 좌파정권들이 몰락했고 1990년대에 들어 국내에서도 정치 이데올로기에 대한 관심이 급격히 퇴조했으며 신자유주의와 함께 포스트모더니즘의 물결과 해외교류의 둑이 터지면서 연극미학 자체에의 욕구가 다시 불붙기 시작했다. 그런 분위기는 2000년대까지 이어졌는데 그런 와중에서 '한국연극의 미학'이라는 전제는 끊이지 않고 계속 이어졌다. 현장작가들의 경우를 통해 보면 1970년대의 유덕형, 안민수, 오태석, 최인훈, 윤대성, 허규, 1980년대의 임진택, 채희완, 손진책, 김정옥, 오태석, 1990년대의 이윤택, 오태석, 손진책, 김아라 등 소위 한국연극계의 주요 연극인들이 추구하는 바는 놀랍게도 모두 '한국연극의 미학', '한국인', '한국적 연극이란 무엇인가'라는 자기질문이었다.

2000년대에도 양정웅, 이윤택이 한국연극의 미학이라는 뜻을 면면이 이어왔으나 디지털 네트워크, 글로벌리즘과 새롭게 등장하는 개인주의적인 신세대들의 가치관의 변화에 밀려 약화되기 시작했다. 그리고 세계적으로 신자유주의의 심화가 초래한 경제위기들과 2001년의 9·11 테러, 그리고 국내에서는 2014년의 세월호 참사 이후 사회와 예술을 대하는 가치관의 변화가 일어났고 따라서 '한국연극', '한국연극의 미학'에 대한 관심은 갑자기 수그러들었다.

그렇다면 이번 특집기획의 취지로 돌아가서 100호를 맞는『연극평론』지는 '한국연극의 미학'에 관련된 이런 변화를 어떻게 다루었을까? 알다시피 여석기 교수가 이끌던『연극평론』은 1970년 봄호로 창간해 1980년 겨울호까지 10년간 20호를 낸 후 일단 막을 내렸으며 1980년대와 1990년대에는 각종 일간신문이나 주간지 및 월간지의 문화면, 그리고 한국연극협회가 발간하는『한국연극』정도가 연극담론의 공백을 메꿔 왔다. 그러다가 2000년, 김윤철 당시 한국연극평론가협회 회장의 주도로 계간『연극평론』이 복간되어 오늘에 이르고 있다. 한국연극의 황금기라고 불리는 1970년대의『연극평론』지에서 한국연극의 미학과 관련된 기사의 비중은 상당히 컸던 편이었던 데 반해, 해외연극과의 교류와 탈근대의 연극미학에 힘을 쏟던 2000년 이후 2015년까지의『연극평론』지에서 '한국연극의 미학'에 대한 글들을 자주 만나기는 쉽지 않다. 복간 초기에 '한국연극의 미학'이라는 특집을 9회에 걸쳐서 연재했지만 그 이후 '한국연극의 미학'에 관한 글은 거의 찾아보기 힘들다.

:: 1970년대: '한국연극의 미학' 담론과『연극평론』

1970년대는 드라마센터 중심의 실험극과 한국 전통극에 대한 관심의 부활로 설명된다. 1960년대 동인제 극단 출범과 함께 서구 사실주의극

일변도에서 벗어난 부조리극, 서사극, 유럽 발 실험극 등에 대한 단편적 소개가 이루어지기 시작하고 전통극에 대한 관심이 싹트던 상황에서 『연극평론』이 창간되었다. 1970년 봄에 발행된 창간호에는 평론가 한상철이 쓴 「아르토에서 리빙시어터까지」가 실렸다. 당시 『연극평론』의 글들은 시평이나 비평좌담회 외에 에릭 벤틀리의 비평문이나 아서 밀러의 작품세계 등을 소개하는 영미권의 연극론들, 아르토나 그로토프스키 같은 동시대의 급진적 실험극, 이에 반응하는 아시아권의 전통연극 미학론, 한국 신극사 자료, 그리고 한국 전통극과 한국연극의 미학에 대한 글들로 주로 이루어져 있었다. 한국 전통극과 한국연극의 미학이라는 주제에 대해서는 민속학자 이두현이나 심우성이 제공하는 전통연희의 채록본들, 서울대 국문과 조동일 교수가 탈춤을 분석한 글들이 자주 발견된다.

『연극평론』 3호(1970년 겨울)에 보면 이런 관심사를 대변할만한 토론회가 눈에 띈다. 「전통연극 정립의 문제와 현대적 수용」이라는 주제의 공동토의 형식이었는데 참석자는 여석기, 오영진, 이두현, 심우성, 한상철, 윤대성 등 당대 학계와 현장을 망라한 묵직한 캐스팅으로서 여기서 토의된 키워드는 '원형', '현대적 수용', 그리고 '전통극의 희극정신'이었다고 할 수 있다. 내용을 간추리면 ① 전통연극이라는 유산에 대해서는 한편으로 원형을 보존, 계승하면서 한편으로 현대적으로 수용하는 방법을 모색해야 한다, ② 원형을 보존 계승하기 위해서는 일단 연기, 혹은 연기훈련의 시스템을 발굴, 보존, 정리하는 데서 출발하는 것이 좋다, ③ 현대적으로 수용하는 데 있어서 어설픈 현대극의 리얼리즘적 요소나 구질구질한 신파와 센티멘털리즘으로 희석시켜 전통극의 분방한 희극정신, 자유로움, 자발성을 훼손하지 말라, ④ 현대적 수용에 있어서 주어진 극본 등을 가급적 살리는 길과, 야심적인 연출가에 의해 전혀 새로운 스타일이나 내용을 기대하는, 두 가지 길이 있다는 것으로 요약된다.

이 토론회가 이루어진 1970년은 윤대성의 〈망나니〉(1969)와 오영진의 〈허생전〉(1969) 정도가 막 선을 보였던 시점이고 오태석의 〈쇠뚝이놀이〉(1972), 〈춘풍의 처〉(1976)가 등장하기 얼마 전이었다. 토론의 내용은 지금 읽어도 충분히 공감되는 내용들이었고 이들의 희망과 전망은 부분적으로나마 곧 구현되게 된다.

이밖에 7호(1972년 가을)에서 연극평론가 이상일은 「창작극과 한국적 연극」이라는 시평을 통해 소위 '한국적 연극'의 낙후성을 지적했다. 그는 "연극 60년사에 의식이나 양식면에서 달라진 것은 아무것도 없다"면서 '향토성, 토속성'을 내세우며 한국적 연극을 하는 것은 좋은데 거기에는 반드시 '현대의식'이 있어야 하고 '실험성을 갖춘 양식'이 필요하다고 보았다. "양식을 깨트리는 실험성이나 문제의식이 없는 한국연극은 우리의 연극이 지니고 있는 치기의 반영밖에 되지 못한다"[3]는 비판을 덧붙였다. 폐간을 얼마 앞둔 18호(1979년 겨울)는 특집으로 '70년대 한국연극'을 회고하고 있다. 한상철은 「한국연극 10년, 그 의의」에서 1970년대는 한마디로 변화의 시대였다고 돌아보면서 연극 내적인 측면에서 가장 중대한 변화는 '연출가'의 등장과 함께 "한국인과 한국연극의 개성과 본질을 찾고 이를 확립시켜보자는 것"이었다고 평했다. 그러면서 〈허생전〉, 〈어디서 무엇이 되어 만나랴〉, 〈옛날 옛적에 훠어이 훠이〉, 〈달아 달아 밝은 달아〉, 〈초분〉, 〈태〉, 〈쇠뚝이놀이〉, 〈춘풍의 처〉, 〈물보라〉를 들었다.

70년대 벽두 오영진 작 허규 연출의 〈허생전〉과 최인훈 작 〈어디서 무엇이 되어 만나랴〉는 70년대 연극을 가늠해주듯 전자는 우리의 전통적인 연극양식과 기법을 현대적인 연극형식 속에 무리 없이 조화롭게 융합시켜 놓았는가 하면, 후자는 한국인의 정신세계와 심성의 근원을 찾아 나서기 시작, 〈옛날 옛적에 훠어이 훠이〉에서 〈달아 달아 밝은 달아〉로 이어지는 4편의 희곡을 통해 이제까지 태고의 어둠 속에 싸였던 한국인의 세계, 그 문화가

지닌 높고 큰 하늘과 비옥하고 두터운 땅을 열고 빛을 넣어주기 시작했던 것이다.[4]

오태석에 대해서도 한국적 연극에 관련해 후한 평가를 내렸다.

··· 전혀 새로운 스타일의 〈초분〉과 〈태〉, 그리고 몰리에르의 극을 우리의 전통극으로 완전 번안한 실험극 〈쇠뚝이놀이〉를 창안했으며, 한국인의 삶 그대로 생활과 놀이와 제의가 하나로 뭉쳐진 〈춘풍의 처〉와 〈물보라〉를 만들어냈던 것이다. 그의 활동은 어느 의미에서나 70년대적인 연극의 피크를 이룬다.[5]

:: 1980~90년대:『연극평론』의 휴간

1980~90년대는『연극평론』이 발행되지 않던 시기였다. 2000년 봄에 복간한『연극평론』은 첫 9회에 걸쳐 '한국연극의 미학'이라는 야심찬 특집을 마련했는데 다행히도 21호(복간 1호)에 첫 순서로 실린 이상일의 「전승연희와 현대연극의 변증법적 지양」과, 이어 22호와 23호에 걸쳐 연재된 백현미의 「'한국적 연극', 혹은 '민족극': 그 논의의 흐름과 전망(1), (2)」는 지나간 1980년대와 1990년대의 한국연극의 미학과 관련된 논의들을 충실히 커버해주고 있다. 이상일이 전승연희에서 마당극으로, 그리고 포스트모더니즘에 이르는 여정을 관념 미학적으로 다루고 있다면 백현미는 '한국적 연극', 혹은 '민족극'과 관련하여 일제강점기부터 해방 직후와 1970년대를 거쳐 1980년대와 1990년대에 이르는 주요 사건과 담론들을 실증적으로 꼼꼼하게 정리하고 있다. 백현미는 1980년대의 전통담론, 혹은 한국적 연극미학 관련 논의를 크게 마당극이라는 재야연극의 활성화와 오태석, 김정옥 같은 기존 연극인들의 창작활동으로 나

뉘 살피고 있다.

1980년대에는 제5공화국의 군사독재 하에서 마당극이 폭발적인 사회적 관심을 끌었다. 마당극은 무엇보다 정치적 억압에 대한 저항으로서 민중적 민족주의적 미학을 주창했는데 서구라는 타자의 관점을 의식하는 1970년대식의 '한국연극의 미학'이라기보다는 식민세력으로서의 서구 근대극적 미학에 대한 주체성 회복의 성격이 강했다고 할 수 있다. 임진택, 채희완, 이영미 등이 마당극의 미학을 정립하기 위해 노력했고 일정한 성과를 거두었으나 지나치게 도식적인 양식화와 경직된 메시지로 인해 기성 평론가들의 반응은 냉담한 편이었다. 그런 중에서 한상철은 마당극을 "탈미학", "선동적 효과를 살린 프로파갠더"라고 정면으로 질타했으며 마당극계는 그의 비판을 "순수예술주의 비평의 논법", "체제지향적인 보수주의자"라고 맞받았다.[6] 김방옥은 전통연희와 마당극의 지나친 영향을 받은 연극계 일부가 복고적이며 반지성적인 분위기로 퇴행하고 있다고 진단한 바 있다.[7] 오태석은 〈태〉, 〈춘풍의 처〉 등을 자신의 연출로 여러 번 재공연했고 86 아시안게임, 88 올림픽 등을 맞아 〈필부의 꿈〉, 〈팔곡병풍〉 등을 발표했으며, ITI를 통해 해외교류에 일찍 나섰던 김정옥은 '총체극'이라는 개념을 내세우며 '한국적 연극의 미학'을 해외에 알리기 시작했다. 1980년대에는 마당놀이와 창극에 대한 관심이 고개를 들기도 했다.

1990년대는 이데올로기적 관점이 약화되고 세계화와 포스트모더니즘에 대한 관심이 커지면서 연극계에도 텍스트의 물질적 스펙터클이나 몸에 대한 관심이 커졌다. 전통연희에 대한 관심 역시 이런 흐름에 녹아들었다. 이윤택은 〈오구〉, 〈바보각시〉, 〈문제적 인간, 연산〉 등을 통해 전통연희를 탈근대성 및 근대성과 역동적으로 결합한 작품들을 내놓았으며 손진책은 〈남사당의 하늘〉로, 김아라는 〈숨은 물〉, 〈동지섣달 꽃 본 듯이〉로 감각적 미장센과 결합한 한국적 연극의 색채를 구현했다. 오태

석도 〈운상각〉, 〈백마강 달밤에〉를 통해 그간의 미학을 지속적으로 성
숙시켰다.

이 시기의 '한국적 연극' 작업에 대한 비평은 단편적이었으며 어떤 담
론을 이뤄내지 못했다. 다만 학계나 비평계에 전통연희나 한국적 연극
을 포스트모더니즘과의 공통분모나 문화상호주의의 일환으로 해석하려
는 경향이 있었으며[8] 1980년대에 이어 각종 국내외 축제 및 해외교류
의 활성화와 함께 '한국 전통극의 현대화'와 '세계화'를 다룬 세미나들
이 봇물을 이루었다. 또한 재야연극계에서는 마당극에 이어 전통극의
양식화를 벗어나 이념적 외연을 넓힌 '민족극'이라는 개념이 추구되었
다. 이 시기 이상일, 이윤택, 김명곤 사이의 굿 논쟁은 1980년대 마당극
을 사이에 둔 정치적 이념과 예술성 사이의 갈등의 연장이라고 할 수
있다. 이상일이 〈오구〉와 〈점아점아 콩점아〉를 중심으로 굿은 종교적
제의이며 연극이 아니니 예술로서 좀 더 미학적 계산과 깊이가 필요하
다고 비판한 데 대해 이윤택은 굿은 우리 민족의 원형적 자산이며 굿
정신의 회복과 그 현대적 효용성이 중요하다고 했고 김명곤은 진보적이
고 민중적인 예술성이 필요한 시대이며 이상일의 평가는 보수적이며 주
관적이고 관념적이라고 반박했다.[9]

:: 2000~2010년대 중반의 '한국연극의 미학' 담론과 『연극평론』

『연극평론』 복간 특집인 '한국연극의 미학'은 이상일과 백현미의 글
이후에도 계속 연재되었다. 김윤철은 24호(복간 4호)에 기고한 「한국연극
의 반미학: 감상주의」에서 한국연극의 미학을 전통극과 연계시키는 것
못지않게 오늘날의 한국연극의 미학적 문제점을 짚어보는 일이 중요하
다고 하면서 한국연극 미학의 고질적 문제점으로 감상주의를 들었다.
그 이유로 ① 연극이란 인간과 세상을 인식하는 매체인데 감상주의로는

인간과 그들이 사는 사회를 진실하게 그릴 수 없고 ② 등장인물이나 배우들이 자기연민에 빠지면서 적대세력과의 갈등이라는 연극성이 약화된다고 주장했다.[10] 정우숙은 25호(복간 5호)에 실린 글 「한국연극의 비논리성: 결여와 잉여의 흔적」에서 한국연극의 특성은 비논리성에 있다고 보았다. 단, 그 비논리성은 ① 사실주의적 논리성이 부족한 경우(해방 전 초기 희곡), ② 애초에 의도적으로 비논리적인 경우(오태석, 이강백), ③ 논리적 주장을 위해 비논리적 구성의 외양을 빌려온 경우(이윤택)로 나눌 수 있다고 하면서 한국인이 가장 선호하는 극 형태는 감상주의와 비논리성이 합쳐진 것으로 보았다.[11] 27호(복간 7호)에서 김문환은 한국연극의 핵심을 이루는 놀이와 축제의 미학적 함의를 살펴보았다. 이영미는 28호(복간 8호)에 실린 「엉성한 뼈대에 풍부한 살덩어리」라는 글에서 감상주의와 비논리성을 한국연극의 부정적 특성이 아닌 그냥 '특성'으로 보자고 제안했다. 비논리성과 집약적 구성의 결여, 그리고 응접실 식 대화문화의 부재로 인해 단편이나 대하소설보다 극예술이 덜 발전한 것이 사실이지만 ① 다시선(多視線)과 부분의 독자성, ② 갈등보다 놀이와 유희성, ③ 합리적 인식보다 가슴과 몸 중심의 느낌 등을 통해 입체적이고 풍부한 형상화가 가능하다는 긍정적 측면도 있다는 것이다.[12] 마지막으로 29호(복간 9호)에서 이미원은 '섬세한 심리와 내면의 결여'가 한국연극이 보완해야 할 점이라고 지적했다.

'한국연극의 미학'에 관한 연속특집은 긴 공백기를 거친 당시로서는 의미있는 기획이었지만 그 이후 큰 반향을 불러일으키거나 지속적인 논의로 이어지지 못했다. 그리고 그 이후 현재까지 '한국연극의 미학'에 관한 이렇다 할 글들을 『연극평론』에서 발견하기는 쉽지 않다. 2000년대에도 이윤택, 양정웅 등의 무대에서 한국연극의 미학을 염두에 두는 작품들이 가끔 없지 않았으나 그 이전처럼 명분을 내세우며 의식화된 작업이라기보다 포스트모더니즘을 공통분모로 하는 세계고전의 한국화나 해외교류 차원에서 주목받는 정도였다. 2000년대부터 2010년대 중반까지 『연극평론』의 지면은 1990년대의 비평담론들의 연장이라고 봐야 할 것이다. 공연리뷰 외에는 국제교류와 세계화, 해외 연출가의 작품세계 소개, 몸이나 물질 같은 포스트모더니즘, 혹은 탈근대의 미학, 문화 상호주의, 탈식민주의 담론 들이 주류를 이루었다.

:: 2010년대 중반 이후: 관점의 변화

2014년 세월호 참사 이후 정권교체, 블랙리스트, 미투 운동 등 기존의 가치관을 뒤엎는 사건들이 터지면서 2010년대 후반부터 진보적 청년연극인들이 주요 창작주체로 부상하기 시작했다. 이들은 시민적 윤리로 무장된 개인의식, 사회적 약자와의 연대, 젠더의식, 위계와 권위의 배제라는 점에서 이전과는 의식과 실천면에서 크게 달라졌다. 이자람 이후 동시대적 감각의 창작 창극이 관심을 끌고 있듯이, 이들 사이에서도 전통을 새롭게 수용하는 자생적 움직임이 아주 없는 것은 아니다. 그러나 현재의 청년연극인들은 '한국연극의 미학'이나 '전통의 계승' 같은 이데올로기에 쉽사리 포획되지 않는 듯하며 비평계에 그에 상응하는 담론도 거의 없는 상황이다. '한국연극의 미학'을 논하기 이전에, '한국', '국가', '민족', '미학'이라는 기존의 이데올로기적 개념에 무관심하거나 의심어린 눈초리를 보내는 경향이 형성되기 시작했기 때문이다.[13]

물론 코로나19 이후 상황은 다시 변하고 있다. 국가주의가 다시 부활하리라는 전망, 반대로 전 지구인이 하나라는 점을 실감했다는 의견도 있다. 소위 K-팝이나 드라마류의 한류열풍도 거세다. 아무튼 경제·문화적으로 글로벌화가 이미 이루어졌고 디지털 네트워크가 모든 경계를 넘어서고 있으며 각종 난민과 노동자들의 국제적 이동이 일상화되었고 국가주의를 넘어선 세계시민연대들이 활성화된 현시점에서 '한국연극'

혹은 '한국적 연극'이라는 것이 더 이상 얼마나, 어떻게 성립 가능한 개
념인지에 대해서 기본적인 논의가 다시 필요해 보인다. 또한 오늘날의
청년예술가들이 더 이상 '한국적 연극', 혹은 '한국연극의 미학'에 관심
을 기울이지 않는 이유 중에는 민족, 민중미학이 오랫동안 가부장, 남성
중심적 시각 위주로 형성되어왔다는 젠더적 측면도 작용하고 있는 듯하
다. 예컨대 마당극이나 민족극을 비롯한 몇몇 작품을 제외하면 민족의
전통문화나 한국적 심성을 강조하는 작품에서, 여성을 가부장제 하에서
희생시키고, 성적 대상화하며, 폭력적으로 묘사하는 경우가 많았던 것
이 사실이다. 소설 및 영화로 알려진 〈서편제〉가 그 대표적인 경우인데
그동안 한국연극의 미학을 이끌었다고 평가받아온 최인훈, 오태석, 이
윤택의 작품에서도 유사한 관점의 비판을 받을 여지가 많이 발견된다.
앞으로『연극평론』지는 이런 다양한 관점의 성찰을 담기 위해 노력해야
할 것이다.

:: 註

1 백현미는 「한국적 연극', 혹은 '민족극': 그 논의의 흐름과 전망(1)」에서 '한국연극'과 '한
국적 연극'을 구별하면서 전자는 사실에 의거한 보통명사이며, 후자는 해석과 평가에 의
거한 이데올로기적 개념이라고 구분한 바 있다(『연극평론』 22호(2001년 여름), 4쪽). 이
글의 논의는 후자에 가깝지만 편집진의 요청에 따라 일단 '한국연극의 미학'으로 썼다.
2 백현미는 이를 '부재하는 가능성'이라고 표현했다(「'한국적 연극', 혹은 '민족극': 그 논의
의 흐름과 전망(2)」, 『연극평론』 23호(2001년 겨울), 78쪽.
3 이상일, 「창작극과 한국적 연극」, 『연극평론』 27호(2002년 겨울), 85쪽.
4 한상철, 「한국연극 10년, 그 의의」, 『연극평론』 38호(2005년 가을), 6쪽.
5 한상철, 위의 글.
6 백현미, 「한국적 연극, 혹은 민족극: 그 논의와 흐름의 전망(2)」, 『연극평론』 23호(2001년
겨울), 67쪽 참조.

7 김방옥, 「문학적 연극의 위기」, 『한국문학의 현단계』, 창작과비평사, 1984.

8 김미도, 『세기말의 한국연극』, 태학사, 1998; 이미원, 『포스트모던 시대와 한국연극』, 현대미학사, 1996.

9 백현미, 앞의 글, 75쪽 참조. 1980~90년대 부분의 한국연극의 미학에 관한 논의 전반은 백현미가 「한국적 연극, 혹은 민족극: 그 논의와 흐름의 전망(2)」에서 정리한 글을 필자 나름대로 요약한 것이다.

10 김윤철, 「한국연극의 반미학: 감상주의」, 『연극평론』 24호(2002년 봄).

11 정우숙, 「한국연극의 비논리성:결여와 잉여의 흔적」, 『연극평론』 25호(2002년 여름).

12 이영미, 「엉성한 뼈대에 풍부한 살덩어리」, 『연극평론』 27호(2002년 겨울).

13 김방옥, 「국립극단의 정체성을 다시 묻는다: '국가' '민족' '전통'의 개념을 중심으로」, 『국립극단 70+ 아카이빙』, 수류산방, 2020, 73-96쪽 참조.

왜 지금 '과정'인가?*

1.

연극계 사방에서 동시다발적으로 '과정(process)'에 관한 논의가 터져 나오고 있다고 한다. 젊은 연극 창작자들을 중심으로, 연극행위에 있어서 반드시 공연이라는 결과물을 목표로 해야 하는가? 과정도 그 못지않게 중요하지 않은가? 결과지상주의에서 벗어나 과정을 존중할 때 보다 공정하고 민주적인 창작 분위기도 가능하지 않을까? 이 경우 어떤 새로운 콘셉트의 연극들이 가능할 것이며 그 과정에서 관객은 어떤 식으로 참여할 수 있을까? 이런 자기질문들이 제기되는 것 같다. 제작하는 입장에서도 두산아트센터의 '아트랩', 남산예술센터의 '서치라이트', 국립극단의 '연출의 판' 등 주요 단체들이 인큐베이팅의 일환으로 완성된 결과보다 가능성을 염두에 두고 과정 중의 공연 지원을 표방하고 있을 뿐 아니라, 최초예술지원 등 청년예술지원사업의 특수성 역시 이런 현상들과 관련이 없지 않을 것이다. 이밖에 24시간 연극제, 10분 희곡 릴레이

* 〈연극in〉 165호(2019. 08. 18.)에 실었던 글이다.

같은 시도, 낭독극이나 민간인들의 리딩 파티 등의 유행도 이와 무관하지 않을 듯하다.

그렇다면 왜 지금 '과정'인가? '과정성'이라는 게 도대체 무엇인가? 앞으로 몇 회에 걸친 〈연극in〉의 '과정'에 관한 기획에 참여하면서 우선 누군가 이 부분을 정리하고 시작해야 한다는 의무감으로 첫 글을 맡게 되었다. 오늘의 진보적 예술은 원하든 원치 않든 간에 철학적, 정치적, 미학적인 자기성찰(self-reflexivity)과 자기지시성(self-referentiality), 예컨대 '이것은 왜 예술인가? 왜 이런 예술을 하는가?'라는 질문 없이는 존립이 어려운 경우가 많다. 연역강박증일 수 있으나 지금 논의되는 '과정'은 연극현장에 관한 논의뿐 아니라 거슬러 올라가면 철학, 미학, 사회학, 문화연구 등 많은 분야들과 연결된 개념이기도 하다. 따라서 내 일천한 공부로는 이 부분은 감히 쓰지 않는 게 양심적일 것이며 나머지 부분은 연극인 누구나 이미 알고 있는 사실의 정리이다. 이런 저런 이유들로 주저되기는 하지만 현재 혼란스러운 상황에서 앞으로의 기획토론의 밑거름이 되고 아쉬운 대로 현장연극인들에게 대강의 배경그림이 될 수 있다면 하는 생각으로 '과정'의 계보학을 간단하게나마 시도하고자 한다.

2.

'과정'이라는 개념은 크게 보면 탈근대 이후의 철학과 미학에서 주류를 이루는 생각과 멀지 않다. 우선 좀 거창하지만 철학에서 과정이라는 개념을 대변할 철학자로 화이트헤드(Alfred N. Whitehead, 영국, 1861~1947)를 들 수 있다(최근 중고생을 위한 논술대비 철학시리즈 책에도 포함되었다).[1] 수학, 물리학, 심리학, 진화론 등을 배경으로 거대한 사변철학의 체계를 이룬 그의 '과정철학(philosophy of process)'에는 아쉽게도 예술에 대한 직접적 언급이 포함되어 있지는 않다. 그러나 그의 '과정철학'은 대상을 고정된 불변의 것으로 보는 데카르트, 칸트 등 전통적 서구 근대

철학과 반대로, '**변화**'와 '**생성**'이라는 의미를 중시하는 서구철학사의 큰 흐름의 중심에 있다. 세계는 고정된 것이 아니라 생성과 변화 중에 있다는 그 생각은 거슬러 올라가면 "같은 강물에 두 번 발을 담글 수 없다"는 말로 유명한 고대의 헤라클레이토스부터, 세계는 가변적 모나드 단위들의 유동적 자기복합체라고 본 라이프니츠, 삶의 경험과 행위가 이론에 앞선다고 본 퍼스와 제임스 같은 미국의 실용주의, '지속'의 철학자인 베르그송을 거쳐 체계화된 것이다. 그리고 화이트헤드의 과정철학은 그의 추종자들에 의해 니체나 들뢰즈 같은 탈근대의 여러 사상 및 불교나 도교 같은 동아시아철학과도 같은 맥락을 형성하는 것으로 재해석되고 있으며 탈근대 이후의 예술작업에도 철학적 기초가 될 수 있다.

이 중 예술가들에게 비교적 친근하게 인용되는 경우로는 유명한 "**존재에서 생성으로**(from being to becoming)"를 부르짖은 니체가 있다. 그는 플라톤 이후 다양하게 변주되어온 고정된 존재론에 종속될 것이 아니라 차이 생성의 반복을 통해 각자의 해석의 관점과 긍정의 힘을 성취할 수 있다고 생각했다. 베르그송은 존재론에서 시간의 지위를 회복하면서 '진짜 시간'이란 지속되면서 무엇인가 생성되고 있는 것이며 지속이란 끊임없는 질적 변화의 연속으로 보았다. 들뢰즈의 '**되기**(devenir, becoming)'는 일원론적 물질론의 관점에서 차이의 반복, 즉 생성이라는 사건의 순간, 잠재태가 현실화되는 과정에서 일어나는 감성적, 물질적 변화를 말한다. 최근 연기론에서도 가끔 언급되고 있다.

그 다음으로 미학(철학)적인 맥락에서 '과정'의 의미를 살펴볼 수 있겠다. 진중권은 베스트셀러『현대미학강의: 숭고와 시뮬라크르의 이중주』[2]에서 현대(탈근대)미학의 특성들인 숭고(현전)와 시뮬라크르(해체) 모두에서 작용하는 '**사건성**(event, Ereignis)'에도 주목한다. 미학의 역사를 작가미학 → 작품미학 → 관객(영향)미학으로 볼 수 있다면 현대(탈근대) 미학은 작품미학에서 관객(영향)미학으로 가는 어디엔가에서, 무엇인가

가 스스로 드러나거나 체험되거나 일어나는 그 사건성이 작용한다는 것
이다. 각자 입장은 다르지만 하이데거, 아도르노, 데리다, 들뢰즈, 리오
타르들에 숨어있는 그 '일어남'이라는 '사건'들의 '과정성'에 대해 언급
했는데 이는 오늘날 많이 언급되는 **수행성**(performativity)'과도 연결되는
개념이기도 하다.

20세기 초중반 이래 포스트모더니즘, 혹은 탈근대의 예술로 들어가
보면 주지하듯이 연극의 키워드는 텍스트에서 몸으로, 물질로 과정으로
바뀌게 된다. 그중 과정의 연극과 가장 밀접한 최초의 작업은 죠셉 체이
킨(Joshep chaikin)의 **오픈 씨어터**가 아닐까 한다. 알다시피 체이킨은 리빙
씨어터의 급진적, 정치참여적, 공동체적 연극을 극단 내 미학적 작업으
로 끌어안으면서 즉흥연기, 공동창작, 워크숍 중심 공연 등을 본격적으
로 시도했다. 다소 산만하더라도 결과물보다 공동창작의 리허설 과정을
중시했으며 연기자들의 아이디어들을 모아서 작가와 함께 공동창작한
작품들을 발표했다. 연습복 차림의 리허설 과정들이 공연 속에 자연스
럽게 들어오기도 했다.[3] 1950~60년대 이후의 해프닝, 이벤트 같은 실험
적 퍼포먼스를 거쳐 1980년대 이후부터 리차드 셰크너(Richard Schechner)
의 퍼포먼스 연구(Performance Studies), 혹은 공연학의 개념이 영향력을 미
치게 되었다. 특히 셰크너가 인류학적 관점의 영향을 받아 정리한 '**공연
과정**(performance process)**의 10단계**(트레이닝→워크숍→리허설→워밍업
→공연→공연 컨텍스트→쿨 다운→비평적 반응→아카이빙→기억)'[4]
은 과정으로서의 연극에 좋은 참고가 될 수 있을 것이라고 본다.

2000년대 이후에는 20세기 초부터 이미 연극을 '공연, 몸, 사건'으로
파악해 온 독일연극학이 전면에 나서게 되었다. 정의가 모호하다는 점
에서는 크게 다르지 않지만 한스-티스 레만의 '포스트드라마'라는 개념
이 포스트모던 연극을 대체하게 되고 특히 에리카 피셔-리히테가 강조
한 **수행성**[5]이 현재까지도 진보적 문화계 및 연극계의 주요 키워드 자리를

차지하고 있다. 수행성은 행위의 결과가 아니라 과정, 창발성(emergence), 관객과의 상호작용(autopoietic feedback-loop) 등을 중시한다. 그리고 젠더는 반복적 수행의 결과일 뿐이라고 본 주디스 버틀러의 젠더수행성이 그러하듯 수행성이란 궁극적으로 행위하는 자신과 세계의 변화의 가능성을 염두에 두고 있다는 점이 핵심이다.

한편 탈근대와 후기자본주의, 그리고 디지털 사회에 들어서면서 대중의 힘이 막강하게 커졌다. 그들은 소비자, 시청자, **관객**, 인터넷 사용자라는 이름으로 많은 경제, 사회, 문화적 활동에 적극적으로 참여하기를 원하며, 연극관객들의 경우 단지 공연된 결과를 소비하고 수용하는 것이 아니라 그 이면과 과정을 들여다보고 참견하고 참여하고자 하는 욕망을 지닌다. 이런 관객의 요구와 욕망은 과정의 연극을 가능하게 하는한 요소가 될 수 있다. 그러나 반대로 과정의 연극은 관객을 소외시킬수도 있다.[6] 한편 평등의 공동체를 추구하는 프랑스 철학자 자크 랑시에르는 『해방된 관객』에서 작가와 관객 사이의 불일치, 불연속, 그리고 미리 계산할 수 없는 우연한 결과와 미적 단절이 관객을 해방시킨다고 말한 바 있다.[7]

정치적으로는 21세기 들어 미국 중심의 세계 권력구조를 강타한 9·11 이후, 그리고 국내의 경우 2014년 세월호 참사 이후 기존의 체제와 시스템에 대한 강한 회의와 비판이 강해졌다. 한국 연극에서 '과정의 연극'에 대한 관심에는 제 기능을 못하는 국가제도에 대한 불만과 공정한 민주사회에 대한 희구, 그리고 '미투' 이후 기존 연극제작 방식의 위계적 폭력과 결과지상주의의 비민주적 과정에 대한 분노도 크게 작용했을 것이다. 거슬러 올라가면 압축된 근대화와 성과 위주의 사회에서 강요받던 결과에 대한 강박으로부터 지금 현재 '제대로 살고 있다는 게 무엇인가?' 하는 과정에 대한 성찰이 고개를 든 것이기도 하다. **구체적 연극**

현장을 들여다보면 젊은 예술가들이 결과 위주의 예술작업에 대한 피로와 회의를 호소하는 데는 현실적인 이유도 있다고 본다. 연극창작을 하고 싶은 젊은이들은 많은데 지원기관의 지원은 양적으로나 질적으로 한정되어 있고 제작상황이 열악하다보니 관객에게 보여주는 결과보다 창작자들끼리의 과정에 더 집중하는 식으로 방향이 바뀌고 있는 것 같기도 하다. 아무튼 서로를 존중하는 민주적 과정 속에서 작업자 사이의 상호자극과 연대감을 통해 창작의지가 왕성해질 수 있고 전혀 새로운 작품 콘셉트들이 떠오르기도 한다.[8]

물론 이런 움직임들은 포스트모더니즘의 연장으로 공연의 다원예술화나 개념적 예술, 연극의 매체화 같은 세계연극의 흐름과 궤를 같이할뿐더러 실제 작업과정면에서 1980년대 이후 영국 발 **디바이징 씨어터**(devising theatre)나 **버바텀 씨어터**(verbatim theatre)를 비롯한 각종 **다큐멘터리 계열의 연극**과도 통하는 면이 있다. 디바이징 씨어터는 장기간의 연구와 리허설 전개과정을 거치며 공동창작의 성격을 띠고 있고 다큐멘터리 연극이나 버바텀 역시 자료수집과 텍스트 구성이라는 점에서 과정에 대한 존중이 중요하다. 또한 사회 전반적으로 생활과의 경계를 넘어선 연극개념의 확장이라는 점에서 볼 때 교육연극, 치료연극, 커뮤니티 아트 등 실제생활과 실용적으로 연계된 **실용연극**(applied theatre)도 원래 과정의 연극의 개념을 포함하고 있다.

제작이나 지원의 관점에서도 과정의 연극은 뜨거운 이슈가 될 수 있다. 두산, 남산 등의 인큐베이팅 프로그램과 청년예술지원사업 들은 현재 젊은 연극의 활성화에 크게 이바지하고 있지만 앞으로 과연 과정성과 인큐베이팅은 미학적으로, 현실적으로 창작 활성화와 얼마나 더 잘 만날 수 있을 것인가? 어떻게 하면 과정 위에 있는 그들이 보다 더 성숙한 예술가가 되도록 이끌고 지원할 것인가? 요즘 지원사업의 새로운 패러다임으로 논란이 되고 있는 생활예술 vs. 전문예술, 생활예술 vs. 비생활예술이라는 개념의 재배치와, 창작지원을 축소하려는 전반적 경향 속에서 '과정의 연극'은 어떤 위치를 점하고 어떤 태도를 취할 수 있는가?

3.

공연에서 과정에 대한 관심이 어제오늘 생긴 것은 아니고 십년 전에 비하면 최근의 젊은 연극들은 거의 모두 '과정지향적'이라고 해도 과언이 아니다. 과정이라는 담론은 젊은 연극을 자극하는 주요 동력이 될 수 있고 그들을 효율적으로 지원할 수 있는 플랫폼이 될 수 있으며 연습과정과 관련해서도 연극계에 뿌리내린 적폐들과 불공정성이 청산되는 좋은 기회가 될 수 있다. 그러나 과정의 연극에 관한 논의에 우려되는 측면은 없을까? 창작행위에 있어 지나친 관념화나 이론적 정당성의 과잉된 부여는 연극예술을 자기만족적이거나 자기유희적인 테두리에 머물게 하지는 않을까? 혹시 부족한 결과물에 대한 변명이 되는 것은 아닐까? 새로운 관객을 창출할 수도 있지만 반대로 연극의 대중적, 사회적 영향력과 파급력을 약화시키는 면은 없을까? 아무리 뜻이 좋아도 만일 과정이라는 담론이 공연을 앞지르다보면 우리 젊은 연극계가 혹시 거대한 리허설, 자기만족적인 자기성찰의 공동체, 정치적 올바름의 실험실이 되어버리는 것이 아닐까? 현재, 젊은이들을 중심으로 한 한국연극계는 모처럼의 에너지로 들끓고 있지만, 한편 교조적 이론을 앞세우며 자기도취나 자기합리화에 빠졌던 1980~90년대의 마당극이나 민족극이 이데올로기 붕괴 이후 급속히 퇴조했던 사실을 되새겨볼 필요도 있겠다. 이 글 역시 혹여나 그런 우려에 일조하는 것은 아닐까 하는 조심스러운 마음으로, 다음 호부터 분야별로 이어지는 토론들이 생산적으로 전개되기를 기대한다.

:: 註

1 안내서로는 니컬러스 레셔, 『과정형이상학과 화이트헤드』, 장왕식 옮김, 이문출판사, 2010 가 있다.

2 진중권, 『현대미학강의: 숭고와 시뮬라크르의 이중주』, 아트북스, 2003.

3 마가렛 크로이든, 『현대연극개론: 광인, 연인, 시인들』, 송혜숙 옮김, 한마당, 1984; 조셉 체이킨, 『배우의 현존』, 윤영선 옮김, 현대미학사, 1995 등.

4 Richard Schechner, *Performance Studies: An Introduction*(3rd ed.), London: Routledge, 2013, pp.221-262.

5 에리카 피셔-리히테, 『수행성의 미학』(2004), 김정숙 옮김, 문학과 지성사, 2017.

6 한윤미, "우리에게 왜 과정이 중요해졌을까?", 〈연극in〉 163호, <https://www.sfac.or.kr/theater/WZ020600/webzine_view.do?wtIdx=11826>.

7 자크 랑시에르, 『해방된 관객』, 양창렬 옮김, 현실문화, 2016.

8 김미지, 「연극수다: 우리의 연극은 그렇지 않다-화학작용4: 오프-스테이지 편」, 『한국연극』, 2019. 06.

4부
연극시평과 리뷰
(2014년 이후~)

연극, 할머니, 타인의 고통*

유난히 작품이 적었던 지난 1, 2월. 공연이 끝난 후 휑한 대학로를 걸으면서 40년째 연극을 보고 연극평을 쓴다는 게 뭘 의미하는지 생각해보곤 했다. 작고하신 한상철 선생님도 오래도록 공연장을 다니셨다. 공연 중에도 가끔 콜록거리는 선생님의 기침소리가 들리곤 했다. 그런데 돌아가시기 얼마 전 이런 말씀을 하셨다고 한다. "내가 지난 그 긴 세월 동안 연극비평을 안 했더라면…(다른 무엇을 할 수 있지 않았을까?)." 아마도 1960년대 이래 수십 년 극장을 드나들며 당신이 기대하셨던 그 무엇을 끝내 확인하지 못한 아쉬움 같은 것이리라.

흔히 한국연극의 황금기는 1970년대라고도 한다. 걸작들이 가장 많이 쏟아져 나왔고 그 이후 그만한 시대가 다시 안 오고 있다고도 한다. 연극은 발전하는 것일까? 발전해야 하는 것일까? 상업연극의 경우가 아니라면, 40년째 연극을 보면서 축적되기를 기대하는 것이 기술적 완성도만은 아닐 것이다. 그렇다면 더 뛰어난 미학적 완성도? 그런데 그 기

---

* 〈연극in〉 157호(2019. 04. 11.)에 실었던 글이다.

준은 무엇일까? 관객을 압도하고 감동시키는 어떤 힘? 오늘의 관객이
1970년대의 관객과 같을 리는 없고 공연과 관객의 기 싸움은 어떻게 형
성되는 것일까? 요즘처럼 신인연극들만 지원해서는 한국의 오스터마이
어가 나올 수 없다는 불만도 들린다. 과연 우리에게 오스터마이어의 의
미는 무엇인가? 궁극적으로 오늘날 한국에서 아직까지도 누군가가 연
극을 한다는 것은 무엇을 의미할까? 질문은 끝없이 이어진다.

  요 몇 년 기성연극의 공백을 우려하는 목소리가 들릴 정도로 신인들
의 활동이 활발하다. 지난 1~3월에도 내 발길과 눈길을 끈 것은 주로
젊은 신인 작품들이었다. 그런데 좀 재미있는 현상일 수도, 우연일 수도
있지만 지난 초봄 작품에서 눈에 띄는 공통되는 점은 노인들, 특히 여성
노인들이 주된 인물로 등장한 작품들이 많다는 점이다. 〈모던걸타임즈〉
의 세 할머니, 〈웅, 잘가〉에서 여행을 떠난 네 할머니들을 비롯해서 〈포
트폴리오〉의 위안부 할머니, 〈폐지의 역사〉의 폐지 줍는 할머니, 〈기록
을 찾아서〉의 복혜숙 할머니, 〈배소고지〉에서 전쟁을 회상하는 두 할머
니, 그리고 〈영자씨의 시발택시〉에도 할머니들이 활약한다. 아, 올해는
아니지만 윤미현 작가의 〈광주리를 이고 나가시네요, 또〉와 〈텍사스 고
모〉에 이어 심지어 올봄 국립극단의 〈자기 앞의 생〉에도 할머니와 소년
이 극을 끌어갔다. 분명히 할머니에 속하는 나이로 객석에 좀 어색하게
끼어있기 일쑤였던 나로서는 어쨌든 나쁘지 않은 기분이다. 뭐지? 여성
노인이 사회의 최약자층에 가깝기 때문인가? 젊은 문화를 강타하고 있
는 페미니즘 기류의 일부인가? 역시 '세대교차'인가? 기억이나 회상기
록을 중시하는 버바텀 연극의 영향인가? 요즘 고령화시대를 맞아 할머
니가 인류문화에 미치는 영향이 재평가되기 때문인가? 그리고 보니 달
리 말하면 중장년의 혈기왕성한 남자들이 연극계뿐 아니라 무대 중심에
서도 많이 밀리고 있다는 건가? 물론 할머니라고 다 같은 건 아니겠지

만 답답해진 요즘 젊은이들은 한 세대 건너뛴 누군가와라도 작으나마 따뜻함의 연대를 맺고자 하는 것일까?

극단 위대한 모험의 **〈응, 잘가〉**(마에다 시로 작, 김현회 연출)는 특별한 내용은 없는 연극이다. 네 명의 할머니가 들떠서 떠난 꽃놀이 여행 디테일의 사이사이로 회상장면과 여행 후의 일상적 순간들이 섞여있다. 그들은 서로 대강 알아들으며 그들 나름으로 소통하고, 가장 나이 든 할머니는 얼마 간직하지도 못할 아기자기한 기념품을 사고 싶어 좌판 앞을 떠나지 못하며, 여관방에서 자다가 한 명이 소변보러 일어나면 다 함께 부시럭대며 따라 일어난다. 그들은 친구의 장례식장에서 조용하고 담담하다. 그리고 할머니들 외에 두 명의 딸들이 나온다. 이 공연을 보면서 다음의 네 가지 점에서 놀랐다. ① 비록 일본작품이지만 어떻게 젊은 남자 작가(배우, 연출도 겸한다고 함)가 이런 작품을 쓸 수 있나? ② 어떻게 남자 연출가(배우이기도 함)가 할머니들을 이렇게 잘 이해하고 섬세하게 그릴 수 있나? ③ 어떻게 젊은 남자관객들이 할머니 얘기를 이렇게 재미있게 볼 수 있나? ④ 어떻게 젊은 여배우들이 분장도 없이 이렇게 노역을 잘 할 수 있나? 공연이 끝난 후 다시 다음의 네 가지를 느꼈다. ① 요즘 우리 (여)배우들 연기를 잘한다. ② 극중에서 젊은이들이 할머니보다 더 빈약하고 호기심 없고 어두워 보이는 이유는 뭘까? ③ 극에서 할머니의 남편들에 대한 이야기는 거의 없다. ④ 할머니들은 늙음을 담담하게 받아들이고 있다.

단 하루 공연했던 남산 써치라이트의 **〈영자씨의 시발택시〉**(박주영 작·연출) 공연이 좋았다는 소문이 들려 궁금증으로 희곡을 구해 보았다. 소박한 작품이었는데 낭독 공연이었다는 걸로 위로하고 언젠가 다시 볼 것을 기대하면서. 영자할머니는 85세의 치매환자로 과거 30년간 경상도 지역에서 택시를 몰았던 운전기사다. 그 시대에 보수적 지역에서 여성으로 택시를 몰았다면 여러 극적인 서사를 품었음직하다. 그러나 영자 씨는 남편 없이 세 아이를 키운 평범한 직업여성으로 담담하게 일생을 겪어 온, 이제 그 기억마저도 희미해지고 왔다 갔다 하는, 그러나 특별히 슬플 것도 고통스러울 것도 없는 그런 요양원의 할머니로 읽힌다. 후배 택시기사였던 레즈비언 커플의 얘기도 소소한 에피소드로 지나간다. 블로그들을 읽어보면 공연 때 대사로는 다 표현되지 못한 '그 뒤의 어떤 감정'들이 가슴을 먹먹하게 했다고 한다. 그중에서도 영자할머니가 택시 몰던 시절 젊은 남자 손님(아들)에게 했던 "세상 사는데 너무 겁내지 마이소. 찬찬히 살다보면 다 길이 있으니까… 사는 거 그래 겁내지 마이소"라는 대사에 눈물이 주르륵 흘렀다는 얘기도 읽었다. 〈모던걸타임즈〉에서 버바텀으로 다뤄진 세 할머니도 연애에 인생을 던지는 멋진 신여성이 아니라 미용사, 타이피스트, 디자이너 등 직업을 가진 전문인이었다고 한다.

서울시극단 창작플랫폼 선정작인 **〈포트폴리오〉**(장정아 작, 이준우 연출)에서도 할머니가 주인공이다. 대학원을 다니며 독립영화도 찍는 젊은 감독 지망생들은 교수의 요구에 따라 자의 반 타의 반으로 교수 딸의 입시용 포트폴리오를 대신 제작해주기로 한다. 그러나 교수 딸은 포트폴리오 제작을 내켜하지 않고, 늘 온갖 인터뷰 요구와 방문자들에 시달리는 위안부 할머니의 반응도 시큰둥하다. 할머니는 수첩 하나를 남기고 세상을 떠난다. 그 수첩은 한 인간의 고통이 그렇게 쉽게 드러내지고 앵무새처럼 되풀이 얘기되고 무언가의 소스가 되기 힘든 것임을 말해준다. 위안부 할머니 얘기를 다루면서 그들의 고통스런 성노예 경험이나 일제만행에 대한 성토에 초점을 맞추지 않았다는 사실이 신선했다. 연출이 말했듯이 이 연극은 오히려 '타인의 고통'에 대한 작품이다. 고통의 직접적 기억과 만행의 증언은 최소한으로 억제되는 대신 그녀가 지니는 불행감, 의혹, 분노, 외로움, 삶을 꿰뚫어보는 지혜 들이 전경화되었다. 그리고 나아가 주변의 젊은 예술가들과 관객들로 하여금 타인의 고통을 통해 보도를, 투쟁을, 예술을 한다는 게 무엇일까까지를 성찰하게 했다는 점에서 흥미로웠다. 다분히 도식적인 주변인물 설정들에도 불구하고 할머니 역의 배우의 뛰어난 연기가 섬세한 울림과 생각의 순간들을 만들었다. 어떻게 해서 요즘 여배우들은 나이든 할머니들을 이렇게 잘 묘사하는 걸까? 이 어려운 시대에 이미 그들의 마음 한구석에 힘든 시절을 살아낸 할머니들을 안고 있는 것일까?

좀 방향을 틀게 되지만 창작산실 중 극단 고래의 **〈비명자들 1〉**(이해성 작·연출) 역시 '타인의 고통'을 다룬 극이라는 점에서 〈포트폴리오〉와 연결된다. 글로벌한 스케일로 펼쳐지는 다분히 남성적 힘의 서사와 (반)영웅담과 스펙터클로 볼륨을 키운 무대는 오랜만에 접한 탓인지 좀 낯설기도 했다. 그러나 가까운 사람들의 끔찍한 불행을 겪고 끝없이 비명을 지르는 '비명자'가 된 좀비들, 마음과 몸을 뒤집고 꿰뚫는 그 극도의 고통의 비명을, 소리성은 물론 정신/물질의 경계를 넘어선 어떤 공감의 감염매체로 설정한 극적 발상, 그리고 그 비명소리의 영향으로, 즉 타인의 고통에 감염된 주변 4킬로미터 이내의 인간들이 같은 고통을 받거나 죽게 된다는 서사의 힘은 대단하다. 게다가 개인이나 국가가 그런 비명자들을 없애느냐 마느냐 하는 묵직한 정치적, 윤리적 갈등과 사회풍자까지 더해진다. 그런데 3부작으로 완성된다는 이 작품은 진지한 주제와 갈등에도 불구하고 재현적 연극보다는 뮤지컬이나 〈신과 함께〉를 능가하는 스펙터클한 영화로 만드는 게 더 효과적이지 않을까, 나아가 〈설국열차〉나 〈공각기동대〉 급의 세계적인 문제적 블록버스터도 될 수 있지 않을까 하는 생각을 해봤다. 반대로, 강량원의 연출을 통해 단지 몇 명의 연기자의 몸과 빈 무대만으로 멋지게 압축될 수도 있을 거라는 상상도 해본다. 끝나갈 무렵 비명자가 된 화력발전소 비정규 노동자가 비명을 뚫고 비로소 입 열어 담담하게 현실을 토로하는 장면은 가슴 서늘하게 다가왔다.

국립극단의 〈고독한 목욕〉(안정민 작, 서지혜 연출) 역시 고통의 얘기다. 그러나 인혁당으로 희생된 부친을 둔 자식으로서, 타인의 고통 이전에 자신의 고통에 허우적대는 젊은이를 그린다. 인혁당 사건의 유족으로서 레드 콤플렉스에 관한 얘기라고 하지만 그보다는 고문과 고통과 사라진 아버지에 대한 극도의 공포심과 무력감 그 자체를 그린 작품으로 보였다. 텍스트나 의미보다는 연출의 뛰어난 감각적 장면처리가 기억되는 공연이었다는 점에서 뭔가 허전한 느낌이었다. 공들인 공동창작과정이 느껴졌지만 피살된 유가족의 맹렬한 복수심만이 드러났던 〈2센치 낮은 계단〉이나 후세인 정권 하에서 고문으로 자식을 잃은 어머니의 절절한 아픔 자체만을 그렸던 〈마지막 궁전〉의 세 번째 에피소드에서 느꼈던 그런 비슷한 아쉬움을 느꼈다. 연극에 힘을 부여하는 것은 역시 이미 방향이 정해진 평면성을 넘어서는 그 무엇인 것 같다.

3월에 본 공연 중 감각적으로 가장 기억에 남는 공연은 차세대열전 2018! 〈폰팔이〉(강훈구 작, 강한가 연출)였다. 공연의 의미는 기술문명/생명이라는 너무나 익숙한 이원적 구조이며 디지털 소비 시대의 순수한 사랑의 승리라는 일종의 로맨틱 코미디이기도 하다. 학교에서 폰팔이를 하며 돈만 모으려던 사강이라는 남학생이 유튜브에 '살아있는 것 먹기'를 올리는 '설사소녀' 미나를 알게 되면서 사랑에 빠지고 '우리는 돈을 벌기 위해서 사는 게 아니다'라고 부르짖는다는…. 그러나 작가-연출가의 강하고 독특한 개성과 매력을 마음껏 즐길 수 있는 공연이었다. 무대와 객석은 물웅덩이를 한가운데 품은 사각의 권투 링 모양이고 풀 사이드는 아이들이 자살을 생각하는 옥상의 네모난 난간이 되기도 한다. 전체적으로 '고등래퍼'의 분위기라고 할까… 사강은 공연 내내 춤추며 뛰어다니고 대사는 대부분 랩이나 욕이며, 인물은 핸드폰을 의인화한 소녀, 젠더를 허무는 남교사/엄마 등 의외의 존재들이고 장면전환이나 인물소개도 그냥 핸드폰 조명을 껐다 켰다 하는 식으로, 기존 연극문법에서 해방

되어 공연을 시종일관 에너지 넘치고 자유로운 유희로 몰아가는 배짱이 높이 살만했다. 그런가 하면 옥상을 채운 물의 활용은 디지털/생명이라는 주제적 의미를 명쾌하게 살리기도 했다. 풋풋한 청소년인 사강과 미나가 물속에서 입 맞추는 장면은 놀랍게도 최근의 본 키스 씬 중 가장 생명력에 넘쳤으며 마지막에 모아놓은 핸드폰들을 풀장에 수장시키는 장면은 뻔하지만 통쾌했다.

마지막으로, 차세대열전 2018!의 **〈강진만 연극단 구강구산 결과보고서〉**(김미란 연출)는 그 소재의 진정성 때문에 정신이 번쩍 들었다가 끝날 무렵에는 마음이 한없이 답답하고 무거워졌던 공연이었다. 연기/연출 교육, 일자리 창출, 지역문화 관광콘텐츠 개발, 직업극단 만들기 등의 이질적 개념들이 이상하게 뒤엉키면서, 국가기관들의 단발성 성과 위주 정책, 예술정책 담당 공무원들의 단견, 지역문화의 현실과 지역연극의 미래 등의 문제점들이 쏟아져 나왔다. 절대로 고발연극은 아니었다. 판소리나 정가 등을 섞어 극단 구강구산의 형성과정과 그들의 경험을 보고형식으로 구수하게 엮어내는 전남지역 청년예술가들은 그 존재만으로 빛을 발할 정도로 재기발랄하고 의욕에 넘치고 솔직했다. 그러나 머뭇거림과 회의와 아쉬움도 드러났고 때로는 행간에 숨겨진 분노를 감지할 수도 있었다. 이 공연은 사업에 참여했던 젊은 예술가 지망생들의 관점이다. 안타깝지만 모든 예술가 지망생들이 예술가가 될 수 있는 건 아니며 저 나이의 예술 지망생들이 반드시 '지역예술'의 의무를 의식할 필요도 없다고 생각한다. 문제는 당연히 국가의 지원 마인드와 시스템이다. 예술지원이라면 일차적으로는 재능과 의욕있는 젊은이들이 원하는 곳에서 원하는 연극을 할 수 있도록 잘 도와주는 것이 그들이 할 일이다. 지역연극의 발전이나 관광의 콘텐츠화나 일자리 창출은 아마도 시간이 좀, 혹은 많이 지난 후 그 결과가 될 수는 있을 것이다. 공연을 보고 나오는데 매표대에 〈행진: 지역 공연예술 비평플랫폼〉이라는 잡지가 놓여있었다. 이런 잡지를 만드는 사람도 있다니! 희망도 없지 않다.

1970년대 연극은 미학의 시대를, 1980년대는 이데올로기의 시기를 보냈다. 그리고 최근 몇 년 우리 젊은 연극에서 분명히 변한 것이 있다. 지난 40년간에는 별로 없었던 것이다. 그것은 배우건 연출가건 작가건 내가 왜 지금 이 시점에서 왜 이런 연극을 하는가에 대해 주체적으로 많이 생각하고 그 생각을 함께 모여서 행동으로 옮기는 연극인들이 갑자기 많아졌다는 점이다. 그리고 미학적 완성도나 세련도 이전에 관객을 정신 똑바로 차리게 만드는 연극이 많아졌다는 것이다. 물론 누구나 한국의 토마스 오스터마이어나 이보 반 호프의 출현을 기다린다. 그러나 40년째 연극리뷰를 쓰면서 다행히 아직 허무감을 느끼지 않고 아직도 약간은 설레는 마음으로 티켓 예매창을 연다면 그건 막연한 희망이 아니라 최근의 연극문화의 변화가 그 이유다. 물 들어올 때 노 젓자.

'세월호'의 '재현'은 가능한가?[*]

〈명왕성에서〉

남산예술센터의 **〈명왕성에서〉**(박상현 작·연출)에 대해서는 엇갈린 반응이 들린다. 우선 나 개인으로서는 어딘지 무척 불편한 공연이었다. 첫날 가서 본 탓인지 산만하고 조야하기도 했다. 반면 어떤 사람들은 긍정적으로 평하기도 한다. 역시 소재가 주는 힘이 있었다며 세월호를 이만큼 본격적으로 다룬 공연도 없지 않았느냐는 의견도 낸다. 공연이 좋았다, 안 좋았다라는 평가 이전에, 〈명왕성에서〉는 원하든 원하지 않든 오늘의 연극계가 짚고 넘어가야 할 중요한 지점을 수면 위로 띄워 올렸다. 이런 점에서 매우 의미있는 공연이었다고 생각한다. 그 지점이란 "**과연 '세월호'의 재현이 가능한가?**"라는 무겁고 어려운 질문이며 이 질문에는 "재현이란 무엇인가?", "'세월호'란 무엇인가?", 그리고 "**이제는** '세월호'를 재현할 수 있는가?" 등, 많은 질문들이 포함될 것이다. 이들은 모두 결코 쉽게 답할 수는 없으나 짚고 넘어갈 가치가 있는 질문들이다.

현재도 진행 중인 '2019 세월호-제자리'가 말해주듯 그동안 연극계는

---

[*] 〈연극in〉 161호(2019. 06. 13.)에 실렸던 글이다.

'세월호'에 대해 매우 조심스럽게 접근해왔다. 남산예술센터 역시 〈그녀를 말해요〉(2016)와 〈이반검열〉(2017)을 통해 신중하고 첨예한 윤리적, 연극 방법론적 모색을 통해 '세월호'에 다가갔다. 그런데 이번 〈명왕성에서〉의 경우는 작품선정과 제작단계에서부터 공연의 기본 관점에 관해 과거 어느 경우보다 많이 고민했던 것으로 보인다. 프로그램은 이례적으로 온통 '재현'과 관련된 고민과 갈등을 담고있다. 한 예로 '작품소개' 중 첫 문장을 보자.

> 2014년 4월 16일, 세월호 참사 이후 문화예술계에서 '세월호'를 다룬 작품들은 많았으나 비유로써, 부분적 배경으로 쓰지 않고 '사건 그 자체와 그들의 시간'으로 쓴 작품은 거의 없었다. … 희생된 망자들과 남겨진 이들을 위해 참사의, 그리고 그 후의 시공간에 더 가까이 다가갈 때가 되었다(6쪽).

〈명왕성에서〉가 지금까지와는 다른, 보다 직접적이거나 본격적인 어떤 관점을 택하고 있다는 뜻으로 들린다. 이와 관련해 '프로덕션 노트'는 일종의 세대론을 말하기도 한다.

> …그리고 지금의 이 세계를 만든 세대들은 좀처럼 발언하지 않았다는 것을 발견했다. 세월호 참사에 대해 발언했던 기억이 드물었다. 그래서 우리는 박상현 연출의 발화방식에서 의미를 찾았다. 온전히 책임지는 태도, 세월호를 직면하는 시도를 해보는 '용기'가 〈명왕성에서〉가 지닌 특별함이 될 수 있을 것이다(27쪽).

가장 흥미로운 글은 '배우의 자리, 재현 불가능한 것의 언저리에서'라는 제목의 좌담회였는데 외부 연기자들과 이 공연에 참가했던 연기자들이 함께 자유롭게 얘기하는 자리였다. 여기서 김현아(무브먼트 당당)는 광화문 광장의 절규를 들은 이후 "이제 배우로서는 연기하는 일이 불가능하다고 판단했다. 연기할 수 없으니 그들의 말을 들어야겠다고 생각했다", "현실이 더 강렬하기에, 재현하지 않고, 드라마화하지 않으려고 했다"고 회고했다. 성수연(크리에이티브 바키)은 "관객을 구경꾼으로 만들지 않고 관객에게 닿을 수 있는 방식을 매번 고민한다"고 했다. 한편 이 공연에 참여했던 내부 연기자들은 이번 공연의 연기 콘셉트에 관한 심각한 회의와 수행상의 어려움을 토로했다. 공연 2주일 전에 진행된 이 좌담에서 그들은 '이번 공연에서는 이상하게도 어떻게 표현할까를 고민하는 게 아니고 과연 이것을 할 수 있을까를 고민하게 되더라', '글쓰기나 연출 방식에 완전히 동의할 수 있는지, 계속 질문을 품고 있으나 한 명의 배우로서 어디까지 의견을 말할 수 있는지 고민한다', '배우로서 재현을 포기할 수는 없으나 스스로 그 인물인 척하는 것은 거짓말 같다'는 식의 절실한 고충을 털어놓는다. 이에 관해 배우 이리(여기는 당연히, 극장)는 '결국 공연 제작방식에 대한 얘기이고 배우에게 책임이 더 많아지는 시대'라고 마무리했다. 이 좌담을 읽으면서 이런 고민들을 다 털어놓을 수 있는 그 열린 분위기에 놀라면서도 이런 문제점이 공연 안에서 이미 해결되지 못하고 공연과 별개로 프로그램에 실린 이 상황을 어떻게 이해해야 할지 당황스러웠다. 그만큼 "'세월호'의 재현이 가능한가?"라는 질문은 제작진과 특히 연기자들에게 절박했던 것이리라.

재현이란 무엇인가? 아쉽지만 그에 대한 명확한 답은 불가능에 가깝다. 아리스토텔레스 이래 오늘까지 많은 이론가들이 자기 나름으로 재현이라는 개념을 해석했고 수많은 예술가들이 그 나름의 재현을 시도했기 때문이다. 그럼에도 내가 이해하기로 『시학』 이래 사실주의자들에게까지, '재현(representation)'이란 대상에 대한 그럼직한 모방(mimesis)을 뜻할 뿐 아니라 그 전제는 재현의 대상이 되는 세계와 그에 대응하는 허구적 세계의 총체성과 논리적 유기성, 감정이입과 동시에, 대상을 감상하기 위한 최소한의 거리감 등이라고 볼 수 있다(주지하듯이 재현적 연극을 대변하는 스타니슬랍스키의 연기론이나 프로시니엄 아치도 이런 전제를 공유하고 있다. 그런데 모두가 알고 있듯이 양차대전을 겪으면서 서구예술에서는 더 이상 재현이 쉽지 않게 되었다. 본래 재현의 목적이 세계의 체계적 의미를 전달하는 것이라면 오늘날의 세계는 설명과 이해가 불가능한 괴물이 되어버렸기 때문이다. 란즈만은 아우슈비츠의 '재현불가능함'을 토로했고, 리오타르는 탈근대의 예술은 '재현불가능성' 그 자체를 증거할 수밖에 없다고도 했다).

　그렇다면 재현이 불가능하다는 **'세월호'**는 우리에게 무엇인가? 비록 본질에는 많은 차이가 있지만 정서적, 정치적, 윤리적 충격이라는 점에서 세월호는 한국인들에게 아우슈비츠며 9·11이었다고도 할 수 있다. 그것은 더 이상 그 이전의 세상으로 돌아가기 힘든 엄청난 상실감과 무력감과 절대적 슬픔과 부끄러움이었다. 그랬기에 누가 방침을 정하지 않아도 연극인들은 차마 '세월호'에 관해 기존의 방식으로 인물과 이야기를 만들고 기존의 방식으로 연기할 수 없었던 것이다. 모두가 목격자, 방관자, 가해자, 피해자였으며 슬픔과 분노는 당사자들과 함께 진행되었다. 참상의 실재 그 자체에 다가가거나 허구가 개입되지 않은 다큐멘터리 연극이나 버바텀 형식이 선호되었다. 이런 참사를 허용한 사회구조에 대한 분노와 목격자의 무력감으로 괴로워했다. 그래서 차라리 소리치거나 노래했다. 혹은 아주 낮은 독백으로 일상의 상실감, 자책감, 허무감 속에서 언뜻 마주친 순간들을 속삭였다.

　그러나 현실적으로 재현을 완전히 배제한 연극은 극히 일부의 실험극 정도이다. 재현에는 아마 수백, 수천의 얼굴이 있을 것이다. 우연인지 몰라도 지난달 '세월호'를 주요 소재로 그린 첫 번째 상업영화인 〈생일〉(2019)이 개봉되었는데 이 영화는 한 유가족의 일상에 집중해 그 심리적 재현을 통해 상처와 치유의 과정을 그리고 있다. 물론 장르의 특성상 영화는 기본적으로 재현에 의존하며 대중영화의 경우는 어느 정도 보수적일 수밖에 없다. 연극의 경우는 보다 열려있다. 실제로 연극 〈명왕성에서〉는 기법상 사실적 재현방식만을 따르고 있지는 않다. 그럼에도 이 연극이 주목을 끄는 이유는 처음으로 '세월호'에 대해 본격적인, 전모(全貌)를 다루고자 하는, 그 나름의 총체적 재현을 시도했기 때문일 것이라고 본다. 〈명왕성에서〉는 몇 가지 내용으로 나눠지는 11개의 에피소드의 교차적 배열로 이루어져 있다. 따라서 전통적 재현서사를 벗어났으면서도 각 에피소드는 부분적으로 재현적/비재현적 효과들에 기대고 있다. 첫 장면을 포함한 네 개의 에피소드는 희생자 학생들과 이들을 대변하는 두 명의 남녀 방송반 사회자를 그리고 있다. 이들은 이미 죽었으면서도 살아있고 처연하면서도 쾌활하다. 마치 〈우리 읍내〉 3막을 연상시키는 그런 생사시공을 초월한 연극놀이들을 통해 그들은 관객의 슬픔을 다시 불러오면서도 이승에 두고 온 부모와 친지들을 위로하는 초연한 상상적 존재로 그려진다. 진도항의 의경과 자원봉사자, 그리고 잠수사들의 처절한 경험담이 실린 3번째와 6번째 장면은 모든 국민들이 뉴스에서 눈이 닳도록 보고 또 보았던 장면들이다. 재현이라기보다는 아마도 재연에 가까울 이 장면들은 아직도 재현/재연이 소환하는, 사실이 주는 울컥한 힘을 발휘한다. 한편 '세월호'의 총체적 의미를 나름대로 해석하고 정리하려는 작가-연출가의 의도는 5번째 장면부터 다소 서둘러 시작된다. 참사에 관한 교회 신도들 사이의 회의와 갈등을 그린 이 장면은 죽어가는 목사 앞에서 유가족 여인이 부활을 지킨 성경 속 여인들을 받아들이는 8번째 장면과 함께 이 공연이 죽음과 부활에 대한 작가의 성찰이기도 하다는 점을 알려준다. 마지막 장면에서 희생된 학생들은 명왕성으로 짐작되는 아주 먼 우주로 떠나가며 가족들과 마지막 이별을 한다. 프로그램의 작품소개도 요약하고 있듯이 이처럼 다소 산만하게 구성된 〈명왕성에서〉의 키워드는 참사의 재현과 기억, 이별하기, 그리고 죽음에 대한 성찰이라고 할 수 있다. 영화 〈생일〉이 어떤 관점에서 긍정적 반응을 얻었듯이 이 연극의 어느 부분 역시 어떤 관객들을 애도와 치유와 화해로 이끌었을지 모르겠다. 그러나 또 다른 많은 관객이 느꼈을 어색하고 이상한 기분은 아마도 앞서 제기했던 "과연 '세월호'의 재현이 가능한가?"라는 질문으로, 그리고 "'세월호'에 관해 재현적 **연기**가 가능한가?"라는 배우들의 고민으로 환원된다.

재현적 연기와 비재현적 연기의 차이를 엄격히 구분하는 것은 쉬운 일이 아니다. 구체적인 인간의 말과 몸을 매개로 하기 때문이다. '세월호에 관해 재현적 **연기**가 가능한가?'라는 질문은 배우들이 개별적으로 감당하기에는 너무 과도하고 잔인한 것 같다. 굳이 말한다면 〈명왕성에서〉 11개의 에피소드들은 적어도 5~6가지의 서로 다른 연기적 정서와 감각과 표현을 요구하지만 대체로 재현적 성격의 연기를 요구하는 것으로 보인다. 이에 관해 기본적으로 작가-연출가는 공연 전체의 틀을 설정해야 하며 공연 참여자들을 설득하고 그들과 사전 합의를 이루어야 했다. 그러나 그 좌담회 이후 개막 전까지 어떤 일이 일어났는지도 알 수 없거니와 여기서 지적하고자 하는 것이 작가/연출가-배우 사이의 커뮤니케이션의 문제는 아니다. 그보다 배우들의 이런 고민은 〈명왕성에서〉가 예술-개인-사회 사이의 문제들과 관련해 아직도 많은 자기모순과 균열을 내포하고 있다는 것을 반증한다고 본다.

마지막으로, "**이제는** '세월호'의 재현이 가능한가?"라는 질문은 어떤가? 이제 5년이 흘러가고 있다. 이에 관해 작가-연출가의 태도는 아직 충분히 정리되지 못한 듯하다. 프로그램 작가의 글에서 박상현은 "…사건의 전모와 진면목을 아직 밝히지 않고 있으니 어찌 진실과 본질을 얘기할 수 있겠느냐?"면서도 "이 공연을 한다는 것, 그것은 잊지 않고 기억하는 하나의 작은 점이고 작은 획"이 될 것이라고 말한다. 아무튼 그는 '용기'를 내었다. 화해와 치유의 단계가, '세월호'를 존재론적 성찰로 보편화할 수 있는 시점이 왔다고 본 것이다. 물론 이 판단은 각자의 몫이다. 유가족들의 마음은 감히 헤아리기 힘들다. 사회 한편에서는 이제는 그만 보내주자고, 남은 사람들끼리 화합해서 잘 살아가자고 말한다. 개인적으로 말하면 나는 실은 그리 정치참여적 인간이 아니다. 아직 안산순례길도 안 가본 게으른 방관자에 불과하다. 그럼에도 아직 멍이 남아있다. 세월호 생각을 하면 아직도 잠시 멍해진다. 그리고 세월호 팩트에 관련된 의문 이전에 이 나라 권력기관들의 행태를 보면 아직도 우리 사회의 기본의식과 시스템이 제대로 작동되지 않는 걸 알 수 있다. 그래서 나 개인의 경우로는 세월호는 아직 재현의 그물망으로 포획되기 힘든 너무 커다란 그 무엇이다. 아직은 세월호를 '정리'해서 떠내 보내기가 그리 쉽지 않다. 언젠가는 어떤 다양한 방식들의 재현, 혹은 '재-현(representation)'이 점차 가능한 때가 올지 몰라도….

　작가가 획득을 시도한 세계의 총체적 재현은 이 연극이 시도하는 종교적, 존재론적 성찰과 시적 정서에 의해 더 공고해진다. 삶과 죽음을 넘나드는 학생들의 존재는 스러진 젊은 생명을 애통해하는 데 있어 그 나름으로 효과적이었다. 그러나 '부활'이라는 개념과 함께 특정한 종교적 신념과 전언이 강하게 재현된 8번째 에피소드는, 개개인의 종교적 성향과 관계없이, 당혹스러웠다. 아직 '세월호'의 상처와 아픔을 종교로 '보편화'하기는 이르지 않을까? 삶과 죽음이 그들과 우리를 갈라놓았고 우리도 언제는 우주의 먼지로 돌아가고 우주가 생성과 소멸을 반복한다고 해도 그들을 먼 우주로 사라지는 존재로 마무리하는 것 역시 좀 가볍거나 이르지 않을까? 최근 연극에서 '평행우주론'으로 위안을 삼거나 우주의 이미지로 끝나는 공연이 왜 이렇게 많은 걸까? 마침 내가 공연을 본 날은 유가족들이 관극하러 온 날이었다. 그들과 같은 공간에 앉아 관극하기가 쉽지 않았다. 유족과 같은 장소에서 '그것'을 마주하고 떠올린다는 행위는 아직은 연극이라기보다는 차라리 어떤 종류의 리츄얼에 더 가까웠다. 나 같은 사람에게도 세월호는 아직은 전모가 정리되어 재현될 수 없는 어떤 '실재'이지 연극적 재현으로 거리를 두고 감상될 그무엇은 아니었기 때문이다. 참사의 재현/비재현 같은 추상적 개념과 직접 싸우지 않아도 좋은 작품은 할 수 있고, 그것을 알아볼 수 있을지 모른다. 그럼에도 여기서 중요한 점은 예술가들이, 그리고 관객들이 이런 미학적, 윤리적, 정치적 개념과 질문에 각자 맞닥뜨리지 않을 수 없는 시대, 한국연극은 원하든 원치 않든 이런 시대를 살고 있다는 것이다.

* * *

국립극단은 작년에 이어서 '2019 **연출의 판-작업진행중**' 기획으로 소극장 판에서 매 주말 네 편의 작품을 올렸다. 연극계와의 교감을 중시하는 이성열 국립극단 예술감독이 젊은 연출가들이 제약 없는 상상력을 펼칠 수 있도록 '판'을 벌여준다는 취지다. 윤한솔이 이 기획의 예술감독을 맡았는데 작년에는 '연극선언문'을, 올해는 '노동'이라는 주제 하에 완성된 결과물이라기보다 과정을 중시하는 쇼케이스 형식으로 진행된다는 설명이다(대신 입장료가 없다). 의도는 정말 멋지게 들리지만 작년의 경우 작품들이 산만하고 평가가 그다지 좋지는 않았다. 올해는 드라마투르그(이경미)를 투입하고 준비기간도 5개월 남짓 길게 잡은 탓인지 작년에 비해 작품이 고르고 완성도도 높은 편이었다. 그러나 배려가 넘치는 이 기획에는 여전히 뭔지 어색한 구석이 남아있었다. 왠지 자연스럽고 자생적이지 못하며 기획된 전시품, 실험을 위한 실험 같은 느낌말이다.

〈메이데이〉(김민경 구성·연출)는 몸동작과 밧줄을 활용해 거대한 배를 완성해가는 조선소 노동자들의 현실과 꿈과 이상을 보여준다. 스펙터클은 정교했고 흥미로웠지만 이들 노동자들이 꿈꾸는 이상적 세계가 뭔지 잘 알 수 없었다. 그보다는 연출이 아마도 스스로의 답답함을 이기지 못해, 그리고 노동의 재현이 아니라 노동 그 자체임을 강조하기 위해 무심하게 뻥 뚫어버린 시간과 공간과 배우 인터뷰들이 재미있었다. 너무나 덥고 힘든 배우/노동자들은 판의 창문을 열고 메인 출입구를 통해 휴식을 위해 나가버린다. 관객들은 관극 태도를 유지한 채 노동이 잠시 사라진 빈 무대/공간을 약 십 분간 바라보고 있었다. 무슨 생각을 했을까?

〈노동가〉(쓰카구치 토모 구성·연출)는 시대별 노동가를 통해 노동과 노동운동의 역사를 요약한다. 예컨대 전반부에서는 군사독재 하에서의 저항적 노동운동을, 후반부에서는 IMF 이후의 신자유주의 하의 노동의 모습을 보여준다. 재치 있는 연출과 배우들의 앙상블이 즐겁고 의미있는 공연을 만들어냈으나 노동과 노동운동의 긴 역사를 너무 단순화시켜 정리했다는 아쉬움이 남았다. 〈제르미날〉(에밀 졸라 원작, 백석현 연출)은 19세기 프랑스 탄광파업 속의 한 가족과 주변인들을 그려냈다. 단순하면서 세련되고 힘있는 공간사용이 인상적이었으며 배우연기는 마치 메이어홀드나 초기의 강량원의 공연을 연상시킬 정도로 에너제틱했다. 〈궁립공단 무아실업〉(윤혜진 구성·연출)은 공연기간 중 연출자가 실제로 회사를 설립하고 실제 노동자들을 모집해서 임금을 주고 노동을 시키면서 그 모습을 관객들에게 지켜보게 하면서 도중에 잠깐씩 관리팀과 인터넷 채팅도 가능하게 한다는 파격적 실험을 시도했다. 그러나 적어도 내가 본 날 실험의 결과는 허전했으며 "연극이 일종의 노동이라면, 노동은 연극으로 재정의 될 수 있을까(프로그램, 김상옥 글)"라는 질문에는 크게 못 미친 것 같다.

쇼케이스라고 했으나 오히려 대부분 완성도 면에서는 좋은 성과를 낸 편이다. 다만 전반적으로 너무 심각하고 관념적이라는 느낌이었다. 연출가들은 전공학자들도 어려울 노동의 일반적 정의를 내리기 위해 힘겨워하는 듯했다. 노동은 우리의 현재적 삶과 밀착되었다기보다 거대담론이며 추상적 관념처럼 느껴졌다. 비정규직 노동자들의 참혹한 죽음을 부르는 제도적 문제도 있지만 편의점 알바도 노동이다. 소비를 위한 노동의 악순환에 빠져든 노동도 있다. 그리고 연극은 어떤가? 어떤 의미의 노동인가? 이번 판에서 오히려 가장 살아있었고 흥미로웠던 점은 노동을 얘기하면서 연극하기도 '노동'이냐고 조심스럽게 자기질문을 제기해보는 부분들이었다. 오늘날 노동은 서둘러 관념화시키기에는 너무나 다양한 얼굴로 다변화된 문제의식을 품고 우리 주변에 살아 숨 쉬고 있다.

2017 〈commercial definitely–마카다미아, 검열, 사파 그리고 맨스플레인〉

서울문화재단 ⓒ이강물

이제, 언어를 마주하다*

성기웅의 '차이로서의 언어', 박해성의 '믿음으로서의 말',
구자혜의 '말하기로 버티기'

1990년대 이후 한국연극계는 오랫동안 '몸의 연극'으로 들끓어왔다. 1960년대 이후 몸의 연극은 세계적인 흐름이기도 했지만, 그동안 서구적 드라마투르기로는 이렇다 할 성취를 맛보지 못했던 한국연극의 탈출구이기도 했다. 주지하다시피 몸의 연극은 근대 서구의 이성 중심주의에 대한 반란이었으며 한국연극의 입장에서는 '한국인의 전통과 기질'의 면면한 전통을 잇는 일이기도 했다. 고대 전통연희, 탈춤과 같은 조선조 시대의 자생적 민중극들, 이를 정치적으로 복원한 1980년대의 마당극들은 모두 원래 '몸'에 근거하고 몸에 빚지고 있다. 한국 연희 전통의 이런 내재적 흐름에 불을 지핀 것이 1960년대 미국의 네오 아방가르드로부터 영향받은 1970년대의 드라마센터 중심의 실험극이었고, 서구 식민주의적 근대극 미학에 반기를 든 1980년대 마당극의 논리였으며, 1990년대 이후 세계를 휩쓴 포스트모더니즘의 파도였다. 그리고 1960년대 이후의 '수행적 전환'과 함께 오늘까지 뜨거운 영향을 미치고 있는

---

* 『연극평론』 88호(2018년 봄)에 실렸던 글이다.

몸의 연극의 열풍이었던 것이다.

언어의 연극은 오랫동안 잊혀왔다. 특히 한국연극계에서 그렇다. 아니, 한국연극계에서 극언어에 대한 진지한 관심과 사랑을 보인 적이 있었던가? 아득하다. 여기서 '수행적 전환' 못지않게 중요했던 서구 **20세기 초반의 '언어적 전환**(Linguistic Turn)'으로 잠시 되돌아가볼 필요가 있다. 언어적 전환은 언어를 철학의 도구로 삼을 것이 아니라 '철학의 모든 것은 언어비판'이어야 한다고 선언한 비트겐슈타인의 분석철학을 중심으로 발생했다. 비슷한 시기에 소쉬르의 구조주의 언어학이 우리가 의심없이 사용하는 언어가 실은 언어가 지시하는 대상과 아무런 상관없는 기표와 기의 간의 임의적인 약속일 뿐이라는 충격적 이론을 주장했다. 그 이후 탈구조주의나 해체주의와 같은 탈근대의 철학들이 나타나 인문, 사회과학과 예술 전반의 사고의 기저를 흔들었다. 따지고 보면 수행성 이론도 언어는 곧 행동이라는 오스틴의 수행적 언어이론으로부터 출발한 것이다. 한마디로 20세기는 일찌감치 '언어' 자체에 대한 반성과 통찰과 함께 시작되었던 것이다.

이와 함께 일상이나 문학 같은 예술 속에서 **도대체 '언어'라는 것이 무엇인가**라는 의심 역시 알게 모르게 자리잡게 되었다. 서구의 경우 19세기 말과 20세기의 경계에서 입센의 대사와 결이 다른 체홉의 대사가 나왔고, 소설에서는 프루스트, 조이스 등 모더니즘 계열의 난해한 걸작들이 쏟아져나왔다. 연극계에서는 크레이그나 아르토 등이 출현해서 아예 연극에서의 언어의 위치 자체를 대폭 축소시켰다. 그리고 1차, 2차 세계대전을 겪으면서 소위 부조리 연극이 등장했다. 부조리 연극은 언어소통의 문제를 일차적으로 다루었다. 삶의 여러 부조리함 가운데서도 언어의 무의미함과 소통 불가능성을 가장 중요하게 부각시켰던 것이다. 이처럼 언어는 20세기 이래 근본적으로 불안한 위치와 어려움을 겪어왔다.

다시 한국연극계로 돌아가자. 우리 연극계에서 언어적 체질은 원래 허약했다. 일제 치하에서 주로 일본을 통해 사실주의 중심의 근대극을 익혀가던 **한국연극은 극적 플롯이라는 낯선 구축술에 기가 죽어서인지 극언어의 측면에서도 그리 큰 성과를 내지는 못했다.** 유치진의 〈토막〉이나 김우진의 한두 작품 정도에서 잠시 생기를 발하는 대사들을 감지할 수 있지만 1920~30년대 소설의 김동인이나 김유정 같은 언어를 구사하는 극작가를 찾기는 어렵다. 물론 극행동과 긴밀하게 엇물려야 하는 극언어의 어려움을 감안하더라도 말이다. 해방 후에도 롤 모델이 유럽 근대극에서 아서 밀러나 테네시 윌리엄스 같은 미국 근대극으로 바뀐 것 말고는 서구적 사실주의를 추수하는 비슷한 상황은 계속되었다. 1960년대에 들어서 척박한 연극 환경 속에서도 〈산불〉, 〈만선〉, 〈달집〉 같은 차범석, 천승세, 노경식의 1960년대 사실주의극들이 어느 정도 완성도를 얻게 되고 정치사회적 환경과 로컬리티와 언어의 간곡한 재현에서 오는 감칠맛도 함께 무르익어갈 무렵이었다. 이 시기에 서둘러 이오네스코의 〈수업〉 같은 부조리극이 소개되기 시작했으며 서사극 기법도 소개되었다. 그리고 본격적 '현대극', 혹은 '동시대 연극'의 타이틀과 함께 앞서 말한 1970년대가 도래하게 되었고, 드라마센터와 마당극과 포스트모더니즘을 거쳐 몸과 수행성의 연극이 압도하는 오늘을 이루게 된다.

그렇다면 그동안 우리 극언어가 주목받던 경우는 없었던가? 극언어 자체에 대한 통찰과 자의식을 갖춘 작가는 아주 없었나? 그렇지는 않다. 우선 **오태석**을 빼놓을 수 없을 것이다. 오태석은 자신이 연극을 하는 이유가 모국어, 한국어를 보전하는 데 있다고 늘 강조한다. 그의 대사는 3·4조, 4·4조 등 우리말의 운율을 살린 문어체의 충청도 사투리로서 그의 극에 특유의 '숨쉬기'와 생동감을 부여하는 데 큰 역할을 한다. 그러나 대사에 대한 그의 집착은 '말'이라기보다는 '우리'에 방점이 찍혀있다. **최인훈**은 1970년대에 한국 희곡사상 거의 최고의 수준에 달한 주옥같은 희곡 몇 편을 남겼으며 극언어에 대한 성찰과 탐구와 실험을 실행했다는 점에서 최초이자 지금까지 마지막이다. 그러나 그는 연극 현장에 발붙였다기보다 원래 소설가이며 사색가이다. 시인 출신인 **이윤택**의 대사에는 문학적 힘이 실리기도 하지만 과도한 스펙터클에 묻히는 경우가 많다.

이러고 보면 최근의 연극에서 언어 회복의 분위기와 가장 가깝게 이어지는 현상은 '**일상극'의 귀환**이다. 유럽에서는 1970년대 무렵이라는데 한국에서는 1990년대 포스트모더니즘의 현란한 스펙터클에 한계를 느낄 무렵 고개를 들기 시작했다. 언어가 일상과 함께 귀환했다지만 예전의 그 언어는 아니다. 박근형이 선두주자였고 윤영선, 최진아 등이 이런 흐름 속에서 기억할만한 장면들을 남겼지만 포스트 박근형은 아직도 뚜렷이 나타나지 않고 있다. 박근형의 언어가 지니는 은근한 긴장감과 황당한 웃음의 메커니즘은 아직 밝혀지지 않고 있다. 아, 박근형 이전에 기국서의 〈미아리 텍사스〉(1990), 〈지피족〉(1991), 〈작란〉(1991) 같은 1990년대 초의 문제작들이 있었는데 맥락을 찾지 못한 탓인지 아직 충분히 연구되지 못하고 있다.[1] 결국 소설가 출신의 최인훈을 제외하면 언어 그 자체를 최전선에 내세우고 언어 자체에 대해 고민하고 언어를 통해 자신의 연극성을 승부하려는 작가는 아직까지 그리 눈에 띄지 않아왔다.

그런데 **최근 언어를 마주 대하려는 공연들이 나타나고 있다.** 아직 각자의 작품세계를 분명히 구축할 단계는 아니더라도, 언어를 생각을 펼치기 위한 방편이나 극적 행동을 이끌거나 수반하는 도구만이 아닌, 언어 그 자체로 의식하며 강조하고 극적으로 탐구하려는 태도로 접근하려는 연극들이다. 이들은 언어를 극적 재현의 한 요소로만 보지 않으며 따라서 박근형 이후 남루한 일상을 세부적으로 재현하는 일상극 계열의 언어와도 조금 다르다. 언어 자체에 조금 더, 더 다르게 다가간다. 이런 경향의 극작가들을 몇 꼽으라면 **극단 이름부터 '제12언어스튜디오'라고**

짓고 언어 및 그에 기반한 문화의 차이성과 경계를 집요하게 탐구하는 성기웅, 언어를 믿음의 퍼포먼스의 채널로 본다는, 그러나 귀를 통해 사유하게 만드는 박해성, 그리고 말하기를 통해 연극과 극장의 본질에 맞장뜨기를 시도하는 구자혜를 들 수 있다. 물론 위의 세 작가들 외에도 이경성이나 양손 프로젝트 등 많은 작가나 연출가들의 작업 속에서 무대 위의 언어들은 새로운 방식으로 새로 태어나고 있으며, 요즘 새롭게 눈여겨 볼 연극인들 중에 전통적인 방식으로 극언어와 계속 씨름하는 작가나 연출가들도 꽤 있다.

언어에 어떻게 접근하는지는 일단 개별 작가들의 선택이다. **언어를 전면에 내세우고 탐구하는 이런 현상의 배경에 예컨대 '몸의 연극에 대한 반발' 같은 것이 있는 것 같지는 않다는 뜻이다. 오히려 이들의 언어 연극은 안일한 재현을 참지 못한다는 점에서 몸의 연극과 비슷한 궤도로 함께 진행되고 있다**고 봐야 할 것이다. 근래에 부쩍 활성화된 소설 낭독회나 희곡 낭독회 등을 통한 장르상의 경계 완화와도 분명 관련이 있다. 이런 현상들을 단지 좋은 희곡의 부족이라는 소극적 측면으로 해석해야 하는가는 좀 더 지켜봐야 할 것 같다. 전반적으로 열악한 소극장 환경이나 부족한 제작비, 생활문화 전반의 미니멀리즘이라는 스타일상의 대세와도 관련이 없지 않으며, 몸과 대화가 분리되는 디지털 환경과도 관련이 없지 않을 것이다.

이들 젊은 연극인들의 극언어가 주목을 요하고 있고, 앞으로도 당분간 주목되어야 할 또 다른 이유는 이들의 언어가 상당부분 실재의 틈입, 현실의 소환, 다큐멘트의 재등장, 버바텀 연극의 활성화라는 시대적 상황에 부응한다는 데 있지 않을까 하고 생각해본다. 비록 허구적이며 극적인 언어는 아니지만 기록, 녹음, 서류 등 실증적 자료에 대한 천착은 언어에 대한 새로운 낯섦을 통해 언어의 힘을 재생시키는 면이 있다. 적체된 불만 위로 엄청난 아픔이 닥쳤고 촛불광장 후 세상은 그들에게 다

른 모습으로 드러났다. 세상은 그들로 하여금 연극과 현실의 관계를 재
구축하지 않을 수 없게 만들었다. **이런 세상을 연극적 재현이나 연극 속
허구로 도저히 담기 힘들며 담아봤자 문제가 해결될 수 없다는 생생한
분노, 그것들을 밖으로, 몸으로 고함으로 외쳐봤자 소용없다는 조용한
절망감, 그리고 마지막으로 언어라는 출구를 택하며 말하기라는 냉정한
무기에 매달릴 수밖에 없다는 신중한 집요함 들이 그들의 작업으로부터
감지된다. 그래서 연극은 현실과의 경계를 당연하게 넘는다. 텍스트 속
에 날것의 다큐멘트들이 들어오고 언어에는 현실의 주석이 직접적으로
붙는다. 관객들과 직접 대면하는 연기자들은 답답증을 더 참지 못해 자
주 관객에게 직접 말을 걸기도 한다.** 박근형의 배우들은 극중인물로서
자신의 이야기를 담았지만 이경성과 구자혜의 배우들은 연기자로서 자
기 서사를 한다. 그들은 배우-작가이며 그들의 말하기가 그대로 극이
되며 생생한 극언어가 된다. 이런 언어들은 관객으로 하여금 보고 느끼
고 지각할 뿐 아니라 오랜만에 듣고 음미하고 생각하게 만든다.

∷ 성기웅의 '차이'로서의 언어

성기웅은 비교적 전통적인 언어관에서 출발하는 작가-연출가이다. 국
문과 4학년 복학 후 교환학생으로 잠시 일본에 체류했던 그는 일상의 조
용한 언어만으로도 독특한 연극성을 이루어낸 히라타 오리자의 '현대
구어체' 연극에 깊은 인상을 받고 돌아온다. 절제된 언어로 군대 생활을
그린 〈삼등병〉으로 이름을 알리기 시작했고 2006년 제12언어연극스튜
디오라는 독특한 이름의 극단을 창단한다. 그 후 일본연극과 다양한 교
류를 계속하면서 히라타 오리자 연극을 소개했고 〈과학하는 마음〉 시리
즈를 번역·연출했으며 동시에 1930년대의 식민지 경성의 문화적 풍경
이라는 특별한 시공에 관심을 가지고 연구하면서 '구보 연작' 같은 새로

운 창작극들을 공연하기 시작했다. 이는 아마 근대문화에 대한 미시적 연구가 활성화되는 당시 학계 분위기와 일본유학의 체험이 작용했기 때문일 것이다. 이어서 〈소설가 구보씨와 경성 사람들〉(2007), 〈깃븐 우리 절믄날〉(2008), 〈소설가 구보씨의 1일〉(2010), 〈이십세기 건담기〉(2017) 등 '구보 4부작'에 이어 한일합작 공연인 〈가모메〉(2013), 〈태풍기담〉(2015), 〈신모험왕〉(2015) 들로 극계의 주목을 받았다. 그 사이 '입체소설 낭독극장(2011~14)'을 공연하기도 했고 〈다정도 병인 양하여〉(2012)에서는 작가 자신이 무대에 출연하여 실제 연애경험을 살린 다큐멘터리 연극적인 실험을 하기도 한다. 가장 최근작으로 〈랭귀지 아카이브〉(2017)를 연출했다.

언어에 대한 그의 예민한 감각은, 치밀하고 꼼꼼한 리서치로 뒷받침된 한국근대공간에 대한 관심 및 연극 표현에 대한 다양한 실험적 욕구들과 맞물려서 그의 작업에 여러 각도의 스펙트럼을 부여한다. 일상적인 구어체 대사에 대한 관심은 언어 자체에 대한 탐구로, 특정 시대 특정 언어의 재현 문제나 일제 치하의 근대적 시공간에 대한 실증적 연구들은 자연스럽게 한국 근대의 정체성 및 한일 간의 영향관계라는 복잡한 문제로 이어질 수밖에 없다. 다양한 참고자료와 함께 이루어지는 그의 작업의 특성은 상호텍스트성을 지닌 것으로 평가되기도 하고 일종의 기록극의 가치도 가지며 때로 미디어를 적극적으로 활용하기도 한다.

나는 언어적 관심에 기반하되, 여러 줄기를 가지고 가지를 치며 다소 산만하게 진행되는 **성기웅의 작업의 주요 키워드를 '차이'라고 설정해볼 수 있지 않을까 생각해본다.** 소쉬르에 의하면 언어 자체가 여러 가지 차이와 관계들에 의해 구성되는 문화사회적 관례들이며, 개개인의 정체성 역시 언어로부터 영향받는 문화적 구성물들이라고 할 수 있다. 성기웅은 언어뿐 아니라 극적 표현상의 다양한 차이에 흥미를 느끼고 **차이와 관계와 경계와 거리에 관해 작업하기**를 즐기는 것으로 보인다. 성기웅은 일본 유학시절 비교언어학과 비교문학을 공부했으며 그러다 보니 일본인의 관점에서 한국문화를 보는 관점에 눈을 뜨게 되었다. 서울 말씨나 한국어에 대한 자의식도 그렇게 형성되었다고 한다.[2] 프로그램에 매번 실리는 극단 소개를 보면 "'제12언어연극스튜디오'라는 이름은 지구상의 수많은 언어 중에 한국어를 사용하는 인구수가 대략 12번째로 많다는 통계에서 비롯되었다"고 쓰여있다. 이는 언어의 속성 자체가 그렇듯이 대상을 차이와 관계 속에서 파악하는 구조주의적 발상이다. 그리고 성기웅의 작업에서 그 차이는 **한국/일본, 한국어/일본어, 현대/1930년대, 한국인/일본인, 한국 배우/일본 배우, 일본/유럽, 한국/유럽 등의 언어적 차이, 연극적 차이, 문화적 차이, 공동창작에서 연극작업상의 차이... 등 실로 무수하게 많이 생성된다. 물론 숨겨져 있는 잠재적 차이들도 엄청나게 많을 것이다.** 그리고 그중 많은 차이들은 실증적으로 연구되고 현장 작업자로서 체험된 것이다.

그가 번역하고 연출한 〈과학하는 마음〉 3부작은 연구소를 중심으로 일어나는 일들을 히라타 오리자다운 지적이고 차분한 일상어로 다룬 연극들이다. 연기나 연출 역시 자연스럽고 절제된 톤으로 언어를 살렸으며 격정적 사건 없이도 충분히 연극성을 이뤄낼 수 있다는 소위 '조용한 연극'의 예들을 성공적으로 보여줬고 2000년대 국내의 일상극의 정착에도 작지 않은 영향을 미쳤다. 이때는 일본이라는 원작의 배경을 한국으로 바꿔서 공연하기도 했다.

그가 쓰거나 각색하고, 연출했던 '구보 연작' 네 편은 잊혀졌던 1930년대의 문화적 풍경을 새로운 형식으로 극화한다는 것 자체가 의미있고 참신한 작업이어서 많은 관심을 끌었다. 그중 박태원 원작의 공연 〈소설가 구보씨의 1일〉이 가장 자주 언급된다. 성기웅은 박태원 원작소설을 극화한 동명 연극에서 원작의 언어적, 서술적 특성을 조심스럽게

매만지며 접근하고 있다. 주지하다시피 원작 소설은 1930년대 식민지 경성의 모더니즘을 대표하는 실험적인 작품이다. 박태원은 구보라는 분신적 화자를 내세워, 식민치하 근대문명의 낯선 일상과 풍경 속을 거닐면서 그것들을 '고현학'[3]적 태도로 받아들이고 기록하고 다니는 그를 3인칭으로 묘사한다는, 이중적 전략을 취하고 있다. 그의 언어는 잔잔하고 담담하며 내러티브는 카메라가 거리 정경을 그대로 훑어가듯 사건이나 인과관계를 무심하게 배제하고 있다. 아울러 그것들을 느끼고 기록하는 구보의 명랑, 우울한 내면이나 자의식도 함께 흐르게 한다. 특히 구보가 자신이 보고 듣고 느낀 것을 소설로 만들어가는 그 과정까지를 소설에 담는 메타적 기법은 당시로서 매우 현대적이다. 또한 일상의 사소한 다큐멘트를 삽입하기도 하며 많은 쉼표를 사용함으로써 언어적 자의식을 표시하기도 한다.

성기웅은 박태원의 모더니즘 소설의 이런 보이지 않는 틈새를 파고들어 새로운 극화를 시도한다. 없는 장면을 넣기도 하고 사진이나 영상을 적극 활용하며 다양한 연출적, 연기적 실험을 시도한다. 예컨대 박태원과 구보를 두 명의 배우를 이용해 이원화시켜 동시에 무대에 등장시킨다든가, 배우들로 하여금 소설의 서술적 문장을 그대로 읽되 여럿이 나눠서 읽게 한다든가, 문장의 '쉼표'와 '피리어드'까지를 그대로 발화하게 한다. 기존의 소설의 극화를 넘어선 **언어 자체에 대한 이런 시도들은 성기웅 자신이 말했듯이 원작에 대한 '다성적 해체'[4]이다. 해체는 차이적 관계를 전제로 한다. 정확한 경성말씨를 재현하게 함으로써 오히려 언어의 숨겨진 차이를 드러나게 한다든지 무대 언어에 대한 낯선 시도를 통해 글과 말의 차이를 인식하게 한다.** 그리고 당시의 언어에 대해 자세한 해설을 자막으로 달아주기도 한다. 성기웅의 작업에서 특히 자막의 활용은 흥미로운데 한일 이중언어로 진행되는 공연에 대해 번역을 제공할 뿐 아니라 낯선 단어들에 대해 자세한 해설 자막을 달아준다. 이는 단지 정보의 전달을 넘어서 연극과 현실을 넘나들며 차이와 언어에 대한 자의식을 일깨우는 무대 언어의 새로운 영역이 될 수도 있을 것이다.[5] 공연에는 뒤 스크린과 중간 샤막에 많은 사진, 애니메이션, 영상 들이 투사되어 구보가 행했던 카메라적 시선과 산보하는 행위, 당시의 거리 사진자료들을 통해 공연에 스펙터클과 재미를 더해준다. 이는 언어라는 매체와 중첩되는 또 다른 이질감을 주기도 한다. 그러나 지나치게 많이 동원한 영상들이 소환하는 일차적인 재미와 재현적 환각효과가 더 압도적이었기에 흥미롭게 해체된 소설의 언어는 애초의 효과가 줄고 빛이 바랬다는 아쉬움이 있다. 차라리 보다 소박하게 공연되었던 〈소설가 구보씨와 경성 사람들〉, 〈깃븐 우리절믄날〉 들이 이중언어의 적절한 활용을 통해 식민지의 일상과 한·일·유럽 간의 문화적 혼종 및 차이성을 고스란히 보여주지 않았나 생각해본다.

구보 연작의 마지막인 **〈이십세기 건담기〉**에서 성기웅은 라디오 쇼라는 새로운 형식을 통해 언어와 청각적 장치들을 시각적으로 보여주는 또 다른 '차이'의 실험에 도전한다. 일본제국주의가 극으로 치닫는 시기의 이상과 김유정의 비참한 최후를 담은 이 극은 역설적으로 가장 경쾌한 쇼 형식으로 구성되었다. 공연은 박태원과 이상과 김유정과 구본웅, 그리고 다방 심부름 소년 수영 등이 번갈아 나서서 진행한다. From the 20th Century라는 전구장식이 번쩍이고 아코디언이나 트럼펫 연주를 하는 등 시끌벅적하게 뭔가를 보여주는 일치원적 쇼 같지만 실은 귀로 들어야 하는 라디오 쇼로서 전파를 통해 50년 후 미래의 관객, 나아가 21세기를 겨냥한다는 공상과학적 설정도 깔려있다. 12장의 에피소드로 구성된 이 작품은 대부분 구인회 멤버들이 새로 만드는 책의 선전, 만담 같은 콩트 극, 활동사진의 변사, 뉴스 쇼 등 여러 가지 형식의 라디오 프로그램으로 이루어져 있다.[6] 사이사이 에피소드에 주요인물인 이상과 김유정의 근황이 직간접적으로 들어가기도 한다. 희극적 분위기와 비극적 분위기가 교차되는데 불령선인으로 몰려 동경 감옥에서 심문받는 이상의 고통스런 장면은 일본식 예능인 라쿠고(落語) 양식으로 진행되며, 실연과 병고로 역시 비참한 최후를 맞는 김유정의 장면은 방송국 녹음실(?)을 연상시키는 어둡고 협소한 공간에서 극단적 신체적 고통 속의 웃음으로 처리된다. 이상과 구보는 50년 후의 경성(서울)이라는 '공상과학소설'을 방송하는데 압구정 아파트나 봉준호 감독[7]의 〈괴물〉이 등장하기도 한다. 반면 사이사이 쇼 진행자 구보가 관객에게 LP판으로 직접 틀어주는 재즈들은 1930년 당시 유럽에서 일본을 통해 들어온 유행곡으로서 21세기의 두산아트센터의 관객에게 묘한 이중, 삼중적 향수를 불러일으키기도 한다.

이 공연은 전체의 콘셉트나 구성면에서 산만하고 해결되지 못한 부분이 없지 않았다. 특히 공연의 배경이 되는 1930년대, 그들이 겨냥하는 미래의 1980년대, 그리고 이 연극을 보는 오늘이라는 시간적 차이성의 설정이 충분히 활용되지 못했으며 일부 에피소드의 공간 설정도 설득력이 부족했다. 그러나 **한국어와 일본어의 이중언어, 전통과 근대, 명랑과 우울, 현재와 미래, 피식민과 식민, 아시아와 유럽 등 대립항들이 빚어내는 경계와 차이와 거리감은 공연 전체를 작은 폭포처럼 콸콸 흐르며 관통한다. 그러면서 이 공연에 지난 시대를 재현하는 애상적 아우라와 함께 각자 제멋대로의 방향을 향해 뛰노는 역동감을 부여했다.** 특히 이 작품은 극작가로서 성기웅의 필력이 단편적으로나마 어떤 경지에 이르렀음을 보여준다. 비극적 시대상을 희극적 과장과 말장난으로 풀어가는 가운데 서울 방언의 아기자기함과 무르익은 감칠맛과 극적으로 재치 넘치는 표현들이 독특한 감흥을 준다. 또한 성기웅 특유의 꼼꼼한 실증적 디테일의 연출과 더불어 여러 순간 장인적 완성도를 지닌 모자이크를 이루었다. 연기적 앙상블, 사운드, 시각적 장치들도 몰입과 거리의 이중성을 거들었는데 이로써 미완성과 부분의 완성도, 조화로움과 차이들을 함께 느낄 수 있었던 흥미로운 관극이 가능했다.

* * *

성기웅은 일본 희곡들을 많이 번역하고 연출했을 뿐 아니라 히라타 오리자와 타다 준노스케 같은 일본 연극인과의 공동창작, 공동연출, 교차적인 극작, 연출 등 매우 다양한 방식의 협업을 시도해왔다. 이런 과정에서 **'차이'성에 관한 질문은 계속된다. 문화적 맥락에서 일본은 우리에게 무엇인가? 일본에게 우리는 무엇인가? 근대 일본인에게 유럽은 무엇이었나? 근대 한국인을 구성하는 데 있어서 유럽이란 무엇인가? 결국 한국인의 근대성과 문화적 정체성의 문제는 무엇인가? 그리고 그 관계 속에서 언어란 무엇인가? 하는 것들이다.**[8]

성기웅은 〈가모메〉를 시작으로 타다 준노스케나 히라타 오리자와의 이중언어 공동창작을 시작하게 된다. 〈가모메〉는 체홉의 〈갈매기〉를 1930년대 식민조선이라는 배경으로 끌고와서 성기웅이 극본과 협력연출을 맡고 타다 준노스케가 연출을 한 공연이다. 시간과 장소는 일본의 제국주의적 팽창욕이 심화되던 1937년 중일전쟁을 사이에 둔, 1936년(1, 2, 3막)과 1938년(4막)의 황해도 연안 호숫가 마을로 잡았고, 극중인물 중 트리고린과 메드베젠코 역을 일본인으로 바꾸었으며, 의사를 돕는 조선 출생의 일본인 간호사와 일본군대로 징집되어 가는 소년 일꾼 먹이 등, 몇 명이 추가되거나 조금 바뀌었다. 일본인 역할은 실제 일본 배우가 맡았으며 소년 먹이 역할만 일인 배우가 한국인 역을 했다. 줄거리는 대체로 원작을 따라간다.

아르까지나는 동경에서 신파배우로 활약하다가 일본인 '샛서방'을 데리고 고향을 방문 중이고, 프랑스 유학을 꿈꾸는 트레플레프는 동경 가서 연극공부를 하자는 엄마의 권유를 뿌리치며, 동경 가서 배우 하는 것이 꿈인 니나는 결국 트리고린을 따라 일본으로 떠난다. 원작과 달리 3막과 4막 사이, 즉 중일전쟁이 발발하면서 메드베젠코가 소년 먹이에게 장총과 욱일승천기를 쥐어주며 전쟁터로 내모는 장면이 삽입된다. 2년 후 4막에서 저수지 수리공사와 신작로 공사가 중단된 마을은 황폐해졌고 트레플레프는 간간이 농사일을 하면서 원고를 쓰고 있으며, 에스페란토어를 공부하던 의사는 이제 기록을 하겠다면서 사진 작업을 위해 진료소 문을 닫고 상해로 떠난다. 트리고린은 내선일체 사상 현황을 시찰하기 위한 작가방문단의 일원으로 조선과 만주를 여행 중이고 배우가 아니라 막간극 댄서가 된 니나는 여전히 트리고린을 잊지 못한다. 절망한 트레플레프는 농약을 먹고 자살한다.

공연은 스페이스111의 스튜디오형 공간 한가운데로 프로시니엄 아치 형태만을 남기고 그 둘레에 1930년대부터 현대까지를 암시하는 신문지들, 유성기, CD, 공연 영상이 흐르는 노트북 컴퓨터, 폐가구 등 각종 사물들을 쓰레기처럼 무질서하게 쌓아놓은 채 진행된다. 음악도 클래식부터 현재 아이돌 그룹의 히트곡까지 혼종적이다. 인물들은 마치 보이지 않은 컨베이어벨트에 올라탄 것처럼 한쪽 방향으로 등장과 퇴장을 되풀이하면서 희망과 좌절 사이를 오간다. 마지막 장면에서는 쓰러졌던 극중인물들이 현대의 의상으로 갈아입고 오래 관객석을 바라본 후 퇴장한다. 이 공연은 한국어와 일본어로 진행되며 번역자막과 주석(뜻풀이) 자막도 함께 제공된다. 왜 그들은 이중언어로 공연했을까? 아니, 이중언어가 아니다. 이 공연에는 경성 방언과 황해도 방언, 한국인이 하는 일본어와 일본인이 하는 한국어와 일본인의 서툰 한국어와 한국인의 유창한 일본어와 일본화된 영어와 에스페란토어까지 등장한다. 성기웅의 자막 작업 역시 공연의 엄연한 한 요소로서 다원적이며 상호텍스트적으로 기능한다. 그야말로 다중어 연극이다. **이런 다중언어 사용은 이 공연의 내용적 측면과 공조하는가? 나는 그렇다고 본다.**

〈가모메〉 공연에서 **번안자와 연출자의 작업은 다소 엇나간다. 각색대본을 맡은 성기웅은 중일 전쟁을 전후로 해서 식민치하의 예술가들의**

일상에 스며드는 시대의 변화를 잡아내기 위해 노력했다. 체홉은 변화하는 시대 속에서 인간의 꿈과 절망과 타협을 그린 작가였고 〈갈매기〉는 특히 예술가들의 꿈과 사랑을 담은 작품이다. 비록 시대 배경과 변화가 지니는 정치적 성격은 전혀 다르지만 세상이 바뀌는 변화의 시기이며 근대성을 접하기 시작했다는 점에서 번안된 〈가모메〉는 체홉의 시대정신과 어느 정도 맞닿아있다. 비록 식민/피식민의 상황 하에서도 일본이나 한국이나 서구적 근대로 대변되는 더 나은 삶을 동경했지만, 중일전쟁 이후 극우적 군국주의로 치닫던 일제의 야욕은 먹이 같은 순진한 희생자뿐 아니라 트레플레프 같은 피식민지의 지식인을 이중으로 좌절시키고 파멸시켰다. 당시 한국은 일제의 식민통치 하에서 일본을 통해서 유럽의 근대와 접하고 있었다. 이 공연에서 가장 깊숙이 숨어있는 꿈과 디스일루전은 무엇이었을까? 그것은 일본이 아니라 유럽일 수 있다. 문화적으로 볼 때 한국/일본 외에 유럽이라는 제3의 차이적 항목이 더 발견되는 것이다. 극의 시작 부분에서 트레플레프의 첫 대사는 "그래도 퍽 부런걸요. 백일몽에서라두 구라파에 다녀왔으니"이다. 낮잠을 자다가 유럽에 관한 꿈을 꾼 외삼촌을 부러워하는 것이다. 일본 뒤에 숨겨진, 일본을 통해 들어온 유럽이라는 이 지점은 문화적인 면에서 한국인의 근대적 정체성을 밝히는 데 있어서 매우 중요하다.

그러나 **타다 준노스케 연출은 시공간적인 연출면에서 보편성과 공시성(共時性)을 추구했다.** 유럽의 자발적 문화적 식민지인 일본의 욕망과, 일본의 피식민지로서 역시 일본을 통한 유럽문화에 동경을 지닌 한국인과, 그런 알 수 없이 미묘한 욕망들이 저변에서 출렁이는 한국인과 일본인들의 사랑과 꿈의 스러짐의 이야기, 그럼에도 어쩔 수 없이 지속되는 삶은, 체홉의 희곡들이 그렇듯, 어느 정도 시대를 초월할 수도 있다. 그래서 연출은 시대의 변화와 차이성보다는 오브제나 동선이나 음악의 사용 등을 통해 흐르고 겹치고 정체된 시간과 공간들을 보여준다. 그러나 공시성을 강조하는 연출 속에서도 이런 다중언어의 차이와 교차는 피할 수 없는 시대적, 정치적인 균열과 파열에 주목하게 하며 효과적으로 그 틈을 벌린다. 성기웅의 각색은 결과적으로 '차이', 특히 언어적 차이를 통해 공시성 밑의 부조화와 불일치와 균열 들을 강조했던 것이다. 연극은 일본의 까마귀와 한국의 까치의 차이에 관한 마샤와 메드베젠코의 대사로 시작되며 "우리 동경으로 가자꾸나, 응? 가서 무대 연출 공부두 하구 또 대학에 들어가 불란서 문학 공불 하는거야…"라는 엄마의 권유에 트레플레프는 "내가 왜 게 제 발로 가서 무시당하며 산답니까? 그리구 불란서 문학을 내지(일본)말로 공부하다니 우습지 아니하니까?"라고 쏘아붙인다. 트리고린은 트레플레프가 "서구 초현실주의나 유미주의의 영향"을 받았다면서도 그의 작품에는 "조선 특유의 동물, 식물 이름"들이 너무 많아서 동경 문단으로부터 "과연 그 작품이 내지 말로 번역이 잘 될 수 있을지"라는 비판을 받는다고 전한다. 그러자 아르까지나는 "이제 내지어로만 글을 써야 할 시대가 올지도 모르는데"라고 중얼거린다. 니나는 일본어 발음 문제로 배우가 못 되어 댄서가 되어버렸고 마지막 장면에서 극중인물들은 끝내 '가모메'가 조선말로 무엇이었는지 생각해내지 못한다. 그리고 연극은 한때 계급주의 문학을 하다가 대중작가로 전락한 트리고린의 머뭇대는 말, "하지만 이미 전쟁은 어쩔 수 없는… 무시할 수 없는 이 세계의 현실이 되어버렸으니까요"가 암시하듯 한국인, 일본인을 비롯한 모든 이들이, 그리고 아마도 오늘날의 우리 모두가 무대 위에 쓰러지는 것으로 끝난다.

성기웅의 작업은 식민치하와 일본과 근대성이라는 미묘하고 예민한 지점을 건드리고 있기에 늘 아슬아슬하다. 〈가모메〉는 대체로 두 가지 평가를 받았다. 연출이 매우 독특하고 세련되었다는 칭찬과 왜 군이 시대 배경을 일제치하로 바꾸고 친일적인 색채를 가미했는지 알 수 없다는 비판적 시선이다. 나로서는 **한국과 일본의 젊은 연극인들이 협업할**

수 있는 세계명작으로 〈갈매기〉를 택한 것은 나쁘지 않은 선택이었으며, 특히 시대를 서구 모더니즘의 영향과 우익 군국주의가 엇갈리는 1930년 대로 잡은 것도 상당히 효과적인 설정이라고 생각한다.

일부 비판적 반응도 있었지만 〈가모메〉는 동아연극상 작품상과 연출상을 받는 등 성과가 좋은 편이었다. 그러나 같은 팀이 이듬해 같은 방식으로 공연한 〈태풍기담〉(성기웅 작, 타다 준노스케 연출)는 매우 부정적인 평가를 받았다. 극작과 연출면에서 〈가모메〉에 비해 많이 거칠기도 했지만, 무엇보다 결말부가 일본의 승리나 양국의 화해를 암시하고 일본의 과거 죄과를 희석시키는 것으로 느껴지는 등 친일색이 있고 역사의식면에서 위험하다는 지적들 때문이었다. 〈태풍기담〉은 셰익스피어의 〈템페스트〉를 역시 유럽열강의 지원 하에 일본제국주의가 팽창하기 시작하던 1920년경의 인도차이나해 어느 섬으로 추정되는 시간과 장소로 설정했다. 망국의 한을 품고 섬에서 딸과 살고 있는 대한제국의 왕이 주술로 태풍을 불러 유럽순방을 마치고 귀국하던 일본왕 일행을 파선시키고 섬으로 표류하게 하며 일본 귀족의 아들은 한국의 공주와 만나게 된다. 여기까지는 원작의 줄거리를 따르지만 후반부는 다르다. **일본 귀족 일행은 한국의 왕을 살해하고 떠나며 공주는 섬의 원주민 노예**(원작의 캘리번)**와 결혼해서 섬에 남아 아기를 낳고 행복하게 살아간다**는 것이다. 특정지역의 방언을 떠난 성기웅의 극언어는 전작들만큼 세련되지는 못했고 왠지 연출이나 무대도 거칠어서 일단 호감을 얻기는 힘든 공연이었던 게 사실이다. 그러나 이 극을 역사의식에 문제가 있는 작품으로 비판만 하는 데는 동감하기 힘들다.

공연이 시작되면 섬의 정령이 나와 신비한 구음을 들려준다. 아마도 언어 이전의 원시 상태의 소리가 아닐까 싶다. 극이 시작되면서 한국어, 일본어, 원주민어, 영어, 불어 등 다섯 종류의 언어가 등장하는데 정령의 구음, 발음되지 않는 한자, 서툰 한국어, 서툰 일본어까지 합하면 **이 작품 역시 언어들의 잔치가 된다. 영어나 불어도 등장해서 이 작품에도 진하게 깔린 유럽 모티프를 환기시킨다.** 다만 섬세한 언어적 차이를 통한 갈등을 그렸던 〈가모메〉와 달리 이들은 대부분 서로의 언어를 아예 이해하지 못하고 이런 언어들의 차이와 불통이 더 직설적으로 **식민주의의 표상이 된다.** 왕자와 공주가 만나는 장면에서 일본 왕자는 문명의 언어라는 일어와 영어와 불어로 한국 공주에게 말을 건다. 왕자는 문명어가 통하지 않아 실망하다가 모래밭에 한자 몇 자로 소통하며 기뻐하기도 하지만 결국 그들의 관계는 언어의 불통으로 인해 사랑으로 발전되지 못한다. 결국 섬에는 공주와 캘러번 커플이 한·일 양측의 최하위계급인 파선한 배의 요리사 둘과 남아서 함께 살게 된다. 캘러번과 공주 사이의 아기는 아마도 한국어와 일본어와 원주민어 모두를 구사하게 될 것이다. 화산 폭발과 함께 캘러번과 요리사들이 구시대의 상징인 조선 왕의 옷과 책을 불태우고 공주가 어릴 적부터 소통해온 캘러번과 맺어진다는 결말부의 느닷없는 결론이 관념적이고 도식적인 것은 사실이다. 그럼에도 이 극은 일단 관념적인 정도로 제국주의와 식민주의를 지나치게 명백하게 비판한 작품으로 보인다. **서구열강들의 제국주의와 그들을 모방하고 따라잡자고 덤비는 일본의 제국주의, 그리고 섬 원주민을 노예화해서 부려먹는 조선 왕의 식민주의까지를 비판하는 노골적인 탈식민주의적 연극**이다. 그리고 그 과정에서 여러 차이를 지닌 언어들은 전작만큼은 못하지만 극적 기능을 발휘해서 **언어가 지배의 도구도,** 사랑의 통로가 될 수도 있음을 환기시켜준다.

최근 연출작 〈**랭귀지 아카이브**〉는 한국어를 잘 구사하지 못하는 한국계 2세 작가인 줄리아 조의 희곡이다. 작가가 체험한 언어적 불편함이 언어란 무엇인가 하는 성찰로 이어진 작품이다. 비록 언어학자를 둘러싼 훈훈한 로맨틱 코미디로 최고의 언어는 사랑의 언어라는 주제 비슷하게 마무리되지만 '차이'로서의 언어에 주목하게 만들어준다. 공연에 는 한국어, 영어, 에스페란토어뿐 아니라 사멸해가는 가상의 언어까지 개입된다. 한국계의 작가가 '언어'를 의식하며 영어로 쓴 '언어'에 관한 희곡을 역시 '언어'에 관심있는 한국의 성기웅이 연출한 공연이라는 점 에서 성기웅 작업의 지속성을 확인할 수 있었던 공연이었다.

성기웅은 동시대 연극의 언어 자체에 관해 가장 먼저, 많은 관심을 가 지기 시작한 현장 연극인이라고 할 수 있다. 특히 식민시대 한국어에 대 한 그의 치밀한 연구와 구사력은 오태석의 우리말 사랑에 버금간다. 그 럼에도 불구하고 언어에 관한 그의 작업들이 일관된 연극미학적 방향성 을 형성하고 있다고 하기는 아직 이르다. 그러나 여러 방향의 실험적 작 업을 통해 무대 위 언어에 대한 연극인들의 관심과 자의식을 촉발하고 있다는 점에서 적절히 평가되어야 하며 계속 주목해야 할 작가-연출가 임에는 틀림없을 것이다.

:: 박해성의 '믿음의 기원으로서의 말'

요즘은 인물 간 대화로만 이루어진 연극을 찾기 힘들 정도다. 플롯은 내러티브가 되고 대화 대신 독백이나 내레이션이 극언어의 많은 부분을 차지하며 시나 실제 다큐멘트들이 삽입되기도 한다. 극/서사/서정/다큐 멘트 등 장르 간 해체가 심화된 것이며 이 중 가장 일반적인 양상은 희 곡의 서사화라고 할 수 있다. 서구의 경우 전통적 극작술의 위기와 해체 를 다룬 페터 쏜디의『현대드라마의 이론』이 일찍이 1956년에 발표되 었다면 한국희곡의 서사화는 1980년대부터 본격화되었다. 반드시 브레 히트식 서사극의 영향이라기보다 1970년대 이후 전통연희와 실험극, 그리고 1980년대 마당극류가 대세를 이루다보니 자연스레 서구식 플롯 이 배제되고 약장수식 너스레나 말걸기 들이 끼었으며 이는 1990년대의 포스트모더니즘을 거쳐 이럭저럭 오늘에 이르렀다고 할 수 있다. 특히 기존의 작품들을 새롭게 읽고 공연적으로 재해석하는 포스트모더니즘의 일환으로 신작 희곡을 창작하기보다 기존의 고전희곡이나 소설을 극화하는 공연이 많아졌다. 이 경우 소설을 희곡식 대화나 장면 만들기로 압축하는 재현적 방식이 아니라 몸의 연기를 강조한다든지 포스트모던한 이미지나 스펙터클을 활용하는 경우가 많았다.

이에 비해 최근의 장르해체의 양상은 좀 다르다. 극장르와 서사장르의 경계 허물기가 일반적이지만 언어가 제1선으로 전면화되는 양상을 보이는 것이다. 대사뿐 아니라 지문을 포함하기도 하는 언어가 전면에 배치되면서 스펙터클이나 가시적인 장면 만들기는 최소화되고 무대적 상상력은 언어들의 행간으로, 관객들의 상상력으로 넘어가게 된다. 이런 양상은 2010년대부터 크게 활성화된 **희곡 낭독 공연과 소설 낭독 공연**의 붐으로 일단 설명될 수 있다. 소설 낭독 공연은 시 낭독 모임과 비슷한 동호회 활동, 퍼포먼스 문화의 활성화, 산울림소극장 등의 소설 낭독 공연과 관련되는데, 활자라는 시각적 내용을 청각화하며 이에 화자의 목소리와 가벼운 행동이나 장면이 추가된다. 희곡 낭독 공연은 워낙 공연제작을 위한 한 단계일 수 있으므로 연극제작과정이 합리화되고 공유되어가면서 활성화된 것일 수도 있고 공연공간과 제작비의 부족과도 관련되며 한일연극교류협의회 주최의 일본희곡낭독회의 인기도 영향을 미쳤다. 희곡 낭독 공연은 행동과 장면화를 관객의 상상 속에 맡기고 극언어에 집중해서 듣게 함으로써 공연에서 맛볼 수 없는 또 다른 체험을 제공한다. 한편 **양손 프로젝트**의 작업은 좀 다르다. 이 극단 역시 몇몇 국내외 단편소설을 극화하고 있는데 이들은 언어를 전경화시키기보다는 **몸을 통해 단편소설의 언어를 '수행'했다.** 잘 단련되고 절제된 몸과 심리적 집중과 최소한의 대사를 통해 단편소설의 내러티브와 정서를 독특하게 극화하고 있다.[9]

이런 가운데 **기존의 희곡적 연극과도 소설적 연극과도 다른 형식의 공연**들이 나타나기 시작한다. 박해성의 〈**믿음의 기원**〉 **2부작**은 당시 한 국연극계에서는 만나기 힘든 지적이고 절제된 언어와 분위기로 매우 특별한 인상을 심어주었다. 그의 작품은 매우 조용하고 단조로운 언어 톤으로 시종일관함으로써 언뜻 장르해체적인 공연으로 보일 정도였다. 그러나 작가의 말에 귀를 기울이면 지극히 연극적인 연극일 수도 있다. '믿음'과 '언어'에 대한 박해성의 생각이 궁금하던 차 인터뷰 하나를 발견했다. 일반적으로 언어에 대한 생각은 본질주의적 언어관과 구조주의적 언어관으로 나뉠 수 있다. 탈근대의 사상들이 대개 구조주의적 언어관에 기반해 있다면 박해성의 경우는 말이 곧 뜻이요 믿음의 통로가 될 수 있다고 생각하는 본질주의적 언어관을 가지고 있는 것처럼 보인다. 그는 사람들에게 '믿음'이 왜 발생하는가를 추적해 들어가는 연극을 생각하다가 '관객이 연극을 보는 관극행위에 돌입하는 그 순간'이 '바로 그 점프가 일어나서 믿음이 발생되는 순간'으로서의 퍼포먼스[10]라고 깨달았다고 한다. 그리고 좀 낯설게 들릴 수 있지만 그가 극장에서 순수하게 감각으로 흡수하는 아주 본질적인 채널', 즉 '공연성'으로서 찾은 '채널'이 '말'이라는 것이다.

공연대본을 보면 두 작품 다, "**빈 공간, ○명의 남녀가 시간과 장소를 벗어나 이야기한다**"라는 매우 간명한 지문으로 시작된다. 스튜디오 공간에는 수십 개의 접이식 의자들만이 가득 줄지어 놓여있을 뿐 공연공간과 객석의 구분이 없고, 연기자들은 그 의자들 사이를 거닐면서 조용히 독백 같은 대사를 읊조린다. 대화만으로 이루어졌지만 각자의 독백처럼 들릴 정도로 의사소통을 위한 연극 속 일반적 대화와는 거리가 있다. 애를 쓰고 귀 기울여도 내용을 이해하기 쉽지 않다. 인물들은 정보가 충분히 주어지지 않은 각각의 발화장치들처럼 느껴지는데다가 여러 인물의 대사들이 수시로 엇갈리며 시공을 마구 넘나든다. 박해성은 관객이 그들 중 누구를 따라가 믿기를 원한다. 그래서 자기 나름의 고유의 경험을 하기를 원한다는 것이다.[11] 그러나 엇갈림의 큐는 차이의 틈이나 은유의 두께가 아니라 환유적인 단순 인접성이었다. 그래서 더 사실 같기도 하고 환상 같기도 하며 오해 같기도 한 순간들이 아무렇지 않게 서로 조용히 겹친다. 연기자들이 관객이 앉은 의자 바로 옆에서 뒤에서 발화하지만 그렇다고 관객이 대화 내용을 믿거나 그들 중 하나와 일체가 되어서 '느끼기는' 힘들었다. 그러기에는 말 자체에 집중해야 하고 여러 인물들의 발화내용의 상이성을 비교하면서 생각해야 했다. 느끼기보다는 사고를 유발하는 언어였다는 것이다. 아무튼 박해성의 언어는 아름답게 절제되어 있다. 그리고 관객들은 '믿음의 기원'에 대해서 깊은 상념에 빠질 수 있었다.

〈믿음의 기원〉(2012)의 경우 억눌리고 절제된 언어적 표현 밑을 잘 들여다보면 비교적 극적인 상황들이 잠겨있다. 오래 전, 부부는 일곱 살 난 딸 수진을 유괴당했고 아내는 그것이 남편의 어린 내연녀의 짓이라고 믿고 있다. 17년이 흐른 오늘 남편은 자신이 출입하는 경찰서에서 성인이 된 수진으로 추정되는 여자를 본 후 그녀를 따라가 내 딸 수진이 아니냐고 확인을 시도하지만 돌아오는 대답은 애매모호하다. 남편은 이런 이야기를 우울증이 깊어진 아내에게 해주지만 아내는 그때 수진의 시체를 부검할 때 당신이 사인하지 않았느냐고 묻는다. 형사는 아무런 관련 기록도 남아있지 않다고 말한다. 공연은 세 가족이 서로를 향해 '마치 오늘 아침에 만났다가 헤어진 가족처럼' 다가가는 것으로 끝난다.

〈믿음의 기원 2: 후쿠시마에서 부는 바람〉(2013)은 전작과 같은 최소한의 극적 유기성도 부족하다. 화자들은 더욱 알 수 없는 존재가 되고 인물관계와 언어는 더 산산이 흩어져 있다. 사유의 규모가 더 크고 깊으며, 많은 시공이 함축되어 있고 화자의 관계배치가 초현실적인 작품이다. 그러나 딸과 엄마, 부부 등 일부의 인물관계는 전작을 이어받고 있기도 하다. 공연 공간은 여전히 의자들만이 가득 놓인 스튜디오형 빈 공간이며 연기자들의 동선도 비슷하다. 연기자들은 관객이 앉은 의자 사이를 거니면서 차분한 어조로 대사만을 발화한다. 후쿠시마 원전사고가 일어난 근처 어느 바닷가에 정체를 알기 힘든 소녀와 남자가 바다와 죽음에 대해 얘기하고 있다. 급진적 환경운동가인 아내가 이 남자에 대해 알고 싶어 하며 취재를 원한다. 사사키라는 일본 과학자의 (실제 책에서 따 온) 수상연설이 내레이션 목소리로 간간이 깔린다. 인류에게 닥친 자연재해와 문명적 근거의 와해를 경고하는 내용이다. 원자력연구소의 기술자인 남편과 아내가 과학기술문명에 관해 논쟁한다. 아내는 끝을 알 수 없는 불임시술의 기다림과 고통을 이야기한다. 남자와 남편의 대화를 통해 돈가스 집에서 11년간 양배추를 썰던 남자는 원전누출 사고 시 최후의 냉각작업에 투입되어 사망했던 오십 명의 아르바이트 인력 중 하나임이 밝혀진다. 소녀는 아내가 조산해서 잃었던 영혼인 듯한데 모녀는 비로소 재회한다. 그들이 모두 바닷가로 모여드는 가운데 바람 없는 먼 바다에서 커다란 파도가 밀려오기 시작하며 극장은 굉음과 어둠으로 덮인다.

가족관계를 다룬 〈믿음의 기원〉은 가장 가까운 사이일 수 있는 가족관계의 불안정성과 진실 여부의 불확실성 등을 통해 이 시대의 믿음의 가능성을 묻고 있으며, 후쿠시마 원전사고를 다룬 〈믿음의 기원 2: 후쿠시마에서 부는 바람〉은 거대한 자연에 맞서는 인간의 문명이라는 것이 과연 인간의 삶을 낫게 만들고 있는지 묻고 있다. 박해성은 말을 통해 이 믿음의 형성은 타당한지 매우 효과적으로 묻는 데 상당히 성공했다. "다 거기서 시작되거든. 그런 것 같은, 그럴 것 같은" '믿음'의 기원을 추적했으며 앞으로 이데올로기와 종교의 문제도 다루고 싶다고 한다. 세련된 언어와 함축된 지적 사유면에서 매우 뛰어난 작품이지만[12] 문제는 난해함이다. 나 같은 경우 공연 중에 들은 대사만으로는 내용의 전모를 파악하기 힘들어서 대본을 구해 여러 번 읽어야 했다. 하지만 ─ 라디오 방송극 외에는 ─ 이 대본을 다른 방식으로 더 잘 공연할 수 있는 어떤 대안도 쉽게 떠오르지 않은 것도 사실이다. 박해성이 언어와 연극의 본질과 퍼포먼스로서의 공연성들의 관계에 대해 좀 더 숙고해보면 더 좋은 작품을 기대할 수 있을 것 같다.

지난 2017년 연말 분위기에 묻혀 남산예술센터에서 조용히 공연되었던 **〈당신이 알지 못하나이다〉**는 권여선의 소설 원작을 박해성이 연출한 작품이었다. 자신이 쓰고 연출했던 공연에서 극도로 절제된 무대를 보여줬던 연출가가 남산예술센터의 다소 전통적인 무대/객석 공간에서 다른 작가의 소설 원작을 어떻게 연출할지 꽤 궁금했다. 남산예술센터 측에서 원작을 골라 박해성에게 각색과 연출을 부탁했다는데 마치 박해성 자신이 쓰거나 선택한 듯이 잘 어울렸다. 언니의 피살이라는 기억과 살인범에 대한 증오로 고통스러워하는 여성과 그 사건에 연루된 주변인들의 애도와 증오와 용서와 복수와 위선, 그리고 이런 삶의 가혹함에 대한 분노와 무력감을 그린 작품이다.

그가 믿음의 또 다른 기원으로 본 언어는 전통적 극장공간에서 어떻게 관객의 믿음을, 관객 각자의 믿음의 경험을 끌어낼 것인가에 대한 대답을 이 공연에서 찾기는 힘들다. 결과는 일반적인 소설의 극화나 무대화보다 좀 더 흥미로운 것이었다. 그것은 양손 프로젝트의 행위 중심의 '내러티브 수행하기'와도 조금 다른 것이었다. 박해성의 전작처럼 평면적이면서 건조한 독백식의 언어를 최전선에 배치하되 이번에는 그 저변에 고인 의미의 입체성을 역시 미니멀한 스타일로 극화하고 무대화했다. 원작은 세 명 화자의 일인칭 시점의 독백식 서술과 약간의 전지적 시점의 서술체로 쓰였다. 박해성은 각색과정에서 대화 중심의 장면 만들기를 최소화하면서 극언어의 대부분을 각 인물들의 독백, 혹은 관객을 향한 발화로 만들었고 소설식의 문어체를 살렸으며 연기자들은 지문 같은 행위묘사를 발화하기도 한다. 극화의 과정에서 인물의 크기 및 관객과의 심리적 거리를 재배치했으며 시간과 공간을 단선적이거나 논리적으로 받아들이기 불편하도록 유의해서 재분배했다. 인물들은 발화에 치중할 뿐 최소한으로 움직인다. 무대는 여전히 텅 비었고 박해성의 유일한 미장셴이자 오브제인 의자 몇 개로 이루어져 있다. 단지 다양한 의자들에 좀 돈을 들인 것과 무대와 객석이 분리되어 있고 연기자들이 객석을 마주보도록 전통적 관례를 따랐다는 점이 다를 뿐이다. 이 무대에서 소설에서는 불가능한 인물들의 동시적 배치와 시각화가 이루어지며 그들의 위치와 동작과 시선은 새로운 사유의 구조를 생산한다. 때로는 원작에 없는 매우 연극적인 장면이 창출되기도 한다. 범인으로 확신하고 찾아간 남자의 초라한 집에서 그의 여동생이 해준 달걀 프라이를 먹고 부엌에서 들리는 낮은 라디오 소리에 맞춰 천천히, 그리고 갑자기 격렬하게 춤추는 장면은, 달걀이 프라이팬에서 지글대며 익는 소리와 함께 이 공연의 가장 인상적인 장면으로 남는다. 삶은 원작과 또 다른 의미에서 복합적이고 모호하게 재구되었으며 이것은 삶의 혼돈과 무력함을 그리고자 하는 작가-각색자의 작의와 잘 맞아떨어졌다. 원작자에게는 미안한 말이지만 공연이 원작소설보다 훨씬 간명하면서도 더 섬세한 감성과 깊은 사유를 촉발시켰다.

박해성의 의도와 별개로 그는 공연을 통해 사유하게 만드는 새로운 언어를 제시했다. 그리고 언어가 지니는 사유의 힘을 통해, 믿고 느끼기보다는 거리를 가지고 생각하게 하는 공연을 만들었다. 그리고 말의 나머지는 관객이 채워놓도록 남겨놓는다. 말만 남김으로써 듣고 생각하게 하고, 내러티브를 수동적으로 따라가지 못하도록 겹치게 만들고 흐리게 방해했으며, 언어와 관객의 상상력을 제외한 시청각적 연극적 요소를 최소화했다. 낮게 깔리는 사운드 효과들은 공간을 단순화시켰으며 이미 죽은 사람에 대한 기억의 현존은 시간의 공간을 확장시킨다. 그리고 그 결과는 장르의 초월이고 경계 무너뜨리기로 나타난다. 황정은의 단편소설들을 이연주가 극화한 〈아무도 아닌〉을 놓쳤다. 그러나 리뷰를 읽으니 이 공연 역시 〈당신이 알지 못하나이다〉에 못지않게 좋았던 것 같다. 탁월한 소설 언어와 재능있는 연출가들의 만남이 공연언어의 영역을 계속 넓혀줄 것이라고 기대한다.

:: 구자혜의 '말하기로 버티기'

구자혜는 〈곡비〉(2015), 〈윤리의 감각〉(2017) 등 비교적 드라마적 구성이 있는 작품을 발표하기도 했다. 어느 인터뷰에 보니 앞으로도 그런 드라마적 희곡을 쓸 생각이 있다고 한다. 그러나 지금까지로 볼 때 구자혜의 언어는 그 스스로 '개념극'이라고 부르는, 철저하게 비재현적인 공연에서 더 빛을 발한다. 허구적 인물을 설정하고 그들이 얽힌 어떤 극적 상황이나 개연적인 대화로 극을 만들어가는 작품보다는, 임의의 개념으로 구축된 최소한의 '여기는 당연히, 극장'에서 '말'만을 마구 토해낼 때 구자혜 특유의 힘과 매력이 더 잘 드러난다는 뜻이다. 〈commercial, definitely – 마카다미아, 검열, 사과, 그리고 맨스플레인〉(2016), 〈가해자 탐구_부록: 사과문작성가이드〉(2017), 그리고 공연은 못 봤지만 〈연극실험실 혜화동1번지〉(2016) 들이 그 예이다.

성기웅이 언어라는 개념에, 박해성이 의미로서의 언어에 무게를 두고 있다면 구자혜의 언어는 극장에서 더 본질적인 기능을 한다. 보다 본격적으로 '극장적'이라는 뜻이다. 구자혜의 언어는 그가 이끄는 극단 명칭인 '여기는 당연히, 극장'이기에 가능한 언어이기를 추구하며 그것에 부응하고자 하는 언어이다. 이 작가-연출가의 경우 말은 **언어라고 하기보다 '말하기'라고 하는 편이 더 정확할 것이다. 말하기가 곧 극적 행동이**

며 에너지이며 흥이며 리듬이며, 그리고 그 말은 극장에서 바로 앞 관객을 향해서 던지는 말하기이기 때문이다. 대사는 일인칭으로 발화되지만 실은 관객을 향한 말걸기라는 기능이 잠재되어 있다. 대화는 아니지만 관객이나 상황과 밀접하다는 점에서 극적 도발이다.

문어체와 구어체가 교묘하게 섞인 구자혜의 말하기는 유려하다. 그의 입담은 생물(生物) 같다. 타고났다는 뜻이다. 전반적으로 공격적이고 짓궂은 것 같지만 때로 인문적 무게를 품으며 생래적 힘으로 돌진한다. 거칠지만 슬그머니 문자향이 배어있고, 신랄하게 퍼붓는 조롱도 윤리적 성찰에 뒷받침되어 있다. 무엇보다 재미있고 웃긴다. 주목할 지점은 아마도 한국극작계에서 처음으로 만나는 **지적**(知的)**으로 냉소적**인 대사라는 점이다(그래서 그의 연극은 가끔 번역극처럼 느껴진다). 어디서 많이 들어본 리듬인데 양적으로 대단히 푸짐하고 흥을 타고 있다는 점에서 탈춤 판이나 판소리 같은 한국적인 풍자의 맛도 있지만 철저하게 자의식적이며 메타연극적이라는 의미에서 왠지 '서구적인' 느낌도 난다. 미국식 스탠딩 코미디도 아니고 디지털 시대의 문자판 위의 얍삽한 입놀림들과는 다르게 묵직한데 차라리 분노에 찬 힙합의 랩 가사에 가깝다고나 할까? 구자혜의 입담 밑에는 어떤 분노가 있다. 그러나 가슴에서 터져나오는 그런 분노가 아니라 냉정한 유머감각으로 잘 계산된 분노다. 그래서 **피해자가 아닌 가해자의 언어**들을 탐구할 수 있었을 것이다.

'**여기는 당연히, 극장**'에서 택한 행동이 끝없이 말하고 또 말하기라는 것은 매우 특별한 일이다. 스피치가 지성과 권력과 문화적 차별성의 주요 도구였던 서구문명와 달리 한국연극사에서, 한국의 문화에서, 한국인의 '체질'에서, '말하기'는 그렇게 주요한 종목은 아니었기 때문이다. 물론 구자혜의 말은 입센식 대화는 아니다. 논리를 지향하지 않는다, 의미를 '섬기지' 않는다. 구자혜의 말은 일단 말 쏟아내기다. 말 뱉어내기다. 때로는 현란한 레토릭에도 불구하고 말 그 자체다. 공연 내내 무엇인가 그럴싸한 말들을 열심히 말하기로 버틴다는 것은 아무나 할 수 없는 쉽지 않은 작업이다. 그러면 구자혜는 왜 그렇게 계속 쉬지 않고 말하는가? 말하는 스스로를 조롱하면서까지 왜 그렇게 떠들어대는가? 물론 너무 많이 말함으로써 말하기의 거짓됨 자체를 폭로하고 공격하고 싶기 때문일 것이다. 거짓의 말, 허풍의 말, 위선의 말, 변명하는 말 들을 파괴하고 싶기 때문일 것이다. 그래서 그 말은 소리가 되고 물질이 되고 어느새 그 의미를 스스로를 부정하고 무화시킨다. 언어의 의미는 증발하고 그냥 떠들어대는 행위, 소리지르는 목소리와 볼썽사나운 몸뚱이들만 남아 바로 앞에 앉은 관객 앞에서 '여기는 당연히 극장'이라고 들썩대고 있는 것이다.

〈commercial, definitely-마카다미아, 검열, 사과, 그리고 맨스플레인〉은 백색의 조명으로 빛나는 네모난 빈 공간, 한 명의 진행자와 무대 안쪽에 각각 의자에 앉아있는 네 명의 퍼포머, 그리고 각 퍼포머들을 기다리며 그들 앞쪽에 놓여진 네 개의 마이크로 시작된다. 뒷벽에 간단한 영상을 보여줄 스크린과 디지털시계가 있을 뿐이다. 말하기를 향한 갈증, 말 폭탄 직전의 고요, 이것을 견딜 수밖에 없다는 의무감과 기대감이 팽팽한 긴장을 이루는 말 전쟁의 세팅이다. 그런데 공연은 뜻밖에도 자신을 오스터마이어라고 칭하는 독일어를 구사하는 남성의 다소 능청맞은 목소리로 시작된다. 남산드라마센터 측으로부터 추천멘트를 부탁받았다면서 잘 믿기지 않는 이런저런 얘기를 늘어놓다가 이 공연은 자신이 연출한 사라케인의 〈Gier〉라는 작품에서 네 개의 마이크라는 기본 형식을 가지고 온 것이라고 말한다(조금 후에 이 남자는 실은 자신이 가짜 오스터마이어이고 하이네켄 회사에서 일하는 한국계 독일인이라고 고백하지만 그게 사실인지 아닌지 알 수도 없고 중요하지도 않다).
구자혜는 여기는, 당연히, 극장임을 매우 중요하게 인식하고 있기에 매 작품마다 그 극장에서 무엇을 말하는가 못지않게 '어떻게, 어떤 방식으로' 말하는가에 고심한다. 아직 시작 단계의 작가-연출가이고 많은 작품을 보지는 못했지만 **현시점에서 구자혜의 '여기는 당연히, 극장'에서는 공연 자체의 틀, 혹은 포맷, 늘 그 최전선에 배치되는 '말하기', 그리고 그것들에 대한 강렬한 메타연극적 자기성찰이 세 가지 주요 키워드라고 할 수 있을 것이다.** 그런 의미에서 구자혜는 아마 결벽증에 가까운 연극 본질주의자일 것이다. 한편 단원들 사이의 공동창작과 즉흥성과 케미스트리도 작품구성에 중요한 역할을 한다고 들었다. 물론 이 경우에도 당연히, 여기는, 극장에 대한 기본 콘셉트는 철저히 공유된 상태일 것이다.

〈commercial, definitely〉는 이어 네 명의 스탠딩 코미디언들과 한 명의 사회자의 거짓말과 위선과 허풍과 엉터리 사과의 경연대회처럼 진행된다. 소재는 마카다미아 회항 사건, 문화예술위원회 검열, 그리고 맨스플레인이다. 그들은 연기자라기보다 퍼포머라고 불리어야 할 것이다. 여러 가지 역을 하고 있지만 역인물 속으로 깊게 들어가지 않는 말하기와 보여주기이며 관객을 향한 직접 커뮤니케이션이기 때문이다. 이들의 발화의 방식은 **궤변, 아무 말이나 하기, 되풀이하기, 단어를 나누어 발화하기, 끼어들기, 욕하기, 영어단어 삽입, 자기조롱** 등이다. 퍼포머들은 사이사이 하의를 내린 채 악기를 연주하기도 하고 춤을 추기도 한다. 그들은 이런 공연 방식을 '절대로 이해할 수 없으면서도 뭔가 컨템퍼러리하게 있어 보이는' '유니버설, 컨템퍼러리 앤 포스트드라마틱한 상업적 공연'이라고 자평한다. 여기서 상업적이라는 것은 여러 중첩된 뜻을 지닌다. 마카다미아 소동이나 문예위 직원의 터무니없는 위선적 사과가 하나의 웃기는 상업적 쇼에 다름 아니라는 뜻도 있지만 이들 퍼포머의 말하기, 그 속의 조롱과 풍자, 그리고 때로는 어설픈 노래와 춤, 오스터마이어 같은 유명한 연출가 이름 빌려오기, 혜화동1번지에서 작년에 올렸던 공연을 삼천만원에 다시 불러온 남산아트센터도, 불려와서 공연하는 자신들도, 이 모든 것이 포스트드라마틱하게 상업적이라는 메타연극적인 자기조롱이기도 하다. 그리고 이처럼 의미와 형식이 맞아떨어졌던 이 영리한 공연은 성공적이었다. 극이 끝날 때 과거 59분으로 설정했던 혜화동 공연과 달리 이번에 '좀 럭셔리해진 공연환경'에 맞춰 62분에 맞춰놓았다던 뒷벽의 '지루함을 견디는 최대시간'이 0이었는지는 확인해보지 못했다.

이어서 발표된 신작 **〈가해자 탐구_부록: 사과문작성가이드〉**는 2016년을 떠들썩하게 했던 예술계, 혹은 문단 내 성폭력 문제를 다루고 있다는 점에서도 화제를 모았다. 이번에는 '가해자'가 제목에 들어가 있다. 같은 가해자를 다루는 극이지만 외부의 적을 맘껏 조롱했던 〈commercial, definitely〉나 침통한 분노로 지켜볼 수밖에 없는 〈킬링타임〉과 달리 그 가해자가 내부의 적이 될 수도 있는 매우 예민한 경우를 다루고 있다. 더구나 제목이 〈가해자 탐구_부록: 사과문작성가이드〉이다. 그리고 그 탐구는 시인의 문제를 다루니만큼 이 공연은 '책 만들기'의 형식을 취하게 된다. 〈가해자 탐구_부록: 사과문작성가이드〉의 새로운 포맷은 책이다. 공연을 통해 책을 만들어본다는 것은 매우 흥미로운 발상이다. 같은 언어지만 책은 말하기와 달리 기록과 역사로 남고 그래서 더 힘과 가깝다. 고매한 이상을 추구한다면서 가장 끈적한 권력과 위계로 이루어진 좁은 세계, 가해자와 피해자가 '예술'과 '인간'을 통해 얽힌 세계, 더구나 언어를 다루고 언어를 무기로 사용하는 문단에서 말하기를 통해 책을 만들어 글쓰기와 뒤얽힌 성과 권력의 관계를 탐구할 수 있을까? 더구나 가해자들의 입을 통해 성이 권력화되고 폭력화한 문단 내 메커니즘을 들여다볼 수 있을까? 쉽지 않은 미션이었다.

구자혜는 책을 만들지만 그 책이란 것을 불신한다. 그래서 책의 형식 자체를 우스꽝스럽게 뒤틀어버린다. 원래 추천사가 붙은 책은 좀 권위적인 분위기를 풍기는 법이다. 그런데 이 책에는 자그마치 다섯 편의 **추천사**가 붙어있다. 뻔뻔스럽고 호색적인 원로부터 원론적 학자, 가해자의 트라우마를 걱정하는 스승, 피라미 문인 등. 책의 해설을 쓴 필자는 세상에서 추천사가 제일 긴 책일 거라고 자평을 잊지 않는다. 『가해자 탐구』의 추천사는 당연히 가해자의 주변인들의 추천사다. 이 책은 가해자를 탐구한다지만 가해자를 직접 탐구한다기보다 실은 가해자와 가해자의 행위를 은근히 인정하고 당연시 여기는 주변인들을 주로 다룬다. 그리고 그 주변인들은 그 세계 나름의 위계질서 하에 선정되고 배치되어 있다. 따라서 이 공연은 문단 성폭력의 제도적 측면들을 겨냥하고 있기도 하다. **본문**도 마찬가지다. 본문은 식상할 수밖에 없는 '**예술가 찬미**'로 시작된다. 본문에 묘사되는 한없이 찌질하고 천박한 행위들은 예술가니까 그럴 수 있는 거라는 낭만주의 낡은 탈을 뒤집어쓴다. 본문의 첫 단락 '1. 광인을 추적하다'에서는 가해자를 광인으로 보고 그 광인들이 어떻게 탄생하며 어떻게 가해자가 되는가 하는 남성예술가 중심의 서사가 구가된다. 그리고 그들의 신화를 마무리하기 위해서는 여성 희생물이 필수적이라는 뻔한 공식이 동원된다. 본문의 형식과 구성은 뒤로 갈수록 이상해진다. 주변인들의 광인 감싸기가 계속되더니 '2. 이 세계란 무엇인가'에서는 난데없이 월터 페이터, 보들레르 마르크스 등 저명 문인이나 사상가의 말을 인용한 두서없는 자기변명으로 쪼그라들기 시작한다.

이쯤에서 확실히 해둘 것이 있다. **가해자를 탐구하는 주체는 누구인가?** 당연히 작가 구자혜라고 생각하기 쉽겠지만 책이라는 형식을 제안하고도 책이라는 형식을 조롱한 것으로 보아 작가 구자혜는 아닌 것 같다. 구자혜는 가해자 탐구를 제안했지만 지금 '그들이' 모여 가해자 탐구라는 제목의 우스꽝스러운 책을 내고 있는 것을 조롱하고 있는 것이다. 그렇다면 이 책의 편집자는 가해자들의 일당이며 이 책 역시 그럴듯한 형식을 갖춘 **변명 덩어리**에 불과하다. 그래서 본문은 이 정도로 허겁지겁 마무리되고 이 책의 하이라이트인 '#부록 – 사과문 작성가이드'로 넘어간다. 그러나 기대했던 이 단락에는 '토마스 만의 〈토니오 크뢰거〉를 통해 본 광인의 고통'이라는 부제 하에 토니오 크뢰거가 일반인들을 동경하며 예술가로서의 고통을 호소하는 인용문 몇 개가 달랑 있을 뿐이다. 그리고는 그 가이드 매뉴얼에 맞춘 것인 듯한 길지 않은 사과문이 실린다. 가해자 중 하나인 P이다. 토니오 크뢰거는 아니지만 시인도 생활인도 못 되는 그가 창작교실을 차려놓고 수업 후에 DVD방을 드나들며 어린 제자들을 성폭행하는 남루하고 비릿한 고백과 최초의 사과의 문장이 실리는데 사과의 이유는 같잖게도 피해자가 "시를 쓰지 못하게 해서 미안하다"이다. 마지막 누군가가 집필한 우려문은 "이 세계는 더 이상 대단한 세계가 아닐지도 몰라요. 이 세계에 들어오고 싶어 안달난 한 사람이 만들어낸 허상, 그것이 이 세계일 수도 있다는 생각이 듭니다"는 식으로, 문제의 핵심을 피해가며 우물쭈물하고 끝난다. 그리고 '후기, 혹은 작가의 말'(그게 어떤 작가의 말인지 몰라도)에서 모든 퍼포머들이 나와서 이런 가해자 탐구가 연극, 미술, 영화 등 다른 분야에서도 계속되어야 한다고 말하는 것으로 공연은 끝난다.

그런데 실은 이 글을 쓰는 내가 이런 내용을 공연을 보면서 다 알아차린 것은 아니다. 박해성의 경우보다 더 심하게 이해하기 힘들어서, 집에 돌아와서 대본을 구해서 여러 번 읽어야 했다. 이번 작품의 **난이도는 매우 높다**. 최고의 언어구사력을 지닌 문단이라는 세계에 들어가 그들을 해부하고 조롱해야 하는 구자혜는 주로 고백체로 이루어진 이 작품 전체를 통해 어디에도 꿀리지 않는 문장력을 보여주었다. 약자에 대한 비열한 성적 모욕과 착취를 묘사하는 디테일은 리얼함을 넘어 잔인함으로 넘어가면서도 가해자와 가해자를 감싸는 주변의 관행들을 냉정함을 잃지 않고 집요하게 객관적으로 그린다. 가치판단을 철저하게 절제하다 보니 거의 다큐멘터리적 재현 수준이다. 그러나 너무 조심했거나 긴장해서일까? **거리감 조절, 혹은 희화화의 수위 조절**에 문제가 있어 보인다. 가해자의 죄질에 따라 1등급, 2등급으로 매기는 장면들에서는 구자혜의 신랄한 유머감각이 솜씨를 발휘하지만 같은 예술가로서 가해자의 고통을 그리는 부분에서 비판적 거리감을 견지하기 힘들었다. 퍼포머의 희극적인 동작을 통해 이런 비판적 거리감을 시도했지만 보다 정교한 고안과 계산이 필요했다.

공연을 따라가기 힘들었던 또 하나의 이유는 차별성과 변별성의 문제이다. 물론 일인다역이라는 퍼포머적 성격을 감안하더라도 관객은 책 속 필자들이나 발화자들 간의 구별과 책의 편집체제를 따라가기도 힘들었다. 결과적으로 이 공연의 핵심인 가해자 탐구의 주체가 누구이며 이 책의 편집적 관점을 어떻게 봐야 하는지에 대해 쉽게 도달하기 힘들었다. 여기에 구자혜의 '말하기'도 큰 힘을 발휘하지 못했다. 여기는 당연히, 극장은 당연히 현재시제이다. **'책'이라는 과거시제와 '말하기'라는 현재시제 사이에서 어떤 극장적 해결책이 필요했다.** 언어로 먹고살고 같은 언어를 통해 비열함을 행하는 그들의 세계를 역시 언어로 무찌르려는 구자혜의 용기와 능력을 높이 사면서도, 작가와 극중 책의 편집자와 책 속의 가해자와 보이지 않는 피해자와 관객은 서로 분노하고 경멸하면서도 그 대상이 누구인지 알 수 없는 미로 속에 갇힌 느낌이었다. 그러나 구자혜가 유려한 디테일을 구사하면서도 친절한 풍자의 유혹에 쉽게 넘어가지 않고 거리감과 냉정함을 잃지 않았다는 점은 높이 사야할 것이다. ─ 기국서나 윤영선 같은 작가도 없지는 않았지만 ─ 한국 연극계에서 모더니즘의 언어가 포스트모더니즘을 생활 속에서 체화한 이들 세대에 와서야 일반적으로 제대로 소화되고 있는 것이 아닌가 하는 생각마저 들었다. 다만 이제 막 활동을 시작한 구자혜가 시급히 해결해야 할 숙제는 여기는 당연히, 극장에서 말하기와 행동하기의 관계 맺기, 그리고 연기의 문제이다.

〈**그로토프스키 트레이닝**〉은 〈commercial, definitely〉, 〈가해자 탐구_부록: 사과문작성가이드〉 들에서 '말하기'의 힘을 몰아 계속 달리고 있다. 그러나 비교적 허구적인 인물과 극적 상황을 갖춘 경우다. 다만 발화의 스타일은 〈윤리의 감각〉식의 대화보다는 〈commercial, definitely〉나 〈가해자 탐구_부록: 사과문작성가이드〉와 맥을 같이하는 각자 '말하기', 혹은 '말 쏟아내기'를 지속하고 있다. 전작들에 비해 일단 배경이 구체적인 일상으로 내려왔고 뭔가 인물과 줄거리가 있는 듯해서 좀 친절할까 했으나 여전히 이해하기 쉽지 않다. 단지 무대 위에 존재하는 모두가 달리고 숨차고 극도로 힘들게 무언가 말하려고 한다는 것, 그 헐떡임만을 감지할 수 있을 뿐이었다. 공연내용을 알기 위해 한두 쪽짜리 프로그램이나마 암호문 풀 듯이 자세히 들여다봤다.

〈그로토프스키 트레이닝〉은 일단 내용면에서 가해자 시리즈를 벗어난 작품이라고 하겠다. 가해자가 아닌 이 편, 그러나 피해자나 희생자라 기보다는 그들을 잃고 힘들어하는 사람들을 그리고 있다. 간단한 전단지에는 이렇게 씌어있다. "이제 여기는 당연히, 극장은 모퉁이를 돈다. 그곳에는 누군가의 사라짐이 있고, 그 사라짐을 향해 달려가는 사람들이 있다. 이것이 연극 〈그로토프스키 트레이닝〉이다." 작가는 이제 가해자의 언어 탐구로부터 벗어나 또 다른 관점과 방식으로 세상을 보고자 한다. 어느 날 우리 곁에서 "누군가의 사라짐을 알게 되고 **그 사라짐을 향해 달려가는 사람들을 이제 바라보게** 된다"는 것이다. 작가는 사라짐을 향해 달려가는 사람들을, 그 숨가쁜 질주를 극장공간에 올려놓고 있다. 그렇다면 그 사람들의 질주를 어떤 관점에서 바라보고 있는 것일까? 이제는 구자혜 특유의 냉정한 거리감을 내려놓고 따뜻한 공감과 동지애로 그들과 함께 뛰는 것일까? 아니면 여전히 작가다운 냉정함과 자기성찰의 시선으로 그 사람들의 '허둥지둥', '흥청망청', '오두방정'의 질주를 바라보고 있는 것일까?

프로그램에는 질주라는 단어가 가장 많이 등장한다. 그렇다면 이들은 무엇을 향해 질주하는가? 사라진 델마, 혹은 그로토프스키라는 개인가? 프로그램은 아니라고 말한다. "이 연극의 인물들은 질주한다. 그러나 델마 혹은 그로토프스키 트레이닝을 위한 것이 아니다. 캐롤은 결석사유를 인정받기 위해 선생님을 향해 질주하고, 캐롤의 친구들은 학교에 나오지 않는 캐롤을 향해 질주한다. 델마 혹은 그로토프스키도 사람들을 따라 질주하지만 아주 늦게야 도착한다"고 설명한다. 사람들은 "사라진 거야? 죽은거야?"라고 반복해서 물을 뿐이다. 아무튼 그렇다면 이 극의 목표물은 없다. **그렇다면 이 극은 부재에 관한 극이다.** 어느 날 우리 곁에서 사라졌던 423명의 사람들처럼. 가해자를 조롱하는 시선으로부터 그 시선을 이편으로 돌릴 때 그 바라보기는 그렇게 간단하지 않게 된다. 그들은 왜 그렇게 허둥대며 달리는가? 작가는 대본 첫머리에 '이 세계는 개들의 세계'라고 쓰고 있다. 하수구에 빠졌던 델마, 혹은 그로토프스키는 사람들을 따라 덩달아 질주만 한 것은 아니다. 그 개는 **들었다.** "자신이 있던 하수구 옆 또 다른 하수구에서 울고있는 또 다른 개의 소리를." 프로그램의 작품설명은 이렇게 끝난다. "우리의 곁에서, 그리고 자신의 방에서 사라져야 했던 델마 혹은 그로토프스키가 사라진 또 다른 개의 울음소리를 듣고 우리에게 그것을 알려주고 있다. **여기는 당연히, 극장은 이제 누군가의 소리를 듣고자 한다**"라고. 그동안 여기는 당연히, 극장에서 **'말하기'**에 주력해왔던 구자혜는 공연을 통해 이제 관객과 함께 누군가의 가녀린 소리를 **듣기**를 원한다는 것이다.

그런데 이 제목은 뭘까? '델마, 혹은 그로토프스키'는 사라진 개의 이름이다. 그 개는 '델마'라고 부르면 오지를 않고 반드시 '델마 혹은 그로

토프스키'까지 불러야 아는 척을 한다고 한다.[13] 그렇다면 웬 그로토프
스키인가? 그리고 이 극의 제목인 〈그로토프스키 트레이닝〉은 무엇일
까? 구자혜 특유의 자기성찰적 유머는 여기서부터 이미 발동된다. **그로
토프스키 트레이닝은 아마 질주를 극대화하기 위한 연기적 차용일 것이
다.** '빈 무대에서의 말하기'를 '빈 무대에서의 달리기'로 치환할 때 연극
의 본질, 연기의 본질을 극단까지 추구했던 그로토프스키가 소환될 수
밖에 없었을 것이다. 따라서 그 개가 그로토프스키까지 불러야 대답을
했다는 것은 구자혜식 메타연극적 유머다. 다시 말해 이제 〈그로토프스
키 트레이닝〉의 공연의 키워드는 **사라짐, 질주, 그리고 듣기**가 되어야
한다. 그것은 성공했을까?

〈그로토프스키 트레이닝〉에는 키워드가 하나 더 있다. 그것은 **불안**이
다. **우리 곁에서 어느 날 사라진 것에 대한 불안이며 그 부재에 대한 반
응에 깔린 불안**이다. 프로그램에는 가장 중요한 문장이 아직도 두 개 더
발견된다. "내가 딛고 있는 땅 저 아래에 아주 오랜 시간 홀로 남겨져있
는 누군가가 있다는 것을 알게 된 이후로, 자꾸 바닥 아래의 바닥에 대
해 생각하게 된다. 우리는 안다. 누군가가 세상에서 사라진 이후, 우리
의 삶이 이전과 결코 같을 수 없음을.", "…이 연극 속의 인물들은 캐롤
을 향해 달려간다. 사라진 것은 델마, 혹은 그로토프스키이지, 캐롤이
아니다. 하지만 안다. 캐롤도 이 세계에서 사라질 수 있음을. 캐롤의 삶
은 이전과 같지 않을 것이기 때문에. 우리의 삶처럼."

사건은 노스캐롤라이나 시골의 어느 폐쇄적인 마을에서 일어난다. 참
고로 이 연극의 배경은 미국이며 인물들은 모두 서양이름을 가지고 있
고 그들의 행동거지도 미국의 분위기를 강하게 풍긴다. 아마도 감정이
입을 견디지 못하는 구자혜의 거리감 때문일 것이다. 이 후진 마을을 떠
나기 위해서 개주인 루이스의 딸, 혹은 아들이며 중학생, 혹은 고등학생
인 캐롤은 출석일수를 채워 졸업해야 하고 그러기 위해서 사라진, 혹은

죽은 개의 사망진단서/게시판 부고 중 하나를 카프카식의 복잡한 단계를 통해 학교에 올려야 한다. 개 생전의 발랄한 모습이 담긴 실종전단지는 공적 효력이 없어서 불가하다고 한다. 그 과정에서 캐롤의 주변의 친구들, 선생, 부모, 이웃들, 그들의 개들이 등장해서 일대 소동을 부린다. 그런데 이 소동들은 그야말로 오태석을 능가하는, 이해 불가의 '오두방정'과 '야단법석'으로 진행된다. 인간과 개의 대화는 당연하며 죽었다는 개 델마는 수시로 연극에 끼어들며 내레이터가 됐다가 연극박사가 되었다가 하며 계속 다른 사람이나 또 다른 개의 울음소리가 들린다고 주장한다. 부모나 학교 선생이나 친구들과의 전화는 끝없이 불통되거나 혼선된다. 델마와 마음이 통하는 동네여자 린다는 옷을 걸자마자 무릎이 툭 툭 꺾이는 행거를 판 루이스를 상대로 끝없이 구매후기를 작성한다. 10점 만점에 2점을 받은 판매자 루이스가 평점을 계속 지우기 때문이다. 인간이 개가 되기도 하고 두 인물이 합쳐져서 한 인물이 되기도 한다. 결국 델마는 자신의 예고대로 뒤늦게 7장에 실제로 등장해서 사망진단서용으로 캐롤에게 비참하게 죽은 자신의 사체사진을 준다. 캐롤은 자신의 슬픔을 1부터 10단계 사이에서 골라 클릭하고 게시판에 델마의 부고를 올리게 된다.

흥미로운 것은 여기는 당연히, 극장답게 구자혜는 여기서도 자신이 만든 이런 소동들에 대해 끊임없이 불평한다는 것이다. 첫 장면과 두 번째 장면에 나온 인물들은 무슨 연극이 이렇게 쓸데없는 말을 많이 하냐? 이렇게 '흥청망청' '구구절절' 템포가 느리냐, 저질스럽게 장면을 만드냐고 떠든다. 델마와 다른 등장인물들은 그들이 말하고 뛰어다니는 이 공간이 '빈 무대'라고 끊임없이 상기시킨다. 인물들은 틈틈이 자신이 몇 장 어느 부분에 나오는데 대해서 토론한다. '부재를 메꾸는 오두방정'은 1980년대까지의 오태석을, 난해함을 위한 난해함은 부조리극을, '연극임을 의식하며 빈 시간과 무대를 말하기와 행동하기로 채우기'는 베케트를 떠올릴 정도로 작가는 난삽하고 글로벌하면서도 무척 매력적인 글쓰기(말하기) 능력을 구사하고 있다. 그러나 이 작품은 아직 작가의 의도 속에서 맴돌고 있는 듯하다. 관객과 충분히 소통하지 못하고 난해함 속에 빠져있다.

극의 난해함을 더 힘들게 만드는 것은 극장에서의 말하기, 달리기, 듣기 간의 문제다. 퍼포머들은 여전히 극인물 속으로 깊이 들어가지 않고 여러 인물과 여러 기능 사이를 넘나들고 있으며 퍼포머들의 남녀 구분이나 인상착의는 극인물들의 정보와 전혀 관련이 없다. 심지어 캐롤은 자신이 '루이스의 딸, 혹은 아들, 중학생, 혹은 고등학생이겠지요'라고 소개한다. 대사는 여전히 관객을 위한 발화로서 달리기에 상응하는 에너지 레벨로 소리를 지른다. 워낙 이 극단의 퍼포머들은 건조하게 말하기와 소리지르기의 극단적 두 축만을 오가는 경향이 있기는 하지만 이 공연에서는 시종일관 극단적으로 소리를 지르기도 일관한다. 말하기의 질주일까? 델마를 제외한 퍼포머들은 모두 소리지르고 뛰고 물구나무를 서고 하면서 몸의 에너지를 극단까지 사용한다. 마치 그로토프스키 트레이닝처럼.

〈가해자 탐구_부록: 사과문작성가이드〉에서도 드러났듯이 여기는 당연히, 극장이 해결해야 할 문제는 말하기와 행위, 혹은 움직임과의 관계 설정이다. 시간, 공간, 혹은 오브제와의 관계맺기이다. 말하기가 곧 행위고 마이크 하나면 충분했던 〈commercial, definitely〉에서는 그 모든 것들이 해결되었다. 그러나 말이 행동과 유리되고 의자들은 별개의 설치미술이었던 〈가해자 탐구_부록: 사과문작성가이드〉를 거쳐 〈그로토프스키 트레이닝〉에서는 소리와 몸의 극단적인 혹사를 택했다. 그러나 그들이 목소리와 몸을 극단적으로 혹사하면서 관객으로 하여금 듣기를 원했을, 그들 세상의 밑바닥에서 들리는 또 다른 울음소리는 찾기 힘들었다. 〈윤리의 감각〉에서도 대본구성이 충분히 숙성되지 않은데다가 발화의 방식과 연기적 톤들이 산만하게 나열되어 있어서 공연을 즐기고 대사를 음미하기 힘들었던 생각이 난다.

:: 나가며

이처럼 요즘 우리는 새롭게 **언어를 마주하고 있다.** 아직은 완성도 면에서 부족하고 모색단계이지만 언어를 사랑하고, 낯설게 느끼고, 언어 사용에 대한 자의식을 느끼면서, 언어를 무기 삼고, 언어와 싸우기도 한다. 연극적 일루전의 자연스런 일부로서 대사를 받아들이는 게 아니라는 뜻이다. 이는 ①**기존의 전통적 극언어의 침체나 퇴화를 의미할까?** 그건 아니라고 본다. 오히려 이런 시도들을 통해 큰 의미에서의 언어는 강화되고 있다고 본다. ②**일상극의 확장인가?** 그럴 수도 있고 아닐 수도 있다. 그러나 적어도 남루한 일상을 세밀화로 그리는 데 그쳤던 한국의 일상극과는 궤를 달리한다. ③ 그리고 중요한 것은 이 시점에서 언어의 연극은 몸과 연극과 대립적인 위치에 있지 않다는 점이다. 이 글에서 말하는 '**새로운 언어의 연극'과 몸의 연극, 그리고 수행성과 과정을 중시하는 디바이징 씨어터들은 같은 궤도상에서 움직이고 있다. 다만 그 관계 설정을 새롭게 하는 것이 문제다.** ④ 그런데 언어의 연극은 다 이렇게 어려운가? **언어의 연극은 엘리트주의인가?** 이 지점에서 나는 박근형의 〈경숙이, 경숙아버지〉의 한 장면을 떠올려본다. 아베가 경숙에게 일기를 읽어보라는 장면에서 아베가 각종 나무 이름을 줄줄이 외우자 경숙은 "아베는 와 글을 읽지도 쓰지도 못합니까?"라고 묻는다. 아베는 "내는 글이 싫다. 게을러터진 놈들이나 글쓰고 하는 거지. 내는 배우지 않아도 다 외운다"고 말을 받는다. 그러면서 "내는 내를 다 외운다"라고 한다. 언어란 과연 무엇인가? 다시 한 번, 말과 글과, 몸과 세계의 관계는 무엇인가? ⑤ 우리 사회가 엄청난 사건들을 겪으면서 '실재(The Real)

의 연극'이 가장 뜨거운 화두로 떠오르고 있다. **허구/실재의 재위치화라**
는 이 시대 연극의 소명 하에서 극언어는 어디에 어떻게 위치해야 하는
가? 지금 언어는, 몸은, 행동은 서로 떨어져있다. 당황하고 있고 분노하
고 있고 어찌할 바를 잘 모르겠기 때문일 것이다. 연극 속에서 언젠가
언어는 몸을, 행동을 만날 수밖에 없다. 그러나 우리는 더 이상 세상을
쉽게 믿지 않는다. 따라서 언어와 몸과 행동은, 그리고 연극과 실재의
관계는 새롭게 재위치되어야 한다. 아마도 '미학적 언어'는 당분간, 혹
은 결국, '정치적 언어'가 되기를 요구하는지도 모른다. 요즘 우리가 마
주하는 새 언어들은 새로운 인식과 지각을 깨울 수 있을까?

:: 註

1 기국서의 연극세계에 관해서는 안치운의 연구가 유일하다.
2 「우리 시대의 연출가 인터뷰(1) 성기웅& 제12언어연극스튜디오: 일상적 연극, 극적인 일
상」, 『객석』, 2017. 10. 95쪽.
3 考現學, modernology: 현대의 풍속을 기록, 연구하는 학문. 일본학자 곤 와지로가 20세기
초반에 제창함.
4 성기웅, 「연극 공연을 위한 대본: 〈소설가 구보씨의 일일〉」, 『박태원 연구: 소설가 구보
씨의 시간』, 2013, 264쪽.
5 최근 한국어로 이루어지는 한국영화에서도 다양한 한국어나 한자 자막이 활용되는 예
를 참고.
6 이 쇼는 1930년대 유행했다는 막간극이나 '유성기 음반 희곡'을 연상케 한다. 당시 춤,
노래, 만담을 짧은 극으로 보여주거나 빠른 속도의 만담이나 웃기는 풍자적 대화 등을
음반에 담아 판매했다고 한다.
7 아다시피 봉준호 감독은 박태원의 외손자이다.
8 식민치하의 근대성에 대해서는 쉽게 해결되기 어려운 많은 논란들이 진행 중이다.
9 이 시기에 단편소설의 판소리화 역시 주목을 끌었는데 판소리는 원래 서사적 성격의 사
설로 이루어져 있기에 작업이 상대적으로 용이했다.
10 임은주, 「[연출가 박해성과의 만남] 지각적 경험의 연극성 추구」, 『공연과이론』 61호

(2016년 봄), 200쪽.

11 임은주, 위의 글, 202쪽.

12 2013년 연극평론가협회의 '올해의 연극 베스트 3'에 선정되었음.

13 여기서 델마는 혹시 전설적인 영화 〈델마와 루이스〉에서 질주의 화신인 델마로부터 따온 게 아닐까? 아닌게 아니라 이 작품에는 델마의 주인으로 루이스가 나오기도 하니 말이다.

연극에 관한 공연, 연극 현실, 그리고 그 '노래'*

〈비평가〉, 〈퍼포논문〉, 〈셰익스피어 소네트〉,
〈타즈매니아 타이거〉

특히 젊은 연극인들을 중심으로, 우리 연극계에 많은 변화가 일어나고 있다. 일차적으로 현재의 연극은 그 어느 시대 연극보다 변화하는 현실, 변화해야 할 현실에 대한 뜨거운 관심을 보여주고 있다. 그런데 주목할 것은 현실에 대해 강렬한 관심을 지닌 이런 연극들이 과거처럼 내용이나 메시지 중심의 비판적 연극이라기보다 연극이란 무엇인가? 연극을 한다는 것은 무엇인가? 하는 연극의 본질, 연극행위 자체의 정치성과 윤리까지 아울러 생각하는 경우가 많아졌다는 점이다. 다시 말해 무엇을 말하느냐 못지않게 어떤 연극을, 어떻게 만드느냐가 함께 중요해졌다. '어떻게'와 관련해서는 2014년 세월호 참사 이후, 젊은 연극인들이 가능하면 정부의 지원을 받지 않고 크라우드 펀딩을 통해 '권리장전', '혜화동1번지 기획초청공연 세월호' 등 일련의 사회비판적 공연기획을 이어가고 있는 현상이 대표적이다. '어떤 연극'과 관련해서 최근 가장 눈에 띄는 경향은 다큐멘터리, '실재(The real)'의 연극, 자기이야기

---

* 『연극평론』 91호(2018년 겨울)에 실렸던 글이다.

하기 등으로 불리는 일련의 탈허구적 연극들이다.

이들 연극은 극적 허구나 허상을 거부하고 현실로부터, 실증적 기록이나 증언으로부터, 주변의 미시적 일상으로부터 시작한다. 사회적 현실들과 함께 연극 현실도 현실이니만큼, 우리 연극현장의 바람직하지 않은 관례들과 권력에 의한 위계 서열과 폭력성 역시 연극 만들기의 주요 이슈가 된다. 이런 과정에서 연극을 한다는 행위 자체에 대한 자기반성과 사유가 들어온다. 연극은 누가 만드는가? 연극행위의 주체는 누구인가? 극작가인가? 연출가인가? 프로듀서인가? 혹은 배우를 비롯한 모든 참여자인가? 연극 만들기의 과정은 공정한가? 만일 폭력이나 불필요한 권위가 개입되었다면 성별이나 젠더 문제는 물론 스승과 제자, 선배와 후배 관계까지 소환되기도 한다. 물론 평론 역시 비판과 질타의 대상이 되고 있다. 이들은 미학적 결과나 완성도 못지않게 연극을 만드는 과정이나 연극행위 자체의 정치적 올바름, 윤리성을 탐색한다. 기성 연극계에 이렇다 할 진전이 없는 가운데 이처럼 젊은 연극인들을 중심으로 탈허구적인 방식으로 시도되는 연극 현실과 연극 만들기 자체에 대한 관심은 최근의 가장 주목할 만한 현상으로 볼 수 있다. 지난 가을 시즌의 많은 공연들에서 계속 이런 경향들을 발견할 수 있었다. 이런 자기성찰의 연극행위 중에는 기존의 메타연극의 범주에 들어갈 작품들도 있으나, 메타연극의 성격을 띠되 과거처럼 연극미학에 치중하기보다는 연극행위에 대한 보다 깊은 자기질문과 윤리성이 강화되었다는 점에서 기존의 메타연극과 다르다.

:: 〈비평가〉

지난 8월 두산아트센터 스페이스111에서 재공연된 극단 신작로의 **〈비평가〉** (후안 마요르가 원작, 이영석 연출, 양승태 드라마투르그)는 평범한 듯하지만 특별한 공연이었다. 적어도 내게 그렇게 느껴졌다. 새로운 발상으로 공연을 다시 올림으로써 원작 이상으로 선명하게 작품의 뜻을 끄집어냈을 뿐 아니라, 나아가 우리 연극 현실 속에서 이 공연의 새로운 의미까지를 헤아려보게 만든 흔치 않은 예였기 때문이다.

일 년 전, 2017년 동숭아트센터 동숭소극장에서 초연되었을 때 공연은 다소 실망스러웠다. 〈비평가〉라는 제목을 보고 평론하는 사람으로서 작지 않은 기대를 가지고 가서 봤는데 최근 발표된 작품임에도 불구하고 좀 구식 웰메이드 형식의 사색적 멜로드라마라는 느낌이었다. 문화적 배경이 낯선 스페인 작품인데다가 원래 이 작가의 희곡이 과도하게 사색이라는 점 외에도, 무엇보다 연극 현실이 우리와 너무 달랐다. 스페인만 해도 연극의 대중적 기반이 탄탄하고 따라서 연극비평가의 영향력이 강한 모양이다. 어떤 희곡작가의 신작의 성공이 사회적 이슈가 되고, 그것으로 작가는 돈과 명예를 보장받고, 그런 과정에서 어떤 연극비평가의 평이 상당한 영향을 끼친다든가 하는 것은 런던이나 뉴욕 연극계라면 몰라도 우리나라에서는 꿈도 못 꿀 얘기이기 때문이다. 연기도 무대미술도 무난하게 공들인 공연이었으나 왠지 크게 와닿지 않았던 기억이 있다.

헌데 이 작품이 두 여배우에 의해 새롭게 공연된다는 것이다. 그 얘기를 들었을 때 당연히 여성 비평가와 여성 극작가로 바뀌는 것으로 생각했다. 같은 연출가가 맡았다지만 요즘의 젠더 이슈를 반영한 재미있는 기획으로 기대가 되었다. 극장에 가 보니 우선 공연 공간에서부터 새로운 긴장감이 돌았다. 프로시니엄이었던 초연과 달리 객석을 가로지르며 가운데로 길게 난 무대였고 양쪽 끝에 작은 거울, 그리고 한쪽으로 출입문이 있었다. 매우 단순한 그 공간에서 두 명의 적대자들은 서로를 물어뜯기 위해 내몰릴 수밖에 없을 듯했다. 무대 양편에 자리잡은 관객들은 그들을 매우 가까이서 지켜볼 뿐 아니라 관객 서로를 볼 수 있었다.

공연이 시작되었는데 뭔가 이상했다. 비평가 역의 백현주와 극작가 역의 김신록은 둘 다 화장기 없는 얼굴과 짧은 머리에 흰 셔츠와 바지정장 차림이었다. 백현주는 정장용 조끼에 타이까지 갖추었다. 심플하다 못해 뭔가 남장여자 같은 분위기마저 어색하게 풍겼다.[1] 도대체 왜 이런 식의 이상한 설정을 했을까? 아예 남자 배우를 쓰지 왜 여배우들에게 남자 역을 시킨단 말인가? 소위 젠더 프리 캐스팅인가? 왜?… 이런 의문과 불만은 무려 전체 공연시간의 반 가까이 계속된다. 잠시 졸기도 했던 것 같다. 그 불편함은 극작가 김신록이 책상에 올라가 비평가와 극작가 사이의 갈등을 긴 권투시합의 비유를 끌어와 남성성의 극치로 펼쳐낼 때까지 계속되었다. **그리고 이어서 이 극의 주된 반전이 시작되면서, 즉 둘 사이의 권력관계가 바뀌고 비평가가 사랑하던 여자의 이야기가 극작가의 입에서 나오면서 비로소 그 불만은 균열을 일으키기 시작하고 상황은 바뀌기 시작한다. 아니 그때부터 부지불식간에 전혀 다른 공연이 시작된다. 여자로서 남자의 역을 하고 있는 극작가/김신록이 입으로, 몸으로, 또 다른 타자적 존재인 여성을 끄집어내기 시작하자 관객은 알 수 없는 조용한 충격과 혼란의 국면으로 접어든다.**

그날 저녁, 무려 십오 분간의 기립박수를 받으며 신작의 개막 공연에 크게 성공한 극작가는 파티에 참가하는 대신 비평가의 집을 찾아왔다. 극작가는 그간 침묵했던 이유가 십 년 전 비평가가 쓴 평 때문이었다며 비평가의 지나친 영향력을 비아냥대며 그로 인한 피해의식 등을 토로한다. 오늘 밤 자신의 연극에 대한 공연평을 쓰는 그의 모습을 지켜보겠다면서 고집을 부리기도 한다. 비평가는 자신의 일에 대한 자부심과 자신의 비평 메소드 등을 늘어놓으며 여전히 그를 압도한다. 자신은 아무것과도 타협하지 않으며 비평적 사명과 능력은 가짜를 알아보고 폭로하는 것이라고 호언한다. 비평가가 신문사에 보낼 평문 원고를 읽게 된 극작가는 그 냉소적 내용에 분개하고 항의한다. 그러면서 그날 초연된 자기 희곡을 평론가에게 함께 읽자고 제안한다. 극작가의 희곡에서 늙은 권투선수와 젊은 권투선수의 갈등은 물론 극작가와 평론가의 비유이다. 극작가의 제안으로 둘은 역을 바꿔서 리딩을 하기도 한다. 그런데 리딩 도중 비평가는 말한다. 1막 권투 장면까지는 좋았는데 2막에서 여자가 등장하면서 극이 망가졌다고. 당신은 연애 한번 제대로 못 해본 게 분명하다고. 희곡 속 여자의 대사는 실제 여자가 할 수 있는 말이 아니라고 비웃는다. 그 예로 극중 늙은 권투선수의 아내가 한 말, "내가 노래할 줄 알면 나를 구원할 텐데"를 든다.

여기서부터 극작가의 숨겨왔던 반격이 시작된다. 지난 십 년간 비평가를 위해서 글을 써온 것이나 마찬가지였다고 고백한 극작가는 그동안 비평가의 생활을 엿보고 미행해왔다고 말한다. 어느 날 비평가와 함께 지내던 여자와 가깝게 지내게 되었으며 자신이 쓴 대사는 모두 그녀의 대사였음을 폭로한다. "내가 노래할 수 있다면 나를 구원할 텐데"도 마찬가지다. 비평가가 잠든 후 여자는 밤마다 맨발로 지붕 위의 다른 여성들과 함께 노래를 찾기 위해 헤매고 다녔다. 극작가는 그녀가 비평가로부터 결핍과 답답함을 느끼고 있다는 사실에 왠지 용기를 얻어 다시 극을 쓰기 시작한다. 희곡 속 여자의 말은 모두 실제 그녀가 극작가에게 한 말들이었던 것이다. 자신을 떠난 그녀를 아직도 깊이 사랑하고 있던 비평가는 그 이야기를 듣고 경악한다. 참담하게 패배한 비평가는 절필을 선언하며 극작가에게 그날의 비평문을 부탁한 채 그녀의 주소를 얻어 작업실을 떠난다. 작가는 신문사에 전화로 자기가 쓴 평을 불러준다. 연극은 가짜가 되어서는 안 된다고. 그러기 위해 극작가는 자기만의 관점을 가지고 더 높은 곳을 바라봐야 한다고. 현재의 흐름에서 벗어나, 감히 고독과 조롱을 마주하라고.

공연 프로그램에도 나와있듯이 원작 희곡은 전형적인 오이디푸스적 구조를 가지고 있다. 젊은 남자는 늙은 아버지의 권위에 저항하면서 아버지의 여인을 사이에 두고 갈등한다. 또한 이 작품의 내러티브에서 반전의 계기나 갈등의 핵심은 여성성에 놓여있다. 앞서 말했듯이 원작은 1965년생 작가가 2012년에 발표한 희곡치고는 상당히 올드한 편이다. 수사적 문어체의 사색적 대사를 지닌 오이디푸스적 멜로일 뿐 아니라 갈등을 풀어가는 열쇠로 여성성을 설정함으로써 여성을 대상화시키고 있다. 그녀는 단연코 남성인물들의 구원의 여신이자 창조의 뮤즈로 언급된다. 사실, 초연에서 유난히 진부하게 느껴졌던 부분이다. 그런데 바로 이 지점에서 연출자 이영석 역시 회의를 느꼈다고 한다. 그는 초연에서 이런 여성성이 남자 배우에 의해 전해지는 것, 즉 극작가를 맡은 남자 배우가 비평가의 여인에 대해 남자의 말로 표현하고 전달하는 데 대해 한계와 불만을 느꼈다고 말한다. 그래서 드라마투르그 양승태와 함께 배우를 여성으로 바꿔보자는 생각을 나누었다고 한다.[2]

백현주와 김신록은 아무런 연출이나 스타일상의 설정 없이, 여배우가 남자 역을 한다는 어려운 작업을 반전의 지점까지 상당히 잘 수행했다. 하는 사람도 보는 사람도 상당히 불편하고 의문스런 설정이었지만 이 두 배우의 집중력있는 열연 덕분에 관객들은 이 지점까지 서사와 사유적 대사 중심으로 잘 따라와주었다. 그런데 원작에서 벗어나, **지금까지 열정적으로 남자 극작가 역을 해왔던 김신록이 재킷 윗도리를 벗고 자신의 몸으로부터 그녀를 찾아내기 시작할 때, 비평가와의 답답한 잠자리에서 빠져나와 흰 옷에 맨발로 노래를 찾아 지붕을 헤매는 여인을 배우의 몸이라는 어쩔 수 없는 관능성을 가지고 드러낼 때, 관객은 가벼운 현기증과 전율을 느끼게 된다. 무대 위의 김신록은 눈부시다. 그런데 내가 보고 있는 이 모든 것은 무엇인가?**[3]

이 공연에서 관객의 존재가 중요하고 관객의 배치 역시 옳았다. 가까이서 배우들에게 몰입하고 그들을 관찰하던 관객들은 이때쯤 뭔가 이상

하게 혼란스러워지는 것을 느끼게 된다. 스토리상의 반전이 시작될 뿐
아니라 배우와 극중인물, 배우와 극중인물의 성별과 젠더들이 서서히
이상하게 뒤죽박죽되는 것을 감지하기 시작했기 때문이다. 그 남자의
몸에서 여자가 쪼개져 나오는 과정을 지켜보며 민감한 관객이라면 배우
와 함께 창조적인 비약을 경험할 수 있다. **지금까지의 불편함이 납득되**
며 혼란 속에서도 자기 앞에 벌어지고 있는 이 모든 것을 새로 보게 된
다. 연기라는 것, 연극이라는 것이 무엇인지 생각하며 자신이 이처럼 극
장에서 공연에 몰두하고 있다는 것까지를 새롭게 돌아보기 시작하게 된
다는 것이다. 비평가가 부르짖었던 진실은 무엇이며 가짜는 무엇인가?
어디까지가 진짜 연기이고 어디까지가 가짜인가?

좀 생각있는 관객들은 공연이 깊어질수록 이런 혼란과 '가짜'들이 이
연극이 궁극적으로 폭로하고 있는 것과 어떤 관계를 지니게 되는가 생
각하기 시작할 수도 있다. 마지막에 비평가를 대신해서 신문사에 비평
문을 불러주는 극작가는 자기 자신에게 보내는 충고로 비평문을 대신하
는데 언뜻 진부하게 느껴지는 문장들 중에서 주목을 끄는 것은 '관점'이
다. 자기만의 관점을 가지고 더 높은 곳을 바라보라고 말한다.[4] 그 '관
점'을 나는 좀 더 확장해서 해석하고 싶었다. **이 공연에서 중요한 것은,**
당신이 보고 있는 이 모든 것이 바뀌고 뒤집어질 수 있는 것이라는 점
이라고. 이 모든 것은 계속 변해갈 가능성이 있는 과정과 관점의 일부일
뿐이라고.

이 희곡은 한 극작가가 비평가와 갈등하며 결국 두려워했던 그를 자
신의 성장을 위한 발판으로 삼는다는 서사이다. 그간 권위로 군림해온
비평가를 끌어내렸다는 얘기도 된다. 그런데 이번 공연에서 연출은 한
걸음 더 나아가 이 연극을 윤리성, 변화의 가능성을 품은 메타연극으로
만들어놓았다. 마요르가는 희곡 안에서 "메타연극은 연극 만드는 사람
이나 즐거워할 뿐 관객들은 재미없어한다"고 했지만 오늘날 관객 자체

가 얼마 안 되는 연극이라는 마이너 장르에서는 점차 공연한다는 그 자체가 메타연극이 될 수밖에 없지 않을까? **아마도 나를 포함해서 그 자리에 앉아있던 연극인들은 젠더상의 전복과 의도된 혼란이, 그리고 위계의 전도와 폭로되는 가짜들이 이 극의 주제뿐 아니라 현재 우리 연극계에서 일어나고 있는 상황을 결과적으로 강력하게 환유하고 있다는 짜릿한 인식의 순간들을 마주할 수도 있었을 것이다.** 왜 늘 남자들이 의미 있는 역을 맡아야 하는가? 이 연출과 드라마투르그는 어떤 과정을 거쳐서 이런 젠더 전복적 작업들을 하게 되었나? 여배우란 무엇인가? 어떤 과정을 거쳐서 배우들은 이처럼 점점 더 자신과 확신에 넘친 존재가 되어가는가? 공연 프로그램 역시 그 과정의 진지한 토론과 노력을 증거하고 있었다.

마지막으로, 이 작품의 부제는 '내가 노래할 줄 알면 나를 구원할 텐데'이다. 극작가가 끌어다 쓴 비평가의 옛 애인의 핵심 대사이기도 하다. 왜 마요르가는 노래를 그렇게 중요시했을까? 노래의 의미는 무엇일까? 더불어 마요르가는 왜 여자에게 그 대사를 맡겼으며, 밤마다 맨발로 돌아다니는 여자들 사이의 관계는 또 무엇일까? 그러나 여성과 관련된 끝의 두 질문에 관해 원작자 마요르가로부터 별 신통한 대답이 나올 것 같지도 않다. 그런데 그렇다면 극작가는 노래를 불렀다는 얘기인가? 극작가라서 부를 수 있다는 뜻인가? 이 희곡은 희귀하게도 비평가를 주요 인물로 등장시킨다. 그러면 애인뿐 아니라 극중 비평가 자신도 언젠가는 노래를 부르고 싶었을까? '손도 못 대도록 밤마다 오그리고 힘들게 잠이 든다'는 불쌍한 비평가는 영원히 노래를 부를 수 없을 것인가?

지난 늦여름과 초가을의 공연들을 보는 과정에서 이 '노래'에 관한 질문들은 우연처럼 꼬리를 물고 반복해서 나타났다.

:: 삼일로창고극장 기획공연 〈퍼포논문〉: 〈노래의 마음〉과 〈더 리얼〉

삼일로창고극장 재개관 기념으로 지난 8월 '퍼포논문: 논문, 공연이 되다'라는 파격적인 기획이 올려졌다. 아마도 운영을 맡은 남산예술센터가 늘 열린 마인드로 일해왔고 현장연극인들이 운영에 참여하기에 이런 재치 넘치는 모험이 가능했을 것 같다. 재개관 후 처음 창고극장으로 통하는 언덕길을 올라가면서 1970년대, 즉 나의 이십대의 기억을 떠올리지 않을 수 없었다. 창고극장 외에도 명동의 까페 떼아뜨르, 명동성당 건너편 YWCA 청개구리홀 등에서 고(故) 정찬승, 고 정강자 들과 환경연극, 거리예술 등을 추구하며 온몸으로 창의적이고자 했었지만 결국 오늘날 별로 재미없게 나이든 평론가로 전락하고 말았다는…. 되돌아보면 서구 추종적 겉멋에 불과했지만 히피 머리로 직접 찢은 청바지를 입고 아방가르드 예술을 부르짖던 당시의 나로서도 슬그머니 피하고 싶을 정도로 당시 창고극장은 왠지 축축하고 침침한, 뼛속까지 아웃사이더들의 공간이었다. 그 후 40년간 5번의 폐관을 겪은 수난의 공간이었는데 이제는 서울문화재단에서 지원해서 세련되고 안정된 공간을 만들고 당분간 젊은 예술가들이 마음껏 기를 펼치게 되었다. 헬조선이라지만 달라지는 면도 있는 것 같다.

첫 작품인 **〈노래의 마음〉** (목정원 저, 목정원·최정우 구성·연출·출연)은 기대가 컸던 탓인지 개인적으로 좀 실망스러웠다. 무엇보다 논문과 퍼포먼스 사이의 기대했던 긴장감이 느껴지지 않았기 때문일 것이다. 최고 수준의 지성과 현장의 실제 경험을 두루 갖추었다고 알려진 두 퍼포머는 공연 내내 조용히 기타를 치며 노래를 불렀다. 공연이 기반한 논문은 프랑스 렌느 2대학 공연예술학과 박사학위 논문으로 「재현불가능한 것을 다루는 동시대 공연에서의 몸의 장치들에 대하여」(2017)라는 제목인데 "재현불가능한 것 자체를 재현하는 일은 여전히 불가할지라도 무대는 그것을 우회하는 다양한 재현의 장치들을 둠으로써 그 너머에 있는 것의 돌연한 난입을 꿈꿀 수 있다"[5]는 내용을 담고있다고 한다. **이번 공연에서 재현할 수 없는 그 무엇을 에둘러 재현하기 위해서, 재현할 수 없는 슬픔을 위해서 차라리 노래를 부른다는 것이다.** 공연은 노래 사이사이에 학문에 관한, 세월호의 슬픔 등을 암시하는 두 퍼포머의 멘트 및 뒤 스크린의 간단한 이미지들과 함께 진행되었다. 음악은 잘 모르지만, 그리고 그 진정성은 받아들이는 관객에 따라 다르겠지만, 관객의 한 사람으로서, 재현이 불가능하다는 이 시대의 그 안타까움과 슬픔이 좀 안이하게 치환된 게 아닌가 하는 느낌을 받지 않을 수 없었다. 다른 기회에 다른 방식을 통해 또 다른 만남을 기대한다.

두 번째는 〈더 리얼〉(김슬기 저, 김슬기 작·연출)이라는, 요즘 연극계의 화두이자 지적(知的)으로 도발적인 제목의 공연이었다. 김슬기라는 학자, 글 쓰는 사람, 혹은 드라마투르그가 자신의 사적, 학문적 고민들을 세 명의 연기자들과 함께 만들고 공연했다. **비록 작은 공간의 공연이었지만 이론과 창작현장의 경계가 무너진다는 의미에서 큰 의미를 지니는 스펙터클로 느껴졌으며** 다소 산만한 전개였지만 연극계라는 작은 공동체 안에서 기록하고 기억할만한 장면이라고 생각했다.

공연의 바탕이 된 김슬기의 글은 한국예술종합학교 졸업 논문으로, 「이야기 당사자가 등장하는 연극 무대에서의 실재 - 네지 피진 〈모티베이션 대행〉(2012), 크리에이티브 바키 〈몇 가지 방식의 대화들〉(2014), 쉬쉬팝 〈서랍〉(2015)을 중심으로」이다. 2010년 이후 성행하고 있는 '실제 경험의 당사자가 직접 무대에 등장해 자기이야기를 하는 작업'에 관한 연구라고 한다. 이 공연은 그 논문과 관련해서 작가 자신의 삶과의 관련성, 논문을 쓰는 과정의 고민, 그 논문의 내용, 논문과 관련된 배우들의 연기론, 여전히 쉽게 풀리지 않는 의문들을 퍼포먼스 형식(특히 네지 피진의 〈모티베이션 대행〉(2012)과 크리에이티브 바키의 〈몇 가지 방식의 대화들〉(2014))을 인용하면서 진행했다. 결과적으로 자기이야기하기, 다큐멘터리, 렉처 퍼포먼스, 디바이징 씨어터의 개념들이 섞여 자유로운 퍼포먼스 형식으로 펼쳐진다.

무대에는 작은 컴퓨터 데스크와 뒷벽 스크린만이 있고 한쪽에서는 닭 튀김 기계가 고소한 냄새를 풍기며 작동되고 있다. 김슬기는 맞춰놓은 알람에 맞춰 닭을 건져내고 또 기름에 넣고 하는데 이는 〈모티베이션 대행〉에서 사용된 기법으로 공연상황 자체가 '리얼'임을 환기시키기 위함이라고 한다. 공연 중에 논문에서 인용된 부분이 나올 때는 김슬기가 작은 종을 쳐서 알려주기도 한다. 김슬기는 아마도 국내에서는 이론가가 당사자로서 무대에 주요인물로 등장한 첫 사례가 아닐까 싶다.[6] 또 김슬기는 이론가 당사자로 무대에 섰기에 이론가 이전에 생활인이기도 하다. 그래서 첫 장면은 '자기소개'다. 뒤 스크린에 그가 아르바이트하는 동네 바 안에 앉아 관객들에게 자기소개를 하는 모습이 잠시 흐르다가 이어서 객석에 앉아있던 김슬기가 무대로 나와 자기이야기를 계속한다. 그리고 이 공연에서 함께할, 〈몇 가지 방식의 대화들〉의 배우였던 성수연, 나경민, 우범진을 소개한다. 이 배우들은 자기이야기나 의견을 말하기도 하고 김슬기의 다른 모습들을 버바텀 방식[7]으로 연기하기도 한다. 두 번째 장면은 '일하기와 논문쓰기'다. 김슬기가 일하면서, 석사논문 쓰면서 느끼고 겪은 일들을 성수연과 우범진이 각각 버바텀으로 연기하고, 근래 석사논문을 쓴 경험이 있는 나경민이 자신이 석사논문을 썼던 이야기도 한다. 한마디로 논문 그거 별거 아니고 냄비받침으로나 쓸까 아무 쓸모도 없는 짓이라는 자조(自嘲)다. 그런데 이렇게 공연으로 만든다니 대단하다고 부러워도 한다. 세 번째, '저는 배우입니다'에서 김슬기는 배우들에게 자기소개를 부탁하며 '감정', '연기', '리얼' 등에 대해 질문을 던진다. 여기부터는 김슬기가 논문에서 충분히 해결하지 못했던 '리얼의 연기'에 관해 파고들어가는 부분이다. "그래서, 무대

에서 자기이야기를 하는 것도 연기라는 거죠? 도대체 어디까지가 연기
고 어디까지나 리얼인 거예요?"네 번째, '질문과 답변의 게임': 리얼을
연기하다'에서 김슬기가 노트북 앞에 앉아서 배우들을 번갈아 앉혀놓고
질문한다. 역할연기, 현존, 버바텀, 애티튜드, 몰입의 개념 들을 집요하
게 물어 배우들을 괴롭힌다. 김슬기가 계속 캐묻자 배우들도 힘들어하
고 헷갈려한다. 다섯 번째, '환영 만들기: 창작과 이론의 간극'에서도 같
은 의문과 토론들이 계속된다. 김슬기가 스크린에 연기에 관한 여러 명
제들을 제시하고 배우들이 그에 대해 예스/노로 답한다. 이때 스크린에
김슬기의 얼굴이 비치고 배우들이 그 앞에 모여앉아 슬기 자신도 리얼
을 잘 설명하지 못하면서 우리를 너무 괴롭히는 거 아니냐고 수군수군
하기도 한다. 여섯 번째, '이것은 다큐가 아니다'에서는 저자가 논문 시
작 부분에서 가장 중심적으로 제기했던 질문, '리얼'이 반드시 다큐멘터
리인가가 이슈가 된다. 김슬기가 부토[8]를 추는 가운데 현대 미디어의
'리얼'과 공연무대의 '리얼'이 다르다는 내용의 논문 일부가 낭독되기도
한다. 일곱 번째, '나를 증명하는 것들'에서는 리얼을 탐색하기에 지친
김슬기가 다시 당사자의 이야기로 돌아간다. 자신의 몸이 주는 감각과
그에 대한 일상적 불만들, 지난 시간의 불안 등이 버바텀이나 김슬기 자
신의 분열된 자아 사이의 문답 형식으로 진행된다. 논문과 삶과 관련된
김슬기의 실존적 질문들이 스크린에 뜬다. 마지막 여덟 번째 장면에 이
르러서야 이 흥미진진하고 고단한 탐색이 잠시 멈춘다. 지친 김슬기는
"연극을 이론으로 한다는 게 부조리하게 느껴졌다"고 토로한다. 〈몇 가
지 방식의 대화들〉의 끝 장면과 마찬가지로 출연자 모두가 모여 '이것
은 리얼이 분명한' 닭튀김을 나눠 먹고 퇴장하는 것으로 공연이 일단 끝
난다.

**이 공연은 현실을 연극에 직접 끌어들이는 오늘의 연극의 주요 흐름
속에서 김슬기라는 이론/창작의 경계인이 개념의 혼란에 빠져 허우적대**

는 '**리얼**'함을 **보여주기에 충분하다.** 단지 버바텀 연기, 인물 바꾸기, 리얼을 환기시키는 각종 장치들과 인용하기 등 기술적인 면뿐 아니라, 김슬기 자신의 사유와 삶의 세세한 부분까지를 드러내고, 주변 연기자들의 도움을 받아 연극을 만들어온 과정, 그리고 기타 객관적 자료들을 활용해서 무대 위의 리얼에 다가가고자 하는 탐색의 진정성이라는 면에서 그 자체로 '리얼의 힘'을 확보한 것이다. 그런데 실은 나도 '더 리얼'이, 실재가, 연기의 실체가 정확히 무엇인지 아직 모른다. 아무튼 고행을 연상시킬 정도의 솔직함과 성실함, 그러면서도 유머를 잃지 않는 열린 태도는 공연 내내 선배 동업자에게 뿌듯함과 지적 활기와 안타까움을 동시에 선사했다.

공연에 따르면 한때 연극계를 떠날까 하는 생각까지 했던 김슬기는 리얼의 연극들을 보면서, 그리고 '전문 배우들이 아닌 일반인들이 출연하는 연극에 참여한 한 퍼포머의 인터뷰를 읽은 후' 큰 감동을 받는다. 그래서 '자기이야기를 하는 배우들의 연기'에 관심을 가지고 연구하기 시작했다. 그러나 그 길은 고난의 길이었다. 연기의 '리얼'과 '현존'을 구분하는 일, '리얼의 연기'와 '극중인물을 연기하는 것'의 차이를 이론적으로 정리한다는 일은 결코 쉽지 않기 때문이다. '현존'이라는 개념은 워낙 까다로운 데다가 탈현대로 오면서 점점 변신을 거듭하고 있고 아무리 파고들어도 정리하기가 힘들다. 더구나 연기를 이론적으로 논한다는 것도 힘들다. 연기를 연구하려면 문학이나 조각과 달리 창작의 결과만을 보는 것으로는 부족하고 결국 배우들의 입을 빌려야 하는데 배우들 역시 자신이 악기이자 연주자이기 때문에 자신의 연기를 객관화시키기 힘들기 때문이다. 실제로 이 공연에서 배우들은 리얼이나 극중인물의 연기나 '그냥 연기고 현존'이라고 좀 짜증스럽게 말한다. 이론으로 분석하려들지 말고 그냥 연기로 '깔끔하게' 보여주고 싶다고 한다. 우범진은 솔직히 '자기이야기하기' 연기는 오글거리고 질린다고도 말한다.

심지어 '사려깊고 진지하고 깨어있는 것 같은 깨어있는' 체하는 것 같아 위선적이라고 느낀다고도 한다. 사실 배우들에게 자신을, 자신의 연기를 완전히 객관화시켜 설명해달라는 것은 무리다. 그리고 김슬기가 논문에서 말했듯이 자기이야기하기도 전문 배우건 일반인이건 일정한 연습과 반복을 피할 수 없으며 '공연시 이야기하기라는 수행'을 필요로 한다. 따라서 '자기이야기하기 연기의 방식과 미학'은 무엇인가 역시 숙제로 남는다. 연기에 관한 집요한 논의는 김슬기가 안타깝게 고백했듯이 "어느덧 공연은 앙상한 뼈대만 남고 실제 제가 극장에서 감각했던 모든 풍성한 것들은 거세되어버리는" 느낌으로 남는 경우가 많은 게 현실이다.

연기는 그렇다치고 '더 리얼'을 정의하는 것도 힘들다. 김슬기는 논문의 의도에서 현재 양식개념과 상관없이 주제적 측면에서 광범위하게 통용되는 다큐멘터리 연극이라는 명칭과 개념에 대해 불만을 제기한다. 그보다는 '더 리얼'의 연극이라는 개념을 통해 '연극성'까지를 규명해야 할 필요가 있다는 것이다. 이런 문제제기는 설득력이 있다. 그러나 다큐멘터리의 '증언' 대신 그가 논문에서 리얼의 연극의 요소로 강조했던 현장성, 참여, 자발성, 진실, 진정성만으로 리얼의 연극의 충분한 정의가 될지는 의문이다. 김슬기는 공연 중 자기 논문의 일부를 인용하면서 이런 리얼의 연극에서 "현실을 살아가는 누군가의 지극히 일상적이고 사소한 행위까지도 연극 안에서 새로운 의미로 재생될 수 있다는 점에서, 이러한 연극적 실천들은 연극이 아니었다면 결코 공적으로 주목받지 못했을 이들의 삶과 그 삶의 배경으로서의 현 사회를 돌아보게 만든다"라고 말한다. 어쩌면 핵심은 여기 있을 것 같다. 자기이야기하기가 오늘 주목받는 것은 단지 그것이 이야기 당사자가 직접 하는 자기의 이야기라거나 그 연극성의 측면이라기보다 허구[9]에서 벗어남으로써 자기 삶을 둘러싼 사회적, 정치적 콘텍스트를 새롭게 드러내기 때문이 아닐까? 그리고 이런 시도들이 창출하는 수많은 부딪힘과 경계 넘기들이 관객의 지각행위를 새롭게 자극하고 생각하고 실천하게 만드는 것이 아닐까? **최근 젊은이들의 주요 연극들이 개념연극화 되어가면서 연극창작 현장에도 이론이 중요해지고 있다. 현장이 이론이나 비평을 앞서갈 수도, 이론이 창작현장에 자극을 줄 수도 있다. 김슬기에게는 잔인하지만 그 틈새의 이론들을 '퍼포논문'을 통해 생산하고 계속 수행하면 어떻겠냐고 권해보고 싶다.**[10] 그것이 달리는 자전거에서 떨어지지 않으면서 '리얼' 에, '연극성'에 계속 접근하는 방법일 수도 있다. 김슬기가 학자건, 공연에 대해 글쓰는 사람이건, 드라마투르그건, 그가 아르바이트하는 일상을 포함해서 연기자들과의 우정어린 연대에 이르기까지 그의 전방위적 몸부림은 그 자체로 '노래' 못지않은, 노래를 부르기 위한 진정성 넘치는 안간힘으로 기억에 남을 것 같다.

:: **구자혜의 〈셰익스피어 소네트〉**

그 뜨겁던 여름이 시작되기 직전, '혜화동1번지 기획초청공연 세월호 2018'의 일부로 공연된 구자혜 작·연출의 〈셰익스피어 소네트〉는 짧고 단순하지만 모처럼 울림과 향기가 오래 남는 공연이었다. 공연을 볼 당시에는 그 강렬한 느낌의 정체를 금방 파악하기 힘들었다. 그러나 슬픔과 환희가 신비하게, 안타깝게 겹쳐졌던 그 여운은 오랫동안 맘속을 맴돌았고 그 후 〈비평가〉나 〈노래의 마음〉 같은 그 후의 다른 공연들을 보면서 우연처럼 되돌아가 다시 떠오르곤 했다. 구자혜의 작품은 좋기는 한데 대체로 너무 어렵다. 만드는 자기들끼리만 즐거워하는 게 아닌가 하는 의혹과 질투가 생길 정도다. 이번 〈셰익스피어 소네트〉 역시 몹시 난해하다. 그리고 고급스럽다. 그를 유명하게 만들었던 〈commercial, definitely - 마카다미아, 검열, 사과, 그리고 맨스플레인〉과 함께 완성

도가 매우 높다고나 할까…. 내용과 형식이, '무엇을'과 '어떻게'가 딱
맞아 떨어져서 그 작품만의 독창적인 아우라를 형성했다는 의미다.

　앞서 썼듯이 목정원의 〈노래의 마음〉은 리오타르가 이 시대의 예술에
대해 말했던 '재현할 수 없음', '재현할 수 없는 것에 대한 안타까움'에
대한 그녀 나름의 답으로 공연되었다고 한다. 멀리 프랑스에서 느꼈던
세월호의 아픔을 비롯한 그 안타까움을 기타 선율에 맞춘 노래로 대체
한 것이다. 구자혜의 **〈셰익스피어 소네트〉** 역시 '그 재현할 수 없는 무
엇'에 대한 안타까움의 발현이다. 집에 와서 프로그램을 읽어보니 세월
호의 아픔에 대해서 과연 어떤 공연을 할 수 있는가 하는 자문과 반성
으로 시작되었다고 한다.[11] 이미 4년의 세월이 흐른 이제, 그 참사의 당
사자도 아닌 연극인의 입장에서 과연 어떤 진정성을 지닐 수 있을까?
하는 회의와 무력감을 느꼈고 그 답은 '여기는 당연히, 극장'답게 '연극'
으로 돌아가는 것이었다. 그 진정성을 위해 "배우들은 적극적으로 수행
하며 그것을 인식하는 존재가 되기로 한다"는 것이다. 배우들은 원래 어
떤 슬픔이나 고통의 인물들과 만나도 그 순간의 합체의 기쁨을 느끼는
존재들이다. 그들을 진정 사랑하지 않으면 그들을 연기할 수 없다. 여전
히 어둠 속에 잠겨있는 그들도 알 것이다. 용서해줄 것이다. 기다려줄
것이다. 그 환희는 젊은 그들의 가능성으로 남아있다. 그래서 구자혜는
셰익스피어의 소네트를 빌려온다. 젊음의 아름다움과 연애의 맹목성을
찬미하는 인류 최고의 언어의 성찬이라는 14행의 시구들을, 동시에 그
젊음과 사랑에 대한 통찰과 신랄한 위트를 잊지 않았다는 그 짧은 노래
들을 통해 **한때 찬란한 젊음의 가능성이었던, 아름다움의 빛이었던 그
아이들에게 뜨겁고 달콤한 연애의 시를 바친다. 동시에 그런 연애의 순
간을 위해 빛 속에 서고 무대 바닥을 삐걱거리면서 현존하고 있는 자신
들의 환희를 노래하며 그에 대해 성찰한다.** 그 아이들에게 진정 다가갈
수 있는가에 대한 반성과 슬픔을 표출한다. 관객에게 자신들을 무조건

믿어달라고 호소한다.[12] 기쁨과 슬픔이, 환희와 고통이 탐닉과 반성이 교차하고 겹친다. 어둠 속에 잠겨있는 그 아이들은 어쩌면 등장을 기다리고 있는 무대 저편의 동료배우일 수도 있지만 "왜 우리를 불러낼 대사를 하지 않는 걸까"라며 기다리는 그날의 아이들일지도 모른다. 전작인 〈그로토프스키 트레이닝〉의 그 사라진 존재일 수도 있다. 그럼에도 배우들은 "비극은 이제 유효하지 않기에 이제 영원한 찬란함을 퍼뜨리고자 한다"고 다짐했던 것이다. 이 모든 것은 불가능한 재현의 군더더기를 가능한 한 벗어던지고 구자혜의 본래적 영역이기도 한 언어 중심으로 진행된다. 언어는 셰익스피어 소네트의 일부와 구자혜 및 배우들의 언어와 세월호 희생자 학생이 생전에 쓴 시 등이 인용되고 서로 섞이고 반복되는 것으로 구성되어 있다.

이 공연의 완성도는 연기와 음악에 의해 보강된다. 재현을 포기한 '여기는 당연히, 극장'의 배우들 — 이리, 전박찬, 조경란, 최순진 — 은 이 공연에서 그 어느 때보다 몹시 매력적이었다. 슬픔과 환희의 얼굴들이 이처럼 명확하게 겹침이 가능했던가? 몰입과 거리가 공존할 수 있었던가? 진정성에 의해 더 풍요해진 성량과 정확한 딕션들, 때로는 우렁차고 때로는 가라앉은 목소리들. 특히 자신의 눈물을 손으로 따서 진주알처럼 손가락으로 표현한 추상화된 게스투스는 공연 내내 되풀이되며 공연의 백미가 되었다.

공간의 설정도 특별했다. 관객들은 체스판 모양의 네 개의 불규칙한 블록으로 나누어진 객석으로 안내된다. 무대는 각 블록 앞의 작은 빈 공간이 대신하는데 네 명의 배우들은 공연진행에 따라 각개의 연기공간들을 이동하게 된다. 관객들은 앉은 자리에서 모든 배우들을 돌아가며 감상할 수 있지만 자신이 공연 내내 무대공연의 일부만을 보고 있다는 사실을 알고 있다. 그러나 배우들의 여럿이, 둘둘이, 혼자 하는 대사들을 듣기에는 불편함이 없다. 보는 것과 들리는 것이 다소 일치하지 않는 것이다. 보이는 것과 들리는 것의 불일치는 세월호의 재현의 불가능성과 관련되며 이 공연의 또 하나의 주제를 이루게 된다.

이러한 특별한 공간처리는 음악에 의해 완성된다. 음악에 특별한 식견이 있지 않는 이상 음악들이 내포한 심오한 의미들을 현장에서 모두 알아차리는 것은 불가능하겠지만 아무튼 소네트와 잘 어울리는 바로크 스타일, 혹은 이를 변주한 음악, 달콤하게 아름다우면서도 놀리듯 유희하는 리듬과 멜로디들은 '빛 속에서 보이지 않는 소리를 회귀적으로 불러냄'이라는 공연의 예사롭지 않은 주제나 형식과 관련이 있음을 짐작할 수 있다.

처음에는 배우들끼리의 무슨 메타연극적인 유희인가 했는데 뒤로 갈수록 저편에 잠겨있는 세월호가 희미하게 떠오르면서 의미는 처연한 울림으로 확산되어 간다. 비록 관객과의 소통에 다소 어려움은 안고 있지만, 진정성과 자기통찰을 통해 선택하고 빚어낸 언어, 빛, 소리, 몸, 공간, 음악, 그리고 **불가능을 넘어서려는 이런 슬픔과 환희의 순간들이야말로 〈비평가〉의 그 여자가 꿈꾸었으나 실패했던 그 노래, 리오타르의 '재현불가능성'에 도전할 수 있는 '그 노래'에 더 가까워지는 것이 아닐까 생각해 본다.**

:: 구자혜의 〈타즈매니아 타이거〉

연극실험실 혜화동1번지 6기 동인들의 마지막 공연인 '막판 스퍼트'에 참여한 '여기는 당연히, 극장'의 〈타즈매니아 타이거〉는 이 극단의 앞선 어느 공연보다 연극 만들기 자체에 대한 연극이라고 할 수 있다. **혜화동1번지에서의 연극 만들기 자체에 대한 메타연극일 뿐만 아니라 나아가 연극계 전체에 대한 비판이자 반성을 담고 있다.** 다만 전작들과 달리 다소 허구적 인물로부터 출발해서 그 허구적 인물들이 과거와 현재의 또 다른 허구들을 만들어내다가 다시 현존에 가까워진다는 보다 난해한 구조라는 점이 다르다. 아무런 사전 정보 없이 객석에 앉아있던 나는 첫 장면에서 원시종교의 사제처럼 차려입은 배우들이 나와서 시간을 멋대로 어기는 '대단한 연출'에 대해 과장된 연극적 톤으로 얘기하기 시작했을 때 그들이 구자혜 연출에게 던지는 메타적 농담인 줄 알고 함께 웃었다. 그런데 극이 진행되니 점점 그게 아니었다. 그 연출은 이번 봄에 '젊은 것'들에 의해 '살해'된 어느 '대단한, 우상화된 연출가'였다. 전단지를 다시 보니 이 연극은 '신이 되려 했으나 괴물이 된 연출가를 신인 것처럼 섬기는 이야기'라고 한다. 민감하고 모두에게 상처가 될 수 있는 소재이어서일까? 통렬한 반성과 사유는 너무 완곡하고 어렵게 펼쳐졌다. 이번에도 구자혜의 연극을 이해하기 위해 프로그램과 나중에 구한 희곡을 열심히 공부하지 않을 수 없었다. 이 공연은 연출자 없는 공연이라는 절대현존의 시공을 채워야 하는 허구이자 현존의 세 명의 배우들 — 박수진, 이리, 최순진 — 을 중심으로 전개된다. '타즈매니아 타이거'는 멸종 직전의 사나운 호랑이라고 한다는데 이는 이젠 늙어버린 세 배우들에 대한 메타포이자 사라진 그 연출가가 오십 년 전에 이 배우들을 데리고 이 혜화동1번지 극장에서 연출해 유명해졌던 연극의 제목이자 현재 이 세 명의 배우들이 연출 없이 혜화동1번지에서 올리는 가상의 연극인 것 같다. 그 사라진 연출가는 무대를 엄청나게 내리붓는 비 폭탄, 그리고 '피와 땀, 뇌수, 그리고 눈물'로 이루어진 연출 중심적 스펙터클로 채웠고 배우들은 그 빗소리에 묻힌 자기만의 '노래'를 찾기 위해 속으로 노래 부르며 바다 밑바닥까지 잠수하곤 했다.

구자혜만의 농익은 문학적 언어들이 소환하는 짜릿한 이미지들은 여전히 매혹적이지만 연극은 어디론가 그들만이 아는 어딘가로, 과거로, 빗속으로, 핏물 속으로, 바다 밑으로, 무대 위 또 하나의 객석의 수군거림 사이로, 그리고 혜화동 언덕길에서 연극의 시작을 기다리고 있는 속

없는 관객들 사이로 헤매고 다닌다. **아마도 현재 우리 연극계의 폭력적 위계뿐 아니라 연극 문화의 모든 관례화된 것들 ― 관객, 관극행위, 소통, 비평행위 등등 ― 의 무의미함을 다뤄보려고 한 듯하다.** 아울러 구자혜가 탐닉하는 현존과 일루전, 현존의 아찔한 힘[13], 그리고 이번에는 재현과 회상이라는 형식 등에 대한 성찰이 곁들여져 있다. 주지하듯이 구자혜는 평소 극장이라는 현실과 극적인 허구 사이의 불화적 배치에 관심이 많다. 그런데 이번 공연에서 양자의 관계는 지나치게 임의적이어서 변별이 거의 불가능하고 따라서 ― 일부러 "템포와 리듬도 움직임도 클라이맥스도 없는" 방식을 택했다고 하지만 ― 공연의 톤도 너무 산만하다. 2막의 관객 장면은 어색한 막간극 같았고 극 전체를 살릴 수 있었는지 의문이다. 허구 쪽으로 더 들어간 이번 공연에서 특히 연기의 다양성과 변별성의 문제는 더 힘을 기울여야 할 부분이다. 일반적으로 보면 허구 쪽으로 갈수록 왠지 구자혜의 매력은 감소하고 연극은 더 오리무중에 빠지거나 연기자들도 확신과 힘이 약해지는 경우가 많다.[14] 구자혜의 관념적 발상들은 무척 매력적이지만 막상 '연극'으로 구현되고 관객들에게 작동하는 데 어려움을 겪는 경우가 많다. 관객과의 커뮤니케이션을 우선적으로 고려하면서 앞으로 그가 계속 풀어가야 할 숙제가 될 것이다.

이상 살펴본 공연들의 공통점은 연극과 연극현실과 사회현실이 바로 맞닿아있다는 점이다. 재현의 가능성에 대한 불안은 기본이다. 연극 만들기의 주체를 되짚어보고 그 과정을 다시 들여다보게 하는 메타연극적 관점, 그리고 거기 머물지 않고 그 주체와 과정 자체가 바뀌어야 한다는 인식을 담고 있다. 늘 그래왔지만 창작자들이 평론, 혹은 이론에 대해 지니는 회의가 깔려있으면서도 이론과 창작현장 사이의 경계파괴가 시도되고 있기도 하다. 결과가 아닌 과정이, 미학보다 공공성과 윤리성이 중시되며, 젠더 등 사회적 이슈에 민감한 반응을 보인다. 다만 걱정되는 점도 없지 않다. 메타연극이 삶과 인생 사이의 핵심적 어딘가를 분명히 누르고는 있지만 그것에 몰두하다보면 세계와의 소통의 채널이 좁아지는 것은 아닐까? 혹은 연극 만들기의 과정 자체의 윤리성뿐 아니라 미학성에 지나치게 집중하게 되지는 않을까? 이런 시도들에 또 다른 엘리트주의나 아마추어리즘의 함정은 없을까? 무엇보다 관객을 소외시키는 나르시시즘의 위험은 없을까? 이런 우려들에도 불구하고, 이들의 진정성을 갖춘 관점과 노력들이 당장 현실을 바꾸지는 못할지라도, 어느 순간 더 나은 연극과, 연극현실과, 삶을 위한 빛나는 도약으로 이어질 것으로 믿는다.

:: 註

1 다만 같은 남자 역 연기라도 좀 차이가 났다. 비평가 역 백현주의 남자 연기가 다소 번역극 투를 빌려 중년남자라는 관례적 연기, 인용적 연기, 혹은 일종의 '남장여자식 연기'의 분위기를 완전히 벗어나지 못했다면, 극중인물의 나이가 젊은 탓인지, 배우로서 아직 젊은 탓인지 김신록의 남자 연기는 '그냥 남자가 되는' 느낌이었다.

2 〈비평가〉(2018) 공연 프로그램, 5쪽.

3 다만 이 공연에서 연출상 아쉬운 점이 있다면 이 창조적 혼란의 순간이 너무 늦은 시점에 오게 했다는 것이다.

4 같은 작가의 희곡 〈맨 끝줄 소년〉에도 "문제는 관점이야"라는 대사가 나온다.

5 목정원, "논문소개", 〈노래의 마음〉(2018) 공연 프로그램, 8쪽.

6 2009년 국내에서 공연된 리미니 프로토콜의 〈자본론-카를 마르크스 자본론 1〉에서 번역을 맡은 동아대 강신준 교수가 출연한 적이 있기는 하다.

7 버바텀 방식의 연기는 극중의 성수연 배우의 대사를 빌려보면 "'말 그대로'라는 뜻이고 실존 인물을 취재해 그 인물이 한 말을 억양, 토씨 하나 바꾸지 않고 그대로 무대에 올리는 공연양식"을 뜻한다.

8 네지 피진은 부토를 추는 사람이다. 김슬기는 부토를 '현존의 춤'으로 보고 있다.

9 '허구'는 '재현'과 비슷하면서 또 다르다.

10 혜화동1번지 기획초청공연 세월호 2018에서 디드로의 연기론을 세월호 소재 연극의 연

기에 적용시켰던 〈배우에 관한 역설〉(신재 연출, 2018)을 이와 유사한 예로 들 수 있을
것이다.

11 공연에서 세월호는 너무 최소한으로 언급되어 세월호 기획이 아니라면 이 공연이 무엇
에 관한 슬픔과 기쁨인지 알기 힘든 면이 있다.

12 이곳에서 배우들이 하려는 소네트를 무조건 믿어주오/무대 위에서 소네트를 능숙하게
또박 또박 해내려는/배우들의 허황된 열정이라 할지라도…어리석은 배우들의 이 마음
이/결국에는 실패할 것을 알면서도.

13 그런데 구자혜는 진정한 연극적 현존은 연기자 주도적인 공연에서만 가능하다고 생각
하는 걸까? 연출가 주도의 물질적, 몸적 현존이 강조된 공연에서의 배우는 도구적일 뿐
이라고 생각하는 것일까?

14 〈코끼리〉(2016), 〈윤리의 감각〉(2017), 특히 지난번 〈사물함〉(2018)이 그 예이다.

동의(없는 섹스)란 무엇인가?
공감이란 무엇인가?*

〈콘센트 – 동의〉

:: 동의란 무엇인가? 공감이란 무엇인가?

  국립극단의 〈콘센트 – 동의〉(니나 레인 작, 강량원 연출, 임일진 무대미술)는 비록 번역극이지만 오늘의 한국사회에도 적지 않은 시사점을 제공하며 관객을 긴장시키는 공연이었다. 최근작으로 런던에서도 뜨거운 화제였다는 데 강간사건과 수임 변호사들의 남녀관계를 중심으로 시의성있는 이슈와 그 뒤의 더 큰 질문들을 재미와 웃음 속에서도 냉정하게 성찰하도록 권하고 있다. 이 연극에서 제목이 말하는 '동의(consent)'는 일단 단순명료한 의미로 출발한다. 상대방의 '동의' 없는 성행위는 강간이라는 뜻이다. 물론 이 경우 '동의'에 대한 법적 해석은 분분하지만 말이다. 이 극의 영리함은 이런 '동의'라는 개념을, 특정 강간사건뿐 아니라 이를 다루는 법정 변호사들의 메마르고 이기적인 결혼생활과 그들의 교묘한 논리와 화술들에도 역설적으로 적용하고 확장했다는 데 있다. 극은 그들

---

* 〈연극in〉 163호(2019. 07. 11.)에 실었던 글이다. 제목만 고쳤다.

의 부부, 남녀, 인간관계가 냉소, 거짓말, 성적 방종, 질투, 주도권 싸움, 뒷담화, 비밀 폭로하기, 아이 소유권 투쟁, 그리고 인간혐오, 직업혐오, 여혐, 남혐 들의 혼란스런 범벅 위에 걸쳐놓은 임시적 합의나 '동의'에 다름 아닐 수도 있음을 보여준다. 그리고 이 연극의 핵심은 그들이 동의라는 법적, 사회적 행위를 넘어 '공감', 그리고 '진정어린 사과' 같은 점차 윤리적 차원으로 갈등을 심화시킨다는 점에 있으며 또한 그 과정에서 작가는 복수, 용서, 합의, 공평함, 타자, 계급성, 그리고 이성과 이성을 넘어선 그 무엇 등, 더 커다란 논제들에 대해서도 많은 질문을 던져주었다는 데 있다.

〈콘센트-동의〉는 머리 좋고 말 잘하는 변호사들로 가득차 있지만 그들은 입센극의 인물처럼 자신의 말과 신념을 믿는 합리적이고 이성적 인물들이 아니다. 냉소적이고 회의적이며 일중독이거나 섹스중독이거나 술에 취해있거나 대마초에 쩔어 살거나 왜 사는지 모르는 인물들이 대부분이다. 그들은 매순간 앞에서 등 뒤에서 서로를 비난하고 판단하고 논쟁을 벌이지만 누구도 자신들의 혼란스러운 삶의 진짜 원인이 뭔지 알아낼 능력이 없다. 에드는 "공감은 무슨, 좆같은 구닥다리…"라고 비웃을 뿐 아니라 "솔직히 더 이상 전체 시스템 자체를 믿지 않는다"라고 외친다. 법적 시비를 가리는 법률가들의 이런 추태들을 통해 관객은 병들어가는 민주주의와 심화된 자본주의 세계를 사는 대부분의 인간들의 모습을 더 잘 돌아볼 수 있을 것이다. 한국의 공연팀은 이런 혼란스런 논쟁들의 내용을 한국관객에게 잘 전달하면서, 동시에 관객들이 그 다툼들의 무의미함까지를 알아채고, 거기서 더 나아가 그들이 더 생각하도록 쉬지 않고 자극해야 한다는 어려운 임무를 수행해야 했다. 이번 국립극단 공연은 문화번역이 아주 잘 이루어지지는 않은 상황에서나마 관객을 생각하도록 자극하는 데는 상당부분 성공한 듯하다. 그러나 그 자극들을 소화하고 관객 스스로 더 많은 의미를 찾아내서 성찰하게끔 충분히 도와주는 데까지는 가지 못했다.

:: 모두가 쓰레기다

조명이 들어오면 일단 무대가 시선을 끈다. 핫 핑크로 글로시하게 반짝이는 미니멀하고 고급스런 인테리어는 극의 후반부로 갈수록 그리스 건축물의 폐허라는 이질적 이미지들과 뒤섞이게 된다. 이 세련된 공간은 주로 법정변호사인 에드와 전직 카피라이터인 키티 부부의 거실이나 부부 변호사인 제이크와 레이첼 부부의 거실, 그리고 동료 변호사인 팀의 집으로 쓰인다. 이 극에는 그들 외에 연극배우 자라, 강간사건의 피해자인 게일, 그리고 이혼전문변호사가 나온다. 프롤로그에서 남루하고 거친 차림의 강간 피해자 게일이 폐허들이 흩어진 무대 앞쪽을 거닐며 관객들을 바라본다. 뒤이어 화려한 거실에서 에드와 키티 부부의 아기 출생과 이사를 축하하는 제이크와 레이첼 부부가 보인다. 냉소적이며 경박한 이들의 대화 속에서 에드와 팀이 게일 강간사건에서 피해자와 가해자의 입장을 대변하고 있음이 알려지며, 짧게 삽입된 재판 관련 장면들은 가해자 측의 변호사 에드가 강간 피해자 게일의 음주나 우울증, 문자 등 정황을 들어 재판에 이기는 과정을 보여준다. 한편 만성적으로 바람을 피워온 제이크는 새로운 외도를 들켜 레이첼에게 아이도 뺏기고 이혼당하게 생겼다면서 울고 다니고, 독신인 팀을 경멸하고 싫어하는 에드는 팀에게 연극배우인 자라를 소개시킨다면서 자신이 자라에게 치근댄다. 독신인 팀은 게이로 오해받을 정도로 감성적이지만 마음이 텅 빈 기회주의적 인간이고, 독신인 자라 역시 배우라지만 세속적이고 피상적 인물인데 단지 이 둘은 아이를 낳고 싶어 한다는 점에서 공통될 뿐이다.

이 즉물적이고 이기적인 집단의 균열은 유일하게 법률가가 아니며 자

신이 도덕적으로 우월하다고 생각하는 에드의 아내 키티로부터 시작된
다. 균열의 씨앗은 5년 전 에드가 바람피운 것을 키티가 마음속으로 용
서하지 못하고 있는 것이고 그 균열이 실제 벌어진 건 잘난척하는 에드
에 대해 피해의식을 가지고 있는 팀과의 우발적 정사였으며 여기에는
바람피운 남편에 대한 복수심도 한 몫 한다. 그리고 그 균열에 대한 확
신은 크리스마스 파티 도중 재판에서 진 게일이 에드를 찾아와 항의하
고 절규한 이후 굳어졌다. 파티장에 찾아온 게일은 말한다. 자신이 우울
증에 걸렸던 건 십년 전 동생과 함께 숲속에서 강간을 당했기 때문이라
고, 그런데 그 동생이 죽은 장례식 날 자신은 다시 강간을 당했다고. 그
리고 "숲속에 나란히 눕혀져 강간을 당하는 동안 자신은 동생의 손을
꼭 잡고 있었다"고. 압도당한 키티는 자신도 모르게 게일에게 뛰쳐가
"미안하다"고 소리치지만 게일은 뿌리친다. 기나긴 1막이 끝난 후 2막
어디에서 관객들은 게일이 결국 자살했다는 소식을 듣는다.

:: 그들 부부는 정말 화해했나?

게일 사건과, 복잡한 남녀관계와, 영국 변호사들이 퍼붓는 잘 들리지
도 않는 욕과 외설적 농담 때문에 힘들었던 1막에 비해 2막은 비교적
관객들을 즐겁게 한다. 1막의 제이크와 레이첼의 위기가 그럭저럭 봉합
되면서 이번에는 에디와 키티와 팀의 삼각관계를 중심으로 전개되기 때
문이다. 1막의 어디에서인가와 똑같은 구도로, 이번에는 처참한 모습의
에드가 제이크 부부를 찾아와 자신의 처지를 하소연한다. 팀과 동거를
시작한 키티가 이혼을 요구해서 아이를 뺏길지도 모르게 됐다는데 헤어
지기 전 부부가 섹스를 했던 사실도 드러난다. 에드는 그건 그냥 사랑을
확인하기 위한 거였다고 우물대지만 제이크와 레이첼은 변호사답게 만
일 상대방이 동의하지 않았는데도 했으면 그건 분명 강간에 해당된다

고, 그건 부부 이별시 부부강간의 전형적인 예라고 에드를 깨우쳐준다
(이들이 자신들의 사생활에서도 '동의'를 기계적으로 적용하는 탓에, 게
일을 좌절시켰던 덫에 에드 자신이 걸려드는 장면은 물론 이 극의 핵심
적 아이러니 중 하나이다). 에드는 수년 전 키티가 자기 동의 없이 낙태
한 예도 들어가며 항의도 하고 애원도 하지만 결국 키티는 팀과 자신은
서로 사랑한다면서 집을 떠난다. 과연 그럴까?

　마지막으로 키티와 여배우 자라의 대결이다. 키티와 관계를 맺기 전
팀은 자라와 사귀고 있었는데 이제 팀은 키티를 떠나 다시 자라에게 갔
다. 모든 것을 잃은 키티는 현재 충치까지 앓고 있어 그야말로 심신이
말이 아니다(몸의 연출가 강량원은 왜 충치로 인한 고통 부분을 더 멋
지게 강조하지 않았을까?). 자라는 키티에게 "넌 인간적인 척하지만 집
도, 남편도, 아기도 있으면서 팀까지 뺏어간 욕심쟁이이고 용서를 모르
는 가혹하고 나쁜 년"이라고 비판한다. 키티의 사과를 진정성 없다고 거
부한 자라는 인공수정을 위해 에드로부터 협조를 좀 받아도 괜찮으냐며
그게 공평한 거겠지? 하고 묻는다.

　극은 오픈 엔딩으로 끝난다. 키티와 에드는 이삿짐을 정리하다가 불
현듯 서로에 대한 이해에 접근하는 듯하다. 마음에 동요를 일으킨 키티
가 갑자기 무릎을 꿇고 이제 당신의 아픔에 공감한다며 "이제 그만 용
서하라구, 씨발"이라고 외치는 에드를 몸씨름하듯 일으키는 장면으로
극이 끝난다. 에피로그에서는 자살한 게일의 유령이 무대 뒤쪽으로부터
걸어들어와 이들 부부를 바라본다. 그리고 망사막이 내려오면서 옛 그
리스 극장의 돌계단이 관객의 시야를 가득 채운다. 이런 오픈 엔딩은 당
연히 여러 질문과 토론거리를 남긴다. 키티와 에드는 과연 사랑을 회복
했으며 원래 사랑을 하기는 했던 건가? 그들은 과연 공감과 진정성있는
화해를 주고 받을만한 윤리적 용량을 갖춘 인물들이었는지? 레이첼은
왜 에드의 편을 들었을까? 그리고 개인적인 질문으로, 그들은 남녀 할

것 없이 왜 모두 그렇게 아이에 집착하는가? (〈메디아〉와의 상응점 때문일까?) 작가는 아이가 있는 결혼생활을 궁극적 유토피아로 전제하는 것인가? 영국에서 여자들은 남자들의 성적 언어폭력에 관대한가? 왜 영국법정은 강간 피해자에게 변호인을 허용하지 않는가? 게일은 강간 피해자라기보다 스코틀랜드 사투리를 쓰는 도시 하층민으로서 타자인가? 막이 내린 후 이들 변호사 부부들의 삶은, 이들이 변호사로 사는 사회는 이전과 달라질 것인가?

:: 가끔은 논쟁연극이 부럽다

이 극은 우리에게 결코 낯설지 않다. 각종 성폭력과 미투 사태를 포함한 사회적 갈등과 분열을 거치면서 개인적, 사회적 '동의'와 진심에서 우러나오는 '공감'과 사과, 그리고 복수와 용서, 공평함, 타자화와 배제 등은 오늘 한국사회에서도 절실한 이슈이기 때문이다. 이 극은 엄밀히 말하면 삶에 대한 객관적 묘사라기보다 논제극(thesis play)에 가깝다. 장면별로 2~3명의 인물들의 논쟁적 대결로 이루어져 있으며 게일의 서브 플롯은 노골적으로 주제 전달을 위한 장치이다. 알다시피 연극사적으로 사실주의극은 토론 중심의 '논제극'이라는 내용과 '잘 짜여진 극'이라는 형식이 만나서 탄생되었다. 2019년의 〈콘센트-동의〉에도 그런 논제극의 흔적이 보인다. 세계적으로 각종 갈등과 분쟁들이 불거지다보니 이런 논쟁적 연극이 다시 복귀하는 추세인 것 같다. 〈인형의 집 PART 2〉가 그렇고 오스터마이어의 〈민중의 적〉이 그랬다. 관객들도 논쟁적 대사로만 진행되는 〈데모크라시〉나 〈코펜하겐〉 같은 연극에 신선한 자극과 청량감을 느끼는 것도 같은 이유이다. 따라서 왜 우리 연극계에는 이런 희곡이 안 나오느냐는 해묵은 한탄이 다시 나올 수 있는 지점이다.

한국문화에는 옛날이나 오늘에나 토론이 없다고 한다. 옛날에는 수직적 유교문화 때문에, 오늘날에는 축약된 근대화 과정에서 압제/항거의 이분법에 따른 울분과 분노 때문인지 차분하면서도 신랄한 토론이란 게 없었다. 서양인들처럼 아무데서나 대화하고 토론하는 문화가 있는 것도 아니고 합리성에 토대한 서구식 근대 시민사회식 논의의 축적이 부족한 것이다. 그러다보니 한국근대사 백년에 그럴싸한 희곡작품도 드물지만 그나마 대부분 사회환경으로 인해 고통받는 인간을 풍속적으로 그리거나 잘난 놈/못난 놈을 나누는 이분법적 풍자였고 인물과 인물 사이의 가치관의 복잡한 갈등을 합리적인 대화 중심으로 풀어낸 희곡은 거의 없었다. 세상이 요동치는 가운데 2019년 한국연극계에도 수많은 이슈들이 쏟아져나오고 있지만 이를 논리적인 대화나 토론을 통해 집요하게 극화하는 작품은 드물다. 그 대신 현재는 버바팀이나 다큐멘터리 연극의 생생한 실재적 자료들이 일단 그 자리를 대신하고 있지만 말이다. 요즘 우리 연극은 거칠게 말하면 '애도→우울→아주 섬세한 공감이나 개인적 인식→광장'의 양상을 띠고 있거나 직설적인 사회비판극이 많다고 할 수 있다. 따라서 보다 정교하고 재미있고 불편하고 치열한 공적 담론화의 단계가 더 있었으면 하는 욕심이 드는 게 사실이다. 문화적 배경상 아마 힘들 것 같으니 아쉬운 대로 그냥 좋은 번역극을 가끔 보는 수밖에 없다. 아, 우리도 최근 비슷한 작품으로 〈옥상밭 고추는 왜〉, 〈테스트〉(황승욱 작, 김진아 연출, 양동탁, 김우진 출연) 같은 연극이 생각난다.

:: 임일진의 시노그래피

무대를 먼저 압도한 것은 임일진의 무대미술이었다. 윤기 흐르는 핑크로 반짝이는 실내와 그리스 신전의 폐허를 섞어놓은 무대는 얼핏 아테네 중심가의 고급 펜트하우스나 부띠끄 호텔 내부처럼 보였고 첫인상은 시각적으로 너무 화려해서 공연을 과도하게 장악한다는 느낌이었다.

희곡에서는 지시되지 않았던 고대건물의 폐허는 여배우가 〈메디아〉를 공연 중이라는 다소 빈약한 연결고리로 도입되는 듯했으나 정의니 복수니 하는 아이스킬로스적 단어들도 가끔 들렸고 후반부로 가면서 차차 이 공연 나름의 새로운 의미로 살아나기 시작했다. 그 의미란 '연극의 본래적 의미가 이런 재판극 같은 토론이고 법적 시비이며 시대적 정의를 모색하는 것'이라는 총체적 주제로 읽혔다. 주지하듯이 고대 그리스 극은 도시국가 폴리스의 정치 사회적 의제를 다루는 토론의 형식으로부터 발전되어온 것이 아니던가? 이 논제적 연극은 미해결의 오픈 엔딩이다. 강량원과 임일진은 마지막 장면에서 망사막을 내리면서 고대 그리스 극장의 돌로 된 객석을 스크린 가득 채워 관객에게 오래 보여주고 뒤이어 객석의 불을 잠시 환하게 켬으로써 이런 오픈 엔딩에 대한 이 공연 나름의 시노그래피적 해석을 분명하게 마무리했다. 살아가는 모든 의제들이 진심을 다해 토론되는 곳, 그곳이 극장이었고, 극장이고, 극장이 될 것이라는 대주제, 이 마무리 주제는 한국의 공연을 통해 확장된 것이다.

:: 강량원의 연기 메소드

'주체의 의지를 담은 행위로서의 몸'을 강조했던 강량원의 연기론은 최근 '외부의 자극에 의해 움직이는 비어있는 몸'으로 전환했다고 한다(〈연극in〉, 159호). 이런 강량원의 연기론은 기본적으로 주체가 약화되고 있고 대상에 대한 합리적 분석보다는 세계를 향해 감각과 몸을 여는 탈근대의 사상적, 미학적 경향과 합치한다고 볼 수 있으며, 따라서 해체적 기법의 소설에 토대한 〈그믐, 또는 당신이 세계를 기억하는 방식〉에서는 효과적이었다. 그런데 이런 연기 메소드로 모든 텍스트와 만날 수 있는 것인가? 아니면 기본훈련과 텍스트에 따른 인물 만들기는 별개일까?

〈콘센트-동의〉에서도 다소 낯선 행위들을 통해 개인의 심리나 합리성 너머의 '세계'의 삐걱거림을 감지하게 할 수 있을 것인가? 일단 눈에 보이는 결과는 우려보다 나쁘지 않았다. 국립극단 배우인 정새별, 이종무, 임준식은 극단 동의 배우인 김석주, 신소영과 우려를 넘어서는 앙상블을 보였는데 아무튼 국립극단 배우들의 경우는 강량원의 연기 메소드를 통해 한 단계 연기를 확장하는 기회를 가질 수 있었던 것 같다. 비연기 전문가의 눈으로 보기에는 '주체의 의지로서의 행위'건 '외부세계의 자극에 의해 되어지는 몸'이건, 결국 '행위'를 '선택(만나지는 세계를 설계)'하는 것으로 느껴졌는데, 그렇다면 강량원의 연기는 보편적 연기론과 만날 수 있는 접촉면이 그리 제한적이지는 않은 셈이다. 김석주와 신소영의 '되어지는 몸'들은 자주 지나치게 흐느적거리거나 휘청거리기는 했지만 때로 분명한 감각적 의미화와 리듬감을 만들어냄으로써 부분적으로 인물의 외연을 넓힌 효과는 있었다. 그러나 역시 대사 중심의 연극에서 가끔 설명적이 되거나 안무적이 되거나 '설계'된 행위와 행위 사이의 연결 문제에서 어색한 빈 순간이 드러나곤 했다. 무엇보다 전경화된 신체행동이 대사를 삼켜버리는 경우가 없지 않았다.

상대를 바꿔가며 헛판을 벌이는 구조의 이 연극은 인물 간의 대조와 갈등관계도 중요하다. 이 극에서 잘나고 존경받을 인물은 아무도 없으나 경박하고 피상적인 제이크 부부와 그보다는 그래도 정신적 용량이 큰 에드 부부의 대조는 잘 드러났다. 정새별은 냉정한 일중독자인 레이첼을 형상화함으로써 보다 인간적인 폭과 깊이를 갖춘 신소영(키티)과 적절한 대조를 이루었다. 이와 달리 에드(김석주)가 지닌 냉정함과 이성은 제이크(임준식)의 산만할 정도의 과잉된 연기를 압도할 만큼의 볼륨과 무게를 지니지는 못해 극 전체가 흐름을 잃고 다소 산만해졌다. 이종무는 분석하기 힘든 인물인 팀이라는 텅 빈, 묘한 캐릭터를 연기적 직감과 절제되고 선택된 행동을 통해 적절하게 구체화시켜 제 위치에 놓았다. 일인이역의 양서빈은 게일 역을 섬뜩한 타자성으로 무게감있게 구현했던 것만큼, 대조적인 이혼변호사 역에 즐거운 존재감을 주지 못한 점이 아쉽다. 여배우 자라는 분명히 극에서 적지 않은 비중을 차지하는 인물 같기는 한데 주인영의 연기를 통해서는 도대체 어떤 인물인지 짐작하기 힘들었다. 결론적으로 끝 장면에서 에드와 레이첼의 얽힘이 화해의 포옹이 아니라 실은 상호모색의 몸씨름이고 그 몸씨름이 단지 그들만의 것이 아닌 피해자 게일의 시선, 나아가 이 세계라는 관점의 반영임을 관객이 눈치챘다면 이 극은 그 나름으로 성공이었다고 할 수 있을 것이다. 관능적이면서도 지적이고 의문을 불러일으키는 듯한 음악은 연출과 무대의 이런 해석을 효과적으로 뒷받침했다.

구글과 유튜브를 통해 찾아보니 로저 미첼이 연출한 〈콘센트-동의〉 런던 공연(국립극단, 해롤드 핀터 씨어터)의 공연사진은 놀랍도록 일상적이었다. 아무것도 없는 빈 무대에 평범한 의자 몇 개, 장난감, 그리고 배우들은 아무렇게나 묶은 머리에 편해 보이는 면 셔츠나 청바지를 입고 있었다. 자연스럽고 일상적 말과 행동을 통해서도 이 막장의 논제적 난투극을 전달할 자신이 있다는 것이다. 스펙터클한 무대에서 디자이너 브랜드 같은 옷들을 입고 '연기'를 전경화시키는 한국공연과 또 다르게, 구체적 현실 속에서 속사포 같은 말과 생각과 관객들의 웃음만으로 진행될 영국 공연도 궁금하다.

인형, '위안부', 자본, 그리고 유령*

〈인형의 집 PART 2〉외

이십 년 가까이 다소 지루하기까지 했던 체홉의 시기가 흘러가고 입센이 돌아온 지 몇 년 된 것 같다. 멜랑콜릭한 무기력이나 미학적 재해석의 시간이 지나고 이제 구체적 사안을 꼼꼼히 따져보며 다시 생각해보거나 적극적 대안을 찾아보려는 시대가 온 것이다. 더구나 최근의 페미니즘의 강세 속에 〈인형의 집〉이 다시 호명되는 것은 자연스럽다. 나아가 〈인형의 집〉, '그 이후'에 관심이 가는 것도 당연하다. 작년 예술의 전당의 〈인형의 집〉(유리 부투소프 연출)이 콘셉트 부족과 과도한 미적 양식화로 방향감각을 잃었다는 평을 들었는데, 뒤를 이어 올해 4월에는 LG아트센터의 〈인형의 집, PART 2〉와 극단 놀땅의 〈노라는 지금〉 공연이 있었다. 두 작품 다 노라 가출 이후를 다루고 있다. 소설가 장정일은 지난 4월 4일자 『한국일보』 칼럼 "속편은 새로 만들어져야 한다"에서 〈인형의 집 PART 2〉의 공연을 반기며 연극계가 입센의 〈인형의 집〉을 새롭게 도전적으로 읽기를 권한 바 있다. 원작 〈인형의 집〉은 결말

---

* 〈연극in〉 159호(2019. 05. 15.)에 실렸던 글이다.

을 쉽게 수긍하기 어려우며 따라서 집을 나온 후의 노라가 궁금할 수밖에 없다는 것이다. 또한 그는 입센의 〈인형의 집〉이 반드시 여성의 주체적 자각에 관한 극이 아닐 수 있으며 〈인형의 집〉에 갇힌 사람에는 노라뿐 아니라 당시 자본주의적 인간으로 형성되어가던 남편 헬메르도 있다는 흥미로운 관점을 제시하기도 했다.

삼일로창고극장에서 공연된 **〈노라는 지금〉**(엘프리데 엘리네크 원작, 최진아 각색 연출)은 엘리넥의 원작 〈노라가 남편을 떠난 후 일어난 일 또는 사회의 지주〉(1979)에 기반하고 있다. 최진아는 원작을 반 정도 살리고 '미투(MeToo)'에 관련해 새로운 관점을 담은 내용을 첨가했다. 오스트리아 작가 엘리네크가 마르크시스트 페미니스트인 만큼 원작은 기본적으로 장정일의 기대에 부응한다. 엘리네크의 〈노라가 남편을 떠난 후…〉에서 집을 나온 노라는 말(言語)로는 자아실현을 부르짖으며 여공으로 취직하지만 자신의 성적 매력에 기대어 자본가의 정부가 되고 결국 자본가로부터 옷감가게를 얻어낸 후, 파산한 남편과 아이들을 먹여살리게 된다. 그런데 최진아는 흥미롭게도 노라가 남편의 인형으로부터 자본의 노리개가 되는 과정 자체보다, 직공을 거쳐 자본가의 정부가 된 그녀가 급기야 매춘의 길을 선택하는 '그 순간'에 주목한다. 그리고는 그 순간의 흔들림을 '미투'의 결단의 순간과 병치시킨다. 병치되는 에피소드에서 지리학과 남교수와 여 조교는 미묘한 순간을 거쳐 성적인 관계를 맺게 되는데 둘 사이의 관계에서 교수의 인간적 진지함을 의심해온 조교는 '극중극'이 된 〈노라는 남편을 떠난 후…〉의 '그 순간'을 관람하다가 교수를 '미투'로 고발할 것을 결심한다는 것이다. 그리고 조교의 이런 결심은 관객과의 토론의 주제로 부쳐진다. 공연은 완성도가 그리 높지는 않았고 내가 본 날의 토론도 그다지 효과적이지 못했지만 최진아의 시도는 쉽지 않은 부분을 건드렸고, 그런 점에서 용감했다고 본다. 어떤 행동의 순간에 있어 여성 주체가 마주할 수 있는 모호함에 대해 자기반성의 거울을 들이댔다는 점에서다.

내친김에 **채만식의 장편소설 『노라가 집을 나온 이유』**(1934)를 다시 읽어본다. 희곡으로 발표되지 않은 것이 아쉽기는 하지만 채만식의 『노라가 집을 나온 이유』는 장정일의 기대를 이미 제대로 구현해놓았다. 채만식의 소설에서 집을 나온 노라는 초기 자본주의가 자리잡기 시작한 식민치하의 서울에서 우선 금전적으로 시달린다. 생활비 몇 푼과 싸우게 된 그녀는 가정교사, 화장품 판매원을 거쳐 카페 여급으로 전락해 자살 시도까지 거친 후 겨우 인쇄공장에 취업하지만, 어느 날 대출을 준 공장에 감독을 나온 은행 총재인 전남편과 마주치게 된다. 전남편은 노라에게 '남편의 노예가 싫다고 집을 나가더니 이제 자본의 노예가 되어 내 밑으로 다시 들어왔다'며 그녀를 모욕한다. 노라가 이제부터는 노동자와 자본가의 싸움이라며 소리치는 것으로 소설이 끝난다. 옐리네크와 채만식은 주체성을 찾아 집을 나온 노라가 자본화되어가는 세계에 다시 포박되는 것으로 그렸다는 점에서 공통된다. 그러나 채만식의 묘사가 훨씬 더 현실적이고 구체적이다. 1920년대를 배경으로 잡은 옐리네크의 자본주의 비판은 세계대전과 파시즘을 예견할 정도로 날카롭지만 다소 표현주의적이며 작가의 독특한 성의식으로 인해 복잡해지는 면이 있다. 이에 비하면 최진아의 관점은 보다 현실적이고 구체적이라고 할 수 있다.

위의 작품들이 여성의 주체성 논의가 경제나 자본과의 관련없이 불가능하다는 다소 어두운 전망을 가지고 있다면 LG아트센터의 〈**인형의 집 PART 2**〉(루카스 네이스 작, 김민정 연출)는 미국의 최신작답게 여러모로 낙관적인 작품이다. 집을 나간 노라는 자신의 삶을 담은 책을 팔아 상업적 성공까지 거둔 페미니스트 작가로서 15년 만에 의기양양하게 돌아온다. 그리고 장정일의 기대와 달리 결혼제도를 더 강도 높게 비판하고 여성의 주체적 자각을 한층 더 소리높여 외친다(마지막 장면에서 여주인공이 무엇인가를 외치는 것으로 끝난다는 점에서 네이스와 입센과 채만식의 작품들은 공통되기도 한다). 이 극의 매력은 노골적인 토론극으로 이루어져 있으면서도 재미있고, 주인공뿐 아니라 여러 주변인물의 의견이나 입장을 고루 들을 수 있다는 점이다. 극은 노라와 유모, 노라와 토르발트, 노라와 딸 간의 일련의 토론 배틀로 이루어져 있다. 링 위의 권투 시합을 연상시킬 정도로 말의 전쟁은 만만치 않으며 토론내용은 영리하게 구성되어 있다. 유모는 '당신도 가정을 버리고 나왔으니 나와 다르지 않다'는 노라의 지적에 채만식식의 생계형 인간의 논리로 방어한다. 자신은 집을 나오지 않았으면 직공이 되거나 몸을 팔게 되었을 것이라고 한다. 상처입은 딸 에미는 보수적 가치관으로 무장하고 한술 더 뜨는 영악한 논리로 노라에게 사라져달라고 요구한다. 원작보다는 덜 야비하게 그려진 토르발트는 남자로서의 허영을 버리지 못하고 우스꽝스럽게 패배하지만 뜻밖의 유화적 제스처를 보이면서 잠시나마 노라 맘을 약하게 만들기도 한다. 그러나 이들의 반격을 모두 물리치고 노라는 더 강해진 여전사가 되어 다시 한 번 문을 열고 집을 나가 세상으로 향하는 것으로 극이 끝난다. 공연은 자칫 지루할 수 있는 논쟁의 연속에서도 팽팽한 긴장감을 유지했는데 이는 서이숙, 우미화, 전국향의 노련한 연기와 깔끔하고 세련된 연출과 무대 덕이다. 다만 토르발트의 성격이 워낙 어설프게 극화된 데다가 남자 배우들이 여배우들의 연기적 중량과 균형을 이루지 못한 점이 아쉬웠다. 극장을 나오며 엿들으니 메시지는 덤이고 관객들은 하나같이 TV에서 본 여배우들의 강렬한 무대 연기력에 매료되어 감탄을 아끼지 않았다. 각자 다 연기 비평가인 대한민국 국민들이 이제 매체를 넘나드는 연기에 눈뜨기 시작하는 것 같아 기대된다.

* * *

이번 서울연극제(예술감독: 남명렬)는 분위기가 달라졌다. 재공연이 많지만 젊어졌고 관객친화적이며 주류/변방, 기성/신예의 경계가 무너지면서 연극계의 지형이 이미 크게 바뀌고 있음을 말해준다. 극단적 한계 너머까지 밀어붙이는 몸으로 화제를 모았던 극단 신세계의 《공주들》(공동창작, 김수정 구성·연출)도 이런 페미니즘의 강세 속에 서울연극제에 진입했다. 이번 공연은 혜화동1번지 극장에서 공연되었던 지난 9월 초연과 아주 많이 달라졌다. 후반부에 배우들의 개인 서사로 갔던 초연에 비해 이번 공연은 여성의 몸에 대한 국가사회적 폭력이라는 비교적 일관적 주제로 갔는데, 이에 관련된 에피소드를 최근 이슈까지 계속 덧붙이다 보니 길이가 두 배 가까이 늘어났다. 게다가 특유의 강한 톤으로 비슷비슷한 내용이 반복되다 보니 관객들의 피로감이 커졌고 초연의 신선한 충격을 재연하기 힘들었던 면이 있었다.

엄청난 양의 참고자료들과 신세계 공연 특유의 단호한 해석, 그리고 대담한 에너지에도 불구하고 이번 공연에서도 뭔가 불분명하고 모호한 느낌이 남았다. '내 구멍은 나의 것'이라는 일견 명료한 메시지를 내걸고 있지만 실은 너무 많은 이야기를 다루고 있고 따라서 주제면에서 정리하기 쉽지 않기 때문이다. 혼란스럽게 남는 부분은 과거 집 나온 노라를 갈등하게 했던 여성주체성과 자본화되는 사회의 문제와도 크게 멀지 않은 듯하다. 초연 때 전반부에서는 제도권력이 여성에게 가한 폭력을, 후반부에서 자본화가 깊어지면서 나타나는 젊은 여성들의 혼란된 성의식을 다뤘다면 이번 공연은 일단 국가적 폭력에 초점을 맞춘 거대담론의 양상을 띤다. 시작과 끝도 '위안부' 할머니 김공주 이야기로 일관되게 처리했다. 그러나 근현대사 백 년을 다루다 보니 뒤쪽으로 갈수록 거대담론들은 흥미로운 균열들을 드러낼 수밖에 없었다. 초반부에는 ① 일제에 의한 '위안부' 문제와 ② 가부장적 폭력, 가족을 위한 여성의 희생이라는 서사, ③ 미군위안부나 기생관광 같은 국가적 관리에 의한 폭력 등, 공주들을 '구멍화'하는 국가적 폭력들에 대한 비판이 강한 호소력을 지녔지만, 뒤로 갈수록 차차, ④여성 개인들의 생존과 그에 따른 현실적 욕망, ⑤성에 대한 인식의 변화와 위선적 통념들, 성매매가 노동이나 경제활동으로 성립되는가의 질문, ⑥자본화된 사회에서의 성의 상품화와 자본화라는 미시적 문제들이 틈을 비집고 나온다. 예를 들어서 기생관광을 반대하는 여성학자와의 토론 장면에서 요정기생인 변공주는 '너희들 가정주부는 개인 전담의 무료봉사 창녀일 뿐 우리와 뭐가 다르냐'라는 식으로 반격하며 집창촌 철폐 반대시위에서 한 성노동자 여성은 "너희들은 살면서 명품 안사냐?"고 반발한다. "에이 시팔. 돈이나 오지게 벌고 싶다"라는 대사는 키(key) 대사로 뽑혀 이번 프로그램에 실렸다. 이 모든 문제들을 담기 위해 '위안부' 할머니가 포주를 거쳐 호스트바 마담으로까지 변신했다가 빌딩 청소부를 거쳐 늙은 창녀로 전락하는 서사도 좀 무리였다. 요컨대 '공주들'이 단지 피해자라는 시각만으로는 충분치 않다는 얘기다.

신세계 공연은 폭력을 폭력으로 고발한다는 평을 듣고 있다. 이는 칭찬일 수도 비판일 수도 있다. 착취되는 성(性)을 더 노골적이며 극단적 몸짓으로 폭로하고, 언어폭력을 더 심하고 천박한 욕설로 터뜨리는 과정에서 배우들의 몸은 상투적 모방과 재현이라는 경계를 넘어서기 위해 극단의 악다구니를 친다. 극한의 폭력성에 몸을 맡긴 그들은 순간적으로 재현적 배우라는 경계를 넘어 현실의 양정윤과 김보경으로까지 느껴지기도 한다. 이는 극중의 인물과 거리를 두는 다큐멘터리 계열의 연기와는 또 다른 진정성이며 오히려 자신의 전체를 바치는 아르토의 '사제로서의 배우'에 더 가깝다고 할 수 있다. 동시에 그들의 헌신은 관객의 비판적 인식의 문을 여는 데 기여한다. 신세계의 연극에서는 혼란 속에서도 가끔 그런 느낌들이 온다. 그것은 위험하고도 매혹적인 순간들이며 현존이며 동시에 그것에서 벗어나려는 경계 위에 있다. 그리고 그건 무엇보다 비등점을 넘어서는 배우들의 대단한 열정과 에너지 때문에 가능했을 것이다. 나는 아쉽게도 그들의 에너지가 어디서 오는지 어떤 과정을 통해 나오는지 잘 상상할 수 없다. 그러나 관객의 불편함에 개의치 않고, 눈치보거나 타협하지 않고, 극단까지 밀어붙이는 그 용감함에는 일단 '대단하다'고 감탄하지 않을 수 없다.

✳ ✳ ✳

연극에서 끓어오르는 현존이 전부는 아니다. 그럼에도 절박한 고통을 절박한 에너지로 표출하는 공연들이 너무 많아지는 게 아닐까? 한편 근래 많아지는 낭독 공연들을 접하면서 이런 의문들이 들곤 했다. 왜 어떤 희곡 낭독을 들으면 이건 무대에 올리지 말고 이렇게 그냥 낭독 공연으로 남겨졌으면 좋겠다, 이런 생각이 드는 걸까? 왜 생각보다 많은 희곡 낭독에서 그런 생각이 드는 걸까? 그리고 왜 그런 슬픈 예감은 대개 들어맞는 걸까? 그런데 도대체 어떤 종류의 희곡을 들을 때 그런 생각이 드는 걸까? 〈7번 국도〉를 2018년 남산예술센터 서치라이트에서 낭독으로 듣고 참신한 희곡이라고 느꼈다. 같은 해 이보람의 〈두 번째 시간〉의 낭독도 상당히 좋았다. 그런데 두 작품 다 낭독 공연보다 더 좋은 무대화는 쉽지 않을 것 같은 생각이 들었었다. 언어 중심으로 차분하게 가라앉은 분위기여서일까? 행간의 여백이 많은 희곡들이어서일까? 아니면 과거 최인훈의 희곡을 막상 무대에서 공연했을 때 늘 뭔가 '이게 아닌데' 하고 아쉬워했던 경험 때문일까?

〈7번 국도〉(배해률 작, 김지우 프로듀서)의 연출을 **구자혜**에게 맡긴 것은 험난한 길을 마다하지 않는, 진취적 창작극 발굴을 목표로 하는 남산예술센터의 취지에도 맞는 성실한 선택이었다고 본다. 평이한 재현적 연출로는 소품에 가까운 이 희곡에 숨겨진 연극적 진동의 가능성을 다 드러내기 힘들 거라고 판단했고 따라서 재현과 환상을 극히 경계하는 구자혜에게 맡겨 대사 밑에 가려있는 무언가를 끌어내주고 여기는, 당연히, 극장, 그리고 그 이상으로 무대화시켜달라고 기대했던 것이리라. 그러나이 기획은 반 정도만 성공한 듯하다. 흩어진 자동차 파편들만이 놓인 텅빈 무대에서 각자 정면을 보고 목이 터져라 외치는 연기자들의 발화는가끔 강렬한 낯섦과 공허감의 울림을 창출하는 데 성공하기도 했으나반복과 단조로움 끝에 또 다른 익숙함으로 탁해져버렸다. 택시기사와군인의 대화, 여자친구와 택시기사의 대화 등 몇 장면에서 재현을 뛰어넘는 '인식의 현존'을 성취했을지 모르나 보다 많은 장면에서 지루함과피로감을 주었고 희곡의 섬세한 결은 많은 부분 희생되었다. 재현을 넘어서는 현존의 문제는 오늘날 대부분의 연출이 당면하는 고민일 것이다. 자신이 쓰고 구축한 연극세계 속에서는 가끔 뛰어난 작품을 보여주지만 연출가 구자혜는 아직 (창의적) 혼란과 모색 중에 있는 듯하다.

삼성반도체 희생자의 부모인 택시기사는 어느 날 죽은 자기 딸과 속초초등학교 동창이라는 군인을 태우게 된다. 택시기사와 함께 참사 유가족들의 일상에 밴 슬픔을 조심스럽게 따라가던 관객들은 후반부의 어느순간 그 젊은 군인이 목매어 자살한 군대 의문사 피해자의 유령이라는점을 알아차리게 된다. 그는 이미 죽은 것이다. 존재하지 않는 것이다. 그 순간 부재감의 아찔한 계곡으로 밀려내려갔던 관객들은 서서히 현실로 되돌아와 유가족과 함께 슬픔과 분노를 되새기게 된다(남산예술센터의 공연프로그램은 이번처럼 정성스러운 편집으로 퍼포먼스의 일부가될 때가 가끔 있다. 그러나). 이 극의 핵심은 프로그램에서 강조된 대로'참사 유가족에게 요구되는 전형성'과의 싸움이라기보다는 유가족들이우선 겪어야 하는 낭떠러지 같은 상실감에 있다고 나는 보았다. 1인 시위도 그 상실감을 견디고 살아내기 위해 하는 일이며 정치적 의식화 역시 아마 그 절대적 상실감을 이겨내면서 가능한 것이 아닐까. 가장 아쉬

웠던 것은 이 공연이 문제의 반전(反轉)적 깨달음의 장면을 제대로 잡아
내지 못했다는 점이다. 프로그램에서 문화연구자 오혜진이 자크 데리다
를 인용한 대로 이 참사의 시대에 유령이란 "여기 있는 사라진 자"이다.
그 유령은 사라진 과거의 존재이지만 현재의 극중인물뿐 아니라 부재하
면서 존재하는 더 큰 낯섦과 그만큼의 울림으로 관객 안에서 다시 살아
나게끔, 이 연극은 더 섬세하게 비워주었어야 했다. 그럼으로써 희곡이
지녔던 가능성의 행간들을 더 새롭게 채우고 살릴 수 있지 않았을지…?

유치진이라는 유령과 요정[*]

〈오만한 후손〉,

〈진짜 진짜 마지막 황군: 연극의 요정 유치-지니와 훈구의 세 가지 소원〉

남산예술센터의 〈오만한 후손〉(이양구 작, 고해종 각색, 류주연 연출)과 권리장전의 마지막 작품인 〈진짜 진짜 마지막 황군: 연극의 요정 유치-지니와 훈구의 세 가지 소원〉(강훈구 작·연출)을 본 후, 작품의 결과와 상관없이, 묘한 감회 같은 것이 있었다. 요즘 한국사회는 극도의 분열을 경험하고 있다. 좌와 우가 심하게 갈리더니 이젠 그 안에서 검찰개혁과 조국퇴진으로 갈라지는 양상이다. 연극계 역시 어느 때부터인가(아니, 세월호와 미투 이후) 기성 연극계와 새로운 젊은 연극계 사이에 머나먼 거리가 생겼다. 두 현상 사이에 차이가 있다면 전자는 서로 잡아먹을 정도로 증오하고 있다면, 후자는 아예 서로에게 관심이 없다는 것이다. 처음에는 젊은 연극인에게 기성 연극계에 대한 어떤 분노나 청산의지 같은 것이 있었으나 차차 서로 무관심에 가까워진 듯하다. 우선 청년연극인들이 양적으로 팽창하고 있는 반면 활동하는 기존 연극인들은 숫자와 공연성과 면에서 크게 위축되기도 했고, 젊은 층들이 생존과 일상과 현상에 바탕

---

[*] 〈연극in〉 169호(2019. 05. 15.)에 실었던 글이다.

한 가치관으로 기성의 모든 유산을 냉소하고 외면하고 있다면 기성연극
에게는 젊은 연극인들을 이해하려는 노력도, 능력도 찾아보기 힘들다.
젊은 연극인들은 이번 남산예술센터의 비대위 모임에도 별 반응이 없었
다고 한다. 그런데 비록 좋은 계기는 아니었지만 공연을 통해 아주 미
미하지만 삭막함을 녹이는 조금의 환풍을 느낀 것이다.

이 두 작품은 남산예술센터의 소유권 문제를 두고 결성된 비대위의
활동과 관련이 없지 않아서 완전히 자발적인 공연이라고 보기는 힘든
면이 있다. 그러나 단지 극장 소유권 문제를 넘어섰을 뿐 아니라, 유치
진이라는 연극계의 대선배, '한국연극의 아버지'를 다루고 있다는 점에
서 흥미를 끈다. 위계적 권력을 혐오하는 요즘 젊은이들이 호감을 느끼
기 어려운 소재일 텐데 더구나 연극 속에서 역사 속의 연극인을 다룬
것은 흔치 않은 일이다. 극 속에 여러 모습의 유치진이 등장할 때 나로
서는 왠지 가벼운 흥분마저 느꼈다. 근대사 백 년 무대에 이제 살아있는
'연극사'가 만들어져가는 느낌이랄까(물론 이전에도 크리에이티브 바키
의 〈남산 도큐멘타〉 같은 시도가 있었다. 그러나 그 공연이 장소특정적
연극 성격을 띤 객관적 다큐멘트 형식이라면 이번 두 공연에서는 어설
프지만 뭔가 '지난 시간을 이해하려는 미열' 같은 게 감지되었다). 〈오
만한 후손〉과 〈진짜 진짜 마지막 황군: 연극의 요정 유치-지니와 훈구
의 세 가지 소원〉은 전혀 다른 분위기와 성격의 공연이지만 둘 사이에
는 재미있는 공통점도 많다. 메타연극, 유령, 틈, 그리고 당연하지만 오
늘을 사는 연극인의 독백과 내레이션으로 유치진과 남산예술센터라는
연극사를 다시 썼다는 점 등이다.

〈오만한 후손〉은 잘 만들었으면 더 재미있을 수도 있었을, 여러 겹의
극중극, 혹은 메타연극적 형식을 취하고 있다. 인물들과 장소는 ① 햄릿
/햄릿을 연기하는 배우(사색자-내레이터) ② 동랑 유치진(역사적 인물/유령) ③〈햄

릿〉 공연의 주요 장면들과 극중인물들 ④ 연극연습을 하는 배우들(현재의 일반시민) ⑤ 기자(사회적 해설자) ⑥ 비평가(가치판단자 및 주석자)에 의해 나뉘고 때로 서로 중첩된다. 특히 시작 부분의 설정은 아주 흥미롭다. 〈오만한 후손〉이라는 이 성찰적 연극의 주인공은 사색의 아이콘인 햄릿이자 햄릿을 연기하는 현재의 연기자이다. 유치진이 등장해 현재 연극이 진행되는 남산예술센터의 공간이자 당시로서는 최신식 설비의 드라마센터였던 극장공간을 소개한다. 계속해서 유치진이 실제로 1962년 드라마센터의 개관작으로 올렸던 공연이 마침 〈햄릿〉이었음을 환기시키면서 현재 〈햄릿〉의 리허설 공연이 시작되고, 유치진은 그 〈햄릿〉 공연에서 유치진의 모습 그대로 햄릿 선친의 유령으로 등장한다는 것이다. 유령/유치진은 그 후에도 극중 유령으로, 자신의 공적을 과시하고 소유권을 주장하는 역사적 인물로, 극중 연극의 연출가로 간헐적으로 등장하며 자신이 여러 층위를 가로질러 극의 열쇠가 되는 존재임을 암시한다. 이밖에 공연은 〈햄릿〉 1막, 3막, 4막의 공연(연습)장면, 〈햄릿〉공연, 혹은 〈오만한 후손〉에 대한 기자와 비평가들의 코멘트, 그리고 〈햄릿〉을 연습하는 연기자들 사이의 드라마센터/남산예술센터의 소유권 문제를 둘러싼 상황설명과 논쟁들로 이루어져 있다.

좁은 연극계에서 〈오만한 후손〉에 대한 소문이 무성했다. 작가가 중간에 손을 털고 나갔다느니, 새로운 각색자가 들어와서 난해한 콘셉트와 함께 의욕적으로 작업하고 있다는 등… 그만큼 기대가 컸으나 막상 공연을 보니 안타깝게도 적잖이 실망스러웠다. 우선 이름이 꽤 알려진 신진 극단임에도 연기나 연출면에서 기본기량이 부족한 느낌이었고 상투적인 표현들이 많아서 공연에 대한 흥미를 지속하기 힘들었다. 텍스트의 철학과 사상성에 비중을 둔 작품인 듯했으나 대사는 윤기도, 의미도 부족한 채 미완성으로 방치된 부분들이 많았다. 특히 〈햄릿〉 장면들을 길게 여러 번 보여주는데 그 의도를 알아내기 힘들었다. 공연 전체는

(마치 선친의 유령이 그랬듯이) 무슨 말을 하려고 무척 애쓰는 것 같으나 그걸 이해할 수 없으니 고통스러웠다. 그날, 관객과의 대화가 끝날 무렵, 객석에 앉아있던 각색자는 자신의 의도는 소유권의 문제를 넘어 드라마센터라는 기표로서의 장소를 보고자 하는 것이라고 했다. 누가 소유하느냐가 아니라 소유, 합법성, 공공성의 문제를 성찰하고자 했다고 발언했다.

요컨대 관극의 고통을 되새기며 다시 추적해가면 공연의 핵심은 아마도 '유령', 그것도 소문대로 '데리다의 유령'이리라고 추정된다. 데리다가 정치적, 윤리적 선회를 한 이후의 명저『마르크스의 유령들』[1]에서 언급하는 유령의 의미는 양가적이다. 한편으로는 마르크스가『공산당 선언』의 첫 문장에서 '유령'을 언급했을 당시 공산주의적 이상을 괴롭힌 유령들을 의미하지만, 또 한편 공산주의 몰락 이후의 마르크스처럼 '계속 우리 주위에 유령으로 출몰하며 배회할 수밖에 없는, 삶과 죽음의 경계 위의 존재'로서의 유령이기도 하다. 이 경우 유령은 '법적인 공정함의 질서 바깥에서, 자본주의적 시장의 질서의 모순 속에서 억압받고 착취당하고 차별받는 타자들의 고통'을 '해방시키는 힘'을 의미한다고 한다. 보다 일반적으로, 데리다의 유령론은 존재론을 대체하는 포괄적인 이론이기도 하지만 동시에 '시간을 넘어 계속 우리 주위를 배회할 수밖에 없으며 그를 부르는 목소리가 있다면 언제든지 돌아오는' 존재를 말한다. 이런 유령의 존재는 '시간의 간극, 혹은 어긋남'을 통해 존재자의 법, 보상, 처벌, 소유 등의 질서에 균열을 냄으로써 그 너머의 새로운 정의의 도래를 가능하게 하는 힘을 의미하기도 한다는 것이다. 이것이 데리다가『마르크스의 유령들』의 시작 부분에서 〈햄릿〉 1막 5장에서 유령을 만난 햄릿의 독백, "뒤틀린 세월(이음매에서 어긋난 시간, time out of joint)/ 아, 저주스런 낭패로다/ 그걸 바로 잡으려고 내가 태어나다니"라며 후대의 자신이 짊어진 짐을 통탄하는 대사를 인용했을 때의 '유령'의 의미이자 각색자가 의도한 바가 아닌가 생각된다.

유령의 존재는 극중 서사상에서는 햄릿과 동랑 유치진을 매우 효과적으로 이어준다. 그러나 공연상에서 그 의미가 불분명했던 만큼 햄릿-유령-유치진의 고리는 유치진에서도, 〈햄릿〉의 다른 장면들에서도 효과적으로 작용하지 못했으며 드라마센터 소유권 문제나 극의 나머지 부분에서도 살아있지 못했다. 햄릿의 고민은 호소력이 부족했고, 빛나야 할 유치진/유령의 장면들은 충분히 상징적이고 함축적이지 못했으며 〈햄릿〉의 극중극, 기도, 폴로니어스 살해 후의 장면들은 작품 해석과 관련된 의도를 알 수 없었다. 그런가하면 배우들 사이의 소유권 논쟁은 피상적이었고 기자들은 상투적이었으며 비평가들의 코멘트는 모호했다.

대본을 구해 읽어보니 법이며 소유 등에 관한 언급들이 있기는 했다. 그러나 공연을 통해 관객의 귀와 머리로 들어오지 못했다. 우리 사회에도, 연극계에도 이미 너무 많은 유령들이 떠돌고 있지 않은가? 더 생각을 정리하고 언어에 연극적 윤기와 생기를 감돌게 하고 보다 지적이고 세련된 무대화가 가능하다면 남산예술센터에 관해 '합법적 소유'의 문제를 넘어선 멋진 정치극, 혹은 철학극이 나올 뻔했다.

＊ ＊ ＊

거의 같은 시기에 전혀 다른 분위기로 연우소극장에서 강훈구 작·연출의 **〈진짜 진짜 마지막 황군: 연극의 요정 유치-지니와 훈구의 세 가지 소원〉**[2]이 공연되었다. 이 연극의 내력은 좀 복잡한데 이에 관해 강훈구가 관객에게 직접 능청스럽게 설명해주는 것으로 극이 시작한다. 2017년 남산예술센터 서치라이트에서 아직도 전쟁이 끝난 줄 모르는 일본 군인의 이야기인 〈마지막 황군〉을 올렸는데 이번에 원래 준비했던 〈진짜 마지막 황군〉은 이 전작의 속편으로서 '자신이 죽었다는 사실을 믿지 않고 드라마센터 극장에 살고 있는 유치진'을 그린 일인극으로 본인이 연기까지 맡으며 며칠 전까지 준비하고 있었다는 것이다. 그런데 어제 아침 우연히 들른 남산예술센터 옆 공터에서 유치진의 일기 세 권을 발견했다면서 책을 보여준다. 그 일기장을 읽은 결과 유치진의 본명이 '유치-지니'이며 유치-지니는 한 사람이 아니라 세 사람이라는 놀라운 사실을 알아냈다고 한다. '한 사람으로서는 그렇게 서로 다른 내용의 일기를 쓸 수 없었다'는 것이다.

이로써 강훈구의 연극 〈유치-지니〉는 두 가지의 아이디어를 중심으로 진행되게 된다. 첫째는 유치진이라는 인물과 그의 삶이 지닌 다면성과 모순이다. 세 명의 유치-지니는 세 명의 배우들에 의해 연기되는데 ① 민중극 시절로서 리얼리즘 연극과 브나로드 운동을 부르짖던 유치진 ② 국민연극 시절로서 기술과 자본과 국가지원, 그리고 낭만적 대극장을 주장하던 유치진, ③ 민족극론을 외치며 드라마센터의 필요성을 역설하는 유치진이다. 두 번째 아이디어로는 현재 어렵게 연극활동을 하고 있는 훈구가 각 시대마다 유치-지니에게 ① 연극 잘 만들기와 ② 관객 많이 모으기라는 소원을 빌게 되고 유치-지니는 펑~ 하며 주전자에서 나오는 마술사처럼 성공의 비결을 알려주게 된다. 그런데 훈구의 세 번째 소원만은 그 공개가 마지막까지 지연된다. 그건 왜일까?

이런 내용들은 듣기에 잘 구성된 듯하지만 물론 공연에서는 그렇지 않다. 강훈구의 연극은 때로 상당히 정교하지만 보통 공놀이처럼 어디로 튈지 모르는데 물론 〈유치-지니〉는 후자다. 관객은 강훈구의 근거 없는 자신감과 장난기의 수행성에 정신없이 즐겁게 끌려다닌다. 요즘 많이들 얘기하는 '과정의 연극' 그 자체를 보여주려는 듯 연우소극장의 객석의 한 쪽은 아예 엉망진창의 배우 대기실로 비워놓았다. 훈구가 어제 아침에 발견한 일기책을 밤새워 요약해 할 일 없는 배우들에게 외우게 하고 있다며 관객들에게 '뻥'을 치는 사이에 훈구 못지않게 자존감에 넘치는 배우들은 실제로 객석에서 뒹굴며 여유롭게 대본을 외우는 모습을 보이고 있고 극이 끝날 무렵에 훈구는 '이거 유치진을 까는 목적극으로 가고 있는데 어떡하나'고 하소연하면서 실은 이 대본을 유치-지니가 써준 것이라고도 한다. 그렇다면 유치-지니와 훈구가 함께 숨겨놓았던 세 번째 소원은 무엇일까? 오늘도 열악한 제작환경에 쫓기는 훈구는 이 것저것 망설이다가 세 번째 소원으로 '연극의 아버지'가 되게 해달라고 한다('연극의 아버지'는 유민영 교수가 저술한 유치진 평전의 부제[3]로서 실제 그 책이 무대 위에 놓여있기도 하다). 어느덧 무대에 흩어져 있던 상자들을 모아 만든 왕좌에 앉은 훈구는 그의 소원대로 '한국연극의 아버지', 유치진이 되었다. 유치진이 된 훈구의 몸에 유치진의 자료 영상들이 새겨지고 엉킨다. 이 의미는 무엇일까? 훈구는 진심으로 유치진의 능수능란함과 전지전능함을 원한다는 것인가? 42명을 지나 43번째 진짜 진짜 유치-지니가 나타날 것 같다는 걸 보면 여전히 유치진의 끝없는 변신과 자기모순에 대한 야유이고 패러디일까? 꼭 그런 것 같지만은 않다.

〈유치-지니〉는 장난기 어린 과정의 연극인 듯하지만 동시에 다큐멘터리에 가까울 정도로 많은 자료(유치진 자신의 글이 많기는 하지만)에 의거해 텍스트를 구성했다. 벽에는 계속해서 유치진의 끝없이 달라지는 주장들과 상호 모순되는 의견을 담은 글자들이 투사된다. 오늘의 관점에서 그를 고발하듯 블랙리스트의 문건들, 대한민국의 모든 대극장과 연극영화과들의 엄청난 명단이 뜨기도 한다. 그러나 유치진은 중간중간 고문받던 기억을 털어내기도 하고 자신의 친일행적을 참회하고 사과하면서 관객과의 거리를 좁히기도 한다. 세 명의 유치-지니는 등장할 때마다 좀 다르게 변주된 반주에 맞춰 율동을 하며 '왜 나를 미워하느냐'는 가사의 우습고도 짠한 노래[4]를 부른다.

유치진-훈구는 마지막 스피치를 한다. 지금까지와 같은 집착과 야심

어린 주장과 설득이 아니라 통영의 수줍던 어린 시절, 무대 위의 첫 경험, 무조건 연극이 좋았던 이유를 말한다. 그것은 '관객과의 황홀한 일치'였던 것이다. 유치진의 끝 모를 변신을 야유하기도 했지만 훈구는 유치진의 마음 가장 깊은 곳을 잠시 들여다본 것이다. 그곳은 공놀이클럽 회장 훈구의 마음속과 크게 다르지 않다… 자기 자신이 43번째 유치-지니가 될 수도 있다는 것이다.

〈유치-지니〉는 거의 퍼포머와 같은 존재감을 발산하는 강훈구의 개인적 특질에 많이 의거한다. 지난 봄 그의 〈테이크 미 아파트〉도 그 예가 될 것이다. 연기자들이 공사판 같은 무대 공간에서 실제 배달 온 짜장면을 채 다 먹지 못한 채로 극이 시작되는데, 연극 현장의 이런 허술한 현실과 그 엉성할 정도의 순발력은 '우리 사회의 아파트는 기약 없이 늘 바뀌어가는 그 무엇이며 동산이 아니라 부동산'이라는 극의 메시지에 힘을 실어준 경우였다. 어설프기 이를 데 없었지만 이 공연이 비슷한 시기 두산에서 '문명/인간'이라는 이분법으로 예쁘게 완성시켰던 다원퍼포먼스 〈포스트 아파트〉보다 더 가슴에 와닿았던 기억이 있다. 이번 〈유치-지니〉 역시 정신없이 끌려다니는 동안 즐거웠고 마음을 건드리는 그 무엇도 있으나 아직 마무리와 뒷심이 약하다. 강훈구 특유의 즐거움과 인간의 모순을 따뜻하게도 볼 줄 아는 공감의 힘이 앞으로 어떻게 전개될지 기대된다.

비대위의 문제제기와 자료발굴은 당연히 정당하고 의미있는 행동이고 좋은 결과로 이어지기 바라지만 드라마센터를 되찾자고 초법적인 혁명을 일으킬 수는 없다. 단죄하는 듯한 비난 일색보다는 사회 전체의 성찰이 필요한 시기이다. 두 작품 모두 완성도는 부족하지만 일단 목적극이나 너무 단순화된 프레임이나 이분법에 함몰되지 않고 그것을 넘어서 성찰하고 접근하고자 하는 다양한 시선이어서 반가웠다.

:: 註

1 자크 데리다, 『마르크스의 유령들』, 진태원 옮김(그린비, 2014)의 '옮긴이 해설'(359-377 쪽)을 참고했음.

2 이후 〈유치-지니〉로 표기함.

3 유민영, 『한국연극의 아버지: 동랑 유치진』, 태학사, 2015.

4 나는 나는 유치지니/ 왜 나를 싫어하나/ 나는 나는 유치지니/ 도대체 모르겠네/ 나의 심통 때문에 나를 그렇게 싫어하나/ 나도 알고 보면 착한 사람이야(반복)

2019 〈관람 모드 – 보는 방식〉 이영건 ⓒ0set프로젝트

〈관람 모드 – 보는 방식〉을 보고*

장애인 연극을 본 경험이 많지 않다. 0set프로젝트가 만든 작품으로
는 〈연극의 3요소〉라는 작품을 동영상으로 잠시 보았고 〈사랑 및 우정
에서의 차별금지 및 권리구제에 관한 법률〉을 관람한 적이 있다. 극장
에 가면서 이번 〈관람 모드-보는 방식〉(0set 프로젝트, 신재 연출)은 무척 난해
한 작품일 것이라고 짐작했다. 0set 프로젝트라는 극단 이름도 그렇고
〈연극의 3요소〉에서 받았던 지적(知的)인 인상, 그리고 어디선가 〈관람
모드-보는 방식〉의 제작의도를 읽은 기억이 났기 때문이다. 흔히 비장
애 관객들이 장애연극을 보게 되면 생경함과 불편함 때문에 당황하게
되고 관람이나 감상의 기준을 어디에 잡아야 하는지 혼란스러워하다가
어느 정도 시간이 흐르거나 여러 번 보게 되면 비교적 '편안하게' 일반
연극 보듯이 관극에 적응하게 된다. 〈관람 모드-보는 방식〉은 그러한
관객의 관극태도, 그 변화의 '순간', 혹은 '문턱'에 관한 연극이라는 내

---

* 이 글은 비평문이라기보다 극단 측으로부터 일반 관객으로서의 관람소감을 청탁받아 썼
  던 글이다(실제로 장애연극에 대해 경험이나 전문적 지식이 없기도 하다). 후에 0set 프
  로젝트가 보고서 형식으로 펴낸 책자에 '관객후기'로 실렸다.

용의 글이었다. 당시 읽으면서 무척 흥미로운 관점이라고 생각했지만 과연 그걸 어떻게 극화할 것인가 하는 우려도 해봤던 것 같다. 늦더위가 남아있던 지난 초가을, 삼일로창고극장 언덕을 걸어 올라가면서 아마도 구체적으로는 관객의 지각의 변화를 공연미학적으로 분석하는 리포트 형식이나 다큐멘터리 스타일이 아닐까 짐작도 해봤다.

그런데 막상 공연은 그런 걱정이나 우려와는 전혀 다른 작품이었다. 결론적으로 말하면 차갑고 지적인 분석이라기보다 감성적으로 스며드는 따뜻한 공연이었다. 극장 입구 쪽 사무실로 들어가니 관계자가 퍼포머와 관객, 일대일의 공연이라고 설명해주어서 좀 놀랐다. 사전 정보가 있었던 것 같은데 내가 몰랐던 것이다. 일대일 공연은 작년인가 남산예술센터의 '사이트 스페시픽-이머시브' 형식의 〈천사-유보된 제목〉(서현석 작·연출)을 체험한 적이 있다.

1. 아무튼 약간 긴장한 상태에서 안내자의 인도에 따라 극장 공간으로 들어갔다. 반짝이 재킷을 입은 퍼포머가 약간의 오디오 장치가 설치된 테이블 앞에 앉아 웃으면서 나보고 건너편 의자에 앉으라고 권한다. 아마도 말을 하지 못하는 음성 장애자인 듯하다. 왼쪽 스크린에 타이핑으로 그의 의사가 표현된다. 그는 자신이 지금까지 자판으로 쓴 글을 인공 목소리로 바꿔 자기 의사를 표현해왔는데 그 기계적 목소리가 싫어서 나의 목소리를 빌리고 싶다고 한다. 그런 의미에서 내게 자신이 쓴 시를 읽어줄 것을 부탁했다. 평소 나 자신의 목소리, 특히 기계를 거친 내 목소리를 극혐하는 나로서는 좀 당황스러웠지만 아무튼 정성껏, 그의 반응을 살피면서 읽기를 수행했다. 누구 앞에서 시를 소리내어 읽는 것은 중고등학교 이후 처음이었다. 그는 다행히 좋다고 말했다. 솔직히 내가 목소리 퍼포먼스의 주인공이 될 줄은 몰랐기에 당시에는 이것저것 생각할 겨를이 없었다. 그나마 만족했다니 다행이라고 생각하며 정신없

이 그곳을 빠져나와 그 다음 장소로 안내되었다.

2. 이번에는 삼일로창고극장에 이런 공간이 있었나 싶은 그런 휑하고 넓은 방으로 안내되었다. 낯선 곳에 혼자 남으니 약간 무서웠다. 테이블에는 노트북이 켜진 채 놓여있었다. 그런데 갑자기 화면에 성수연 배우의 얼굴이 나타나서 너무 깜짝 놀랐다. 영상을 통해 내 얼굴을 보는 것 역시 극혐하는 나는 태어나서 한 번도 영상통화라는 것을 해본 적이 없다(단, 셀카는 찍음). 따라서 그게 영상통화가 연결된 화면인지도 모르고 당황하고 있는데 어디선가 스태프가 지켜보고 있었는지 뛰어들어와서 내 귀에 리시버를 끼워주었다. 이게 무슨 상황인지 도무지 파악이 안 되는 가운데 성수연이 이런저런 얘기를 시작했다. 화면으로 보니 그녀는 내가 걸어 올라왔던 극장 앞 언덕길에 서서 통화하고 있었는데 내가 당황하건 말건 자신이 공연 전 기도한다는 사실 등을 얘기해준 후 연기자와 관객의 이상적인 거리는 얼마나일까? 왜 배우는 공연이 끝난 후에야 관객에게 인사할 수 있을까? 등을 질문한다. 태연한 척 열심히 얘기를 나누었다. 성수연 배우는 조금 후 직접 극장으로 들어와서 나와 직접 악수를 나누고 사라졌다. 분명 무슨 의도로 이 장면을 만들었을 텐데 이게 모두 무슨 뜻일까? 성수연 배우는 장애인이 아니잖은가? 그럼 무슨 보편적인 질문을 사이에 끼워넣은 것 같은데…음…뭔가 알 듯도 하려는 순간, 나는 다시 누군가에 의해 이번에는 내가 몇 번 가본 공간인 갤러리로 안내되었다.

3. 갤러리에 혼자 서있으려니 어디선가 누가 〈갈매기〉의 4막 대사를 하면서 스크린 뒤에서 나타났다. 장면 대사를 조금 더 계속한 뒤, 그는 나를 공간 뒤쪽에 따로 마련된 보다 친밀한 공간인 응접용 소파로 안내했다. 차를 대접하며 그는 계속 대사를 했고(그 대사 내용이 뭔지 생각이 안 난다. 〈갈매기〉를 자기 자신의 이야기와 조금 접합한 내용이었던 같기도 하다) 그 맞대면의 분위기가 어색할 수도 있었으나 나도 이제는

더 이상 당황하지 않고 오히려 그 퍼포머보다 더 침착을 유지할 수 있었다. 그가 시각장애인이라는 것도 알게 되었다. 그의 대사(말)에 귀를 기울이고 있던 나는 대화가 하고 싶어서 "제가 말을 걸어도 되나요?"라고 말을 걸어보았는데 그는 그 질문에 아무런 반응을 안 하고 준비된 대사만 했다.

4. 그 다음 청량한 저녁 공기를 마실 수 있는 길거리로 안내되었다. 어느새 어두워진 길가에 혼자 앉아있자니 여러 가지 생각이 들었다. 이것도 공연의 일부겠지? 나는 관객인가? 배우인가? 좀 떨어진 곳에서 성수연이 다음 관객을 상대로 손짓발짓하면서 영상통화를 하는 모습이 보였다. 행인들이 힐끗거리면서 지나갔다. 아까 성수연에게 너무 반가워했던 나를 떠올리며 좀 씁쓸하기도 했다. 아까 영상통화 속의 성수연은 그냥 공연 참여자의 한 명인가? 공연 속의 배우 성수연인가? 아니면 내가 길에서도 아는 체하는 배우 성수연이었나? 이런 생각을 하며 앉아있는데 사색에 충분한 시간이 흐른 후 웬 여성 퍼포머가 살며시 다가와서 말을 건넸다. 수첩에 글을 쓰는 필담으로 말이다. 언어 장애가 있는 듯한 그녀는 몸으로 표현하는 데 익숙했고 그것이 아름답게 느껴졌다. 춤추는 아티스트인 것 같았다. 그녀와 함께 말과(그녀는 말을 듣기는 했던 것 같다) 몸짓과 필담을 주고받으며 극장의 곳곳을 다녔고(삼일로창고극장에 그렇게 오밀조밀한 공간이 많은 줄 처음 알게 됨) 나는 영광스럽게도 유일한 관객이 되어 그녀의 춤을 감상하기도 했다. 아니 이 경우는 감상이 아니라 그녀와 나만의 독특한 방법으로 커뮤니케이트한 것이겠지. 결국 이 공연은 장애인 퍼포머와 이를 접한 비장애인 관객 사이의 거리와 친해짐과 그런 걸 말하고 있나보다…라는 생각으로 모아진다.

5. 다시 처음의 극장 공간으로 안내된다. 그곳에는 한 시간 남짓 나와 비슷한 코스를 밟은 몇 명의 관객과 첫 번째 아티스트와 아마도 공연에 참여했던 모든 배우가 모여있었던 것 같다. 나는 그들과 함께 공간을 거

닐다가 나의 목소리가 녹음된 카세트를 받는다. 그리고 내 목소리의 진동을 느낀다. 목소리의 촉감이라는 새로운 감각이 다시 한 번 내 지각을 깨운다. 그러나 그 일깨움이 무슨 의미와 무슨 지각으로 연결되는 것인지까지는 잘 모르겠다. 방을 나서며 그들과 헤어진 후 매표소에서 내 소지품을 찾아들고 아까 성수연이 전화기를 들고 춤추고 얘기하던 좁다란 언덕길을 걸어 내려와 지하철을 타고 집으로 왔다.

이렇게 정리하다보니 그날의 내 관극경험이 무엇을 뜻하는지 조금은 더 잘 이해하게 된 것 같다. 그날의 체험은 오히려 좀 시간이 지난 후 더 깊어진 울림으로 돌아온 듯하다. 그런데 애초에 작가/연출가가 기대했던 관람 모드는 무엇이었을까? 내가 무엇을 많이 놓친 걸까? 열린 감각이나 따뜻한 교류도 중요하겠지만 '관람 모드'에 대해 좀 더 공연미학적으로 분절된 객관적 접근을 요구한다면 욕심일까? 현장에서의 반응, 감각, 사유, 그리고 다음 날, 한 달 후, 몇 달 후의 그것들과의 거리는 어떻게 설명될 수 있을까?

2019 〈이게 마지막이야〉 극단 전화벨이 울린다 ⓒ박태양

'이게 마지막이야'의 의미는 무엇일까?[*]

〈이게 마지막이야〉

지난 1980년대 말, 마당극이 끝나갈 무렵, '민족극'[1]이라는 명칭의 연극들을 너무 많이 보면서 힘들었다. 그 범주가 막연하고 넓다 보니 개중에는 좋은 평가를 받은 작품들이 없었다고는 할 수 없을 것이다. 그러나 많은 경우 억압 계층과 피억압 계층, 나쁜 무리들과 정의로운 무리들을 너무 선명하게 구분해서 그 투쟁을 다분히 이념적으로 표현하는 천편일률적 내용들이었다. 되돌아보면 오랜 기간 군사독재에 시달려왔고 자본주의가 심화되기 전, 적과 아군이 비교적 분명히 나뉠 수 있었던 시기였으니 그럴 수 있었다고 생각한다. 그러나 지금까지도 나는 너무 강한 사회적 메시지를 담을 것 같은 극들을 관극순위에서 밀어놓곤 했다. 1990년대의 포스트모던의 스펙터클과 2000년대 일상극의 잔잔한 무력감을 흘려보냈고 오늘날의 상황은 많이 변화했다. 정치사회문제를 다루는 오늘의 연극 역시 많이 달라지고 다양해졌다. 2010년대 이후 정치사회적 문제를 다룬 극들의 특성으로는 우선 강한 비허구적, 다큐멘터리적 성격을

---

* 『연극평론』 95호(2019년 겨울)에 실렸던 글이다.

들 수 있다. 지난달에도 남북출신 청년들의 소통을 다룬 크리에이티브 바
키의 〈브라더스〉나 우란문화재단의 〈THE MAJORITY: SOUTH KOREA
(머조리티)〉 같은 기대작이 있었다. 그러나 두 작품은 이런 비허구적 연
극에서 요구되는 콘셉트의 선명성, 현실세계와의 적절한 조응, 방법론
의 치밀함 면에서 기대에 미치지 못했다. 이런 와중에 누군가의 추천으
로 **〈이게 마지막이야〉** (이연주 작, 이양구 연출)를 보게 되었다. 노동현장을 다
룬 극 중 근래 〈말뫼의 눈물〉을 보았고 〈노란봉투〉나 〈구일만 햄릿〉을
보지 못했는데 그동안 많이 변해 있었다. 과거처럼 분노와 주장과 해답
을 내세우는 게 아닌 이념과 일상이 미세하게 얽히는 디테일들, 그러면
서도 현실의 복합적 모순을 꿰뚫는 선명함, 단단하면서도 섬세한 극작
술, 그리고 충분한 설득력을 주는 공연(연기, 연출, 무대)이 주는 모처
럼의 뻐근함과 뿌듯함을 느낄 수 있었다.

:: 너무 익숙해서 낯설 수 있는 것들

연우무대의 지하극장을 들어가면 우선 어둑한 작은 무대의 반 이상을
점거한 형광등 빛의 차가운 큐빅형 공간과 마주하면서 감각과 지각이
동요되기 시작한다. 도시의 지저분한 골목들에서 만났던 너무 익숙한 편
의점 공간의 극사실주의적 재현일 뿐 아니라, 우리가 대강 외면하며 지
나쳤던 그 하얗게 밝은 공간 안에 도사린 불편함들과 마주쳐야 한다는
예감 때문이다. 더구나 관객이 보는 것은 편의점의 뒷문 쪽이다. 주인의
날카로운 감시 하에 물건들이 입고되고 가짜인지 진짜인지 알 수 없는
CCTV가 달려있으며 쓰레기통 옆으로 원치 않는 사적인 방문객들이 서
성대는 그런 장소이다. 이 극에는 강하게 직접적인 지탄의 대상이 되는
인물은 없다. 열렬한 투쟁의 현장도 비껴간다. 대신 안타깝고 비루할 수
밖에 없는 우리 주변의 일상이 전개될 뿐이다.

극 속의 인물들은 모두 살아있고 연기자들은 각자 관객을 움직여 공
감하고 생각하게 하기에 충분했다. 편의점 점포를 몇 개 소유하고 있는
사십대 초반의 점장은 허탈한 웃음과 함께 분노를 유발하는 유일한 비
호감 인물이다. 능란한 언변과 매너를 갖추고 과거에 안 해본 알바가 없
다며 자수성가했음을 내세우지만 그래서 더 한 푼을 아끼고 알바생들을
지독하게 감시하며 착취한다. 정화는 40대 초반의 주부로서 일하던 마
트가 파업하자 편의점 알바로 왔으며 파업에 앞장서다가 폐인이 된 남
편과 두 아이의 생계를 맡고 있다. 30대 중반 정도의 선영은 정화의 두
아이의 학습지 선생이다. 마음이 모질지 못한 그녀는 정화에게서 밀린
수업료를 받기 위해 편의점에 계속 찾아온다. 10대 말, 혹은 20대 초의
알바생인 보람은 이 편의점의 전직 알바이며 고교를 다니다가 말고 돈
을 벌기 위해 여러 군데를 뛰고 있다. 폐기되는 삼각김밥 하나 안 먹을
정도로 철저한 태도로 일에 임했지만 점장에게 주휴수당과 초과수당을
요구하다가 일방적으로 해고되었다. 명수는 정화 남편의 후배로서 노동
운동가다. 여러 어려움을 겪고 있지만 파업 현장을 떠나지 못하고 있다.
남편에게 줬던 돈을 정화에게 받으러 왔다가 일부를 다시 돌려준다. 이
들은 엄청난 신념으로 투쟁한다기보다 당면한 상황에서 일단 당장 먹고
살기 위해 그날그날을 보내는 사람들이다. 정화는 현실에 매몰되어 있
다 보니 가장 목표가 약한 인물이지만 오히려 극의 갈등의 중심에 있다.

이 연극은 고전적이면서도 극사실주의적인 구성 방식을 취함으로써
단단한 극적 긴장을 넘어 낯설만큼 치밀한 재현의 힘을 과시한다. 극은
정화의 월급날인 월말의 금요일을 며칠 앞둔 화요일부터 수요일까지의
이틀 동안 일어난 일들을 다루고 있는데 그 행동의 동기와 목표들은 만
원부터 몇 백만 원 미만의 돈의 흐름을 타고 정교하게 흘러간다. 갑자기
나타난 명수는 말일까지 과거 정화의 남편에게 줬던 돈 300을 달라고
하고 점장은 보람의 체불임금 요구를 막아달라는 뜻으로 정화에게 300

만 원을 선불해준다. 본사에 투서가 들어가는 바람에 보람에게 밀린 임금 500만 원을 보내게 된 점주는 돈이 없다며 정화에게 이달 월급지급을 미루려고 하고, 밀린 학습지 비용을 받기 위해 여러 번 편의점을 방문했던 선영은 밀린 석 달분 52만 원이 안 되면 한 달분 14만 원이라도 미리 달라고 하지만 가불 300만 원을 명수에게 보낸 정화는 돈이 없다. 선영은 정화가 회사에 대납을 하면서까지 기다려줬던 자신의 돈 52만 원을 갚지 않고 남에게 300만 원을 준 걸 알고 분노해 편의점 쓰레기통을 엎고 나간다. 회사의 독촉을 이기지 못한 그녀는 정화에게 다시 나타나 매일 만원씩이라도 달라고 한다. 당장 지갑에 만원도 없냐고 부르짖는다. 이때 명수가 되찾아갔던 돈 중 100만 원을 들고오고 이런 시비 중에 보람은 무단 해고에 항의하여 편의점 안으로 들어가 안으로 문을 잠그고 점거시위를 시작한다. 정화와 선영, 그리고 명수는 문 앞에 주저앉는다.

:: 편의점 안과 굴뚝 위

진짜 거대하고 탐욕스런 다툼은 아마도 일반 사람들의 인지(認知)영역 밖에 있을지 모른다. 이 연극은 만원, 십만 원, 그리고 최대 500만 원 미만의 돈에 생존과 약속과 자존심과 분노를 거는, '없는 사람들'끼리의 처절하고 치졸할 수밖에 없는 다툼을 하이퍼리얼할 정도로 세세하게 그린다. 특히 가장 마음 약한 학습지 선생이 분노로 편의점 쓰레기통을 엎고 나가고 다시 돌아와서 하루 만원씩이라도 달라고 요구할 때 관객의 얼굴은 처참함과 부끄러움으로 함께 달아오른다. 그런데 몇 푼의 돈이 일상이고 리얼리티 자체가 되는 이런 구차한 현실은 십대 알바인 보람의 편의점 점거로 다른 국면을 맞는다. 보람은 점장이 마지못해 던져준 밀린 임금을 받았지만 이건 아니라며 일방적으로 자신을 해고한 근로기준법을 문제삼는다. 보람은 머리에 띠를 두르거나 투쟁을 외치지 않는다. 그냥 편의점 안에서 문을 잠그고 유리창에 점장의 계약위반을 쓴 서류 몇 장을 붙인 후 귀에 이어폰을 꽂고 쿨하게 앉아 책을 꺼내 읽기 시작한다. 돈을 받았으면 됐지 왜 이러느냐며 당황하던 정화는 점장의 지시대로 비상키를 찾았지만 보람이 점거하고 있는 편의점을 열고 들어갈 것을 망설인다. 결국 정화는 진입하기를 거부하면서 CCTV와 전화로 상황을 체크하고 지시하는 점장에게 직접 와서 보고 얘기해보라고 외친다. 이 순간 공간과 의미의 확장이 일어난다. 환하게 불이 들어온 연우소극장 안의 작은 유리상자는 모두의 머릿속에서 허공을 크게 한 바퀴 돌아 어디선가 고공투쟁에 돌입한 노동자들의 공간과 일치된다. 그곳은 전광판 위일 수도, 송전탑일 수도, 굴뚝 위일 수도 있다. 보람이 자신을 가두고 앉아있는 너무 환하고 투명한 공간의 외로움은 정화의 남편이 오래 머물던 어둡고 쓸쓸하고 바람부는 그곳의 외로움과 조금이나마 닮은, 그런 것일 거라고 주저앉은 정화는 문득 깨달았을 것이다.

이 극은 희망도 절망도 쉽게 얘기하지 않는다. 궁극적 사실이나 그 해결책도 분명치 않다. 파인텍 농성이 잘 해결되어 고공농성이 풀린 것으로 알려져 있지만 우리는 전광판 위나 굴뚝 위에서 무슨 일이 일어났는지 충분히 모른다. 나를 비롯한 많은 사람들은 대기업의 횡포를 구조적으로, 궁극적으로 해결하는 방안, 지금도 이어지는 고공농성이라는 극한투쟁, 노동운동의 명과 암에 대해서도 그리 정확히 알지 못한다. 땅위의 일상적 다툼조차도 어디서부터 어떻게 해결하고 실마리를 찾아내야 할지 손대지 못하고 있는 처지이다. 이런 엉클어짐이 의도된 것이라면 극의 디테일들에 대해서는 작은 아쉬움과 질문들이 남는다. 이 극에 깊이를 더하는 것은 아무도 알지 못하는, 굴뚝에서 내려와 방문을 잠그고 외부세계를 거부하는 정화 남편의 침묵이다. 농성 당시 명수와의 관계 속에서 고공농성 중 정화 남편이 느꼈을 그 '깊이를 알 수 없는 절망' 같은 것에 대한 암시가 조금 더 있었더라면 마지막에 정화가 문을 열기를 거부한 행동의 의미가 보다 선명한 울림을 지녔을지도 모른다. 정화가 편의점 문 앞에 주저앉았을 때 함께 쓰러지듯 앉아버린 명수와 정화는 그때 무슨 생각을 했을까? 사소한 의문이지만 선영은 왜 명수가 가져온 100만 원 중 일부를 돌려달라고 요구하지 않았을까? 보람과 정화의 소신있는 투쟁과 소심한 저항에도 불구하고 극이 끝나면서 뭔가에 짓눌린 듯 불안한 기분은 무엇일까… 이 글을 쓰는 현재 우리 사회가 당면하고 있는 교착상태, 출구 없는 답답함과 닮아있다는 생각도 문득 든다. 많은 사람들이 지적하듯이 조국 사태 이후 좌/우, 진보/보수의 차이가 무너지고 계급론, 세대론, 젠더론 등이 함께 뒤엉켜 한걸음을 내딛기 힘든 상황들이 전개되고 있다. 앞이 안 보이니 무력감마저 느낀다. 그나마 이십대, 삼십대, 사십대 이상 등 세대 간의 다름 속에서 작가는 조금씩 다른 희망과 절망을 본 것일까? 살아보려고 더 파닥이며 힘들어도 공감능력을 잃지 않는 존재들을 여성으로 배치한 것은 의도된 것이었을까?

고공농성의 경험이 있는 쌍용자동차의 한 노동자는 연극을 보고 이렇게 썼다. 연극은 "우리 모두는 높낮이 다른 철탑과 굴뚝 위에 올라 살아간다는 것과 이 투쟁은 결코 끝날 수 있는 것이 아니라는 점"을 말하고 있다고. 그런데 더 중요한 것은 "얼마나 그 과정에서 더 많은 행복과 기쁨을 찾기 위한 노력을 할 수 있는가의 문제"라는 점이며 그리고 그 "놓치고 있는 것은 무엇인지 그것을 찾기 위해선 민감한 촉수를 가져야 하고 그 촉수를 기르는 노력으로만 가능하다"고.[2]

:: **작은 약속들부터**

여기서 희망이나 절망의 메시지 대신 작가 이연주가 실제로 내민 단

단한 청구서는 '작은 약속'들이다. 가장 젊은 보람은 편의점 점장에게
왜 근로기준법을 지키지 않았느냐를 문제삼았고, 정화에게도 점장에게
전달해주기로 한 항의 서류를 왜 안 전해줬냐고 따진다. 정화는 명수에
게 왜 마지막이라는 약속을 안 지키느냐고 물으며 아이들에게 약속이
가장 중요하다고 가르친다. 선영은 기다려준 자신에게 약속대로 먼저
돈을 주지 않았다고 정화에게 분노를 터뜨린다. 작가는 중요한 것은 작
은 것들에서부터 시작된다고 말한다. 파업 현장을 떠나지 못하는 명수
는 좀 더 큰 약속에 대한 기대를 버리지 못했기 때문일 것이다. 연출가
가 프로그램에서 말했듯이 대기업의 횡포도 노사문제도 작은 약속을 지
키는 데서 출발하면 된다.

끝으로 극의 제목인 '이게 마지막이야'가 무슨 뜻일까 생각해보았다.
이는 흔히 무슨 약속인가를 반드시 지키기 위해 다짐하는 말이다. 프로
그램에 쓴 연출의 글을 보니 작가도 비슷한 생각을 했다고 한다. 약속을
당연히 지킬 수 있는 사회에서는 이런 말을 할 필요가 없다. 우리 사회
는 이런 작은 약속을 지킬 수 있는 그런 사회가 될 수 있느냐고, 이 극
은 일단 그렇게 묻고 있다. 그러나 동시에 '이게 마지막이야'는 슬프게
도 그 약속을 지키지 못하리라는 예감이나 지키지 못했다는 회상 속에
서 떠오르는 말이기도 하다. 누군가는 누군가에게 "이게 마지막이야"라
고 했던 약속을 어기고 또다시 돈 몇 푼을 내어 주거나 또다시 굴뚝을
오르기 시작할지도 모른다. 작가가 정말 그리려던 것은 이 어쩔 수 없는
순간들이었을 것 같기도 하다.

:: 註

1 "민주주의와 분단극복의 통일전망을 당면한 민족사의 비원(悲願)으로 보고 이 비원의 실현에 복무하는 일체의 연행예술을 '민족극'이라고 규정한다. 민족의 당면과제를 해결하기 위해 은폐, 왜곡된 민중사실을 밝혀내고 이를 민중적 전망과 세계관 속에서 형상화하는 연행행위 일체가 민족극이라는 이름으로 귀결지을 수 있다." (『민족극운동』, 전국 민족극운동협의회, 창간호, 1990. 08.)

2 이창근, 「이번이 마지막이야」, 〈연극in〉 170호, 2019. 10. 25. <https://www.sfac.or.kr/theater/WZ020400/webzine_view.do?wtIdx=11884>

속 시원한 도전

이연주 각색의 〈시련〉[*1]

해외 유명 희곡 작가 중에서 아서 밀러를 별로 안 좋아하는 편이다. 개인과 가족과 사회를 다루는 묵직한 주제와 능란한 극 구성, 유창한 언변에도 불구하고 그의 희곡을 읽거나 공연을 보고 나면 뭔가 은근히 기분이 안 좋아지곤 했다. 요즘처럼 페미니즘의 목소리가 높아지기 한참 전부터 그랬다. 학술논문을 굳이 찾아 읽지 않아도[2] 그의 완고한 남성중심주의가 영 거슬렸고 마릴린 먼로와의 결혼과 파경 등 그의 사생활에서 감지되는 위선도 꺼림칙했다. 작품 속 여성을 그리는 관점과 여성에 대한 이해력은 상당히 피상적이고 유형적이었으며, 특히 남성의 갈등을 그리는 폭과 깊이에 비해 너무나 불균형하게 차이가 났다. 그중에서도 소위 20세기의 명작으로 일컬어지는 〈시련〉이 특히 그랬다. 존 프락터라는 전설적 인물이 지니는 미덕이 분명히 있고 그의 윤리적 갈등이 지니는 극적 설득력과 폭발적 힘이 분명 대단했지만 그가 사형대로 향하는 마지막 뒷모습에서까지도 뭔가 위선적이고 자기중심적인 면이

---

* 2021년에 쓴 글로 이 책에 처음 실었다.

남아있는 것 같아 마음 한구석이 찜찜하곤 했다.

:: 〈시련〉 속의 남성 신화와 멜로드라마

주지하듯이 〈시련〉은 밀러 자신이 오랫동안 고통을 받았던 1950년대 미국 매카시즘 광풍에 대한 명백한 알레고리이며 17세기 말 미국 개척시대 교회의 실제 기록을 참고해서 쓰인 작품이다. 그러니만큼 충분한 시대적·사회적 고증과 작가 나름의 관점 위에서 집필되었을 것이다. 〈시련〉의 주인공 존 프락터는 흔히 '도덕적 책임감과 인간의 존엄성을 위해 스스로와 싸우는 위대한 인물'로 각인되어 있다. 〈시련〉은 프락터의 내적 갈등이 깊이있게 그려졌다는 점에서 현대의 비극의 반열에 올려지기도 한다. 그럼에도 불구하고 주인공 존 프락터가 압도적인 인간미와 신중한 언행으로 주변의 경외심을 한몸에 모으며 세상의 모든 고뇌를 넓은 어깨에 혼자 짊어진 순교자처럼 묘사되는 것은 왠지 늘 거북하고 불공평하게 느껴졌다. 밀러는 프락터가 아내와 하녀들을 억압적이며 폭력적으로 대하도록 무심하게 내버려둔다. 무엇보다 어린 연인이었던 애비게일을 대하는 그의 이기적이고 비겁하며 이율배반적 태도에는 늘 화가 났다. 물론 애비게일도 스무 살 가까이 차이나는 유부남과 애정 행각을 벌였으며 프락터의 부인을 음해하고 거짓으로 이웃을 무고했으니 문제가 많은 비행소녀임에 분명하다. 당시의 관점에서 나이 어린 하층 여성을 보는 관점의 한계도 있을 수 있다.

그럼에도 밀러가 17세[3]의 애비게일을 그리는 관점은 너무 단정적이고 유형적이다. 그는 1막에서 애비게일의 첫 등장을 '열일곱 살의 소녀로 굉장히 아름답다. 고아이며 가장(假裝)하는 데 있어서 천재적인 소질을 가지고 있다'[4]라고 묘사하고 있다. 프락터의 대사에 드러난 애비게일의 묘사 역시 '거짓말쟁이', '악녀', '창부', '갈보' 같은 극히 평면적이고 유형적인 표현뿐이다. 반면, 비록 프록터에게 육체적으로 매료된 악녀로 그려져 있지만 원작 희곡 속 애비게일의 대사 중에는 프락터를 향해 "날 잠에서 깨우고 이 가슴에 지식을 불어넣어 주신 당신이 그리워서 이래요! 난 세일럼이 어떤 곳인지 몰랐어요! 모든 기독교 여편네들과 신성한 사내들이 가르쳐준 교훈이 모두 거짓이었음을 몰랐어요! 헌데 이젠 당신이 내 눈에 한 가닥 남은 광채마저 지워버리라고 하시는군요"[5] 라고 외치는 부분도 있다. 그럼에도 불구하고 하녀였던 애비게일이 부인에게 쫓겨나자 프락터는 요즘으로 치면 미성년인 애비게일을 일방적으로 욕정과 악의 화신으로 몰아버린다.

밀러는 또한 여러 작품에서 여성을 창녀와 성녀/모성으로 이분해버리는 뻔한 기법을 즐겨 사용하는데 〈시련〉에서도 마찬가지다. 부인 엘리자베스의 금욕/순결함에 대한 대척점에 애비게일을 위치하게 하고 그녀에게 악의적이며 복수심에 가득한 가정파괴자의 기능을 맡김으로써 극 전체에 천박한 삼각관계와 멜로드라마의 분위기를 부여한다. 이 극은 가끔 현대의 비극으로까지 자리매김되고 있지만 저변을 들여다보면 **멜로드라마의 혐의가 짙다.** 만일 프락터가 애비게일의 복수를 저지한다는 동기부여 없이도 스스로의 윤리적 힘에 의해 마녀사냥이라는 집단적 광기에 도전했다면, 그리고 타협하지 않는 불같은 성격 정도를 그의 비극적 결함으로 본다면 이 극은 프락터의 비극이 되었을 수도 있다. 그러나 〈시련〉은 전반적으로 멜로드라마적 특성이 강하다. 인물들이 선악구도로 나뉘는데다가 플롯을 되짚어보면 마지막에 프락터가 도덕적 갈등에 빠지게 된 것은 따지고 보면 어린 정부에게 '욕정의 포로'가 되었기 때문이며, 쫓겨난 '갈보'가 그의 정숙한 부인을 무고했기 때문이고, 결국 '창녀의 복수'의 덫에 빠져버렸기 때문인 것이다. 밀러는 4막에서 프락터의 내적 갈등에 집중한 나머지 복수 멜로드라마를 갑자기 비극으로 격상하는 반면 애비게일과의 관계 및 그녀의 존재는 너무도 쉽게 처리해버렸다. 3막의 끝에서 애비게일이 비겁하게 돈을 훔쳐 도망쳤다는 소식만 들리게 했으며 그녀에게 대사 한마디 주지 않았다. 한편 부인 엘리자베스는 더없이 고지식하고 자부심 강한 여인으로 그려지다가 4막의 프락터와의 마지막 장면에서는 갑자기 프락터의 모든 실수를 자신의 잘못으로 돌리는 감상적이며 나약한 태도를 보인다. 프락터가 외도를 하게 된 이유가 그녀의 '못생긴' 외모와 그에 대한 자신감의 결여로 인한 '냉랭함'에 있었기에 결국 자신의 잘못이라는 것이다. 이는 밀러가 헤일이나 댄포스나 자일스 등 남성 부인물들을 그려내는 깊이와 디테일에 비하면 상당히 임의적이며 피상적 인물묘사가 아닐 수 없다. 결국 엘리자베스 역시 애비게일과 함께, 프락터를 부각하기 위해서만 존재하는 멜로드라마적 인물로서 어딘지 불균형하고 왠지 공감이 가지 않는 인물로 남아있었다.

:: 아서 밀러는 마녀에 관심이 없었다!

존 프락터를 만들어낸 아서 밀러는 마녀사냥이라는 집단적 광기를 비판적으로 보는 인물이었다. 그러나 마녀사냥 과정의 비인간적, 비이성적 비열함에 주목했을 뿐 막상 그 당시 상황에서 마녀가 무엇인지는 전혀 생각해보지 않았던 것 같다. 그에게 마녀는 시대를 달리한 매카시즘의 은유로서 그저 그가 싸워야 할 집단광기의 기호였을 뿐이다. 여성들은 애비게일이나 엘리자베스처럼 그냥 가족주의를 기준으로 한 관계적 이분법에 의해 대상화되었으며, 나머지 마녀사냥과 관련된 여성들은 외지인이거나, 정신이 나갔거나, 늙었거나, 어린 여자 등 다양한 주변적 존재로서 타자화되었다. 극중 프락터는 마녀나 주술 같은 중세적 개념은 물론 패리스 목사의 악마나 지옥의 존재까지도 회의하는 진보적 기독교 신자로 그려지며 심지어 '하느님은 죽었다'고 외치기까지 한다. 그러나 밀러는 여성에 관한 한, 희곡을 썼던 이십세기 중반 당시에도 중세라는 시대가 마녀를 보던 배타적 관점에서 별로 앞으로 나아가지 못했다고 할 수 있다. **밀러는 남/녀, 기독교/이단, 순결/욕정 같은 이분법에 머물러 있다는 점에서 중세의 남자와 크게 다를 바가 없다.**[6] 레베카 같은 '나이와 지혜와 지성을 갖춘 명예 남자'와, 가부장제적 순결의 상징으로서의 아내 엘리자베스 정도의 예외적 존재를 제외하면, 티튜바와 사라 굿부터 애비게일을 추종하는 소녀들에 이르기까지 여성들을 기본적으로 반이성적 존재, 혼돈에 빠진 존재, 주술과 가까운 존재로 광범위하게 타자화하고 있다.

희곡뿐 아니라 지금까지 공연도 늘 천편일률적이었다. 많은 공연에서 존 프락터는 신대륙 개척시대의 시골 농부임을 생각하면 예외적으로 지적이고 고뇌에 찬 인물로 묘사되며[7] 심지어 어떤 공연에서는 햄릿을 연상시키는 깨끗한 흰 셔츠를 입기도 한다. 원작에 없지만, 소녀들이 숲속에서 이상한 성적 분위기의 춤을 추는 장면이 대체로 추가되며 그중 애비게일은 가장 조숙하고 요염해 보이는 소녀가 맡는다. 4막의 독백 장면에서 극의 모든 갈등과 에너지가 존 프락터에게 몰려 그는 마치 종교적 순교자 같은 후광을 내뿜게 되고 나머지 인간들은 대부분 타자화된다. 물론 내 주변에는 〈시련〉과 존 프락터를 너무나 좋아하는 수많은 연기과 지망생들과 동료 연극인들이 있다. 그러나 나는 수십 년간 〈시련〉을 보고 나올 때마다 지성적이며 덕망을 갖추었으되 동시에 위선적인 그의 캐릭터가 너무 싫었고 진부하게 해석된 공연에 지치고 싫증나는 나머지 집으로 돌아와 나 나름으로 각색을 시도해보기까지 했다.

:: 이연주와 김정의 과감한 돌직구

이처럼 오랜 세월 동안 〈시련〉에 대한 불만이 누적되어 있던 차에 연출가 김정이 이연주에게 각색을 의뢰한 공연이 올라간다는 소식이 들렸다. 35도를 넘나드는 불볕더위에 코로나19 확진자가 네 자릿수에 안착되며 기승을 부리고 있었고 수원에 있는 경기아트센터까지 가야 함에도 불구하고 주저없이 서울역에서 기차에 오를 수밖에 없었다. 이연주의 각색은 과감했다. 과감함이 아니었으면 이 현대의 고전을 전면적으로, 총체적으로 재창작하기 불가능했을 것이다. 물론 결과면에서 잃는 것도 많았다. 공연은 전반적으로 거칠고 설득력이 부족한 편이었다. 이연주는 한국의 노동현실을 그린 〈이게 마지막이야〉 같은 뛰어난 작품을 쓰기는 했지만 아직 그의 필력으로는 대가의 노련한 극작술을 뒤엎기 쉽지 않았을 것이다. 김정 연출과의 화학작용도 그리 성공적이지 못했다. 그러나 원작의 재해석이라는 관점에서 아서 밀러가 능숙한 기교로 놀랍도록 단단하게 짜놓은 원작을 전면적으로 갈아엎기 위해서 우선 필요한 것은 기교보다 일단 이런 신선함과 대담함이었다고 말하고 싶다. **밀러의 원작이 마녀나 마녀재판에 관심을 가졌다기보다 집단적 광기의 한복판으로 끌려들어간 한 개인의 갈등과 존엄성에 천착했다면, 이연주는 그런 원작을 벗어나 도대체 마녀란 무엇인가? 오늘의 눈으로 볼 때 마녀의 의미는 무엇인가? 하는 더 본질적인 질문을 던졌다.** '마녀'라는 개념 때문에 잘못하면 급진적 여성주의의 프레임에 갇힐 수 있다는 위험도 없지 않겠으나 각색자가 감히 〈시련〉에 전면적으로 도전하는 과감하고 타협하지 않는 시각을 가지고 있었기에 던질 수 있었던 유쾌한 돌직구였다.

지금까지 〈시련〉을 전설적 작품으로 만들었던 요인들은 첫 번째 오이디푸스의 독백에 도전하는 존 프락터의 유려한 독백, 두 번째는 이리저리 몰려다니며 비명을 질러대는 소녀들의 신비한 집단 히스테리, 세 번째는 애비게일과 존 프락터 부부를 둘러싼 은근히 색정적 분위기의 삼각관계, 네 번째는 패리스나 헤일이나 댄포스 같은 목사들 사이의 종교적 갈등 정도를 들 수 있을 것이다. 각색자 이연주와 연출자 김정은 이 모든 원작의 강점들을 모두 노골적으로 지우거나 약화시켜버렸다. 프락터의 장엄한 독백을 살기 위한 구차한 타협으로 바꿔 무대 한구석에서 처리하게 했으며, 소녀들이 애비게일의 지도에 따라 집단 히스테리를 일으키고 이리저리 몰려다니며 비명을 지르고 마을 사람들을 무고하는 센세이셔널한 장면 역시 무대 안쪽에서 잠깐 간접적으로 처리했다. 애비게일과 프락터 사이의 관계에서 색정적 요소를 거의 없앴으며 둘 사이의 마주침도 최소한으로 줄였다. 애비게일이 프락터로부터 원하는 바도 원작과 180도 달라졌다. 다만 원작을 빛내게 했던 헤일 목사의 갈등이 함께 사라진 것은 좀 아쉬운 부분이다.

:: 그들의 선택

그렇다면 〈시련〉을 유명하게 했던 이 모든 것들을 낮추고 삭제하는 대신 각색자가 택한 것은 무엇인가? 우선 배경과 핵심을 비교해보자. 원작 〈시련〉은 집단적 광기 속에 휘말린 개인의 도덕적 갈등을 그렸지만 그 배경으로 마녀나 주술이나 종교재판이라는 센세이셔널한 소재를 십분 이용했다. 이에 비해 각색본은 마녀, 주술, 종교재판 등의 자극적이며 상투적인 이미지를 최대한 탈색했다. 인간의 지극히 세속적 욕망들, 즉 교구 안의 교직자들의 세력 다툼과 욕망, 주민들 사이의 땅의 소유권 문제, 사적 원한, 정치권력, 선거 결과 들을 원작보다 더 분명하고 구체적인 동기로 만들었고 마녀재판은 그 세속적 갈등으로 인해 빚어진 한 에피소드로 설정했다. 세일럼을 뒤흔든 마녀재판이 실은 소녀들의 장난 정도로 볼 수 있는 사건을 토지에 욕심이 많은 푸트남이 패리스 목사의 영웅심을 앞세워 프란시스와 레베카 부부를 몰락하게 하려는 정치적 모략이라고 해석한 것이다. 이로써 **원작의 마녀재판이 지니는 마**

녀에 대한 막연한 선입견을 털어낸 후, 마녀나 마녀재판을 오히려 다른 관점에서 본다. 원작에서는 막상 마녀 피의자들이 관객 앞에 등장하는 장면은 거의 없고 숲 장면도 없다. 극은 1막 패리스 목사의 침실, 2막 프락터의 거실, 3막 법정, 4막 프락터가 갇힌 감옥으로 진행된다. 그러나 각색본에서는 후반부에서 사라 굿, 레베카, 오즈본 등 마녀 피의자들이 교회에서 심문받고 재판받는 장면, 감옥에서 처형 전 회유되는 장면이 긴 부분을 차지하고, 어린 마녀 혐의자들로서 애비게일과 소녀 일행들이 숲에서 대화를 주고받는 장면들이 여러 번 나온다. **요컨대 이연주의 각색에서 두드러진 것은 마녀, 즉 원작에서 여러 가지 이유로 타자화되었던 여성들이다.** 마녀라는 혐의를 받거나 혐의와 연관되었던 모든 여성들, 애비게일과 소녀들, 마을 여성 주민들에 대한 관심이었다. 비록 그들의 의미에 대한 답은 분명히 내리지 못했지만 말이다.

:: 성숙해진 여성과 미숙한 남성

극은 원작에서 남성과 여성의 위치를 뒤엎는다. 다소 도식적이고 이분법적이기는 하지만 원작의 남성 중심주의와 여성 혐오적 분위기가 워낙 이분법적이니 어쩔 수 없다고 생각된다. 거창한 언변을 잃고 왜소해진 남자들의 자리에 무시되고 제거되고 타자화되었던 거의 모든 여자들이 매끈하지는 않지만 단호하게 자신들의 얘기를 한다. 다시 말하지만 비명 지르는 소녀들로 유명했던 밀러의 원작은 마녀 자체에 대해서는 거의 관심이 없었다. 소녀들은 애비게일의 악의와 천재적 연기술에 놀아나는 어리석은 소녀들로 설정되었는데 애비게일과 메어리 워렌 정도를 제외하면 사실상 별 극적 기능과 의미가 없다. 3막을 제외하면 간접적으로 언급되거나 3막 이후 흐지부지 사라져버린다. 따라서 내용적으로는 마녀사냥 대신 한 마을을 덮친 연쇄 살인사건으로 바꿔도 큰 상관이 없을 정도다. **반면 이연주의 각색에서는 마녀의 혐의를 받는 그들이 대부분 배제되고 무시되고 억압된 변방적 존재들이라는 점이 강조된다.** 당시 상황에서 여자라는 측면도 있지만 마녀(혐의자, 관련자)를 새롭게 보는 이연주의 관점은 상당히 세밀하며 여성주의적이고 또한 계급적이기도 하다. 예컨대 각색자는 숲속의 소녀들이 프락터의 전직 하녀 애비게일, 푸트넘의 하녀 머시 루이스, 프록터의 현재 하녀 메어리 워렌, 의사의 하녀 수잔나 월콧트, 패리스의 노예 티튜바 등 하층계급과 목사와 딸과 지주의 딸인 베티와 루스 등 다른 출신배경의 아이들로 이루어져 있음에 주목한다. 그러나 목사와 지주의 딸인 베티와 루스는 마녀사냥에서 제외되며 안전하게 보호를 받는다. 마지막에 마녀로 처형대에 서는 것은 열등한 젠더인 여성인데다, 아주 늙거나 어리며, 보호받을 곳이 없는, 하층 노동자들로서 여러 겹으로 배제된 존재인 떠돌이 여자 사라 굿, 그리고 소녀들 중 하녀와 노예 계층들이다. 하녀들은 2막 숲 장면에서 제대로 임금을 받지도 못하면서 얻어맞고 혹사당하는 처지를 호소하기도 한다. 애비게일은 더구나 해고된 하녀로서 일자리도 잃은 처지다. 같은 마녀 혐의자라도 선거 직후 새로운 권력자의 부인인 산파 레베카와 산파 오즈본은 풀려난다.

각색본의 **다른 여성들도 유형적이거나 미숙하게 타자화되었던 원작과 달리 성숙한 인격을 지니고 있고 자신의 목소리를 내면서도 서로 연대한다.** 다만 원작과 반대로 너무 이상화되어 있어 때로는 비현실적이며 좀 어색할 정도이다. 원작에서 부랑녀에 불과했던 사라 굿은 비록 떠돌이 삶을 살지만 인디언 원주민의 땅을 뺏기 싫어서 유목민의 삶을 택했던, 사려 깊은 여자로 재해석된다. 또 티튜바가 지닌 공감능력과 치유능력 등 강점을 높이 사고 그녀를 옹호한다. 더불어 크게 달라진 것은 프락터의 부인인 엘리자베스이다. 철저하게 남편 중심적 시각으로 그려진 정절부인이며 원작에서 외모에 대한 열등감으로 프락터를 원망하고 애비게일을 미워했던 남편 의존적 여성이었던 것과 달리 각색본에서의 그녀는 성숙한 인간됨을 보인다. 애비게일을 일단 미성년으로 간주하고 너 자신을 지키라고 충고할 뿐 아니라 남편 프락터에게 자신과 애비게일에게 공개적으로 사과(!)하라고 요구한다. 마지막에는 남자들의 정치 싸움에 염증을 느껴 아이들과 함께 마을을 떠난다. 또한 각색본은 원작의 선과 악의 이분법을 완화시킨다. 원작에서 마녀혐의를 받으면서도 유일하게 명예남자의 위치를 부여받았던 레베카는 각색본에서도 당당하고 품위를 잃지 않지만 원작에서처럼 지혜와 선의 화신만은 아니다. 새 집권자 프란시스 너어스의 부인으로서의 혜택을 받으며 푸트남 가문과 세속적 권력갈등의 구도 속에 있다. 아이를 일곱 명이나 잃었기에 산파였던 레베카를 증오하는 앤 푸트넘은 레베카가 막상 체포되고 모욕적인 심문을 당하자 극의 마지막에서 후회하는 모습을 보이며 화해를 시도하기도 한다. 또 앤 푸트넘은 각색본에서 플롯상 더 중요한 역할을 한다. 원작에서 숲속에서 티튜바에게 엘리자베스를 저주하는 주문을 부탁한 것이 애비게일이었다면 각색본에서는 애초에 티튜바에게 죽은 아이들의 영혼을 불러달라고 부탁한 것이 앤 푸트남이었기 때문이다. 그리하여 애비게일의 "마녀성"을 완화시키고 선악의 구별과 갈등을 세대 간의 차이로 치환하기도 한다. 레베카도 앤도 소녀들에게는 기득권의 현실적 이익을 위해 싸우는 어른들의 모습으로 비친다.

이처럼 한결 성숙해진 여성들에 비해 남자들은 거의 모두 세속적 욕심에 가득찬 허약한 인물들로 나온다. 존 프락터는 원작에서 자랑했던 남다른 지성과 품위의 아우라를 결한 평범한 농부로 변모되었다. 애비게일과의 혼외관계에도 "당신은 늘 집 뒤에서 내 등을 끌어당겼어요. 내가 가까이 갈 때마다 종마처럼 땀을 흘렸어요"[8]류의 원작이 지녔던 관능적 매력이 소거되어 있으며 애비게일이 착각했던 것처럼 그녀의 정신적 지지자가 되어줄만한 인물이 못 된다. 소심한 그는 자신과 애비게일에게 사과하라는 부인의 요구를 받아들일만한 그릇이 못 되는 인물이지만 결국은 헤일에게 울면서 미성년자와 간음을 저질렀다고 고백한다. 이에 헤일 목사는 "당신의 죄를 사합니다.", "인간은 실수를 합니다"라며 싱겁게 죄를 사해줌으로써 원작의 김을 빼준다. 원작에서 이웃 마을에서의 마녀재판으로 명성을 얻었지만 세일럼의 마녀재판이 불러일으키는 거짓과 공포를 보면서, 존 프락터를 지지하며 함께 갈등했던 헤일 목사는 이 각색본에서 명예와 권력을 추종하는 평범한 종교재판관으로 강등되었다. 원작에서 마을의 원로로 존경을 받던 프란시스 너어스는 푸트남과의 토지갈등을 위해 패리스와 같은 편에서 출마해서 선거에 이기는 정치꾼으로 변신한다. 사면받은 존 프락터는 선거에 이긴 프란시스의 부하가 되어 활동한다.

　이들 남자들은 마녀재판보다는 재판을 빌미로 한 정치권력과 토지소유와 선거결과에 더 큰 관심을 보인다는 공통점이 있다. 마녀재판이 이루지는 도중 선거결과가 공포되고 레베카의 남편 프란시스 너어스가 교구의 정치적 지도자가 되어 부인 레베카와 친구 오즈본을 풀어주고 패리스, 헤일, 푸트남들은 피신한다. 예외가 있다면 책 읽는 아내를 고발하다 저항하고 처형당하게 된 자일스다. 잡초 같은 생명력과 희극적 낙천성을 지녔던 그는 사면해주려는 프란시스에게 당신마저 정치에 휩쓸리다니 부끄러운 줄 알라며 자신의 가슴을 눌렀던 돌을 "더 무겁게" 눌러달라고 요구하며 죽음을 택한다. 그리고 교회 관리인 치버와 경찰 헤릭의 역할이 눈에 띈다. 이들은 남자로서는 그나마 마녀 피의자들인 레베카, 오즈본, 티튜바들에게 인간적인 관심을 보인다.

　각색본에서 흥미로운 것은 프란시스에 의해 댄포스, 패리스, 헤일, 푸트남이 무너지고 세일럼에 새로운 정권이 수립되었지만 마녀처형은 그대로 진행된다는 점이다. 누가 권력을 잡든 정치적 안정성의 지속을 위

해 별 관심도 없는 변방의 여성들을 제거하는 행위는 계속된다는 뜻일
것이다. 중반부부터 자신이 마녀라며 죄를 뒤집어썼던 사라 굿은 이미
처형되었고, 마녀임을 거부한 후 감옥에 갇혀있던 레베카, 오즈본, 티튜
바, 머시, 수잔나, 메리 중 레베카와 오즈본이 풀려났으며, 선거 결과에
따라 푸트남의 부인이자 레베카를 마녀라고 무고했던 앤이 레베카의 만
류에도 불구하고 다분히 정치적 이유로 새로 체포되었다. 그리고 사라
졌던 애비게일이 처형대에 스스로 나타나 처벌을 받는다.

:: 이연주에게 마녀란 무엇인가?

결국 이연주의 각색본에서 마녀, 마녀재판, 마녀처형의 의미는 뭘까?
원작에는 소녀들의 법정 증언 장면은 있으나 막상 마녀재판 장면은 생
략되어 있다. 각색본에서는 마녀 피의자들이 직접 등장하는, 원작에 없
는 여러 장면들이 대거 추가된다. 초반부에 소녀들이 숲속에서 순진하
게 노는 장면이 강조되고, 후반부에서는 마녀의 심문과 감옥과 처형 장
면들이 디테일하게 보여진다. 브리짓 비숍이 주점에서 남자들을 유혹했
다는 죄로, 마사 코리가 수상한 책을 읽으며 동물과 대화했다는 죄로 사
형을 언도받으며 레베카는 군중 앞에서 옷을 벗고 몸을 조사받는 모욕
을 받기도 한다. 감옥 장면에서는 경찰 혜릭이 "그러니까 제발 다들 자
백해요. 그래도 사는 게 낫잖아요"라고 말하자 레베카는 "뭐 대단한 인
생이라고 이렇게 버티느냐고 하겠지만, 내 이름이니까"라는 대사로 원
작에서 존 프록터의 대사를 패러디하며 그 위치를 빼앗는다. 티튜바는
"세렘의 검은 마녀, 티튜바…신과 인간, 남자와 여자, 성녀와 창녀, 두
가지로 나눌 수 없다면 존재하지 않는다고 믿으니…그 믿음은 실패했
다. 두 가지로 분류되지 않는 자, 마녀의 등장으로"라는 의미심장한 선
언을 한다. 원작과 각색본 모두에서 그들은 마녀임을 고백하면 재산을

몰수당하고 불명예스럽게 목숨을 부지할 수 있으나 고백하지 않으면 처형된다. 원작에서 죽음에도 불구하고 자신의 이름과 명예를 지키려는 사람이 존 프락터였다면 각색본에서는 자신의 이름을 지키려는 것은 마녀혐의를 받는 여성들이다.

이번 각색본에서 가장 아쉬운 부분은 애비게일이라는 인물이 내면적으로 분명치 않고 약하다는 점이다. 원작을 크게 뒤집었으나 좀 약하다. 하긴 애비게일이 존 프락터나 안티고네 같은 철학적 영웅이 될 필요는 없을 것이다. 여기서 원작 및 각색본에서의 애비게일을 더 잘 이해하기 위해서는 오늘날 대부분의 공연과 희곡에서 생략되어버린 2막 2장의 숲 장면[9]을 다시 살펴볼 필요가 있다. 사라진 2막 2장은 프락터의 거실에서 엘리자베스가 체포되어간 후 재판이 열리기 전 사이의 어느 날 밤, 프락터가 애비게일을 숲으로 불러낸 장면이다. 프락터(밀러)의 시선으로 애비게일은 무슨 계기에서인지 광적 신념을 장착한 거의 미친 여자(를 가장하는 것으)로 그려진다. 마녀사냥을 멈추고 아내가 풀려나도록 도와달라는 프락터에게 애비게일은 자신의 임무는 하느님의 뜻을 받들어 이 마을에 위선자를 최후의 일인까지 소탕하는 것이며, 프락터만이 오직 선인이고, 그 이유는 자신에게 **이 마을의 위선**에 대해 알려주었기 때문이라고 한다.

　애비게일　　당신은 제게 선함을 가르쳐주었어요. 그러니까 당신은 선한 사람이에요. 당신은 불처럼 저를 통과해 가셨어요. 그래서 제 모든 무지가 불타 버렸어요. 그건 불이었어요. 존, 우린 불 속에 누워있었죠. 그날 밤 이후로 어떤 여자도 감히 저를 사악하다고 할 수는 없어요.[10]

프락터가 애비게일과의 잠자리에서 강력한 성적 체험과 함께 그녀를 깨우쳐주었던 세일럼 주민들의 '위선'의 정체가 무엇인지, 프락터가 어린 소녀와 혼외정사를 하는 것도 모자라 왜 그런 생각들을 주입시켰는지 밀러는 얘기해주지 않는다. 애비게일이 말하는 위선이란 다만 '성자처럼 교회에 가고, 병든 이를 간호하러 달려가나, 마음속은 위선자들'이라는 표현 정도가 전부다. 결국 위증을 멈추라는 요구를 애비게일이 거부하자 프락터는 법정에서 불륜사실을 고백해 애비게일을 파멸시키겠다고 협박한다. 애비게일이 프락터가 아내를 지키는 의무적 행동은 그의 마지막 위선이라며 실은 그도 마음속으로 엘리자베스가 교수형 당하기를 바라고 있을 것이라고 하자 그녀를 밀어 떨치며 "넌 미쳤어, 넌 살인마 암캐야!"라고 소리친다. 이처럼 생략된 2막 2장은 애비게일에 대한 아서 밀러의 생각이 마지막까지 해결되지 못한 채 복잡하게 엉켜있음을 말해준다. 그래서 3막 후 애비게일을 아무 말 없이 무대에서 퇴장시켜버렸을 것이며 초연에는 포함되어 있던 이 장면을 그의 희곡 전집에서 지웠을 것이다.

이연주의 각색본에서 애비게일은 부모가 눈앞에서 인디언에게 살해되는 장면을 본 나쁜 경험을 지니고 있으며 이 세상에서 누구에게도 보호받지 못한다는 생각에 총을 메고 다니면서 스스로를 지키는 좀 애틋하고 불안한 소녀로 나타난다. 원작에서 밀러가 성인남자의 시선으로 덧씌운 애욕의 굴레를 벗어난 어린 소녀이며 그녀가 원했던 것은 프록터의 인정("너는 사랑받을 가치가 있는 사람이야")과 희망이며 그녀가 증오했던 것은 프록터의 위선임이 드러난다. 각색자는 생략된 2막 2장으로부터 위선의 척결이라는 부분을 따와 애비게일의 정당성을 강화하려고 한 듯하다. 각색자 역시 '위선'의 의미를 깊게 파고들지는 못했으나 위선을 처단하는 것이 그녀의 목표가 된 것은 분명하다. 그 과정에서 판사 헤일에게 잘 보이기 위해 사라 굿을 모함하기도 하고 그 대가로 마녀심문을 벗어나기도 하며 재판정에서 마을 사람들의 투고서류를 공중에 흩뿌리기도 한다. 그러나 결국 애비게일은 위선에 대한 처단보다는 마녀(혐의의) 동료들에게 더 동질감을 느낀 듯 "나는 도망가지 않았어요"라며 돌아와서 스스로 화형대에 선다. 그러나 그녀의 가치관은 아서 밀러의 존 프록터를 뒤엎기에는 아직 덜 익은 이상주의에 머물고 있는 듯이 보인다. 함께 화형대에 서는 그녀의 마녀 피의자 동료들에게서도 설득력있는 대안적 인물상을 찾아내기 힘들다.

마녀란 무엇인가? 이연주 각색자는 뒤로 갈수록 기대에 부응할만한 답을 찾기 쉽지 않았던 것으로 보인다. 다만 이연주는 마녀를 '창의적 상상력과 생명과 해방'의 아이콘으로 추켜세우는 급진주의적 여성학의 길을 그대로 좇지는 않은 것 같다. 아마도 각색자는 그들을 **성적으로나 세대적으로나 정치적으로나 경제적으로나 약자, 소외된 존재로서 아직 형성되지 못한 미완성의 존재**로 남겨두고자 한 것 같다. 그들의 정체성은 아직 마녀재판이 본격화되기 전, 천진하게 뛰어놀던 숲속에서 "모든 사람들은 가치가 있어. 내 몸은 내 마음대로 할 수 있어" 하면서도 "우리는 할머니가 될 수 있을까? 그때까지 살 수 있을까?"라고 앞일을 불안해하며, 화형당하기 전 "마녀는 어떻게 생겼을까?" 하며 마녀 흉내를 내보던 천진한 모습이었던 것 아닐까? 아니면 프로그램의 드라마투르그(염혜원)의 말에서 나왔듯 각색자와 연출자의 관심은 결국 배려와 존중과 '사람 냄새 나는' 공동체의 가능성을 염두에 둔 것이었을까?

극이 후반부로 진입하면서 속이 뻥 뚫린 시원함도 있었으나 아쉽고 착잡한 마음도 없지 않았다. 무엇보다 전반부의 내용전달이 잘 안 되었다. 3막까지 원작을 통째로 갈아엎으면서 너무 많은 새로운 정보를 전달하는데 급급하다 보니 혼란스럽고 지루할 뿐 아니라 극 구성의 묘미도 대사의 탄력도 원작에 비해 많이 부족했던 것이 사실이다. 각색자는 원본을 재해석하면서 엄청난 정보를 새롭게 전달해야 한다는 조바심에 쫓겼을 것이다. 만일 원작을 모르는 관객에게 이 공연은 어떤 의미를 지니게 되나 하는 생각도 들었다. 그러나 극이 뒤로 갈수록 마녀혐의자들의 전면적 부상과 함께 숨길 수 없는 힘을 얻고 빛을 내기 시작한다. 공연의 마지막 장면은 돌아온 애비게일과 함께 티튜바와 소녀들이 화형대의 불속으로 빨려드는 것으로 끝난다. 내가 보기에 이 공연의 핵심이 되는 대사는 화형 전 애비게일과 소녀들이 숲에서 함께했던 순간들에 관해 나눈 대사였던 것 같다.

애비게일	"나 고백할 게 하나 있어"
	"사실 숲에서 진짜 몸이 뒤틀렸어. 이유는 몰라. 근데 진짜였어"
메리	나도
머시	나도
수잔나	나도

(강조, 인용자)

여기서 각색자 이연주와 젊은 연출가 김정은 제대로 만난다. 연출자가 각색자에게서 원했던 것 역시 이 문장이 아니었을까 생각해본다. 김정은 알다시피 독특한 몸의 연기의 미학을 구사하는 젊은 연출가다. 그는 균열을 일으키고 폭발하는 듯한 기괴한 몸짓으로 기성의 관념에 도전한다. 〈손님들〉에서 존속살인 소년의 상상적 탈출구가 되는 기이한 사물과 동물과 인간들을 특유의 과잉된 의상과 분장과 몸의 미학으로 표현했으며 〈처의 감각〉에서 무용수 출신의 신인 여배우를 캐스팅해서 아내의 분열하는 내면의 과잉을 몸으로 분출했다. 이 공연에서도 결국 화형에 이르기까지 소외되고 배제된 소녀들을 그들 자신으로 느끼게 만들었던 것은 숲에서 숨어서 피를 바르고 춤을 추던 그 순간 그녀들의 몸으로부터 분출했던 알 수 없는 '**뒤틀림과 흔들림**'이었던 것이다. 그것만이 그녀들이 진짜로 확신할 수 있었던 것이었다. 애초에 김정이 각색

을 부탁했다는 것으로 보아 연출자 김정은 〈시련〉 원작의 이런 새로운
해석 가능성을 이미 감지하고 있었을지 모른다. 김정의 연출은 각색의
의미 및 방향성과 잘 만났으나 각색 자체가 충분한 극화를 이루지 못한
부분이 있는 만큼, 연출적 형상화 면에서도 구체적인 재해석의 지점들
을 분명하고 효과적으로 전달하는 데는 크게 성공하지 못했던 것 같다.

:: 〈시련〉은 계속 문제의 연극으로 남는다

여담이지만 과거에 내 나름으로 애비게일을 현대의 연기학원의 강사
로 설정한 후 과거와 현재를 오가게 하는 식으로 각색을 생각해본 적이
있다. 이제 그 아이디어는 영원히 노트북 안에 잠자게 되었다. 그런데
이와 관련해서 몇 가지 좀 엉뚱한 의문이 고개를 든다. 왜 밀러는 극작
가면서도 어린 애비게일과 소녀들의 '연기적 감수성'을 단지 사악하게
만 봤을까?[11] 그들의 상상력과 집중력이 체온까지 조절할 수 있다는 능
력을 알면서 왜 수십 년 후 '몸의 연극'의 가능성을 떠올리지 못했을까?
동시대의 테네시 윌리엄즈는 전등갓 아래의 블랑시의 연기를 그래도 많
이 이해하고 있었던 것 같은데 말이다. 아무래도 그는 세상을 보는 유연
한 상상력이 좀 부족했던 사람 같다.

그런데 이번에 원작을 다시 읽으니 밀러의 〈시련〉은 또 다른 문제적
이슈들을 안고 있었다. 〈시련〉 영화에 대한 한 인터넷 댓글에서 아마도
젊은 남성인 듯한 네티즌이 이 영화는 〈헌트〉와 함께 2대 암 유발영화
라고 분노했다. 〈시련〉 원작에서 프락터의 호소가 소녀들에 의해 차단
되는 모습을 보며 요즘 성폭력 관련 사건들에 연루된 남성 피의자들의
처지를 떠올렸던 듯하다. 다시 자세히 읽어 보면 원작에서 메어리 워렌
이 프록터에게 '애비게일이 주인님을 강간죄로 기소한댔어요'라고 전하
는 장면도 나오며 프락터가 "왜 애비게일은 의심하지 않소? 고발하는

사람은 언제나 신성한거요?"라며 울분을 토하는 장면도 있다. 즉 어떤 사람들은 〈시련〉으로부터 오늘날 성범죄 피의자로 몰리는 일부 남성들의 '억울한' 처지를 떠올리고 있는 듯하다.

오늘날 〈시련〉을 보는 눈이 이렇게 상반될 수 있다니 흥미롭기는 하다. 각색자는 프로그램에서 여성주의에 대해 한마디도 언급하지 않았다. 나 역시 여성이 남성보다 생물학적, 본질적으로 더 우월하다고 주장하면서 가모장 제도나 마녀제의를 추종하는 급진적 여성주의자는 아니다. 그저 어떤 차별과 억압도 없이 함께 어울려 조금이라도 행복하게 살다 갔으면 좋겠다고 생각하는 사람이다. 아무튼 이런 상반된 해석은 역시 원작의 뛰어남 못지않게 원작이 지닌 미성숙한 편향성 때문이라고 생각한다.

:: 註

1 개인적으로 각색의 방향에 격하게 공감했다보니 객관성보다는 각색자의 의도를 읽어내고 공감하는 데 초점을 맞추게 되었다. 결과적으로 공연 얘기는 부족하고 각색된 희곡 중심의 긴 주제비평이 되어버린 감이 있다.

2 아서 밀러의 〈시련〉을 여성주의의 관점으로 읽은 논문들은 국내외로 꽤 있다고 알고 있다. 이 글을 쓴 후 확인 겸 찾아보았더니 국내에는 이희원, 「페미니스트의 시각에서 다시 읽어보는 아더 밀러의 『시련』 – 진리/고백의 정치학」, 『영미문학 페미니즘』, 제4집, 1997이 있었다. 이 논문은 관점면이나 내용면에서 아주 뛰어난데 이런 논문이 나온 후 이십 여 년이 지나도록 〈시련〉의 공연들이 하나같이 진부한 해석에 머물러있었다는 점에 놀라지 않을 수 없었다. 이 논문은 프락터가 추구했던 진실이 결국 기독교적 교리 안에 머무는 것임을 설파하고 있지만 워낙 다각도로 면밀하게 작성된 논문이라서 상당 부분이 이 글의 논지와 겹치는 것이 사실이다. 다만 미리 참고한 것은 아니다.

3 자료상에는 원래 애비게일의 나이가 14세로 기록되어 있다고 한다.

4 아서 밀러, 〈시련〉, 『아서 밀러 희곡집』, 김윤철 옮김, 평민사, 1997, 15쪽.

5 아서 밀러, 〈시련〉, 31쪽.

6 이희원의 논문 264-265쪽에서도 비슷한 내용을 논하고 있다.

7 다니엘 데이 루이스 주연의 영화는 그나마 사실성이 부여된 경우다.

8 아서 밀러, 〈시련〉, 『아서 밀러 희곡집』, 김윤철 옮김, 29쪽.

9 밀러는 1953년에 출간된 개정판에 이 숲속 장면을 첨가했다고 한다. 그러나 대부분의 공연에서는 이 부분을 생략한다. 국내에서는 최영이 번역한 희곡집(세계문학전집 286, 민음사, 2012, 2021)에는 이 장면이 부록으로 실려있다.

10 아서 밀러, 『시련』, 최영 옮김, 민음사, 2012, 221쪽.

11 이희원 역시 위의 논문 267-268쪽에서 애비게일이 밀러의 반연극주의와 반여성주의가 융합된 결과라고 지적하고 있다.

2010년대 정치적 격변기와 박근형 연극의 궤적*

  오태석과 이윤택이 점해왔던 연극계 내 의미와 위치가 근본적으로 흔들린 가운데, 그리고 우리 사회의 기본 가치관이 많이 변화하면서 새삼 박근형의 의미를 되돌아보게 된다. 세월호와 미투 이후 연극계의 지도가 많이 바뀌고 있으니 그가 차지하던 비중에도 변화가 생길 것이다. 그러나 1999년의 〈청춘예찬〉 이후 십여 년의 전성기를 지나 〈개구리〉와 〈모든 군인은 불쌍하다〉를 거치면서 그는 어느 작가보다도 더 온몸으로 2010년대 이후의 정치적 격변기를 겪어왔다고 할 수 있다.

  박근형 연극의 궤적을 보면 크게 네다섯 단계, 혹은 범주로 나누어볼 수 있다. 본격적으로 활동이 알려지기 전인 〈아스피린〉(1994), 〈쥐〉(1998), 〈만두〉(1998) 들이 처절한 가난과 기괴한 가족공동체를 그렸다면, 극단 골목길 창단 작품이었던 〈청춘예찬〉(1999) 이후 〈경숙이, 경숙아버지〉(2006), 〈너무 놀라지 마라〉(2009) 들은 역시 가족무대를 중심으로 가부장제의 해체와 가족구성원들의 혼란을 애증이 혼재하는 시선으로 그려냈다. 우

---

* 『연극평론』 90호(2018년 가을)에 실었던 글이다. 원래 〈페스트〉를 중심으로 썼던 리뷰였는데 〈페스트〉 부분을 줄이고 정치적 알레고리 작품들 대상으로 전반적으로 조금 고쳐 썼다.

리가 말하는 박근형 연극의 독특한 분위기와 문법은 주로 이 두 번째 시기에 형성되었다고 말할 수 있다. 소위 박근형의 대표작도 이 시기에 생산되었으며 박근형 연극에 관한 평단이나 학계의 논의도 주로 이때의 작품들을 대상으로 하는 경우가 많다. 한편 2000년대 이후, 가족 혹은 한 가계를 배경으로, 혹은 역사적 맥락을 끌어들이면서 사회풍자적 관점을 강화한 작품들도 있는데 〈대대손손〉(2000), 〈돌아온 엄사장〉(2008), 〈피리부는 사나이〉(2013), 〈만주전선〉(2014), 〈해방의 서울〉(2017) 들이 이에 속한다. 그 다음 범주는 2010년대 이후의 정치 알레고리적 작품으로 〈아침드라마〉(2010), 〈처음처럼〉(2011), 〈백조의 호수〉(2015), 〈죽이 되든, 밥이 되든〉(2016)을 들 수 있다. 이 시기는 이명박, 박근혜의 통치기간으로 보수정권의 폐해가 심화되어가던 기간이다. 이 기간에 나온 작품들은 집권자 가족이나 개인에 대한 통렬한 분노와 비판을 상당히 노골적인 패러디나 알레고리적 기법을 통해 드러낸다.

이밖에 외부 단체의 초청으로 연출한 해외 작품 번안이나 중·대극장 작업들이 있다. 박근형은 소극장을 중심으로 창작극뿐 아니라 틈틈이 해외 명작을 공연해왔고 2010년대 이후 시립극단이나 국립극단과의 작업을 통해 중·대극장 무대에서 〈마라, 사드〉(2009), 〈햄릿〉(2011) 외에 〈개구리〉(2013), 〈모든 군인은 불쌍하다〉(2016), 〈페스트〉(2018) 같은 창작, 혹은 창작에 버금가는 각색극들을 공연했다.[1] 이 범주의 공연들은 박근형의 또 다른 면모를 발견할 수 있기에 흥미롭다. 우선 좀 어물정하거나 두리뭉실하다는 그에 대한 일반적 선입견과 달리 박근형은 매우 논리적인 연출가라는 점이다. 그러나 대극장 무대에서 박근형 연극의 고유한 분위기나 문법을 유지할만큼 그의 독자적 연출세계는 아직 성숙되어 있지 못하다는 점도 드러낸다. 마지막으로 근래 문재인 정부 하에서 가벼운 알레고리와 관점을 조금 바꾼 가족무대로 다시 돌아온 〈여름은 덥고 겨울은 길다〉(2019), 〈겨울은 춥고 봄은 멀다〉(2020), 〈이장〉(2021)

들이 있다.

:: 환유로서의 일상과 가족무대

박근형에 관한 지금까지의 평이나 논문은 대부분 이 시기의 작품들을 대상으로 가장의 부재나 가족의 해체 같은 주제적 관점을 취하고 있다. 불온성이나 의뭉스러움, 황당함과 어처구니없음에서 오는 기이한 유머 같은 박근형 특유의 분위기에 대한 정밀한 분석은 쉽지 않다. 일상의 표면으로 위장하고 있지만 논리성을 슬그머니 비켜가기 때문이며 헛웃음 아래 날선 분노가 자리하고 있기 때문이다. 그리고 잘 알려져 있다시피 그의 연극은 현장성과 우연성을 살리는 연출, 그런 연출과 밀접하게 공조하는 연기자 등 수행적 성격이 강하기 때문이다. 그럼에도 불구하고 〈청춘예찬〉을 거쳐 〈경숙이, 경숙아버지〉, 〈너무 놀라지 마라〉 같은 대표작을 중심으로 그의 극작 문법에 접근해보면 다음과 같은 공통점을 찾을 수 있을 것이다.

① 그의 연극은 가족무대의 일상 아래 웅크린 불온성의 압축공기를 불확실한 웃음을 통해 서서히 빼내는 과정이다. ② 극 행동은 짧고 쉬운 대사, 단도직입적 상황과 행동 등 표면적으로는 단순한 서사로 진행된다. 그러나 일상의 표면을 덮는 여러 겹의 전략이 특유의 어처구니없는 웃음을 가능하게 한다. ③ 우선적 전략은 기존의 가족무대의 상식에서 크게 일탈된 말과 행동들이다. 일탈의 원인은 극도의 가난과 사회적 소외, 혹은 가부장제의 모순과 해체가 그 이유일 수도 있다. 여기서 중요한 것은 말도 안 되는 일탈적 행위들이 충격이나 혐오가 아니라 뻔뻔스런 비굴함이나 아무렇지도 않은 능청스러움으로 포장되고 코팅된다는 것이다. ④ 일탈적 행위나 상황은 그것을 지지하거나 뛰어넘는 엉뚱한 제3의 관점, 혹은 포스트모던한 상상력에 의해 극대화되기도 한다. ⑤ 이상의

서사적 단위와 의미들은 깊이 있는 은유적 의미부여를 거부하고 표면적, 인접적, 물리적인 환유의 원리에 의해 연결되고 지속된다. ⑥ 따라서 주된 갈등에 의한 폭발은 없다. 작가는 뚜렷한 해결 없이 분노의 결과를 얼버무린다. 극중인물들에 대한 작가의 애증도 분명치 않은 경우가 많다. ⑦ 연출자는 연기자들과 친밀하며 그들의 생각과 느낌을 존중하고 그것을 극작에 반영시키며 무대에서 편하게 펼쳐내도록 한다. 8) 관객은 어처구니없는 웃음을 터뜨리면서도 극중인물들 중 누구에게 공감의 초점을 맞추기 어려운 경우가 많다. 친숙함/낯섦이 뒤섞인 불확실한 웃음을 통해 절대적 비판도 공감도 못함으로써 스스로의 모순을 뒤돌아보게 된다.

이런 초기작들의 특성은 우리가 흔히 '박근형적'이라고 부르는 특징들이며 이후의 다른 범주의 작품들에도 기본적으로 적용될 수 있을 것이다.

:: 사회적 풍자

박근형은 가족무대의 이런 어처구니없는 전도와 해체의 뒤에 그런 현상을 가능하게 한 사회, 정치, 역사의 흐름과 어두운 그늘을 보았다. 그것은 스승 기국서가 이미 1980년대의 〈햄릿〉 시리즈나 〈미아리 텍사스〉 등을 통해 날카롭게 감지한 것이기도 했다.

박근형의 시야는 의외로 넓다. 특히 한 가족과 결부된 근대사에 대한 풍자를 통해 오늘날 우리 자신을 되돌아보게 하고 반성을 촉구하는 작품들을 썼다. 초기작인 〈아스피린〉에서부터 망조가 든 세태와 가족 속에 움텄던 동학혁명의 미망을 그렸다면 〈대대손손〉은 대한민국 오늘의 '콩가루 집안'의 은폐된 족보를 한국의 근대사를 거슬러오르며 통렬하게 풍자한 수작이었다. 근엄한 가계인 척 모여서 조상의 제사를 지내지만 그들 조상은 일제강점기와 해방, 베트남 전쟁 등을 거치면서 수치스럽게 변질되고 왜곡된 족보를 꾸려오고 있음을 적나라하게 풍자하고 폭로한다. 〈만주전선〉역시 일제강점기 재만주 한인사회를 중심으로 일본을 선망하고 일제에 충성했던 우리 조상의 부끄러운 초상을 희화적으로 풍자했다. 경주이씨 국당공파의 족보를 잇고 있다는 내레이터의 실제 조상은 재만 일본인 유부남 과장과 한인 여직원 사이의 불륜의 결과였고 해방이 되자 한국에 돌아와 승승장구한 친일파 지인들의 손으로 길러져 오늘에 이르게 된 것임이 밝혀진다. 순수한 혈통은 가부장제의 전제라고 할 수 있는데 우리 근대사를 거슬러올라가면서 순수한 가부장적 혈통을 노골적으로 희화화하고 부정한다. 이런 점에서 가족연극의 연장이면서 뻔뻔함의 미학을 공유함과 동시에 역사적 문맥을 첨가했다고 할 수 있다. 〈피리부는 사나이〉역시 타작이기는 하지만 권세에 굴복하는 콩가루 집안과 비굴함까지를 감내하는 가장의 모습을 그렸다. 가족무대가 작가 속에 원초적으로 자리 잡은 애증의 현장이기도 하다면 작가는 때로 가족무대를 떠나기도 한다. 〈돌아온 엄사장〉은 세태풍자적 소극으로서 도서지방의 작은 마을에서 우쭐대는 권력지향적 인간들을 가벼운 웃음으로 그려낸다. 〈해방의 서울〉은 신랄함 못지않게 문민정부가 들어선 직후의 기쁨과 기대 같은 것이 느껴지는 작품이었는데 해방이 오는지도 모르고 그 순간까지 일제에 협조하며 기생했던 예술인들의 한심한 모습을 여유롭게 풍자했다. 가족의 범주를 벗어난 이런 작품들은 비록 심도면에서는 기대에 못 미치는 경우가 있고 그 양상이 정치하지는 못하더라도 풍자의 성격을 강하게 띤다는 점이 공통적이다. 이들 작품은 박근형 미학의 능청스러움을 상당부분 공유하고 있으며 박근형의 앞선 작품에도 풍자의 성격이 없던 것은 아니다. 하지만 이 부류의 작품들에서 비판의 대상이 더 분명해지고 거리감이 더 커지고 풍자의 노골성과 강도가 강해지는 것이다.

:: 정치적 알레고리

2010년을 전후로 박근형의 연극은 또 다른 면모를 보이기 시작한다. 보편적 성격의 풍자를 넘어서 보다 **직접적인 패러디나 1:1의 대응적 유추가 가능한 알레고리**로 바뀐 것이다. 이는 물론 당시의 정치사회적 배경과 구체적인 연관관계 속에 있다. 조용해 보이지만 박근형은 기질적으로 반골이며 정치적으로 비판적 성향이 짙은 진보적 예술인에 속한다고 하겠다. 그는 17대 이명박(2008~2013)과 18대 박근혜(2013~2017) 양 대통령의 보수정권으로부터 부패와 불평등이 가속화된 실패한 자본주의와 민주주의를 위협하는 독재의 망령을 보았다. 당시 대부분의 예술가들이 뭔가 잘못되고 있다고 느끼면서도 문제점을 피해가거나 순화시켜 언급하고 있을 때 박근형은 현실에 빗댄 대담한 가공의 세계를 통해 삭지 않은 분노를 거칠게 뱉어내기 시작했다. 이 시기 발표된 연극이 〈아침드라마〉, 〈처음처럼〉, 〈백조의 호수〉, 〈죽이 되든, 밥이 되든〉 등이다.

〈아침드라마〉(2010)는 패러디나 알레고리적 특성이 본격적으로 드러나기 전에 쓰였지만 신자유주의에 함몰된 우리 사회의 위험지수에 대한 작가의 인식이 점차 높아지기 시작한 시기의 작품이라고 할 수 있다. 〈경숙이, 경숙아버지〉나 〈너무 놀라지 마라〉에 못지않은 작품성을 지닌 무대였으나 왠지 크게 관심받지는 못하고 지나갔다. 극은 점점 흉흉해가는 우리 사회현실에 대해 완곡하고도 뼈있는 메시지를 던진다. 자신이 밟고있는 땅이 방금 자신이 죽인 괴물의 어미의 꿈틀대는 등이었다는 내용의 섬뜩한 설화로 시작하는 〈아침드라마〉는 배신, 연쇄방화, 차량사고, 살인 등 음산한 폭력들 속에서 현실과 망상을 구분하지 못한 채 자신이 누구인가 하는 정체성조차 상실한 우리 모두의 모습을 보여준다. 인물들은 자신의 이름도, 결혼 여부도, 부모와 자식의 죽음도, 채무

관계도 다 뒤죽박죽이 되는 혼란과 망상 속에 빠져있다. 그리고 이 모든 황당한 혼돈과 폭력은 우리가 처한 사회현실의 반영일 뿐 아니라 그 자체로 우리가 아침마다 빠져있는 터무니없는 아침 드라마에 다름 아니라는 점을 멋진 알레고리로 제시한다. 박근형 특유의 의뭉스러운 디테일들이 세련된 알레고리와 아슬아슬하게 엮이면서 '정신 차리지 않으면 누구나 골로 간다'는 식의 절박한 메시지를 던지고 있다. 다만 작가가 너무 노련하게 능청을 부리다 보니 관객에게 메시지가 잘 전달되지는 못했다.

그 이후의 작품들은 삭일 수 없는 분노 탓인지 작품의 완성도 면에서 점차 거칠어진다. 관객과 의중을 나누었던 은근한 웃음이나 풍자는 보다 생경한 분노로 바뀌었고 비판과 조롱은 더 성마르고 직접적으로 변했다. 〈처음처럼〉(2012)은 고생한 엄마, 아버지, 굶주리는 형(북한)과 살찐 동생(남한) 사이의 끝없는 싸움을 그리고 있다. "한 놈은 자기만이 전지전능하다고 자기당착에 빠진 놈이죠, 또 한 놈은 분수도 모르고 겉모습이 번지르르 꼴값 떨다 패가망신한 놈이죠."[2] 여기서 극도로 가난한 광신도적 형은 북한을, 본능과 충동을 못 이기는 탐욕적 동생은 남한사회를 의미하는 알레고리라는 것은 쉽게 짐작할 수 있다. 그러나 그 알레고리가 전부인 다소 빈약한 작품이었다.

2015년과 2016년은 세월호 참사 이후 박근혜 정권에 대한 불만이 극대화되면서 문화계에서도 〈개구리〉 사태에 이어 정권 주도의 블랙리스트가 폭로되는 등 새벽 직전의 어둠이 짙게 깔린 상황이었다. 그런 와중에서 별 소문 없이 올려진 **〈백조의 호수〉**(2015)는 직접적으로 박근혜 남매를 겨눈 패러디로서 우리 근대사에 대한 짧은 알레고리이기도 하다. 내전에 휩싸인 1945년의 가상의 국가. 백조(박근혜를 연상시키는)와 청조(박지만을 연상시키는) 남매는 반란군의 배신으로 이웃나라로 탈출하려 한다. 배로 탈출하는 과정을 도와준 불구의 타조. 백조는 등에 '배신'이라는 문신을 새길 정도로 복수의 집념을 불태우면서도 타조와의 사랑에 빠진다. 청조가 밀항 도중 상처를 얻어 마약으로 고통을 참자 누나 백조는 청조에게 "니가 혼이 지금 정상이니?"[3]라고 꾸짖기도 한다. 해외 동조세력들과 함께 고국의 내전상황을 지켜보다가 '자유군'이 이겼다는 소식에 조국으로 돌아온 비운의 공주 백조는 타조를 잊지 못하면서도 흑조와 결혼하려다가 결국 총탄 두 발에 쓰러지고 만다. 얼핏 손 가는 대로 써내려간 코믹 잔혹동화 같지만 분노를 연민으로 대체하려는 처절함이랄까, 세상과 자신에 대한 조롱과 슬픔 등이 아마도 당시 작가의 심경만큼이나 복잡한 진정성으로 깔려있는 작품이었다. 무반주 마임 같은 배우들의 몸 연기가 비장했다.

〈죽이 되든, 밥이 되든〉(2016) 역시 박정희 전 대통령 일가를 염두에 둔 패러디 내지 알레고리인데 연극 자체에 대한 메타연극적 요소도 아울러 지닌다. 독선적이고 엄격하기 이를 데 없는 아버지는 가족체험 여행이라는 명목으로 비서와 세 남매를 데리고 여기저기를 떠돌다가 '극장(게릴라 소극장)'으로 들어온다. 과거 극장에서 피살되었던 엄마를 찾는 막내는 철이 없다고 아버지에게 꾸중을 듣고 첫째 딸만이 아버지의 비위를 맞추며 맘에 쏙 드는 행동만 골라 한다. 오늘 저녁은 '극장'에서 '연극'을 통해 정신교육을 시킨다는 아버지의 명령에 따라 그들은 두 편의 단막극을 공연한다. 첫 작품은 〈햄릿〉 중 유령을 만나는 장면. 유령은 밀짚모자를 쓰고 나타나 자신이 절벽에서 떨어져 죽었는데 실은 누가 절벽에서 민 거라고 한다. 이 장면의 사실여부에 대해 첫째 딸은 검열문제를 제기하기도 한다. 두 번째 연극은 박정희 전 대통령의 피살 장면. 박정희가 여대생을 끼고 술 마시며 놀다가 부하에게 피살당하지만 다시 살아나서 국정을 수습한다는 SF 사극이다. 극장을 떠나면서 아버지는 극장을 불태우라고 한다. 연극은 끝나면 사라져야 하며 예술은 이 시대의 종양이라고 하면서 광장에 서있는 동상을 보러 떠나자고 한다.

여전히 가족무대의 잔상이 남았지만 누가 봐도 박정희 일가가 직접 패러디의 대상이 되고 있다. 늘 그랬듯이 어처구니없는 상황이 천연덕스러운 대사와 뻔뻔스러운 위선이나 비굴함으로 포장되어 있어 관객들도 간혹 웃음을 터뜨린다. 그러나 밖에서는 촛불시위가 계속되고 있던 때이니만큼 작품과 객석의 분위기는 뒤엉킨 감정들과 절박함과 긴장감으로 팽배했다. 특유의 자조적인 의뭉스러움의 미학도 여전히 깔려있지만 박근형은 적나라한 공격성을 띤 패러디로 어색할 수도 있는 알레고리적 상황을 그대로 밀고나갔다. 일반적으로 풍자가 사회의 보편적 기준에서 이탈된 어떤 인물이나 행동의 유형들을 희화화한다면 패러디는 공격의 대상이 개별적이고 사회적 맥락보다 개인적 공격에 초점을 맞춘다. 알레고리는 메시지를 의식하며 다른 세계를 빌려오기에 어느 정도 정교한 짜임새나 사유를 필요로 한다. 그러나 알레고리는 일종의 상징이고 은유의 연속이다. 일단 키워드의 수수께끼를 풀고 나면 작품 전체가 한 번에 풀리는 경우가 많다. 이런 작품의 경우 박근형 특유의 능청스러움과 의뭉스러움은 다소 희석되고 변색된다.[4]

〈죽이 되든, 밥이 되든〉을 보는 관객들 역시 은유의 내용을 쉽게 알아차리고 웃음을 나누기도 하지만 왠지 불편해한다. 아마 박근형의 패러디, 혹은 알레고리의 직접성이 주는 낯섦 때문일 것이며 늘어놓은 은유들이 이렇다 할 메시지로 모아지지도 않았기 때문일 것이다. 박근형의 분노는 박정희 일가에 대한 패러디와 알레고리를 통해 아슬아슬한 수위까지 현실에 접근한다. 그러나 이미 공안정치가 작동하기 시작했던 그 당시 억압된 상황에서 극 중의 해결책조차 마련하기 쉽지 않았던 것 같다. 박근형의 전형적 작품들이 불온하게 열린 결말을 가졌다면 이 시기 알레고리의 결말은 분노의 정지화면처럼 남는다.

:: 중·대극장의 논리와 미학적 분열

박근형이 생각 이상으로 논리적 마인드를 갖춘 연출가라는 점을 처음 발견한 것은 2010년 그가 서울시극단에서 각색하고 연출한 〈마라, 사드〉를 본 후였다. 2010년은 이명박이 대통령으로 당선되어 보수정국이 가동되기 시작하고 수입 쇠고기 파동과 용산참사와 촛불시위를 겪었던 시기였으며 박근형에게는 〈경숙이, 경숙아버지〉에 이어 〈너무 놀라지 마라〉로 한창 작업이 무르익던 시기로서 두 번째에서 세 번째 단계로 넘어가기 직전이라고 할 수 있다. 과거 〈마라, 사드〉를 연출하면서 피터 브룩류의 난해함과 실험성 속에서 허우적거렸던 많은 연출가들과 달리, 박근형은 명료함과 단순함과 열정으로 마라와 사드라는 두 인물과 그들 사이의 갈등을 부각시켰다. 그리고 원작이 혁명만을 갈구했던 마라 못지않게 혁명의 무의미함과 회의를 설파한 사드의 입장을 팽팽하게 대립시켰던 데 비해, 현실의 혁명과 변화를 외치던 마라의 입장을 더 강하게 부각시켰다. 두 인물의 사상논쟁은 귀 기울여 들을만했으며 무대에는 촛불시위까지 등장했다. 박근형의 〈마라, 사드〉는 잔혹극이라기보다 인문적이며 정치적인 토론의 장으로 기억된다.

문재인 정부 이후의 〈페스트〉는 카뮈 원작이다. 카뮈의 직전의 작품 『시지프 신화』와 달리 긍정적이며 참여적인 휴머니즘을 설파하는 작품이며 사유보다는 행동으로 점철되어 있다. 그러기에 희곡으로의 각색도 편하고 갈등구조도 비교적 선명하게 드러날 수 있다. 2018년 한국이라는 상황 속에서 박근형은 원작에 그 나름의 해석의 틀을 씌웠다. 페스트라는 불가항력적인 재해를 약화시키면서 인간들을 불행하게 하는 더 큰 장애요인으로 이 도시를 가로막는 '동서' 분단, 혹은 이데올로기라는 정치적 벽을 설정한 것이다. 이런 질병, 전쟁, 재해는 극중 정권의 체제 유지를 위한 정치적 호재일 수 있으며 피분단자 상호간의 증오를 키우는 먹이일 수도 있다고 한다. 페스트도 무섭지만 페스트보다 무서운 것은 분단의, 이데올로기의, 증오의 벽이라는 것이다. 물론 이런 해석에는 원작 『페스트』의 실존적 휴머니즘이라는 철학적 사유를 남북분단 및 이데올로기적 벽이라는 정치적 해석으로 좁혔다는 아쉬움이 남을 수 있다. 그밖에도 〈햄릿〉이나 〈오이디푸스〉 등은 비록 소극장의 다이제스트 형식이라도, 명쾌하게 요약된 해외명작의 번안극으로서 박근형이 어느 작가나 연출가 못지않게 극문학에 대한 이해와 논리적인 분석, 그리고 그 나름의 해석능력을 갖추고 있음을 재확인시켜준다. 다만 중·대극장 무대는 미학적으로 부조화를 일으키는 경우가 있다. 박근형 특유의 일상성과 천연덕스러운 환유 대신 피상적인 상징이나 논리가 친절하게 시각화된다. 주어진 공간을 그답지 않은 어색한 시노그라피로 채우는 것이다. 그는 시극단에서의 〈햄릿〉 공연 당시 "대극장으로 가면 무대를 채우기 위해 뭔가 자꾸 덧붙이려는 강박관념이 먼저 생긴다"[5]는 고민을 털어놓은 적도 있다. 〈페스트〉는 마치 뮤지컬처럼 매끈하게 잘 만들어진 공연이었다. 그러나 박근형의 것이 아니라 누군가의, 어디서 본 듯한 장면들이 대부분이었다. 한편 중·대극장 작품 중에도 창작극이며 절실한 사회적 메시지를 지녔던 〈개구리〉와 〈모든 군인은 불쌍하다〉는 첨예한 사회적 관심과 상찬을 받았던 만큼 동시에 박근형 연극미학의 설익음과 자기분열을 드러내기도 했다.

:: 〈개구리〉(2013)

〈개구리〉는 박근혜 정권 초기에 공연되었으며 후에 검열정국 논란의 시발이 되었던 작품이었다. 국립극단에서 기획했던 '아리스토파네스 희극 3부작'의 일부로 박근형이 초청되었던 경우였다. 국립극단의 아리스토파네스 기획은 그 결과와 별개로 일단 매우 흥미로운 시도였다. 그리스 희극인 아리스토파네스의 연극이야말로 정치·사회 풍자라는 점에서 우리네 마당극과 공유하는 점이 많고 당시 보수정권에 대한 정치적 불만이 쌓여가던 정치상황에서 보더라도 시의적절한 기획이었던 것이다. 그러나 국립극단이 주체가 되었던 만큼 면밀한 기획과 양식에 대한 배려와 섬세한 조절이 필요하기도 했다. 물론 21세기에 연극이 정치적 검열이나 탄압의 대상이 될 수도 없는 일이지만 아리스토파네스라는 틀을 보다 제대로 활용했다면 아예 그런 논란을 피해갈 수도 있었다는 뜻이다.[6]

아리스토파네스의 구희극은 당시 그리스의 정치·사회적 현실을 노골적으로 비아냥거린 것으로 유명하다. 그러나 연극사적으로 자세히 들여다보면 그 노골적 비아냥은 풍자라기보다는 보편적, 상식적 가치관이 성립되기 이전인 고대사회에서의 인신공격[7]에 가까웠으며 그만큼 작가의 개인적 의견이 절대적이었다. 강한 보수주의자였던 아리스토파네스의 맘에 들지 않으면 소크라테스도 웅변학원의 사기꾼으로 전락하고 에우리피데스 같은 모던한 극작가도 경박한 애송이로 폄하되는 식이었던 것이다. 다만 연극의 기능이 기본적으로 공동체 유지를 위해 보수성을 띠었던 당시에 아리스토파네스의 개인적 견해는 많은 관객들의 공감과 지지를 이미 얻고 있었던 것으로 추측된다.

원작에서 〈개구리〉의 줄거리는 디오니소스가 사후세계로 간 아이스킬로스를 데리고오는 얘기다. 보수적인 아리스토파네스가 난세를 구하기 위해 보수적인 극작가 아이스킬로스를 다시 살려 온다는 것이다. 박근형 번안의 〈개구리〉에서는 아이스퀼로스와 에우리피데스가 노무현과 박정희 전 대통령으로 바뀌었다. 그리고 아리스토파네스가 그의 견해에 의해 아이스킬로스를 선택했듯이 박근형은 노골적으로 노무현(을 확실히 연상시키는 인물)의 편을 들고 박정희(를 확실히 연상시키는 인물)를 매도했다. 그런 이유로 일부 언론으로부터 비판받고[8] 정부로부터 탄

압받았다. 그러나 일방적 편들기는 원래 아리스토파네스 구희극의 특징
이고 극작술이다. 다만 구희극의 일방적 편들기는 반드시 두 주요 적대
적 인물 사이의 충분한 '아곤(Agon. 논쟁과 토론)'을 거쳐 이루어진다. 박근
형의 노무현 편들기 역시 대본을 읽어보면 어느 정도 균형을 갖춘 토론
과 논쟁 부분으로 뒷받침되어 있는 게 사실이다.[9] 그러나 극을 현대정치
로 가지고 오면서 아곤 부분에 좀 더 객관적인 설득력을 부여하는 것이
바람직했을 것이다. 또한 오늘날의 희극(연극)의 기능은 집단체제와 인
신공격이 뒤섞인 그리스 구희극과 달리 사회적 보편성과 개인에 의한
비판적인 기능에 기반하고 있으므로 국립극단의 객석을 메운 관객들의
다양성도 고려했다면 좋았을 것이다.

극의 완성도 상황을 더 어렵게 만들었다. 연출적 완성도에는 이런
아리스토파네스의 독특한 극작술을 어떻게 오늘날의 관객에게 효과적
으로 활용하는가 하는 것도 포함된다. 아리스토파네스뿐 아니라 원래
그리스극에는 코러스 등 메타적 장치가 많은데다가 구성면에서 비극보
다 대단히 산만한 구희극에는 오늘날의 작가-연출가가 창의적으로 개
입할 여지가 매우 많다. 물론 박근형의 번안에도 디오니소스 대신 가톨
릭 사제와 동자 스님을 등장시킨다든가 극중극 춘향전을 한판 벌인 광
대 패거리 등 재미있고 다양한 아이디어들이 많았다. 원작의 기본 설정
과 골격을 제외하면 거의 다시 쓰다시피 했다. 그러나 중·대극장 무대
와 시노그라피의 완성도 면에서 약한 박근형의 번안과 연출은 백성희장
민호극장의 무대에서 산만하고 때로는 조야한 상태로 펼쳐져 있었고 그
에 따라 일부 관객에게는 특정 정치인의 입장을 편파적으로 두둔하는
내용만이 전후 맥락에서 벗어나 프로파간다처럼 적나라하게 드러나 보
였을 수 있다. 풍자는 대상과 관계없이 얼마든지 가능하지만 최소한의
보편적 토대 없이 일방적 견해나 주장만이 적나라하게 드러나는 무대는
곤란하다. 박근형은 아마도 아리스토파네스식 인신공격의 방식에 기댔

던 것일까? 그러나 연극의 사회적 기능이 다른 현대에서 특히 정치적 판단이 개입된 소재에서는 좀 더 신중해야 했던 게 아닐까? 만일 이 특정인 편들기식의 공연에 아리스토파네스 구희극의 여러 극적 장치와 고안들을 더 적극적으로 살려 메타적 코멘트를 적절히 첨가했으면 어땠을까? 작품의 내용과 완성도를 논하기 이전에 21세기에 국가의 검열이 다시 연극무대에 작용했던 것은 수치스러운 일이다. 그러나 〈개구리〉의 경우, 자칫 일방적이며 편파적 내용으로 전달될 위험이 컸던 만큼 무대 연출에 관한 박근형의 보다 적극적 전략과 섬세한 대처가 아쉬웠던 부분이다.

:: 〈모든 군인은 불쌍하다〉(2015)

〈개구리〉가 논란을 불러일으켰던 2013년 이후 소극장으로 돌아간 박근형은 앞서 말했듯이 당혹감과 분노를 품고 박정희와 박근혜 일가를 비판하는 알레고리적 소품들을 발표했다. 그런데 2015년 그가 창작산실에 지원했던 **〈모든 군인은 불쌍하다〉**가 지원에서 부당하게 배제된 경위가 밝혀지면서 박근형은 다시 한 번 원치 않게 연극검열논란의 중심에 서게 된다. 〈모든 군인은 불쌍하다〉의 착상이 정확히 언제 이루어졌는지는 모르나 이 희곡은 그간의 박근형다운 작품에서는 좀 벗어나 있었다. 모든 군인들과 많은 인간들을 전쟁과 폭력의 희생양으로 만드는 사회구조와 현실에 대한 비판이라는 보편적 담론을 다뤘기 때문이다. 논란의 회오리가 채 가라앉기 전인 2016년 3월, 남산예술센터의 결단으로 공연된 이 연극은 블랙리스트 정국의 핵심이라는 불운의 광휘를 업으면서 관객과 평단의 절대적인 지지를 받았다. 다소 단순화된 측면은 있지만, 많은 사람들에게 호소력을 지니는 주제 때문인지, 여러 정치적 사건들을 겪으면서 작가에게 스며든 '연민'이라는 정서가 우리 관객과 잘 맞은 탓인지, 이 공연은 적절한 무대적 임팩트와 함께 큰 성공을 거두었다. 언론의 많은 관심과 함께 여러 상을 수상했고 이제 박근형의 또 다른 대표작으로 자리매김되고 있다.

그런데 좀 더 안을 들여다보면 〈모든 군인은 불쌍하다〉는 각색극이 아닌 창작극이면서도 여러 가지 면에서 이전의 그의 작품들과 다르다. 우선 가족이라는 단위로부터 벗어났을 뿐 아니라 사회정치적 현실을 향해 직접 발언하고 있고 메시지 전달이 직접적이다. 즉물적이며 표면적 환유로 이어졌던 과거 작품들과 달리 네 가지의 각기 다른 에피소드를 교차적으로 보여주는 일종의 몽타주식 구성을 택했으며 모든 장면은 주제를 향해서 일사분란하게 전진하도록 조직되어 있다. 규칙적이고 순차적인 구조상의 균형을 맞추다보니 아랍 무장단체에게 피살되는 남녀 등 일부의 에피소드는 그답지 않은 상투성을 드러내기도 한다. 물론 집에 두고 온 아들을 그리워하는 초계함의 오병장 장면, 탈영병 아들과 아파트 수위를 하는 아버지 사이의 대화 같은 장면들에서 웃음과 연민과 분노가 모호하게 엉킨 박근형 특유의 분위기를 발하기는 한다. 〈모든 군인은 불쌍하다〉는 무대 공간면에서도 기하학적 입체성을 강조한 단호한 구조물과 명확한 지시성을 중시한 조명을 활용해 극의 논리적 몽타주에 호응한다. 배우들의 연기도 정면을 향해 발화하며 불필요한 공백이나 즉흥성을 지양함으로써 극의 단호한 역동성을 높인다. 극장의 크기가 커진 탓이기도 하겠지만 관객은 더 이상 작가나 배우와 모호하게 한편이 되지 않는다. 박근형 연극 특유의 미묘한 공감보다는 비판적 거리가 더 크게 작용한다.

:: '박근형 식 연극'은 무엇인가?

이처럼 본격 작가 생활 이십 년을 넘긴 박근형은 사회적 현실의 변화에 따라, 그리고 극장여건의 변화에 따라 여러 양상의 무대를 보여주고 있다. 크게 보면 가족의 일상→알레고리→정치적 알레고리→중·대극장의 메시지→가족무대라는 회귀적 변화과정을 보여주는 것일 수도 있으나 이 순서는 서로 엇갈리기도 하고 그에 따라 무대미학도 조금씩 변한다. 박근형의 초기작에서 발견되는 그만의 특징은 계속해서 그의 연극의 저변을 이루고 있지만 작품적 구현은 계속 변해가는 게 당연하다. 정치사회적 요인, 그리고 가부장적 가족의 와해를 들여다보는 관점의 변화[10]들은 그의 작품 내용들에 직접적인 영향을 미치고 있고 연출적 면에서는 극장 공간과 원작의 선택이 공연에 영향을 미치기도 했다. 아마도 박근형에게는 소극장이 가장 편한 공간일 것이며 〈개구리〉와 〈모든 군인은 불쌍하다〉는 무엇인가를 말해야 한다는 강박과 함께 대극장이라는 공간이 영향을 미친 경우였을지 모른다.

박근형의 지난 이십 년의 궤적에서 무엇보다 가장 평가되어야 할 점은 그가 자기가 겪고 있는 사회적, 정치적 현실에 즉각 반응해서 작품으로 써내는 작가란 점이다. 물론 자신만의 연극세계로 녹여내기는 하지만 연극적 완성도를 따지기 이전에 그 나름의 일관된 눈으로 세상을 보며 연극이 사회적 현실에 곧바로 반응한다는 뜻이다. 그런 면에서 흔치 않은 작가다. 즉발적이며 소박한 반응이라는 그의 연극적 특성은 충분한 숙성의 기간이 부족할 수밖에 없기에 때로는 아쉬움을 남긴다. 때로는 작가로서의 자의식이 충분치 않은 게 아닌가 하는 생각도 들게 한다. 거창한 연극적 의도나 정교한 드라마투르기를 내세우고 결과와 평가에 대해 연연해하는 많은 예술가들과 달리, 그는 여러 인터뷰에서 그냥 별생각 없이 생각이 떠오르는 대로 여건이 주어지는 대로 연극을 만든다는 식의 말을 자주 한다. 이는 솔직하고 겸손한 태도일 수도 있지만 어쩌면 교만이고 허무주의일 수도 있다. 그러나 무엇보다 남다른 재능이 없다면 불가능한 얘기일 것이다.

최근 그는 다시 소극장에서 펼치는 가족의 이야기로 돌아오면서 일단 작가로서의 평화를 찾은 듯하다. 타는 듯한 분노의 정치적 알레고리로부터 초기의 비교적 평온한 숨쉬기로 돌아왔다. 가끔 알레고리의 욕망이 비치기도 하지만 그의 주요 관심사는 여전히 가족구성원들의 표면적으로 일상적인 관계에서 출발한다. 변화가 있다면 아버지의 부재와 상실로부터 아들 세대로 이어지는 무능과 타락을 다루기 시작했으며, 이에 따라 가족 내에서의 여성의 의미에 대해 다시 생각해보고 있다는 정도일 것이다. 박근형 연극의 주된 특성인 능청스럽고 편한 환유는 가족 내의 일상의 표면에서 가장 잘 작동된다. 세상에 대해 할 말이 있으면서도 힘주지 않는 것이 박근형의 또 다른 특성이다. 되는대로 만드는 듯하면서 관객을 편하게 만들고, 편하게 함께 웃으면서도 뭔가 거북하게 만드는 것, 결코 쉽지 않다. 그리고 그런 이유로 세상이 바뀌어도 박근형 연극을 늘 기다리고 찾아오는 관객들이 존재하는 것일 게다.

마지막으로, 그는 언젠가 자기 연극이 적어도 남의 흉내를 내지 않은 떳떳한 '자생적 연극'이라는 식으로 말한 적이 있었다.[11] 비교적 초기작을 만들던 시기의 발언이었는데 세상 어디에도 없는 '박근형식 연극'이라는 점에서 깊이 공감했던 얘기다. 일상의 표면을 다루는 듯하지만 사실주의도 웰메이드도, 그렇다고 실험극도 아니다. 무엇보다 이렇다 할 해체적 요소가 없으면서도 근대 서구적 드라마투르기의 틀로 포획되지 않는다. 굳이 말하자면 소위 '일상극'에 가깝지만 어느 사조에 속하지도 않고 국내외의 어떤 작가의 영향도 짙게 발견되지 않는다. 이 천연스러운 자부심이 계속 유효하기를 바란다.

:: 註

1 두산아트센터와 〈잠 못드는 밤은 없다〉(2010), 〈히키코모리 밖으로 나왔어〉(2015) 등 일본작품들을 공연하기도 했다. 이 작품들은 박근형 연극의 정서와 잘 맞아 좋은 반응을 받았다.

2 〈처음처럼〉 대본 중에서.

3 2015년 당시 박근혜 대통령이 국무회의에서 "바르게 역사를 배우지 못하면 혼이 비정상이 될 수밖에 없다"면서 국정교과서의 정당성을 강변했던 것을 패러디한 듯하다.

4 기존의 작품 중에서도 〈선착장에서〉(2005), 〈백무동에서〉(2007) 들은 다소간에 알레고리의 성격을 띠고 있다. 〈너무 놀라지 마라〉는 환유성 못지않게 은유성이 두드러지는 작품이다.

5 〈햄릿〉(2011) 공연 당시 김철리 시극단장과의 대화.

6 그러나 최근의 조사에 의하면 박근혜 정부는 〈개구리〉 이전부터 문화검열을 계획하고 있었다고 한다.

7 당시 그리스에서는 인신공격적 성격의 문학이 유행했으며 학자들은 이를 구희극의 연원의 일부로 보기도 한다.

8 당시 한 일간지에 '국립극단에서 이렇게 정치적으로 편파적인 내용의 연극을 해도 되는가?'라는 내용의 연극리뷰가 게재되었다.

9 다만 노무현 역이 박정희 역에 비해 편파적일 정도로 호감형의 외모를 가진 배우로 캐스팅되었다는 지적은 있었다.

10 가부장제 하의 가족구성원을 들여다보는 그의 관점의 변화는 외부세계의 변화와도 물론 관련이 있을 것이다. 예컨대 초연 때 큰 호평을 받았던 〈청춘예찬〉은 미투 이후 재공연에서 여성 혐오의 문제로 관객으로부터 차가운 반응을 받았다.

11 허순자, 「배우에게 뿌리내리고 열매 맺는 박근형 연극세상(인터뷰)」, 『공연문화저널』 6호, 2006, 34쪽.

"광장에 다녀왔어요" – '검둥개'에 대한 주해*

〈노숙의 시〉

:: 〈동물원 이야기〉와 〈노숙의 시〉

최근 젊은 감각의 신랄한 정치극들이 주목을 받고 있는 가운데 오랜만에 묵직한 무게감을 느끼게 해준 〈노숙의 시〉(이윤택 재구성·연출)가 30스튜디오에서 공연되었다. 이 극은 에드워드 올비의 〈동물원 이야기〉의 틀을 빌리고 있지만 기본적인 상황과 키워드 몇 개를 제외하면 거의 다른 작품이라고 해도 무리가 아닐 것이다. 꽤 다른 사회적 맥락에 위치한 두 작품 사이를 대담하게 횡단한 작가의 시적 직관과 통찰이 놀랍다.

작가도 프로그램에서 말했듯이 두 작품은 서로 상당히 다른 배경을 지니고 있다. 올비의 〈동물원 이야기〉는 전후의 경제적 풍요와 정치 이

---

* 이 글은 미투 사태가 일어나기 전, 촛불광장 얼마 후인 2017년에 발표된 연극 〈노숙의 시〉에 대해 당시에 쓴 리뷰(『연극평론』 87호, 2017년 겨울)이다. 작가, 연출가인 이윤택이 미투로 고발되기 전 마지막에 발표한 창작극을 다루고 있다. 2014년 이후에 발표된 글이기는 하지만 이 리뷰를 구태여 이 책에 실을 필요가 있을까 고민도 했다. 그러나 이 작품에 '검둥개'로 나타난 알 수 없는 폭력성에 대해 생각해볼 필요가 있다고 생각해서 싣기로 했다. 한두 문장은 지금 읽기에 불편할 수 있으나 원문 그대로 두었다.

데올로기의 안정구도 속에서도 젊은 세대들의 불안과 반항이 고개를 들기 시작한 1958년 뉴욕 센트럴 파크의 한 벤치를 둘러싼 극이다. 이에 비해 이윤택의 〈노숙의 시〉는 광화문 광장 촛불시위의 뜨거운 경험이 아직 식지 않은 2016년 서울 북쪽 외곽의 한적한 벤치를 중심으로 일어난 얘기다. 작품의 인물설정이나 관계설정도 다르다. 〈동물원 이야기〉에서 30대의 동성애자이며 외로움에 굶주린 아웃사이더인 청년 제리가 40대의 중산층 피터에게 치근대며 그를 공격한다면, 〈노숙의 시〉에서는 60대의 문제적 인물인 노숙자 무명씨가 40대의 해직 출판사 부장 김씨에게 은근히 위압적으로 말을 걸며 접근한다.

60대의 노숙자 무명씨는 30대의 제리에 비해 더 파란만장한 인물이다. 살아온 시간이 두 배로 길기도 하지만 소위 부조리적 순간 충동에 사로잡혔던 제리와 달리, 무명씨의 삶은 극과 극을 오가는 역사적 역동성을 지닌 외면적, 내면적 대서사시에 다름 아니다. 무명씨는 한국근대사의 음지를 모질게 겪었고 극한의 외로움을 견뎌낸 인물이면서도 아직 인간연대와 광장에 대한 희망에 불타고 있고, 또 더러운 역사에 대한 적개심과 피해의식으로 인한 폭력본능에 절어있으면서도 아르카디아와 금오신화와 비무장지대의 자연에서 이상향을 갈구한다. 두 작품 모두 벤치를 중심으로 우연히 만난 두 인간의 갈등을 다루고 있지만 현재 우리에게 〈노숙의 시〉가 소환하는 사유는 〈동물원 이야기〉를 훨씬 능가하는 함축성과 폭발력을 지니고 있다고 본다.

흥미로운 것은 두 주인공 모두 '어디로부터 오는 길'의 인물이라는 점이다. 제리가 공원 안의 '동물원에서 오는 길'이라면 무명씨는 '광화문에서 오는 길'이다. 무명씨가 광화문 촛불시위에서 느낀 환희를 묘사하는 장면에서 극장의 관객들은 그날의 감동들을 떠올리며 저절로 박수를 쳤다. 그런데 그는 광화문과 같은 광장 유토피아에서 돌아오는 길인데도 심사가 그리 편치만은 않다, 왜일까? '동물원'과 '광장'의 의미는 상반된다. 동물원의 동물들은 철창으로 격리되어 있으며 제리는 그런 동물원보다도 더 교류가 없는 인간관계에 절망을 느꼈다. 그러나 무명씨가 이상적인 인간연대가 이루어진 광화문 광장에서 돌아온 길이라고 해서 희망만을 보고 온 것은 아니다. 그의 내면은 환희에 불타다가 어두운 용광로처럼 분노로 끓고 기대에 벅차다가도 휴식을 꿈꾼다. 그렇게 모진 역사를 살았는데도 현실은 그 대가로 희망적 전망을 쉽게 내주지 않는 것이다. 무명씨는 초조하다. 그래서 마지막에 살인까지 일어난다. 누가 가해자인지 피해자인지 구분하기 힘든 살인-폭력이다. 그리고 두 작품 모두에서 폭력성의 등가물은 검둥개다. 그러나 각각의 검둥개의 의미는 전혀 다른 것 같다.

:: 알렉산더 광장에서 광화문 광장으로

실직한 출판사 편집주간 김씨(오동식 분)는 공원 벤치에서 핸드폰을 들여다보고 책도 읽으며 혼자 시간을 보내고 싶어 한다. 그러나 어딘지 내공의 힘을 풍기는 초라한 행색의 무명씨가 접근해서 부담스러워하는 김씨에게 자신의 과거사를 억지로 들려준다.

무명씨(명계남 분)는 대강 헤아려보니 1948년생쯤 되는가 싶다. 1959년 추석 사라호 태풍과 1960년 4·19 때 동네 아이들과 멋모르고 뛰어다녔던 기억이 있다고 한다. 어머니는 빨치산 경력의 죄수로 감옥에서 그를 낳았고 이모가 어린 그를 중학교까지 길러주었다. 아버지 역시 사상문제로 동베를린에 망명해 독일 훔볼트대학 식물원 소속 교수로 있었는데 1967년 동백림 간첩단 사건에 연루되어 잡혀와 몇 년간 한국서 복역한 후 광복절 특사로 출감해 독일로 영구 추방되었다. 고등학교 일학년이 된 무명씨에게 이모는 이제 아버지를 찾아 독일로 갈 때가 되었다고 했다. 독어도 못하는 우울증 고교생과 오랜 독신생활로 역시 우울증에 걸린 아버지는 어색한 동거를 할 수밖에 없었으나 6~7년 후 부친이 사망하자 무명씨는 하릴없이 서울로 돌아온다. 귀국한 그는 1979년, 서른 살 즈음에 광화문 한 신문사에 기자로 취직했다. 그러나 5공화국 초기 가장 험난했던 그 시기에 기자생활 일 년을 넘기지 못하고 해직된 후 계엄사에 끌려가 두 달간 고초를 겪기도 한다. 당시 무명씨는 인왕산을 뒤로하는 광화문 변두리 낡은 삼층 벽돌집에 세들어 살고있었는데 이리 저리 구직활동을 하며 시간을 보내다가 1986년 복직 판결을 받고 받은 보상금으로 밀린 집세도 치를 수 있게 되었다. 그러나 1986년 6·29 선언이 불피운 희망의 씨앗에도 불구하고 1987년 겨울 대통령 선거에서 양 김(兩金)이 대립하고 결국 노태우가 당선되자 크게 실망해서 다시 독일로 돌아간다.

(그 겨울,) 인간의 이기심과 욕망이 어떻게 세상을 파탄내고 희망을 쓰레기통에 처박아버리는가를 확인하면서 나는 그만 이 나라가 혐오스러워졌소.(24)[1]

독일로 돌아간 그는 베를린에서 택시 운전을 한다. 혼기를 놓친 파독 간호사와 십 년간 살림을 합쳐보기도 했지만 역시 둘 다 오랜 객지생활로 인한 우울증 환자인데다가 아이도 안 생기자 헤어지고 만다. 그러던 어느 날 한밤중 운전을 하다가 "개 짖는 소리가 들리고 눈앞에 검은 개 떼들이 어른거리는 바람에"(28) 운전대를 놓는다. 정신치료를 받으러 다니고, 실업자에게 나눠주는 음악회 표를 가지고 극장에 가고, 대학 도서관과 아버지가 계시던 수목원을 드나들며 가족도, 친지도, 직장도 없이 그렇게 객지에서 이십 년을 보낸 것이다.

그러다 문득 나는 말이 하고 싶어졌소.(28)

그는 타국의 광장에 나가 혼자 떠들어대기 시작했다. 사람은 광장에 나와서 사람을 만나고 말을 해야 사람이라는 것을 깨닫고 그는 언제부터인가 독일 알렉산더 광장으로 나가 마구 지껄이기 시작하게 되었다는 것이다.

> 사람들이 지나가다가 발길을 멈추고 고개를 끄덕이기도 하고, 어떤 사람은 혀를 차면서 동전을 던져주고 가기도 했소. 나는 그제서야 조금 숨쉬기가 편해졌는데, 아무래도 내가 지껄이는 말이 독일어라서 내 몸과 영혼에 착 달라붙지 않았소.
> 그래, 이제 한국에 가자. 가서 지껄이는 거다, 우리말로! (30)

이렇게 해서 무명씨는 2016년 겨울, 광화문 광장에 서게 되었다.

> 저녁 5시쯤이면 사람들이 모이기 시작하고 어둠이 깃들면 하나 둘 촛불이 밝혀지면서 축제가 시작되는 거야. 베를린은 이때쯤이면 다들 제 집구석에 처박혀서 티비를 보거나 책을 읽기 때문에 거리는 깜깜한데, 여기 광장은 환하게 촛불을 밝히고 사람들이 그냥 나와서 싱글벙글 웃는 거야. 가족들 다 데리고 나와서 아이들에게 역사를 가르친다는 거야. 맞아, 사람들이 모두 광장으로 나와서 스스로 역사가 되는 거야(30)

여기서 지난겨울 광화문을 상기하는 관객들의 감회어린 박수와 함께 1부 공연은 끝난다.

∷ '검둥개' 이야기

중간휴식 후 2부 역시, 1부의 시작과 마찬가지로 '광화문에 다녀온'

무명씨의 술회로 시작된다.

> (그들은 커피를 나눠 마신다)
>
> **무명씨** 나는 비로소 세상과 다시 만나기 위해
>
> 매일 저녁 광장에 나가서 커피를 나누어주었소.
>
> **김씨** 커피를…팔았어요?
>
> **무명씨** 나누어주었다구. 그건 내가 세상에 보낼 수 있는 가장 소박한
>
> 메시지였소.
>
> 사람에게 말을 걸 필요도 없고 서로 인사를 나눌 필요도 없어.
>
> 그저 혼자 내가 만든 리어카 위에 촛불을 켜고 커피를 끓이고
>
> 있으면 사람들은 불빛을 보고 모여들고 나는 오는 사람들에게
>
> 커피를 타주는 거야. … 그래, 커피는 내가 터뜨린 코피처럼 뜨
>
> 겁게 흘러내려 광장의 온도가 되었어.(31)

무명씨는 광장에서의 연대감이 주는 황홀감을 맛보았다. 그러나 무명
씨는 그가 기대했던 '한국말로 지껄이기'에는 그리 성공하지 못한 듯하
다.

> 내가 타준 커피를 마시는 사람들을 보면서 생각했어. 그래, 세상은 아직
> 살만한 거구나. 다들 저렇게 살아서 광장으로 나왔구나. 그런 생각을 하면
> 서 문득 누구에겐가 말을 걸고 싶었어. 어디서 오셨어요, 그동안 어디에 있
> 었죠, 광장에 나온 사람들에게 몇 번이나 말을 걸려고 시도해보았지만 그들
> 은 광장에 울려 퍼지는 세상의 말을 귀담아 듣느라 내 말을 들어줄 귀는 없
> 었어…(31)

밤이 깊어지고 광장도 텅 비자 무명씨는 삼십 년 전의 하숙집으로 가

본다. 놀랍게도 하숙집 여주인은 삼십 년 전의 그를 알아본 후 더 값싼 꼭대기 방으로 안내한다. 추하게 늙어버린 '싸구려 올림머리'의 독신 여주인에 대한 험담과 음담이 이어지고 김씨가 민망해하자 무명씨는 다급하게 김씨를 잡는다. 이제부터 진짜 중요한 '검둥개에 대한 얘기'를 할 테니 제발 자리를 뜨지 말라는 것이다.

검둥개는 올비의 〈동물원 이야기〉와 〈노숙의 시〉 모두에 등장한다. 두 작품 모두에서 검둥개들은 제리와 무명씨에게 이상하게 적대적이며 발목을 물기까지 한다. 두 남자 모두 햄버거를 이용해 개를 독살하려고 계획하지만 실패했고 결국 살아남은 개와 이상한 연대감을 느끼게 된다는 점에서도 두 작품은 일치한다. 〈동물원〉에서 몹시 외로웠던 제리는 그 개의 공격을 애정이라고 받아들였다. 그래서 그 개의 괴롭힘이 적어도 동물원 철창처럼 서로 격리된 인간들보다는 낫다고 여겼다. 〈노숙의 시〉에서 검둥개는 의심할 나위 없이 일차적으로는 폭력과 정치적 위협의 상징적 등가물이다. 무명씨는 어린 시절 사라호 태풍이나 4·19 혁명 같은 일종의 폭력성의 와중에서 골목길 검둥개에게 발목을 물린 기억이 있으며 그가 베를린 택시기사 시절 환청과 환각으로 만났던 검은 개떼들은 아마도 해직기자 시절 공권력으로부터 당했던 폭력의 상흔일 것이다.

검둥개는 하숙집 여주인이 30년 전부터 기르던 개인데 왠지 첫 대면부터 무명씨에게 으르렁댔다. 그래서 독살을 시도했으나 실패했고 개는 좀 기운을 잃었다. 그런데 이상하게도 무명씨는 그 개가 죽지 않기를 바라는 자신을 발견하게 된다. 늦은 시간 집으로 돌아갔을 때 예전처럼 자신을 기다려주기를 기대한다.

늦은 저녁 불타는 황혼 속에 그 검둥개가 있었어.
나를 빤히 바라보면서
나는 숨을 멈추고 그놈을 보았지, 그놈도 날 보았어…

그저 서로 보기만 했어.

…

우리는 마침내 서로의 느낌과 서로의 생각, 서로의 표정을 읽어낼 수 있
었어.

아, 그래, 넌 그런 모습으로 존재하고 있었구나.

너를 증오하고, 내가 평생을 두려워했던 네가.(37)

그들은 교감한다. 마치 〈동물원 이야기〉의 제리가 그랬듯이. 그리고
제리가 그랬듯이 무명씨는 개의 악의와 공격을 '사랑'으로 착각해보는
데까지 이른다.

개에게 독 묻은 고기를 주어 죽이려고 한 나의 행동을

개는 정작 사랑의 행위로 오해한건 아닐까?

그렇다면, 나를 깨물려고 한 개의 행동이

사랑의 행위가 아니라고 말할 수 있을까?

…살아있기에 내게 보내는 격렬한 관심이 아니었을까?

우리가 이렇게 서로의 존재를 오해하기에 하나님은…

사랑이란 말을 발명하지 않았을까? (37-38)

결국 무명씨는 평생 내 뒤꿈치를 따라다닌 저 검둥개가, 그가 의미하
는 폭력성이 "바로 내 그림자라는 생각이 들었다(38)"고 고백한다. 실제
로 수명이 그처럼 긴 개는 없다. 무명씨는 일찍이 김씨에게 자기 얘기를
'우화'로 받아들여도 좋다고 했으며(23) 그런 의미에서 그 개는 '귀신같
은 개'이다. 그리고 이 극의 제목은 '어느 노숙자의 이야기'가 아니라
〈노숙의 '시'〉인 것이다. 그러나 아무튼 이 연극에서 검둥개가 폭력을
의미한다면, 그 폭력성에 교감하고 그것을 자신의 그림자처럼 달고 다

니고, 심지어 그것을 사랑 비슷한 것으로 오해한 무명씨는, 나아가 작가 이윤택은 그 검둥개를 통해 무엇을 말하려는 것일까?

:: 광장에서 일어난 일 - '검둥개'는 누구인가?

검둥개에 대한 얘기를 마친 무명씨는 갑자기 김씨를 간질이기 시작한 다. "당신은 누구를 기다리고 있었어, 분명히!"(39) 라면서. 이 느닷없는 간질이기 장면은 올비의 희곡에도 있다. '몸 간질이기'는 '(개가 사람의) 발목 물어뜯기'나 마지막 장면의 '칼로 찌르기'만큼이나 탈이성적이며 탈근대적이라고 할 수 있는 몸의 커뮤니케이션이다.[2] 몸적인 자극을 통 해 뜻밖의 공격을 받은 김씨는 약간의 히스테리를 거쳐 마음과 몸의 문 을 다소 열게 되고 비로소 호기심에 차서 무명씨를 바라보게 된다. 그에 게 무명씨는 "광장에서 무슨 일이 일어났는지 알고 싶냐?"고 진지하게[3] 묻는다. 무명씨가 설명해준 이 극의 주요 열쇠 장면인 '광장에서 일어난 일'은 다음과 같은 것이었다.

서로 모르는 사람들이 하나 두울 모이기 시작했어. 사람들이 발길을 멈추 고 서로 눈길을 마주치고 (김씨를 툭 치며) 날 봐. 이렇게 같이 숨을 쉬기 시작하는 거야.

그러면서 어디선가, 쿵 쿵 심장 박동소리가 들리기 시작하는 거야. 그 쿵 쿵거리는 소리가 어디서 들리는지 돌아보다가, 나는 그만 깜짝 놀라 그 자 리에 주저앉고 말았어. 그 소리는 여기, 내 속에서 들리는데, 어떻게 이 내 속의 소리가 광장의 스피커를 통해 크게 울리는지 모를 일이란 말일세. 나 는 그만 내 가슴을 숨기고 몸을 바짝 엎드렸지. 나는 그날도 붉은 그믐달이 뜨는 시각 어김없이 일어서는 검은 개떼들의 습격이 두려웠어. 아스팔트길 을 짓밟아 으깨면서 등장하는 탱크, 크르릉 - 크고 긴 몽둥이를 좌우로 마구 흔들면서 등장하면…

…세상에 이럴 수가 … 이건 내가 상상했던 그런 광장이 아니었어. 그냥 큰 한길, 사람들이 백명, 천명, 만명, 십만… 아, 백만…

세상에서 가장 큰 한길이 된 거야. 사람들은 그곳에서 돌을 던지지 않았어. 복면을 하지도 않았어. 맨 얼굴로 서로의 얼굴을 확인하면서 그래, 서로 마주보며 숨을 쉬기 시작한 거야. 같이 한 호흡으로, (웅크리고 앉아있는 김씨를 등 뒤에서 안아 일으키며) 이렇게 크게 숨을 들었다 놓는 거야, 서로 이렇게…(40)

김씨는 소스라쳐 놀라며 손을 쳐낸다. 아마도 니체의 후손일지 모르는 무명씨가 광장에서 일어났던 몸의 사건에 대해 몸으로 말해줬기 때문인데 책상 앞에서만 살아온 그는 큰 어색함과 저항을 느꼈기 때문이리라. 무명씨는 다시 묻고 그리고 스스로 대답한다.

거기서 무슨 일이 벌어졌는지 알아?
…아무일도 일어나지 않았어.

그러나 검은 개에게 물린 상처가 아물지 않은 사람들은
쉽게 광장을 떠나지 못했어.
갑자기 검은 개떼들의 습격이 사라져버린 광장은
더욱 불안했어.
개들은 어디로 갔을까?
…갑자기 찾아온 평화를 평화라고 믿지 못하는 것은
내가 검정개에게 길들여진 걸까? (41)

안주인이 죽고 개도 사라지자 무명씨는 주인이 죽은 하숙집을 나와 노

숙자가 된다. 그런데 어느 날 골목을 지나는데 놀랍게도 여주인의 죽음
과 함께 사라진 줄 알았던 검둥개는 여전히 그를 따라오고 있는 것이다.
그러다 무명씨는 쓰레기통을 뒤지는 척하다가 슬쩍 뒤돌아보는 검둥개
와 눈길이 마주친다.

> 그러다 문득 뒤돌아보는 검정개와 눈길이 마주치면서
> 서로의 슬픔과 외로움이 울컥 솟구치는 거야 (42)

시간이 흐른 얼마 전, 검둥개가 자신을 힐끗 보고는 뒤로 돌아보지 않
고 어디론가 걸어가는 것을 보았다. 너무 더우니까 그늘진 숲 같은 데를
찾아가는 게 분명했다.

무명씨	…검정개를 못 보았소?
김씨	못 봤어요. (43)

무명씨는 이 지점에서 김씨를 지목한다.

무명씨	아니면… 당신이구려.
김씨	…뭐가요?
무명씨	개새끼.
김씨	뭐라구요?
무명씨	자신을 외면하는 작자만큼 더러운 놈은 없어. (43)

둘은 벤치를 차지하는 문제를 핑계삼아 다투기 시작한다. 무명씨는 짐
짓 발을 벤치에 올려놓고 김씨는 벤치에서 안 밀려나려고 기를 쓴다. 무
명씨는 "이것 봐, 책 속에는 길이 없다"며 "이 벤치가 네가 세상에서 쟁

취하고 싸우는 목적이냐?"(44)라며 김씨의 무기력함을 나무란다. 그는
자신을 '깡패였다'고 소개하며 김씨 발밑에 칼을 내던진다. 그는 겁에
질린 김씨의 가정문제까지 들추며 급기야는 "이 불쌍한 개새끼야", "이
가련한 쓰레기야"(46)라며 침을 뱉고 약을 올리며 모욕을 퍼붓는다. 그
래서 결국 김씨로 하여금 칼을 들도록 도발한다. 얼떨결에 무명씨를 살
해한 후 혼란과 당혹 속에 남겨진 김씨는 "오 하나님 나는 개새끼입니
다"(47)라고 하며 무명씨의 비난과 충고를 받아들인다. 무명씨의 가방을
들고 "내 마음은 행동을 원하고 숨은 자유를 원합니다"라며 북쪽 오르
막길을 더듬어 오르기 시작하는 것으로 극이 끝난다.

:: 우리들 안의 '검둥개'

극은 〈동물원 이야기〉에서처럼 부조리한 폭력-살인으로 끝나는 듯하
다. 그러나 피터가 자기를 찔러주기를 원했던 제리의 경우와 달리, 〈노
숙의 시〉에서는 무명씨가 김씨를 강하게 설득하다가 실제로 피살된 것
인지, 김씨가 자신을 찔러주기를 원했는지는 불분명하다. 〈동물원 이야
기〉에서 제리는 얼떨결에 자신을 방어하기 위해 칼을 집어 든 피터에게
전속력으로 제 몸을 날려 일종의 자살을 감행했으며, 죽어가면서도 칼
에 묻은 피터의 지문을 닦기 위해 노력했다. 반면 〈노숙의 시〉에서 모
욕받은 김씨는 실제로 무명씨를 찔렀다. 그러나 최소한 두 사람 사이에
어떤 애증과 두려움과 열망이 교차하는 강한 연대감 같은 것이 형성되
어 있다는 점에서는 두 작품이 같다. 자신의 칼을 상대방에게 던져주었
다는 행위는 이미 찔려 죽어도 좋다는 접촉에의 처절한 욕망을 의미한
다. 애정에 대한 원초적 갈구로도 해석될 수 있을 것이다. 제리가 스스
로 찔려 죽으면서까지 누군가와의 접촉을 갈구했듯이 무명씨 역시 김씨
에게 죽어가면서 "그래 검둥개(김씨)야, 네가 나를 (얘기 나누기 싫다

고) 쫓을까 두려웠어… (47)"라며 고통 속에 미소 짓는다.

그런데 여기서 〈노숙의 시〉가 〈동물원 이야기〉와 결정적으로 갈리는 부분은 〈노숙의 시〉에서의 폭력-살인의 의미는 무명씨가 김씨의 참여적 행동을 과격하게 고취한다는 내용으로 최종 마무리된다는 것이다. 이 점에서 〈노숙의 시〉는 강한 계몽성과 계도성을 띠게 된다. 다시 말해 인간적 교류와 접촉에 대해 부조리하면서도 처절한 욕망을 다룬 〈동물원 이야기〉의 깔끔한 모더니즘과 다른 길을 갔다고 할 수 있다. "스스로를 세상으로부터 유폐시켜버린 죄인! 넌 해방되어야 해!"라고 강하게 도발하는 무명씨에게 김씨가 "당신은 대체 누구야! 나한테 왜 이러는 거야!"라며 반항한다. 그러자 무명씨는 "난 어쩌면 너야. 바로 너. 너의 미래. 네가 지금부터 한 이십 년쯤 더 늙었을 때를 상상해봐. 그게 바로 나라구, 이 멍청한 녀석, 그래도 모르겠나, 자 이제 이 감옥에서 탈출하는 거다. 자, 일어서!(45)"라고 답한다. 광장에 관심이 없거나 광장으로부터 아무것도 깨닫지 못하는 젊은 사람들에게 연대하고 행동하라고 하는 것이다. 그래서 이런 중간 결론이 가능하다. 결국 무력하고 비겁한 김씨는 무명씨 자신의 과거의 모습이다. 또한 폭력의 등가물인 검둥개 역시 과거의 무명씨이자 현재 김씨이기도 한 것이다. 일견 불가해한 살인으로 끝나지만 젊은 세대를 향한 미래지향적 메시지를 지닌 이 극은 동시에 무명씨 자신의 어두운 과거를 향해 있으며 또한 김씨의 미래 역시 그리 녹록지 않을 것을 예감케 한다.

궁극적으로 희망을 말하고 있는 것 같은 〈노숙의 시〉는 실은 결핍과 불안으로 점철된 누군가의 오랜 과거를 말하고 있다. 작가 역시 무명씨의 입을 빌려 친절하게 "(결국 광장에서 일어난 일을 말하기 전에) 긴 거리를 돌아가야 할 필요가 있는 거요(33)"라고 김씨에게 말하기도 했다. 외로움 때문에 광장에 나가지는 않는다. 개인과 광장의 함수를 풀기

는 쉽지 않다. 오랜 혼자 생활과 객지 생활 탓에 무명씨도, 오랜만에 만
난 아버지도, 헤어진 부인도 우울증 환자였다. 아마 갑자기 죽은 올림머
리의 하숙집 여주인도 일종의 우울증 환자였을 것이다. 광장을 메우고
하나가 되어 함성을 지르고 파도타기를 하던 인파들 역시 밤이 늦으면
혼자가 될 수밖에 없다. 극도로 외롭던 베를린 시절에도 자신의 신상을
캐묻지 않는 '독일인의 위대한 개인주의'(28)를 칭송했던 무명씨는 광화
문 광장의 마이크와 함성 속에서 아무도 그에게 개인적 관심을 가져주
지 않자 실망한다. 인간에게 연대는 필수적이기 때문이다.

> 당신과 내가 서로 혼자일 때 우리는 아무것도 아냐.
> 그러나 당신과 내가 서로를 느끼고 말을 걸 때, 그건 역사적이야.(23)

그런데 김씨에게 오기 전 무명씨가 유대감 비슷한 것을 느꼈던 구체
적 대상은 사람이 아니라 개였다. 그리고 〈노숙의 시〉에서 가장 해석이
어려운 부분은 무명씨가 검둥개와 미묘하게 교감을 느끼는 부분이다.
〈동물원 이야기〉에서 제리가 검둥개와 교감하는 장면은 비교적 쉽게 받
아들일 수 있다. 매우 외로웠고 인간과 불가능했던 접촉의 가능성을 개
로부터 발견했기 때문이다. 그렇다면 무명씨가 폭력의 등가물인 검둥개
와 교감하고 폭력적 행동을 사랑으로까지 받아들이려는 의미는 — 처절
한 외로움 외에 — 더 무엇일까? 자신도 그 폭력성의 일부라는 역사적
반성일까? 폭력성은 내재화될 뿐 아니라 전염되고 교감된다는 것일까?
르네 지라르가 말하는 '폭력의 상호모방'일까? 설마 지젝이 "순수한 폭
력의 영역은…법 바깥의 영역…사랑의 영역"[4]이라고 했을 때의 그 의미
일까? 이 희곡의 맥락을 통해 가능한 최소한의 해석은 폭력도, 전염도,
교감도, 모방도, 사랑도, 연대도 두 사람(존재) 이상을 필요로 한다는 점
정도일 것이다. "살아있기에 (검둥개가) 내게 보내는 격렬한 관심(38)"

정도이다.

이처럼 〈노숙의 시〉는 '우리들 안의 검둥개는 무엇인가?'라는 질문을
던진다. 그 폭력성의 정체는 무엇인가? 폭력성은 지랄탄이나 백골단이
휘두르는 방망이나 취조실의 고문만을 의미하지 않는다. 지난 세월, 무
명씨는 인간의 끝없는 욕심과 욕망의 밑바닥을 보았다. 그는 외로움을
먹고 사는 폭력성을 경험했다. 또한 '적을 만들지 못하면 불안한 인간들',
'적이 사라지면 오히려 불안한 인간(41)'들에 관해 알고 있으며 '강한 적
이 있으므로 타협하고 굽신거리며 살 수 있는 약자의 혜택(42)'에 관해
서도 생각해봤다. 같은 셋집에 살며 생전 서로 아는 체하지 않다가 하숙
집 여주인이 죽자 시체 앞에서 비로소 친한 척 대화를 나누는 인간들의
속성을 모르지 않는다(41).

그러나 무명씨가 말하는 진짜 폭력은 또 있다. 작가는 이것을 말하기
위해 긴 길을 돌아왔던 것이다. 김씨를 검둥개로 지목하면서 싸움 직전
김씨에게 말한다. "자신을 외면하는 작자만큼 더러운 놈은 없어(43)"라
고. 비겁함도 폭력성과 욕망 못지않은 우리들 안의 검둥개라는 것이다.
그런데 이 지점은 이 극의 핵심적 장면이기도 하지만 동시에 작가의 극
적 설명이 좀 더 필요한 부분이기도 하다. 일상의 비겁함과 무력함이 또
다른 이름의 폭력과 악이라는 것은 현대의 중요한 사유 중의 하나이다.[5]
그러나 폭력을 일차적인 공권력과 연계시켜온 중반부로부터 갑자기 후
반부에서 폭력의 외연을 넓히기 위해서는 좀 더 극적인 설명이 필요했
다고 본다. 하기는 이 극이 확연한 계몽적 메시지만큼 논리에 기반한 삶
을 그리고 있지는 않다. 무명씨의 피살이 계획된 것인지 우발적인 것인
지도 극에 드러나 있지 않으며 무명씨는 과거 검둥개에게 독약을 먹이
고 난 후 그 개가 살기를 바라면서 "우리는 어떤 행동이 갖고 오는 결과
가 전혀 다르게 나타날 수도 있다는 것을 알 필요가 있었소(36)"라며 한
숨 쉬기도 했다. 역사는 인간의 선한 의지 외에 무수한 우연과 시행착오

와 역설로 이루어지고 있음 또한 경험했기 때문일 것이다.

광장은 때가 되면 언제라도 열릴 수 있다. 안주와 타협의 유혹을 이겨내며 성공에 가까워지는 혁명도 있을 것이다. 그러나 성공한 어떤 혁명도 인간의 폭력성을 완전히 청소하지는 못한다. 폭력은 인간 본능의 어두운 신비일 뿐 아니라 문명화 및 근대화의 과정 자체에 내재한 것이기 때문이다.[6] 폭력은 인간에 내재된 본능일 수도 있고 레비나스가 주장했듯이 폭력을 극복하는 유일한 길은 타자와의 윤리적 관계 회복하는 길일 수도 있다. 벤야민을 계승한 지젝처럼 좀 모호하며 충동적 개념인 '신적 폭력'이 언젠가 해방을 가능케 하리라고 생각하는 사람도 있다. 데리다나 아감벤이 '차이'나 '경계'의 개념을 통해 제시했듯이 오늘 같은 탈근대의 시대에는 폭력, 비폭력, 저항 폭력들 사이의 상호구성성으로 인해 그들 사이에 명확한 경계를 긋는 것이 불가능할 수도 있다.[7]

적폐청산이 사회적 화두가 되고 있고 이 정권은 제도적 개혁을 통한 혁명의 성공적 구현을 향해 노력하고 있다. 촛불광장의 진정성과 기운을 이어 조금이라도 더 나은 사회를 위해 계속 전진하는 것은 이 시대의 당연한 소명일 것이다. 그런데 이를 위해서는 외부의 적인 사회적 비리와 싸우는 동시에 우리들 안의 괴물도 응시할 필요가 있다. 사적이며 물리적 폭력은 물론 '구조적 폭력'과 '상징적 폭력' 같은 객관적 폭력 외에도 소외된 인간관계, 끝없는 욕망, 과도한 흑백논리와 적개심, 비겁함, 복수심리 등, 내면화되어 정치적으로 폭력화될 수 있는 요인에 대한 자기반성과 사유 역시 지속적으로 필요하다는 얘기다. 외적·내적 폭력성에 대한 철저한 자기점검과 사유 없는 혁명은 과도한 소모적 흥분과 함께 밥그릇 싸움이나 권력의 자리바꿈이라는 악순환으로 되돌아올 수 있기 때문이다.

:: 60대를 위한 변명

평론가 김옥란은 무명씨가 김씨의 멱살을 잡으며 "개새끼"라고 윽박질렀던 마지막 장면을 보고 불편함을 감추지 않았다. 촛불혁명의 실제 주역은 고생하며 버티고 있는 젊은 세대인데 기성세대가 촛불광장의 승리까지 전유하려는가?[8] 하는 이유에서다. 그의 불평은 충분히 공감이 간다. 1987년 6월 항쟁도 2016년 겨울 촛불혁명도 젊은 학생들이 주도했던 것이 사실이다.[9] 반면 과거 혁명 주역들의 대부분은 변절하거나 타락한 모습으로 녹슨 금배지와 꺼져버린 마이크를 남기고 우리 기억과 TV 화면에서 사라졌다. 그렇다면 이 연극은 무명씨가 소외된 인간, 망명자, 유배자, 노숙자였기에 성립하는가? 그가 이십 년 동안 객지에서 '정신병원과 교회와 도서관과 극장'만을 다니면서 순결한 정신으로 버텼기 때문일까? 혹은 그에게서 요즘 유행하는 '호모 사케르'의 자취를 발견할 수 있어서일까? 그럴지도 모른다. 벤야민과 함께 아감벤이 강조했듯이 "억압받는 자들의 전통은 우리가 그 속에서 살고있는 '예외상태'가 상례"[10]임을 말해준다. 따라서 '포함적 배제'는 '배제적 포함'의 고리로 긴밀하게 연결되어 있을 수밖에 없다.[11]

〈노숙의 시〉는 말(言語)에 관한 연극이기도 하다. 무명씨는 객지에서 수십 년간 말을 잊고 지내다가 알렉산더 광장의 미친 외국인의 외국말 지껄임을 거쳐 광화문 광장에까지 왔으나 그곳에서도 막상 말을 나눌 기회는 얻지 못하고 커피만 따라주었다. 그러다가 "광장에 다녀왔어요"라는 말문이 터지면서 무명씨는 젊은 누군가를 만나 비로소 말을 한 후, 그로 하여금 자신을 찌르게 했던 것이다. 또한 이 극은 몸에 관한 연극이다. 작가는 광장을 '함께 숨 쉬는 몸'으로 정의한다. 동시에 모진 외로움을 말한다. 무명씨는 자기 안의 불가해한 적인 검둥개와 그 외로움의 시간을 애증으로 뒹굴었다. 이윤택은 촛불광장의 주역을 60대에게 맡기려고 했다기보다 나이 든 망명자의, 노숙자의 삶과 말을 통해, 더 나은 사회로 길이 지름길일 수만은 없음을, 광장의 황홀한 연대감이 개개인의 지난한 고통을 통해서임을, 그리고 자신들의 시대가 저물고 있으며 그것이 이제 밟고 넘어가야 할 대상임을 말하려던 것이 아닐까? 어차피 우리 모두가 잠재적 호모 사케르일 수 있다면 고독과 고통을 맛본 자의 말에 더 귀를 기울이게 되기 때문이다. 그렇기에 때이른 후일담처럼 들릴 수도 있는 "광장에 다녀왔어요"라는 첫마디는 과거형이자 미래세대를 위한 전언뿐 아니라 더 넓고 깊은 사유로 우리를 안내하게 된 것이다.

〈노숙의 시〉는 무명씨의 일인극에 가까운 작품이지만 상대역인 40대의 김씨의 인물설정과 극적 기능이 상대적으로 취약하고 불분명한 것은 사실이다. 60대가 혁명의 실패를 겪었다지만 젊은 세대 역시 근대사의 추한 국면들을 기억하고 있다. 앞서 말했듯이 촛불혁명의 주역은 김씨 같은 평범한 직장인들이었다고 해도 과언이 아니다. 그런데 김씨는 〈동물원〉의 피터 못지않게 우유부단한 인물로 그려지면서 도대체 어떤 가치관을 지닌 인간인지, 심지어 노숙자인지 공원으로 출근하는 실직자인지도 불분명하다. 그가 미군부대 주둔지 출신이며 1987년 6·29 직전 학생운동 선동에 섰던 빨간 스카프의 누나와 1990년대 전대협 대회의 여전사 '강철진달래'에 대한 향수를 지니고 있다는 것이 그의 인생에서 무엇을 의미하는지도 분명히 그려져 있지 않다. 살인 후 김씨는 광장 대신 술집에서 새벽을 맞은 '개새끼'로 스스로를 비하하면서 무엇에 취한 듯 무명씨의 지시를 따르는데 이 장면은 젊은 관객들의 입장에서 좀 갑갑하고 섭섭할만도 하다.

게다가 무명씨는 돌아갈 곳, '숲'이 있다고 말하며 생애 서사의 대미를 화려한 인문적 레토릭으로 장식한다. 숲은 희랍의 아르카디아의 숲이며, 오이디푸스가 쉬러 들어간 크로노스의 숲이고, 소외자들이 꿈을 펼쳤던 금오신화의 숲이며, 비무장지대의 숲이기도 하다. 식물학자였던 아버지의 정신적 유산이자 망명자의 마지막 휴식처일 뿐 아니라 통일의 꿈을 지닌 공간이며 힘차게 돌아가는 생태계이기도 하다. 광화문에 다녀온 무명씨가 가려고 했던 그 북쪽의 숲이며, 마지막에 각성한 김씨가 꽃씨가 가득 든 무명씨의 가방을 들고 힘겹게 기어올라가는 숲이기도 하다. 그러나 70대의 무명씨라면 모르지만 아직 60대의 이윤택 작가가 논하기에는 다소 이른 숲이 아닐까 생각한다.[12]

담론 과잉의 우려는 있지만 이렇게 해서 문제적 작가 이윤택은 한층 더 성숙한 극작가가 된 듯하다. 광장과 혁명을 갈구하는 무명씨의 삶이 음영과 울림을 지니는 이유는 그 힘찬 서사뿐 아니라 오히려 그 안의 모순과 균열 때문일지도 모른다. 이윤택은 사실상 〈시민 K〉로부터 출발했다. 그의 연극세계를 관통하는 키워드의 하나는 '지식인의 부끄러움'이다. 〈시민 K〉의 순결한 부끄러움은 이제 무명씨가 되어 돌아온 망명자의 복합적인 부끄러움으로 한층 원숙해졌다. 다만 남성 중심의 서사화와 그에 따른 여성의 대상화는 여전히 아쉬움으로 남는다.

공연은 명계남과 오동식의 열연으로 힘차게 흘러간다. 명계남은 무명씨라는 극중인물 그 자체, 혹은 작가 이윤택의 페르소나, 그리고 우리가 알고 있는 명계남이라는 사회적 인물 그 자체들로 중첩되며 읽힐 정도로 대단한 존재감과 관객 장악력을 지닌다. 화법에서 약간의 매너리즘이 느껴지지만 그가 온몸으로 녹여내고 소화해내는 이윤택의 폭포 같은 시어들을 온몸으로 마주하고 있다 보면 어느새 별 문제가 되지 않는다. 다만 존재감이 너무 압도적이다 보니 나중에는 "명계남 자체만 남게 되는 게 문제"라는 어느 평론가의 지적[13]에도 공감이 간다. 오동식 역시 명계남의 파워풀한 내공에 전혀 밀리지 않고 무리없이 호흡을 맞추었다. 〈백석우화〉 이래 그에게는 우리 배우들에서 찾기 힘든 쇄락한 지식인의 풍모까지 발견된다. 그런데 연출의 문제겠지만 군이 오동식으로 하여금

검둥개로 변해 춤추며 돌아다니게 할 필요가 있었을지…? 간간히 지속
적으로 깔리는 스트라빈스키의 〈봄의 제전〉은 새 생명을 위한 희생제의
속의 폭력성이라는 또 다른 의미를 생성하면서 공연에 미묘한 생기와
역동성을 부여했고 중간에 끼어든 핑크플로이드의 노래는 1970년대에
젊음을 보낸 자들의 고통의 기억을 일깨웠다. 요즘 들어 이윤택은 〈아
름다운 남자〉나 〈백석우화〉나 〈억척어멈〉에서처럼 시어와 우리 노래와
음악이 만날 때 진정한 힘을 발휘하는 듯하다. 어느새 그의 연출보다,
힘차고 풍요로운 시적 언어의 불꽃놀이에 더 마음이 기운다.

:: 註

1 평문 괄호 속 숫자는 공연 프로그램에 실린 희곡의 쪽수임.
2 올비는 그 후 2002년에 염소와 진실한 사랑에 빠진 평범한 중산층 남자를 그린 〈염소,
  혹은 실비아는 누구인가?〉를 발표했다.
3 희곡에서의 지문은 '신비하게'라고 되어 있다.
4 슬라보예 지젝,『폭력이란 무엇인가?』, 이현우·김희진·정일권 옮김, 난장이, 2011, 281쪽.
5 한나 아렌트,『예루살렘의 아이히만』, 김선욱 옮김, 한길사, 2006 외.
6 이문영,「폭력의 근대적 기원」,『폭력이란 무엇인가』, 아카넷, 2015, 26-28쪽.
7 이문영,「지구화시대의 폭력: 폭력과 경계」, 같은 책, 94쪽.
8 김옥란 네이버 블로그,「오늘의 숲 내일의 태양」, <https://blog.naver.com/kimockran>.
9 평소 TV만 보던 화이트칼라 중장년층까지 광장에 뛰쳐나간 결과였다고도 한다.
10 발터 벤야민,「역사의 개념에 대하여」, 최성만 옮김,『역사의 개념에 대하여, 폭력비판을
   위하여 외』, 길, 2008, 336-337쪽; 조르조 아감벤,『예외상태』, 새물결, 김항 옮김, 2009,
   112쪽.
11 이문영, 94쪽.
12 극중 무명씨는 따져보면 70세 정도이며, 이윤택과 명계남은 동갑의 60대이다.
13 심정순,「글로벌 콘텐츠의 한국적 재맥락화: 〈노숙의 시〉」,『한국연극』, 2017. 10. 38쪽.

힘의 나르시시즘, 힘의 멜로드라마

이보 반 호프의 〈파운틴헤드〉[*]

이보 반 호프는 현재 미국과 유럽에서 가장 큰 주목과 열렬한 지지를 받고있는 연출가 중 하나다. 한국에도 2012년 LG아트센터에서 선보였던 〈오프닝 나이트〉를 비롯해서 2016년 NT Live로 소개됐던 〈다리에서 바라본 풍경〉으로 많은 팬들을 확보하고 있다. 이번 LG아트센터가 다시 초청한 〈파운틴헤드〉는 2014년 아비뇽 페스티벌에서 호평을 받은 공연으로 네 시간이라는 긴 공연 시간에도 불구하고 대체로 좋은 평가를 받고 있다. 강렬하며 매혹적인 인물들, 그들의 다각적인 갈등과 현란한 언변, 로크와 도미니크의 피학-가학적 사랑과 여기에 키팅이나 와이낸드가 얽힌 삼각, 사각 애정관계, 스크린 위의 드로잉, 코틀랜드 주택의 전율적 폭파장면, 그리고 마지막의 로크와 투히의 연설 대결 등, 모든 요소가 보는 사람을 흥분시키기에 충분했고 관객들은 뜨거운 박수로 화답했다.

그러나 오리지널 해외공연으로는 드물게, 일부에서는 이 공연이 주는 불편함에 대해 불만을 드러내는 듯하다. 나 또한 세련된 미장센에 어울

*『연극평론』 75호(2017년 여름)에 실었던 글이다.

리지 않게 '철학 멜로드라마'가 펼쳐지는 것을 보면서 어리둥절함을 감출 수 없었다. 이는 원작 소설이나 이를 각색한 공연에서나, 낭만적으로 과장되고 격정에 사로잡힌 유형화된 인물들이 상투적이며 인위적인 행동을 보여주고 있으며, 그들의 과도하게 열정적인 토론과 행동이 대부분 나이브하다고 할 수밖에 없는 이분법적 논리에 의해 추동되고 있기 때문이다.

이보 자신이 말했듯이 외국에서도 이 원작을 선택한 데 대한 미심쩍은 눈초리가 있었다는데 국내에서도 언론 리뷰나 개인 블로그들을 통한 비판과 불평이 없지 않았던 모양이다. 국내에서 연극 〈파운틴헤드〉가 야기한 불편함이나 논쟁의 요지는 다음 두 가지로 요약할 수 있다. 첫 번째는 원작 및 연극이 지닌 정치적 관점의 문제이며, 두 번째는 남성 중심주의적 시각, 혹은 여성인물을 대하는 태도이다.

:: 〈파운틴헤드〉는 신자유주의를 옹호하는 작품인가?

상트페테르부르크 출신의 유대계 작가이자 사상가인 아인 랜드는 이 작품을 계기로 국내에 많이 알려졌다. 러시아혁명 중 집안이 몰락하자 미국으로 건너가 소설 『파운틴헤드』(1943)를 발표하면서 평단의 주목을 받기 시작했고 '미국 우익의 성전'으로 불리는 방대한 『아틀라스』(1957)[1] 를 통해 소위 '객관주의 철학(objectivism)'[2]을 이론화한다. 아인 랜드는 개인의 절대적 행복 및 자유의 추구를 최고의 가치로 중시하며 이런 미덕으로 무장한 천재적 예술가와 사업가들을 유능한 능력자이자 완벽한 개인으로 찬미하고 궁극적으로는 철저한 자유방임적 시장경제를 주장한다. 그녀의 이런 사상적 배경에는 러시아의 공산주의 혁명에 대한 반감과 니체의 사상이 크게 작용한 것으로 알려졌다. 그녀는 미국에서 1940년대 이후부터 작가활동과 함께 사상운동을 펼쳤는데 초기 멤버 중에는

'미국의 경제 대통령'이라고도 불리는 연방준비제도이사회 전 의장 앨런 그린스펀도 포함되어 있었다. 훗날 스티브 잡스 또한 아인 랜드의『아틀라스』를 인생의 책으로 꼽기도 했으며 안젤리나 졸리와 장한나를 비롯한 셀럽들도 아인 랜드의 팬임을 자처하고 있다. 그녀의 책은 현재 한국이 처한 상황과 상당한 정서적 거리가 느껴지지만, 아직도 미국에서는 미국식 자본주의를 추종하는 우익 지식인들에게 일종의 사상적 기둥으로 자리잡고 있는 것이 사실이다. 물론 논란도 늘 뒤따랐다.『아틀라스』는 발표 직후 파시즘이나 독재체제를 옹호하는 글이라는 비난을 받기도 했으며[3] 지젝은 또 다른 맥락에서 아인 랜드를 비판했는데 오바마 케어 반대와 2013년 연방정부 업무정지(shutdown) 사태를 불러온 것은 2008년 금융위기를 일으켰던 (그린스펀과 같은) 아인 랜드의 추종자들이라며 근래 아인 랜드의 붐이 다시 불고있는 것을 기이한 현상으로 지적했다.[4]

이처럼 작가의 사상과 작품이 워낙 극우적이니만큼 소설 원작은 물론 연극도 보수적인 경향을 띨 수는 있다. 그러나 공연 자체로 봤을 때 **일부의 의심처럼 이 연극을 직접적으로 신자유주의를 옹호하는 작품으로 보기는 어렵다.** 일단 극중 시간이 후기 자본주의 또는 신자유주의 시기에 진입하기 이전인 1950년대일 뿐 아니라,『아틀라스』와 달리 극의 초점이 자유방임주의나 자본주의 옹호에 맞춰져 있지도 않다. 주지하듯이 신자유주의란 개인의 경제적 소유나 쾌락의 자유와 권리를 최대로 인정하는 것이 골자이다. 그런데 극중 주인공 격인 로크나 도미니크는 자본의 소유와 쾌락에는 별 관심이 없으며 오히려 그것들을 경멸하는 듯이 보인다. 와이낸드와 같은 막강한 언론재벌이자 성공적인 부의 축적을 대변하는 인물도 인생의 무의미함에 괴로워한다.

이보 반 호프는 공연 후 가진 한국 관객과의 대화에서 이 연극은 정치적 의미와 무관하며 친구가 건네준 책에 매혹되어 이 공연을 하게 됐다고 얘기하고 있다. 그는 또한 로크와 투히의 갈등에 초점을 맞춘 원작과 달리 되도록 다양한 인물들의 관점을 다루려 했으며 특히 건축가인 하워드 로크와 피터 키팅의 관계에 초점을 맞춰 그들의 인생관과 예술가적 고민을 가능한 동등한 비중으로 그렸다고 말했다. 연출은 원작의 방대함을 요약하면서 여러 인물들의 단면을 흥미롭게 끌어갔다. 그러나 실제로 공연에서 연출의 이런 해석은 잘 드러나지 않는다.[5] 연출의 의도와 달리 소설 원작이나 **이 극의 주된 갈등은 여전히 로크와 투히의 싸움으로 보인다.** 경쟁자 키팅은 시종일관 너무나 생각없고 존재감 없는 인물로 그려져 있다. 로크-도미니크-와이낸드의 연애는 매우 흥미롭지만 결국 로크-투히의 갈등에 흡수되고 만다. 소설에서나 극에서나 많은 인물들이 각자의 다양하고 화려한 논리를 펼치는 것처럼 보이지만 결국 인물들은 두 그룹으로 간단하게 분류된다. **'창조자'적 인물군**으로서 천재 건축가이자 채석장 돌과 같은 굳은 의지의 절대 매력남 로크, 치명적 미녀로서 로크를 첫눈에 알아보고 그에 끌리는 천생연분 도미니크, 이들 천재 커플에 매료되는 멋쟁이 염세적 기업가 와이낸드와 그 맞은편에, 이들을 시기하거나 이들에게 복종하는 **'비창조적' 인물군**인 위선적 인도주의 설파자이자 질투의 화신인 투히, 역시 잘나가는 건축가이지만 로크와 도미니크에 대한 열등감에 빠져있는 피터, 피터의 복종적 애인인 심약한 캐서린 등이다. 결국 종반부에서 양측의 열정적 연설이 요약하듯, 로크로 대표되는 '창조의 의지를 굽히지 않는 천재적이며 이기적인 예술가'와, 투히로 대변되는 '이타주의적인 완벽한 평등, 복종과 봉사와 희생'이라는, 일종의 니체적 이분법이 주된 갈등인 것이다.

그러나 누구의 편도 들고 싶지 않다는 연출의 의도와 달리, 이 극은 — 원작이 그렇듯 — 천재 건축가인 로크의 가치관을 일방적으로 설파하는 데 가깝다. 후반부로 갈수록 투히를 중심으로 하는 측의 논지와 설득력이 많이 약화되며 와이낸드나 도미니크, 키팅 등의 주변인물들이 로크에게 굴복하고 사실상 로크의 열띤 주장으로 종결되기 때문이다. 특히 로크와 대치점에 서서 이타심과 평등과 민중적 인도주의를 설파하는 투히는 초반부에는 설득력이 있었으나 극의 후반부로 갈수록 실은 로크와 같은 천재를 질투하며 타인을 지배하고 억압하고자 하는 위선적 인물로 드러나면서 정당성을 잃는다. 따라서 이 극은 천재 건축가 로크의 **'창조적 자아'와 '예술가의 철저한 자기중심주의'와 같은, 나르시시즘에 가까운 강하고 절대적인 의지, 그리고 그에 대한 다양한 방식의 추종과 찬미가 그 주된 메시지로 읽힌다.** 로크는 이렇게 외친다. "창조자의 일차적 목표는 자신 안에 있다. 자족적이고 자발적이고 자생적인 것, 그것이 바로 창조자가 지닌 힘의 비결"이라고. 그에게 있어 모방이나 일삼으며 남의 의견에 추종하는 나머지 인간들은 '기생자'들이거나 '복종적 노예'일 뿐이다.

물론 거친 이분법 논리가 아니라면 천재성이나 개인주의 그 자체가 문제시될 이유는 없다. 로크가 대담하게 설파하는 개인주의나 이기주의는 투히의 이타주의만큼이나 가끔 귀를 솔깃하게 만들기도 한다. 그런데 여기서 원작이나 공연을 좀 더 들여다보면 그 심층적 저변에서 두 가지 문제를 찾아낼 수 있다. **첫째, 이기주의나 이타주의 이전에 이 극의 저변에는 '힘'에 대한 자기도취와 찬미와 목마름이 깔려있다는 느낌이다.** 천재 건축가 로크가 추구하는 '창조적 자아'도, 피학증 취향의 도미니크도, 만인 박애주의자 투히도, 삶의 지루함을 못 견디는 와이낸드도, 그들이 공통적으로 추구한 것은 창조적 자아건 이타주의건 관계없이 '절대적인 정당성으로 각 인물의 자아 안에 갇혀있는 힘' 그 자체이며 이 힘은 또한 전편을 흐르는 낯 뜨거울 정도의 나르시시즘으로 뒷받침되고 있다는 것이다. 로크는 '절대적 자유의지의 소유자'로서 언제나 한 치의 흔들림도 없는 완전한 자기 통제 하에서 행동한다. 자신을 투히나 와이낸드와 구별하기 위해 그는 자신이 추구하는 '창조적 의지'가 '힘의 추구'나 '지배욕'과는 다른 것임을 주장하기도 한다. 그러나 창조자에게 모든 인간관계는 부차적인 것이라고 보는 그는 모든 극인물들의 정점에 위치해서 자기숭배적 힘에 갇혀있다. 무대에서도 그는 채석장의 돌을 깨부수고 여자를 강간하고, 건물을 폭파하는 등, 힘의 화신으로 묘사되고 있다. 고결한 절대성 아니면 절대적 파괴를 추구하며 '신이 수학적 구조로 빚은 이상적 창조물'인 도미니크는 이런 로크의 힘에 성적으로 매료된다. 이타적 평등주의를 부르짖던 투히는 자신이 정말 원하는 것은 '복종함으로써 평화를 얻는 자들을 지배할 수 있는 힘'이라며 마각을 드러내고, 역시 일생동안 '힘'을 추구해온 사업가 와이낸드는 자신의 '진정한 사랑이란 최고를 향한 완벽한 열정이며 숭배, 경외, 열광, 그리고 우러러 봄'이라고 토로한다.

그런데 **또 하나, 여기서 그 '힘'은 아무래도 로크와 같은 천재의 '남성적 힘'에 대한 찬미가 아닌가 하는 의심이 든다.** 이런 남성 천재 영웅서사는 남성성을 다양한 사회적 요인들과 복합적 관계로 이해하는 오늘날의 관점에 비추어볼 때 힘이 곧 남성이고 천재며 이상적 인간이라는 식으로 본래적 이상적 남성상을 지향하는 환원적 논리라고 할 수 있다.[6] 그리고 이런 의구심은 이런 종류의 남성성이 다른 남성과의 관계에서뿐만 아니라 여성성과의 관계에서 드러나고 있다는 점에서 또 다른 불편함으로 다가오게 된다.

:: **문제적 여성, 도미니크를 보는 시각**

이 극에서 또 하나 문제시되는 것은 도미니크라는 여성을 그리는 시각이다.

도미니크는 미모와 재력과 꽤 날카로운 지적 감각을 겸비한 여성이다. 대건축회사 회장의 딸이자 반경 백 미터 이내의 모든 남자들을 쓰러뜨릴 정도의 미모를 소유한 팜므파탈로서, 로크의 작품을 알아보는 심미안과 전투적 행동력을 갖췄으되 동시에 강한 자기파괴 욕망을 지닌, 상당히 복잡한 자의식의 여성으로 묘사된다. 투히의 표현에 따르면 그녀는 '창녀보다 더 나쁘고, 성녀지만 위험한 성녀'라고 한다. 그런데 문제는 극중에 로크가 그녀를 성폭행하는 비교적 자세한 묘사와 함께 로크가 침실에서 그녀의 머리채를 잡아끌며 굴욕을 주는 장면, 그리고 이런 폭력적 강간에 의해 로크를 사랑하게 된다는 그녀의 심리묘사와 자기 몸을 담보로 거래해 비즈니스를 성사시키는 에피소드들이 포함되어 있다는 점이다.

사실 이런 것들에 관해 언급하기는 까다롭다. 예컨대 이번 공연에서 강간 장면의 재현 방식이 특별하기는 했지만 요즘 추세로 그 자체로는 문제될만한 수위가 아니라고 보며, 스크린상의 침대 장면은 힘과 마조히즘으로 맺어지는 두 주요인물을 보여주는 핵심적 장면으로서는 오히려 어정쩡하고 어설펐다. 재현의 양상이나 방식도 중요하지만 보다 더 중요한 것은 그 장면이 텍스트 맥락 내에서 어떤 의미를 지니게 되는가와 그것을 받아들이는 관객의 반응일 것이다.

도미니크는 자기파괴적 인물이지만 그 피학성을 통해 결국 자아를 찾게 되는 여성으로 그려진다. 세상과 세상 사람들을 경멸하고 자신을 파괴할 욕망으로 자신을 지탱하던 여성이었는데, 로크와 같은 강하고 뛰어난 남자에게 성적으로 끌리게 되지만, 세상이 로크를 허용하지 않을 것을 알기에 오히려 로크를 망치고 방해하며, 그가 그 상처 입은 몸으로 자신의 몸을 파괴하기를 원한다는 묘한 심리의 소유자였다. 따라서 성적 폭력을 기꺼이 감수하고 즐기는 것은 물론, 자학적으로 결혼한 남편 키팅의 사업수주를 위해 자신의 몸을 와이낸드에게 제공하고 그 와이낸드와 계약결혼까지 감행하면서도 이런 모든 행동이 로크에게 바치는 선물이라고 로크에게 주장한다. 결국 로크의 지시에 의해 건물 폭파에 가

담하고 둘의 관계를 세상에 폭로함으로써 사랑을 이루고 자아를 찾게
된다. 요컨대 마조히즘과 자기파괴는 자아와 사랑을 찾는 과정에서 그
녀의 취향이자 선택이었다고 할 수 있고 그녀는 폭파장면에서 피투성이
의 오르가즘을 거친 후 결국 자유로워진다. 그녀는 로크에게 "하워드, 당
신을 위해서 한 게 아니라 이제 우리가 함께 서서 저들과 맞서고 있기 때
문에 한 거예요. 이제는 두렵지 않아요"라고 외친다.

  그러나 이런 결과와 별개로 피강간-마조히즘-자기 몸의 교환물화-
자기파괴적 결혼-폭파의 조수 역할로 이어지는 멜로적이며 실존적(?)인
마조히즘의 **과정**에 대해 여성 관객들이 공감할 수 있을 것인지는 또 다
른 문제다. 세상의 도덕률 때문이 아니라, 여성의 입장에서 진정한 자아
와 정체성이 무엇인지의 문제이기 때문이다. 도미니크는 자아를 지키는
방법조차 로크의 지도를 받는다. **비록 마지막에 그녀도 '자아'를 찾게 되
지만 '천재의 천재적 하녀'의 삶의 과정을 받아들임으로써 궁극적으로
로크라는 남성 영웅서사 형성에 기여한다는 설정[7]은 여성 관객의 입장
에서 맘 편치 않은 일이다.** 한편 캐서린은 많은 멜로드라마의 공식이 그
렇듯이 도미니크와 극도로 대립되는 복종적이고 순종적이며 극도로 자
존감이 결핍된 여성으로 묘사된다. 마지막 피터와의 장면에서 평정심을
찾은 듯이 보이지만 여전히 투히의 영향력 하에 있다는 암시를 준다.

  이런 불편함은 되돌아보면 사실 같은 연출가의 전작 〈다리에서 바라
본 풍경〉으로 거슬러올라간다. 비록 국내에서는 스크린을 통한 만남이
었지만 제한된 공간 안에서 절제되면서도 터질 듯한 배우들의 연기 에
너지와, 공연 내내 지속되는 강한 극적 긴장감이 깊은 인상을 남긴 공연
이었다. 복잡한 무대 메커니즘 없이도 강렬한 연기와 간단한 동선만으로
극적 긴장을 폭발점으로 끌어감으로써 이보 반 호프의 기본적인 연출적
역량이 확인된 경우라고 하겠다. 그러나 이 공연의 압도적 연극성에 공
감하면서도 나는 왠지 불편했다. 워낙 아서 밀러 희곡들이 지닌 남성 중

심주의 자체가 거북해서이기도 하지만 그 공연에서도 극적 긴장의 대부분은 남성적 힘에 기인했다고 보았기 때문이다. 연기력이 뛰어나기는 했지만 주인공 에디 역의 마크 스트롱의 과도할 정도의 거대한 근육질 몸매도 그렇고, 그에게만 맞춰진 내적 고통의 강도도 그렇거니와, 여성을 그리는 관점도 그렇다. 비록 극적 주도권이 약한 인물이기는 하지만 연출은 조카 캐서린을 에디의 시선으로 본 성적 대상물이라는 점에 초점을 맞춘 듯했으며 부인 베아트리스는 아서 밀러의 많은 희곡들이 그러하듯 모든 것을 희생하고 품어주는 성녀형의 여성으로 단순화된 느낌이었다. 그리고 그 공연 역시 남주인공 에디 카본만이 정점에 홀로 존재하고 있었다. 그는 〈시련〉의 프록터처럼 고통 속에서 '내 이름을 돌려달라'고 외친다. 결국 자신의 강한 욕망을 이기지 못하고 몰락으로 떨어진다고 해도 그 '영웅적' 고뇌는 강한 남성만의 것으로 남겨두고 있는 것이다. 이렇게 내 머리를 맴도는 좀 막연하지만 불편한 생각들은 **〈파운틴헤드〉의 원작자가 여성이라는 사실을 생각하면 좀 더 복잡해진다.**[8]

:: 미니멀리즘과 억눌린 격정

이번 〈파운틴헤드〉는 연출 스타일의 측면에서는 전작 〈오프닝 나이트〉의 연장선상에 있다고 할 수 있다. 공간을 극대화하면서 단순해 보이지만 정교한 메커니즘으로 뒷받침된 무대, 사무실이나 작업실을 연상케 하는 몇 개의 미니멀한 가구들이 띄엄띄엄 자리한 공간과 시간 사이를 유영하듯 움직이는 인물들, 암전 없는 장면전환과 자연광을 연상시키는 섬세한 조명, 현장에서 촬영한 동영상을 무대 위에 스크린에 수시로 다양하게 투사하는 방식, 기본적으로 캐주얼하면서도 장면에 따라 강한 심리적 깊이를 드러내는 연기들이 그것이다. 특히 건축가들을 다룬 이번 공연에는 그들이 책상 위 도면 위에 작업하는 모습을 조감으로 찍어 스크린

위에 높은 선명도로 중계하거나 정사 씬들을 적소에 투사함으로써 극적 효과를 배가하였으며 무대 뒤편에서 긴장감을 높이는 라이브 음악을 삽입했다. 클라이맥스라고 할 수 있는 건물 폭파 장면은 극장 전체가 실제 무너지듯 강렬했다.

형식이 본질이 될 때 이상적이라면 이 연극도 형식이 본질이 될까? 의도한 것인지는 몰라도 이번에 이보가 택한 미니멀하고도 메카닉한 무대 콘셉트와 주인공 로크가 추구하는 모더니즘 건축의 단순함은 닮아있다. 로크가 추구하는, 철근이나 유리나 콘크리트 같은 질료 그 자체가 빚어내는 모더니즘 건축의 장식 없는 간결함은, 외양상 최근 유행하는 미니멀리즘 카페나 작업실 같은 이보의 무대와 일치한다. 그러나 그 저변에는 절대적 완벽함을 추구하는 이상주의, 첨단의 감각, 그리고 알 수 없는 격정이 억눌리듯 깔려있다는 점에서도 양자는 비슷하다. 연출의 또다른 화자인 스크린은 냉정 속에 열정을 담으며 적절하게 활용된 예다. 물론 클라이맥스는 〈다리에서 바라본 풍경〉의 마지막 핏빛 응고 장면에 상응하는, 건물의 대폭발 장면이다.

반면 이번 공연에서 아쉬운 것은 연기자들이었다. 특히 〈다리에서 바라본 풍경〉의 연기자들과 비교하면 그렇다. 와이낸드나 투히 정도를 제외하면 캐스팅에서부터 원작이 그렇게 강조하는 열정과 천재성과 성스러울 정도의 미모의 광휘를 찾아보기 힘들었다. 그보다는 승진갈등과 삼각관계에 빠진 건축회사 사무실 직원들처럼 보였다. 이보 반 호프는 강렬하며 신선한 연기를 끌어내는 연출가라는 평을 받고 있다. 그렇다면 이런 캐스팅은 원작 인물들의 과도한 강렬함을 희석시키려는 연출의 의도였을까? 특히 도미니크[9]가 좀 더 깊이감있는 에로스와 지적인 아우라를 지녔더라면 로크를 뛰어넘는 극인물이 되면서 연출자가 의도했던 극의 다성적 관점을 강화할 수 있지 않았을까 하는 생각도 든다.

:: 인간은 누구나 모순적일 수 있다

이보 반 호프의 세계관은 무엇인가? 왜, 어떤 작품들을 택하는가? 그가 궁금해진다. 그는 그리스 비극이나 셰익스피어, 몰리에르 같은 고전 희곡뿐 아니라 비스콘티, 카사베츠, 파졸리니, 베르히만 등의 영화를 무대화하고 있다. 또한 유럽 연출가로서는 드물게 미국 극장과 손잡고 아서 밀러, 테네시 윌리엄즈, 유진 오닐의 희곡들을 즐겨 공연한다. 유튜브에서 본 어떤 인터뷰에서 그는 어떤 작품을 고른다기보다 마치 연애에 빠지듯이 어떤 강렬한 느낌을 받고 그 작품을 시작한다고 말한다. 주요 공연리스트만 살펴보고 짐작해보면 그가 택한 텍스트는 '강렬한 자아를 지니거나 스스로 허물어지는 치명적 캐릭터'들이 공통점이 아닐까 생각해본다. 영웅적일 정도로 의지와 힘을 갖춘 남성이거나 강렬한 집착들(〈파운틴헤드〉, 〈로마 비극(Roman Tragedies)〉[10], 〈전쟁의 왕들(Kings of War)〉[11], 〈다리에서 바라본 풍경〉, 〈시련〉, 비스콘티 감독의 〈저주받은 자들(The Damned)〉[12]과 〈강박관념(ossessione)〉[13], 혹은 자기 내적 문제에 의해 스스로 파멸해가는 여성(〈오프닝 나이트〉, 〈파운틴헤드〉, 〈안티고네〉, 〈헤다 가블러〉, 〈욕망이라는 이름의 전차〉, 〈느릅나무 밑의 욕망〉, 〈디오니소스의 여신도〉)들 말이다. 공개적인 동성애자[14]로 알려진 그는 오페라 〈브로크백 마운틴〉과 〈엔젤스 인 아메리카〉를 연출하기도 했다.

한편 여러 해외 인터뷰들을 참조하면 이보 반 호프는 자신이 텍스트를 새롭게 해석하는 데서 의미를 찾는 연출가라고 주장한다. 새로운 해석 차이와 의도된 모호함을 중시하며 답은 관객의 마음속에 있다고 얘기한다. 이런 의미에서 특히 그가 뉴욕 워터 커 극장에서 지난해 올렸다는 밀러의 〈시련〉이 더욱 궁금해진다. 극중 장소가 여학생 교실이고 호러물 못지않게 공포스러운 분위기의 무대라는데 비평가들의 호, 불호가 엇갈린다. 극중 나이를 낮춘 프록터 역을 뜻밖에 여리여리한 체격의 벤

휘쇼에게 주었다는 점도 호기심이 생긴다. 연출의 인터뷰를 보면 지금까지 악녀로만 그려졌던 애비게일의 이미지를 완화시켰고, 부인 엘리자베스도 새롭게 해석했으며, 기존의 선과 악의 경계를 허물었다던데, 그동안 〈시련〉의 연출에 불만이 많았던 나로서는 기대와 궁금함이 아주 크다.

이보 반 호프는 서울 공연의 관객과의 대화에서 사람들이 연극을 보러 가는 이유가 '불편함'을 느끼거나 '생각의 자극'을 얻기 위해서라고 말했다. 지금 세계는 냉전체제를 유지하며 자국의 이익을 최우선으로 하는 극우 내지 새로운 보수의 시대로 선회하고 있고 (한국은 부디 예외이기를 바라지만) 정치는 '스트롱맨'을 원하고 있다. 현재 엄청난 찬사를 받고있는 이보 반 호프가 관심을 보이는 강력한 힘의 남성 서사, 힘의 나르시시즘과 강한 멜로적 분위기, 자기파괴로 스러지는 것들에 대한 미적 탐닉들을 불편해하며 이런 사회적 우(右)선회 경향과 같은 맥락에서 생각해보는 것은 공연한 우려일까? 아니면 그의 주장대로 그는 이런 연극들을 관객 앞에 던져놓으며 무슨 질문을 던지는 것일까?

LG아트센터는 그동안 우리에게 '인생의 연극'들을 선물했다. 카스텔루치, 피나 바우쉬, 오스터마이어 등 숱한 동시대의 거장들의 대작을 만나는 황홀한 기쁨을 누리게 해주었다. LG 무대 없는 내 연극인생을 생각하기 힘들다. 그러나 저명한 오리지널 수입 공연이라고 해서 무조건 일방적으로 감탄만 할 것은 아니다. 현재, 이 시점에서 한국 관객의 자기 목소리 내기는 늘 중요하다고 본다.

:: 註

1 원제는 『움추린 아틀라스(Atlas Shrugged)』. 경제, 사회, 과학, 문화계의 유능한 인재들이 집단주의 때문에 비난을 받자 파업을 선언하고 콜로라도 계곡의 아틀란티스라는 유토피아적 결사체 빠져나감으로써 미국이 멸망한다는 줄거리. 국내에도 총 3권으로 번역되어 있다.

2 인간은 정신적이고 이성적 존재이며 이성적 인간에게는 이기주의적 윤리가 필요하고 이런 윤리를 정치·사회·경제적으로 적용할 수 있다는 철학.

3 대릴 커니엄, 『수퍼크래시』, 권예리 옮김, 이숲, 2015, 42쪽. 그러나 아인 랜드 자신은 파시즘과 공산주의를 자신의 사상과 반대되는 세력이라고 생각했다.

4 지젝은 『가디언』지 2013. 10. 11일자에 기고한 "미국 연방정부폐쇄의 책임은 누가 지는 가?"에서 그 원인을 앨런 그린스펀 연방준비제도이사회 전 의장이 존경하는 아인 랜드에게서 찾았다. 지젝은 천재들이 일반인들을 먹여살린다는 아인 랜드의 견해와 반대로 금융위기 이후 천재들이 저질러놓은 거품붕괴를 일반 사람들이 세금으로 구제해줘야 하는 게 현실이라고 한다.

5 무대 한가운데 자리잡게 한 피터 키팅의 모친 정도가 눈에 띄는 해석이라고 본다. 연출은 그녀에게 투히가 긴 연설을 마친 후 키팅에게 마지막으로 던졌던 대사 "지금까지 이상을 가지고 내게 복종했다면 이제는 그것 없이 날 추종하면 된다"를 하게 했다. 그것만이 '평범한' 피터가 세상에서 살아남는 길이라는 뜻이다.

6 〈아틀라스〉의 인물배치도 비슷하다. 인물들은 객관주의와 집산주의의 이분법으로 갈라지고 명석함과 유능함과 미모를 갖춘 인물들이 자아실현과 연애의 갈등을 벌이며 그 정점에 영웅 중의 영웅, 미국적 영웅의 표상 존 골트가 있다.

7 김옥란 네이버 블로그, 『오늘의 숲 내일의 태양』, <https://blog.naver.com/kimockran>을 참조.

8 아인 랜드의 사적 생애는 『수퍼크래시』에 흥미롭게 묘사되어 있다.

9 도미니크 역의 Halina Reijn은 토닐 그룹의 고정배우이기는 하다. 최근작 〈강박관념〉에서 쥬드 로와의 성적 케미스트리가 약하다는 평을 받기도 했다.

10 토닐 그룹 암스테르담이 2007년 〈코리올레이너스〉, 〈줄리어스 시저〉, 〈안토니와 클레오파트라〉를 합쳐 만든 작품. 정치와 군중의 관계라는 현대적 관점의 재해석이라고 한다.

11 2016년 뉴욕 BAM 제작으로 〈헨리 5세〉, 〈헨리 6세 1, 2부〉, 〈리처드 3세〉를 합쳐 만든 작품. 권력과 개인을 그렸다.

12 원작 영화는 1969년 작품으로 일명 〈신들의 황혼〉으로 알려짐. 루치아노 비스콘티는 전기의 네오 리얼리즘과 달리 후기에는 데카당스적 미학을 추구했는데, 1930년대 독일 나치집권 직전 제철 대기업 폰 에센백가의 암투와 몰락을 보여주는 줄거리로 비스콘티의 반나치적이자 공산주의자인 정치성향과, 파멸과 죽음에 매혹된 나치즘 미학적 성향의 부딪침이 논쟁을 불러일으킨 영화이다. 이보 반 호프는 이 영화를 극화해 2016년 아비뇽 축제에서 공연하여 극찬을 받았다. 연출은 이 연극을 '악의 잔치'라고 했다.

13 제임스 M 케인의 소설 『포스트맨은 벨을 두 번 울린다』를 비스콘티 감독이 각색하여 1942년에 만들어진 영화를 이보 반 호프가 올해 봄에 연극화함. 아름다운 카페 여주인과 젊고 건강한 부랑자가 눈이 맞아 그녀의 남편을 죽이고 사고로 위장하는 이야기이며, 한편 지노와 스파뇰라라고 하는 또 다른 부랑자 사이에 묘한 관계가 형성된다. 2017년 공연에서 쥬드 로와 할리나 레인이 주연했다.

14 그는 토닐 그룹을 함께 창단했으며 줄곧 그의 연극의 무대와 조명을 맡고있는 Jan Versweyveld 와 삼십 년 이상의 파트너십을 유지하는 것으로 알려져 있다.

텅 빈 박으로 물오른 창극

창극 〈흥보씨〉[*]

:: 창극의 뉴 웨이브

창극은 평하기 힘들다. 연극 이전에 판소리와 전통음악을 알아야 하기 때문이다. 솔직히 무척 오랫동안 창극은 따분하거나 조심스러운 상대였다. 그런데 창극이 요즘처럼 예술적으로나 대중적으로나 자연스레 활기를 띠는 날이 오게 될 줄은 꿈에도 몰랐다.

1970년대 이후 허규를 중심으로 창극 현대화 작업이 시작된 이래 창극은 오랜 논쟁과 시도의 지지부진함을 견뎌왔다. 1980~90년대 이후로는 오태석이나 이윤택 같은 정상급 연출가들도 몇 번 창극 연출에 뛰어들기는 했으나 큰 반향을 얻지는 못했다. 그런데 2010년대 이후 창극은 새로운 부흥기를 맞고 있다. 이런 창극의 뉴 웨이브는 주지하다시피 국립극장장 안호상과 국립창극단 예술감독인 김성녀의 파트너십과 추진력에 크게 힘입고 있다. 물론 그동안 가창력과 연기력과 새로운 감각을

---

[*] 『한국연극』 2017년 5월호에 실렸던 글이다.

지닌 젊은 창자-연기자군의 형성되었고 실력있는 작창·작곡자들의 출현도 창극 부흥의 일차적 밑거름이 되었다. 그리고 연출가로 한태숙, 서재형, 고선웅 등 연극계의 문제적 연출가들을 초빙한 용감한 시도 끝에 부분적 성공과 부분적 실패들, 그리고 2016년 〈변강쇠 점 찍고 옹녀〉의 대박이 있었다.

:: 서구 연출가들의 창극 파괴

흥미로운 것은 2010년대 이후의 이런 창극의 놀라운 활력이 외국 연출가들의 창극으로부터 적잖이 자극받고 발발되었다는 점이다. 2011년 아힘 프라이어의 〈수궁가〉가 그 시작이라고 본다.[1] 뒤이어 안드레이 서반의 〈다른 춘향〉, 정의신의 〈코카서스의 백묵원〉, 옹켄센의 〈트로이의 여인들〉이 뒤따랐다. 개인적으로 아힘 프라이어 연출의 〈수궁가〉에서 받았던 신선한 충격을 잊을 수 없다. 심해의 고요함을 연상시키는 긴 시네마스코프 화면에는 흑백의 선을 살린 서예풍의 추상화가 그려있고 그 앞에서 역시 흑백 붓터치로 회화적 평면성을 과장한 각종 바다동물의 가면과 의상을 입은 연기자들이 마치 악보 음표처럼 매우 느리게 움직이고 노래한다. 그리고 흑백의 선만큼이나 단조롭게 이어지는 판소리의 음조는 '소리와 음악' 자체의 힘으로 이런 낯선 회화적 평면성에 정면으로 맞서며 동시에 조화를 꾀한다. 놀랍게도 이런 소외된 상황에서 판소리는 오히려 **본래의 소리적 존재론**을 드러내기 시작했던 것이다! 아힘 프라이어는 저명한 화가이자 오페라 연출가이다. 연출과 무대와 의상까지 맡았다. 마치 자신이 바그너나 아피아나 브레히트라도 된 듯이 작창자과 작곡자에게 무리한 요구를 했음에 틀림없다. '판소리-오페라'로 이름붙인 이 불편한 공연은 우리 창극의 지평을 넓게 열고 부수고 확장했다. 물론 전통 판소리의 미덕과는 거리가 멀었던 이 공연은 치명적인 문

제를 지니고 있었고 많은 판소리 애호가들을 화나게 하기도 했다. 흥이
나 한 같은 정서가 배제된 건조한 '서사'뿐이었으며 가면에 가려진 창자
의 얼굴은 보이지 않았고 따라서 판소리의 본질의 하나인 판소리와 관
객 사이의 소통이 거의 불가능했기 때문이었다.

안드레이 서반의 〈다른 춘향〉은 1막만 보고 뛰쳐나왔다. 아힘이 이국
의 판소리의 음악성에 대해 자기 나름의 미학적 사유와 경배를 바쳤다면
서반에게서는 판소리와 그 문화적 맥락에 대한 최소한의 이해와 존중의
노력이 느껴지지 않았기 때문이다. 판소리 부분은 코러스 도창 중심으
로 그대로 둔 채, 춘향이를 영웅화한다는 해석과 별로 새롭지도 않은 포
스트모던한 유희성에 빠져있는 듯했다. 판소리와 극 연출을 유기적으로
연결하려는 노력이 부족했다. 그러나 돌이켜 생각해보니 오히려 몰랐던
덕분에 창극을 그렇게 멋대로 파괴했다는 면도 있었고, 전혀 새로운 극
적 배치 속에서 판소리 자체는 오히려 잘 들렸던 면도 있었던 것 같다.
의외로 그 공연을 재미있게 받아들이는 젊은 관객들도 많았다고 한다.

정의신 연출의 〈코카서스의 백묵원〉은 해오름극장의 대담한 공간 재
배치나 화려한 시각적 스펙터클에도 불구하고 창극과 뮤지컬의 경계가
희미해져버린 공연이었다. 작창과 작곡, 서사의 전개와 노래가 삽입되
는 방식, 듀엣과 군무의 활용 등에서 서구적 문법의 뮤지컬의 분위기가
물씬 풍겼다. 경계해야 하겠다는 생각이 들었다. 몇몇의 서사극적 장치
에도 불구하고 춤과 노래의 향연과 일루전의 꿈속에 들어갔다 나온 그런
뮤지컬의 느낌말이다.

옹켄센 연출의 〈트로이의 여인들〉은 연기자들의 동작과 동선을 최소
한으로 줄인 고전적이고 단아한 틀 속에서 창자-연기자들로 하여금 그
들의 역량을 최대한으로 발휘하게끔 했던 우아하면서도 완성도 높은 공
연이었다. 안숙선의 작창과 한 명의 창자에게 하나의 악기 반주가 따르게
하는 작곡기법으로 각 인물들의 비통함 및 판소리창의 그늘과 비장미를

마음껏 발휘하도록 했다. 그런가하면 헬레나역의 남자 연기자(김준수)가 재즈 피아노를 치며 메넬라오스를 다시 유혹하는 장면을 삽입해 판소리와 재즈연주가 서로 섞여드는 황홀한 순간을 선물하기도 했다.

그렇다면 이들 외국인 연출가들의 작업이 우리에게 어떤 자극을 주었는가? 여느 연극에서처럼 단지 미장센의 일회적 과시는 아니다. 그들의 공연은 성공과 실패를 떠나 '**충돌과 파괴의 현장**'을 제시했다고 본다. 다시 말해 그동안 우리 창극을 시들게 했던 전통 문법을 걷어내고 파괴하는 계기가 되었던 것이다. 구체적으로 말하자면 지난 수십 년의 창극에서 되풀이되었던 오랜 관례들―무대 한구석의 도창, 판소리 창을 묻히게 하는 너무 무겁고 복잡한 관현악 반주, 소리의 결이 들리지 않는 합창의 과잉, 천편일률적 군무, 그리고 무엇보다 판소리의 본질과도, 동시대적 공연감각에도 맞지 않은 19세기적 무대 일류전의 환상을 걷어낸 것이다.

:: 창극의 본질―비재현성

판소리의 가장 큰 속성은 소리의 비재현성이라고 생각한다. 구시대적이며 재현적인 무대 일루전에 판소리가 묻히고 희생되어서는 안 된다는 것이다. 새삼스레 아피아의 이론을 빌릴 것도 없이 비재현적 판소리에 바탕한 창극의 다른 모든 요소도 비재현적이어야 공연이 제대로 잘 어우러진다. 그 비재현성이란 **판소리 그 자체가 지니는, 때로는 내장을 쥐어짜고 목구멍을 긁고, 때로는 몸을 들썩이게 하는 소리의 물질성과 에너지의 발현, 연희자의 몸성, 비재현적 내러티브와 상상력을 품은 단순한 미장센, 탄력있는 서사의 속도감, 이면과 시김새를 포함한 변화무쌍한 정서, 고수 혹은 관객과의 적극적 소통 등을 의미한다고 할 수 있다.** 일찍이 오태석은 창극 〈박타령〉 등을 연출하면서 특유의 유희성으로 창극의 이런 비재현성에 접근하려 했으나 관습적 구조를 뒤바꾸지는 못했다. 이윤택이 연출한 창극 〈제비〉를 본 적이 있는데 이윤택 특유의 논리성으로 창극에 서사적 명료함과 인물의 힘을 불어넣었으나 역시 관습적 틀에 머물러 있었다. 한태숙은 서구적 연출의 적소에 판소리 창을 꽂아넣은 경우에 가깝다.

또 하나, 이 지점에서 언급해야 할 것은 2000년대 중반부터 시작된 이자람의 창작판소리 작업이다. 한 명의 창자와 고수라는 판소리의 고유한 틀 안에서 이루어진 작업이었지만 판소리의 소리성, 서사의 힘, 극적 내러티브와 작창의 새로운 만남, 동시대적 감각의 부여, 소통과 비판적 거리의 결합 등을 통해 젊은 층에게 판소리의 새로운 가능성을 알리고 판소리의 외연을 확장했다.

그런데 창극은 판소리와 달리 다수의 극중인물들의 극행동, 그에 따른 최소한의 미장센과 스펙터클, 다수의 춤과 노래 등을 요구한다. 그러면서도 판소리의 속성을 살려야 한다. 여기서 고선웅과 창극의 만남은 서로에게 행운이다. 고선웅의 연극은 흘러넘치는 수다와 풍요한 극행동과 에너지로 요동치는데 중요한 것은 그 근저에 생래적 리듬감이 있다는 것이다. 그의 희곡언어에도 그의 연출에도 극 전체를 관통하는 에너지에도 내재적 리듬이 있다. 그 자생적 박자감각과 흥과 음악성을 본인스스로도 주체하지 못할 정도였다. 그도 한국인이니 그의 리듬도 한국적 리듬일 것이고 판소리의 흥이나 리듬과 만나지 못할 것도 없다. 따라서 고선웅의 이런 특성은 판소리의 비재현성, 상상적 공백, 탄력있는 속도감의 서사를 살린 궁합이 잘 맞는다. 〈변강쇠 점 찍고 옹녀〉는 판소리의 고유성이 고선웅의 내재된 리듬과 만났으며 아울러 옹녀라는 여성상에 대한 재해석과 성적 긍정이라는 동시대성이 성공적으로 만났던 경우였던 것이다.

:: 텅 빈 박의 매력과 좀 산만한 도덕극

이번 고선웅의 〈홍보씨〉는 〈변강쇠 점 찍고 옹녀〉 못지않게 관객들을 열광시킬 뿐 아니라, 오히려 한층 더 자유롭고 거침없는 무대였다. 〈변강쇠 점 찍고 옹녀〉가 비교적 짜여진 연극적인 틀 안에서 진행되었다면 〈홍보씨〉에서는 텅 빈 공간에 이자람의 야무진 판소리와 합을 맞춘 고선웅의 대담하고도 천진한 극적 상상력이 무제한 뛰놀고 있었다. 그러니 흥에 넘치고 계속 웃음이 터지는 반면 그만큼 산만하며 균형이 안 맞는 요소들도 보인다. '금은보화가 꽉 찬 박이 아니라 텅 빈 박을 통해 정신적 행복을 찾는다'는 해석은 아주 참신하고 매력적이지만 '과연 선하게 산다는 것은 무엇인가'라는 거창한 윤리적 질문에 욕심을 내는 부분에서 과부하가 걸린 듯하다. 원작에 없는 출생의 비밀, 쫓겨난 흥부가 무능한 가장이 아니라 사회 최저층의 인간들과 노동을 하며 가족을 이루고 산다는 설정, 홍보가 부처님을 닮은 안드로메다 외계인에게 영향 받고 보리수 밑에서 텅 빈 마음을 얻기 위해 명상을 하며, 제비가 준 박을 먹고 위장을 텅텅 비운 후 흥부와 그 주변 사람들이 갑자기 예수와 그 제자들처럼 변하는 설정은 웃음과 함께 예상치 못했던 의미 증폭의 짜릿한 쾌감을 주기도 한다. 하지만 그 의미들이 성숙되고 정리되지 못한 채 결국은 종래의 권선징악적 결말에서 크게 벗어나지 못했다.

그럼에도 불구하고 전작 〈변강쇠 점 찍고 옹녀〉에서와 마찬가지로 공연은 에너지에 넘쳤고 연기자 출신의 이자람이 작창과 작곡을 맡은 탓인지 귀에 쏙 쏙 들어오고 감기는 판소리와 반주는 오태석 뺨치게 복잡한 인물과 사건들을 싣고 신명나게 달렸다. 희극적 리듬을 살리기 위해 북장단이 주된 역할을 했고 농부가 등 민요나 신디사이저를 사용한 현대적 음악도 양념 역할을 했으며 애니메이션처럼 과장된 무대배경이나 의상도 공연 분위기를 잘 살렸다. 그러나 공연의 전반적 균형감각이 아쉬웠다. '텅 빈 마음'을 설파하는 중후반부에서 원작 판소리의 '흥보 박 타는 장면'과 같은 하이라이트 장면을 대체할 결정적인 장면 대신 비슷 비슷한 씬들이 중복되었으며, 종결부에서 놀부와 흥부의 뒤바뀜이 정리 되고 놀부의 악행이 응징받는 사또 재판 장면 이후 다소 설명적이며 지 루했다. 판소리 흥보가의 눈대목의 배치들도 좀 석연치 않았고 극 인물 들 외에 코러스와 내레이터(마당쇠)를 굳이 부가적으로 설정할 필요가 있 었나 하는 의문도 생긴다. 그러나 판소리의 매력은 '부분의 독자성'이다. 가창력과 연기력과 외적 조건을 구비한 연기자들이 종래적 재현주의에 서 해방되며 뿜어내는 무대 활력은 그 자체로 여전히 대단했다. 판소리 를 즐기는 중년층은 물론 젊은 관객들 역시 마치 랩을 듣듯이 언어의 리듬에 몸을 맡기며 즐거워했다.

한때 창극은 판소리인가, 현대극인가 하는 논쟁도 있었다. 이런 논쟁 은 물론이고 이젠 더 이상 창극 현대화라는 말도 쓸 필요가 없을 것 같 다. 이런저런 이론들이 필요 없을만큼 현재의 판소리와 창극 그 자체가 이미 한국적이고 전통적이며 동시대적이고 외국인들에게도 매력적인 열 린 장르가 되어버렸기 때문이다. 개별 작품의 성공과 실패를 가리기 이 전에 창극의 이런 활기가 다양하게 지속되기를 바란다. 다만 판소리의 본 질을 잃지 않는 것, 그 줄만 놓지 않으면 된다고 본다.

:: 註

1 이 작품은 유영대 예술감독 시기에 공연되었다.

2021 〈홍평국전〉 907(구공칠) ⓒ박태준

'창작판소리+고전소설+낭독극+젠더 전복'이라는 특별한 물길*

〈홍평국전〉 외

　요즘 젊은 세대들은 정치적 올바름과 같은 사회적 이슈에 몰두하며 '한국적…' '전통…'들에 별 관심이 없다는 게 일반적인 진단이다. 아마도 예외가 있다면 2010년대 말 언젠가부터 불기 시작한 이날치류의 국악에 대한 관심 정도일 것이다.[1] '전통'에 대한 관심이 거의 사라졌던 연극계 어느 한 귀퉁이에서도 전반적 트렌드와 상관없이, 어찌 보면 서로 상관없는 듯한 별개의 요인들이 우연인 듯, 유행인 듯, 필연인 듯, 서로 합류하며 결과적으로 잦아들 듯 말듯 계속해서 만만찮은 물길을 이루는 그런 묘한 현상이 있다. 판소리, 창작판소리, 실험창극, 여성국극에 관한 관심, 낭독연극의 유행, 고전소설의 젠더적 재해석, 여성영웅소설의 공연들이 그 별난 물길을 이루는 키워드들이다. 이들은 아무도 '한국적'이니 '전통'이니 '전통의 재창조'니 하는 거창한 타이틀을 내세우지 않는다. 무엇보다 흥미로운 것은 이런 새로운 물길을 이루는 끊어질 듯 힘찬 에너지의 공통분모로 여성주의, 혹은 강한 젠더적 관점이 자리잡고 있으며

---

* 2021년에 쓴 글로 이 책에 처음 실었다.

그 실천자들은 세대를 막론하고 거의 대부분 여성이라는 점이다.

이런 움직임의 시초는 아무래도 **이자람**을 꼽아야 할 것이다. 이자람은 원래 국악고등학교 출신으로 판소리 최연소 완창, 국악뮤지컬 집단 타루, '아마도 이자람' 밴드의 보컬 등의 화려한 경력의 소유자이기도 하지만 연극계에 이름을 알린 것은 2007년 정동극장과 2008년 두산아트센터에서 공연된 '**신개념의 창작 판소리**' 〈사천가〉였다. 당시 판소리라면 연륜깊은 노년의 창자들을 연상하던 시기에 젊은 여성이 작창과 소리와 공연연출을 모두 맡아 주도했다는 그 역량면에서 일단 화제를 모았던 것 같다. 그밖에 원작이 브레히트의 〈사천의 선인〉이었다는 점, 서사극과 일인 창작 판소리가 형식적으로 맞아떨어지는 부분, 현대적 의상이나 극적인 조명, 기타와 밴드의 연주까지를 동원한 독창적인 공연형식에서 주목을 받았는데 그 핵심은 무엇보다 판소리의 본질을 해치지 않으면서도 판소리의 외연을 확장했다는 데 있었다고 본다. 이자람은 그 후에도 〈억척가〉(2011), 〈이방인의 노래〉(2016), 〈노인과 바다〉(2019) 등에서 판소리 특유의 소리의 힘과 결을 거침없이, 그리고 연극적으로 능란하게 구사하면서 상상적 시공의 창출, 관객과의 소통이라는 판소리의 본질적 특성을 유지해오고 있다.

〈사천가〉, 〈억척가〉를 발표하고 몇 년이 지난 후 이자람은 당시 역시 흔치않게 젊은 여성 연출가로 부상하던 양손 프로젝트의 박지혜 연출과 함께 **단편소설의 판소리화**를 시작한다. 〈사천가〉, 〈억척가〉가 일인 다역의 연기, 의상, 조명, 악기의 다양화 등에서 서구적 스펙터클의 요소를 도입했다면 주요섭 원작, 이자람 작창, 박지혜 연출의 〈추물/살인〉(2014)은 박지혜의 미니멀하고도 정교한 연출 스타일이 판소리 고유의 절제감 및 이자람 작창의 섬세한 극적인 해석과 이승희·이향하의 호연과 맞아떨어져 공연의 완성도를 높인 경우였다. 겉모습으로 인해 핍박받던 여인이라는 흔치 않은 소재가 여성 예술가들에 의해 여성주의 관점을

획득했다는 면도 있었다. 이후 이자람에 의한 단편소설의 판소리화는
몇 차례 더 이루어졌는데 한참 주가를 올리던 김애란의 단편소설 〈노크
하지 않는 집〉을 기반으로 이자람이 작창·연출을 하고 역시 이승희·
이향하가 공연한 〈여보세요〉(2016)는 고시원이라는 고단한 삶의 공간을
디테일하게 묘사한 내용으로, 과거 판소리 사설이 담았던 고유의 물질
적 리얼리티를 동시대 현실에 적용시키기도 했다. 이와 비슷한 시기인
2010년대 후반에 이자람과 마찬가지로 정통 판소리에서 출발한 박인혜
역시 남산국악당의 〈필경사 바틀비〉(2016)에서 전화기나 모래포대 같은
현대적 오브제를 활용하고, 정동극장의 〈판소리 오셀로〉(2018)에서 오셀
로를 처용신화와 비교하는 등의 작업을 선보이기도 했다. 박인혜의 작
업은 제주도 신화를 판소리로 여럿이 동시에 부르는 '떼창' 형식을 실험
한 〈오버더떼창: 문전본풀이〉(2021)로 연결되고 있다.

한편 2010년대 초반, 남산 국립극장 산하의 **국립창극단에는 실험적
창극**의 바람이 불기 시작했으며 그 주역으로는 2012~2019년간 활동했
던 김성녀 예술감독을 들 수 있다. 그간의 전통적인 창극의 문법을 충격
적으로 부순 것은 2011년 아힘 프라이어의 〈수궁가〉(유영대 예술감독)였다.
프라이어의 〈수궁가〉는 "흑백의 선만큼이나 단조롭게 이어지는 판소리
의 음조는 '소리와 음악' 자체의 힘으로 이런 낯선 회화적 평면성에 정
면으로 맞서며 동시에 조화를 꾀한다. 놀랍게도 이런 소외된 상황에서
판소리는 오히려 본래의 소리적 존재론을 드러내기 시작"[2]했다는 평을
들었으며 뒤이어 안드레이 서반의 〈다른 춘향〉, 정의신의 〈코카서스의
백묵원〉, 옹켄센의 〈트로이의 여인들〉이 뒤따랐다. 창극은 그 자체로
변종이다. 따라서 무한한 변신의 가능성이 펼쳐져 있다. 다만 판소리 미
학의 핵심을 놓치지 않는 것은 중요하다.

김성녀의 실험이 창극을 형식적 측면에서 해체했다는 점에서 창극의
지평을 파격적으로 넓혀놓았다면 2008년부터 시작된 **정은영의 〈여성**

국극프로젝트)는 변종인 창극으로부터 다시 파생된 여성국극이라는 장르에 본격적으로 여성주의적 관점과 사유를 적용한 작업이라고 할 수 있다. 여성국극은 남성배역을 여성이 맡아 하기 때문에 원래 젠더적 자기분열로부터 측면에서 태어난 장르이다. 미디어 아티스트로 불리는 정은영의 작업은 오랜 기간에 걸친 당사자 및 현장과의 접촉, 자료조사와 워크숍 등을 통해 남성적 억압에 저항했던 여성국극에서 다양한 공연적 수행에 의해 여성이 남성으로 변환하는 과정을 미디어에 담아냈다. 그리고 그 과정에서 젠더적 역전과 통념으로부터의 해방의 가능성을 제시했다. 예를 들어 남산예술센터의 〈변칙 환타지〉(2016)는 여성국극배우와 게이남성합창단 지-보이스와의 폭발적 만남으로 채워진다.

여성주의적 관점이 지니는 해체와 해방의 에너지는 이어서 **고전소설의 낭독 공연**이라는 형식과 만나게 된다. 2019년 봄, '서촌공간 서로'는 '여성영웅서사전'이라는 주제로 낭독페스티벌을 열어 눈길을 모았는데 조선시대 소설, 특히 **여성영웅소설을 여성주의적 관점에서 재해석**해서 낭독형식으로 공연했다. 정진세가 연암의 『허생전』을 허생의 처의 관점에서 재구성/연출한 〈허생전 – 허생처전〉(정진세 각색·연출)이 재미있었다는 후평이고 〈홍계월전〉(설유진 각색·연출), 〈박씨부인전〉(조아라 각색·연출), 〈방한림전〉(정혜린 각색·연출) 들이 당시 화제를 모았다. 아쉽게도 직접 보지는 못했다. 그러나 이들 공연들을 당시의 전후관계 속에서 그 의미를 짚어본다면 얼마 전부터 저예산을 고려하고 연극의 과정성을 창의적으로 공유한다는 점에서 낭독극이 작은 붐을 이루고 있던 차에 대안적 공간의 성격을 띤 서촌공간이 작은 전복을 시도한 것이라고 할 수 있다. 알다시피 조선후기의 여성영웅소설은 임진왜란과 병자호란을 겪은 후 남성들의 능력에 회의를 느끼기 시작한 여성들이 그동안 억압되어왔던 여성들의 역량을 상상적으로 펼쳐보던 한글소설이다. 이런 일종의 대리만족적 판타지는, 지금까지 고전소설을 공연할 때 동원되던 판소리의 도움 없이

도, 각 연출가의 취향과 선택에 따라 낭독이라는 불완전의 미학, 과정의
미학과 서로 맞아떨어지는 면이 있다. 또한 서사라는 장르적 특성, 공연장
에서의 낭독이라는 비움과 관객의 상상력을 통한 채움이라는 비움과 채움
의 미학은 판소리와 낭독이 알게 모르게 공유하고 있는 성질이라고 할 수
있다.

서로낭독페스티벌 후에도 같은 해 정동극장이 마련한 '예술가의 작업
실'에서 〈운영전〉, 〈방한림전〉, 〈채봉감별곡〉, 〈취발이외전〉 들이 공연
되었다. 여성주의적 관점을 부각시켜 고전소설을 재구성한 것은 서로와
마찬가지지만 정동극장은 판소리, 정가, 민요, 탈춤이나 재담꾼의 모놀
로그를 섞어 **'전통연희'라는 정체성**을 유지한 경우다. 내가 보았던 〈채
봉감별곡〉(2019)은 각색·연출인 이연주와 판소리 실험공동체인 '입과손
스튜디오'의 공동작업으로 이승희와 김소진이 출연했는데 여성이 활약
을 통해 공연자와 고수, 뒤편의 흰 벽에 투사되는 자막, 그리고 부채 두
자루를 통해 극도로 절제된 서사성 다양한 거리두기의 기법들, 〈춘향
전〉을 끌어들인 상호텍스트성, 동시대적 유머센스, 그러면서도 여성의
시각을 견지하는 것을 잊지 않았던, 단아하고도 내공 만만찮게 느껴졌
던 공연이었다.

두산아트센터는 역시 이런 경향의 작업들을 지원하고 있는데 입과손
스튜디오의 이승희와 함께 '〈몽중인〉 시리즈'를 기획·제작해왔다. 작창
과 소리를 맡은 이승희는 〈여보세요〉에 이어 **여성주의나 현실감각이 강
화된 창작판소리**를 시도한다. 〈동초제 춘향가-몽중인〉(2018)이 주체적
인간으로서의 성춘향의 내면을 들여다보았다면 〈몽중인-나는 춘향이
아니라〉(2020)는 향단의 입장에서의 자아 찾기를 보여준다. 〈몽중인-나
는 춘향이 아니라〉의 소설 창작은 이연주가 맡았는데 조선시대와 2020
년 서울을 오가는 향단의 정체성 찾기는 좀 관념적이어서 판소리와 잘
녹아들지는 못했던 느낌이었다.

이런 가운데 지난여름 공연된 **설유진 연출의 〈홍평국전〉**(2021)은 이런 흐름의 또 다른 방향에서 시원한 물길을 터주었다. 설유진은 이번 〈홍평국전〉에서 여성영웅소설이 품은 젠더 전복의 판타지를 판소리 같은 전통소리와 결합시키는 것이 아니라, 새로운 몸과 언어적 소리로 강하게 무장한 배우들을 전경화시킴으로써 구현해냈다. 그 결과 시대와 공간을 넘나들고, 남녀의 경계를 희롱하는, 여성국극, 무협지, 느와르의 향기를 묘하게 뒤섞어놓은 것 같은 몸들이, 율격을 탄 소리적 에너지와 함께 폭발했다. 봉건사회의 족쇄를 넘어서 목표를 향해 인정사정없이 쟁투하는 길에는 남녀를 넘어선 엄격한 자기절제와 비극적 처연함과 해방적 힘이 넘쳤다. 그러면서도 마지막 장면을 전통적 가정으로 돌아가는 원작 대신, 폭력에 대해 성찰하고 약자들과의 연대를 다지는 오픈 엔딩으로 바꿈으로써 21세기적 인간의 품위를 획득하게 한다. 무엇보다 이 작품을 인상깊게 만드는 것은 젠더 판타지 그 자체로서의 특별한 물질적 매력이다. '디스 이즈 낫 어 처치'라는 버려진 공간이 주는 묘한 배리적 분위기, 배우가 가운데 바닥에 주저앉은 관객들을 둘러싸고 사면의 벽을 따라 연기하는 환경연극적 공간사용, 교회의 긴 창으로 흘러들어오는 오후의 나른한 빛, 함께 녹아드는 파스텔톤의 조명, 헤비 록과 팝의 잡힐 듯 말듯한 아련한 연주들과 뒤섞여 아주 독특한 공연적 경험을 창출해냈다. 홍평국 역의 황순미를 비롯해 늘어난 추리닝과 하와이안 셔츠와 동양풍의 와이드 팬츠와 스포츠 샌들을 장착한 여섯 명의 여성 연기자들은 전통연희의 힘을 빌리지 않아도 몸과 소리를 쓰는 뛰어난 역량을 통해 판타지임에도 '판타지를 뛰어넘는' 그 나름의 피지컬한 스타일에 접근했으며 무엇보다 역할 이전에 연기자로서, 인간으로서, 각자 확신감에 넘치는 모습이 매혹적이었다. 공연 내내 콘크리트 바닥에 동그란 스폰지 방석을 깔고 해바라기처럼 돌았지만 알 수 없는 행복감마저 몸에 스며들었던 공연이었다.

'창작판소리+고전소설+낭독극+젠더 전복'이라는 특별한 물길이, 상업
주의적 타협이나 '전통의 재해석'이라는 진부함에 가라앉지 않고 앞으로
어떤 의외의 양상으로 계속 뻗어나갈지 기대된다.

:: 註

1 요즘 시작한 JTBC의 '풍류대장'이라는 오디션 프로를 보면 청년층을 중심으로 국악과
대중음악의 만남이라는 봇물이 무섭게 터지고 있다.
2 김방옥, 「텅 빈 박으로 물오른 창극 : 국립창극단 〈흥보씨〉」, 『한국연극』, 2017. 05. 67쪽.

공연 색인